Andreas Eschbach
Die Abschaffung des Todes

Weitere Titel des Autors:

Der schlauste Mann der Welt
Freiheitsgeld
Eines Menschen Flügel
NSA – Nationales Sicherheits-Amt
Teufelsgold
Der Jesus-Deal
Das Jesus-Video
Todesengel
Herr aller Dinge
Ausgebrannt
Ein König für Deutschland
Exponentialdrift
Eine Billion Dollar
Der Letzte seiner Art
Der Nobelpreis
Eine unberührte Welt
Kelwitts Stern
Solarstation
Die Haarteppichknüpfer
Quest
Eine Trillion Euro

ZUSAMMEN MIT VERENA THEMSEN:
Perry Rhodan – Die falsche Welt

Titel in der Regel auch als Hörbuch und E-Book erhältlich

ANDREAS
ESCHBACH

DIE ABSCHAFFUNG DES TODES

THRILLER

Lübbe

Die Bastei Lübbe AG verfolgt eine nachhaltige Buchproduktion. Wir verwenden Papiere aus nachhaltiger Forstwirtschaft und verzichten darauf, Bücher einzeln in Folie zu verpacken. Wir stellen unsere Bücher in Deutschland und Europa (EU) her und arbeiten mit den Druckereien kontinuierlich an einer positiven Ökobilanz.

NACHHALTIG PRODUZIERT

MIX
Papier | Fördert gute Waldnutzung
FSC® C014496
www.fsc.org

Originalausgabe

Dieses Werk wurde vermittelt durch die
Literarische Agentur Thomas Schlück GmbH, 30161 Hannover

Diese Ausgabe 2024 by Bastei Lübbe AG,
Schanzenstraße 6–20, 51063 Köln

Lektorat: Stefan Bauer
Umschlaggestaltung: Johannes Wiebel | punchdesign, München
Umschlagmotiv: © paul_craft – stock.adobe.com
Satz: Dörlemann Satz, Lemförde
Gesetzt aus der Adobe Caslon
Druck und Verarbeitung: GGP Media GmbH, Pößneck

Printed in Germany
ISBN 978-3-7577-0051-5

2 4 5 3

Sie finden uns im Internet unter luebbe.de
Bitte beachten Sie auch: lesejury.de

Die teuerste Tageszeitung der Welt heißt *The Windover View*, und höchstwahrscheinlich haben Sie noch nie von ihr gehört.

Alles andere wäre höchst verwunderlich, denn diese Zeitung hat nur 49 Abonnenten, die jeweils eine Million Euro im Jahr bezahlen für das Privileg, jeden Morgen zu erhalten, was sie nirgendwo sonst bekommen: einen nüchternen, leidenschaftslosen und einzigartig präzisen Überblick über den Zustand der Welt. Diese Zeitung bringt keine sensationsverheißenden Schlagzeilen, keine Nachrichten über Mord und Totschlag und keine Berichte über sogenannte Prominente und ihre Eskapaden. Sie finden darin keine Kreuzworträtsel, keine Comics, kein Tageshoroskop, rein gar nichts, was der Unterhaltung dient. Kein Sportteil, keine Leserbriefe, keine Kleinanzeigen – *überhaupt* keine Anzeigen. Nur Fakten, auf den Punkt gebracht mit sorgfältig ermittelten Zahlen und straffen, schnörkellosen Analysen. Schon nach der Lektüre der Titelseite haben Sie ein klares, wenn auch grobes Bild dessen, was in der Welt gerade vor sich geht. Sie sehen, wo sich Entwicklungen anbahnen und welche Trends morgen oder übermorgen wichtig werden. Bei den Themen, die Sie interessieren, können Sie weiter in die Tiefe gehen zu noch mehr und detaillierteren Informationen, zu feiner aufgeschlüsselten Zahlen und Statistiken, veranschaulicht in Grafiken, deren Optik mit Bedacht so gewählt ist, dass kein falscher Eindruck entstehen kann.

Mein Name ist übrigens James Henry Windover. Ich bin,

wie Sie sich jetzt vermutlich schon denken können, der Gründer und Chefredakteur dieser Zeitung.

Wir sind ein reines Informationsmedium. Wir versuchen nie, Ihnen zu sagen, was Sie denken oder was Sie von dem, was wir berichten, halten sollen. Wir dokumentieren nur, so korrekt und objektiv wie möglich und unabhängig davon, ob das, was passiert, uns persönlich gefällt oder nicht. Wir schildern, was sich auf der Welt an Wesentlichem ereignet, legen dar, welche Hintergründe wie plausibel sind und welche Gefahren drohen. Und dann überlassen wir es unseren Leserinnen und Lesern, sich ihre eigene Meinung zu bilden.

Streng genommen sind wir keine Zeitung im klassischen Sinne, denn es gab noch nie eine gedruckte Fassung der *Windover View*, und es wird auch nie eine geben. Stattdessen hat jeder Abonnent einen speziellen Tabletcomputer, auf dem morgens um sechs Uhr mitteleuropäischer Zeit die aktuelle Ausgabe erscheint. Sie kommt per Internet, verschlüsselt und überdies personalisiert, was bedeutet, dass die Reihenfolge der Themen sich nach den Interessen des betreffenden Abonnenten richtet, wie er sie bei uns hinterlegt hat: Angaben, die wir selbstverständlich hüten wie unsere Augäpfel.

Und – ja, der Name der Zeitung ist ein Wortspiel. Keineswegs bedeutet er jedoch, dass es um *meine* Sicht auf die Welt geht. Im Gegenteil: Mich um äußerste Neutralität zu bemühen ist meine oberste und heiligste Maxime. Höchstmögliche Objektivität ist der *Raison d'être* unserer Publikation.

Falls Sie jetzt denken sollten, ›oh, das interessiert mich, und eine Million pro Jahr wäre mir das wert, wo kann ich abonnieren?‹, muss ich Sie enttäuschen: Nirgends. Es handelt sich bei unserer Leserschaft um einen äußerst exklusiven Club, dem man nur mit der Empfehlung eines Mitglieds beitreten kann und auch nur, wenn keiner der bisherigen Abonnenten Einwände erhebt. Was durchaus schon vorgekommen ist.

Wie aber passt nun dazu ein Buch wie das vorliegende? Eine berechtigte Frage. Aus dem, was ich über das Konzept unserer Zeitung angedeutet habe, schlussfolgern Sie zweifellos, dass wir gewöhnlich eher die kurze Form pflegen. Aussagekräftige Überschriften, die sich auf ein Antippen hin zu knappen Abhandlungen erweitern, in denen man dort, wo es einen interessiert, weiter in die Details gehen kann, zu Erklärungen, Grafiken, Zahlen: So sieht ein typischer Artikel der *Windover View* aus.

Doch ab und zu ereignen sich Dinge, die zu schildern einer anderen Textform bedürfen, und dies ist so ein Fall. Ich habe eine Geschichte zu erzählen, die zu lang ist, um sie in meiner Zeitung unterzubringen, und zu wichtig, als dass ich sie dem Rest der Welt vorenthalten dürfte – deswegen war es nötig, ein Buch zu schreiben.

Wozu brauchen wir Nachrichten? Wir brauchen sie, weil wir wissen wollen, was von dem, was in der Welt vor sich geht, uns betreffen oder gar gefährden könnte. Wir brauchen sie, weil das Leben inhärent unsicher ist und im Prinzip jedes einzelne Lebewesen an jedem einzelnen Tag darum kämpft, ihn nicht zu seinem Todestag werden zu lassen.

Sicherheit, das lernen wir früh, ist eine Illusion.

Die einzige Sicherheit ist die, dass jeder von uns eines Tages sterben wird.

Doch selbst diese Gewissheit könnte ins Wanken geraten. Es gibt Menschen, die daran rütteln.

Und genau darum wird es im Folgenden gehen.

* * *

Auf Anraten unseres Firmenanwalts werde ich absichtlich vage bleiben, was den Zeitrahmen der nachfolgend zu schildernden Ereignisse anbelangt. Auch habe ich etliche Namen verändert und mir hinsichtlich der Schauplätze gewisse Freiheiten erlaubt. Es ist mir schwergefallen, das zu tun, denn ich bin, was unsere Zeitung anbelangt, stolz auf die Präzision unserer Angaben und Zahlen. Unser Rechtsbeistand hat mich jedoch davon überzeugt, dass es so für alle besser ist.

Am besten, Sie lesen dieses Buch, als sei es ein Roman.

I
DIE EINLADUNG

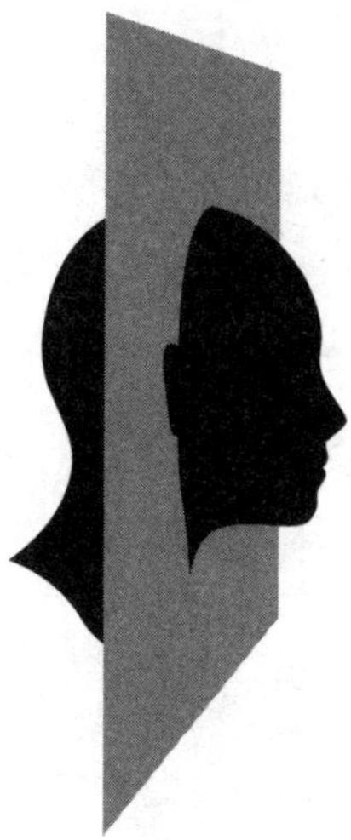

Kapitel 1

Montags Punkt zehn Uhr findet bei uns immer die sogenannte »große« Redaktionssitzung statt. Es ist der einzige Termin, der feststeht, die Konstante unseres Lebens, seit unsere Zeitung existiert. Wir treffen uns, um gemeinsam die Leitlinien für die vor uns liegende Woche herauszuarbeiten, zusammenzutragen, was sich momentan an großen Trends in der Welt abzeichnet und was wir tun müssen, um sie adäquat zu beschreiben.

Wenn es im Lauf der Woche notwendig werden sollte, über Details zu diskutieren – was für gewöhnlich der Fall ist –, erledigen wir das mithilfe moderner Bürokommunikationssysteme. Mit anderen Worten, dann erscheinen Texte auf Bildschirmen, werden gelesen, kommentiert und überarbeitet, oft gleichzeitig von mehreren Personen und oft über Kontinente hinweg. Wo nötig, telefonieren wir oder starten eine Ad-hoc-Videokonferenz. Hausintern klären wir vieles einfach im direkten Gespräch, bei einer Tasse Tee oder Kaffee. In den Redaktionskonferenzen jedoch liegt nur ein großes Notizbuch vor mir, blanke Seiten im Format A4, in Leder gebunden. Ich bin überzeugt, dass sich in dem, was ich darin an Fragen und Stichworten notiere, ergänze oder durchstreiche, der Zustand der Welt im Grunde am besten abbildet, zumindest, was mich betrifft.

In diesem Notizbuch könnte ich nachsehen, welche Themen, Trends und Entwicklungen wir an jenem Montag im Oktober diskutiert haben, an dem alles begann, aber ich tue es nicht. Absichtlich, denn, wie gesagt, ich möchte die nachfolgend zu schildernden Ereignisse zeitlich lieber nicht allzu klar einordnen. Ich kann so viel sagen, dass nichts »Großes« darunter war, und den Rest kann man sich denken – im Nahen Osten kriselt es immer, in Brüssel wird immer an irgendwelchen weitreichenden Plänen gebrütet, immer werden neue Firmen gegründet und geraten andere in Schieflage, und immer wird viel über die Umwelt geredet und wenig für sie getan.

Unser Konferenzraum befindet sich im zweiten Stock unseres im Herzen Amsterdams gelegenen Redaktionsgebäudes, direkt über unserer Cafeteria, auf derselben Etage wie die Büros unserer Statistikabteilung und die des halben Rechercheteams. Die andere Hälfte der Rechercheure haust unterm Dach, und das ist ein Bereich des Hauses, den zu betreten ich lieber vermeide, denn unsere Rechercheure sind, sagen wir mal … *speziell*. Und ich will, dass sie das bleiben, denn sie leisten hervorragende Arbeit.

Die Fenster des Konferenzraums weisen nach Norden. Dadurch ist der Raum zwar hell, aber nicht *zu* hell, denn es sind mindestens unsere Büros in Paris, Singapur und Los Angeles per Video zugeschaltet. In Singapur ist es dann siebzehn Uhr abends, und Yu Chow, der Leiter unserer dortigen Niederlassung, beschließt seinen Arbeitstag mit dieser Konferenz. Greg Scott in L.A. dagegen, wo es erst ein Uhr früh ist, muss seinen Sonntagabend opfern. Doch er ist ohnehin eine Nachteule, unverheiratet und kinderlos; man kriegt ihn um diese Zeit auch unter der Woche zuverlässig ans Telefon. Eine Konferenz hingegen, für die er morgens um neun Uhr wach sein müsste, wäre eine Herausforderung für ihn, die wir ihm lieber ersparen.

Wir sprechen bei diesen Treffen natürlich auch über Internes. Marta Udenthal, die kaufmännische Geschäftsführerin und meine Stellvertreterin, legte gerade unsere momentane finanzielle Situation dar – wir nehmen viel Geld ein, gewiss, aber wir geben auch unglaublich viel wieder aus –, als es an der Tür klopfte und Octavia Gabriel hereinkam, unsere Sekretärin.

»Ich störe ungern«, erklärte sie mit sanftem Lächeln in das abrupte Schweigen hinein, »aber ich glaube, es ist wirklich dringend.«

Damit legte sie einen zusammengefalteten Zettel vor mich hin, bedachte die Runde noch einmal mit einem Blick aus ihren leuchtend blauen Augen und entschwand wieder.

Ich lugte in den Falz des Zettels. *Frau Lestari bittet um SOFORTIGEN!!! Rückruf* stand da und eine Telefonnummer in London.

Eine Nummer, die Octavia gar nicht hätte aufschreiben müssen, denn ich kannte sie auswendig.

Ich holte tief Luft, schob den Zettel in die Tasche und sagte: »Leute, ich fürchte, ihr müsst mich kurz entschuldigen. Das hier ist tatsächlich dringend.«

»Wir unterbrechen«, bestimmte Marta.

* * *

Marta folgte mir die Treppe hinab in den ersten Stock, aber nicht, um in die Cafeteria oder in ihr Büro zu gehen, sondern um mir in meines zu folgen.

»James – was ist los?«, wollte sie wissen. »Was ist so wichtig, dass du eine *Redaktionskonferenz* unterbrichst?«

Ich verstand ihre Beunruhigung: Das hatte ich noch nie zuvor gemacht. Im Gegenteil, ich predigte immer, der Montagstermin sei unantastbar. Heilig. Unterbrechungen nur, falls ein Atomkrieg ausbrach oder Aliens landeten.

»Ich erklär's dir«, sagte ich, »aber nicht jetzt. Jetzt muss ich telefonieren.«

Marta ist eine patente, fröhliche Frau, die mit sich und ihrem Leben im Reinen ist und für jeden stets ein Lächeln und ein freundliches Wort übrig hat. Doch es gibt Momente, in denen es in ihr brodelt und man meinen könnte, ihre rötlichbraunen Haare würden sich gleich in flammende Feuerzungen verwandeln, und dies war so ein Moment.

Doch bevor Schlimmeres passierte, wandte sie sich ab, verließ mein Büro und zog die Tür hinter sich zu.

Mir tat das sehr leid. Marta ist meine Geschäftspartnerin, ja, meine Vertraute. Ich habe mit ihr zusammen diese Firma aufgebaut und hatte keine Geheimnisse vor ihr – keine, bis auf dieses.

Heute, dämmerte mir, ging eine schöne, glückliche Epoche zu Ende, und eine neue begann.

Hoffentlich.

Ich nahm den Hörer ab und wählte die Nummer auf dem Zettel.

»Lestari – James Windover hier«, sagte ich, als sich eine helle, junge Frauenstimme meldete. »Ist etwas mit Ihrer Mutter?«

»Nein, mit ihr ist alles in Ordnung«, antwortete sie fröhlich. »Aber sie will Sie dringend sprechen. Persönlich. Heute noch.«

»*Heute noch?* Wieso das denn?«

»Das weiß ich nicht. Aber sie hat gesagt, wenn Sie nicht so schnell wie möglich kommen, werden Sie es bestimmt sehr bedauern.«

Das ist nicht unbedingt das, was man hören will zu Beginn einer Woche, die gerade noch so friedlich vor einem gelegen hat. Ich weckte den Computer auf und betrachtete meinen Terminkalender.

»Hören Sie, wie wäre es etwas später in der Woche? Sagen wir, am Donnerstag?«

»Mutter hat gesagt, heute.«

»Lestari – wie soll ich das denn machen? Wir haben gerade Redaktionssitzung. Die geht mindestens bis dreizehn Uhr. Und heute Nachmittag muss ich –«

»Ein Flugzeug braucht von Amsterdam bis London eine Stunde und fünfzehn Minuten«, unterbrach sie mich freundlich. »Sie können heute Nachmittag hier sein und abends wieder zurück.«

»Ich weiß.« Die Sache ist die: Ich hasse es, zu fliegen. Nicht aus Flugangst, sondern weil man als Fluggast heutzutage behandelt wird wie zu transportierendes Vieh. Ganz davon abgesehen war Lestaris Rechnung sehr theoretisch, denn in der Praxis muss man bei Flügen mindestens ein bis zwei Stunden vor dem Abflug antanzen, sich unsinnig oft kontrollieren und durchleuchten lassen, dann warten, warten und nochmals warten, und selbst wenn der Flug keine Verspätung hat, landet man am Ende ja nicht in London, sondern fünfzig Kilometer davon entfernt, was auf noch gut eine weitere Stunde Fahrzeit hinausläuft.

»Heute Abend, achtzehn Uhr«, sagte ich. »Wäre das schnell genug?«

»Das wäre großartig«, erwiderte sie. »Tatsächlich hat Mutter mit genau diesem Termin gerechnet. Ich sage ihr Bescheid, dass Sie kommen.«

»Ja, sagen Sie ihr Bescheid«, meinte ich seufzend.

Dann legte ich auf, ging hinüber in unser Sekretariat und sagte: »Octavia, ich brauche einen Platz im Eurostar um dreizehn Uhr. Egal, welche Klasse.«

Und zu Marta, die in der Tür ihres eigenen Büros lehnte, die Arme vor der Brust verschränkt und die Brauen argwöhnisch gefurcht, sagte ich: »Du hast jetzt das Kommando.«

»Willst du mir nicht erklären, was das alles zu bedeuten hat?«

»Doch«, sagte ich. »Aber es ist eine lange Geschichte, und ich muss los. Ich erzähl sie dir, wenn ich zurück bin.«

* * *

Über unser Redaktionsgebäude sei so viel verraten, dass es sich, wie erwähnt, im malerischen Zentrum Amsterdams befindet, nahe der Grachten, aber abseits aller touristischen Trampelpfade. Die alten Häuser Amsterdams sind bekanntlich sehr schmal gebaut, weil man zu der Zeit nach der Breite seiner Straßenfassade besteuert wurde, deswegen mussten wir zwei direkt nebeneinanderliegende Häuser kaufen und mit allerlei Durchbrüchen und anderen Umbauten zu einer Einheit verbinden. Von außen erkennt man das nicht, weil die zuständige Behörde eine Veränderung der Fassade nicht genehmigt und wir das ohnehin nicht gewollt hätten. Von der Straße aus sieht man zwei getrennte Haustüren und ein Hoftor aus dunkelgrünem Holz. Auf einem winzigen Klingelschild steht »Wind. View«. Das ist alles.

Im Erdgeschoss befinden sich Lagerräume für Büromaterial, eine Waschküche, ein Hauswirtschaftsraum, Stellplätze für Fahrräder (es gibt auch Stellplätze auf der Straße, aber wir wollen nicht, dass man sieht, wie viele Leute bei uns kommen und gehen), Serverräume, Umkleiden und sogar zwei Duschen: Die waren schon da, als wir das Haus übernommen haben, und haben sich als nützlich erwiesen, wenn man im Sommer verschwitzt mit dem Rad ankommt. Praktisch jeder von uns hat einen beträchtlichen Teil seiner Garderobe in einem Spind untergebracht. Ich hatte mir schon lange vorgenommen, hier eine fertig gepackte Reisetasche zu deponieren, für alle Fälle, doch wie das so ist mit guten Vorsätzen, ich hatte es immer vor mir hergeschoben, und deswegen musste ich jetzt nach Hause düsen, um zu packen.

Man fährt viel Rad in Amsterdam, vor allem, wenn das Wetter gut ist. Fahrräder haben zudem immer Vorfahrt, außer vor der Straßenbahn. In der Theorie. In der Praxis können Sie als Radfahrer so gut wie alles machen und kommen damit durch, nur mit einem nicht: Ihr Rad an einem Platz abzustellen, wo es nicht erlaubt ist. Ach ja, und wenn Sie Ihr Rad auf der Straße stehen lassen, sichern Sie es mit mindestens zwei verschiedenen Schlössern. Es hat mich meine ersten beiden Fahrräder gekostet, das zu lernen; sparen Sie sich dieses Lehrgeld.

An diesem Montag war es für Oktober sensationell schön, deswegen war ich mit dem Rad ins Büro gekommen. Das kam mir nun zugute: Rad aus dem Hoftor rollen, zuschließen, aufsitzen und ab durch die Mitte. Ich wohne in der Nähe des Slotersees; das sind zwanzig Minuten mit dem Rad. Mit der Linie 17 dauert es etwa genauso lange, aber auf die Straßenbahn hätte ich warten müssen.

Lestari ist die Adoptivtochter von Anahit Kevorkian, einer britischen Milliardärin, die es irgendwie schafft, der Aufmerksamkeit all jener Business-Magazine zu entgehen, die sich regelmäßig bemüßigt fühlen, Ranglisten der fünfzig oder hundert reichsten Menschen der Welt aufzustellen. Sie würde fraglos auf eine solche Liste gehören, aber sie legt keinen Wert darauf.

Anahit ist ungefähr Mitte fünfzig und sitzt seit einem schweren Verkehrsunfall vor über zwanzig Jahren im Rollstuhl. Nach allem, was ich gehört habe, hat das ihrer Neigung, Dinge unverblümt beim Namen zu nennen, keinerlei Abbruch getan, eher im Gegenteil. Sie ist grantig und verbreitet mit Vorliebe schlechte Laune um sich herum, und ihr mitleidloser Blick und ihre spitze Zunge können verletzen. Trotzdem mag ich sie irgendwie gut leiden. Ihr Mann Edvard, Gründer und Inhaber von *Kevorkian Investments*, war ein vorsichtiger Investor, aber ein risikofreudiger Autofahrer – er ist bei dem Unfall damals ums Leben gekommen. Bei seiner Frau verhält es sich genau umgekehrt. Nach dem Tod ihres Mannes hat sie die bis dahin eher bescheidene Firma mit einer Reihe von waghalsigen Manövern zu einem Imperium ausgebaut, das den halben Erdball umspannt. Vielleicht auch den ganzen, so genau weiß ich das gar nicht.

Was mich betrifft, war sie vor allem diejenige, auf deren Initiative die Gründung von *The Windover View* rund sieben Jahre zuvor zurückging. Sie hat mich zu diesem Projekt überredet, mich mit einer großzügigen Anschubfinanzierung versehen und mir später auch die ersten Kunden verschafft – aber sie hatte, typisch für sie, darauf bestanden, dass das alles unter uns blieb.

Das war mit dem heutigen Alarm hinfällig geworden. Ich würde Marta alles erzählen müssen. Und ob sie mir verzeihen würde, sie nicht eingeweiht zu haben, stand in den Sternen.

* * *

Ich wohne in Nieuw-West, im ersten Stock eines hübschen Ziegelbaus, ungefähr hundert Meter von der nächsten Haltestelle entfernt. Vielleicht sind es auch zweihundert Meter, ich habe es nicht gemessen. Nah jedenfalls, was nützlich ist, wenn es regnet. Und es regnet oft in Amsterdam.

Als ich ankam, verstaute ich das Fahrrad hastig im gemeinsamen Radkeller, eilte dann die Treppe hinauf und zog unterwegs mein Telefon aus der Tasche. Das elektronische Ticket für den Eurostar war bereits angekommen; ich würde Business Premier fahren – sehr angenehm also.

Und die zugehörige Message von Octavia lautete: *Ich habe Fragen.*

Hastig schloss ich meine Wohnungstür auf, tippte auf dem

Kästchen im Flur den Code ein, der die Alarmanlage abschaltete, dann rief ich Octavia zurück.

»Wegen Ihrer Rückfahrt morgen«, sagte sie ohne Begrüßung. »Wenn ich unterstelle, dass Sie zu einer menschlichen Zeit aufstehen wollen, dann würde sich der 11 Uhr 04 anbieten. Sie wären dann um 16 Uhr 11 wieder in Amsterdam.«

»Das klingt gut«, sagte ich, »aber die Sache ist die, dass ich nicht weiß, was mich erwartet. Bis wann müsste ich Ihnen Bescheid geben?«

»Zwei Stunden vorher reicht.«

»Gut, dann melde ich mich rechtzeitig.«

»Die zweite Frage betrifft Ihren Aufenthalt. Werden Sie bei Ihrer Freundin unterkommen, oder brauchen Sie ein Hotelzimmer?«

»Das muss ich jetzt gleich klären, aber ich denke, ich komme zurecht.«

»Das wäre zu empfehlen«, meinte sie, »denn in London ist gerade Messe, und ich habe nachgeschaut – was Hotelzimmer anbelangt, gibt es praktisch nur noch übelste Absteigen. Zu Irrsinnspreisen, versteht sich.«

»Gut, ich betrachte mich als gewarnt«, sagte ich.

»Das wäre dann alles. Gute Fahrt.«

»Danke.« Ich beendete das Gespräch und sah, dass mein Anrufbeantworter blinkte. Ich besitze noch eines dieser guten, alten Geräte, die Anrufe tatsächlich noch selber speichern und sie nicht irgendwelchen Servern der Telefongesellschaft überlassen.

Es war ein Anruf meines Vaters, der erst mal knurrig bemäkelte, dass ich ja wohl nie zu Hause sei, und dann meinte: »Wenn du irgendwann nach London kommen solltest … na ja … vielleicht besuchst du deinen alten Herrn mal wieder, hm?«

Das hatte ich allerdings nicht vor, schon gar nicht heute.

Es stimmte, dass meine Besuche selten geworden waren in den letzten Jahren. Aber das lag nicht daran, dass ich so viel zu tun hatte; das schützte ich nur vor. Es lag daran, dass solche Besuche nie so verliefen, dass ich hinterher Lust auf eine Wiederholung hatte. Im besten Fall verbrachten wir einen langen Abend in einem stinkenden Pub und tranken Ale aus verschmierten Gläsern, während rings um uns herum laut gegrölt und geschimpft wurde, auf die Regierung, das Wetter und auf Dartpfeile, die nicht so trafen, wie sie sollten.

In der Regel aber endeten meine Besuche im Streit, weil es meinem Vater, dem alten Gewerkschaftler, gegen den Strich ging, dass ich für den ›Feind‹ arbeitete, wie er es immer nannte. »Ich habe einen Verräter an unserer Klasse großgezogen«, sagte er meistens irgendwann, und wenn ich ihn dann daran erinnerte, dass es in der Hauptsache meine Mutter gewesen ist, die mich großgezogen hat, war für gewöhnlich nichts mehr zu retten.

Wohlgemerkt, ich habe nichts gegen Gewerkschaften. Sie sind ein notwendiges Gegengewicht zur Macht der Besitzenden. Aber mein Vater hat eine Religion daraus gemacht, und das geht *mir* gegen den Strich.

Ich löschte den Anruf und rief stattdessen Joan an, meine Freundin. Frau Doktor Joan Hayward ist knapp fünf Jahre jünger als ich und Ärztin am St. Mary's Hospital in London. Entsprechend schwierig ist es, sie telefonisch zu erreichen. Auf ihrem Mobiltelefon klappte es schon mal gar nicht; ich hätte ihr zwar eine Nachricht hinterlassen können, aber das verbot sich meiner Ansicht nach.

Ihrem Schichtplan, den sie mir regelmäßig schickt und den ich im Telefon stets bei mir habe, entnahm ich, dass heute ohnehin ein denkbar ungeeigneter Tag für einen Spontanbesuch war. Sie hatte Spätschicht, mit anderen Worten, je nachdem, wie lange ich bei Anahit Kevorkian sein würde, kam ich womöglich vor ihr in ihrer Wohnung an, sie würde total erledigt sein, und obendrein musste sie am nächsten Tag früher raus wegen einer Fortbildung.

Das nunmehr grüne Auge meines Anrufbeantworters schien mir spöttisch zuzublinzeln. Ja, bei meinem Vater konnte ich zur Not auch unterkommen. Aber ich richtete ein stummes Bittgebet an eventuelle höhere Mächte, dass sie mir dies ersparen mochten, und telefonierte dann ein paar andere Anschlüsse im Krankenhaus ab.

Endlich bekam ich Joan an den Apparat. Sie klang, wie meistens, erschöpft, und sie war auch nicht besonders begeistert, als ich ihr sagte, dass ich käme.

»James, mir geht's heute nicht so gut«, meinte sie seufzend. »Ich freu mich, dich zu sehen, ja, aber … erwarte nichts, okay?«

»Ein warmes Plätzchen am Ofen, mehr brauch ich nicht«, versprach ich. »Ich werde dich sanft küssen, dir den Rücken massieren und dir die neuesten Geschichten aus der Welt der Nachrichten erzählen, bis du eingeschlafen bist.«

Mit einer Rückenmassage kriegte ich sie normalerweise immer. Doch diesmal sagte sie: »Ach, ich weiß nicht … kann ich mir grade nicht so recht vorstellen …« Im Hintergrund rief jemand etwas, das ich nicht verstand, und ein Gerät fing an, nervtötend zu piepsen. »Du, ich muss«, sagte sie.

»Okay, dann bis heute Abend«, rief ich, aber da war die Leitung schon tot.

Nun, in der Regel sind unsere Telefongespräche mit mehr Begeisterung verbunden, aber immerhin, es war ausgemacht, und alles Weitere würde sich finden. Ich sah auf die Uhr: Keine Zeit zu verlieren. Hurtig holte ich mein handliches Rollköfferchen aus dem Schrank und packte. Das geht bei mir schnell, denn in besagtem Köfferchen steckt eine schon fertig gepackte Kulturtasche mit einem zweiten Rasierapparat, und da ich meine Garderobe stets peinlich in Ordnung halte, brauche ich alles Übrige – Unterwäsche, Schlafanzug, frische Hemden und so weiter – nur aus dem Schrank zu nehmen. Auf der Innenseite der Tür hängt eine Checkliste, damit ich nichts vergesse. Eine Sache von Minuten also. Ein letzter Blick in die Runde: Alles in Ordnung. Ich löschte das Licht im Flur, nahm mein Köfferchen, schaltete die Alarmanlage wieder ein und machte mich auf den Weg. Bei meiner Wohnungssuche ist die Nähe zu einer Straßenbahnhaltestelle ein wesentliches Kriterium gewesen: Zu Fuß bin ich in weniger als fünf Minuten an der Station Meer en Vart, von wo aus mich die Linie 17 normalerweise bis zur Haltestelle Rozengracht bringt, was nur noch ein paar Schritte von unserem Redaktionsgebäude entfernt ist. Doch praktischerweise fährt die Linie 17 auch durch bis Amsterdam Centraal, wo das gelb-blaue Geschoss auf mich wartete, der Eurostar.

* * *

An diesem Tag hatte der Eurostar nur ein paar Minuten Verspätung, und so kam ich kurz nach siebzehn Uhr Ortszeit im Bahnhof London St Pancras an. Ich fahre diese Strecke oft, aber meistens entweder ganz früh, damit Joan und ich etwas vom Tag haben, oder spät am Abend, nach der Arbeit. Um diese Tageszeit bin ich noch selten angekommen, und der Anblick des Glasdachs über der Halle, das im Licht der späten Nachmittagssonne leuchtete, kam mir ganz fremd vor.

Die Taxis setzen einen an der Ostseite des Bahnhofs ab und warten an der Westseite auf neue Fahrgäste. Ich nannte dem Fahrer eine Adresse in Kensington, allerdings nicht die des Kevorkian-Anwesens, sondern die eines Hauses, in dem Eric Clapton mal gewohnt hat. In meiner Zeit beim Musikmagazin *Hard'n Heavy* durfte ich ihn dort einmal interviewen, was mich jungen Kerl damals ziemlich beeindruckt hat und mir unvergessen geblieben ist.

Der Gitarrist wohnt da längst nicht mehr, aber Anahit Kevorkian hat es lieber, wenn ich mich nicht direkt zu ihrem Haus bringen lasse. Wie gesagt, sie ist sehr auf Verschwiegenheit bedacht.

Nachdem ich den Fahrer bezahlt hatte, war es nicht mehr weit, zweihundert Meter vielleicht, und es gibt Schlimmeres, als an einem schönen Oktoberabend durch eine der prachtvollen Straßen Kensingtons zu spazieren.

Die Häuser in dieser Straße, deren Name ich aus den schon genannten Gründen verschweigen muss, ähneln einander: Fast alle sind drei Stockwerke hoch und aus gelbbraunen Ziegeln erbaut, alle haben prachtvolle, weiß gerahmte Fenster und stellen jeweils einen Wert von zwanzig bis dreißig Millionen Pfund dar. Von der Straße aus sieht man nur große, meist etwas mitgenommen wirkende Eschen – Stadtbäume eben –, hinter denen die Häuser wie versteckt wirken, und hinter schmiedeeisernen Gartentoren stehen teure Autos geparkt. Vor dem Kevorkian-Anwesen war es ein grauer Mercedes S 600: Anahit Kevorkian ist britische Patriotin durch und durch, aber nicht, wenn es um Autos geht.

Der Türsummer ertönte, noch ehe ich die Treppe ganz genommen hatte. Ich betrat den lichtdurchfluteten Flur dahinter, dessen Boden mit schwarz-weißem Marmor ausgelegt ist. Alles atmet Eleganz und Geld, und es riecht auch so, ohne dass ich sagen könnte, was genau für ein Duft diesen Eindruck erweckt.

»Hallo, Mister Windover.« Lestari kam aus ihrem kleinen Büro. Sie ist ein rundliches Mädchen mit John-Lennon-Brille und der einzige Mensch, den ich kenne, der immerzu von strahlend-heiterer Lebensfreude erfüllt zu sein scheint. »Mutter hat noch Besuch. Wollen Sie vielleicht einen Tee, solange Sie warten?«

»Gern«, sagte ich.

Ich folgte ihr in einen kleinen Salon auf der ihrem Büro gegenüberliegenden Seite des Flurs, dessen Wände mit bedrückend viel moderner Kunst vollgehängt sind und in dem ich schon oft gewartet und mich gefragt habe, was die Künstler mit diesen Werken wohl sagen wollten.

»Das Treffen jetzt gerade wurde ganz kurzfristig nötig«, erklärte Lestari, während sie mir Tee eingoss. »Etwas Politisches.«

»Kein Problem, ich bin ja auch viel zu früh dran«, meinte ich und nahm die hauchdünne Porzellantasse entgegen, gefüllt mit einer hellgoldenen, nach Kindheit duftenden Flüssigkeit.

Noch ehe wir uns in Konversation ergehen konnten, hörte man, wie sich eine Tür öffnete und jemand eiligen Schrittes den Flur entlangkam. »Guten Abend«, rief er Lestari zu und drehte sich rasch wieder weg, als er mich sah. Was ihm nichts nützte, denn ich hatte ihn sofort erkannt; es handelte sich um einen jungen, aufstrebenden Politiker, dem viele eine große Zukunft voraussagten.

»Auf Wiedersehen«, rief Lestari ihm nach. Man hörte ihn noch etwas murmeln, dann schlug die Haustür hinter ihm zu.

Lestari sah mich strahlend an. »Jetzt können Sie zu Mutter hineingehen.«

Kapitel 2

Ich klopfte an, drückte die schwere Holztür auf, die aus irgendeinem Tropenholz besteht, das man heutzutage nicht mehr kaufen kann, und sagte im Eintreten: »Guten Abend, Anna.«

Anahit Kevorkians Arbeitszimmer ist der größte und hellste Raum des Hauses, soweit ich es kenne. Am einen Ende steht ein Schreibtisch, der aussieht wie eine unwesentlich verkleinerte schottische Burg, am anderen Ende führen drei nebeneinanderliegende Fenstertüren auf den Garten hinaus. Im Sommer steht immer eine Tür offen, die so gebaut ist, dass Anna problemlos hinaus auf die Terrasse rollen kann, wo sie gern im Schatten eines Sonnenschirms arbeitet und nebenher den Gärtnern auf die Nerven geht.

Dafür war es heute zu spät im Jahr und zu spät am Tag. Sie saß hinter der Burgwehr ihres Schreibtisches, schrieb hastig irgendetwas auf und meinte nebenher: »James. Schön, dass Sie es einrichten konnten.«

Ich breitete die Arme aus. »Sie haben gerufen – hier bin ich. Allerdings haben Sie, wenn Sie mir die Bemerkung gestatten, zur Unzeit gerufen und mich zu dem Sakrileg gezwungen, unsere Redaktionskonferenz abzubrechen. Wenn ich zurück bin, werde ich nicht umhinkommen, meiner Geschäftspartnerin zu erklären, wer Sie sind und welche Rolle Sie spielen.«

»Haben Sie das denn noch nicht getan?«, fragte sie mit offenbar aufrichtiger Verwunderung.

»Natürlich nicht. Sie hatten mir schließlich absolute Verschwiegenheit abverlangt.«

»Ja, aber doch nicht sieben Jahre lang! Inzwischen sollten Sie doch wissen, ob auf Marta Verlass ist.«

»Absolut. Ich würde ihr bedenkenlos mein Leben anvertrauen.«

»Gut. Dann vertrauen Sie ihr auch unser kleines Geheimnis an.« Sie warf den Stift aufs Papier und kam hinter ihrem hölzernen Ungetüm hervorgerollt. »Sagen Sie, wie gefällt Ihnen mein neuer Ferrari?«

Sie meinte ihren Rollstuhl. Es war ein neues Modell, das auf erstaunliche Weise nicht mehr wie eine Prothese aussah, sondern so, als hätte Apple den Rollstuhl neu erfunden.

Bis auf die knallrote Farbe allerdings.

»Schick«, sagte ich. »Man ist in Versuchung, sich die Beine zu brechen, nur um in so einem Ding fahren zu dürfen.«

»Nicht wahr?« Sie grinste schief. »Ich habe mir gesagt, wenn Leute, die nicht gut sehen können, ihre Brillen zu Modeaccessoires veredeln, warum sollten Leute, die nicht gut laufen können, mit ihren Rollstühlen nicht das Gleiche machen? Vielleicht bringe ich zusammen mit irgendeiner hochkarätigen Modekette eine ganze Serie davon auf den Markt, was halten Sie davon?«

»Ich werde mich hüten, Ihre Geschäftsideen zu kritisieren. Sie sind die Milliardärin, nicht ich. Allerdings …«

»Was?«

»Die Farbe. Ein Ferrari ist dezent im Vergleich, möchte ich meinen.«

Sie schnaubte. »Das ist doch gerade der Witz dabei! Ich habe die Nase voll davon, meinen fahrbaren Untersatz schamhaft zu verstecken, nur damit die Leute sich in meiner Gegenwart nicht unwohl fühlen. Volle Kraft voraus, sage ich! Ich lass mir einen in jeder Farbe machen, passend zu meiner

Garderobe. Und vielleicht noch einen in Neon, oder selbstleuchtend. Der Designer, der das hier gebaut hat, ist für meine Anregungen erfreulich aufgeschlossen. Nur meinen Wunsch, ein Maschinengewehr in die Armlehne einzubauen, hat er abgelehnt.«

»Was hält er von Giftstacheln?«, schlug ich vor.

Sie musterte mich befremdet. »Wozu sollte ich die brauchen? Giftig bin ich auch so.«

Ich räusperte mich. »Aber deswegen haben Sie mich nicht hergebeten, oder?«

»Nein, natürlich nicht.« Sie wies auf die Sitzgruppe vor dem Kamin, in dem immer verkohltes Holz liegt, obwohl ich noch nie ein Feuer darin habe brennen sehen. »Setzen Sie sich.«

Ich nahm auf dem beigebraunen Sofa Platz und sah zu, wie sie sich mit sichtlicher Begeisterung für die Steuerung ihres Rollstuhls auf die andere Seite des Couchtischs manövrierte. Anahit Kevorkian ist Mitte fünfzig, aber wenn ich das nicht wüsste, würde ich sie wesentlich jünger schätzen. Was sie vielleicht ihren Ahnen verdankt; ich habe oft den Eindruck, dass armenische Frauen langsamer altern als andere. Sie hat nahezu schwarze Haare, die sie nackenlang und gescheitelt trägt, und ebenso schwarze, unergründlich wirkende Augen. Doch das beherrschende Element ihres Gesichts ist ihre kühne Nase, die mitunter an den Bug eines Eisbrechers denken lässt.

Im selben Moment, in dem Anna ihre Endposition erreicht hatte, öffnete sich die Tür, und Lestari brachte ein Tablett mit Teegeschirr, einer Kanne und Keksen herein. Ich habe noch nicht herausgefunden, wie die beiden sich verständigen, aber ich vermute, telepathisch.

Und wie immer, wenn sie mit ihrer Tochter sprach, verwandelte sich Annas ganze Haltung und Ausstrahlung völlig. Alles Kratzbürstige verschwand wie nie gewesen, stattdessen strahlte sie das Mädchen an und sagte sanft: »Danke, Liebes. Du bist ein Schatz.«

Worauf Lestari ebenso strahlend Tassen und Untertassen verteilte, eingoss und mit einem Lächeln wieder entschwand.

Einen Schluck später war die Anna wieder da, die ich kannte. »Kommen wir zur Sache«, sagte sie. »Was wissen Sie über die Firma *Youvatar?*«

»*Youvatar?*« Ich nahm einen Schluck Tee, um nachzudenken. »Ein Start-up, das vor, na, sieben oder acht Monaten gegründet worden ist. Typisches Silicon-Valley-Gewächs. Es ist uns aufgefallen, weil der Investor Peter Young mit eingestiegen ist. Was trotz allem, was man ihm nachsagen kann, ja tatsächlich so etwas wie eine Erfolgsgarantie ist. Normalerweise jedenfalls. In diesem Fall aber hat man seither nichts mehr von der Firma gehört – keine Produktankündigung, keine Werbekampagne, nichts über einen geplanten Börsengang und auch sonst nichts.«

Ich staune manchmal selber, was für ein Gedächtnis ich für derlei Dinge habe. Aber natürlich hätte sie mir diese Frage besser gestellt – oder von ihrer Tochter stellen lassen –, als ich noch im Büro war, dann hätte ich alle Unterlagen mitbringen können, die sich in unseren Datenbanken finden ließen. Und in unseren Datenbanken findet sich fast immer eine Menge.

Vor allem über Peter Young. Der Investor war eine schillernde Gestalt und ein Liebling der Medien. Gern wurde über ihn kolportiert, dass er es liebte, schnelle Motorräder zu fahren, immer noch und zum Entsetzen seiner Geschäftspartner. Weniger bekannt war, dass er in jungen Jahren der amerikanischen Fechtmannschaft angehört und an einer Olympiade teilgenommen hatte, allerdings ohne eine Medaille nach Hause zu bringen.

Ja, und vor allem galt er eben als jemand, der eine Nase

für gute Geschäfte hatte und dann auch vor keinem Risiko zurückschreckte.

»Hm«, machte Anna. »Und weiter?«

Noch etwas mehr Tee half meinem Gedächtnis weiter auf die Sprünge. Wenn man erst einmal einen Faden hat, an dem man ziehen kann, führt er einen ja oft zu vergessen geglaubten Dingen. »Die Gründer der Firma sind zum einen Victoria Watson, eine ziemlich bekannte Gentechnik-Unternehmerin und so etwas wie das Covergirl des Silicon Valley, zum anderen Ralph Arnesen, ein als genial geltender Erfinder. Wir vermuten, dass er die eigentliche Schlüsselfigur ist. Victoria Watson ist CEO von *Forgenetics*, einer Firma, die glänzend dasteht und stetig expandiert. Sie ist rund achtzig Millionen Dollar wert, wobei sie viel von ihrem Geld in eine Stiftung gesteckt hat – zu welchem Zweck, das müsste ich nachsehen. Wir denken, dass sie hier einen ersten Versuch als Venture Capitalist macht und dass eine noch unbekannte Erfindung von Arnesen die Geschäftsgrundlage von *Youvatar* sein soll. Der Firmenname lässt vermuten, dass es auf irgendeine Weise um Computerspiele geht, womöglich mit besonderem Schwerpunkt auf Virtual Reality.«

Anna musterte mich wie eine strenge Lehrerin, die mit einer Antwort unzufrieden ist. »Das schließen Sie aus dem *Firmennamen?*«, fragte sie, als könne sie es nicht fassen.

»Nun ja«, sagte ich. »*Youvatar* – das erinnert vom Klang her an das Wort *Avatar*, und das wiederum bezeichnet das virtuelle Selbst in einem Computerspiel. Also, die Figur, die jemand darstellt und steuert, meine ich. Und man hat auch die Assoziation *YouTube* – *Youvatar*, was irgendwie in dieselbe Richtung geht. Natürlich ist das geraten, aber mehr haben wir nicht. Die Firma wurde gegründet, hat ein Firmengebäude angemietet, vierzig Leute eingestellt – doch es ist nicht zu erfahren, was sie eigentlich vorhat, der Welt anzubieten.«

Sie schnaubte. »Haben Sie sich mal das Firmenlogo angeschaut?«

»Das Firmenlogo?« Es schien an diesem Abend mein Schicksal zu sein, ihre Fragen zu wiederholen. Ich versuchte, mich an das Logo zu erinnern. »Ja, ich meine, das habe ich gesehen. Aber es ist nichts Besonderes. Einfach der Name in Großbuchstaben. In einer serifenlosen Schrift, schätzungsweise in der Avenir.«

»Also haben Sie es sich *nicht* angeschaut«, urteilte Anna, packte ihren Steuerhebel und sauste zu ihrem Schreibtisch. Gleich darauf kehrte sie mit einem an ihr Büro adressierten Briefumschlag zurück, auf den in der linken oberen Ecke das Logo von *Youvatar* aufgedruckt war, und drückte ihn mir in die Hand.

Es war der Name. In Großbuchstaben. In einer serifenlosen Schrift. So, wie ich es gesagt hatte.

»Und?«, fragte ich. »Was hätte mir auffallen sollen?«

»Das V«, sagte sie. »Schauen Sie mal genau hin.«

Ich sah genau hin. Der Buchstabe V sah aus, als werfe er einen Schatten, während alle anderen Buchstaben das nicht taten. »Er wirft einen Schatten. Der einzige grafische Effekt an der Sache.«

»Aber angenommen, es ist *kein* Schatten. Dann wäre das kein V, sondern ein W. Und nun unterteilen Sie den Namen mal so …«

Sie hatte einen Bleistift mitgebracht, beugte sich vor und zeichnete zwei Striche ein, sodass der Firmenname so aussah:

YOU | WAT | AR

»Die Anfangsbuchstaben der Namen!«, erkannte ich und ärgerte mich nicht schlecht, dass ich da nicht selber drauf gekommen war. »YOU für Young, WAT für Watson und AR für Arnesen!«

»Genau. Und jetzt sag ich Ihnen mal, was ich über diese

Firma denke.« Sie zupfte mir den Briefumschlag wieder aus der Hand und surrte zurück zu ihrer Teetasse. »Victoria Watson ist nicht einfach nur irgendeine Gründerin, die halt eine Marktlücke entdeckt hat und damit erfolgreich ist, sondern eine wirklich innovative Forscherin. Die Grundlage von *Forgenetics* ist das Cotteril-Watson-Verfahren, das sie zusammen mit Joy Cotteril entwickelt hat, mit der sie in ihrem ersten Jahr in Harvard im selben Zimmer war. Mir gehören zwei pharmazeutische Werke, ich habe mit den Laborleitern dort telefoniert, und beide sagen, ohne die Produkte von *Forgenetics* könnten sie zumachen.«

»Verstehe«, murmelte ich und wunderte mich einmal mehr, wie gut Anahit Kevorkian informiert war: Als hätte sie außer meiner Zeitung *noch* einen geheimen Nachrichtendienst.

»Dann Ralph Christian Arnesen. Ein anerkanntes technisches Genie, das sich zwar, da haben Sie recht, schon auf vielen Gebieten betätigt hat – Sie könnten übrigens mal rausfinden, wie viele Patente dem Mann eigentlich gehören –, aber sein Hauptgebiet ist die Nanotechnologie. Er hat das Standardwerk dazu geschrieben, berät den Präsidenten in allen Fragen dazu, hat mehr Ehrendoktorhüte, als auf einen Kopf passen … und dabei ist der Kerl erst siebenunddreißig! Da kann also noch viel kommen.«

»Und was«, fragte ich, »*denken* Sie, dass da noch kommt?«

»Logischerweise irgendwas, bei dem Gentechnik – oder Biologie – und Nanotechnik miteinander kombiniert werden.«

»Und wie passt Peter Young da hinein?«

Sie machte eine wegwerfende Handbewegung. »Er wittert ein großes Geschäft, was sonst? Was anderes macht der Mann ja nicht. Außer Geld und großen Sprüchen, was er alles viel, viel besser machen würde, wenn er nur Präsident wäre.«

»Was er nicht werden kann, weil er nicht in den USA geboren ist.«

Anna grinste haifischartig. »Das grämt ihn *unglaublich.*«

Ich nahm einen Keks und deutete damit, ehe ich ihn seiner Bestimmung zuführte, auf den Umschlag in ihrer Hand. »Wie kommt es überhaupt, dass Sie einen Briefumschlag von der Firma *Youvatar* besitzen?«

»Endlich stellen Sie mal die wirklich relevanten Fragen«, erwiderte sie und hob den Umschlag hoch, als wäre er eine Trophäe. »Die haben mir geschrieben, ganz einfach. Und zwar haben sie mir eine Einladung geschickt zu einem Investorentreffen, bei dem sie … wie haben die das formuliert?« Sie blickte zu ihrer Schreibtischfestung hinüber, schien aber dann doch keine Lust zu haben, den Brief zu suchen und nachzuschauen. »Na, jedenfalls laden sie einen ausgewählten Kreis von Besitzern dicker Brieftaschen ein, um ihnen ihre Firma vorzustellen und dabei Geld einzusammeln, darauf läuft's hinaus. Und alles supergeheim, weil alles derart superinnovativ ist, dass sie damit noch nicht an die Öffentlichkeit gehen können. Irgendwie so.«

»Klingt … dubios«, sagte ich.

»Extrem dubios«, pflichtete sie mir bei. »Ich war dicht davor, den Brief wegzuwerfen. Aber dann hab ich's doch nicht getan, und zwar, ehrlich gesagt, weil Peter Young dabei ist. Der Mann hat schließlich einen Ruf zu verlieren. Der würde sich nie im Leben an einem Schwindelunternehmen beteiligen.«

Ich nickte. »Sehe ich auch so.«

»Also habe ich die anderen beiden Namen in der Wikipedia nachgeschlagen und gedacht, hm, vielleicht ist ja doch was dran. Bloß was?«

»Und?«, fragte ich. »Gehen Sie hin?«

Sie kaute ein bisschen auf der Antwort herum. »Bis gestern war ich mir unschlüssig. Einerseits, andererseits. Sie kennen das bestimmt.«

Ja, dachte ich, *aber nicht von Anahit Kevorkian.*

»Bis mir«, fuhr sie fort, »gestern Abend ein Gedanke kam.«

»Aha?«, machte ich.

Sie beugte sich vor und stützte die Ellbogen auf die Armlehnen. »Es ist natürlich nur eine Vermutung. Aber was könnte man erreichen, wenn man Genetik und Nanotechnik miteinander kombiniert?«

»Puh«, meinte ich. »Da dürften die Möglichkeiten endlos sein.«

»Ja, aber was davon verspräche, so lukrativ zu sein, dass ein Peter Young einsteigt?«

»Das«, gab ich zu, »schränkt die Bandbreite schon etwas ein.«

Sie führte die Fingerspitzen ihrer Hände zusammen und sagte ahnungsvoll: »Mir fallen zwei Möglichkeiten ein, mit denen sich jeweils unermesslich viel Geld verdienen ließe … und die mir beide sehr gefallen. Die eine wäre, den Alterungsprozess des Körpers zu stoppen oder sogar wieder rückgängig zu machen – also eine Verjüngungskur. Reichlich utopisch, zugegeben. Die andere, eher in Reichweite: die Heilung von Querschnittslähmung. Nanoroboter, die durchtrennte Nervenbahnen im Rückenmark wieder verbinden, und Gentechnik, die sie dazu anregt, zusammenzuwachsen und zu funktionieren wie vorher. Und die Lahmen erheben sich und gehen wieder. Wie klingt das für Sie?«

Mir war, ich gestehe es, ein Schauer über den Rücken gelaufen, als sie das gesagt hatte. Sie hatte recht, erkannte ich. Die Kombination der Talente hinter dieser Firma mochte tatsächlich geradezu Phantastisches in den Bereich des Machbaren rücken.

»Absolut plausibel«, sagte ich. »Und ich schätze, die zweite Möglichkeit gefällt Ihnen noch viel mehr als mir.«

»Darauf können Sie einen lassen«, erwiderte sie. »Und deshalb möchte ich, dass Sie an meiner Stelle zu diesem Investorentreffen gehen, sich alles ganz genau anschauen und mir hinterher raten, ob ich in diese Firma investieren soll oder nicht.«

Mir fiel fast die Tasse aus der Hand. »Ich?«

»Sie. Ja.«

»Warum denn das?«

»Weil ich zu befangen wäre!« Sie schnaubte. »Das ist mir heute früh beim Aufwachen klar geworden. Deswegen habe ich Sie doch gleich hergebeten! Mir könnten die alles versprechen, ich würde es glauben. Ich brauche jemand, der einen neutralen Standpunkt hat. Der imstande ist, die Sache nüchtern zu betrachten. Also Sie. Es ist dasselbe wie bei Ihrer Zeitung. Wir haben viel darüber gesprochen, erinnern Sie sich? Darüber, wie man überhaupt so etwas wie einen einigermaßen objektiven Standpunkt, eine objektive Sicht auf die Dinge gewinnen kann?«

Ich nickte langsam. Natürlich erinnerte ich mich, gut sogar. »Man muss sich beim Berichten über eine Sache darüber klar sein, was man sich *wünscht*, dass es wahr wäre. Nur dann hat man eine Chance, zu berichten, ohne dass der Bericht durch diesen Wunsch gefärbt wird.«

»Genau. Und mein Wunsch ist so stark, dass ich ihn schon in die bloße Kombination dieser drei Leute hineinprojiziere!«, rief sie aus, hieb dann auf ihren Steuerhebel und schoss davon, damit ich ihre Tränen nicht sehen konnte. Die ich aber trotzdem gesehen hatte.

Sie rollte zu einem gedrechselten Tischchen, auf dem ein Rahmen mit einem Foto ihres Mannes stand. »Ich würde ohne Bedenken die Hälfte meines Vermögens hergeben, wenn ich dann wieder gehen könnte wie früher«, stieß sie hervor, den Blick auf das Bild gerichtet, als rede sie gar nicht mit mir. »Und … und den Rest auch noch, alles, bis auf den letzten Penny, wenn sie mich wieder jünger machen würden und ich die Chance hätte, zwanzig Jahre Sex nachzuholen!«

Ich schwieg betreten, wie es sich für einen Engländer bei diesem Thema gehört.

»Wissen Sie, James«, sagte sie nach einer Weile mit ungewöhnlich sanfter Stimme, indem sie das gerahmte Foto an sich nahm und es sehnsuchtsvoll betrachtete, »wenn Edvard als Investor nur halb so wagemutig und phantasievoll gewesen wäre, wie er im Bett war, dann wäre er der reichste Mann der Welt geworden.« Sie lachte auf, und nun hörte man ihre Tränen. »Oder der ärmste, wer weiß das schon. Aber dann hätte er sich wenigstens keine schnellen Autos leisten können, und wir hätten immer noch das herrlichste Leben.«

Eine Weile saß sie so da, in Erinnerungen versunken, und streichelte den schweren Silberrahmen.

Dann stellte sie das Bild wieder an seinen Platz, drehte ihren Rollstuhl in meine Richtung und sagte: »So, genug Sentimentalität für heute. Das ist meine Bitte an Sie, James: Gehen Sie zu diesem Investorentreffen bei *Youvatar* und finden Sie heraus, ob das, was die vorhaben, Hand und Fuß hat.«

Ich unterdrückte ein Seufzen und fragte gefasst: »Wann findet dieses Treffen denn statt?«

»Am kommenden Wochenende.«

»Am kommenden Wochenende?«, rief ich entsetzt aus.

»Samstagnachmittag bis Sonntagnachmittag«, sagte Anna und fügte hinzu: »Sie kriegen mein Privatflugzeug, um nach Kalifornien zu fliegen. Damit Sie wenigstens unterwegs nicht leiden müssen.«

»Aber, Anna, das ist … Heute ist Montag. Morgen bin ich erst am Nachmittag wieder in der Redaktion. Dann bleiben der Mittwoch, der Donnerstag und vielleicht noch der Freitag für Recherchen … Das ist zu kurz! Viel zu kurz!«

»Ich weiß. Hätte mir alles viel früher einfallen sollen. Ist aber halt nicht so gewesen.«

Ich hatte Mühe, mich wieder zu fassen, doch da mir klar

war, dass ich diese Bitte unmöglich abschlagen konnte, sagte ich: »In Ordnung. Ich tue, was ich kann.«

Mir blieb die Hoffnung, dass sich in unseren Datenbanken mehr Informationen über *Youvatar* befanden, als ich kannte, als Beifang von Recherchen zu anderen Themen vielleicht. Derlei kam häufig vor, weil es leicht ist, etwas abzuspeichern, aber aufwendig, es auszuwerten.

»Ich danke Ihnen, James«, sagte Anahit Kevorkian und wirkte einen Moment lang auf eine Weise erschöpft, wie ich sie gar nicht kannte. Dann lächelte sie wieder schelmisch. »Hatte ich recht, als ich gesagt habe, Sie würden es bedauern, nicht so schnell wie möglich zu kommen?«

Ich erhob mich zum Gehen. »Sie haben doch immer recht, Anna.«

* * *

Lestari bestellte mir ein Taxi an die nächstgelegene Straßenecke und verabschiedete mich so fröhlich, dass mir erst draußen auf der Straße allmählich aufging, worauf ich mich da eingelassen hatte.

Nicht, dass ich wirklich eine Wahl gehabt hätte.

In diesen reichen Vierteln ist so gut wie nie jemand zu Fuß unterwegs; ich stand ganz allein da, als ich die Kreuzung erreicht hatte. Also wagte ich es, mein Telefon zu zücken und in der Redaktion anzurufen.

Ich bekam Rens Reijnders an den Apparat. Rens ist ein drahtiger, topfitter Mann, der allerlei Extremsportarten wie Freeclimbing oder Basejumping betreibt und bisher auch überlebt hat, und er ist vier Jahre älter als ich – verglichen mit ihm bin ich ein Couch-Potato. Leicht befremdet, weil es nicht zu meinen Gewohnheiten gehört, von unterwegs anzurufen, klärte er mich darüber auf, dass Marta schon nach Hause gegangen war und er nur noch die Stellung hielt, bis Gilbert Le Bras, der diese Woche Nachtdienst hatte, vom Zigarettenholen zurück war.

»Ich kann Sie mit Octavia verbinden, die ist noch da«, bot er in seiner typisch brummigen Art an.

»Nein, nein, Sie sind schon der Richtige«, sagte ich. Das mit Octavia wunderte mich nicht, irgendwie scheint sie immer da zu sein. »Schauen Sie mal bitte im System nach, es müsste einen offenen Vorgang geben unter dem Stichwort *Youvatar*. Mit Ypsilon. Angelegt vor, na, acht, neun Monaten etwa.«

Anders als normale Zeitungen, die gern Sensationsmeldungen über irgendeine Sache bringen und sich dann, getreu dem Motto »Nichts ist so alt wie die Zeitung vom Vortag«, nicht weiter darum kümmern, verfolgen wir alle Themen so lange, bis wir abschließend wissen, was daraus geworden ist.

»*Youvatar*«, las er mir vor. »Start-up, Kalifornien, Gründer Victoria Watson –«

»Ja, das ist es«, unterbrach ich ihn. »Setzen Sie das bitte auf höchste Priorität.«

»Ernsthaft? Auf A plus?«

»Ja. Und schreiben Sie eine Rundmail an alle, damit es auch jeder mitkriegt. Schreiben Sie dazu, dass ich morgen Nachmittag zurückkomme, so gegen siebzehn Uhr, und dass wir dann eine Sonderbesprechung machen. Ich will alles wissen, was wir über diese Firma haben.«

»Okay. Mach ich.«

Dann rief ich Marta an. Ich kenne ihre Mobilnummer, auswendig sogar, aber sie hat es sich streng verbeten, dass diese Nummer in beruflichen Angelegenheiten verwendet wird. »Höchstens, wenn die Firma brennt«, hat sie es formuliert. »Alles andere kann warten.«

Deswegen rief ich bei ihr zu Hause an.

Während es klingelte, machte ich mich auf Vorwürfe gefasst, aber dann ging Theo ran, ihr Ehemann. »Marta ist beim Frauenabend der Kirchengemeinde«, sagte er. »Soll ich ihr was ausrichten?«

Im Hintergrund hörte man Kinder ausgelassen kichern.

Theo Udenthal hat damals, als ich in der Gründungsphase war und eine Software für die sichere Verteilung meiner geplanten Zeitung suchte, bei einer niederländischen Computerfirma gearbeitet, die mir empfohlen worden war. Er hat mich gründlich beraten, aber letztlich ist aus der Zusammenarbeit mit seiner Firma nichts geworden. Doch im Lauf der Gespräche habe ich seine Frau Marta kennengelernt, die Betriebswirtschaft studiert hat, mit einem glänzenden Abschluss überdies. Nach allerlei Hin und Her fanden wir die Lösung, dass Theo sich den lang gehegten Wunsch erfüllte, selbstständig von zu Hause aus zu arbeiten (und sich um die vier Kinder zu kümmern), während Marta bei *The Windover View* einstieg und das Organisatorische übernahm.

Und heute wüsste ich offen gestanden nicht, wie ich ohne sie zurechtkäme. »Ja, richte ihr bitte aus«, sagte ich, »dass ich Rens gebeten habe, einen bestimmten Vorgang auf höchste Priorität hochzustufen. Sie soll sich das anschauen und dahinter her sein, dass es auch alle mitkriegen. Alles Weitere erkläre ich ihr morgen, wenn ich zurück bin.«

»Rens … Vorgang A plus anschauen …«, murmelte Theo, während er eine Notiz schrieb. »Wo bist du denn grade?«

»In London.«

»Die alte Heimat, verstehe. Okay, hab's notiert.« Er räusperte sich. »Sag mal, ist ansonsten alles in Ordnung? Mit der Firma und so?«

»Ja, doch, alles gut«, sagte ich so automatisch, wie man so etwas eben sagt. »Wieso fragst du?«

»Weil Marta ziemlich, hm … angesäuert war, als sie heimgekommen ist. Gar nicht ihre Art, wenn du verstehst, was ich meine.«

Das verstand ich nur zu gut.

»Wir haben gerade ein wenig Stress«, behauptete ich. »Und wir hatten noch keine Zeit, in Ruhe darüber zu reden. Aber das machen wir morgen Nachmittag, sobald ich zurück bin.«

Dann kam mein Taxi. Ich winkte dem Fahrer, verabschiedete mich rasch, nahm mein Köfferchen auf und versuchte, das Ganze für den Rest des Abends zu vergessen.

Kapitel 3

Joan und ich hatten uns etwa vier Jahre zuvor kennengelernt, und zwar ausgerechnet in Notting Hill und auf ganz ähnliche Weise, wie sich in dem gleichnamigen Film die von Julia Roberts und Hugh Grant gespielten Figuren begegnen – nur mit vertauschten Rollen: In unserem Fall war es Joan, die *mich* aus Versehen mit dem Inhalt ihres Bechers übergossen hat, und es war kein Orangensaft, sondern frischer Kaffee. Heiß also. Ich hatte bis dahin nicht gewusst, wie unangenehm heißer Kaffee auf einem Hemd sein kann.

Ich assoziiere das deshalb mit diesem Film, weil ich als Fünfzehnjähriger die Dreharbeiten verfolgt habe. Von meinem Elternhaus in Harlesden war es etwa eine Viertelstunde mit dem Fahrrad zu den Drehorten gewesen, und ich weiß nicht mehr, wie oft ich diese Strecke damals, im Mai 1998, gefahren bin in der Hoffnung, Julia Roberts zu sehen oder sogar mit ihr zu sprechen. Gesehen habe ich sie, aber mehr habe ich mich dann doch nicht getraut, ganz davon abgesehen, dass es wahrscheinlich gar nicht möglich gewesen wäre. (Falls Sie sich die Drehorte einmal selber anschauen wollen: Das Haus mit der blauen Tür befindet sich in 280 Westbourne Park Road, hat in der Zwischenzeit aber mehrmals den Besitzer gewechselt, und die Tür war lange Zeit nicht mehr blau, weil einfach zu viele Touristen kamen. Und der Laden, der im Film Wills Bookshop ist, hat die Adresse 142 Portobello Road.)

In ebenjener Portobello Road findet der gleichnamige Straßenmarkt statt, der insbesondere samstags ein wunderbares Spektakel ist, das jede Menge Touristen anzieht und von dem auch ich mich immer wieder anziehen lasse, wenn ich in London bin und sich die Gelegenheit bietet. Nicht, weil mich Antiquitäten übermäßig interessieren oder ich Kleidung von fliegenden Händlern kaufen will, sondern einfach, um mich treiben zu lassen und die Atmosphäre zu genießen. Obwohl sich viel verändert hat in all den Jahren, ruft der Portobello Road Market immer noch Erinnerungen an das London meiner Kindheit wach.

Nun, und bei einem dieser Bummel passierte es. Ich hatte an einem Stand alte Stempel befingert, wollte mich umdrehen und weitergehen – wurde aber von einem heißen Schwall auf der Brust gestoppt.

Joan war an diesem Tag zum ersten Mal auf dem Markt gewesen, zusammen mit ihrer Freundin Bethany. Sie hatte zwei Becher Kaffee gekauft, sich unterwegs von einem antiken, in Silber gerahmten Spiegel ablenken lassen, und als sie sich hastig nach ihrer Freundin umdrehte, tat sie es im selben Moment, in dem ich mich von der Stempelsammlung losriss.

Offen gestanden habe ich den Schmerz des heißen Kaffees im ersten Moment kaum wahrgenommen, so hingerissen war ich von ihrem Anblick. Sie war die schönste Frau, die mir je begegnet war, und ich begriff erst gar nicht, warum sie mich so bestürzt ansah und mit einem Taschentuch auf meinem Hemd herumtupfte ... aber ich genoss es.

Wie sie das wiedergutmachen könne, fragte sie ganz aufgelöst, und ich hatte zum Glück die Geistesgegenwart, zu erwidern: »Indem Sie heute Abend mit mir essen gehen.«

Am selben Abend ließ es sich dann zwar nicht einrichten, aber wir verabredeten uns für den nächsten. Das gab mir Gelegenheit, einen Tisch im damals angesagtesten Restaurant Londons zu reservieren, im *Palomar* in Soho, unweit des Piccadilly Circus.

Ich weiß nicht mehr genau, was wir an diesem Abend aßen. Ich erinnere mich an eine lange Bartheke, an eng gestellte Tische, an mit schwarzem Leder überzogene Sitzbänke, an eigenwillige Tischlampen, an den Geschmack von Lammfleisch, gebratenen Auberginen, heißem Fladenbrot und Polenta. Vor allem aber erinnere ich mich daran, dass wir in einem fort lachten, was mir weiß Gott selten mit jemandem passiert. Und daran, dass sie geistreich war und klug und schön, umwerfend schön.

Tatsächlich war ich überzeugt gewesen, sie müsse von Beruf Fotomodell oder dergleichen sein, doch nein, sie war Ärztin im St. Mary's Hospital, wirklich und wahrhaftig. Ich hingegen musste ihr gestehen, dass ich zwar in London geboren, aber nicht mehr dort wohnhaft war. Im Hinblick auf das von Premierminister Cameron angekündigte Referendum über den Verbleib Großbritanniens in der EU hatte ich meine Zeitung vorsichtshalber in den Niederlanden gegründet. Mit anderen Worten, vernünftigerweise durfte ich von dieser Verabredung nicht mehr erwarten als eben einen angenehmen Abend mit einer faszinierenden Frau, und das genoss ich, so gut ich konnte.

Wir waren unter den letzten Gästen, die das Lokal verließen. Ich begleitete sie nach Shoreditch, wo sie ein Apartment in einem der besseren Hochhäuser besaß. Vor ihrer Haustür tauschten wir Telefonnummern aus, für alle Fälle, versprachen einander, uns irgendwann wiederzusehen, ich bekam einen Abschiedskuss auf die Wange gehaucht, und damit war es vorbei.

Zumindest sah es so aus. Ich wollte noch am Straßenrand ausharren, bis sie sicher im Haus war, sie kramte in ihrer Tasche nach dem Hausschlüssel, hielt plötzlich inne und meinte: »Wozu auf ein nächstes Mal warten? Das Leben ist so kurz … Wenn dir das Chaos in meiner Wohnung nichts ausmacht, in der Küche kann man auf jeden Fall gut sitzen. Hast du vielleicht noch Lust, auf einen Tee mit hochzukommen?«

Natürlich hatte ich das.

Natürlich war das mit dem Chaos in ihrer Wohnung glatt gelogen.

Und natürlich blieb es nicht bei einem Tee.

* * *

Inzwischen habe ich einen Schlüssel zu ihrer Wohnung (und sie einen zu meiner, versteht sich), aber sie hat sich ausbedungen, dass sie mich nie überraschend vorfinden wird, wenn sie nach Hause kommt; sie will immer vorgewarnt sein.

Was an diesem Abend ja der Fall war. Ich kam vor ihr an, räumte rasch ein wenig auf, leerte die Geschirrspülmaschine und dergleichen mehr. In Haushaltsdingen, um das an dieser Stelle anzumerken, bin ich durchaus erfahren. Notgedrungen, denn ich könnte mir zwar problemlos eine Haushaltshilfe leisten, aber mir missfällt die Vorstellung, dass jemand Fremdes sich in meiner Abwesenheit in meiner Wohnung betätigt. Lieber mache ich es selber. Nur meine Hemden bringe ich zu einem Wäschereiservice, der sie wäscht und bügelt und mir wieder nach Hause liefert: Gegen Outsourcing habe ich nichts.

Ich bereitete aus dem, was ich unterwegs rasch eingekauft hatte, und dem, was ich in ihrem Kühlschrank vorfand, ein kleines Abendessen, deckte schon mal den Tisch und stellte den Wein bereit. Das Essen würde nicht mit dem an unserem ersten Abend mithalten können, aber das machte ja nichts.

So sieht unsere Beziehung aus: Wann immer ich nach London komme, besuche ich sie, vorausgesetzt, es lässt sich mit ihrem Schichtplan und anderweitigen Verpflichtungen oder Terminen vereinbaren. Manchmal verabreden wir uns auch, zum Beispiel, wenn Joan ein paar freie Tage hat und wir etwas unternehmen können. Und wenn sie gar Urlaub hat – was selbst beim NHS bisweilen vorkommt –, fährt Joan zu mir nach Amsterdam, der bewährten Strategie aller im Gesundheitswesen Beschäftigten folgend, im Urlaub nur ja nicht zu Hause und »im Notfall verfügbar« zu bleiben. In dieser Zeit leben wir dann in meiner Wohnung wie Mann und Frau zusammen, unternehmen Ausflüge oder genießen einfach nur unser Beisammensein. Sogar zwei »richtige« Urlaubsreisen haben wir schon gemacht, und alles in allem liegt unser Rekord bei fünfzehn Tagen Gemeinsamkeit. Wobei ich glaube, dass wir es auch länger miteinander aushalten würden, aber nach einer gewissen Zeit ruft eben die Pflicht, und das ist ein Ruf, auf den Joan unbedingt hört; sie ist eine geradezu leidenschaftliche Ärztin.

Tatsächlich war die Distanz zwischen unseren Wohnorten und Lebensmittelpunkten kein Hindernis für unsere Beziehung, sondern hat sie im Gegenteil erst möglich gemacht: Es war nämlich gerade der Umstand, dass auf absehbare Zeit keiner von uns beiden seinen Wohnsitz wechseln würde, der Joan bewogen hat, mir eine Chance zu geben.

Das hat, wie ich später erfahren habe, eine traurige Vorgeschichte: Und zwar hat sich die Beziehung mit ihrem ersten Freund, ihrer ersten großen Liebe, die während ihres Studiums begann, nach einiger Zeit in einen Albtraum aus Besitzansprüchen und Gewalttätigkeiten aller Art verwandelt. Nachdem sie endlich Schluss gemacht hatte, mutierte der Betreffende zum Stalker. Als sie eines Abends nach Hause kam, erwartete er sie schon in ihrer Wohnung, aus tiefen Schnitten in die Pulsadern beider Handgelenke blutend. Es bedurfte mehrerer Polizeieinsätze und eines langwierigen Gerichtsverfahrens, ehe sie ihn los war; er lebt heute in einer psychiatrischen Anstalt.

Als Joan an diesem Abend eintrudelte, sah sie so blass und müde aus, als hätte sie gerade ein vergleichbares Drama hinter sich. »Frag nicht«, sagte sie, als ich sie ansah, also fragte ich nicht, sondern schickte sie unter die Dusche. Während das Wasser rauschte, sorgte ich dafür, dass das Essen auf den Tisch kam.

Frisch geduscht und in gemütlicher Kleidung wirkte sie schon etwas entspannter, klagte aber immer noch, sie wisse nicht, was mit ihr los sei.

»Das ist doch nicht schwer zu erraten«, meinte ich. »Es ist Herbst, die Leute werden krank, und ihr habt zu wenig Personal – *das* ist los.«

»Ja, du hast recht«, sagte sie seufzend. Dann betrachtete sie den Tisch und das, was ich gekocht hatte, als sähe sie das alles erst jetzt, und das erste wohlige Lächeln des Abends blitzte in ihrem Gesicht auf.

Beim Essen erzählte ich ihr von meinem Besuch bei Anahit Kevorkian und ihrem Ansinnen. Joan weiß über die Milliardärin und meine Geschichte mit ihr Bescheid; tatsächlich sind Annas Gesprächswünsche oft der Anlass für mich, überhaupt nach London zu fahren. Nur, dass Anna und ich solche Gespräche bisher immer lange im Voraus vereinbart hatten und über meinen privaten Telefonanschluss, wodurch alles unauffällig planbar blieb.

»Das ist doch aber heikel, oder?«, meinte Joan. »Was ist, wenn du ihr von einem Investment abrätst, und nachher entpuppt sich diese Firma als, was weiß ich, das neue Google? Und was, wenn es umgekehrt läuft? Du rätst ihr zu, und später stellt sich heraus, es war alles Schwindel, und sie hat eine Milliarde Pfund versenkt?«

Ich goss uns Wein nach und sagte: »Damit hast du in wenigen, knappen Sätzen genau das Dilemma beschrieben, in dem ich stecke.«

»Und du hättest es auch nicht einfach ablehnen können«, erkannte sie glasklar. »Weil sie deine Mäzenin und wichtigste Kundin ist. Weil sie das viele Geld hat.«

»Ganz genau. Sie braucht nur zum Telefonhörer zu greifen und ein paar Anrufe zu tätigen, dann sind wir die Hälfte unserer Abonnenten los.«

»Puh.« Sie sah mich an und war, erholt und gesättigt und im Licht der Kerzen, so schön wie eh und je. »Und wie kommst du aus der Klemme jetzt wieder raus?«

»Soweit ich sehe, bleibt nur ein einziger Ausweg«, sagte ich. »Der Sache auf den Grund gehen und ihr den *richtigen* Rat geben.«

* * *

Am nächsten Morgen wirkte Joan wieder arg blass. Sie verbrachte ziemlich viel Zeit im Badezimmer, während ich das Frühstück vorbereitete, und wollte dann nur einen Tee; sie habe keinen Appetit. Außerdem hätte sie ja am Abend zuvor gut gegessen.

»Am liebsten würde ich einfach zu Hause bleiben«, gestand sie.

»Dann bleib doch«, sagte ich. »Ruf an und sag, du bist krank.«

Sie warf mir einen empörten Blick zu. »Ich *bin* nicht krank! Und diese Fortbildung ist *wichtig!*«

»Aber wenn dir nicht gut ist …«

»Es ist nur der Stress. Es gibt bei uns gerade so viele Veränderungen, Leute, die gehen, Leute, die neu dazukommen … Die ganze Organisation wird auf den Kopf gestellt, weil mal wieder ein neuer Chef da ist. Nichts funktioniert so wie vorher – wenn es überhaupt funktioniert.« Sie starrte in ihre Teetasse, als ließe sich darin die Zukunft erkennen. Dann sagte sie leise: »Nein, es ist dieser Mann neulich … der geht mir irgendwie nach …«

»Was für ein Mann?«, wollte ich wissen.

Sie musste sich überwinden, mir die Geschichte zu erzählen. Ich solle besser erst aufessen, meinte sie, es werde mir den Appetit verderben. Aber dann wartete sie doch nicht, sondern erzählte, dass einige Tage zuvor ein Mann eingeliefert worden war, ein Obdachloser, den die Polizei bewusstlos aufgefunden hatte, im Koma offenbar. »Er war in so viel Kleidung eingewickelt, lauter stinkende alte Fetzen übereinander, dass wir gar nicht an ihn rangekommen sind. Also haben wir beschlossen, sie ihm einfach vom Leib zu schneiden. Was immer noch schwierig genug war. Und als wir ihm ungefähr fünf Schichten Socken von den Füßen geschnitten haben … waren da Hunderte von *Würmern*, dicken, weißen Würmern, die sich in seine Haut gefressen hatten und sich darin getummelt haben!« Sie schüttelte sich. »Mir wird schlecht, wenn ich bloß dran denke.«

Ich blickte auf meinen Toast hinab und hatte irgendwie plötzlich auch keinen rechten Appetit mehr.

»Das macht mir zu schaffen«, sagte sie. »Es gibt so viele reiche Leute, die kaum wissen, wohin mit ihrem Geld – und auf der anderen Seite so etwas! Ich verstehe nicht, wieso wir das nicht besser hinkriegen als Gesellschaft.«

Ich schwieg betreten, denn natürlich musste ich daran denken, dass ich ja genau für solche reichen Leute arbeitete.

»Egal«, erklärte Joan mit einem Blick auf die Uhr, »ich muss los.« Sie stürzte den Rest ihres Tees hinab, sprang auf, schlüpfte in Schuhe und Mantel, küsste mich zum Abschied, schnappte sich ihre Tasche, und weg war sie.

Und schon war wieder eine unserer allzu kurzen gemeinsamen Zeiten vorüber. Ich seufzte, räumte ab und rief Octavia an, damit sie mir den Eurostar um elf Uhr buchte. Dann schlüpfte ich in meinen Trainingsanzug und die Laufschuhe, die ich bei Joan deponiert hatte, und ging erst mal joggen. Ein Tag, den ich nicht mit körperlicher Betätigung begonnen habe, fühlt sich für mich falsch an. Joan teilt diese Einstellung nicht, aber sie betätigt sich ja den Tag über körperlich mehr als genug. Trotzdem joggt sie manchmal mit, nur eben heute nicht.

Als ich zurückkam, war mein Ticket schon auf meinem Mobiltelefon. Ich duschte rasch, zog mich an und packte schweren Herzens wieder mein Köfferchen. Auf einen Zettel schrieb ich: *Kann das nächste Mal kaum erwarten! J.*, pinnte ihn mit einem herzförmigen Magneten an die Kühlschranktür, überprüfte noch einmal alle Fenster und Schalter, dann ging ich.

* * *

Die Fahrt durch den eigentlichen Eurotunnel, der den Ärmelkanal unterquert, beginnt auf dieser Strecke ungefähr dreißig Minuten nach der Abfahrt aus Saint Pancras. Der Zug fährt durch englische Landschaft, dann sieht man plötzlich für fast eine halbe Stunde lang nur dunkle Betonwände am Fenster vorbeisausen, irgendwann erscheint genauso plötzlich wieder Tageslicht jenseits des Glases, und man ist in Frankreich.

Der Rest ist eine Zugfahrt wie jede andere auch, nur eben mit dem Tempo eines Hochgeschwindigkeitszugs.

Kurz nach dem Tunnel wurde der Lunch serviert, ein Drei-Gänge-Menü, zu dem ich ein Glas Sauvignon blanc nahm und hinterher einen Kaffee. Ich ließ es mir schmecken. Die Qualität der Menüs schien mir zu beweisen, dass die französische Staatsbahn SNCF immer noch die Mehrheit an der *Eurostar International Ltd.* hielt.

Mir gegenüber saß eine junge, geschäftige Frau, die unseren Tisch gleich mit Beschlag belegt hatte (sie hatte höflich gefragt, ob das in Ordnung gehe, das sei ausdrücklich erwähnt). Ich hatte erwidert, sie möge sich wie zu Hause fühlen, worauf sie allerhand Unterlagen um sich herum ausgebreitet, einen Tabletcomputer hervorgeholt und angefangen hatte zu arbeiten. Das Mittagessen schien für sie eine unwillkommene Unterbrechung zu sein, jedenfalls stocherte sie in ihrem Essen nur lustlos herum, fast schon misstrauisch. Vielleicht argwöhnte sie, mehr als ein Bissen von dem gebratenen Lachs könne ihre Figur beschädigen.

Sie atmete sichtlich auf, als der Zugbegleiter den Tisch wieder abräumte, breitete sich aufs Neue aus und begann zu telefonieren. Sie sitze in ihrem »rollenden Büro«, erklärte sie einer Frau, die sie mit Alissa anredete und bei der sie sich mit »Hi, Jennifer hier« meldete. Dem Gespräch war zu entnehmen, dass der Freund der eifrigen jungen Frau Garret hieß und am 23. Dezember Geburtstag hatte, dass er es hasste, an diesem Tag feiern zu müssen, und dass die beiden trotzdem eine Überraschungsparty planten.

Die nächsten Telefonate waren geschäftlich. Ich erfuhr ihren Nachnamen und den Namen der Kanzlei, bei der sie angestellt war, bekam mit, dass sie an einem Fall arbeitete, der eine Fintech-Firma betraf, ein ausnehmend erfolgreiches Start-up, von dem allerdings nun ein paar Reporter der *Financial Times* behaupteten, ein großer Teil der bilanzierten Umsätze habe nie stattgefunden und ein großer Teil des angegebenen Kapitals existiere in Wahrheit nicht. Ich sah auch, an wen sie Mails schrieb, denn sie tat es auf ihrem Tabletcomputer, und ich kann auf dem Kopf stehende Schrift sehr gut lesen. Sie war auf der Suche nach Wegen, die Veröffentlichung des entsprechenden Artikels zu verhindern. Dabei fiel der Name der besagten Firma mehrmals, und ich nahm mir vor, sofort nach meiner Ankunft in der Redaktion jemanden auf den Fall anzusetzen.

Solche Vorfälle sind der Grund, warum ich nicht will, dass meine Mitarbeiter unterwegs an Texten arbeiten oder über Dinge telefonieren, die die Arbeit betreffen. Und deswegen lese ich auf Fahrten wie dieser nur Unverfängliches: Ich habe immer ein Lesegerät voller ungelesener, langer Artikel aus dem Internet dabei, außerdem eine Menge elektronischer Bücher zu allen möglichen Themen – genug Lesestoff für eine Weltreise, wenn es sein müsste. Und nichts davon hat mit meiner aktuellen Arbeit zu tun.

* * *

In Amsterdam angekommen, fuhr ich vom Bahnhof direkt in die Redaktion. Es war kurz nach halb fünf, als ich dort eintraf, und es herrschte noch, durchaus typisch, reger Betrieb. Ein paar der Rechercheure warteten schon im Konferenzraum.

Nur Marta nicht.

Ein heißer Schreck durchfuhr mich bei der Vorstellung, sie könnte ihren Job hingeschmissen haben und ich würde, wenn ich in mein Büro ginge, ihr Kündigungsschreiben auf meinem Schreibtisch vorfinden.

Also ging ich nicht in mein Büro, sondern fragte: »Wo ist Marta?«

Nishant Patil, einer unserer ältesten und verlässlichsten Mitarbeiter, furchte die Stirn und sagte: »Ich glaube, sie hat einen Arzttermin. Mit ihrer ältesten Tochter.«

»Ah, ja, richtig«, sagte ich erleichtert. Jetzt fiel es mir wieder ein. Lara, die älteste Tochter von Marta und Theo, ging heute zum ersten Mal zu einer Frauenärztin und hatte ihre Mutter gebeten, sie zu begleiten.

Marta hatte es mir erzählt. In einer, wie es mir vorkam, lange zurückliegenden Zeit.

»Sie wollte eigentlich schon zurück sein«, warf Wendy

Kroon ein. Wendy stammt von den niederländischen Antillen, genauer gesagt von der Insel Bonaire, und trägt die dickste Brille, die ich je gesehen habe. Sie nennt das Ding »meine Röntgenbrille«, und meistens lacht sie dröhnend, wenn sie das sagt. »Aber man weiß ja, wie das ist bei Ärzten.«

»Gut, dann fangen wir einfach schon mal an«, bestimmte ich, stellte mein Köfferchen in eine Ecke und setzte mich an den Tisch. »*Youvatar* – was haben wir über diese Firma?«

Wendy referierte die Grundlagen: Gegründet von Victoria Watson und Ralph C. Arnesen, Risikokapitalbeteiligung durch den Investor Peter Young, wann und wo die Eintragung erfolgt und was als Unternehmenszweck vermerkt war, nämlich schlicht und einfach: *Allgemeine Verbesserung des Lebens.*

Ich staune immer wieder, was amerikanische Behörden Firmen durchgehen lassen.

»Außerdem haben wir herausgefunden«, warf Claas Jordan ein, »dass das C in Arnesens Name für ›Christian‹ steht.« Er grinste schief. »Zumindest hat jemand seinen Eintrag in der Wikipedia vor Kurzem entsprechend ergänzt.«

Claas Jordan war ein Journalist, der erst wenige Wochen zu uns gehörte. Anders als der Vorname vermuten lässt, ist er kein Niederländer, sondern Deutscher, und trotz seiner Jugend – er war erst 27 – hatte er schon bei mehreren großen deutschen Zeitungen gearbeitet und konnte zwei Journalistenpreise vorweisen. Was ihn allerdings nicht davor bewahrt hatte, entlassen zu werden, als das Medienhaus, bei dem er angestellt war, seine Belegschaft verkleinern musste.

Irgendwie hatte er von unserer Existenz erfahren, unsere Adresse herausgefunden und sich direkt beworben. Er war der Erste, der das je getan hat. So viel Kühnheit hatte mir imponiert, und ich hatte Marta gebeten, ihn einzustellen.

»Als Firmensitz ist 1279 Fosca Road, Mountainview angegeben«, fuhr Wendy fort. »Das Gebäude ist angemietet, die

Firma hat inzwischen 35 Mitarbeiter.« Sie klappte ihren Laptop zu. »Das ist alles.«

»Was sind das für Leute, die sie angestellt haben?«, hakte ich nach. »Welche Berufe, welche Qualifikationen?«

»Wissen wir nicht. Noch nicht.«

Ich nickte. »Finden Sie es heraus.«

Fünfunddreißig Angestellte klingt nach nicht viel, und in der klassischen Wirtschaft wäre es auch nicht viel gewesen. Aber das Silicon Valley tickt in dieser Hinsicht anders. YouTube zum Beispiel, die erste große Videoplattform, hat 2006, als Google sie für 1,65 Milliarden Dollar kaufte, gerade mal 67 Angestellte gehabt.

»Ich hab noch was«, meldete sich Nishant zu Wort, holte zwei jeweils zusammengeheftete Ausdrucke aus seiner Mappe und schob sie mir über den Tisch. »Und zwar hat Greg Scott im Juli ein paar PLs auf Leute von *Selassio, Tiburon and Partners* angesetzt, der Anwaltskanzlei, die, wie wir inzwischen wissen, quasi ausschließlich für Peter Young arbeitet. Da fiel auch ein paar Mal das Stichwort *Youvatar*.«

»Sind das die Protokolle?« Ich nahm die Ausdrucke an mich, blätterte sie durch und überflog sie. Für eingehende Studien und Überlegungen war jetzt nicht die Zeit, zudem las sich das, woran mein Blick hängen blieb, ziemlich kryptisch. Was sollte zum Beispiel »feather sea contract« heißen? Dieses »feather sea« tauchte mehrmals auf, und ich konnte mir absolut nichts darunter vorstellen.

»Na gut«, sagte ich. »Wir behalten das weiterhin im Auge. Irgendwann werden sie ja schließlich damit herausrücken müssen, was sie vorhaben.«

»Was sind PLs?«, fragte Claas Jordan.

In diesem Moment tauchte Marta in der Tür auf. So grimmig hatte ich sie noch nie dreinblicken sehen.

»Das steht für *Public Listeners*«, antwortete ich, an Claas

Jordan gewandt. »Was das genau ist, erklären wir Ihnen, wenn Sie mal lange genug bei uns sind, um auch in unsere finstersten Geheimnisse eingeweiht zu werden.«

Dann klatschte ich die Hände auf den Tisch, meine übliche Geste, um eine Besprechung aufzulösen. »Danke so weit. Noch mal: Wir müssen so viel wie möglich über *Youvatar* herausfinden, und zwar noch *diese Woche*. Also bleiben Sie bitte dran.«

Unter Martas zornblitzendem Blick fügte ich hinzu: »Und jetzt haben Marta und ich etwas zu besprechen.«

Kapitel 4

»Wir haben sogar *zwei* Probleme«, sagte ich, sobald Marta die Tür hinter den anderen zugemacht hatte und wir allein waren. »Eins, das uns beide betrifft – und eines, das die ganze Firma betrifft.«

Sie setzte sich. Sie wählte den Stuhl, der mir genau gegenüberlag – ungefähr dreieinhalb Meter entfernt. »Dann erzähl mal«, sagte sie mit tonloser Stimme.

»Die Frau, die gestern angerufen hat, Lestari, ist die Adoptivtochter von Anahit Kevorkian –«

»Das ist eine Abonnentin«, unterbrach mich Marta wie aus der Pistole geschossen.

»Nicht *eine* Abonnentin«, korrigierte ich. »*Die* Abonnentin. Ohne sie gäbe es unsere Firma nicht.«

An dieser Stelle sei erwähnt, dass unsere Redaktion und die Abonnementverwaltung vollkommen getrennt voneinander laufen. Das geht so weit, dass wir für die Verwaltung der Abonnenten eine eigene Firma gegründet haben. Die hat ihren Sitz draußen im Gewerbegebiet Bullewijk, besorgt den täglichen Versand der Newsletter, wartet unsere internen Computer- und Telefonsysteme und, vor allem, sichert alles gegen Hacker ab. Diejenigen, die in der Redaktion arbeiten, wissen also nicht, wer unsere Zeitung liest, und das sollen sie auch nicht wissen: Wir wollen die Versuchung, unsere Abonnenten durch tendenziöse Artikel zu manipulieren, gar nicht erst aufkommen lassen.

Wir beide als Geschäftsführer haben natürlich Zugriff auf

die Abonnenten-Datei. Wobei Marta mit ihrem kolossalen Personengedächtnis den gar nicht bräuchte.

Marta kennt meinen Werdegang. Sie weiß, dass ich schon immer davon geträumt hatte, ein richtiger Journalist zu sein. Sie weiß auch, dass ich nach der Schule nur eins wollte, nämlich weg aus meinem Elternhaus, möglichst auch weg aus London, und dass ich schließlich bei einer kleinen Lokalzeitung in Alnwick gelandet bin, bei der *Northumberland Gazette*, wo ich, gänzlich ohne Ausbildung, weniger Journalist war als vielmehr Mädchen für alles: Ich habe die Büros gefegt, die Mülleimer geleert, Bier und Druckerpatronen herangekarrt und Anzeigen aufgenommen. Dass ich ein bisschen was von Computern verstand, mehr als die fest angestellten Mitarbeiter, brachte mir zusätzliche Aufgaben, aber auch Respekt ein. Ab und zu durfte ich dann auch mal von einer Gemeinderatssitzung berichten, von einem Firmenjubiläum oder gar, gruseliger Höhepunkt meiner damaligen Zeit, von einem Hotelbrand.

Auf die Dauer wurde mir das zu langweilig, also kehrte ich aus der schläfrigen Provinz an der schottischen Grenze nach London zurück, wo das Leben pulsierte. Ich wechselte in einen deutlich anders gearteten Job, in dem es jedoch ebenfalls darum ging, die Wahrheit herauszufinden und zu berichten, und zwar in den eines Privatdetektivs. Wobei ich, um bei der eben erwähnten Wahrheit zu bleiben, nur der Assistent eines solchen war, des altgedienten Freddy Kirk nämlich. In der Folge parkte ich nächtelang vor Häusern, die im Verdacht standen, Ehebrecher zu beherbergen, oder trieb mich als Ladendetektiv in Kaufhausabteilungen für Musik oder Mode herum, um ein Auge darauf zu haben, wer sich CDs in die Jacke schob oder Spitzenunterwäsche mitgehen ließ. Das war interessanter, als es klingt, und ein aufregendes Jahr, aber irgendwann gerieten wir in einen Fall, in dem es auf einmal um Drogen ging und jemand auf mich schoss: Das war mir dann *zu* aufregend, und ich sagte Freddy *good bye.*

Einer von Freddys Kunden war Redakteur bei der Musikzeitschrift *Hard'n Heavy* und hatte uns öfter engagiert, um herauszufinden, wo irgendein Star logierte, der inkognito nach London kam. Durch seine Vermittlung kam ich bei dem Magazin unter, durfte anfangs aber nur die Werbetexte der Plattenfirmen abtippen. In meinem ersten Urlaub absolvierte ich dann einen vierwöchigen Sommerkurs an der *London School of Journalism,* und hinterher eroberte ich mir nach und nach immer weitere Tätigkeitsfelder, bis ich zu denen gehörte, die man mit Backstage-Pässen ausgestattet zu Konzerten schickte oder in die USA jetten ließ, um die Stars der Heavy-Metal-Szene zu interviewen.

Das war eine großartige Zeit, wenn auch mit viel Konsum von Bier, Kokain und anderen Drogen verbunden, aber ich war jung und vertrug noch eine Menge. Heavy Metal, das war eine ganz eigene Welt, in die ich da kam. Die Musik ist laut, hart und gewalttätig, doch die meisten Musiker dieses Genres sind – wahrscheinlich, weil sie sich auf der Bühne und im Proberaum genug austoben – auffallend verträgliche und sympathische Menschen. Im Gegensatz zu manch anderen Musikgenres, wie ich nur zart andeuten möchte, ohne Namen zu nennen. Außerdem sind Heavy-Metal-Musiker, genau wie ihre Crew und ihre Fans, eher *Outcasts*, Außenseiter, nicht so richtig Teil der Gesellschaft oder des Systems, das sie deswegen eher von außen sehen und damit anders als die meisten. Ich habe in diesem Umfeld viele, viele Gespräche geführt, offizielle und inoffizielle, und habe viel dabei gelernt, viele Freundschaften geschlossen und meinen Blickwinkel auf die Welt, möchte ich meinen, dadurch ziemlich geschärft und verändert.

Eines Tages erfuhr ich, dass beim *Independent* eine Stelle

in der Wirtschaftsredaktion frei geworden war. Obwohl ich damals von Wirtschaft herzlich wenig verstand, hatte ich das sichere Gefühl, dass dies ein Wink des Schicksals und mir dieser Job bestimmt war, ein Job bei einer *richtigen* und zudem, wie der Name schon sagte, *unabhängigen* Zeitung. Also bewarb ich mich ganz dreist – und bekam ihn tatsächlich!

Ich war 27 Jahre alt und befand mich, wie ich glaubte, am Ziel meiner Träume: Ich war ein *richtiger* Journalist bei einer *richtigen* Zeitung! Ich würde aufsehenerregende Reportagen über Vorfälle von höchster Bedeutung schreiben, ich würde Korruption und Missstände gnadenlos aufdecken, ich würde die Massen mobilisieren mit meinen Artikeln.

Doch ich lernte bald, dass *keine* Zeitung wirklich unabhängig ist, auch nicht eine, die sich so nennt. »Richtige« Journalisten, merkte ich, berichteten nicht einfach über die Dinge, die geschahen, sondern hatten eine *Haltung* dazu, und zwar eine *moralisch einwandfreie*, sprich, sie empörten sich über empörenswerte Vorkommnisse und lobten lobenswerte Dinge, und bei alledem achteten sie immer darauf, im Einklang mit der generellen Haltung des Blattes zu sein, für das sie schrieben. Die Torys durfte man beim *Independent* zum Beispiel nach Herzenslust kritisieren, aber Missstände bei den Liberaldemokraten zu benennen brachte einem zuverlässig einen Ruf in die Chefetage ein und dort mindestens die Ermahnung, seinen Text weniger scharf zu formulieren – falls er nicht rundheraus abgelehnt wurde.

»Richtige« Journalisten fanden sich zudem zu Zirkeln, Gruppen, informellen Clubs zusammen, denen man angehören musste, weil man nur hier die entscheidenden Tipps und Hinweise bekam oder jemanden fand, der einem die richtige Tür zu den richtig wichtigen Leuten öffnen konnte. In diese Gruppen aber passte ich irgendwie nie wirklich hinein, obwohl ich mir eine Weile durchaus Mühe gab. Doch ich dachte anders als die meisten, sah die Dinge anders, hatte gewissermaßen noch den Stammesduft der Heavy-Metal-Szene an mir und war den anderen dadurch suspekt.

Damit hätte ich mich noch abfinden können. Womit ich mich aber nicht abfinden konnte, war, dass meine Kollegen allzu gerne Vorkommnisse, die nicht in ihr Weltbild passten, schönredeten, verzerrt darstellten oder gleich ganz unter den Tisch fallen ließen. Zum Krach kam es, als ich eine Woche, in der mein Vorgesetzter krank im Bett lag, dazu ausnutzte, ein paar Artikel zu lancieren, in denen ich – wie ich heute noch meine: ungeschminkt – die Wahrheit über einige angeblich dem Umweltschutz dienende Projekte sagte, indem ich mit Zahlen und Fakten nachwies, dass sich der angestrebte Nutzen damit nicht würde erzielen lassen und sie nur dazu dienten, Geld in die Taschen von Günstlingen der Regierung zu leiten.

Eine Flut empörter Leserzuschriften war die Folge. Man warf mir vor, gegen den Umweltschutz zu sein (was mir, wie ich versichern kann, völlig fernliegt), es gab Zoff, und schließlich kündigte ich, um meinem Rausschmiss zuvorzukommen.

Und gründete *The Windover View*, darin dem Beispiel von Andreas Whittam Smith, Stephen Glover und Matthew Symonds folgend: Die hatten *The Independent* auch gegründet, nachdem sie sich mit dem Herausgeber des *Daily Telegraph* überworfen hatten. Dabei kam mir zugute, dass ich meine Kontakte in die Welt des Heavy Metal bewahrt hatte. Damit besaß ich ein gänzlich anders geartetes Netzwerk, über das ich an gänzlich andere Informationen kam, als die Nachrichtenagenturen sie verbreiteten.

So weit wusste Marta Bescheid. Was sie nicht wusste, war, dass die Anschubfinanzierung, um dieses Unternehmen auf die Beine zu stellen, komplett von Anahit Kevorkian stammte.

Unser erster Kontakt war ein Brief, den sie mir schrieb, ein

Leserbrief auf den ersten meiner, wie ich dachte, »wahren« Artikel hin. Sie lobte, dass sich da endlich mal jemand einfach an die Fakten hielte und es den Lesern überließe, sich eine Meinung zu bilden. Dieser Brief kam nicht an die Zeitung, sondern an mich privat, was mich ziemlich verblüffte. Zwar war meine Adresse kein Geheimnis, aber man musste sich eben die Mühe machen, das Telefonbuch aufzuschlagen, und diese Mühe hatte sie sich gemacht.

Zwei Tage, nachdem ich gekündigt hatte, rief sie mich an. Höchstpersönlich, denn ihre Tochter war damals erst sechzehn und noch in der Schule (und ungewöhnlich ausgeglichen für einen Teenager dieses Alters, anbei bemerkt). Ob man sich mal sehen könne, wollte sie wissen, sie hätte mir einen Vorschlag zu machen. Und sie sagte mir auch gleich, dass sie im Rollstuhl säße und es vorzöge, wenn ich mir die Mühe machte, zu ihr zu kommen.

Gut, für Vorschläge war ich in jenen Tagen offen, also sagte ich zu. Zwar erwartete ich mir nichts davon, aber ich hatte ja Zeit. Und zu meiner Schande muss ich gestehen, dass ich mich damals schon daran gewöhnt hatte, einfach nur Agenturmeldungen umzuformulieren, anstatt selber Recherchen anzustellen: Dass ich es bei Anahit Kevorkian mit einer sehr, sehr reichen Frau zu tun hatte, schwante mir erst, als ich ihr Anwesen betrat.

Sie kam ohne große Umschweife zur Sache.

»Sie haben beim *Independent* gekündigt, um nicht gefeuert zu werden?«, fragte sie, und ich sagte: »Stimmt.«

»Man hat Ihnen gedroht, Sie zu feuern, weil Sie Ihre Artikel so geschrieben haben, wie sie dann erschienen sind?«, fragte sie weiter, und ich sagte: »Richtig.«

Und dann fragte sie: »Haben Sie sich schon mal überlegt, eine eigene Zeitung herauszugeben?«

Daraufhin lachte ich herzlich. Ja, sagte ich, das sei durchaus ein Traum, den ich hin und wieder träumte, aber leider sei das nicht realisierbar.

»Wieso nicht?«, fragte sie, und damals wusste ich noch nicht, dass das eine Frage ist, die Anahit Kevorkian grundsätzlich stellt, wenn sie auf die Behauptung stößt, etwas sei unmöglich. Und zwar meist so lange, bis sie eine andere Antwort findet.

»Weil«, legte ich ihr das Fazit meiner damaligen Überlegungen dar, »es keinen Markt dafür gibt. Normale Zeitungsleser gestehen sich das nicht ein, aber sie suchen in ihrem Blatt in erster Linie Unterhaltung. In zweiter Linie wollen sie ihre Vorurteile bestätigt sehen, und in dritter Linie wollen sie das Gefühl haben, am Zeitgeschehen teilzuhaben – aber nur ungefähr so wie jemand, der am Straßenrand anhält, um sich einen Unfall auf der Fahrbahn gegenüber anzuschauen. Die meisten Dinge, von denen sie lesen, gehen sie eigentlich nichts an, haben oft wenig Einfluss auf ihr Leben, und vor allem haben *sie* keinen Einfluss auf diese Dinge. Im Grunde nützt es ihnen nichts, darüber Bescheid zu wissen.«

Sie nickte, anerkennend, wie ich mir einbildete, und fragte dann: »Aber Politiker verbringen doch ziemlich viel Zeit damit, den Medien Rede und Antwort zu stehen. Denken Sie wirklich, die tun das, um zur Unterhaltung der Bevölkerung beizutragen?«

»Nein«, räumte ich ein, »die tun das, um mittels der Medien Propaganda zu betreiben.«

Sie hob die Augenbrauen auf ihre unnachahmliche Weise. »Propaganda?«

Ich winkte ab. »Heutzutage nennt man das lieber *Narrativ* oder vielleicht *gesellschaftlicher Diskurs*, aber im Grunde ist es dasselbe. Die Medien sollen in einer Weise berichten, dass die Menschen daraufhin so denken und handeln, wie es vonseiten der jeweiligen Propagandisten erwünscht ist.« Um nicht allzu harsch zu wirken oder womöglich nachtragend dem Blatt gegenüber, bei dem ich doch lange Zeit gern gearbeitet hatte, fügte ich hinzu: »Ich sage nicht, dass das unbedingt falsch ist. Vielleicht lassen sich moderne Staaten gar nicht anders lenken. Aber die Art Wahrheitsliebe, die mir vorschwebt, passt da nicht dazu. Eine solche Zeitung würde niemand kaufen. Oder jedenfalls zu wenige.«

Daraufhin musterte sie mich eine Weile aus ihren unergründlich schwarzen Augen, eine Weile, die mir in der Erinnerung schrecklich lang vorkommt. Dann sagte sie: »Mister Windover, Sie sehen jemanden vor sich, der *kein* normaler Zeitungsleser ist.«

Das damalige Treffen fand noch nicht in ihrem Arbeitszimmer statt, sondern auf der Terrasse. Es war Juni, die Sonne schien, und in den Bäumen rauschte ein sanfter Wind: Schöner kann es in London nicht werden, als es an diesem Tag war.

Sie rollte zu einem der Tische und kam mit einem Stapel Druckschriften zurück.

»Ich lese jeden Tag vier bis fünf Zeitungen«, erklärte sie mir. »Eine linke, eine rechte, ein gehobenes Blatt, eine Massenpostille und dann noch irgendeine. Das kostet mich viel Zeit, und es ist richtig Arbeit, denn jedes Blatt versucht, mir seine Sicht der Dinge einzuflößen, hat seine ganz spezielle Weise, manche Themen herunterzuspielen, andere aufzublasen, wieder andere ganz unter den Tisch fallen zu lassen, alles, um mir ein geschlossenes Weltbild vorzusetzen, damit ich gar nicht erst auf die Idee komme, zu einer anderen Meinung zu gelangen als die, die mir vorgegeben wird. Und ich? Ich muss mühsam versuchen, hinter all diesen Weltbildern wenigstens umrisshaft zu erkennen, was wirklich der Fall ist, was wirklich *wichtig* ist und was übertrieben. Wie gesagt, das ist richtig Arbeit – aber unumgänglich, denn aufgrund meiner Einschätzung der Weltlage muss ich ja meine finanziellen und wirtschaftlichen Entscheidungen treffen. Wenn ich Dinge falsch einschätze, mache ich Fehler. Fehler kosten Geld, mich und andere. Aber da ich es allein machen muss und auch mein Tag nur vierundzwanzig Stunden hat, passieren mir Fehler, unweigerlich. Was wäre die Lösung? Ganz einfach: Dass ich es *nicht* mehr selber machen muss.«

Ich sagte ihr, dass ich nicht recht verstünde, worauf sie hinauswolle.

Da warf sie die Zeitungen in hohem Bogen von sich, sie in einen flatternden Haufen losen Papiers verwandelnd, und rief aus: »Ich habe es satt, verstehen Sie? Ich habe es satt, dass man mir Informationen vorsetzt, die in Zusammenhänge eingebettet sind, in die sie nicht gehören, und das nur, weil jemand ein falsches Bild erzeugen will. Ich habe es satt, dass Fakten unterschlagen werden, weil sie nicht ins Weltbild passen. Ich mag nicht mehr lesen, wie sich Journalisten in ihren Kommentaren als die wahren, guten, edlen Menschen darstellen. Ich mag nicht mehr manipuliert werden. Belabert. Missioniert. Bedrängt. Und vor allem mag ich nicht mehr die Sachverhalte, die mich interessieren, erst mühsam unter Schichten um Schichten von Propaganda freilegen müssen. Wenn ich eine Packung Bohnen kaufe, dann bekomme ich eine Packung, in der Bohnen sind und sonst nichts. Wenn ich aber Nachrichten kaufe, dann bekomme ich eine Packung, in der alles Mögliche ist, aus der ich mir die Nachrichten aber erst mühsam mit der Pinzette heraussuchen muss. Und das steht mir bis hier!«

Sie kann sehr scharf werden, wenn sie sich über etwas aufregt: Das war ein erster Vorgeschmack davon.

Aber irgendwie … *gefiel* mir das. Sie war eine Kratzbürste – ist es immer noch –, aber sie war *echt*.

»Wissen Sie, was für eine Zeitung ich gerne hätte?«, fuhr sie fort. »Für was für eine Zeitung ich viel Geld zu bezahlen bereit wäre? Diese Zeitung brächte keine dicken Schlagzeilen, keine Berichte über die Affären der königlichen Familie oder irgendwelcher Hollywoodstars, keine barbusigen Mädchen auf Seite drei. Keine Nachrichten über Unfälle oder Morde, sondern allenfalls verlässliche Statistiken, ob die Zahl der Unfälle oder Morde steigt oder fällt und um wie viel. Diese Zeitung hätte eine Titelseite, die ich nur einmal überfliegen müsste, um zu wissen, wie es um die Welt steht. Um ein grobes, aber zutreffendes Bild zu haben, bei dem nichts fehlt und in dem nichts übertrieben ist. Zu den Themen, die mich interessieren, könnte ich weiter innen detaillierter nachlesen – aber ich *müsste* es nicht, und mir würde trotzdem nichts entgehen.« Sie richtete den ausgestreckten Zeigefinger auf mich. »Und ich glaube, Sie sind jemand, der imstande wäre, eine solche Zeitung herauszugeben.«

Alles, was sie an diesem Nachmittag sagte, traf so punktgenau meine geheimsten Träume und Wünsche, als hätte sie meine Gedanken gelesen. Trotzdem gab ich zu bedenken, was ich mir selber auch immer gesagt hatte, nämlich, dass das zu realisieren sehr teuer werden würde und es nicht genug Leute gab, die bereit sein würden, dafür zu bezahlen. »Man dürfte sich ja nicht alleine auf die Meldungen der Nachrichtenagenturen stützen, sondern müsste eigene Recherchen anstellen, Reporter in alle Welt schicken, eigene Statistiken führen und so weiter. Das ist …« Ich seufzte. »Unbezahlbar.«

»Papperlapapp«, meinte sie. »Ich sag Ihnen jetzt mal was. Für jemanden wie mich sind korrekte Informationen Geld wert. Viel Geld. Für eine solche Zeitung würde ich ohne Zögern eine Million Pfund pro Jahr bezahlen und es als Schnäppchen betrachten. Und ich kenne mindestens zwanzig Leute, die das genauso sehen.« Sie grinste schief. »Das heißt, eigentlich kenne ich viel mehr, aber den meisten davon gönne ich so eine Zeitung nicht.«

Und so begann alles. Anahit streckte mir das Geld für die Gründung vor und vermittelte mir die ersten zweiundzwanzig Abonnenten, als ich so weit war, eine Zeitung anbieten zu können. Von ihr stammt auch das Club-Konzept, also die Regel, dass neue Abonnenten der Zustimmung aller bisherigen bedürfen. Sogar der Name der Zeitung geht auf ihre Anregung zurück.

»Warum hast du mir das nie erzählt?«, wollte Marta wissen.

»Weil Anna es zur Bedingung gemacht hat, dass ich die Verbindung zu ihr für mich behalte.«

Sie hob die Brauen. »Dann hätte sie vielleicht besser nicht ausgerechnet an einem Montagmorgen anrufen sollen. Und nicht ausgerechnet hier.«

»Stimmt«, sagte ich. »Und damit sind wir beim zweiten Problem.«

Ich legte ihr dar, weswegen mich Anahit Kevorkian so dringend zu sich gerufen hatte und warum ich ihr Ansinnen nicht hatte ablehnen können.

Marta blies die Backen auf. »Sie will, dass du ihr eine *Investitionsentscheidung* abnimmst? Über die Hälfte ihres Vermögens womöglich?«

»Sie sieht das anders«, korrigierte ich. »Sie sieht das so, dass letztlich sie selber die Entscheidung trifft. Aber …« Ich seufzte. »Aber eben auf Grundlage meiner Analyse.«

»Wow.« Marta ließ sich gegen die Lehne ihres Stuhls sinken. »Da haben wir wirklich ein Problem. Wenn das bei *Youvatar* läuft wie bei anderen Start-ups … und warum sollte es anders laufen? … dann werden die ihr Projekt präsentieren und ein schmales Zeitfenster anbieten, in dem Investoren an Bord kommen können. Das heißt, falls die Sache, über die wir im Moment praktisch noch *gar nichts* wissen, irgendeinen doppelten Boden hat, müssen wir den finden, ehe diese Frist abläuft. Sonst sind wir geliefert.«

»Ganz genau«, sagte ich matt.

Einen Moment lang saßen wir schweigend da. Möglich, dass gerade ein Engel durchs Zimmer ging.

Dann sagte Marta leise: »Ich war *so wütend*. Den ganzen Tag gestern. Und heute auch noch.«

»Kann ich mir vorstellen«, sagte ich.

»Nicht mal auf Theo war ich je so wütend.«

»Mach ihn nicht eifersüchtig.«

Sie bedachte mich mit zornblitzenden Blicken. Ich hielt eine Weile stand, dann sagte ich leise: »Vertragen wir uns wieder?«

Ein ganz, ganz kurzes Schmunzeln huschte über ihre finstere Miene. »Müssen wir ja wohl.«

»Ja, müssen wir. Wenn wir die Zeitung retten wollen.«

Sie zögerte. »War das wenigstens das letzte Geheimnis, das du vor mir hattest?«

»Ja«, sagte ich und hob die Finger wie zum Schwur. »Bei der Göttin der Wahrheit, der wir dienen.«

»Also gut. Vertragen wir uns wieder.«

Wir standen auf, umarmten uns und verharrten eine Weile so, bis es sich wieder anfühlte, wie es sich anfühlen musste.

* * *

Danach war ich fix und fertig. Ich schrieb noch eine E-Mail über das, was ich unterwegs mitbekommen hatte, und schickte sie an Ty Winston Lancaster, unseren Spezialisten für Unternehmensanalyse. Dann schnappte ich mein Köfferchen, verabschiedete mich, nahm die Straßenbahn nach Hause und fiel ins Bett.

Kapitel 5

Nur wenn ich mit Joan zusammen bin, kann ich morgens lange schlafen, ansonsten bin ich ein ausgesprochener Frühaufsteher. Dafür werde ich abends früh müde, was in meinen alten Jobs ein Problem war und, ich gestehe es schamhaft, Auslöser meiner Konversion vom Teetrinker zum Kaffeesüchtigen. Doch wenn ich allein schlafe, erwache ich morgens weit vor Sonnenaufgang, ganz von selbst. Der Wecker auf meinem Nachttisch ist nur Zierde.

Meine stillen, dunklen Morgenstunden folgen einer stets gleichen Routine: Zuerst betätige ich mich etwa eine Stunde lang körperlich, dann dusche ich und nehme anschließend im Bademantel ein Frühstück aus gesunden Zutaten zu mir, untermalt von klassischer Musik. Hinterher rasiere ich mich, kleide mich sorgfältig an, und der Tag kann beginnen.

In den Sommermonaten jogge ich meistens im Sloterpark, der wenige Schritte vor meiner Haustür beginnt; sommers ist es um diese Zeit auch hell genug dafür. An diesem Mittwochmorgen jedoch regnete es, also verausgabte ich mich stattdessen in meinem Kraftraum.

Eigentlich ist meine Wohnung viel zu groß für mich. Ich habe sie hauptsächlich ihrer günstigen Lage wegen genommen und kann sie mir außerdem leisten, und so war der Platz da, eines der Zimmer ganz der körperlichen Ertüchtigung zu widmen. Ich stemme meist ein paar Gewichte auf der Hantelbank und bearbeite dann eine Weile einen alten, knallroten Boxsack, den ich weniger wegen seines sportlichen Wertes aufgehängt habe als vielmehr in Erinnerung an Freddy Kirk. Der hatte darauf bestanden, dass alle seine Mitarbeiter am Boxsack trainieren, auch wenn die ungetreuen Ehemänner, denen wir mit der Kamera auflauerten, nur selten gewalttätig wurden.

Aber ehrlich gesagt ist es nicht Selbstdisziplin, die das bewirkt, vielmehr ist diese ganze Morgenroutine eine Ansammlung von Gewohnheiten, die ich im Lauf meines Lebens erworben habe. Als Jugendlicher war es Ausdruck einer Protesthaltung, mich bewusst gesund zu ernähren. Mein Vater aß tagtäglich dieses unsägliche britische Frühstück mit Speck aus der Pfanne, Eiern, Bohnen in Tomatensoße und fetttriefendem Toast. Er flippte schier aus, als ich anfing, morgens Obst zu essen, Haferflocken und Nüsse und dergleichen: Klar, dass ich umso strikter dabei blieb, je mehr er motzte. Ich war damals erst sechzehn, jede andere Reaktion als schiere Dickköpfigkeit wäre schlicht undenkbar gewesen.

Und dann setzte ich noch eins drauf: Abends zog es meinen Vater in seinen Pub, zu Bier, Dart und ebenso end- wie fruchtlosen Diskussionen, wie sich die Gewerkschaften wieder beleben ließen – ich dagegen ging ins nächste Sportstudio, um mich in die Exerzitien des Krafttrainings einweihen zu lassen.

Nun, und wenn man etwas nur lange genug wiederholt, wird es zur Gewohnheit, was so viel heißt wie, es fehlt einem, wenn man es nicht mehr macht: Also blieb ich dabei. So funktioniert das Gehirn. Dass ich mich mit knapp 39 Jahren noch einer hervorragenden körperlichen Konstitution erfreuen kann, verdanke ich diesem Effekt.

Und, so könnte man sagen, dem schlechten Vorbild meines Vaters.

Tatsache ist allerdings auch, dass ich mir angewöhnt hatte, mich morgens vor dem Badezimmerspiegel einer genauen Inspektion zu unterziehen. Jedes graue Haar, das ich entdeckte, riss ich gnadenlos aus, gerade so, als könnten graue Haare ihre Umgebung anstecken. Denn, obwohl ich es nie zugegeben hätte, der nahende Wechsel auf die große vier beunruhigte mich nicht wenig.

Fast vierzig Jahre meines Lebens waren schon verstrichen! Das war etwas, das mir nicht in den Kopf wollte. Rein statistisch lag damit bereits mehr als die Hälfte der Lebensspanne hinter mir, die ein in Großbritannien geborener Mann meines Jahrgangs erwarten durfte. Gewiss, es wurde einem versichert, man sei zwischen vierzig und fünfzig ein Mann im besten Alter, doch ist das ein Trost? Im besten Alter zu sein heißt ja schließlich nichts anderes, als dass es danach nur noch abwärts geht!

Was den Tod anbelangt, hatte ich mir die Einstellung des italienischen Physiologen und Anthropologen Paolo Mantegazza zu eigen gemacht, der Ende des 19. Jahrhunderts zu diesem Thema gesagt hat: »Es reicht, nicht daran zu denken.« Was am besten gelingt, indem man an andere Dinge denkt. Ich zum Beispiel konsultiere, sobald ich das Bad verlasse, meinen Terminkalender. Kaum sehe ich, was die vor mir liegenden Tage an Aufgaben und Herausforderungen bereithalten, wenden sich meine Gedanken sofort den damit verbundenen Fragen zu.

Da es, wie gesagt, nieselte, nahm ich die Straßenbahn ins Büro. Obwohl ich so früh aufstehe, lasse ich mir morgens immer so viel Zeit, dass ich selten der Erste im Büro bin. Was keine Rolle spielt, da die Redaktion sowieso durchgehend besetzt ist, mindestens von den Leuten der Nachtschicht, und von den Rechercheuren unterm Dach ist in der Regel auch immer jemand da.

Trotzdem überraschte es mich, dass ich, als ich mich an meinen Schreibtisch setzte und den Computer aufweckte, eine Nachricht des Rechercheteams vorfand. Man habe ein paar

Dinge über *Youvatar* herausgefunden, hieß es darin, ich könne jederzeit ein Meeting einberufen.

* * *

Das ließ ich mir nicht zweimal sagen. Ich trommelte alle zusammen, nicht nur die, die etwas Neues hatten, sondern auch alle anderen, damit die sich davon anregen lassen konnten.

Wir versammelten uns in der Cafeteria im ersten Stock, die uns mittags als Kantine dient und tagsüber als allgemeiner Treffpunkt. Wenn wir keine Videoverbindungen mit einem unserer internationalen Büros brauchen und es nicht um vertrauliche Dinge geht, ist die Cafeteria angenehmer als der Konferenzraum. Man kann sich jederzeit ein Getränk oder etwas zum Knabbern holen, ich kann schnell rüber in mein Büro gehen oder ins Sekretariat, und außerdem ist sie gemütlicher.

Ich habe weder Kosten noch Mühen gescheut, um unsere Cafeteria so attraktiv wie möglich zu machen. Es finden sich zwar in der Umgebung – »um zwei Ecken«, wie wir sagen – jede Menge Cafés, Bäckereien und Restaurants, in denen man sich verköstigen könnte, aber ich will unsere Leute nicht in die Versuchung führen, bei einem Mittagessen außerhalb über die Arbeit zu reden. Deshalb habe ich die Küche mit allem ausrüsten lassen, was nötig ist, und mit unserer Köchin Inga Lisse eine wahre Perle engagiert. Sie hat die Vorlieben, Abneigungen und Unverträglichkeiten aller im Kopf und zaubert jeden Tag Gerichte, die bei niemandem den Wunsch wecken, woandershin zu gehen. Aus steuerrechtlichen Gründen müssen wir so tun, als würden wir beim Gehalt einen Kostenbeitrag für die eingesetzten Lebensmittel abziehen, aber das ist eine Formalie; *de facto* kostet unsere Mitarbeiter das Essen nichts, und es zählt auch niemand mit, wer wann wie viel isst oder trinkt.

»Also, ich höre«, sagte ich, als jeder mit Kaffee, Tee, Soja-Latte, Espresso, Donut, Muffin oder *Stroopwafel* versorgt war.

Ben van Reuben, erst neunzehn Jahre alt und damit unser jüngster Mitarbeiter überhaupt, begann. Er gehört zu denen, die ihren, sagen wir mal, Arbeitsplatz in jenem Wunderland unterm Dach haben, von dem ich längst nicht mehr weiß (und auch nicht wissen *will*), wie es dort aussieht; ich weiß nur, dass da oben die schnellsten Internetanschlüsse verlegt sind, die man in Amsterdam für Geld kriegen kann. Für *viel* Geld, wohlgemerkt.

»Wir haben die sozialen Medien durchforstet – Facebook, Mastodon, X, Gettr, Telegram und so weiter«, berichtete er mit aufgeregt hüpfendem Adamsapfel und ohne zu spezifizieren, wen er mit »wir« meinte; ich fragte auch nicht nach. Die Dach-Crew hat da ihre ganz eigenen Arbeitsweisen. »Es ist uns gelungen, mindestens zwölf, vielleicht sogar sechzehn User zu identifizieren, die einen Job bei *Youvatar* haben, und dann noch zwei, die dort schon wieder gegangen sind.«

Er hatte ein paar Statistiken und Diagramme vorbereitet, handschriftlich und auf Papier, wie das bei uns üblich ist. Wir verwenden bei Besprechungen grundsätzlich keine Präsentationssoftware: erstens, weil es zu viel Aufwand ist, und zweitens, weil die perfekte Darstellung solcher Programme allzu verführerisch ist. Sie suggeriert, die zugrundeliegenden Zahlen seien verlässlich – und das ist etwas, das wir stets infrage stellen wollen.

»Im Schnitt hat etwa jedes dritte Posting direkt oder indirekt mit dem Job zu tun«, fasste Ben zusammen, während die Blätter die Runde machten. »Sie klagen über Stress, Überstunden, Burn-out, darüber, dass sie Treffen mit Freunden absagen müssen, Filme im Kino verpassen, Baseballspiele, Veranstaltungen ihrer Kirchengemeinden, dass sie gern mal wieder ausschlafen würden, und so weiter. Scheint also ziemlich rundzugehen in dieser Firma. Bloß eins erfährt man aus, ähm, insgesamt etwa viertausend Postings nicht – nämlich, was sie dort überhaupt *machen.*«

Erstaunlich, fanden wir alle. Normalerweise verleiten die sozialen Medien fast jeden dazu, mehr über Firmeninterna auszuplaudern, als man sollte. Genau das ist ja der Grund, warum wir diese Art Auswertungen machen.

»Das kann eigentlich nur heißen, dass sie es selber nicht wissen«, zog ich den offensichtlichen Schluss. Was einen Grad an Geheimhaltung darstellte, wie er mir bislang noch nie begegnet war.

Nishant meldete sich zu Wort. »Ich habe mir Bens Liste auch angeschaut und weiterrecherchiert. Einer der Angestellten, ein gewisser Todd Richardson, ist nach kurzer Zeit wieder entlassen worden und hat hinterher mächtig auf Facebook abgelästert. Das ging teilweise wirklich unter die Gürtellinie. *Youvatar* hat ihn daraufhin verklagt, und die Kanzlei, die den Prozess führt, heißt *Selassio, Tiburon and Partners.*«

»Die Anwälte von Peter Young also«, merkte ich an für diejenigen, die das nicht parat hatten.

»Genau. Und ein …« Nishant hüstelte. »Ein Vögelchen bei Facebook hat mir gezwitschert, dass die Plattform einem Ersuchen der Kanzlei gefolgt ist, einige Postings von Richardson zu löschen.« Er holte ein Blatt aus seiner Mappe. »Wirklich gelöscht wird bei Facebook natürlich gar nichts, die betreffenden Einträge erhalten nur ein Löschattribut und werden eben nicht mehr angezeigt. Das ist einer davon, der mir einen Hinweis zu enthalten scheint.«

Er reichte mir das Blatt, und ich las laut vor:

Woran erkennst du idiotische Chefs? Daran, dass sie jemanden mit Ahnung einstellen, ihn aber dann nicht konsultieren, sondern einfach irgendeinen Scheiß einkaufen und erwarten, dass man Wunderdinge damit vollbringt. Die hätten mich nur zu fragen brauchen, welche Virtual-Reality-Brille die beste ist, und ich hätte ihnen einen stundenlangen Vortrag halten können über die jeweiligen Eigenheiten von Oculus, HTC *oder* Sony, *aber NEIN – sie haben einfach fünfzig Teile von irgendeiner No-Name-Firma geordert und uns hingeknallt, zusammen mit einem Zeitplan für die Entwicklung, der völlig lächerlich ist. Fehlt nur noch, dass sie jemanden mit 'ner Peitsche anheuern, der sich hinter uns stellt und den Takt ansagt.*

»Heißt das, es geht womöglich doch einfach um Virtual Reality?«, fragte ich und spürte, wie groß und schwer der Stein war, der mir auf dem Herzen lag. Wenn es bei dem Ganzen wirklich nur um virtuelle Welten ging, egal, ob es Spiele betraf oder andere Anwendungen, dann würde Anahit Kevorkian zwar enttäuscht sein, aber nicht von mir – und vor allem würde sie nicht *investieren!*

Anders gesagt: In dem Fall waren wir aus dem Schneider.

»Vielleicht wollen sie mit irgendetwas ganz Sensationellem auf den Markt kommen, auf einen Schlag – BOOM!«, meinte Anke Haanraads. Ihre Augen leuchteten verdächtig, als sie das sagte: Sie gehört zu dem Team, das unseren eigenen Webcrawler entwickelt, mit dem wir das Internet durchforsten, aber sie ist auch eine leidenschaftliche Computerspielerin. Offenbar würde sie zur Zielgruppe gehören.

»Ich hab noch etwas gefunden, keine Ahnung, ob es von Bedeutung ist«, fuhr Nishant fort. »Und zwar ist Cal Tiburon, einer der Senior Partner der Kanzlei, letzten Mai, also etwa anderthalb Monate nach der Gründung von *Youvatar*, zweimal nach Frankreich geflogen, am 9. und am 23., jeweils für zwei Tage. Das Auffallende ist, dass er erstens Linie geflogen ist, mit United Airlines, und zweitens, dass er mit einem *Emergency Passport* eingereist ist. Aus früheren Recherchen im Zusammenhang mit *Young Investments* wissen wir, dass die Kanzlei einen Privatjet besitzt, einen *Learjet 60*, den Tiburon normalerweise benutzt. Und dass er die USA so gut wie nie verlässt.«

Ich möchte an dieser Stelle betonen, dass wir uns für Daten über Flüge nicht etwa in die Flugsicherungssysteme hacken, sondern sie auf legalem Wege bekommen. Es sind dazu ein paar Tricks erforderlich (die ich hier aus verständlichen Gründen nicht offenlegen möchte), und es kostet ein bisschen Geld – na gut: *viel* Geld –, aber es ist nicht illegal.

»Ein Learjet 60 hat nur eine Reichweite von etwas mehr als viertausend Kilometern«, warf Martin Wilson ein. »Damit kommt man so einfach nicht über den Atlantik.« Martin ist unser großer Spezialist für alles, was mit Technik zu tun hat. Groß auch im Sinne von: Er misst zwei Meter zwölf und hat sich schon an jeder Tür im Haus den Kopf angeschlagen.

»Okay, dann ist klar, warum er Linie geflogen ist«, räumte Nishant ein. »First Class natürlich. Bleibt die Tatsache, *dass* er in Frankreich war.«

»Mit anderen Worten, er hatte keinen Reisepass, musste aber aus irgendeinem Grund ganz dringend nach Paris«, schlussfolgerte ich.

Nishant nickte. »So sieht es für mich aus. Wie gesagt, keine Ahnung, ob das irgendwas bedeutet. Eine Familiensache dürfte es nicht sein, er hat, soweit wir wissen, keine familiären Verbindungen nach Europa. Aber es könnte, was weiß ich, irgendeine verflossene Liebe eine Rolle spielen oder ein Freund, der in Not geraten ist …« Er hielt inne, räusperte sich. »Also, theoretisch jedenfalls. Praktisch habe ich massive Zweifel, dass ein Typ wie Tiburon überhaupt Freunde hat. Oder je verliebt war.«

Allgemeines Grinsen an den Tischen. Jeder von uns kannte diese Art Anwälte.

»Was ist eigentlich ein *Emergency Passport?*«, wollte Ben van Reuben wissen.

Nishant sah ihn wohlwollend an. Ich habe manchmal das Gefühl, dass zwischen den beiden so eine Art Vater-Sohn-Beziehung besteht. »Sich einen US-Pass ausstellen zu lassen dauert sechs bis neun Wochen. Wenn man es aber aus irgendeinem Grund besonders eilig hat, kann man einen Notfallausweis beantragen. Den Notfall muss man natürlich nachweisen. Ein *Emergency Passport* ist nur ein Jahr lang gültig, kann nicht verlängert werden, und er ist nicht blau wie der normale US-amerikanische Pass, sondern violett. Außerdem steht *Emergency* drauf.«

Eine stille Minute lang schien jeder mit seinem Becher oder seiner Tasse beschäftigt zu sein und darüber nachzudenken, was das zu bedeuten haben mochte. *Ob* es überhaupt etwas bedeutete.

Dann sah ich Octavia in der stets offen stehenden Tür des Sekretariats auftauchen. Sie winkte mir und machte jene Geste mit Daumen und kleinem Finger, die den Vorgang des Telefonierens meint. Und sie wiederholte die Geste mehrmals, was so viel hieß wie: Dringend!

»*Alright*«, sagte ich und klatschte in die Hände, »wenn jetzt niemand mehr was hat, dann danke ich euch erst mal und schlage vor, wir treffen uns heute Nachmittag um fünfzehn Uhr wieder. Möglichst mit neuen Erkenntnissen.«

Während sich alle geräuschvoll erhoben, ihr Geschirr in die Küche zurücktrugen und die Treppe in die oberen Stockwerke erklommen, ging ich zu Octavia und nahm den Hörer, den sie mir hinhielt.

Es war Lestari. Schon wieder.

»Mister Windover, ich will Sie nur auf dem Laufenden halten«, sagte sie. »Mutter hat Sie avisiert, aber die Firma *Youvatar* weigert sich, einen Vertreter zuzulassen. Sie sagen, es dürfen nur die eingeladenen Personen kommen.«

Ich verkniff mir ein erleichtertes Seufzen. »Tja«, sagte ich scheinheilig, »das ist aber schade. Und jetzt? Wird Ihre Mutter selber hinfliegen?«

»Nein, jetzt telefoniert sie«, erwiderte Lestari fröhlich. »Machen Sie sich keine Sorgen.«

* * *

Ich machte mir keine Sorgen. Sorgen war entschieden das falsche Wort. Ich legte den Hörer auf und empfand jene Art Hoffnung, bei der man die Luft anhalten möchte. Die man genießen möchte, solange sie noch Hoffnung ist, weil man insgeheim weiß, dass es dazu keinen Anlass gibt.

»Alles in Ordnung?«, fragte Octavia und bestrahlte mich mit dem Röntgenblick ihrer blauen Augen.

»Wird sich herausstellen«, sagte ich. »Danke.«

Martas Tür war angelehnt, bei uns im Haus das Zeichen für: Ich habe zu tun, aber wenn's wirklich wichtig ist, darf man mich auch stören. Also klopfte ich an.

»Nun komm schon rein«, sagte sie. Ich trat ein, schloss die Tür hinter mir und lehnte mich dagegen. Marta saß an ihrem mit Papieren aller Art übersäten Schreibtisch und kritzelte emsig auf einem Notizblock herum.

»Das war Lestari«, sagte ich.

Marta warf mir einen kurzen Blick zu. »Sag bloß. Musst du schon wieder nach London?«

»Nein. Sie hat mir nur gesagt, dass *Youvatar* keine Vertretung erlauben will.«

Jetzt hielt sie inne, ließ den Stift fallen, lehnte sich zurück und machte große Augen. »Was? Das ist ja genial. Geradezu die Erhörung unserer Gebete.«

Ich hob die Hand. »Nicht so schnell. Ihre Mutter telefoniert, hat sie gesagt. Und Anahit Kevorkian ist bekannt dafür, kein Nein zu akzeptieren.«

Martas Schultern sackten leicht ab. »Das heißt, jetzt ist die Frage, wer am längeren Hebel sitzt.«

Ich nickte. »Ich würde nicht auf *Youvatar* wetten.«

Unsere 49 Abonnenten sind, was wohl niemanden überraschen wird, zum größten Teil Männer. Immerhin acht der Abonnenten aber sind Frauen, und darunter finden sich keine reichen Witwen, die ihr Vermögen einfach nur durch Heirat und Erbschaft erlangt haben. Und die Sache ist die: Anders als Männer, die auf ihrem Weg nach oben oft von Netzwerken, Studentenverbindungen, familiären Beziehungen und auf jeden Fall von gesellschaftlichen Rollenvorstellungen profitieren, haben Frauen, die sich aus eigener Kraft an die Spitze kämpfen, das alles *nicht* – und an diese Spitze führen keine Quoten. Das heißt, diese Frauen haben auf ihrem Weg jede Menge Widerstände überwunden. Sie sind Expertinnen im Überwinden von Widerständen.

Nein, ich hätte wirklich nicht auf *Youvatar* gewettet.

Ich hoffte trotzdem einfach auf ein Wunder, das die Verantwortung, die Anna mir aufgehalst hatte, gnädig wieder von mir nahm.

»Weißt du«, begann Marta, »seit du mir das mit Anahit Kevorkian erzählt hast, ärgert es mich noch mehr, dass wir nur 49 Kunden haben. Das ist betriebswirtschaftlicher Wahnsinn. Es braucht nur ein einziger Abonnent wegzufallen, um unsere Einnahmen um zwei Prozent sinken zu lassen! Und dass jemand kündigt, ist immer drin, und sei es nur, weil er sich zur Ruhe setzt. Oder krank wird. Oder stirbt. Es ist einfach eine zu schmale Kundenbasis, als dass wir ruhig schlafen könnten.«

»Was schlägst du vor?«, fragte ich. »Mal alle Kosten durchgehen, wo wir sparen können? Die Auslandsbüros verkleinern? Mehr Reserven bilden?«

Marta schüttelte den Kopf. »Zuallererst müssen wir dieses Club-System kippen. Dass die bestehenden Abonnenten darüber entscheiden, wer unser Kunde werden darf – das ist doch krank! Mit Marktwirtschaft hat das nicht das Geringste zu tun.«

»Anna hat darauf bestanden. Wenn wir das Club-System kippen, sind wir ihre Unterstützung schneller los, als wenn ich ihr einen falschen Rat bezüglich *Youvatar* gebe.«

»Die Frage ist, ob wir sie wirklich so unbedingt brauchen«, meinte Marta kämpferisch. »Momentan haben wir 49 Kunden, die jeweils eine Million Euro pro Jahr zahlen. Es wäre praktisch überhaupt kein Mehraufwand, wenn wir 490 Kunden hätten, von denen jeder nur einhunderttausend Euro zahlt. Oder 4.900 Kunden, die jährlich zehntausend Euro zahlen. 49.000 Kunden, die jährlich tausend Euro zahlen. Bei 490.000 Abonnenten könnten wir unsere Zeitung für *hundert* Euro im Jahr anbieten! Und wenn da dann jemand abspringt … na ja. Das würde dann nicht mehr weh tun.«

»Bloß gibt es nicht so viele, die *wirklich* wissen wollen, was los ist«, wandte ich ein.

»Wieso bist du dir da so sicher? Wir sind eine englischsprachige Zeitung. Über das Internet können wir die ganze Welt erreichen. Rund 1,3 Milliarden Menschen sprechen Englisch, für mehr als vierhundert Millionen ist es die Muttersprache – und da sollen sich nicht eine *halbe* Million finden, die für weniger als zehn Dollar pro Monat ungeschminkte Nachrichten lesen wollen?«

Ich ließ mich in ihren Besuchersessel fallen. »Darauf kann ich nur Gustave Le Bon zitieren, den Begründer der Massenpsychologie. *Nie haben die Massen nach Wahrheit gedürstet*, hat er schon 1895 geschrieben. *Von den Tatsachen, die ihnen missfallen, wenden sie sich ab und ziehen es vor, den Irrtum zu vergöttern, wenn er sie zu verführen vermag. Wer sie zu täuschen versteht, wird leicht ihr Herr, wer sie aufzuklären sucht, stets ihr Opfer.*«

»Hm.« Sie wandte den Blick ab, starrte einen Moment ins Leere. Dann knüllte sie seufzend den Zettel zusammen, auf dem sie ihre Abonnentenzahlen ausgerechnet hatte, und warf ihn in den Papierkorb. »Vielleicht hast du recht.«

»Weißt du, ich würde nur zu gern glauben, dass die Menschen heute anders sind als vor 125 Jahren, aber es will mir nicht gelingen.«

Marta musterte ihren Schreibtisch, als schien sie sich gerade zu fragen, was er mit ihr zu tun hatte. »Seltsamer Gedanke, dass wir etwas machen, was im Grunde keiner haben will.«

»Immerhin, ein halbes Hundert Menschen will es und macht es damit möglich. Reiche Menschen außerdem, also zugleich mächtige und einflussreiche Menschen. Vielleicht sollten wir froh sein, dass wenigstens so viele von dieser Sorte an der Wahrheit interessiert sind.«

Es waren hohle Worte, ich spürte es im selben Moment, in dem sie mir über die Lippen kamen. Tatsächlich fühlte ich keine Freude, sondern Ärger – Ärger darüber, dass mein Vater letzten Endes doch recht hatte mit dem, was er mir in unseren Streits immer vorwarf: nämlich, dass ich zwar viel mit superreichen Leuten zu tun hätte, aber eben nicht auf Augenhöhe. Sondern nur als jemand, der ihnen zu Diensten war wie alle anderen auch.

Wir waren ein Unternehmen mit insgesamt über zweihundert Mitarbeitern in aller Welt, und trotzdem bewegten wir uns auf sehr dünnem Eis. Ein falscher Schritt, und alles konnte vorbei sein.

Marta hob ruckartig den Kopf, sah mich an. »Ah, da wir gerade bei diesem Thema sind … Wir müssen über deinen Protegé reden.«

»Über Claas?«

Sie nickte. Dann zog sie eine Schublade auf und holte den

Ausdruck eines längeren Textes heraus. »Er hat sich am Montag beklagt, dass es ihm allmählich langweilig wird, immer nur Diagramme und Tabellen zu erstellen oder gegenzuprüfen. Wann er endlich mal was schreiben dürfe. Gut, hab ich gesagt, schreiben Sie was.« Sie reichte mir den Ausdruck. »Lies.«

Es war ein Artikel, der die Empfehlungen des letzten Weltklimagipfels mit deren mangelhafter Umsetzung in den großen Industrieländern verglich. Exzellent geschrieben, emotional mitreißend und mit einer klar erkennbaren Botschaft.

Kurzum: ein Artikel, der gegen fast sämtliche unserer Richtlinien verstieß.

»Ich sehe, was du meinst«, sagte ich. »Denkst du, es war ein Fehler, ihn einzustellen?«

Marta zuckte mit den Schultern. »Vielleicht. Vielleicht auch nicht. Auf jeden Fall musst du ihn noch mal ins Gebet nehmen, und diesmal gründlich. Das ist keiner, bei dem es genügt, ihm nur einmal unsere Prinzipien zu erklären.«

»Also gut.« Ich sah auf die Uhr. »Bis fünfzehn Uhr könnte ich –«

»Nein, heute ist er nicht da. Hat sich freigenommen. Wohnungssuche.«

»Verstehe.« Das war irgendwie ein ständiges Thema in Amsterdam. Jeder, mit dem man zu tun hatte, schien nach einer anderen Wohnung zu suchen.

»Ich schreib ihm eine Nachricht, dass er sich morgen Vormittag bei dir melden soll«, schlug Marta vor. »Okay?«

»Ja, geht in Ordnung«, sagte ich. Ich hob den Ausdruck hoch. »Kann ich den gleich mitnehmen?«

»Liebend gern.« Sie deutete auf ihren Aktenvernichter. »Besser, er füllt deinen Konfettisack als meinen.«

Kapitel 6

Zu der Besprechung am Nachmittag gab sich auch Ty Lancaster die Ehre, unser Spezialist für Unternehmensanalyse.

Ty Winston Lancaster war damals 66 Jahre alt und damit unangefochten der Senior unserer Belegschaft. Er ist ein hagerer, gepflegt wirkender Mann mit ergrauten Haaren und hoher Stirn, einem altmodischen Oberlippenbart und einer goldenen Lesebrille, die aussieht wie aus einem Museum gestohlen. Einst hatte er in der Londoner City im Investmentbereich gearbeitet und sich schon in den Ruhestand verabschiedet, mit »mehr Geld, als ich je brauchen werde«, wie er es gern formulierte, aber dann hatte er sich schrecklich gelangweilt. Als ich ihn sechs Jahre zuvor aufgespürt und ihm von *The Windover View* erzählt hatte, war er sofort Feuer und Flamme gewesen. Ihm zuliebe hätte ich auch noch ein Büro in London eingerichtet, aber er zog es vor, zu uns nach Amsterdam zu ziehen, »dorthin, wo die Musik spielt«, wie er es nannte. In London habe er lang genug gelebt; wenn sich ein Anlass biete, noch einmal irgendwo neu anzufangen, dann sei ihm das recht.

Der Deal ist, dass sich Ty seine Zeit und Arbeit selber einteilen kann. Er kommt und geht, wie es ihm beliebt, und ich werde mich hüten, ihm da Vorschriften zu machen. (Na gut, die meisten der anderen kommen und gehen auch, wie es ihnen beliebt, und ich mache ihnen auch keine Vorschriften. Höchstens Dampf, wenn die Arbeit darunter leidet.) Mal hockt er eine ganze Woche lang zu Hause und meldet sich nur per Internet oder Telefon, dann wieder sitzt er tagelang mit den jungen Rechercheuren zusammen – in jedem Fall wartet er am Ende immer mit präzisen, verlässlichen Zahlen auf, und das ist es, worauf es mir ankommt.

»War ein heißer Tipp, James«, meinte er anstelle einer Begrüßung. »Ich glaube, an der Sache ist wirklich was dran.«

Ich brauchte einen peinlichen Moment, ehe mir wieder einfiel, wovon er sprach: die Fintech-Firma, über die ich auf der Rückfahrt von London ungute Dinge gehört hatte. »Tatsächlich?«, sagte ich.

»Ja, ich setz mich nachher noch mit Ben zusammen.« Er nickte in Richtung van Reubens, der gedankenverloren in einem Latte macchiato rührte. »Wir müssen ein paar Einzelheiten nachprüfen, aber ich denke, bis heute Abend hast du meinen Bericht. Dann haben unsere Leser die Chance, eventuelle Aktien noch rechtzeitig abzustoßen.«

»Ist es so schlimm?«

Ty nickte. »In spätestens einem Monat schwimmt die Firma kieloben.«

Das war eine starke Ansage, vor allem, wenn man Tys Trefferbilanz kennt: In solchen Dingen pflegt er sich nicht zu irren. Ty ist derjenige, auf den wir alle hören, wenn es um unsere eigenen Investments in Aktien geht – nicht zu unserem Schaden, wie ich anmerken möchte.

Er schlug seinen Notizblock auf. »Gut, aber zu *Youvatar*. Ich habe mich auf Peter Young konzentriert, weil der in der Firma ja offensichtlich das finanzielle Schwergewicht ist. Arnesen bringt kein Geld mit ein, nur seine, sagen wir, Genialität; Watson ist mit zwölf Millionen engagiert. Young dagegen zeichnet zwei *Milliarden* Dollar.«

Ein paar von den anderen Rechercheuren stießen leise Pfiffe aus.

»Mit anderen Worten, Young steckt einen beträchtlichen

Teil seines Vermögens in diese Firma«, fuhr Ty fort. »Das vom *Forbes Magazine* auf fünf bis sechs Milliarden geschätzt wird.«

»War das nicht mal viel mehr?«, fragte Wendy Kroon.

Ty nahm die Lesebrille ab und lächelte sie an. »Peter Young liebt riskante Geschäfte. Und riskante Geschäfte haben es an sich, dass sie auch mal schiefgehen. Man sieht es sogar in diesem Fall: Er hat im Frühjahr seine gesamte Beteiligung an der Filmproduktionsfirma *Future Images* verkauft und das Geld in *Youvatar* gesteckt – und er hat dabei fast vierhundert Millionen Verlust gemacht.«

»*Future Images?*« Nishant furchte die Stirn. »Hat er das nicht immer als sein großes Herzensprojekt bezeichnet?«

»Ja, genau.« Ty nickte. »Das Kino revolutionieren wollte er damit.«

»Er hat auch seine Jacht verkauft, haben wir rausgefunden«, warf Niels De Jong ein. »Im Frühjahr. Für zweihundert Millionen Dollar.« Niels war früher bei der Kriminalpolizei und hat dort einen Riecher für Spuren entwickelt. Er sitzt ebenfalls unterm Dach; abends hört man ihn manchmal oben Jazzgitarre spielen.

»Und sein Wohnsitz in Florida steht seit März zum Verkauf, für fünfundzwanzig Millionen Dollar«, ergänzte Wendy. »Heruntergesetzt von einunddreißig.«

»Interessant ist auch, was er *nicht* verkauft hat«, fuhr Ty Lancaster fort. »So hat er zum Beispiel seine Beteiligung an dem Cloudservice *EverCloud* nicht angetastet, obwohl das nach allem, was wir wissen, anteilsmäßig eines seiner größten Investments ist. Weiterhin gehören ihm nicht nur dreißig Prozent von *Panopticon*, er sitzt dort überdies im Vorstand –«

»*Panopticon?*«, unterbrach Nishant. »Hat das auch was mit Kino zu tun?«

Ty schüttelte den Kopf. »Nein, das ist eine Softwarefirma, die unter anderem Computersysteme für Polizeibehörden entwickelt. Bis auf Deutschland und die Schweiz sind sie in ganz Westeuropa Marktführer, wenn man das im Zusammenhang mit Behörden so sagen kann.«

»Das Panopticon ist eine Metapher für Überwachung«, ergänzte Niels. »Der Begriff stammt aus dem 19. Jahrhundert. Der Philosoph Jeremy Bentham hat sein Konzept für das perfekte Gefängnis so getauft.«

»Schauerlich«, meinte Wendy.

»Wobei man hinzufügen sollte, dass der Firmenname *nicht* von Peter Young stammt«, sagte Ty. »Aber sein Einstieg in die Firma hat ihr den entscheidenden Aufschwung gegeben, das stimmt. Genau wie es bei *CredScore* war, dieser Art Ratingagentur für Kreditnehmer aller Art, die am Abschmieren war, ehe Young sich eingekauft hat. Seither ist sie im Finanzsektor zu einer richtigen Macht im Hintergrund herangewachsen, und diese Beteiligung hat Young ebenfalls nicht angetastet.«

»Er behält alles, bei dem er seine Finger in den wichtigen digitalen Systemen drin hat«, erkannte Wendy.

»Übrigens«, warf Ty Lancaster ein, »war Peter Young, was uns bis jetzt entgangen ist, auch an *Trusted Tablets* beteiligt, der Firma, die unter anderem die Lesegeräte herstellt, über die unsere Zeitung ausgeliefert wird. Diese Beteiligung allerdings hat er im Frühjahr aufgegeben, was ihm rund fünf Millionen Dollar eingebracht hat.«

Das versetzte uns allen einen leichten Schock. Wir sahen einander an, als ginge es darum, wer als Erster zugeben musste, dass er eine Gänsehaut hatte.

»Kann das ein Sicherheitsproblem für uns darstellen?«, fragte ich.

Ty breitete die Hände aus. »Nicht mein Gebiet.«

Ich nahm mir vor, gleich nachher eine Nachricht an Matt Longworth zu schreiben, unseren Sicherheitschef, damit der sich dazu kundig machte. Im schlimmsten Fall würden wir allen Abonnenten neue Tablets schicken müssen, mit neuen Codes und Zugriffsdaten.

Nach einem Blick in die Runde, in all die Gesichter, die mich fragend ansahen oder grüblerisch in irgendeine Ferne starrten, sagte ich: »Zwei Milliarden Dollar … kommt das nur mir ein bisschen viel vor? Ich meine, für eine Firma, die einfach ein neues Computerspiel mit virtuellen Realitäten auf den Markt bringen will?«

Ja, das fanden sie alle auch. Insbesondere Ty Lancaster stimmte mir zu. »Die haben was anderes vor«, meinte er. »Selbst eine Firma, die mit etwas ganz Sensationellem und großem Tamtam auf den Markt kommen will, würde vorher Wert darauf legen, dass ein gewisser *Buzz* entsteht. Dass sich gespannte Erwartung ausbreitet. Sie würde nicht derart auf Geheimhaltung machen, dass einem ihre Existenz praktisch *entgeht.*«

»Und doch hat jemand wie Peter Young quasi alles Geld, das er erübrigen konnte, in diese Firma gesteckt«, sagte ich. »Ich wüsste zu gern, was er damit *will!* Denn eins ist sicher: Ein Wohltäter ist er nicht. So etwas macht er nur, weil er sich was davon verspricht. Und ich wüsste wirklich gern, was.«

»Wir sollten uns auf Peter Young konzentrieren«, schlug Ty vor, »nicht auf *Youvatar.* Seine Pläne sind der Schlüssel zu allem.«

»Gute Idee«, sagte ich. »Weiß jemand, wo ich Vera finde?«

Sie lachten alle. Weil das natürlich nie jemand wusste.

»Ich muss nachher sowieso zu Arne, mein Fahrrad abholen; ich könnte eine Nachricht für sie deponieren«, bot Wendy an.

Die Rede war von Arne Ohm, einem jungen, etwas verpeilten Fahrradhändler in der Lauriergracht, dessen Laden gleichzeitig seine Werkstatt ist. Dort sitzt er den ganzen Tag, schraubt an Fahrrädern und plauscht mit Leuten, die seine Kunden sind oder auch nicht. Dabei wirkt er so harmlos und unbedarft, dass man nie im Leben auf die Idee käme, dieses magere Bürschlein mit den großen, unschuldigen Augen könnte beste Verbindungen in »gewisse Kreise« haben. Wohlgemerkt: Ich behaupte nicht, dass das stimmt. Ich berichte nur, dass man ihm das nachsagt. Und genauer will ich es gar nicht wissen.

»Au ja«, sagte ich leichthin. »Das wäre –«

In diesem Moment gab mir Octavia wieder ein Zeichen. Wieder ein Anruf.

»Moment«, sagte ich und sprang auf.

Es war wieder Lestari. »Also, Stand der Dinge«, sagte sie munter. »Sie akzeptieren eine Vertretung, weil Mutter im Rollstuhl sitzt. Aber keinen Journalisten.«

Ich schloss für eine Sekunde die Augen und spürte, wie ich innerlich bebte. »Und jetzt?«, fragte ich.

»Mutter telefoniert weiter«, sagte Lestari.

* * *

Ich gab Marta Bescheid, aber die verdrehte nur die Augen. Als ich zurück in die Cafeteria kam, herrschte totale Aufregung; alle scharten sich auf einmal um Bens MacBook, während dieser eine bestimmte Adresse im Internet suchte.

»Was ist denn los?«, fragte ich Wendy.

»Die Zwillinge haben was gefunden«, antwortete sie. »Ben hat gerade eine Message von ihnen gekriegt.«

Die Zwillinge – das muss ich kurz erklären: Die Rede ist nicht von Geschwistern, sondern von einem, sagen wir mal, Hackerpärchen, nämlich Stijn Willemse und Tu Jiang. Von den Namen her – er ist Holländer, sie stammt aus Taiwan – würde man vermuten, dass die zwei unterschiedlicher kaum sein könnten, aber tatsächlich ist das Gegenteil der Fall. Die beiden ähneln sich in Auftreten und Verhalten auf manchmal gespenstische Weise, sie arbeiten immer im Tandem, und sie reden auch so: Nicht selten beendet der eine den Satz des anderen, als würden die Gedanken zwischen ihren Köpfen hin und her springen.

Es ist wirklich ein Schauspiel, allerdings ein seltenes, denn man bekommt sie fast nie zu Gesicht. Ich vermute stark, dass die beiden dort oben in ihrem Büro *wohnen* und die Adresse in unseren Personalakten nur ein Briefkasten ist. Sie lassen sich häufig die Mahlzeiten von anderen aus der Cafeteria hochbringen und liefern ihnen dafür Tipps, und ich sag mal so: Sollten unsere Räumlichkeiten eines Tages von der niederländischen Polizei gestürmt werden, dann wird der Grund garantiert etwas sein, das die beiden im Internet angestellt haben.

Aber bis dahin werde ich den Teufel tun und irgendetwas an der Situation, wie sie ist, ändern, denn was die Zwillinge finden, ist in der Regel Gold wert.

»Ich hab's«, verkündete Ben und drehte seinen Computer so, dass wir alle auf den Bildschirm sehen konnten. »Also – das ist die Website des *Kearney Hub*, der Lokalzeitung von Kearney, Nebraska. Und das hier« – er klickte einen Link an – »ist ein Interview mit Joy Cotteril. Die ist nämlich in Kearney geboren.«

Er ließ das Video laufen. Eine aufgeregte und unprofessionell wirkende Reporterin sprach auf einer verschneiten Straße mit Joy Cotteril, einer hochgewachsenen Frau mit wallenden, haselnussbraunen Haaren und einem auffallend breiten Mund. Sie ließ sich erzählen, wie sie und Victoria Watson sich in Harvard kennengelernt und auf Anhieb gut verstanden hatten, wie sie das nach ihnen benannte Verfahren zur Enzymsynthese entwickelt und gemeinsam die Firma *Forgenetics* gegründet hatten. Das alles hatte diesen Unterton von *die große Tochter unserer kleinen Stadt und wie sie es geschafft hat.*

»Fünf Minuten und zehn«, sagte Ben. »Jetzt kommt es gleich.«

Was gleich kam, war die Frage der Reporterin, wie die Zukunft aussehe.

»Nun, die Dinge ändern sich gerade«, antwortete Joy Cotteril mit gelassenem Lächeln. »Vor einem Monat hat bei uns das Telefon geklingelt, ein berühmter Investor war dran, der uns überreden wollte, mit ihm zusammen noch eine Firma zu gründen. Mich hat das, was er plant, nicht so schrecklich interessiert, aber Victoria reizt die Herausforderung. Das heißt, wir sind gerade am Austüfteln, wie wir die Zuständigkeiten neu verteilen, damit Vic an zwei Stellen gleichzeitig sein kann.« Sie lachte laut auf.

Ich hielt den Atem an, denn bestimmt würde die Reporterin jetzt fragen, was es war, das jener berühmte Investor plante …

Aber das tat sie nicht, stattdessen wollte sie wissen, ob das den Bruch zwischen den beiden bedeute.

»Nein, ach was«, erwiderte Cotteril. »Wir sind vor allem gute Freundinnen, und das bleibt auch so. Die Sache ist einfach die, dass mich die Enzyme mehr als alles andere faszinieren. Und Vic ist nicht so verbohrt wie ich.«

»Schön«, sagte die Reporterin strahlend. »Und wie lange bleiben Sie jetzt noch?«

»Bis übermorgen. Morgen feiern wir den fünfzigsten Geburtstag meiner Mutter, dann geht es wieder zurück nach Kalifornien, wo die Arbeit wartet.«

Sie solle ihre Mutter herzlich von den Lesern des *Kearney Hub* grüßen, bat die Reporterin, dann war das Video zu Ende.

»Das ist vom Februar«, sagte Ben.

»Clevere Idee, nach der Partnerin von Victoria Watson zu suchen«, meinte Wendy.

»Ich hatte gehofft, die Reporterin fragt sie, worum es bei dieser neuen Firma gehen soll«, brummte Nishant.

»Ich auch«, meinte Ty Lancaster. »Aber es ist trotzdem

aufschlussreich, denn es verrät uns, dass *Youvatar* auf Peter Youngs Initiative hin gegründet worden ist. Nicht Watson und Arnesen haben einen Geldgeber gesucht, sondern der Geldgeber Fachleute für ein ganz bestimmtes Vorhaben – so sieht das für mich aus.«

»Arnesen steht für Nanotechnologie, Watson für Gentechnik«, überlegte ich laut. Anahit Kevorkians Theorie kam mir immer glaubwürdiger vor. »Was kann man anstellen, wenn man diese beiden Fachgebiete miteinander kombiniert?«

Ty hob die Augenbrauen. »Im Prinzip … alles.«

»Was, wenn es ein medizinisches Projekt ist?«, fragte ich. »Könnte es sein, dass Peter Young an einer bislang unheilbaren Krankheit leidet und sich von diesem Projekt Heilung erhofft? Und wenn ja – welche Krankheit könnte das sein? Wir sollten prüfen, was für Ansätze sich in der Fachliteratur finden.«

Allgemeines Stöhnen und Backenaufblasen war die Reaktion. Was mich, ich gestehe es, etwas ärgerte. Wir bezahlen jeden Monat schmerzhaft viel Geld dafür, Zugang zu allen wissenschaftlichen Veröffentlichungen zu haben, aber in der Fülle dieses Materials zu recherchieren ist wenig beliebt. Obwohl es natürlich die hohe Kunst der Recherche darstellt.

Zumindest versuche ich, diese Sichtweise zu propagieren.

Ich klatschte in die Hände, wartete, bis ich die Aufmerksamkeit aller hatte, und verkündete dann: »Es *kann* sein … es steht noch nicht fest, aber bei den Anrufen, die uns ständig unterbrechen, geht es darum … es *kann* sein, dass ich am kommenden Wochenende in San Francisco bei einer Veranstaltung sein werde, bei der sich die Firma *Youvatar* einem kleinen, ausgesuchten Kreis vorstellen will und vermutlich darlegen wird, worum es bei dem Ganzen gehen soll. Falls es dazu kommt, und falls damit eine Einladung an weitere Investoren verbunden ist, müssen wir danach schnell sein. Wir müssen all unsere Kapazitäten aktivieren, um entscheiden zu können, ob das Vorhaben völliger Humbug ist oder das nächste große Ding … oder irgendwas dazwischen. Ohne jetzt in Einzelheiten gehen zu wollen, nur so viel: Es war noch nie so wichtig, dass wir uns nicht irren. Also, bitte, bleibt dran, macht euch schlau, und steht im Falle des Falles in den Startlöchern, wenn ich zurückkomme.«

Damit entließ ich sie für diesen Tag.

* * *

Später am Abend rief Lestari noch einmal an.

»Sie akzeptieren jetzt, dass Sie kommen, aber sie wollen, dass Sie vorher ein *Non Disclosure Agreement* unterschreiben«, sagte sie vergnügt.

Ich runzelte die Stirn. »Das stand doch schon im Begleitschreiben. Dass man vor Beginn der Veranstaltung ein NDA unterschreiben muss, meine ich.«

»Richtig. Aber in Ihrem Fall wollen sie es vorab haben.«

Ich seufzte, dachte: *Mist!* und sagte: »Von mir aus. Sollen sie es halt herschicken.«

»Prima«, flötete Lestari. »Das geb ich so weiter. Schönen Abend!«

Damit hatte sich meine Hoffnung, die Sache elegant loszuwerden, nicht erfüllt, aber irgendwie war ich in Wahrheit gar nicht mehr traurig darüber. Inzwischen war ich schon zu neugierig, was hinter der ganzen Sache stecken mochte.

* * *

Zu Hause begrüßte mich der Anrufbeantworter mit grünem Licht: kein Anruf. Und es war auch keine Mail von Joan da.

Normalerweise war das nicht ungewöhnlich, wenn wir uns kurz zuvor gesehen hatten. Wie gesagt, Distanz ist das

Lebenselixier unserer Beziehung. Aber es war ihr nicht gut gegangen, also brauchte sie es vielleicht, dass ich ihr Liebesworte ins Ohr flüsterte. Oder dass ich einfach nur zuhörte. Ich schlug ihren Schichtplan nach, sah, dass sie nicht mehr im Krankenhaus war, griff zum Hörer und wählte ihre Nummer.

Doch es ging niemand ran, zu Hause nicht und am Mobiltelefon auch nicht. Ich hinterließ schließlich eine Nachricht des Inhalts, dass ich nur mal hören wolle, wie's ihr gehe, und dass sie, wenn sie Lust habe, doch kurz zurückrufen solle, ich sei daheim und noch eine Weile auf.

Dann schlüpfte ich in meine Hausschuhe, ging in die Küche, setzte Wasser auf und wog Nudeln ab für Spaghetti mit Käsesoße.

Und natürlich klingelte das Telefon gerade, als das Wasser zu kochen anfing.

Ich drehte den Herd hastig ab und eilte in den Flur. Doch es war nicht Joan, die anrief, sondern ein alter Weggefährte, von dem ich schon lange nichts mehr gehört hatte, Hugh Barnett.

Wir kennen uns seit unserer gemeinsamen Zeit bei der *Northumberland Gazette*. Hugh ist ein rothaariger, kantiger Kerl aus Haltwhistle, den alle immer nur »den Schotten« genannt hatten, obwohl er in Wahrheit keinerlei Verbindungen dorthin hat. Hugh und ich hatten uns gut verstanden, hatten beide den Traum vom wahren Journalismus geträumt und zusammengehalten gegen die alten Kerle in der muffigen Zeitungsstube. Aber er war Kriegsreporter geworden: Afghanistan, Elfenbeinküste, Irak, Darfur, Jemen, Tschad, Libanon, Kongo waren nur ein paar der Einsatzorte, von denen er berichtet hatte. Für mich wäre das alles nichts, mir brach schon der Schweiß aus, wenn er nur davon erzählte. Aber wir hielten Kontakt, notgedrungen allerdings eher sporadisch.

»Hi, James, altes Haus«, trötete er mir launig ins Ohr. »Ich musste grade an dich denken und wie lange es her ist, dass wir voneinander gehört haben, also hab ich mir einfach den Hörer geschnappt – stör ich?«

Ich vergewisserte mich, dass der Herd auch wirklich ausgeschaltet war. »Nichts, was nicht warten kann. Wie geht's?«

»Ich lebe noch, also: gut. Bin gerade zurück aus Pakistan, hab 'ne neue Freundin und will's jetzt mal 'ne Weile ruhig angehen lassen, den Job betreffend, meine ich. Es sei denn, an irgendeinem grauenhaften Ort dieser Welt geht die nächste Bombe hoch, und mein Chefredakteur zwingt mich mit viel Geld dazu, wieder in den Flieger zu hüpfen!«

Er lachte dröhnend. Anrufe von Hugh haben immer etwas an sich, das einen an einen alles niederwalzenden Panzer denken lässt.

Wir plauderten ein bisschen über die alten Zeiten und die neuen, aber ich war nicht so richtig bei der Sache, weil ich die ganze Zeit damit rechnete, dass Joan auf dem anderen Telefon anrief, und irgendwie merkte Hugh das wohl, denn er meinte: »Du hörst dich an, als hättest du einen stressigen Tag hinter dir. Wann hast du das letzte Mal Urlaub gemacht?«

»Urlaub? Ich fürchte, ich muss erst mal nachschlagen, was das Wort bedeutet«, erwiderte ich.

»Hab ich mir gedacht. Weißt du was? Besuch mich doch mal wieder. Ist doch nur ein Hopser von deinem Venedig des Nordens bis nach Paris.« Hugh lebte seit geraumer Zeit in der französischen Hauptstadt, oder sagen wir, er hatte dort seinen offiziellen Wohnsitz; die meiste Zeit wälzte er sich ja im Staub irgendwelcher Krisengebiete. »Komm, wir sind noch nicht zu alt, um uns nicht noch die ein oder andere Nacht um die Ohren zu schlagen!«

»Klingt gut«, sagte ich, »ist im Moment aber einfach nicht drin.«

»Immer dasselbe«, motzte er. »Sobald einer seine eigene

Firma gründet, hat er für nichts anderes mehr Zeit. Junge, dafür ist das Leben zu kurz, glaub mir!«

»Ich glaub dir ja. Pass auf: Ich melde mich, sobald ich Land sehe, versprochen. Und dann hüpfe ich in den Zug nach Paris.«

»Nein, nein, nein – ich verlange die Zusatzklausel: Noch vor Jahresende. Das ist großzügig, James! Das lässt dir immerhin noch mehr als zwei Monate Zeit.«

»*Alright*, noch vor Jahresende«, versprach ich. »Lass dich einfach nicht vorher umbringen, dann klappt das.«

Hinterher bereitete ich mir meine Spaghetti in Käsesoße und machte, angeregt von Erinnerungen an Paris, eine Flasche französischen Rotweins dazu auf. Dass sich Joan danach immer noch nicht meldete, ließ mich vermuten, dass sie mit einer Freundin ausgegangen war und das Telefon zu Hause gelassen hatte; das machte sie oft so. Also setzte ich mich hinterher noch vor den Fernseher und zappte ein wenig durch die Kanäle.

Irgendwann in der Nacht erwachte ich im Dunkeln, auf dem Sofa vor einem Fernsehgerät, das sich von selber abgeschaltet hatte. Kein Anruf von Joan und, als ich nachsah, auch keine E-Mail. Ich erwog, ihr eine zu schicken, ließ es aber dann. Nicht nachts um drei Uhr. Stattdessen zog ich mich aus und ging zu Bett.

Kapitel 7

Es ist eine Art Ritual: Wenn ich morgens in der Redaktion einlaufe, führt mein erster Gang ins Sekretariat, um mich zu erkundigen, ob irgendetwas Besonderes vorliegt – ein dringender Anruf, ein amtliches Schreiben, irgend so etwas.

An diesem Morgen fragte ich: »Ist das NDA von *Youvatar* angekommen?«

Worauf Octavia den Kopf schüttelte und sagte: »Bis jetzt nicht, Mister Windover.«

Octavia Gabriel ist eine geheimnisvolle Frau. Wüsste ich ihr Geburtsdatum nicht aus ihrer Personalakte, ich käme nie im Leben darauf, dass sie über zehn Jahre älter ist als ich. Mit ihren langen, sandbraunen Locken und ihren intensiv blauen Augen wirkt sie seltsam alterslos und so, als wären eigentlich ein wallendes Gewand, eine Perlenkette, riesige goldene Ohrringe und eine Kristallkugel das ihr gemäße Outfit und nicht die dezenten Kostüme, die sie meistens trägt. Sie stammt aus Argentinien und hat zwei Ehen mit auf unterschiedliche Weise untreuen Männern hinter sich. Eine dieser Ehen hat sie nach Amsterdam geführt, wo sie heute allein lebt, mit drei Katzen und einer Fernsehanlage, von der alle, die sie je gesehen haben, in geradezu ehrfurchtsvollen Tönen sprechen. Sie ist Cineastin, und man tut gut daran, nie mit ihr über Filme zu streiten oder gar besser als sie wissen zu wollen, wer in welchem Film welche Rolle gespielt hat: Man verliert unweigerlich. Wobei mir unklar ist, wann sie all diese Filme überhaupt sieht, denn sie scheint so gut wie immer im Büro zu sein.

Außerdem werden ihr magische Kräfte nachgesagt. Octavia schafft es, Tickets zu besorgen zu Konzerten, die längst ausverkauft sind, Termine bei Leuten zu vereinbaren, die mit niemandem reden wollen, oder Leute final abzuwimmeln, mit denen *wir* nicht reden wollen.

Irgendwie wurde ich den Verdacht nicht los, dass es diese magischen Kräfte waren, die verhinderten, dass uns das *Non Disclosure Agreement* erreichte, an dem alles hing. Womöglich sogar unsere Existenz.

Auf jeden Fall entspannte mich diese Auskunft. Mit etwas Glück klappte das Ganze einfach nicht, und zwar aus Gründen, für die wir nichts konnten.

Es war angenehm ruhig im Haus. Aus Richtung der Cafeteria, genauer gesagt aus der Küche dahinter hörte man es klappern, ein verlockender Vanilleduft durchwehte den ersten Stock. Auf der Treppe vernahm ich das leise Trappeln nackter Füße: vermutlich die von Simone Peters, einer jungen, etwas wuseligen Rechercheurin aus der Dach-Crew, die mehrmals am Tag duschte und hinterher immer im Bademantel die Treppe hinaufhuschte. Ansonsten war alles still.

Manchmal genieße ich es, wenn es in unseren Räumen brummt vor Geschäftigkeit und Aufregung, aber heute tat mir die Ruhe gut. Vielleicht stand uns ein Tag bevor, an dem alles so sein würde wie immer. An dem nichts Besonderes passierte.

Ich verzog mich in mein Büro, ließ die Tür angelehnt und sichtete meine E-Mails und sonstigen Mitteilungen. Diejenigen, bei denen das ohne großes Nachdenken und mit wenigen Worten ging, beantwortete ich gleich, den Rest würde ich mir am Nachmittag noch mal vornehmen.

Aus einem Impuls heraus zog ich die Protokolle hervor, die Nishant aufgestöbert hatte. Sie stammten beide vom Juli, und das erste, das ich mir vornahm, betraf Ian Bowman, einen der

Partner der Kanzlei *Selassio, Tiburon and Partners*. Er gehörte nach unserer Kenntnis zum Team Tiburon.

Ich zückte einen Marker und ging dann das Protokoll durch, alle Stichworte anstreichend, die mir Rätsel aufgaben. Am rätselhaftesten war weiterhin die Formulierung »feather sea« oder »feather see«; es war mal so, mal so geschrieben, oft im Zusammenhang mit den Worten »contract« oder »problem«. Was um alles in der Welt mochte ein »feather sea problem« sein? Darauf konnte ich mir keinen Reim machen, und ich hatte auch nicht den Schimmer einer Idee, wie man das Rätsel lösen könnte.

Ein zaghaftes Klopfen an der Tür unterbrach meine fruchtlose Grübelei. Es war Claas Jordan, der den Kopf hereinstreckte. »Sie wollten mich sprechen, Mister Windover?«

»Ja, richtig«, sagte ich, froh über den Themenwechsel. »Kommen Sie rein.«

Er schob sich durch den Türschlitz. Ich schloss die Tür hinter ihm und dirigierte ihn an den Besprechungstisch.

»Wie ist es gelaufen?«, fragte ich. »Ihre Wohnungssuche gestern, meine ich. Marta hat mir davon erzählt.«

»Oh, das. Ja. Ähm … ganz okay. Aber ehrlich gesagt war nichts dabei, das besser gewesen wäre als das, wo ich jetzt bin.«

»In einer großen Stadt eine Wohnung zu finden ist wahrscheinlich immer ein Drama«, sagte ich. »Und sonst? Wie gefällt Ihnen Amsterdam?«

»Oh, großartig. Ich, ähm … ich bin verblüfft, dass hier praktisch jeder Englisch spricht, egal, wohin man kommt. Keine Ahnung, wie ich je Niederländisch lernen soll.«

Ich musste lächeln; das Problem hatte ich anfangs auch gehabt. »Sie werden einen Sprachkurs besuchen müssen. Anders geht es nicht.«

»Und in den Supermärkten … Die Kassiererinnen arbeiten

mit Überschallgeschwindigkeit, so schnell kann man gar nicht einpacken. Aber wehe, man zeigt keine Rabattkarte vor, dann wird man schräg angeschaut.« Er lehnte sich zurück. »Und kann es sein, dass kaum jemand einen regulären Job hat? Mit wem ich auch rede, jeder arbeitet zehn Stunden hier, zwanzig Stunden woanders ... oh, und jeder kennt jemanden, der bei *booking.com* arbeitet!«

Mir gefiel sein scharfer Blick für die Details. Er war wirklich ein Reporter.

»Aber eigentlich«, unterbrach er sich und musterte mich skeptisch, »geht es um meinen Artikel, oder? So hab ich die Nachricht von Frau Udenthal jedenfalls verstanden.«

»Richtig«, sagte ich. »Um diesen, und vor allem um Ihre künftigen Artikel.«

Ich holte den Ausdruck seines Textes von meinem Schreibtisch.

»Sprachlich ist daran nicht das Geringste auszusetzen«, betonte ich. »Sie haben einen flammenden Appell an die Regierungen dieser Welt verfasst, endlich ernsthafte Maßnahmen gegen den Klimawandel zu ergreifen.«

Er nickte.

»Das Problem ist nur«, fuhr ich fort, »dass die unsere Zeitung gar nicht lesen.«

»Weil sie es sich nicht leisten können?«, fragte er zurück.

»Oh, *leisten* könnten sie es sich bestimmt«, meinte ich schmunzelnd. »Verglichen damit, was Regierungen für Geheimdienste und Berater ausgeben, wäre ein Abonnement der *Windover View* ein Schnäppchen. Aber ... nun ja, ich habe Ihnen ja unser System erklärt. Die anderen Abonnenten müssten einverstanden sein. Und das wären sie nicht.«

Jordan nickte. »Okay. Was genau ist dann das Problem?«

»Ihre Neigung zu, sagen wir es drastisch, manipulativer Sprache«, erklärte ich geradeheraus. »Sie berichten nicht einfach nur, Sie wollen Ihre Leser zu einer bestimmten Reaktion, zu einer bestimmten Einschätzung bewegen. Und das ist nicht das, was wir tun.«

Sein Rücken straffte sich, seine Wangen wurden sichtlich röter. »Mister Windover! Der Klimawandel ist eine der größten Gefahren für die Zukunft der Menschheit. Wie soll man darüber schreiben, ohne anzusprechen, was getan werden und vor allem, *dass* etwas getan werden muss?«

»Ich widerspreche Ihnen nicht, was Ihre Einschätzung der Dinge anbelangt«, sagte ich bewusst ruhig und langsam. »Aber unsere Leser sind ausnahmslos intelligente Leute, imstande, aus Fakten eigene Schlüsse zu ziehen. Es genügt also, ihnen die Fakten darzulegen.«

»Das hab ich doch getan! So, wie Sie es gesagt haben: Nichts weglassen, alle Tatsachen auf den Tisch –«

»Ja, auf dieser Ebene habe ich auch nichts zu bemängeln. Aber bitte verstehen Sie: Unsere Leser – das sind alles sehr, sehr erfolgreiche Geschäftsleute. Mit anderen Worten, Leute, die viel verhandeln. Und Verhandlungen auf diesem Niveau sind, könnte man sagen, Olympiaden der Manipulation. Die Leute, die unsere Zeitung lesen, kennen sich mit Manipulation aus – und sie *hassen* es, wenn jemand das bei ihnen versucht. Verstehen Sie?«

Er setzte zu einer raschen Antwort an, hielt aber inne, und ich sah einen Funken des Begreifens in seinen Augen aufleuchten. Schließlich nickte er und sagte: »Ach so.«

Ich schob ihm den Artikel hin. »Vielleicht engen Sie den Fokus erst mal ein. Konzentrieren Sie sich auf ein Land, auf eine Energieart – solche Dinge. Es ist schwierig genug, dazu verlässliche Daten zusammenzutragen und aufzubereiten. Freunden Sie sich mit den Leuten der Statistikabteilung an, vor allem mit Liam O'Brien und Señora Alvarez. Sie werden sehen, da liegen die wahren Schätze vergraben.«

Er zögerte, dann fragte er: »Mister Windover, darf ich ganz ehrlich sein?«

Ich hob die Augenbrauen. »Es würde mich beunruhigen, wenn Sie das Gefühl hätten, Sie dürften es nicht.«

»So hab ich das nicht gemeint«, sagte er rasch. »Es ist nur, weil ich …« Dann platzte es förmlich aus ihm heraus: »Ich finde einfach, unsere Zeitung liest sich schrecklich *langweilig!*«

Es gefiel mir, dass er ›unsere‹ sagte.

Er ließ sich gegen die Lehne fallen und fuhr sich mit beiden Händen durch die strohblonden Haare. »Ich meine, wenn man das Abonnement umrechnet, wie viel zahlen die dann pro Tag? Zweieinhalbtausend Euro?«

»Zweitausendsiebenhundertneununddreißig«, sagte ich. »Und zweiundsiebzig Cent. Außer in Schaltjahren, da kriegen sie eine Ausgabe mehr.«

»Okay. Auf jeden Fall viel Geld für einen Text, der sich ungefähr so spannend liest wie eine Seite aus dem Telefonbuch.« Er wedelte mit den Händen. »Klar, das mit den Links im Text und wie man sich über die Stichworte tiefer in die Zusammenhänge klicken kann, zu Erklärungen, Schaubildern, Statistiken, zu Verweisen auf ältere Artikel und so weiter, das ist alles clever gemacht, geb ich zu. Aber, hey … es liest sich einfach *dröge!*«

Endlich waren wir beim Punkt. Das Gespräch begann, mir zu gefallen. Ich hatte das Gefühl, dass wir dicht vor einem Durchbruch standen.

»Wir haben in England einen Spruch«, sagte ich, »der ungefähr so geht: Es stimmt, dass Pferderennen todlangweilig sind – aber nur so lange, bis man auf ein Pferd *gewettet* hat. Unsere Abonnenten haben auf Pferde gewettet, bildlich gesprochen. Sie haben Investitionen getätigt, sie haben Interessen, sie verfolgen Pläne. In so einer Situation liest man eine Zeitung wie die unsere ganz anders.«

»Gut, aber selbst ein Börsenbrief liest sich spannender«, wandte er ein. »Ein Freund von mir arbeitet in so einer Redaktion. Hat jedes Mal, wenn wir telefonieren, einen heißen Tipp für mich.«

»Und? Befolgen Sie die Tipps?«

Er schüttelte den Kopf. »Dazu fehlt mir das nötige Kleingeld.«

»Also verfolgen Sie die Kursentwicklung auch nicht. Was Sie täten, wenn Sie die Aktie gekauft hätten. Wenn Sie investiert wären.«

Das entlockte ihm ein Lächeln, zum ersten Mal seit Beginn unseres Gesprächs. »Stimmt. Ohne das ist es bloß … eine Art Pferderennen. Langweilig.«

»Allerdings sind wir auch kein Börsenbrief«, erklärte ich. »Wir berichten viel über einzelne Unternehmen und Branchen, das stimmt. Vor allem aber sind wir eine Zeitung, die versucht, die Welt, wie sie ist, so objektiv und gleichzeitig so kompakt wie möglich abzubilden. Weil es nicht *reicht*, nur Unternehmen zu betrachten. Unternehmen sind eingebettet in Zusammenhänge, in volkswirtschaftliche und gesellschaftliche Entwicklungen, politische Veränderungen und vieles andere mehr. Wenn alles normal läuft und nichts Besonderes los ist, dann müssen wir nicht wie normale Zeitungen überlegen, was wir bringen, um die Seiten zu füllen. Wir sind die einzige Zeitung der Welt, die an solchen Tagen einfach hinschreibt: Heute nichts Besonderes passiert, alles im grünen Bereich. Aber wenn Gefahren am Horizont auftauchen, wenn sich irgendwo Entwicklungen abzeichnen, die für die Zukunft relevant sind, dann will ich, dass wir die Ersten sind, die darüber berichten. Und ich will, dass wir nicht nur darauf aufmerksam machen, sondern auch schon durchdekliniert haben, was für Konsequenzen sich daraus ergeben.«

»Kann man das denn?«, fragte er skeptisch. »Kann man

wirklich *objektiv* berichten? Sind wir nicht fundamental in unserer subjektiven Sicht auf die Welt verhaftet?«

Das Gespräch gefiel mir immer besser. Er hatte natürlich recht. Wir können nicht einmal mit Sicherheit sagen, ob es eine objektive Welt *gibt*. Aber selbst wenn, kann es keine objektive *Sicht* darauf geben, denn Sicht setzt Wahrnehmung voraus, und Wahrnehmung ist grundsätzlich subjektiv.

»Das ist richtig, aber man kann Objektivität zumindest *anstreben*«, sagte ich. »Doch dazu muss man seine Emotionen bewusst im Zaum halten. Sich ihrer bewusst bleiben. Dazu muss man Statistik betreiben. Die haben wir ja nicht erfunden; die ist Ausdruck eines uralten menschlichen Strebens nach einer objektiven Sicht auf die Dinge. Auch die Naturwissenschaften gehören zu diesem Streben. Die Sonne geht morgen um die und die Zeit auf, ganz egal, ob mir das gefällt oder nicht, ob ich hinschaue oder nicht, es *ist* einfach so. Da will ich hin. Das ist unser Job. Die Fakten zu liefern, über die es keinen vernünftigen Zweifel mehr gibt. Und dort, *wo* es Zweifel gibt, klar zu umreißen, von wo bis wo der weiße Fleck auf der Landkarte reicht.«

In diesem Moment klopfte es an der Tür, und Octavia streckte den Kopf herein.

»Chef, das Dokument, auf das Sie warten, ist angekommen«, sagte sie, und weil sie Gedanken lesen kann, hatte sie es natürlich gleich ausgedruckt dabei, in einer blickdichten Mappe.

Also doch. Anahit Kevorkian hatte ihren Willen durchgesetzt. Wie üblich.

»Gut«, sagte ich. »Dann rufen Sie bitte –«

»Er kommt in einer halben Stunde«, sagte Octavia. Die Rede war von Dr. Robrecht Arendonk, unserem Justiziar und Rechtsberater.

»Dann sagen Sie Marta –«

»Weiß Bescheid und kommt gleich.«

»Wunderbar.« Ich nahm ihr die Mappe ab und legte sie auf meinen Schreibtisch.

Als ich mich umdrehte, sah mich Claas Jordan ganz seltsam an.

»Was?«, fragte ich.

»Ich frage mich immer noch, was *Public Listeners* sind«, gestand er. »Werde ich es erfahren, ehe Sie mich rauswerfen?«

»Sie rauswerfen?«, wiederholte ich verdutzt. »Niemand denkt daran, Sie rauszuwerfen!«

Tatsächlich haben wir bis jetzt noch nie jemandem gekündigt. Alle, die gegangen sind, haben es von sich aus getan, aus den verschiedensten Gründen, und wir haben sie immer ungern ziehen lassen.

»Aber wenn es Sie beruhigt, kann ich Sie gern einweihen.« Ich nahm eins der Protokolle mit und setzte mich wieder zu ihm. »Am besten erzähle ich Ihnen, wie ich auf das Konzept der *Public Listeners* gekommen bin. Und zwar bin ich vor, na, zwölf Jahren eine längere Strecke mit dem Zug gefahren, in einem Abteil, in dem außer mir nur noch ein Mann saß, ein Geschäftsmann. Dem war langweilig, also hat er sein Telefon gezückt, sein Büro angerufen und eine geschlagene Stunde lang mit seiner Sekretärin alle möglichen Projekte, Kunden, zu schreibende Briefe, Angebote und Kalkulationen durchgehechelt. Als wir am Ziel waren, wusste ich, wie seine Kunden hießen, was für Angebote er ihnen gemacht und welche Gewinnmargen er einkalkuliert hatte. Ich wusste, wo etwas schiefgegangen war, wie seine Kollegen hießen und wie sein Chef und was er über sie dachte.«

»Extrem leichtsinnig«, meinte Claas Jordan.

»Ja«, sagte ich. »Aber so sind die Leute. Sobald sie telefonieren, vergessen sie, dass andere um sie herum sind.«

»Ich ahne, worauf das hinausläuft.«

»Sie ahnen richtig. Das ist das Prinzip: Wenn uns eine Firma interessiert, identifizieren wir die wichtigen Mitarbeiter darin und setzen ein paar unserer Leute darauf an. Die *Listeners* folgen den Zielpersonen, sobald diese sich im öffentlichen Raum bewegen, halten sich in der Nähe auf und warten, dass sie telefonieren. Und dann hören sie einfach zu.«

»Das ist ja … abgründig«, meinte Jordan und machte große Augen.

»Bei den Leuten an der Spitze funktioniert das nicht, weil die sich selten in der Öffentlichkeit bewegen. Vor allem CEOs amerikanischer Firmen lassen sich praktisch immer mit Limousinen, Hubschraubern oder Jets transportieren; die wissen gar nicht mehr, wie normale Leute leben. Aber die aus den Etagen darunter, die sind ergiebig. Die gehen zu Fuß, fahren mit U-Bahnen, essen in Restaurants zu Mittag und so weiter, und vor allem müssen sie immer telefonisch erreichbar sein. Wobei die meisten sowieso gern in der Öffentlichkeit Geschäftliches diskutieren, damit alle Welt sieht, wie wichtig sie sind.«

Claas Jordan rieb sich den Hals. »Ist es nicht illegal, auf so eine Weise an Insiderinformationen zu kommen?«

»Nicht, solange man keine Aufzeichnungsgeräte verwendet, sondern sich auf sein Gedächtnis verlässt. Man kann ja schlecht verbieten, zuzuhören, wenn andere Menschen in der Umgebung etwas von sich geben.« Ich zeigte ihm das Protokoll. »Das größte Manko der Methode, abgesehen von dem Aufwand, den man dafür treiben muss, ist, dass es leicht zu Missverständnissen kommt. Wenn ein *Listener* etwas aufschnappt, dann notiert er es sich bei nächster Gelegenheit, aber es ergibt nicht immer Sinn. Manche schreiben auf, was sie gehört haben, egal, ob es für sie Sinn ergibt, andere interpretieren in das Gehörte etwas hinein – also, ein gewisser Glücksfaktor spielt schon eine Rolle. Hier zum Beispiel, sehen Sie? Keine Ahnung, was ›feather sea‹ heißen soll, aber es kommt immer wieder vor. Dieser Ian Bowman hat mehrmals mit irgendjemandem telefoniert über einen ›feather sea contract‹ beziehungsweise über ein ›feather sea problem‹. Und jetzt sitze ich da und zerbreche mir den Kopf, was er wohl *in Wirklichkeit* gesagt hat.«

Jordan runzelte die Stirn. »›Feather sea‹ … auf Deutsch hieße das *Federsee.* In Süddeutschland gibt es einen See, der so heißt. Aber wieso der ein Problem darstellen oder Gegenstand eines Vertrags sein sollte … hm.«

Marta tauchte in der Tür auf. »Er ist jetzt da«, verkündete sie.

»Danke«, sagte ich zu ihr und zu Claas Jordan: »Tja, mein nächster Termin wartet. Ich schlage vor, Sie schreiben eine neue Fassung Ihres Artikels, und wir reden noch einmal im Detail darüber.«

»Okay«, sagte er eifrig und, wie mir schien, nicht wenig erleichtert. Dann sprang er auf und stob davon.

»Und?«, fragte Marta, als er zur Tür hinaus war. »Wie ist es gelaufen?«

»Och, ganz gut. Er wird es schon hinkriegen, denke ich.« Ich legte seinen Artikel zurück auf meinen Schreibtisch. »Und er schreibt ja nicht schlecht. Also, falls wir mal einen wirklich flammenden Appell brauchen sollten, wäre er jedenfalls der Richtige für den Job.«

Sie sah mich mit hochgezogenen Augenbrauen an. »Wann sollten wir je einen flammenden Appell brauchen?«

Ich zuckte mit den Schultern. »Man weiß ja nie.«

Gut möglich, dass mir dieser kurze, flapsige Wortwechsel das Leben gerettet hat.

Aber das hätte ich in diesem Moment unmöglich ahnen können.

* * *

Robrecht Arendonk ist Mitte dreißig, und man würde ihn für einen Profisportler halten oder einen Möbelpacker, aber nie im Leben für einen Rechtsanwalt mit Doktorgrad. Zudem hat er ein ästhetisch bedauerliches Faible für bunt karierte Fliegen, doch vermutlich ist das nur ein Trick, um juristische Gegner von seiner messerscharfen Intelligenz und seinem umfassenden Wissen abzulenken, bis es zu spät ist.

Octavia hatte ihn schon, wie üblich, in den Konferenzraum geführt. Marta und ich stießen dazu, begrüßten ihn, schlossen die Tür hinter uns und sahen ihm dabei zu, wie er den Text des *Non Disclosure Agreements* studierte.

»Dat is ongebruikelijk«, sagte er schließlich, schob das ausgedruckte Vertragsformular ein Stück von sich weg und meinte: »Wenn Sie das unterschreiben, *Mijnheer* Windover, dann verpflichten Sie sich zu absolutem Stillschweigen über alles, was Sie bei der besagten Veranstaltung erfahren, egal, wem gegenüber. Mit anderen Worten, Sie dürften auch der Person, die Sie mit diesem Besuch beauftragt, nicht davon berichten, nicht das Geringste. Nicht einmal, was es zu essen gab.«

Ich glaube, er war ziemlich überrascht, als Marta daraufhin losprustete, ich »Großartig!« ausrief und wir uns dann ein *High Five* gaben.

Wenn die Leute von *Youvatar* auf diesem NDA bestanden, waren wir die Verantwortung los. Dann würde Anahit Kevorkian, wenn sie wissen wollte, worum es ging, selber hinfliegen müssen.

Wohl, um sein Honorar für diese Beratung zu rechtfertigen, erläuterte er uns die wesentlichen Paragrafen des Schweigevertrags und sagte uns auch, wie sie lauten mussten, um akzeptabel zu sein. »So können Sie ja nicht damit arbeiten«, meinte er. »Sie müssen dritte Personen ins Vertrauen ziehen dürfen, wenn diese sich durch eine sinngemäß entsprechende

Vereinbarung zum Stillschweigen verpflichten. Ihre Mitarbeiter zum Beispiel, die zusammen mit dem Anstellungsvertrag auch eine Geheimhaltungsverpflichtung unterzeichnet haben, die über die Dauer ihres Arbeitsverhältnisses hinaus gilt.«

»Das heißt, das NDA müsste mir nicht nur erlauben, meiner Auftraggeberin Bericht zu erstatten, sondern auch, dass ich unsere Mitarbeiter informiere, zum Beispiel im Rahmen von Hintergrundrecherchen«, fasste ich zusammen.

»Richtig«, bestätigte Dr. Arendonk.

Wir bedankten uns herzlich bei ihm und geleiteten ihn noch hinaus, dann rief ich Lestari an, um ihr das alles zu sagen.

Zum ersten Mal hörte sie sich konsterniert an, ein wenig zumindest. »Dann hat es ja gar keinen Sinn, dass Sie dorthin reisen!«, erkannte sie.

»Seh ich auch so«, sagte ich.

»Hm«, machte sie. »Mutter bekommt gerade Physiotherapie. Ich werde mit ihr sprechen, sobald sie fertig ist.«

»Prima«, sagte ich und meinte es nicht so, wie sie es vermutlich verstand.

* * *

Den Rest des Tages tat sich in dieser Angelegenheit nichts mehr.

Ich widmete mich meinem normalen Tagesgeschäft. Dazu gehörte ein Gespräch mit den Leuten von der Statistikabteilung, in dem wir versuchten, die Verlässlichkeit neuer externer Quellen einzuschätzen. Weil alle mit Statistiken lügen, führen wir, so gut es geht, unsere eigenen, das heißt, wir sammeln selber Daten und werten sie auch selber aus. Aber das hat Grenzen, weil wir trotz unserer vergleichsweise guten finanziellen Ausstattung nicht die Kapazität haben, so viele Daten zu erfassen, wie wir gerne würden.

Danach musste ich ein paar neue, längere Hintergrundartikel lesen und mit Anmerkungen versehen, vor allem mit Fragen zu Textstellen, an denen mir etwas unklar war. Schließlich galt es noch, einen Blick auf die Ausgabe des nächsten Tages zu werfen und demjenigen, der dafür zuständig war, Rückmeldung zu geben. Diese Zuständigkeit wechselt jede Woche und ist aus verständlichen Gründen mit dem Nachtdienst verknüpft. Diese Woche war Gilbert Le Bras federführend, der zwar das Haus mit dem Gestank von *Gauloises* verpestet, diesen Job aber immer mit sicherer Hand bewältigt, sodass ich im Grunde nur »OKAY« zu sagen brauchte.

So verging die Zeit, und aus London kam kein Pieps mehr. Großartig, sagte ich mir, jetzt noch ein bisschen Glück, und die Sache verläuft im Sande. Genauer gesagt war es der Geschäftsmann in mir, der das dachte. Es gab aber auch einen kindlich neugierigen Teil in mir, der enttäuscht sein würde, nicht eingeweiht zu werden. Doch den hatte ich inzwischen gut im Griff.

Zur üblichen Stunde – zu der es um diese Jahreszeit immer schon dunkelte – verabschiedete ich mich und machte mich auf den Heimweg. Gegenüber der Haltestelle liegt einer meiner bevorzugten Bioläden, wo ich rasch noch ein paar Sachen einkaufte: Auch das war Teil meiner alltäglichen Routine. In der Straßenbahn kam ich neben einem jungen Mann zu sitzen, der telefonierte, und konnte an dem, was ich von seinem Gespräch mithörte, meine Kenntnisse der niederländischen Sprache schulen. Ich erfuhr, dass er von einem Vorstellungsgespräch kam, das schlecht gelaufen war, dass er seine Hoffnungen in den morgigen Termin bei der Agentur *Bloem en Snijders* setzte und dass er noch Kartoffeln einkaufen und mitbringen würde, und zwar vom *Jumbo-City*-Markt, wo es sie gerade im Sonderangebot gab.

Ich lächelte still in mich hinein.

Die Luft roch frisch, als ich von der Haltestelle nach Hause schlenderte. Was würde ich mit dem Wochenende anfangen, falls mir die Reise in die USA erspart blieb? Joan hatte Dienst, leider, also schied ein spontaner Trip nach London aus.

Solcherart in Gedanken versunken schloss ich die Tür zu meiner Wohnung auf und vollzog das abendliche Ritual des Nachhausekommens: Alarmanlage abschalten, Licht im Flur anknipsen, Schlüsselbund auf der Kommode ablegen, Mobiltelefon ins Ladegerät stecken. Dann hängte ich meinen Regenmantel auf, schlüpfte aus den Schuhen und merkte, wie die Anspannung des Tages von mir abfiel.

Und gerade, als ich in die Küche gehen wollte, hörte ich aus dem dunklen Wohnzimmer eine ruhige Frauenstimme sagen: »Guten Abend, James.«

Kapitel 8

Ich habe, was meinen Wechsel vom *Hard'n Heavy Magazine* zum *Independent* anbelangt, nicht die ganze Wahrheit erzählt. Oder sagen wir, ich habe etwas ausgelassen.

Eine Kollegin in der Redaktion, Sannleika, die nicht für Musik zuständig war, sondern für den Teil, der von aktuellen Trends, Moden und dem Zeitgeist handelte, hatte es sehr mit Meditation. Wenn sie aus dem Urlaub zurückkam, dann war sie bei indischen Gurus gewesen oder bei japanischen Zen-Meistern, hatte in Kalifornien an Selbstverwirklichungsseminaren teilgenommen oder in Arizona an einer indianischen Schwitzhüttenzeremonie. Sie sei, erklärte sie mir irgendwann, auf der Suche. Wonach?, fragte ich. Auf der Suche nach der Wahrheit, sagte sie. Das gefiel mir, denn das war ich auch. Nein, meinte sie, sie suche nach der *existenziellen* Wahrheit, der Wahrheit hinter allem, nach der Einsicht in den Sinn des Lebens, nach der Wahrheit hinter allen Illusionen und Täuschungen und, vor allem, Selbsttäuschungen.

»Wir leben im Hier und Jetzt, im gegenwärtigen Augenblick«, erklärte sie mir einmal, »aber in Gedanken sind wir immer woanders – in der Zukunft, in der Vergangenheit, an einem anderen Ort, nur nie da, wo wir gerade tatsächlich sind. Ist das nicht absurd?«

Das beeindruckte mich, vor allem im Kontrast zu den vielen Stars und Möchtegern-Stars, mit denen ich zu tun hatte und die nicht selten schrecklich eingenommen waren von sich selbst, Männer und Frauen, die allen Ernstes zu glauben schienen, die Welt drehe sich nur um sie und dass es der Sinn des Lebens sei, dass sie das tat.

»Weißt du, James, das Leben ist so verdammt kurz«, sagte Sannleika, die im Alter von vierzehn Jahren miterlebt hatte, wie ihre beste Freundin von einem ungebremst rasenden Auto überfahren, oder genauer gesagt, zerfetzt worden war. »Aber wir leben es, als hätten wir einen Traumurlaub in einem Fünf-Sterne-Resort gewonnen und würden dort die ganze Zeit ans Büro denken. Als könnten wir es kaum erwarten, den Urlaub vom Totsein hinter uns zu bringen.«

Ich glaube, in diesem Moment verliebte ich mich in sie.

Es dauerte eine Weile, bis sie meinem Werben nachgab und mich erhörte, und klar, dass ich mich dann ebenfalls der Meditation widmen musste; das gehörte zu einer Beziehung mit ihr einfach dazu. Ich lernte also, meine Beine zum Lotossitz zu verschlingen, und ließ mir die Grundbegriffe der Vipassana-Meditation beibringen: Sitze still, schließe die Augen und beobachte deinen Atem. Beobachte ihn so lange, bis er von selber geschieht und du nur dabei zusiehst. Dann konzentriere dich auf das Innere deiner Nase, auf die kleine Stelle, an der die Luft vorbeiströmt, und versuche, ganz an diesem Punkt zu sein, mit all deiner Aufmerksamkeit. Und denke nichts.

Nur war ich richtig schlecht im Nicht-Denken. Ich fand den Lotossitz unbequem, hatte Probleme mit dem ruhigen Sitzen, und meine Gedanken fuhren Karussell mit mir, wenn ich versuchte, keine zu haben.

Mit anderen Worten, ich wurde zu einem Störfaktor in Sannleikas Leben. Und daran zerbrach unsere Beziehung. Sie liebe mich sehr, versicherte sie mir bei unserer Trennung, aber sie habe eine Pflicht ihrer Seele gegenüber, und die gehe vor. Doch ich solle nicht traurig sein; keine Begegnung im Leben geschehe, ohne dass sie eine Bedeutung habe, ich würde das eines Tages einsehen.

Erst mal sah ich das allerdings nicht ein, sondern führte mich eine Weile ziemlich arschlochig auf, wie das junge Männer Mitte zwanzig in solchen Fällen oft machen. Dann kapierte ich, dass es, A, wirklich vorbei war, und B, dass ich mich unmöglich benahm, und ich beschloss, mich völlig neu zu erfinden. Ich kündigte meinen Job und meine Wohnung, verkaufte, verschenkte oder entsorgte mein Hab und Gut und stand am Ende mit einer Umhängetasche auf der Straße, ohne irgendeinen Plan: Mit anderen Worten, ich war ganz im Hier und Jetzt angekommen. Wenn mich Sannleika so sehen könnte, sagte ich mir, würde sie es sich noch einmal überlegen.

Aber sie sah mich ja nicht, denn ich ging, den Impulsen meiner Beine folgend, zum nächsten Bahnhof und fuhr mit irgendeinem Zug irgendwohin, weg aus London. Ich übernachtete in einem leeren, verfallenen Stall, auf den ich zufällig stieß, fuhr weiter und weiter und landete auf verschlungenen Wegen irgendwann, irgendwie in Amsterdam.

Diese Stadt, so kam es mir vor, empfing mich mit offenen Armen. Im ersten Café, in dem ich nach einer Bleibe fragte, vermittelte mir jemand, der mit seiner Frau sechs Wochen nach Kanada wollte, einen Job als Haushüter. Es kostete mich nichts, und alles, was ich zu tun hatte, war, die Katze des Hauses zu füttern. Im selben Café fand ich auch einen kleinen Job, der gleichzeitig eine gute Übung war, stets im Moment zu bleiben, und da das Café um achtzehn Uhr schloss – das scheint in Amsterdam üblich zu sein; ich weiß bis heute nicht, wieso eigentlich –, blieb mir genug Zeit, um zu meditieren. Denn das war es, was ich beschlossen hatte zu tun: zu meditieren. Anfangs, um Sannleika zu beweisen, dass ich sehr wohl meditieren konnte, mehr noch, dass ich der beste Meditierer war, den die Welt seit Siddharta Gautama Buddha gesehen hatte … bis mir aufging, was für ein lächerliches Motiv das war.

Danach meditierte ich, weil ich die Wahrheit erfahren, den Sinn des Lebens finden, die Erleuchtung erlangen wollte. Wenn ich schon die große Liebe meines Lebens verloren hatte, dann wollte ich wenigstens auch meine Illusionen verlieren und die Welt so sehen, wie sie war.

Und irgendwann meditierte ich einfach nur, weil ich eben jemand war, der meditierte. Stundenlang saß ich da, wurde innerlich still und stiller und genoss es.

Eines Tages jedoch, wie ich so auf meinem Kissen saß und mir meiner Existenz bewusst war, bemerkte ich plötzlich etwas in meiner Umgebung, das nicht so war, wie es sein sollte. Katzenhaft leise Laute, die aber nicht von einer Katze stammten. Katzenhafte Bewegungen, die auch nicht die einer Katze waren.

Ich blieb still sitzen, nahm einfach nur wahr. Bis mich ein Impuls die Augen aufschlagen ließ und ich ein Mädchen sah, das vor mir stand und vor Schreck aufschrie.

Dieses Mädchen war Vera van Akkeren, dieselbe Frau, die ich in meinem Lesesessel sitzend vorfand, als ich das Licht im Wohnzimmer einschaltete.

* * *

»Hallo, Vera«, sagte ich. »Das ist ja mal eine Überraschung.«

»Arne hat gesagt, du willst mich sprechen.« Sie breitete die Arme aus. »Also, was überrascht dich?«

Überraschung: Das ist so etwas wie der Grundton unserer Beziehung. Normalerweise, wenn ich den Kontakt zu ihr suche, reagiert sie mit Mails, die sie aus Internetcafés unter Benutzung einer Wegwerfadresse verschickt, oder sie ruft mich von einer Telefonzelle aus an oder, da die allmählich rar werden, von einem Handy, das sie sich von einem Touristen leiht. Wir treffen uns dann an irgendeinem Ort, den sie sich ausdenkt: in der Warteschlange vor dem Ticketschalter des Van-Gogh-Museums zum Beispiel, am Elefantengehege im königlichen Zoo oder in einem proppenvollen Nachtclub.

»Und meine Alarmanlage?« Ich blickte über die Schulter zurück zu dem kleinen Metallkasten mit den abriebfesten Zifferntasten neben der Wohnungstüre, dessen Signallicht grün leuchtete, seit ich den Code eingegeben hatte. »Die war kein Hindernis?«

»Nein«, sagte sie, sprang auf und ging an mir vorbei in die Küche. »Du darfst mir übrigens gern was zu essen anbieten.«

Also kochte ich uns erst mal was. Ich hatte ein schönes, frisches Stück Kabeljau gekauft – Omega-3-Fettsäuren, so wichtig! –, das auch für zwei Personen reichen würde, briet es in der Pfanne an und machte nebenher gemischtes Tiefkühl-Gemüse. Dazu öffnete ich eine Flasche Weißwein.

Vera schaute mir zu, und ich musste immer wieder sie anschauen. Sie ist eine von den Frauen, die nicht zu altern scheinen. Seit unserem ersten, beiderseits unerwarteten Zusammentreffen sind weit über zehn Jahre vergangen, aber Vera sieht immer noch aus, als sei sie so alt, wie sie damals war, siebzehn nämlich. Genau genommen sieht sie sogar noch jünger aus, geradezu jungmädchenhaft; man würde zögern, ihr Alkohol zu verkaufen. Dass sie sich wie eine Halbwüchsige kleidet – sie trug an diesem Abend einen grauen Hoodie, darüber eine dunkelblaue Polsterweste, dazu weite Jeans und unauffällige Turnschuhe –, verstärkt diesen Eindruck noch. Ich schätze mal, sich als Teenie auszugeben ist auch einer ihrer Tricks, um durch die Maschen des Gesetzes und der allgemeinen Aufmerksamkeit zu schlüpfen.

Wobei das mit dem Alkohol kein Problem für sie wäre, weil sie ohnehin auf andere, weniger legale Drogen steht, und in fremde Wohnungen, Häuser oder Büros einzubrechen ist eine davon. Oder besser gesagt, der Kick, den ihr das gibt. Sie tut es gern und gut und eben nicht in erster Linie zum Lebensunterhalt.

Auch hier kommt wieder das Thema Überraschung ins Spiel. Vera sagt von sich, sie könne spüren, ob eine Wohnung oder ein Haus leer und verlassen sei, und normalerweise stimmt das auch. Ich bin der Einzige, dem es je gelungen ist, sie in dieser Hinsicht auszutricksen, und dieses Erlebnis scheint sie bis heute zu beschäftigen. Ich sei derart tief in Meditation versunken gewesen, meint sie, dass ich quasi nicht mehr da gewesen sei: So erklärt sie sich das.

Dabei war das mit dem Meditieren in Wahrheit nie so wichtig für mich, wie ich geglaubt habe. Irgendwann muss ich gemerkt haben, dass das nicht mein Weg ist, denn ich habe es wieder gelassen, und die Zeit damals kommt mir heute eher vor wie eine Phase der Besessenheit, ausgelöst durch die Trennung von Sannleika. Und Besessenheit hat ja nun gerade nichts mit abgeklärter innerer Ruhe zu tun.

Aber Vera van Akkeren überrascht zu haben – darauf bin ich bis heute ein bisschen stolz.

Damals war sie so perplex, dass sie sich von mir ins nächstgelegene Café einladen ließ, zumal in der Wohnung ohnehin nichts zu holen war. Die Besitzer hatten vor ihrer Abreise alle Wertsachen in ein Bankschließfach gebracht – um mir »keine unnötige Verantwortung aufzubürden«, wie sie es formuliert hatten. Ja, und über zwei großen Tassen Milchkaffee haben Vera und ich uns dann angefreundet. Es folgten ein paar unvergessliche Tage, ehe sie wieder ihrer Wege zog, denn feste Bindungen, sagt sie, seien nichts für sie.

Trotzdem ist der Kontakt zwischen uns nie ganz abgerissen, und als ich später daranging, meine Zeitung zu gründen, habe ich ihr davon erzählt. Als sie fragte, ob ich da vielleicht ab und zu eine Spionin brauchen könne, meinte ich, ja, das sei gar keine schlechte Idee.

Über dem Essen erzählte ich ihr alles, was mich seit Montag umtrieb und was wir über *Youvatar* herausgefunden hatten. Das ist die Grundlage unserer, sagen wir, unabgesprochenen Zusammenarbeit: Sie muss über alles Bescheid wissen. Denn natürlich *beauftrage* ich sie nicht, bei irgendwelchen Firmen einzubrechen, womöglich gegen steuerlich absetzbares Honorar – das wäre ja illegal. Nein, ich *erzähle* ihr von Firmen und den Rätseln, die sie mir aufgeben, und das *fasziniert* sie dann derart, dass sie sich, gänzlich aus eigenem Antrieb und Interesse, dort bei Gelegenheit ein bisschen, hm … *umsieht.*

Völlig unabhängig davon unterstütze ich sie ab und zu finanziell, doch das tue ich aus eigener Tasche und in Erinnerung an unsere zwar kurze, aber schöne gemeinsame Zeit.

Erstaunlich ist Veras Geschick, stets die entscheidenden Dokumente oder Informationen aufzuspüren. Es ist geradezu eine Superkraft. Sie kann in ein zwanzigstöckiges Hochhaus gehen und landet trotzdem im richtigen Büro, wo sie die richtige Schublade aufzieht. Keine Ahnung, wie das funktioniert, und ich glaube, es ist auch besser, ich weiß es nicht; womöglich würde es den Zauber brechen.

Vera hatte aufgegessen, betrachtete den restlichen Wein, den sie in ihrem Glas kreisen ließ, und meinte: »Wenn am Wochenende diese Veranstaltung stattfindet, wird Young sicher dabei sein, oder?«

Ich nickte. »Davon geh ich aus.«

»Also wird er nicht zu Hause sein. Wäre folglich der ideale Moment, sich dort ein bisschen umzusehen.« Sie lächelte genießerisch. »Vielleicht führt er ja Tagebuch. Was meinst du?«

Anderer Leute Tagebücher zu lesen ist etwas, von dem Vera nicht genug kriegen kann.

»Wäre theoretisch super«, räumte ich ein, »aber das Problem ist, das ist schon übermorgen.«

»Ja, und? Dann flieg ich halt morgen nach San Francisco. Du weißt doch, gepackt ist bei mir schnell.«

»Du hast also immer noch nicht mehr Sachen, als in einen Rucksack passen?«

»Besitz belastet nur.« Sie seufzte. »Mann, ich hätte so Lust! Ich war ewig nicht mehr in Frisco. Dabei kenn ich dort so viele rattenscharfe Mädels …«

Ich verzog das Gesicht. »Das nächste Problem ist, dass ich die ganzen Informationen über Peter Young, wo er wohnt und so weiter, nicht hier hab, die sind in der Redaktion.« Es würde das Beste sein, einfach noch einmal in die Stadt zu fahren, sagte ich mir.

Vera schüttelte den Kopf. »Kein Problem. Ich weiß, wo Peter Young wohnt.«

»Du weißt –?«

»Boulder, Suncrest Avenue. Ich war sogar schon mal dort.«

»Du bist schon mal bei ihm …?« Ich merkte, dass mich die Vorstellung, sie könnte noch für jemand anders spionieren, geradezu eifersüchtig machte.

»Nein, nicht eingebrochen. Ich war eingeladen. Also, eigentlich die Frau, mit der ich damals zusammen war. Sie hat mich mitgenommen, weil es in der Einladung hieß, mit Begleitung. Ich hatte an dem Tag ein superschickes Kleid an, stell dir vor.« Sie schien in Erinnerungen zu versinken. »Ein tolles Anwesen. Todschicke Villa. Sie liegt am Ende einer Privatstraße, in die man nur durch ein großes schmiedeeisernes Tor kommt, vorbei an einem Wächter. Riesige Terrasse mit eingelassenem Pool, von der aus man über das gesamte Tal blickt. Und es waren so viele Leute da, dass ich mich im Haus verlaufen konnte, ohne dass es jemand gemerkt hat …«

Ihr Gesicht bekam einen geradezu lüsternen Ausdruck.

»Lass es uns so machen«, schlug sie vor. »Du gibst mir die zwölftausend Euro, die in deinem Safe liegen, für Flug und

Spesen, und ich schau, ob ich was rausfinde. Ah, San Francisco … ich hab schon Schmetterlinge im Bauch, wenn ich an die Mädels dort denke! Ich hab riesige Lust, mal wieder ein paar Herzen zu brechen.«

Ich spürte meine Augen größer werden. »In meinem Safe warst du also auch schon?«

Vera lächelte zuckersüß. »Du bist so spät gekommen. Und mir war so langweilig.«

»Ich glaube, ich muss meine Sicherheitsmaßnahmen überdenken.«

»Wäre ratsam, ja.«

Ich ging in mein Arbeitszimmer, in dem, Reminiszenz an meine Zeit in der Heavy-Metal-Szene, etliche Konzertposter gerahmt an der Wand hängen: von *Iron Maiden*, *Judas Priest*, *Scorpions*, *Metallica*, *Motörhead* und, sogar signiert, von *Nightwish*. Eins davon verdeckt ganz klassisch den Tresor. Ich nahm es ab, öffnete ihn und fand den Inhalt tatsächlich anders angeordnet vor, als ich ihn zurückgelassen hatte. Immerhin schien nichts zu fehlen.

Den Umschlag mit meiner Barreserve in der Hand, kehrte ich in die Küche zurück. »Sag mal«, fragte ich, als ich ihn vor Vera auf den Tisch legte, »wieso hast du damals überhaupt mit mir geschlafen, wenn du eigentlich auf Frauen stehst?«

»Tja, das war mir zu der Zeit halt noch nicht so vollumfänglich klar«, meinte sie gedehnt und blinzelte mich dann an. »Außerdem bin ich flexibel.«

»Flexibel, aha«, sagte ich.

»Du hättest jetzt natürlich lieber gehört, dass du einfach so unwiderstehlich warst, oder?«, meinte sie und steckte den Umschlag mit dem Geld ein, ohne hineinzuschauen.

»Es war wirklich nur eine Frage, und ich wollte wirklich nur die Wahrheit wissen.« Ich beugte mich vor. »So gut solltest du mich inzwischen kennen.«

»Die Wahrheit …« Sie musterte mich, leckte sich dabei bedächtig über die Lippen. »Also, eine andere Wahrheit ist folgende: Das Zylinderschloss an deiner Wohnungstür ist Müll, das kriegt man in weniger als einer Minute auf. Den Code, der deine Alarmanlage abschaltet, hab ich dir abgeguckt, als wir das letzte Mal hier waren – wann war das? Vor fünf Jahren? Und du hast ihn seither nicht geändert!«

»Abgeguckt?«, entfuhr es mir. »Aber ich habe extra …«

»Ja, ja. *Nice try.* Und was deinen Tresor angeht, ist der Code der Geburtstag deiner Freundin. Also, bitte – geht's noch einfallsloser?«

»Woher kennst du den Geburtstag meiner Freundin?«

»Steht in dem Adressbuch auf deinem Schreibtisch. Und in dem Geburtstagskalender, der auf deiner Toilette hängt. Mit Herzchen daneben. Ah, da fällt mir ein …«

Sie kramte in den Innentaschen ihrer Polsterweste und förderte ein graubraunes Stoffbeutelchen zutage, das man mit zwei Lederriemen zuzog, die sie nun kunstvoll verknotete. »Das möcht ich lieber nicht mit auf Reisen nehmen. Man wird ja heutzutage so oft gefilzt beim Fliegen.« Sie drückte es mir in die Hand. »Tu's bitte in deinen Safe, bis ich zurück bin, okay?«

Der kleine Beutel fühlte sich an, als sei er mit einer Handvoll getrockneter Erbsen und Bohnen gefüllt. »Was ist da drin?«

»Frag nicht, dann muss ich dich nicht anlügen.«

Mit anderen Worten: irgendwelche Drogen.

»Na gut, ich frag nicht.« Ich ging zurück in mein Arbeitszimmer, öffnete den Safe erneut und stopfte den Beutel ganz nach hinten.

Und als ich wieder in die Küche kam, war Vera verschwunden.

Kapitel 9

Am nächsten Morgen erwachte ich mit einer Idee, nein, einer Eingebung. Es fühlte sich an wie etwas, das ich besser nicht abtun sollte, und ich habe gelernt, auf diese Art Gefühl zu hören. Wir erzählen uns zwar gern, was für rationale Wesen wir Menschen seien, aber die intuitive Dimension zu vernachlässigen ist, glaube ich, ein Fehler. (Joan sagt, das seien Impulse des »Bauchhirns«, doch ich weiß nicht, ob das nicht auch schon wieder eine Rationalisierung ist.)

Jedenfalls, nach dem Frühstück gab ich in der Redaktion Bescheid, dass ich erst später kommen würde, und fuhr dann mit der Metro raus ins Gewerbegebiet Bullewijk zu *TWV Information Systems:* Das ist, wie schon erwähnt, unsere zweite Firma, deren Aufgabe es ist, unser Computernetzwerk zu administrieren, unsere Telefonanlage zu warten, unsere Alarmanlagen immer auf den neuesten Stand zu bringen und unsere Internetzugänge am Laufen zu halten. Hier draußen stehen, gut abgesichert und klimatisiert, unsere Server und ein Teil unserer Back-up-Systeme (RAID-5-Systeme, sagt man mir – was immer das heißen mag), und von hier aus wird jeden Tag die *Windover View* an die Abonnenten verschickt, sicher verschlüsselt und nach den hier hinterlegten Interessengebieten der jeweiligen Empfänger personalisiert. Hier kümmert man sich auch darum, dass die Tabletcomputer, auf denen unsere Abonnenten unsere Zeitung lesen, immer auf dem neuesten Stand sind oder, falls ein Gerät defekt werden sollte, es gegen ein neues ausgetauscht wird.

Es ist eine merkwürdig andere Welt, in die man hier draußen kommt, so ganz anders als die gemütliche, pittoreske Altstadt voller Touristen, Blumen und hübscher Ecken: Bullewijk ist ein Industriegebiet, nicht dafür gemacht, sich zu Fuß darin zu bewegen, sondern völlig auf Autos zugeschnitten. Man passiert Autowaschanlagen, Reparaturwerkstätten aller Art, Mietlager, Gebrauchtwagenhändler, Logistikzentren von ungeheuren Abmessungen und die Glaspaläste von Finanzdienstleistern oder Business-Hotels. Immerhin, hier und da stößt man auf Imbissbuden aller Art, deren Existenz verrät, dass es doch genügend fußläufige Kundschaft gibt. Trotzdem habe ich dafür Sorge getragen, dass unsere Mitarbeiter hier draußen nicht darauf angewiesen sind: Unsere Hausverwalterin – das war seit Anfang des Jahres eine stille, unauffällige, fleißige Frau namens Adilene de Winter – fährt jeden Mittag mit einem Elektroauto, das wir eigens für ihre Besorgungen angeschafft haben und das klein genug ist, um noch in unserer Garage zwischen den Fahrrädern Platz zu finden, nach Bullewijk hinaus und liefert die Mahlzeiten ab, die unsere Köchin und ihr Team für unsere Computerleute zubereitet haben.

Übrigens findet man hier in der Gegend auch einen Hindu-Tempel: ein Farbtupfer inmitten der asphaltgrauen und metallischen Einöde der Industriebauten.

Die Firma *TWV Information Systems* befindet sich in Räumlichkeiten, die wir in einem Gebäude angemietet haben, das eine Vielzahl kleiner, spezialisierter IT-Firmen beherbergt und selber eine Firma ist: Gegen vernünftiges Geld bekommt man eine exzellente Ausstattung, schnelle Internetanbindungen, ausfallsichere Stromversorgung und dergleichen zur Verfügung gestellt. Ein Wachdienst sichert den Zugang zum Gebäude, zusätzlich treffen wir eigene Vorkehrungen gegen Eindringlinge aller Art. Unsere Firma ist, anders als die anderen, rund um die Uhr und an sieben Tagen pro Woche mit mindestens zwei Leuten besetzt, und unsere Administratoren haben ständig ein kundiges Auge auf alles, was sich von außerhalb in unsere Systeme zu schleichen versucht.

Zugang zu besagten Räumlichkeiten zu erlangen ist ein bisschen, als betrete man den Hochsicherheitstrakt eines Gefängnisses. Ich komme an die Pforte, äußere mein Begehr und muss dann erst einmal meinen Ausweis durch einen schmalen Schlitz in der Panzerglasplatte schieben. Dahinter sitzt ein Panzerschrank von einem Wachmann, der den Ausweis eingehend prüft, ein Telefonat führt und dann erst die Eingangstür frei gibt. Und der Aufzug, den ich danach betrete, fährt nur in die Etage, in der sich *TWV Information Systems* befindet, in keine andere.

An der dortigen Zugangstür muss ich den Ausweis noch einmal an ein Lesegerät halten und zusätzlich meinen Fingerabdruck prüfen lassen. Es gibt auch eine Zahlentastatur, aber den Zugangscode kennen nur die Mitarbeiter. Ich dagegen muss warten, bis mir geöffnet wird.

An diesem Tag war es Matt Longworth höchstpersönlich, der mir die Tür aufhielt.

»*Goede dag, Meester Windover*«, sagte er. »*Maar dat was snel!*«

Matt Longworth ist rund zehn Jahre älter als ich und stammt aus Liverpool, ist aber seit fünfundzwanzig Jahren mit einer Niederländerin verheiratet, hat drei Kinder und spricht die Landessprache fließend. Deswegen versuchte ich erst gar nicht, mitzuhalten, sondern blieb bei Englisch, ohnehin die Verkehrssprache unserer Firma, und fragte: »Was soll das heißen, ›das war schnell‹?«

»Ich hab vor, na, zwanzig Minuten einen Bericht geschickt, dass wir in den letzten drei Tagen einen sprunghaften Anstieg von Hackerangriffen registrieren. Und schon sind Sie da!« Er hielt inne, runzelte die Stirn. »Das kann eigentlich gar nicht sein.«

»Ist es auch nicht. Es gibt kein Verkehrsmittel, mit dem man so schnell hier draußen wäre.« Ich nickte in Richtung der Serverräume. »Zeigen Sie mal.«

Also zeigten sie mir allerhand Diagramme, mit denen ich wenig anfangen konnte, abgesehen davon, dass ich sah, wie seit Dienstag eine Kurve nach oben ging.

»Weiß man, woher die Angriffe kommen?«

»Nein«, sagte Matt, »die sind zu gut verschleiert.«

»Wie hoch ist das Gefährdungspotenzial?«

»Null«, erklärte Arno Klerks, der diensthabende Administrator. »Das sind alles relativ simple Angriffstechniken, die wir zuverlässig abblocken. Es sind keine Anfänger, das sicher nicht. Aber ich schätze, die sind bisher nur in schlecht gesicherte Systeme eingedrungen, in staatliche Behörden oder so.«

»Und das da« – ich zeigte auf die Diagramme – »sind auch keine Ablenkungsmanöver für irgendwelche richtig cleveren Tricks?«

Arno Klerks gab ein empörtes Schnauben von sich, aber Matt sagte: »Kann man nie ausschließen. Wir haben alle Augen drauf und tun, was wir können.«

Deshalb ist Matt Longworth der richtige Mann auf dem Posten des Sicherheitschefs: weil er keine Parolen von sich gibt, sondern die Wahrheit sagt.

»In Ordnung«, meinte ich. »Mehr kann man nicht verlangen. Bleiben Sie dran, und halten Sie uns in der Redaktion auf dem Laufenden, wenn es schlimmer werden sollte.«

Matt wiegte den Kopf. »Kann sein, dass es morgen schon vorbei ist. Oder in einer halben Stunde. Wir erleben solche Wellen immer wieder mal.«

»Gut, eine Entwarnung werden wir auch gerne hören.« Ich richtete mich auf. »Aber ich bin eigentlich wegen was anderem hier.«

»Sie müssen an die Abonnenten-Verwaltung, nehme ich

an«, meinte Matt. Das war nicht schwer zu erraten gewesen, denn in neun von zehn Fällen ist das mein Anliegen, wenn ich nach Bullewijk rausfahre. »Kommen Sie.«

Wir gingen in den Serverraum und zu einem Bildschirm, der ganz hinten einsam auf einem Tisch steht. Matt schaltete das Gerät ein, entsperrte es mit seinem Ausweis und einem Passwort, das er unter vorgehaltener Hand eintippte, und meinte: »Ich lass Sie dann mal alleine.«

»Ja«, sagte ich und zog mir den Stuhl heran. »Vielen Dank.«

»Graag gedaan«, erwiderte er, was so viel heißt wie ›keine Ursache‹.

Im Gehen zog er die schwere, schalldichte Tür des Serverraums hinter sich zu und ließ mich alleine in der warmen Dunkelheit zurück, die nur erhellt wurde von ein paar Notlichtern und zahllosen rot und grün blinkenden LEDs an den Maschinen. Und die so laut dröhnten wie ein Chor aus tausend Föhns.

Von den Computern in unseren Büros können Marta und ich eine Liste der Abonnenten einsehen und auch, ob sie gezahlt haben – mehr aber nicht. Alles, was darüber hinausgeht, muss hier vor Ort gemacht werden. Ein häufig vorkommender Fall ist, dass ein Abonnent eine Änderung seiner Interessen meldet: Die kommt hier an, wir erhalten aber nur eine Nachricht, dass so eine Meldung eingegangen ist. Dann muss einer von uns herkommen, um in die Datenbank einzupflegen, dass, zum Beispiel, Abonnent X sich nicht länger für Entwicklungen im Bereich Bergbau interessiert, dafür neuerdings für alles, was sich im Bereich Pharmazeutika tut.

Ein Fall, der bis jetzt noch nicht vorgekommen ist, aber im Prinzip jederzeit passieren kann, wäre, dass ein Abonnent kündigt. Auch das müsste einer von uns hier managen.

Was dagegen erfreulicherweise häufiger vorkommt, ist,

dass sich jemand für ein Abonnement von *The Windover View* interessiert. In der Regel hat der- oder diejenige von jemandem davon erfahren, der bereits Abonnent ist, und in der betreffenden Person gleich einen Fürsprecher gefunden. Das ist die erste Voraussetzung dafür, sich überhaupt um ein Abonnement bewerben zu können. Der gesamte Bewerbungsprozess läuft danach weitgehend automatisch über Bullewijk: Die Bewerbung wird zu einer Umfrage, die ebenfalls über die Tablets verschickt wird und die erst abgeschlossen ist, wenn alle bestehenden Abonnenten ihr Votum abgegeben haben. Sind alle einverstanden, taucht bei Marta und mir ein neuer Name in der Liste auf. Ist auch nur ein einziger Abonnent dagegen, gilt die Bewerbung als abgelehnt; davon erfahren wir nicht automatisch.

Aber die Historie all dieser Bewerbungen bleibt natürlich gespeichert, und in dieser Historie tätigte ich nun einige Suchabfragen.

Weder Victoria Watson noch Ralph Arnesen zählten zu unseren Abonnenten; das hatte ich gewusst. Aber Peter Young hatte sich schon zweimal um ein Abonnement beworben – einmal vor sieben Jahren, relativ kurz nach Gründung unserer Zeitung, das zweite Mal vor zwei Jahren. Und er war beide Male von mehr als der Hälfte der Abonnenten abgelehnt worden.

Hatte das etwas zu bedeuten? Ich wusste es nicht. Aber interessant zu wissen war es allemal.

* * *

Am frühen Nachmittag meldete sich Lestari wieder.

»Es gibt jetzt ein geändertes NDA«, verkündete sie fröhlich. »Ich schicke es Ihnen per Mail, damit Sie es prüfen lassen können. Aber es reicht, wenn Sie es morgen unterschrieben mitbringen.«

»Jetzt auf einmal?«, fragte ich.

»Sie wissen doch, Mutter kann sehr überzeugend sein.« O ja, das wusste ich nur zu gut. »Also, James, Sie fliegen dann morgen gegen zwölf Uhr Ihrer Zeit ab Amsterdam Schiphol. Ich schicke Ihnen alles, was Sie dazu wissen müssen.«

»Ich bitte darum«, sagte ich seufzend. »Ich bin noch nie mit einem Privatjet geflogen.«

Perlendes Lachen am anderen Ende der Leitung. »Es wird Ihnen gefallen, Sie werden sehen.«

* * *

Gegen Abend versuchte ich noch einmal, Joan zu erreichen. Irgendwie hatte ich ein ungutes Gefühl. Ich wartete ungeduldig, bis sie, Schichtplan und Fahrzeit der Metro einkalkuliert, mindestens eine halbe Stunde zu Hause sein musste, dann wählte ich ihre Nummer.

Vergeblich.

Also versuchte ich es auf ihrem Mobiltelefon. Das war ausnahmsweise nicht ausgeschaltet, aber nach langem Klingeln meldete sich nicht Joan, sondern ihre Freundin Bethany.

»Hi, Beth«, sagte ich verdutzt, »James hier. Eigentlich wollte ich –«

»Schon klar«, erwiderte sie. »Aber Jo kann grade nicht.«

Sie sagte es so betont harmlos, dass ich eine Gänsehaut bekam.

»Was ist denn los?«, wollte ich wissen.

»Ähm … Ich sag ihr einfach, dass du angerufen hast, okay? *Ciao!*« Und weg war sie.

Ich wartete den ganzen Abend, aber Joan rief nicht zurück. Wahrscheinlich, sagte ich mir, hatte Bethany es ihr doch nicht ausgerichtet. Es vergessen.

Zumindest hoffte ich, dass es daran lag. Mein Hirn weigerte sich, über alternative Erklärungen nachzudenken. Wenn Joan sich in einen anderen verliebt hätte, das hätte sie mir gesagt, oder?

Oder nicht?

Ich holte mir eine Kanne Kaffee aus der Cafeteria, arbeitete bis etwa zwei Uhr nachts Liegengebliebenes auf, von dem es diese Woche jede Menge gab. Dann nahm ich ein Taxi nach Hause, packte und sah zu, dass ich noch eine Mütze Schlaf bekam, ehe die Reise in die geheimnisvolle Welt von *Youvatar* losging.

II
DAS PROJEKT

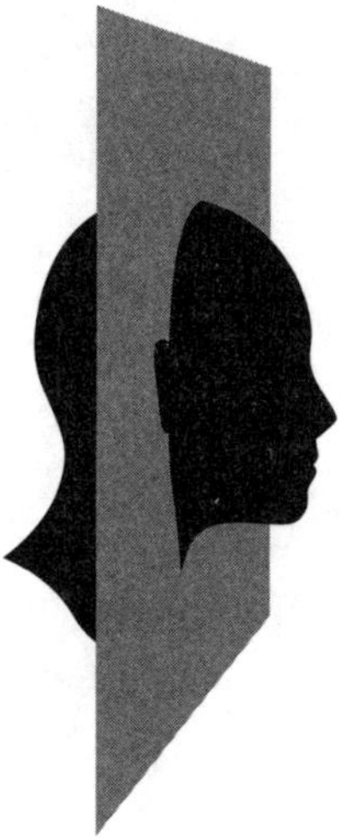

Kapitel 10

In meinen Tagen beim *Hard'n Heavy Magazine* bin ich oft geflogen, mitunter sogar Businessclass, was damals noch eine recht angenehme Art des Reisens war. Zumindest ist es mir so vorgekommen; vielleicht auch nur, weil ich noch jünger und belastbarer war.

Seither jedenfalls bin ich immer weniger gern geflogen, allerdings noch nie mit einem Privatjet. Ich sah dem mit gemischten Gefühlen entgegen. Der Reporter in mir war gespannt auf die neue Erfahrung, natürlich – andererseits hörte ich während der Taxifahrt zum Flughafen die ganze Zeit meinen Vater, wie er mal im Streit zu mir gesagt hatte: *Du arbeitest für die Reichen, aber letzten Endes bist du nur ihr Knecht.*

In den Instruktionen, die Lestari mir geschickt hatte, hieß es: »Seien Sie um halb 12 Uhr am General Aviation Terminal in der Thermiekstraat 14.« Dem Taxifahrer schien diese Adresse tatsächlich etwas zu sagen; zumindest nahm er nicht die übliche Abzweigung, die zum normalen Flughafen führt, sondern kutschierte mich in ein weitläufiges Areal aus kargen Rasenflächen und langweilig weißen, von Maschendraht eingezäunten Industriebauten bis zu einem auffallenden Bau aus Glas und Stahl, der ein bisschen aussah wie ein gelandetes Ufo, nur in rechteckig. Wir passierten eine Schranke, die den Parkplatz sicherte, hielten vor großen gläsernen Schiebetüren, und noch ehe ich das Taxi bezahlt hatte, stand schon ein junger, bärtiger Mann in einer sehr magentafarbenen Uniform da.

»Mister Windover, für den Flug nach Kalifornien?«, fragte

er auf Englisch, und als ich das bestätigte, stellte er sich vor: »Koumans, Wil Koumans. Ich bin Ihr *Handlings Agent*. Darf ich mich Ihres Gepäcks annehmen?«

Er schien ein bisschen enttäuscht zu sein, dass mein Gepäck nur aus einem kleinen Rollkoffer bestand, geleitete mich aber eilfertig hinein, während sich das Taxi hinter uns entfernte.

Die Eingangshalle, in die wir kamen, war mit einem Teppichboden ausgelegt, der ein sinnverwirrendes Muster aus dunklen und hellen Dreiecken aufwies, wie aus einem psychedelischen Film der Sechzigerjahre übrig geblieben. Von dort ging es in eine Lounge, in der Kaffee und Gebäck bereitstanden und Zeitungen auslagen, aber ich hatte keine Gelegenheit, mich ihnen zu widmen, denn kaum war ich da, trat schon ein Mann in Pilotenuniform auf mich zu, stämmig, mit dunkler Haut, vornehm ergrauendem krausen Haar und einem vertrauenerweckend kräftigen Händedruck.

»George Morris, Sir«, sagte er. »Ich bin Ihr Captain.«

»Angenehm«, erwiderte ich, »James Windover.«

»Ich weiß.« Er lächelte. »Die junge Miss Kevorkian hat uns eingehend gebrieft, und ein Foto war auch dabei.«

Er erinnerte mich von seiner Art her an einen Mitschüler meiner letzten beiden Schuljahre, mit dem ich mich gut verstanden habe, wäre mir aber sicher auch so sympathisch gewesen. Man traute ihm unwillkürlich zu, ein Flugzeug notfalls mit bloßer Willenskraft in der Luft halten zu können.

»Ich schlage vor, wir gehen gleich an Bord«, sagte er dann mit einer einladenden Handbewegung. »Wir haben einen gut passenden Slot um zwölf Uhr zehn.«

Und das taten wir dann einfach. Die Sicherheitskontrollen nahm ich kaum wahr, und was meinen Pass anbelangte, war die wichtigste Frage die, ob ich ihn dabeihätte, denn in den USA würde ich ihn brauchen. Anschließend verließen wir das

Gebäude durch eine andere Schiebetür und traten hinaus auf das Rollfeld, wo das Flugzeug schon wartete.

Die Maschine selber sah aus, wie ein modernes Verkehrsflugzeug eben aussieht, nur … kleiner. Ausgenommen die beiden Triebwerke am Heck, die vergleichsweise groß und schon in Betrieb waren, im Leerlauf wohl, und die Fenster, die mir *riesig* vorkamen.

»Das ist eine Gulfstream G550«, meinte der Captain auf meine entsprechende Bemerkung, »und ja, ein Flugzeug mit größeren Bullaugen werden Sie nicht finden. Es ist nicht das neueste Modell, aber da Mrs Kevorkian es schon vor etlichen Jahren gekauft und für ihre Bedürfnisse hat umbauen lassen, denke ich, sie wird es noch lange behalten.«

Es ist ein Vergnügen ganz eigener Art, ein Flugzeug einfach über die in der heruntergeklappten Tür integrierten Treppenstufen zu betreten. Der Pilot ließ mir den Vortritt, und oben begrüßte mich ein zweiter Mann in Pilotenuniform, der sich mir als Brian O'Leary vorstellte und etwas Verwegenes an sich hatte. »Ihr Co-Pilot, Sir«, sagte er, »und heute außerdem Ihr Steward. Willkommen an Bord.«

Ich habe, fürchte ich, seine Begrüßung nur sehr zerstreut beantwortet, denn ich war zu abgelenkt von dem luxuriösen Ambiente, das ich hier betrat: keine Massenpassagierhaltung, sondern … Platz. Es ging an einer glänzenden Küchenzeile vorbei, dahinter wurde es geradezu weiträumig: drei ausladende Sessel in den Firmenfarben von *Kevorkian Investments*, die so locker gestellt waren wie in einem Wohnzimmer. Dahinter eine Tischplatte aus poliertem Holz und zwei schmalere Sitze. Und hinter einem mit einem Vorhang verschließbaren Durchgang sah ich schließlich ein gemachtes Bett.

Auf einmal kam es mir wie der völlige Wahnsinn vor, dass diese ganze Maschinerie in Bewegung gesetzt werden würde, nur um einen einzigen Menschen – mich – für ein Wochenende um den halben Erdball zu befördern. In unseren Artikeln zu Themen wie Umweltschutz und Klimawandel verfolgten wir den Schadstoffausstoß in den verschiedenen Ländern, auf Pro-Kopf-Werte umgerechnet … und nun das! Ich würde mich nicht mal mit dem Argument »Das Flugzeug wäre sowieso geflogen« herausreden können.

»Der beste Platz, wenn Sie mir den Tipp gestatten, ist dieser«, meinte der Pilot und wies auf den Sessel an der rechten Seite, der etwas von einem Thron an sich hatte.

Ich setzte mich probeweise hinein. Es fühlte sich jedenfalls sagenhaft bequem an, das musste man zugeben. »Ich nehme an, das ist Mrs Kevorkians Platz«, sagte ich.

»Richtig. Sie sitzt gern in Flugrichtung. Aber wenn es etwas zu essen gibt oder sie arbeiten will, zieht sie es vor, an einem Tisch zu sitzen.« Er drückte auf eine chromglänzende Taste, worauf ein Motor mich mitsamt dem Sitz um 180 Grad drehte, bis ich die Tischplatte in bequemer Position vor mir hatte.

Der Pilot nahm mir gegenüber Platz, öffnete die dünne Mappe, die er bei sich trug, und entfaltete eine Weltkarte, auf der, wie ich begriff, unsere Flugroute eingezeichnet war: ein seltsam weit nach Norden reichender Bogen, der über Schottland, Island, Grönland hinweg und westlich der Hudson Bay über Kanada bis nach Kalifornien führte.

»Auf dieser Art Weltkarte sieht das immer seltsam aus«, sagte er, »aber es ist tatsächlich die kürzestmögliche Route. Auf einem Globus würde man das leicht erkennen. Unsere Flugzeit wird neun Stunden fünfzig Minuten betragen, und wenn wir in KSJC landen –«

»KS … was?«, unterbrach ich.

»KSJC ist der Code für den San José Airport. Dort wird es kurz nach dreizehn Uhr *Local Time* sein, wenn wir ankommen, aber Ihnen wird es natürlich vorkommen wie kurz vor Mitternacht.« Er wies hinter sich auf den Durchgang. »Mein

Tipp wäre, dass Sie versuchen, unterwegs ein paar Stunden zu schlafen.«

Über uns knackte ein Lautsprecher. *»George – wir haben Startfreigabe.«*

Der Pilot nickte und sammelte die Flugunterlagen wieder ein. »Gut, Sie hören es – ich muss ins Cockpit. Brauchen Sie noch etwas vor dem Start? Ein Glas Champagner vielleicht?«

Ich schüttelte den Kopf. »Danke. Im Moment macht mich schon allein die Tatsache besoffen, hier zu sitzen.«

Er lachte, stand auf. »*Alright.* Brian wird sich um Sie kümmern, sobald wir unsere Reiseflughöhe erreicht haben.«

Ich drehte den Sitz wieder nach vorne und versuchte, das Erlebnis auszukosten, ein Flugzeug ganz für mich alleine zu haben, ein Flugzeug, das allein meinetwegen Vollschub gab und abhob und sich in die Lüfte erhob. Aber irgendwie hörte ich im Geiste dauernd die Stimme meines Vaters, wie er auf die Reichen und ihre Maßlosigkeit schimpft – *»die würden dem lieben Gott den Himmel abkaufen, wenn's irgend ginge!«*.

Und in den Himmel wurde ich nun zumindest hinaufgetragen, in einer Maschine, die der pure Luxus war.

Zum Teufel, dachte ich, nun ist es eben so. Da kann ich es auch genauso gut genießen!

Als wir ruhig hoch über den Wolken dahinglitten, kam Brian und kredenzte mir ein Mittagessen, das geradewegs aus einem Sternerestaurant zu kommen schien – und wahrscheinlich auch kam.

»Sagen Sie mal«, meinte ich, während er mir den erlesenen Wein dazu einschenkte, »wie kriegen Sie Mrs Kevorkian eigentlich an Bord?«

Die Frage schien ihn zu amüsieren. »An den guten Flughäfen gibt es Lifter, mit denen man einen Rollstuhl bis auf Eingangshöhe anheben kann. In Amsterdam zum Beispiel sind sie in der Hinsicht topfit.«

»Und an den nicht so guten Flughäfen?«

»Dort fährt Mrs Kevorkian mit dem Rollstuhl bis an die Gangway, dann trägt jemand sie an Bord. In der Regel macht das ihr Physiotherapeut, der sie meistens begleitet.«

»Jerome«, sagte ich und nickte. »Ich kenne ihn.« Wobei *kennen* zu viel gesagt ist; ich war ihm nur ab und zu im Haus der Kevorkians begegnet und irgendwann vorgestellt worden und erinnerte mich an ihn als an einen ruhigen, sanftmütigen Mann mit der Statur eines *Mister Universum*.

»Hier an Bord benutzt sie dann einen anderen, speziellen Rollstuhl, extra schmal und, ähm, eher schwergängig. Den wir heute natürlich in den Laderaum verbannt haben.«

»Ein Rollstuhl an Bord eines Flugzeugs – ist das nicht ein bisschen gefährlich? Ich meine, es kann ja jederzeit zu Turbulenzen kommen und dergleichen.«

Sein Gesicht bekam einen etwas leidenden Ausdruck. »Durchaus. Diesem Aspekt unseres Jobs widmen wir eigene Gebete.«

»Ist hier«, fragte ich und wies auf den gut sichtbaren Teppichboden, »deswegen so viel Platz? Damit Mrs Kevorkian überall mit ihrem Rollstuhl durchkommt?«

»Richtig. In der Standardkonfiguration können Flugzeuge dieses Typs bis zu dreizehn Passagiere befördern. Mrs Kevorkian reist aber in der Regel nur mit ihrer Tochter, ihrem Physiotherapeuten und höchstens einem weiteren Mitarbeiter.«

»Reist sie viel?«

Er wiegte den Kopf. »Neuerdings eigentlich eher zu wenig, als dass sich der Besitz einer solchen Maschine rechnen würde.«

»Das heißt, Sie haben die meiste Zeit frei?« Ich stelle gern dumme Fragen. Man erfährt viel mehr auf diese Weise.

»Schön wär's.« Die Vorstellung schien ihn köstlich zu amüsieren. »Nein, eigentlich ist es so, dass dieses Flugzeug und noch vier andere, ähnliche Maschinen einer Firma gehören, die wiederum Mrs Kevorkian gehört und die Charterflüge durchführt. Das ist ein ziemlicher Markt, und das heißt, die meiste Zeit fliegen wir mit einer der anderen Maschinen andere Leute. Die hier wird aber nicht vermietet, sondern steht tatsächlich die meiste Zeit im Hangar und wird nur gewartet, damit sie einsatzbereit ist für den Fall, dass Miss Kevorkian anruft.«

»Muss ich mir Sorgen machen, dass irgendwas eingerostet ist?«

»Nein, ganz bestimmt nicht.« Er lachte. »Guten Appetit.«

Ich ließ es mir schmecken, und ja, es hat etwas, allein in einem solchen Wunderwerk der Technik zu sitzen und hoch über den Wolken, in einem unirdisch strahlenden Himmel, zweierlei Lamm an Balsamico-Feigen-Soße zu genießen. Das viele Licht, das durch die großen Fenster einströmte, erhellte das Innere des Flugzeugs auf eine Art und Weise, wie ich es nie zuvor erlebt hatte. Der Wein passte selbstverständlich perfekt.

Und doch … Eben indem ich das alles erlebte, wurde mir deutlicher als je zuvor klar, was das gemeinsame Merkmal aller Ultrareichen ist, auch derer, für die ich arbeite: dass sie nicht gewillt sind, das Schicksal normaler Menschen zu teilen.

Nach dem Essen zeigte mir Brian, wie man das Bordkino einschaltete – er nannte es *Entertainment System*, und man konnte damit nicht nur Filme sehen, sondern auch das, was verschiedene Kameras außen am Flugzeug aufnahmen –, aber ich zog es vor, einfach aus dem Fenster zu blicken. Ich glaube, Island habe ich noch gesehen, tief da unten, dann übermannte mich Müdigkeit. Ganz automatisch hatte ich im Hinblick auf diese Reise einen Tipp befolgt, den mir in *Hard'n-Heavy*-Zeiten ein erfahrener älterer Kollege, ein Kanadier namens Martin, einst für Langstreckenflüge gegeben hatte: *Mach die Nacht vorher durch, damit du den Flug verschläfst.*

Ich ging nach hinten, zog die lästigsten Kleidungsstücke aus, schlüpfte unter die flauschige Decke und entglitt in den himmlischsten Schlaf meines Lebens.

* * *

Sie weckten mich rechtzeitig, hoch über den Rocky Mountains. Als ich frisch und ausgeruht aus dem angenehm großen Waschraum kam – vermutlich ebenfalls eine Sonderanfertigung –, erwartete mich schon eine Tasse Kaffee und ein Stück englischen Früchtebrots, eine Kombination, die mir verriet, dass Lestari auch hierfür Anweisungen gegeben hatte.

Als Brian kam, um abzuräumen und mir zu sagen, dass wir demnächst landen würden, bedankte ich mich und erzählte ihm, dass ich noch nie einen so ruhigen Flug erlebt hätte und auch noch nie so ausgeruht angekommen sei. Nach neun Stunden Flug habe ich mich selbst in der Businessclass ausgelaugt und schmutzig gefühlt, meine Augen hatten gebrannt, und ich hatte es immer kaum erwarten können, endlich am Ziel zu sein.

Aus diesem Flugzeug dagegen würde ich mit Bedauern aussteigen.

»Das liegt unter anderem daran, dass wir wesentlich höher fliegen als kommerzielle Airliner, in einer Höhe, in der es weniger Turbulenzen gibt«, erklärte mir Brian. »Außerdem senken wir den Kabinendruck nicht so weit ab. Während eines Linienflugs befinden Sie sich vom Luftdruck her auf einer Höhe von acht- bis neuntausend Fuß, bei uns an Bord sind es nur sechstausend. Auf die Weise kommt man viel ausgeruhter an.«

»Und warum macht man das bei Linienflügen nicht auch so?«

Er wiegte den Kopf. »Das hat technische Gründe. Das

Flugzeug muss dafür ausgelegt sein. Das ist bei größeren Maschinen überproportional aufwendiger, denn man braucht mehr Material, folglich mehr Treibstoff – das heißt, letzten Endes kostet es halt mehr.«

»Verstehe«, sagte ich. »Darauf läuft es ja immer hinaus.«

»Ist wohl so«, meinte er und entschwand wieder nach vorne ins Cockpit.

Wir landeten weich und problemlos. Der Himmel war klar und von lichtem Blau, die Außentemperatur betrug laut Anzeige 23 Grad, verglichen mit Amsterdam war es praktisch Sommer. Die Maschine rollte lange und kam schließlich vor einem Hangar zum Stehen. Vom Fenster aus sah ich, wie ein schwarzer Lincoln angefahren kam und in etwa fünfzig Metern Entfernung anhielt. *In San José wird Sie ein Wagen erwarten und zum Kongresshotel bringen* stand in den Anweisungen, die mir Lestari geschickt hatte: Das musste er sein.

Doch dann … geschah erst einmal nichts mehr.

George Morris, der Pilot, kam aus dem Cockpit nach hinten und sagte: »Tut mir leid, wir müssen noch warten, bis jemand von der Einreisebehörde da ist. Vorher dürfen wir die Tür nicht öffnen.«

Ganz ohne Warten ging es also auch für Privatflieger nicht. Dieser Gedanke beruhigte mich irgendwie. Außerdem hatte ich es ohnehin nicht eilig, die Veranstaltung würde erst um 4 p.m. beginnen, also um sechzehn Uhr.

Der Pilot war nervöser als ich. »An Wochenenden muss jemand vom *San Francisco International* kommen, aber wir haben uns extra angekündigt …«

»So eilig ist es nicht«, sagte ich. »Wir können ja inzwischen klären, wie es weitergeht. Also, was den Rückflug anbelangt.«

Er nickte, holte eine Visitenkarte aus der Brusttasche und reichte sie mir. »Meine Nummer. Brian und ich übernachten in einem Hotel in der Nähe des Flughafens. Wenn Sie zurückwollen, rufen Sie mich einfach an, wir sagen dann dem FBO, dass er Sie abholen lassen soll –«

»Was ist ein FBO?«

»Entschuldigung – das ist der *Fixed Base Operator*, ein Mitarbeiter der Vertragsfirma, die sich um alles kümmert, was am Boden stattfindet: Gepäck, Wäsche, Catering, Sprit … Die haben auch das Auto organisiert, das da draußen wartet.«

»Verstehe. Also, der holt mich wieder ab?«

»Ja, genau. Wir machen derweil die Maschine startklar, besorgen Start-up und Clearance, und wenn Sie ankommen, können wir gleich los. Egal, wann. Sollten Sie also eine Stunde nach Beginn der Veranstaltung merken, dass die nur Quatsch erzählen – Anruf genügt, und es geht wieder nach Hause.« Er grinste. »Miss Kevorkians Worte, nicht meine.«

Endlich kam ein amtlich aussehendes Fahrzeug angebraust. Es war schneeweiß, hatte eine breite Blaulichtbrücke auf dem Dach und eindrucksvolle Embleme auf den Seitentüren, zusammen mit der Aufschrift *U. S. Customs and Border Protection.* Es hielt an, zwei durchtrainiert wirkende Männer in dunkelblauen Uniformen stiegen aus. Einer von ihnen machte eine lässige Handbewegung, die der Co-Pilot als Signal verstand, die Tür zu öffnen.

Gleich darauf kamen sie hereingestapft. Wie viele Passagiere an Bord seien, wollten sie wissen, und die Antwort, dass es nur einer war, schien sie nicht zu überraschen. Sie ließen sich unsere Pässe aushändigen, gaben telefonisch unsere Daten an irgendjemanden durch, der wohl ein OKAY zurückmeldete, jedenfalls stempelten sie uns Visa hinein und sagten: »*Welcome to the United States.*«

Als sie wieder davonfuhren, meinte Brian: »*Jetzt* sind Sie angekommen, Sir.«

Dann holte er meinen Koffer aus dem Laderaum und übergab ihn dem Fahrer des Lincoln. Ich verabschiedete mich von den beiden Piloten, vergewisserte mich noch einmal, dass ich Morris' Karte bei mir trug – obwohl, fiel mir ein, die Telefonnummer auch in Lestaris Instruktionen stand –, dann stieg ich in den Wagen, und wir fuhren los.

»*Atman Hotel, yes?*«, vergewisserte sich der Fahrer, offenbar mexikanischer Herkunft, in schwer verständlichem Englisch.

Der korrekte Name des Veranstaltungsorts lautete *The Atman Urban Resort*, aber ich ging davon aus, dass keine Verwechslungsgefahr bestand, also bejahte ich.

Erfreulicherweise zog es der Fahrer vor zu schweigen. Ich schaute unterwegs aus dem Fenster, versuchte, mich zu orientieren. Ich war nicht das erste Mal im Silicon Valley, trotzdem verblüffte es mich einmal mehr, wie langweilig und gewöhnlich die Gegend aussieht: vielspurige Straßen, flaches Land, austauschbar bebaut. Wir hätten irgendwo sein können. Und dafür, dass hier mehr Millionäre pro Quadratkilometer leben als sonst wo auf der Welt, war der Highway in erbärmlichem Zustand.

Irgendwann tauchte das Hotel hinter hellgrünen, ausladenden Bäumen auf, ein fünfstöckiger Bau im Pueblo-Stil, mit Bogenfenstern, Erkern und Ziegeldächern. Im Nachhinein betrachtet hätte mir etwas daran auffallen können, tat es aber nicht, denn meine ganze Aufmerksamkeit galt dem Anblick der schwer bewaffneten Wachmannschaften, die das Gebäude sicherten: gepanzerte Fahrzeuge, massive Absperrungen, große Scheinwerfer. Ein Mann mit Glatze, Maschinenpistole und schusssicherer Weste bedeutete uns anzuhalten und dirigierte uns dann mit knappen Gesten auf einen Stellplatz.

Ich war überrascht, hätte es aber eigentlich nicht sein dürfen. Die Firma *Youvatar* hatte jede Menge Milliardäre eingeladen – klar, dass sie dafür Sorge tragen mussten, dass denen nichts passierte.

Ein anderer Mann kam herbeigeeilt, der die Uniform des

Hotels trug und lediglich mit einem Tabletcomputer bewaffnet war. Ich ließ die Fensterscheibe herab. »Windover«, sagte ich. »James Windover. In Vertretung von Mrs Anahit Kevorkian, Großbritannien.«

»Ah, ja.« Der Mann hatte mich auf seiner Liste ausgemacht. »Wenn ich dann Ihre Einladung sehen dürfte?«

Ich reichte ihm die Einladungskarte. Sie trug einen QR-Code, den er abscannte. Mit dem Ergebnis offenbar zufrieden, gab er sie mir zurück. »Willkommen in Palo Alto, Mister Windover. Ich darf Ihr Gepäck nehmen und Sie zum Empfang begleiten.«

Der Fahrer öffnete den Kofferraum, nickte nur, als ich mich von ihm verabschiedete, und war sichtlich froh, wieder wegfahren zu dürfen. Ich dagegen folgte meinem Kofferträger durch ein Spalier aus Bewaffneten und Metallgitter, und ein bisschen war es, als beträte ich ein Gefängnis.

* * *

Drinnen verflog der Eindruck wieder. Wir kamen in eine lichtdurchflutete, nach Südsee duftende Halle voller freundlich lächelnder Hostessen, die sich meiner annahmen. Noch einmal ein Willkommensgruß. Noch einmal die Einladung, bitte, noch einmal ein Scan, gefolgt von einem richtigen, altmodischen Haken mit einem grünen Kugelschreiber auf einer Liste.

»Sie haben das *Non Disclosure Agreement* unterschrieben dabei?«, fragte mich die adrette Schönheit auf der anderen Seite der Theke aus hellem Holz, und als ich ihr das Dokument reichte, begnügte sie sich nicht damit, es abzuheften, sondern studierte jede einzelne der vielen in GROSSSCHRIFT beschriebenen Seiten, wohl um sich zu vergewissern, dass ich an dem Text nichts verändert hatte.

Hatte ich nicht, wie sie feststellte. Sie legte das NDA in eine Mappe, auf der mein Name stand, und sagte dann: »Aus Sicherheitsgründen muss ich Sie bitten, Ihr Mobiltelefon für die Dauer Ihres Aufenthalts bei uns hier zu deponieren, ebenso eventuelle Aufzeichnungsgeräte wie zum Beispiel Kameras, Diktafone und dergleichen.«

»Mein Telefon?«, rief ich aus. »Aber da sind jede Menge vertraulicher Daten drauf!«

»Es besteht kein Anlass zu Sorge«, erwiderte sie und wies auf einen Schrank mit lauter gepanzerten Schließfächern. »Sie können Ihre Geräte hier einschließen und bekommen den Schlüssel dazu.«

»Mach ich trotzdem ungern.«

»Tut mir leid, Sir, aber ich muss darauf bestehen.«

»Aber ich muss später noch jemanden anrufen!«

»Das können Sie von dem Telefon in Ihrem Zimmer aus tun, weltweit und kostenlos.«

Ich seufzte unüberhörbar und fügte mich schließlich. Natürlich hatte ich gewusst, dass mich das erwartete – die Begleitunterlagen waren in dieser Hinsicht unmissverständlich gewesen, allenfalls etwas arg klein gedruckt. Aber ich hatte meinen Besuch in Bullewijk am Freitagmorgen auch dazu genutzt, mir von Matt Longworth das Telefon *reinigen* und alle vertraulichen Daten in einem seiner gesicherten Speicher zwischenlagern zu lassen.

Es blieb nicht die letzte Sicherheitsmaßnahme. Ich musste einen Metalldetektor passieren und mein Gepäck durchsuchen lassen, ehe ich den Schlüssel zu meinem Telefon-Schließfach und den zu meinem Hotelzimmer erhielt. Unwillkürlich fragte ich mich, ob Elon Musk oder Jeff Bezos, gesetzt den Fall, *Youvatar* hatte die beiden eingeladen, das alles auch mit sich würden machen lassen.

Mein Zimmer, das groß und hell war und nichts an Komfort vermissen ließ, betrat ich kurz nach fünfzehn Uhr. Gerade noch genug Zeit, um zu duschen und mich umzuziehen.

Vorher rief ich in der Redaktion an, um, wie vereinbart, Bescheid zu geben, dass ich angekommen und alles wie geplant verlaufen war. In Amsterdam war es schon nach Mitternacht, und so bekam ich Wendy Kroon an den Apparat, die diese Woche Nachtdienst hatte.

»James Windover hier, guten Abend, Wendy«, sagte ich. »Ich rufe vom Hotelzimmer aus an.«

»Das dachte ich mir schon, es wird eine ganz fremde Nummer angezeigt«, antwortete sie. »Ist alles gut verlaufen?«

»Ja, lief alles bestens.«

»Hier ist auch alles, wie es sein muss.«

Wie tauschten noch ein paar weitere Belanglosigkeiten aus, dann beendete ich das Gespräch. Das Ganze war natürlich so abgesprochen. Wendy wusste so gut wie ich, dass unsere Telefonate wahrscheinlich abgehört werden würden. Ich befand mich hier mitten im Silicon Valley, der Heimat der datenhungrigsten Unternehmen, die die Welt je gesehen hat: Jede andere Annahme wäre purer Leichtsinn gewesen.

Das hieß, wir mussten nicht nur darauf achten, was wir sagten, wir mussten uns auch gut überlegen, was wir dadurch verrieten, dass wir jemanden anriefen. Hätte ich zum Beispiel während der Herfahrt versucht, Vera anzurufen (was ich nicht gekonnt hätte, weil ich nicht mal wusste, ob sie überhaupt ein Mobiltelefon besaß, geschweige denn ihre Nummer kannte), dann wäre allein schon die gespeicherte Verbindung verräterisch gewesen, ganz unabhängig vom Inhalt des Gesprächs. Dass ein bestimmtes Telefon ein bestimmtes anderes angerufen hat, diese Art Information ist, was man *Meta-Daten* nennt. Und es war noch gar nicht so lange her, dass ein hochrangiger Vertreter des Pentagons zugegeben hatte: »Wir töten Menschen aufgrund von Meta-Daten.«

Wenn alles wie geplant lief, würde ich vor meiner Rückkehr mit niemandem mehr telefonieren, das war das Sicherste. Für den Fall, dass es dennoch nötig werden sollte, vertrauliche Anweisungen über eine nicht vertrauenswürdige Telefonverbindung durchzugeben, haben wir bei *The Windover View* ein von Hand durchführbares Verschlüsselungsverfahren, bei dem eine bestimmte Ausgabe eines bestimmten klassischen Romans, von dem wir etliche Exemplare besitzen und von denen ich eines im Gepäck hatte, eine tragende Rolle spielt. Aber man sehe es mir nach, dass ich dieses Verfahren an dieser Stelle nicht erläutere – erstens handelt es sich um ein Geschäftsgeheimnis, und zweitens kam es letztlich nicht zum Einsatz.

Kapitel 11

Es war still in den mit dicken Teppichen ausgelegten Hotelfluren, als ich kurz vor sechzehn Uhr hinabging, dorthin, wo die Veranstaltung beginnen sollte. Trotzdem war mir, als könne ich spüren, wie das ganze Gebäude von einer rastlosen Energie erfüllt war.

Projektion wahrscheinlich. Jetzt, da die Aufklärung dicht bevorstand, war ich aufs Höchste gespannt. Buchstäblich alles war jetzt denkbar – dass das hier nur der Versuch war, einen Hype aufzuziehen, um Leuten für irgendeinen Quatsch Geld aus der Tasche zu ziehen, genauso wie, dass heute Tag eins einer weiteren disruptiven Technologie war, die in einer weiteren Branche keinen Stein auf dem anderen lassen würde. Gerade für Letzteres war das Silicon Valley ja berüchtigt.

Gespannt war ich außerdem, weil es an mir sein würde, zu beurteilen, ob es das eine oder das andere war. Dass Anahit Kevorkian die letzte Entscheidung treffen würde, war mir keine Beruhigung. Sie würde es ja aufgrund meines Berichts tun, man konnte also sagen, auf der Grundlage meiner journalistischen Tätigkeit.

Das hier würde folglich so etwas wie die ultimative Bewährungsprobe für mich und meine Vorstellungen von Berichterstattung sein.

Als ich den Empfangsraum betrat, sah ich, dass die Veranstaltung tatsächlich noch nicht begonnen hatte, oder sagen wir, sie begann mit Getränken und süßen Gebäckstückchen, die junge Hostessen auf Tabletts herumtrugen. Ich war auch bei Weitem nicht der Erste. Es standen schon etliche Leute mit Kaffeebechern oder Colagläsern herum, weiße Männer mittleren Alters überwiegend, wie es zu erwarten gewesen war – und ich kannte keinen einzigen davon.

Das war aufschlussreich. Mein Beruf und die Zielgruppenorientierung meiner Zeitung bringen es mit sich, dass ich die meisten Milliardäre dieses Planeten zumindest dem Namen nach kenne. Es gibt etwas mehr als zweieinhalbtausend davon, je nach Stand der Börsenkurse, und die meisten würde ich auch auf der Straße erkennen, wenn Milliardäre sich auf gewöhnlichen Straßen bewegen würden.

Mit anderen Worten: Anna war nicht die Einzige unter den Eingeladenen, die einen Vertreter geschickt hatte.

Es wäre interessant gewesen zu wissen, ob *Youvatar* bei den anderen genauso ein Theater veranstaltet hatte.

Ich schnappte mir einen Kaffeebecher und gesellte mich zu einer Gruppe vor einem der Ausstellungsstücke, die im Saal verteilt standen und so gar nicht zu der Atmosphäre einer Wellness-Oase passen wollten, die das Hotel ansonsten ausstrahlte. Mit anderen Worten, diese Exponate gehörten zu der Veranstaltung, deretwegen wir alle hier waren.

»Das müssen Sie sich anschauen«, sagte ein rothaariger Mann zu mir, der laut seinem Namensschild, das er wie wir alle trug, *J. Miller* hieß. »Das ist wirklich erstaunlich.«

Er meinte damit das Video, das auf einem breiten Fernsehschirm lief. Man sah eine Art Roboter, der sich mit etwas eckig wirkenden Bewegungen seiner sechs Greifarme an einer Art Röhre entlanghangelte. Dann wurde das Bild groß gezoomt, und man sah, dass diese Röhre in Wahrheit ein Haar am Hinterbein einer Biene war!

»Sie haben recht«, sagte ich und überflog den Text auf der halbrunden Schautafel hinter dem Schirm. Demnach handelte es sich bei diesem Roboter um den *Bee Climber*, das jüngste nanotechnologische Projekt von Ralph C. Arnesen. »Beeindruckend.«

Ich schlenderte weiter, um mir auch die anderen Schaustücke anzusehen. Beim nächsten ging es um Enzyme und das Cotteril-Watson-Verfahren, aber was es damit genau auf sich hat, habe ich bis zum heutigen Tag nicht wirklich verstanden, also erspare ich mir den peinlichen Versuch, es hier zu erklären. Es tut auch, glaube ich, nichts zur Sache.

Die anderen drei Exponate sagten mir deutlich mehr.

Bei dem ersten ging es um das berühmt-berüchtigte Manhattan-Projekt, also die Entwicklung der Atombombe während des Zweiten Weltkriegs. Es war eine simple Schautafel, auf der links drei Fotos prangten, eines von Präsident Franklin D. Roosevelt, eines von einem Mann in Uniform, Brigadegeneral Leslie R. Groves, laut Bildtext Leiter des Forschungszentrums Site Y bei Los Alamos, New Mexico, das dritte schließlich zeigte den Physiker Robert Oppenheimer. Darunter stand groß das Datum *19. Januar 1942* und: Präsident *Roosevelt genehmigt die Mittel zur Entwicklung der Atombombe*. Ein dicker Pfeil, unter dem in kleinerer Schrift allerlei Zwischenschritte und Etappenerfolge aufgelistet waren, führte nach rechts zu einem Foto einer Atomexplosion. Darunter stand: 16. Juli 1945 – *Trinity Test*. Und ein rot unterlegter Kasten listete auf: Die Gesamtkosten hatten inflationsbereinigt, also in heutigem Geld, rund 26 Milliarden Dollar betragen, es hatten zeitweise bis zu 100.000 Mitarbeiter daran gearbeitet, und gedauert hatte das ganze Projekt 1.274 Tage.

Eingeschlossen in einen Kasten aus Plexiglas war ein alter Holztisch ausgestellt, mit allerlei handschriftlichen und getippten Unterlagen darauf, angeblich der Originalschreibtisch von Leó Szilárd.

Ein paar Schritte weiter ging es um die Mondlandung. Neben einem kleinen Bildschirm, auf dem man John F. Kennedy in Dauerschleife reden sah, stand: 25. Mai 1961 – Ansprache vor dem Kongress. Darunter das Zitat: *»Ich glaube, dass dieses Land sich dem Ziel widmen sollte, noch vor Ende dieses Jahrzehnts einen Menschen auf dem Mond landen zu lassen und ihn wieder sicher zur Erde zurückzubringen.«*

Auch hier führte ein dicker Pfeil nach rechts, garniert mit zahllosen Bildern von Raumkapseln und Raketenstarts, bis zu einem großen Foto von Buzz Aldrin, wie er auf der Mondoberfläche steht und die Landefähre sich in der Scheibe seines Helms spiegelt. Auch hier wieder das Datum: 20. Juli 1969, und in einem diesmal blau unterlegten Kasten stand: Inflationsbereinigt hatten sich die Gesamtkosten auf rund 120 Milliarden Dollar belaufen, zeitweise hatten bis zu 400.000 Menschen an diesem Projekt gearbeitet, und es hatte 2.978 Tage gedauert, die Vision des Präsidenten Wirklichkeit werden zu lassen.

Ausgestellt war ein zerknitterter, schmutzig wirkender Raumanzug. Die Erläuterung auf dem Glaskasten behauptete, es handle sich um ein Original, das tatsächlich auf dem Mond gewesen sei, verriet aber nicht, wer ihn getragen hatte.

Die dritte und letzte Schautafel betraf das *Human Genome Project*, also den Versuch, das menschliche Genom in internationaler Zusammenarbeit vollständig zu entschlüsseln. Begonnen hatte es im Herbst 1990, für abgeschlossen erklärt hatte man es im April 2003. Illustriert war dieser Abschluss mit einem Foto der mehr als einhundert Bände umfassenden Buchausgabe des Genoms: Eintausend Seiten pro Band, in kleinstmöglicher Schrift bedruckt, standen die durchnummerierten Bücher in einem Regal.

Mehr als eintausend Wissenschaftler in vierzig Ländern hatten daran mitgearbeitet, die Gesamtkosten wurden auf drei Milliarden Dollar beziffert, und gedauert hatte es rund viereinhalbtausend Tage.

Ich trat einen Schritt zurück und ließ das Ganze auf mich

wirken. Hier hatte jemand Großes vor – das war es, was dieses Präludium sagte. Hier sah sich jemand in einer großen Tradition oder wollte sich zumindest darin einreihen.

Man durfte gespannt sein.

Inzwischen waren etliche Gesichter aufgetaucht, die ich kannte – echte Milliardäre und Milliardärinnen. Ich könnte jetzt Namen nennen, und manche davon würden Ihnen womöglich sogar etwas sagen, aber da ich in diesem Fall ernsthaft befürchten müsste, verklagt zu werden, lasse ich es lieber; das ist die Sache nicht wert. Belassen wir es dabei: *Youvatar* hatte gerufen, und etliche sehr, sehr wohlhabende Leute waren dem Ruf gefolgt. Andere hatten immerhin Fachleute entsandt, die ihnen Bericht erstatten würden.

Anders ausgedrückt: Sollte das Hotel heute in die Luft gesprengt werden oder über unseren Köpfen einstürzen, würden gewaltige Summen vererbt werden. Die Wachmannschaften draußen waren also durchaus zu Recht da.

Einer dieser reichen Männer erkannte mich sogar: einer unserer Abonnenten.

»Mister Windover, na so was«, begrüßte er mich. »Immer da, wo sich die entscheidenden Dinge abspielen, was?«

Ich hatte etwas Mühe, mich zu fangen; mit einer solchen Begegnung hatte ich gar nicht gerechnet. »Warten wir's ab«, sagte ich behutsam.

»Na, wir werden ja wohl gleich erfahren, worum es geht.« Er war ganz aufgekratzt. »Aber Gentechnik und Nano, das ist einfach die Zukunft, oder?«

»Kommt darauf an«, erwiderte ich. »Wenn's dumm läuft, könnte es auch das Ende der Zukunft sein.«

»Ah, ja, so gesehen … Hach, Sie haben ja recht. Wissen Sie, es tut mir so gut, jeden Morgen Ihre sachlichen Berichte zu lesen. Das ist alles so gelassen, so unaufgeregt und so auf den Punkt – ich sag immer, das immunisiert mich gegen all den Hype und die Panikmache in den anderen Medien.« Er prostete mir mit seiner Cola zu. »Als es Ihre Zeitung noch nicht gab, habe ich jedes Jahr mindestens zehn oder fünfzehn Millionen verloren, einfach, weil ich mich von irgendwelchen Meldungen hab mitreißen lassen. Entweder hab ich Chancen gesehen, wo keine waren, und Geld versenkt, oder ich hab Risiken viel zu hoch eingeschätzt und bin aus Investments raus, bevor die sich gelohnt hätten … Also, was ich damit sagen will, so betrachtet sind die Abokosten ein echtes Schnäppchen.«

»Freut mich zu hören«, sagte ich. Was sonst hätte ich darauf sagen können?

»Wissen Sie, Mister Windover, ich würde ja gerne –«

Ich erfuhr nicht mehr, was er gern gewollt hätte, denn in diesem Moment dröhnte die bombastische Fanfare aus »Also sprach Zarathustra« los, aus verborgenen Lautsprechern und so laut, dass jede Unterhaltung erstarb. Am hinteren Ende des Saals glitt ein Vorhang beiseite, und der Durchgang in den nächsten Raum öffnete sich.

Es ging los.

* * *

Der angrenzende Saal war dunkel, zusätzlich hatte man die Decke mit schwarzem Stoff verhüllt, der in weichen Wellen weit herunterhing. Dadurch war es ein bisschen, als beträte man eine Höhle. Hostessen dirigierten uns zu gepolsterten Stühlen und versicherten uns unablässig, dass es für jeden einen Platz gebe: Aber offenbar auch nicht mehr, am Ende blieb kein Stuhl frei.

Wir blickten auf eine weitläufige, leere Bühne, auf der ein gläsernes Rednerpult stand, seitlich, damit der Blick frei blieb auf die große Leinwand im Hintergrund. Auf der prangte im

Moment nur das *Youvatar*-Logo, sich mit hypnotischer Langsamkeit in Farbton und Schattierung verändernd.

Ich war auf einem Platz in der zweiten Reihe gelandet. Man saß erfreulich bequem auf diesen Stühlen, was auch in Seminarhotels leider keine Selbstverständlichkeit ist, und man saß nicht allzu gedrängt. Das vermerkte ich schon mal als Pluspunkt: Man dachte sich etwas bei dem, was man tat, und legte Wert auf Details. Auch keine Selbstverständlichkeit.

Noch während die letzten Teilnehmer sich zu den letzten freien Stühlen durch die Reihen schoben, traten auf der Bühne zwei Personen in den Lichtkegel des Spotscheinwerfers.

Eine davon war Victoria Watson, unverkennbar in ihrem ikonisch gewordenen Outfit: lange, glatt herabfallende tiefschwarze Haare, schneeweißer Rollkragenpullover, schneeweißes Jackett und schwarze Hose – und dazu der obligatorische, blutrot geschminkte Kussmund. Ein Geschenk für alle Karikaturisten, die in den zurückliegenden Jahren davon auch reichlich Gebrauch gemacht hatten.

Sie musterte uns, das Publikum, hocherhobenen Hauptes, schien den Blickkontakt mit jedem von uns zu suchen, war jeder Zoll eine hellwache, hochintelligente Anführerin. Dies hier war ihre Show, kein Zweifel.

Neben ihr wirkte Ralph C. Arnesen fast wie eine Witzfigur. Er trug ein kariertes Hemd, dessen Kragen offen stand, eine dickrandige, schwarze Hornbrille, knallenge, ausgewaschene Jeans und Cowboystiefel. Seine wilde Haarpracht hatte er mit zwei Gummis gebändigt, und sein breites Grinsen wirkte geistesabwesend, so, als sei er in Gedanken ganz woanders. Was vermutlich auch der Fall war. Ich hatte mir in den vorangegangenen Tagen Interviews mit ihm auf Video angeschaut, die, gelinde gesagt, mehr dadaistische Performancekunst waren als wirkliche Gespräche. Nicht nur, dass wahrscheinlich niemand je öfter im Fernsehen »Ähm« gesagt hat, man verstand bei der Hälfte seiner Sätze nicht, was er damit überhaupt sagen wollte, und das, was man verstand, ging oft total am Thema vorbei.

Bis er jeweils, in einem unerwarteten Moment, in jedem Gespräch ein Statement raushaute, das einen so verblüffte, dass man schlagartig überzeugt war, es mit einem Genie zu tun zu haben. Und Genies sind eben oft geistig woanders.

Beunruhigend fand ich, dass jemand, mit dessen Anwesenheit ich fest gerechnet hatte, körperlich abwesend zu sein schien, Peter Young nämlich, der Dritte im Bunde. Nahm er an dieser Veranstaltung am Ende überhaupt nicht teil? Das war ein unerfreulicher Gedanke, denn natürlich musste ich an Vera denken. Hoffentlich verließ sie sich nicht blindlings darauf, dass Young an diesem Wochenende nicht zu Hause sein würde!

Victoria Watson trat ans Rednerpult.

»Willkommen«, sagte sie sanft. »Und herzlichen Dank, dass Sie alle unserer Einladung gefolgt sind. Ich verspreche Ihnen, es wird nicht langweilig. Anspruchsvoll, ja – wir werden Ihre Vorstellungskraft aufs Äußerste herausfordern –, aber nicht langweilig. Im Gegenteil. Wir haben Großes vor. Sehr Großes. Wir wollen Sie dafür gewinnen, sich an dem vielleicht ehrgeizigsten Projekt zu beteiligen, das jemals in Angriff genommen worden ist. Ein Projekt, das die Welt in einem Maße verändern kann wie kein anderes zuvor. Wir wollen Sie einladen, dabei zu sein. Nicht nur zu investieren, sondern daran mitzuarbeiten. Wir sind überzeugt, dass Sie, sobald Sie verstanden haben, worum es geht und was wir erreichen wollen, alles liegen und stehen lassen werden, um mitzumachen.«

Sie legte eine Kunstpause ein, nicht zu lang, nicht zu kurz.

»Beginnen wir mit einer einfachen Frage. Sie lautet: *Wer sind Sie?*«

Sie hob die Hand, als Unruhe aufkam.

»Nein, das ist nicht die Einleitung zu einer dieser Vorstellungsrunden, die in Seminaren immer so lästig sind. Ich glaube kaum, dass so etwas hier nötig ist. Nein, wozu ich Sie tatsächlich auffordern möchte, ist, darüber nachzudenken, was es *ist*, das Sie zu der Person macht, die Sie sind. *Was macht Sie aus?* Oder anders gefragt: Was dürfte man Ihnen nicht wegnehmen, weil Sie sonst nicht mehr Sie wären?«

Ich merkte, wie sich meine Stirn wie von selber in Falten legte. Es war mir ein Rätsel, worauf sie hinauswollte.

»Sie sind … *Sie*, könnten Sie sagen«, fuhr Victoria Watson fort. »Ihr Körper hat ganz zweifellos etwas damit zu tun, dass Sie Sie sind. Aber was ist das: Ihr Körper? Wo genau fängt er an? Wo hört er auf? Gehört die Atemluft dazu, die in Ihren Lungen ist? Und wenn ja, geht dann etwas von Ihnen verloren, jedes Mal, wenn Sie ausatmen? Offensichtlich nicht. Also gehört die Luft nicht zu Ihnen. Was ist mit den Hautschuppen, die Sie verlieren, ohne es zu merken? Mit den Haaren, die morgens in Ihrem Kamm oder Ihrer Bürste zurückbleiben? Die waren auch mal ein Teil von Ihnen und sind es nicht mehr. Also können sie nicht entscheidend sein dafür, was und wer Sie sind, nicht wahr?«

Sie breitete die Arme aus. »Man könnte in diesem Sinne weitermachen, indem man zum Beispiel über die Nahrung nachdenkt, die wir zu uns nehmen und was daraus wird, aber das erspare ich mir an dieser Stelle; das kriegen Sie auch alleine hin.«

Hier und da lachte jemand, und so ziemlich alle schmunzelten zumindest, ich auch.

»Auf jeden Fall sind Sie nicht die Summe der Atome, die Ihren Körper ausmachen. So viel kann man mit Sicherheit sagen. Ein lebendiger Körper betreibt nämlich unablässig Stoffwechsel von einer Komplexität, die der globaler Lieferketten in nichts nachsteht. Dieser Stoffwechsel sorgt dafür, dass ständig Atome und Moleküle, die bis dahin zu Ihrem Körper gehört haben, ausgeschieden und durch andere ersetzt werden. Alle sieben Jahre, sagt man, ist jedes Atom Ihres Körpers mindestens einmal ersetzt worden. Was das anbelangt, heißt das, Sie sind also nach sieben Jahren runderneuert – aber sind Sie deshalb jemand ganz anderer geworden? Nein. Weil Ihr Körper eben *nicht* die Summe der Atome ist, aus denen er besteht. Es führt zu nichts, wenn man Kohlenstoff, Sauerstoff, Wasserstoff, Phosphor und so weiter im richtigen Verhältnis mischt, daraus entsteht kein Mensch und schon gar nicht Sie. Vielmehr ist entscheidend, wie diese Atome *angeordnet* sind. Man könnte sagen, Ihr Körper ist Information, repräsentiert durch die Anordnung von Atomen. So ähnlich, wie ein Buch Information ist, repräsentiert durch die Anordnung von Atomen des Papiers, der Druckerschwärze und so weiter.«

Neben mir saß ein vierschrötiger Mann, den ich nicht kannte und dessen Name mir auch nichts sagte. Dieser Mann beugte sich zu mir herüber und raunte: »Hätten Sie das gedacht? Wir sind in eine Philosophievorlesung geraten.«

Ich beließ es bei einem höflichen Lächeln.

»Aber in welchem Maße sind Sie Ihr Körper? In welchem Maße bestimmt Ihr Körper darüber, wer Sie sind?« Watson hob eine Fernbedienung hoch, und auf der Leinwand erschien das Foto eines grinsenden, sommersprossigen jungen Mannes mit militärischem Haarschnitt. »Das ist Dillon, einer meiner Mitschüler an der Highschool. Er hat mir erlaubt, sein Jahrbuchbild hier zu verwenden. Dillon ist zur US Army gegangen, war in Afghanistan und hat dort durch einen Bombenanschlag das rechte Bein verloren.«

Sie schaltete zum nächsten Bild um, das denselben jungen Mann in Gänze zeigte, mit einer modernen Prothese anstelle des rechten Beins und mit demselben Grinsen im Gesicht.

»Natürlich ist so etwas eine Tragödie, keine Frage. Hat es ihn traumatisiert? Sehr. Macht es ihm heute noch zu schaffen? Absolut. Aber ist er dadurch weniger er selbst geworden? Nein. Er ist immer noch der Dillon, den ich kannte – nur mit mehr Narben. Und weniger Beinen.«

Ich begann zu verstehen, woher der gute Ruf kam, den Victoria Watson genoss. Sie konnte nicht nur gut reden, sie konnte einen mitnehmen. Und ihre Art, unvermutet eine trockene, schwarzhumorige Bemerkung anzubringen, nahm einen unweigerlich für sie ein.

»Ihr Körper ist wichtig, keine Frage«, fuhr sie fort. »Der Verlust eines Körperteils, die Notwendigkeit einer Herz- oder Lungentransplantation, eine Erblindung oder der Verlust anderer Sinne ist eine traumatische Erfahrung, die Spuren in Ihrem Wesen hinterlässt, ganz klar. Aber – so ein Verlust ändert nichts an Ihrer *Identität*. Sie bleiben Sie selbst. Sie bleiben derselbe Mensch, der Sie bis dahin waren.«

Das Foto ihres Mitschülers verschwand.

»Doch all das gilt nicht, wenn es Ihr Gehirn betrifft. Jede Beschädigung Ihres Gehirns kann gravierenden Einfluss auf Ihre Identität, Ihr Bewusstsein, Ihr Verhalten und Ihr Innenleben haben. Selbst eine relativ kleine Verletzung kann bewirken, dass Sie buchstäblich ein anderer Mensch werden. Die Geschichte der Psychiatrie strotzt vor grauenhaften Prozeduren, bei denen mit Eingriffen ins Gehirn versucht worden ist, psychische Erkrankungen zu heilen. Denken Sie an die Lobotomie, bei der die Stirnlappen vom Rest des Gehirns abgetrennt oder gleich ganz zerstört wurden. Das hat zwar bisweilen die Krankheit beseitigt – den Menschen, der sie hatte, aber meistens gleich mit. Was übrig blieb, war ein roboterhaftes menschliches Wesen mit abgestumpften Gefühlen, ohne jede Phantasie und ohne die Fähigkeit zu abstraktem Denken. Und das war der *gute* Fall.«

Auf der Leinwand erschien das schwarz-weiße Bild einer lachenden jungen Frau.

»Das ist Rosemary Kennedy, eine der jüngeren Schwestern ebenjenes späteren Präsidenten, der uns zum Mond geschickt hat«, erklärte Watson ernst. »Manche von Ihnen werden die Geschichte kennen. Rosemary war, was man ein *schwieriges Kind* nennt; vermutlich geistig etwas beeinträchtigt, aber durchaus im Rahmen – sie hat immerhin eine Ausbildung zur Kindergärtnerin gemacht und bestanden. Doch mit Anfang zwanzig hatte sie, heißt es, öfter gewalttätige Wutanfälle. Sei es, dass man es damals nicht besser wusste, sei es, dass der Vater fürchtete, sie könnte durch ihr Verhalten der politischen Karriere ihrer Brüder schaden und womöglich durch eine uneheliche Schwangerschaft den Ruf der Familie beeinträchtigen, jedenfalls ließ ihre Familie im November 1941, als sie 23 Jahre alt war, eine Lobotomie bei ihr durchführen. Die brachte jedoch nicht die erhoffte ›Beruhigung‹, sondern warf sie auf den Status einer Zweijährigen zurück. Rosemary Kennedy konnte nicht mehr sprechen, nicht mehr gehen, war inkontinent und teilweise gelähmt, und sie blieb für den Rest ihres Lebens auf Pflege angewiesen. Erst Ende der Sechzigerjahre lernte sie wieder gehen, und erst 1987 wurde ihr Schicksal bekannt und der Zusammenhang mit ihrer Lobotomie. Sie starb im Jahr 2005 im Alter von 86 Jahren.«

Das Foto verblasste ganz langsam, wie um einen kurzen Moment des Gedenkens auszulösen.

»Sie sehen also, es ist ein höchst empfindliches Organ, Ihr Gehirn. Tatsächlich bedarf es nicht einmal großer Eingriffe, um Sie und Ihr Bewusstsein zu beeinträchtigen. Schon Drogen aller Art können das bewirken. Alkohol kann das bewirken. Hormone in winzigsten Mengen machen im Lauf Ihrer Pubertät einen anderen Menschen aus Ihnen, mit ganz anderen Wünschen, Vorlieben, Abneigungen, Einstellungen und

Handlungsweisen. Sogar das *Fehlen* bestimmter Stoffe kann Sie beeinflussen – denken Sie daran, dass man Depressionen bisweilen mit Lithium behandeln kann, dem drittleichtesten Element also, dem ersten Alkalimetall. Und dann haben wir das weite Feld degenerativer Erkrankungen des Gehirns – Alzheimer, Demenz allgemein. Eine solche Krankheit bewirkt, dass Ihr Gehirn nicht mehr so funktioniert, wie es sollte, mit dem Effekt, dass Sie aufhören, Sie selber zu sein.«

Watson hielt inne, auf eine Weise, die allen im Raum signalisierte, dass sie mit ihrem Vortrag an einem wichtigen Punkt angelangt war.

»Ich habe eingangs die Frage gestellt: Wer sind Sie? Und ich denke, Sie werden mir zustimmen, dass man darauf mit einiger Berechtigung antworten kann: Ihr Gehirn. Sie sind Ihr Gehirn.«

In der Reihe vor mir hob ein grauhaariger Mann die Hand und rief: »Was ist mit der unsterblichen Seele?«

Die Frage hätte mich nicht überraschen sollen; für die Amerikaner hat die Religion immer noch eine deutlich höhere Bedeutung als für Europäer. Dass sie mich zusammenzucken ließ, lag eher an meiner eigenen Geschichte: Ich hatte als Kind zu lange im Haushalt eines anglikanischen Priesters gelebt, um bei diesem Thema unbefangen zu reagieren.

Victoria Watson suchte den Blickkontakt zu dem Mann, der die Hand gehoben hatte. »Ich fürchte, diesen Aspekt müssen wir heute ausklammern«, sagte sie dann ruhig. »Es gibt keinerlei wissenschaftliche Belege dafür, dass so etwas wie eine unsterbliche Seele existiert. Sie sind Ihr Gehirn. Und sobald Ihr Gehirn aufhört zu funktionieren, hören Sie auf zu existieren.«

Kapitel 12

Falls Sie sich wundern sollten, wieso ich diese Vorträge wortgetreu wiedergeben kann – falls Sie sich fragen, ob ich über ein so sagenhaftes Gedächtnis verfüge (schön wär's!), ob ich mitstenografiert oder den Wortlaut nur ungefähr wiedergegeben habe –, die Erklärung ist einfach: Die Krawattenklammer, die ich an dem Tag trug, war ein getarnter Sprachrekorder. Äußerlich von einer normalen Krawattenklammer nicht zu unterscheiden, mit einem simplen Handgriff ein- und ausschaltbar, war dieses Gerät imstande, bis zu sechs Stunden lang alles, was es hörte, in bemerkenswerter Qualität aufzuzeichnen – und ich hatte vier Stück davon im Gepäck.

Woher ich diese Geräte habe? Ich bitte um Verständnis, dass ich diesbezüglich nicht in Details gehe, aber es gibt tatsächlich Fachgeschäfte, die derlei verkaufen. Allerdings liegen solche Dinge nicht in Schaufenstern aus und werden auch nicht beworben. Man muss schon wissen, wie man mit diesen Händlern ins Geschäft kommt, und falls Sie nun vermuten, dass mir das ein gewisser Privatdetektiv namens Freddy Kirk beigebracht hat, werde ich Ihnen nicht widersprechen.

Hätten die Veranstalter bemerken können, was ich da trieb? Ich weiß es nicht. Immerhin besteht auch eine ganz normale Krawattenklammer aus diversen edlen Metallen; der Metalldetektor alleine hatte also nicht genügt. Wie auch immer, ich saß jedenfalls im Publikum, mein Rekorder lief, und niemand behelligte mich deswegen.

* * *

»Sie sind Ihr Gehirn«, wiederholte Victoria Watson. »Das Gehirn ist das materielle Substrat, in dem das stattfindet, was Sie als *ich denke* oder *ich fühle* empfinden. Ihre Interaktion mit der Welt besteht zum einen darin, dass Sie *wahrnehmen* – das heißt, Ihre Sinnesorgane, Ihre Augen, Ohren, die Tastzellen in Ihrer Haut und so weiter empfangen Reize aus der Umwelt und leiten über Nervenbahnen entsprechende Signale in Ihr Gehirn –, und zum anderen interagieren Sie mit der Welt, indem Sie *handeln* – und das bedeutet, Ihr Gehirn schickt über andere Nervenleitungen Signale an Ihre Muskeln. Das ist alles. Sinnesorgane und Muskeln. Alles, was Sie tun, Ihr ganzes irdisches Dasein, lässt sich in eine von diesen beiden Kategorien einordnen.«

Sie betätigte ihre Fernbedienung, und auf der Leinwand startete ein Video, das aufgemacht war wie ein Science-Fiction-Film aus den Fünfzigerjahren.

»Jetzt kommt der Moment, in dem wir Ihre Vorstellungskraft das erste Mal ernsthaft beanspruchen wollen«, fuhr Watson schmunzelnd fort. »Angenommen, wir würden Sie heute Nacht unbemerkt betäuben und Ihnen das Gehirn entnehmen ... Nicht, dass wir das vorhaben, da kann ich Sie beruhigen. Aber stellen Sie es sich bitte trotzdem einfach einmal vor. Wir entnehmen Ihrem Körper das Gehirn, aber ... wir verbinden jede einzelne Nervenleitung, die zwischen Ihrem Gehirn und Ihrem Körper besteht, per Funk mit dem entsprechenden Gegenstück. Das heißt, alles, was Ihre Sinnesorgane empfinden, wird weiterhin an Ihr Gehirn geleitet, und alles, was Sie beschließen zu tun, wird als Befehl von Ihrem Gehirn an Ihre Muskulatur weitergegeben.«

Der Film im Hintergrund illustrierte diese Vorstellung mit simplen Strichzeichnungen. Am Ende schwebte das entnommene Gehirn, versehen mit Anschlüssen, die unablässig aufblitzten, in einem gläsernen Tank.

»Und nun ist meine Frage an Sie: Würden Sie merken, was passiert ist? Wo würden Sie das Gefühl haben, zu sein – in Ihrem Körper? Oder in dem Gefäß, in dem sich Ihr Gehirn befindet?«

Sie ließ uns für beide Optionen die Hände heben. Ungefähr die Hälfte der Teilnehmer war überzeugt, sich in diesem Fall außerhalb ihres Körpers wahrzunehmen.

Auf einmal herrschte ziemliche Aufregung im Raum.

»Wir haben ein kleines Experiment vorbereitet, das uns helfen wird, diese Frage zu beantworten«, verkündete Victoria Watson. »Keine Sorge – es ist ein absolut unblutiges, vollkommen ungefährliches Experiment. Ralph wird Ihnen erklären, worum es geht.«

Sie wies mit beiden Händen auf Ralph Arnesen, der kurz zuvor hinter der Bühne verschwunden war und in diesem Moment wieder zurückkehrte, in einer Hand eine mittelgroße, handelsübliche Drohne haltend, in der anderen eine Fernbedienung dafür.

»Ja, ähm, guten Tag, meine Damen und Herren«, nuschelte Arnesen und verneigte sich mit schiefem Grinsen in mehrere Richtungen. »Wir haben uns gedacht, am besten, ähm, zeigen wir es Ihnen live. Also, ähm, ich habe hier diese Drohne, ähm, ein ganz normales Modell mit einer, ähm, Kamera … ich schalt sie mal ein …« (Im Folgenden habe ich im Interesse der Lesbarkeit alle weiteren »Ähms« weggelassen.)

Im selben Augenblick, in dem er sie einschaltete, erschien auf der großen Leinwand hinter ihm das, was die Kamera sah: wir, wie wir da im Zuschauerraum saßen. Er hob die Drohne über seinen Kopf und ließ sie los, worauf sie sanft surrend an ihrem Platz verharrte wie angebunden.

»Was Sie gerade sehen, ist der Ort, an dem sich Ihre Gehirne befinden«, meinte Arnesen. »Ich glaube, darüber sind wir uns einig. Was Victoria und ich vorhaben, ist, Ihnen mithilfe eines simplen Tricks das Gefühl zu vermitteln, woanders zu sein. Und wo – das will ich Ihnen jetzt zeigen.«

Er drehte sich um, sodass er das Bild auf der Leinwand sah, und betätigte die Fernsteuerung. Die Drohne setzte sich in Bewegung, flog über unsere Köpfe hinweg auf die Eingangstür zu, die im selben Moment von hilfreichen Händen geöffnet wurde. Auf der Leinwand sahen wir, wie sie durch die Halle mit den Ausstellungen schwirrte, durch die Eingangshalle und schließlich hinaus ins Freie.

Draußen drehte sie sich so, dass wir das Hotelgebäude sahen.

»Wir haben hinter dem Hotel einen hundertfünfzig Fuß hohen Turm aufgestellt«, erklärte Arnesen, während er die Drohne mit bemerkenswerter Sicherheit steuerte. »Den wollen wir uns jetzt mal näher anschauen.«

Im selben Moment, in dem er das sagte, fiel mir wieder ein, dass ich diesen Turm bei der Herfahrt gesehen hatte, ich hatte nur nicht weiter darüber nachgedacht. Hundertfünfzig Fuß, das sind ungefähr fünfundvierzig Meter, und ein Metallgestell von diesen Dimensionen erhob sich hinter dem Dach des Hotels. Mein Gehirn hatte es ganz automatisch als nicht zum Gebäude gehörend eingestuft, es für die Halterung eines Werbeplakats oder dergleichen gehalten.

Nun flogen wir durch die Augen der Drohne darauf zu. Das Gestell war nicht dazu gedacht, ein Werbeplakat zu tragen, vielmehr war auf seiner Spitze eine kleine Plattform montiert. Darauf erhob sich eine ungefähr mannshohe Stange, an der zwei dicke Kameras befestigt waren – und am Fuß der Stange stand ein simples Paar Schuhe!

Ich war bestimmt nicht der Einzige, der bei diesem Anblick dachte: Was zum Henker soll *das?* Oder, um es mit einem zeitgemäßen Kürzel auszudrücken: *WTF?*

»Was Sie hier sehen«, erklärte Arnesen, »ist der Avatar, in

den wir Sie hineinversetzen wollen. Wir haben ihn absichtlich so schlicht wie möglich gestaltet, und Sie werden gleich verstehen, warum.«

Er legte die Fernsteuerung beiseite und hob ein anderes Gerät hoch, in dem ich eine Virtual-Reality-Brille erkannte. »Diese VR-Brille hier«, sagte er, »ist mit unserem Strichmännchen da oben synchronisiert. Wenn ich diesen Schalter hier drücke« – er betätigte ihn –, »dann bewegen sich von dem Moment an die beiden Kameraaugen genau so, wie sich diese Brille bewegt.«

Er drehte die Brille etwas hin und her, auf und ab, und tatsächlich: Wir sahen, wie sich die beiden Kameras auf dem Turm, die aussahen wie simple Überwachungskameras für Einfahrten und Zugänge, jeweils auf die gleiche Weise bewegten.

»Sie glauben das vielleicht nicht, aber mit dieser einfachen Apparatur werden wir Sie aus diesem Raum hier weg*beamen* und auf diese Plattform über unserem Hotel versetzen«, behauptete Arnesen.

Soweit ich die Reaktion meiner Umgebung beurteilen konnte, glaubten die meisten das tatsächlich nicht. Ich übrigens auch nicht.

»Jetzt brauche ich aber einen Freiwilligen. Möglichst jemanden, der es nicht glaubt.«

Ich sah mich um. Es interessierte mich, was jetzt passieren würde. Aber auf keinen Fall wollte ich diesen Freiwilligen spielen. Ich war hier als Beobachter, nicht als Teilnehmer.

Normalerweise dauert es in solchen Situationen ja immer etwas, ehe sich jemand dazu breitschlagen lässt, mitzuspielen. Hier aber hatten sich schon ein halbes Dutzend Hände gehoben, ehe ich den Kopf ganz gedreht hatte. Mindestens vier davon gehörten waschechten, ziemlich bekannten Milliardären. Ich fragte mich, was für eine Chance sie hier witterten.

»Ich schlage vor, wir fangen mit dem Jüngsten unter Ihnen an«, meinte Arnesen auf seine tollpatschige Art, mit der er sagen konnte, was er wollte, ohne dass man es ihm übel nahm. »Es geht ja immerhin hoch hinaus.«

Ein junger Mann von etwa dreißig Jahren war es schließlich, der die Bühne erklomm. Ein Helfer schob derweil ein zehn Zentimeter dickes Podest aus Holz in die Mitte der Bühne. Es war ungefähr so groß wie die Plattform in luftiger Höhe, auf der die Kameras installiert waren. Die sahen wir immer noch auf der Leinwand, die Drohne blieb an ihrem Platz, als sei sie in der Luft festgenagelt.

»Sagen Sie uns Ihren Namen?«, bat Arnesen.

»Loman«, antwortete der junge Mann. Jemand hatte ihm rasch ein Mikrofon ans Hemd geheftet. »Todd Loman.«

Der Name sagte mir nichts. Wahrscheinlich auch jemand, der in Vertretung des eigentlich Eingeladenen kam.

»Okay, Todd, dann steigen Sie jetzt bitte mit mir auf dieses Podest, damit alle Sie gut sehen können«, bat Arnesen. »Ich setze Ihnen nun die Brille auf, aber ich schalte sie erst ein, wenn alles sitzt, okay? Sie werden also erst mal nichts sehen, nur Dunkelheit.«

»Okay«, sagte Todd.

Arnesen installierte die VR-Brille auf seinem Kopf, klappte die Ohrhörer herab und fragte: »Hören Sie mich?«

»Ja«, sagte Todd erwartungsvoll.

»Dann schalte ich jetzt ein.«

»Okay.«

Arnesen betätigte den Schalter. Im selben Moment wurde auch die andere Hälfte der Leinwand hell, und dort sahen wir nicht mehr das Bild, das die Drohne übermittelte, sondern das, was der Mann in seiner Brille sah: das Bild, das die beiden Kameras oben auf dem Turm lieferten.

»Oha!«, hörten wir Todd sagen.

Er wandte den Kopf, und die Kameras folgten seiner Bewegung sofort. »Hu! Atemberaubend.«

Er senkte den Blick. Wir sahen, dass er die Schuhe am Fuß der Stange anschaute und das Areal unterhalb des Turms, und wir sahen, wie er auf seinem Podest etwas ins Taumeln kam.

»Das macht Angst«, gestand er.

»Todd, Sie wissen, dass Sie in Wirklichkeit nicht da oben auf dem Turm stehen, ja?«, fragte Arnesen.

»Ja, ja. Aber trotzdem. Das ist beeindruckend. Wahrscheinlich, weil ich alles dreidimensional sehe. Zwei Kameras, nicht wahr? Und die Geräusche hier oben. Das ist schon ziemlich … echt.«

»Wir haben uns Mühe gegeben. In den Kameras sind auch Mikrofone installiert.«

Immer noch sahen wir, wie die Kameras jede Bewegung von Todds Kopf mitmachten. Und wir sahen alles, was er sah, bekamen mit, was seine Aufmerksamkeit erregte. Er verfolgte, wie ein Schulbus die Straße entlangfuhr, verlor dann das Interesse, schaute stattdessen auf einen Swimmingpool hinab, an dessen Rand sich jemand sonnte.

»Todd«, sagte Arnesen, »jetzt möchte ich, dass Sie etwas tun.«

»Ja? Was?«

»Machen Sie einen Schritt nach vorn.«

»Einen Schritt nach vorn?«

»Ja.«

Die Kameras ruckten aufgeregt herum. Ihre Bewegungen bekamen etwas Panisches.

»Wie meinen Sie das?«, fragte Todd nervös.

»Todd. Sie sind in Wahrheit nicht da oben. Sie stehen hier unten im Saal, am Rand eines vier Inch hohen Podests, das ist alles. Ist Ihnen das klar?«

»Ja, ist mir klar.«

»Also machen Sie jetzt einen Schritt nach vorn und treten Sie von dem Podest herunter.«

Todd versuchte es. Er gab sich wirklich Mühe, die kreatürliche Angst zu überwinden, die ihn an seinem Platz festhielt, die Angst vor Höhen und vor Stürzen, aber sie war stärker als sein Intellekt. »Ich kann das nicht«, gestand er schließlich.

»Sie *sind* nicht da oben«, wiederholte Arnesen. »Das ist nur eine Illusion. Sie sind hier unten. Es kann Ihnen nichts passieren, wenn Sie diesen Schritt tun.«

»Nein«, sagte Todd kategorisch. »Sorry. Holen Sie mich … Ich meine, nehmen Sie mir die Brille wieder ab.«

Arnesen schmunzelte und kam seiner Bitte nach. Todd war ganz verschwitzt und erleichtert, als er davon erlöst war.

Danach konnte sich Arnesen vor weiteren Freiwilligen kaum retten. Sie würden springen, versicherten die Männer – es meldeten sich nur Männer –, und schließlich holte Arnesen den Nächsten auf das Podest, einen in der Öffentlichkeit wenig bekannten, aber im Silicon Valley ziemlich einflussreichen Mann etwa meines Alters. Jemand, der schon mehrmals im Leben bewiesen hatte, dass er um die Ecke denken konnte, wenn es sein musste.

Auch er war zunächst überwältigt, genoss die Aussicht eine Weile, meinte: »Das könnte man in einen Erlebnispark integrieren, das ist echt abgefahren.«

Womöglich, dachte ich, war in diesem Moment gerade eine neue Geschäftsidee entstanden.

Als Arnesen ihn schließlich daran erinnerte, dass er in Wahrheit noch auf dem niedrigen Holzpodest im Saal stand, sagte er: »Ja, ist klar. Und jetzt soll ich springen?«

»Einen Schritt nach vorn, und mit einer Stufe von vier Inch rechnen«, sagte Arnesen. »Normale Treppenhöhe.«

»Okay.«

Er zögerte, holte tief Luft, tat den Schritt dann aber.

Im selben Moment kippte die Stange mit den Kameras nach vorn, sodass es für ihn kurz aussah, als fiele er! Selbst wir, die wir es nur auf der Leinwand sahen, hielten die Luft an. Er aber kam schreiend auf dem Boden der Bühne an, wurde von zwei dunkel gekleideten Helfern aufgefangen, riss sich die VR-Brille vom Kopf und schrie in einer Mischung aus blanker Furcht und Begeisterung: »*Heilige Scheiße!* Heilige Scheiße, habt ihr mich reingelegt!«

* * *

Danach wollten es alle probieren. Ralph Arnesen wurde es auch nicht zu viel, jedem und jeder die Brille aufzusetzen und, wann immer jemand sich zu einem Sprung durchringen konnte, den Knopf zu betätigen, der die Stange nach vorne kippen ließ.

Auch ich unterzog mich dem Experiment, allerdings eher gegen Schluss der Schlange, als ich so viele hatte springen sehen, dass es mir nicht schwerfiel, es ihnen gleichzutun. Wir Menschen sind eben schon ziemliche Herdentiere.

Falls es Sie interessiert, wie es ist, virtuell von so einem Turm zu springen: In der ersten, auf dem Eisplaneten Hoth spielenden Sequenz des berühmten Films »Das Imperium schlägt zurück« kurven mehrere Flugmaschinen über endlose, schneebedeckte Weiten, auf der Suche nach dem vermissten Luke Skywalker. Und es gibt einen Moment, um die fünfzehnte Filmminute herum, in dem wir als Zuschauer aus dem Cockpit nach vorne blicken, genau wie es ein Pilot täte, gerade, als die Maschine über einen Bergkamm hinwegfliegt und, dem Verlauf der Oberfläche folgend, gleich dahinter absackt: Wann immer ich diesen Film auf einer großen Leinwand sehe, hebt es mir dabei den Magen, und das, obwohl ich ja still im Sessel sitze.

So viel zu unserer grundsätzlichen Beeinflussbarkeit.

Nun, und der Sprung vom Turm war so ähnlich – nur etwa zehnmal so heftig.

Als alle am eigenen Leib erlebt hatten, wie leicht wir uns überzeugen lassen, nicht dort zu sein, wo unser Gehirn ist, und uns einigermaßen beruhigt hatten, ergriff Victoria Watson wieder das Wort.

»Welche Erkenntnisse können wir aus diesem Experiment mitnehmen?«, fragte sie. »Ich schlage vor, diese: erstens die Erkenntnis, dass Sie in Ihren Sinnen und in Ihren Handlungen leben. Sie *sind* Ihr Gehirn, aber es ist Ihr Körper, der es Ihnen erlaubt, wahrzunehmen und zu handeln, und es ist auch Ihr Körper, der Ihr Gehirn am Leben erhält. Das, was unsere Augen wahrnehmen, macht achtzig Prozent unserer gesamten Sinneseindrücke aus – kein Wunder also, dass wir meistens das Gefühl haben, in unserem Kopf zu leben. Tatsächlich aber ist es, wie wir gesehen und wie Sie gerade erlebt haben, prinzipiell egal, wo sich Ihr Gehirn befindet: Was Ihr *Erleben* anbelangt, sind Sie dort, wo Ihre Sinne sind.«

Arnesen hatte in der Zwischenzeit die Drohne zurück in die Halle gesteuert und auf einem Tisch landen lassen. Nun verschwand das Bild, das sie zeigte, und eine Schemazeichnung erschien auf der Leinwand, in der wieder ein Gehirn und ein Körper voneinander getrennt, aber durch Signalverbindungen miteinander verbunden waren.

»Sie könnten also theoretisch«, fuhr Watson fort, »Ihr Gehirn an einem sicheren Ort aufbewahren und nur Ihren Körper in die Welt hinausschicken. Auf diese Weise würden Sie auch dann am Leben bleiben, wenn Ihrem Körper etwas zustößt; Sie bräuchten eben nur die Möglichkeit, sich danach mit einem neuen Körper zu verbinden. Theoretisch, wie gesagt. Aber« – sie blendete zu einer anderen Version des Schaubilds über, auf der das Gehirn ganz grau und mitgenommen aussah – »wie sicher wäre so etwas wirklich? Ihr Gehirn altert ja weiter, egal, wo es sich befindet. Was nützt es Ihnen, womöglich mit einem jungen Klonkörper verbunden zu sein, wenn Ihr Gehirn – also Sie! – dement wird? Wenn Ihr Gehirn *stirbt?*«

Ich spürte Skepsis im Raum. Den meisten schienen Überlegungen dieser Art zu sehr ins Phantastische zu gehen.

»Doch das alles wäre kein Problem, wenn man Ihren Geist, Ihr Selbst … wenn man *Sie* in einen Computer übertragen könnte!«

Victoria Watson hob die Fernbedienung, und eine Abfolge von Filmszenen flimmerte über die Leinwand, die diesen Vorgang illustrierten. In einer Szene erkannte ich Arnold Schwarzenegger, in einer anderen Johnny Depp, für den Rest fehlte mir die cineastische Bildung.

»In der Science-Fiction ist das ein altbekanntes Sujet; man nennt das den *Upload des Bewusstseins*. Stellen Sie für einen Moment all Ihre Zweifel und Vorbehalte zur Seite, und überlegen Sie, was für unendliche Möglichkeiten ein solcher Upload Ihrer selbst böte. Wenn Sie in digitaler Gestalt weiterleben würden, könnten Sie sich mit einem frei wählbaren Körper verbinden – den man speziell hierfür klonen oder sonst wie herstellen würde –, oder mit einem hochleistungsfähigen Robotkörper. Sie könnten aber auch in virtuellen Welten leben und agieren, in denen nichts mehr unmöglich wäre und die sich ganz nach Ihrem Willen und Ihrer Vorstellung gestalten ließen. Vor allem aber«, fügte sie hinzu und hielt einen Moment inne, um diesen Aspekt zu betonen, »vor allem aber würden Sie in digitaler Form nicht mehr *altern*. Das heißt, Sie könnten so lange leben, wie Sie wollen.«

Mit einem Klick ihrer Fernbedienung rief sie wieder das *Youvatar*-Logo auf die Leinwand und sagte: »Das alles klingt phantastisch. Aber tatsächlich sind wir zu der Überzeugung gelangt, dass es technisch möglich ist, und nicht irgendwann in ferner, ferner Zukunft, sondern dass diese Technologie heute schon in Reichweite ist. Vorausgesetzt, wir greifen beherzt und mit der nötigen Entschlossenheit danach.«

Sie trat vom Rednerpult weg, in die Mitte der Bühne.

»Wieso wir das denken – was uns zu dieser Überzeugung gebracht hat – und wie wir uns das im Einzelnen vorstellen, werden wir Ihnen morgen erklären, weil das ein bisschen mehr Zeit brauchen wird. Und um eines gleich festzuhalten: Wir denken *nicht*, dass es *einfach* ist. Im Gegenteil, wir denken, dass es *schwer* zu erreichen ist und einer enormen, entschlossenen Anstrengung bedarf, bei der wir all unsere Kräfte bündeln müssen. *Aber* wir denken, dass es sich lohnt, und wir denken, dass wir es tun *sollten*. Dass die Zeit reif ist, den großen Widersacher des Lebens, den Tod, endlich in seine Schranken zu weisen. Das ist, wofür *Youvatar* steht: Wir sind entschlossen, den Tod abzuschaffen.«

Hinter ihr erschien ein Foto von John F. Kennedy, und wir hörten die Stimme des ehemaligen Präsidenten, der 1962 gesagt hat: »Wir haben uns entschlossen, noch in diesem Jahrzehnt zum Mond zu fliegen – nicht, weil es leicht ist, sondern weil es schwer ist.«

Man kann diese Rede nicht hören, ohne beeindruckt zu sein, und ich denke, es ging nicht nur mir so.

»Wie gesagt, morgen werden wir Ihnen genau erklären, was wir vorhaben und wie wir uns das vorstellen, und wir werden all Ihre Fragen beantworten«, sagte Victoria Watson. »Doch heute Abend sollen Sie, weil das alles sehr fremd und nach Science-Fiction klingt, Gelegenheit haben, sich erst einmal selber mit phantastischen Welten vertraut zu machen. Ralph?«

Ralph Arnesen übernahm in seiner freundlich-brummbärigen Art. »Ja, also, wir haben für jeden von Ihnen eine VR-Brille vorbereitet, dort drüben an den Tischen«, erklärte er gestenreich. »Wenn Sie die aufsetzen und dann durch die Tür dahinter gehen, betreten Sie ein virtuelles Abenteuer, das, keine Sorge, völlig ungefährlich ist. Es ist im Grunde nur ein Spaziergang durch eine phantastische Welt – und das Beste ist, dass am Ende das Abendessen und die Bar auf Sie warten!«

Ein Teil der Vorhänge, die die Wände ringsum verdeckten, glitt zur Seite, und dahinter standen Tische voller klobiger VR-Brillen. Im Nu entstand ein mächtiges Gedrängel um diese Tische. Für jeden war eine ganz bestimmte Brille vorgesehen und mit Namen gekennzeichnet. Assistentinnen halfen dabei, die Geräte richtig aufzusetzen. Vorhin, auf der Bühne, hatte ich gar nicht darauf geachtet, wie schwer so eine Virtual-Reality-Brille ist; den ganzen Tag lang möchte man so ein Ding nicht tragen müssen. Außer der Brille bekamen wir auch dünne Handschuhe verpasst, die, wie uns die Assistentinnen erklärten, dazu dienen würden, virtuelle Gegenstände in der virtuellen Welt zu bewegen.

Am verblüffendsten war, dass sich an dem, was man sah, erst mal gar nichts änderte. Man ruckelte sich die Brille auf dem Kopf zurecht, bis sie nirgends mehr drückte, klappte die Ohrhörer herab – doch man sah weiterhin den Tisch und die Assistentinnen, hörte weiterhin das vielstimmige Gemurmel um einen herum, als wäre gar nichts.

»Hier entlang, Sir«, sagte eine der jungen Damen und wies auf einen schmalen Torbogen hinter den Tischen. *Welcome to Youvatar's Wonderworld* stand wenig bescheiden darüber, und in dem Gang hinter der Öffnung wallte es geheimnisvoll.

Also dann, sagte ich mir und trat hindurch.

Kapitel 13

Ich muss an dieser Stelle einräumen, dass sich ein Text für die Wiedergabe des folgenden Erlebnisses nur bedingt eignet. Im Grunde wäre es angebracht gewesen, das Buch an dieser Stelle entsprechend zu illustrieren. Doch da ich über keinerlei Bildmaterial dazu verfüge – das Fotografieren war ausdrücklich untersagt, das hatten wir alle unterschrieben, und meine Krawattenklammer nahm, wie schon erwähnt, nur Ton auf –, stellt sich die Frage gar nicht. Es muss eben so gehen. Ich werde mir Mühe geben, einigermaßen zu vermitteln, was ich jenseits besagter Tür erlebt habe. Denken Sie es sich einfach noch bunter, als ich es schildern kann, dann liegen Sie richtig.

Das geheimnisvolle Wallen in der schmalen Tür dürfte vermutlich bereits ein dreidimensionaler, virtueller Effekt gewesen sein, denn ich spürte nicht das Geringste, als ich es durchquerte. Dahinter gelangte ich in eine futuristisch anmutende Schleuse mit einer Spiegelwand, in der ich mich betrachten konnte, während sich hinter mir eine Schiebetür schloss und allerlei Lichter zu blinken begannen. Mein Spiegelbild trug einen modern aussehenden Raumanzug, ähnlich denen, die bei der Firma *SpaceX* verwendet werden, und als ich an mir herabschaute, fand ich mich tatsächlich in einen Raumanzug gekleidet, nur, dass ich davon gar nichts spürte. Ein rein optischer Effekt also.

Gleich darauf fuhr die andere Tür der Schleuse beiseite. Dahinter bot sich meinen Blicken eine in höchstem Maße fremdartige Welt dar. Ich sah einen Pfad, der über eine Art geschwungenen Ast oder Tentakel oder dergleichen zu einem großen, seesternartigen Gebilde führte. Rechts und links davon ging es hinab in neblige Abgründe, in denen es farbig wallte; zudem erahnte man unheilvolle Bewegungen in der Tiefe.

Ich sah die anderen, die vor mir aufgebrochen waren, sah ihre Gesichter in den Helmen und staunte darüber, wie echt alles wirkte. All die Bilder, die ich wahrnahm, mussten ja wohl von Computern in Echtzeit erzeugt werden, synchron dazu, wie wir uns bewegten. Das war eine beeindruckende Vorstellung.

Ich trat über die Schwelle der Schleuse und machte mich vorsichtig ebenfalls auf den Weg. Während ich noch rätselte, woran mich das hier erinnerte, kam ein großes, bizarres Wesen aus der Tiefe emporgeschossen, schwarz und schuppig, mit Flügeln und Krallen und sechs feurig lodernden Augen. Ich duckte mich unwillkürlich, als es nach mir schnappte, und natürlich verfehlte es mich.

»Hier herüber!«, hörte ich eine Stimme, die wie schlechter Sprechfunk klang, und sah, dass einer von denen, die das seesternartige Gebilde schon erreicht hatten, mir zuwinkte, mich zu beeilen.

Das tat ich dann auch. Ich rannte den Pfad entlang, der unter meinen Schritten spürbar weich nachgab, und während ich das tat, ging mir auf, was das Vorbild dieser phantastischen Welt war: das Gehirn selbst! Zumindest so, wie es oft dargestellt wird: Das, worauf ich mich bewegte, war ein Axon, und das Ding, auf dem die anderen sich versammelten, war ein Neuron, dessen Dendriten in dem farbigen Nebel verschwanden, der uns umgab. Wobei ich mir sicher bin, dass es in einem echten menschlichen Gehirn kein Äquivalent zu dem farbigen Nebel gibt, und auch der schwarze Drache aus der Tiefe war wohl, sagen wir, künstlerischer Freiheit geschuldet.

Genau wie die Plattform, auf der die anderen standen und verfolgten, wie sich eine Art Ladeanzeige langsam auf die hundert Prozent zubewegte. Als ich zu ihnen trat, sah ich, dass wir uns vor einem goldschimmernden, mit unerhört fein ziselierten Mustern verzierten Tor versammelten. Jetzt, da ich bei den anderen stand, hörte ich auch, wie sie alle durcheinanderredeten, und zwar voller Begeisterung.

»Haben Sie so was schon mal erlebt?«, fragte mich jemand, den ich nicht erkannte. »Das ist absolute Hightech, sag ich Ihnen. Was immer die uns vorhin erzählt haben, in Sachen virtuelle Realität haben sie es jedenfalls echt drauf.«

Die Ladeanzeige, stellte sich heraus, wanderte in dem Maße auf die hundert Prozent zu, wie die letzten Teilnehmer eintrafen. Als wir endlich alle vor dem Tor versammelt standen, öffnete es sich unter Sphärenklängen und ließ uns ein in eine ganz und gar andere Welt: in einen weitläufigen Spiegelsaal, dessen Boden bis auf einen schmalen Steg in der Mitte abgesenkt und mit einer geheimnisvoll schimmernden Flüssigkeit bedeckt war. Wir sahen uns in den hohen Spiegeln in engelhafte Wesen verwandelt, die wallende Gewänder trugen und von flimmernden Lichtern umkreist wurden.

Da sich kein anderer Weg anbot, folgten wir dem Steg und traten durch einen Torbogen aus Jade ins Freie, ein Anblick, der mich überwältigte: Über uns am Himmel schwebte der gewaltige Ball eines Ringplaneten ähnlich des Saturn. Riesige Schmetterlinge tanzten zwischen faserigen, rosafarbenen Wolken, und der Weg vor uns führte in eine traumhafte Gartenanlage, auf eine Art Maya-Tempel zu. Rechts und links des Weges wuchs eine dichte Hecke, und wenn man sie anfasste … *spürte man sie!*

»Wow«, hörte ich die anderen staunend sagen und: »Ah!«

Es war, ich betone es noch einmal, ein wirklich grandioser Anblick, zum Niederknien schön. Aber weil ich eben bin, wie ich bin, und immer wissen will, wie die Wahrheit hinter den Illusionen aussieht, blieb ich stehen, ließ die anderen vorbei und nahm dann meine Maske ab.

In Wahrheit, stellte ich fest, befanden wir uns in einer Art Ballsaal, den man mit einem großen Zelt ins Freie verlängert hatte. Der Raum selber war nicht beleuchtet, doch durch die Fenster drang genug Licht von der Außenbeleuchtung des Hotels herein, um sich zurechtzufinden. Klebstreifen am Boden markierten die Wege und Konturen der virtuellen Räume. Der nachgiebige Untergrund, den ich gespürt hatte, als ich meinte, ein Axon entlangzurennen, war eine lange, dicke Matte aus blauem Schaumstoff. Die Hecken, zwischen denen die anderen nun, plappernd und aufgekratzt und lächerlich aussehend mit den klobigen Geräten vor den Gesichtern, auf eine Plattform aus Betonsteinen zuhielten, bestanden aus zwei straff gespannten Kunststoffnetzen mit eingeflochtenen Plastikblättern.

Ich schaltete meine Brille aus und machte mich seitlich ins Niemandsland davon. Jede Menge weiterer Klebstreifen, steinerne Stufen und Holzwände verrieten, dass der Parcours noch allerhand bereithielt für die, die ihm folgten. Ich dagegen marschierte über all das hinweg, direkt zum Ausgang, hinter dem eine junge Hostess wartete. Ob es mir denn nicht gefallen habe, erkundigte sie sich bestürzt, als sie mir die Brille und die Handschuhe abnahm.

»Doch, doch«, behauptete ich. »Es war äußerst interessant. Nur ein bisschen viel auf einmal.«

Natürlich war ich damit der Erste, der den Saal dahinter betrat, und das unplanmäßig früh; die Leute vom Catering, noch dabei, das warme Büfett aufzubauen, sahen mich erschrocken an. Immerhin, die Bar war schon eröffnet. Ich ließ mir ein Glas Champagner geben und stellte mich dann an einen der Stehtische, um auf die anderen zu warten und über das Bisherige nachzudenken.

* * *

Die ganze Veranstaltung, sagte ich mir, war eine erstklassig organisierte Show. Eine Show, die mich überwältigt und mir keine Zeit zum Nachdenken gelassen hatte, was nie ein gutes Zeichen ist: Wer unschlagbare Argumente hat, muss den anderen nicht »besoffen quatschen«, wie man das in der Verkaufspsychologie nennt, sondern kann es sich leisten, sie in Ruhe wirken zu lassen.

Dann: Was ich gerade gesehen hatte, brachte die Mutmaßungen, die wir in der Redaktion im Laufe der letzten Woche angestellt hatten, auf verblüffende Weise mit den Informationen zusammen, die unsere Rechercheure gesammelt hatten und die uns so rätselhaft vorgekommen waren. Diese Schimpfkanonade etwa auf die No-Name-VR-Brillen, die ein entlassener Angestellter auf Facebook abgelassen und auf anwaltlichen Druck hin wieder gelöscht hatte: Offenbar hatte ich vorhin eine davon in der Hand gehalten, sogar benutzt. Wobei mein laienhaftes Auge daran nichts zu bemängeln gefunden hatte, im Gegenteil.

Doch wozu diente dieser Parcours, der ja gewiss enorm aufwendig zu programmieren gewesen sein musste? Mit der eigentlichen Idee hinter *Youvatar*, dem Upload des Bewusstseins, konnten virtuelle Welten und Abenteuer darin ja an sich nichts zu tun haben.

Darüber sann ich eine Weile nach und kam zu dem Schluss, dass der Ausflug in phantastische Welten den Zweck hatte, den Teilnehmern das Gefühl zu vermitteln, dass grundsätzlich alles möglich war: eine Überzeugung, die sie vermutlich brauchen würden für das, was noch kam.

Aber … *war* denn alles möglich? Ich war mir nicht sicher, sondern höchst gespannt, was die Veranstalter uns morgen erzählen würden.

Ich hatte auch keine rechte Vorstellung davon, was das überhaupt hieß, der *Upload des Bewusstseins*. Das sagt sich leicht, aber wie sollte das konkret vor sich gehen? Ein Gehirn war schließlich kein Computer, auch keine Festplatte, von der man eine Software namens Bewusstsein hätte kopieren können. In Romanen konnte man das einfach schreiben, in Filmen konnte man es mithilfe von Tricks und Spezialeffekten so aussehen lassen, aber wie wollte man das in der Realität verwirklichen? Ich hatte nicht die leiseste Idee.

Tatsächlich hatte ich mehr und mehr den Verdacht, dass alles doch nur ein groß angelegter Schwindel war. So viel Show, so viel Klimbim, all die kühnen Versprechungen, gleichzeitig diese fanatische Geheimhaltung: Selbst wenn man die kulturellen Unterschiede zwischen den USA und Europa in Betracht zog, blieb doch hauptsächlich heiße Luft übrig, oder? Sehr viel sprach dafür, dass es sich nur um einen weiteren der zahlreichen Versuche handelte, Geschäfte mit transhumanistischen Träumereien zu machen, und das in großem Stil.

Allerdings war ich mir dessen bewusst, dass ein Teil von mir sich diese Erklärung auch sehr *wünschte*, und diese Einsicht hielt mich davon ab, schon jetzt Position zu beziehen. Ich durfte auf keinen Fall vorschnell urteilen.

Und indem ich mich dazu ermahnte, fiel mir eine Diskrepanz in meinen bisherigen Überlegungen auf, die mir zu denken gab.

Nämlich diese: Wäre es einzig darum gegangen, Milliardären mit einem verlockenden Schwindel Geld aus der Tasche zu ziehen, hätte sich eine andere Story viel besser geeignet, ja, geradezu angeboten. Man hätte nur zu behaupten brauchen, an einem gentechnischen Projekt zu arbeiten mit dem Ziel, die Alterung zu stoppen oder gar rückgängig zu machen, und das Geld wäre geflossen, in Strömen. Mit Victoria Watson, der Hälfte des berühmten Watson-Cotteril-Gespanns, und Ralph C. Arnesen, dem Nano-Genie, hätte man das ohne Weiteres verkaufen können. Es wäre *glaubhaft* gewesen, absolut. Sogar *ich* hätte es geglaubt. Ein Mittel, um die Alterung zu stoppen – das wäre viel konkreter gewesen, und zugleich viel verlockender. Es wäre gar nicht die Frage gewesen, ob man es riskieren sollte, Geld in dieses Vorhaben zu stecken: Ein Milliardär hätte es im Gegenteil gar nicht riskieren können, *kein* Geld zu investieren, wenn auch nur der Hauch einer Chance bestand, seinem Leben damit weitere Jahre oder Jahrzehnte hinzuzufügen.

Doch das war es nicht, was sie ihren Investoren versprachen. Und das lag nicht daran, dass sie nicht die Phantasie gehabt hätten, selber auf diese Idee zu kommen, wenn sie sogar jemandem wie mir nach zehn Minuten Nachdenken einfiel.

Das hieß, dass das alles womöglich tatsächlich ernst gemeint war. Dass sie tatsächlich einen Plan hatten.

Ich war höllisch gespannt, was für einen.

* * *

Endlich kamen die Ersten an, die den Parcours bis zum Ende durchlaufen hatten. Lachend traten sie aus der dunklen Tür, aufgekratzt, begeistert.

»Hoho!«, hörte ich jemanden rufen. »Das zuletzt war aber nicht jugendfrei!«

Offenbar hatte ich den erotischen Teil der Show verpasst. Sogar die Frauen unter den Teilnehmern wirkten angetan; sie strahlten regelrecht. Vielleicht hatten sie auch nicht dasselbe zu sehen bekommen wie die Männer; mit dieser Technologie war das ja ohne Weiteres möglich.

Ich verzichtete darauf, mich zu erkundigen, was ich da verpasst hatte. Schließlich war ich Brite.

Eine Frau wollte von den Hostessen wissen, ob man den Parcours noch einmal durchlaufen könne, das sei ihr lieber als ein Abendessen.

»Wenn alle draußen sind«, erklärte die Hostess freundlich, »wird drinnen umgebaut, und wer will, kann nach dem Abendessen wieder hinein. Es wird jede Menge virtuelle Spiele geben, bis in die Nacht hinein. Solange Sie wollen.«

Derweil öffnete das Catering die silbernen Deckel über den warmen Gerichten, lockende Düfte verbreiteten sich im Raum und brachten die Ankömmlinge auf andere Gedanken. Mich auch. Ich reihte mich in die Schlange ein und begrüßte die Entscheidung der Veranstalter, alles mit Stehtischen auszustatten. Auf diese Weise konnte man ohne Verrenkungen essen – gekocht war erstklassig; es wäre eine Schande gewesen, es nicht zu genießen –, zugleich wurde man ermutigt, an andere Tische weiterzuwandern und sich auszutauschen.

Was ich, nachdem ich meinen Hunger gestillt hatte, auch ausgiebig tat. Im Laufe der nächsten anderthalb Stunden hörte ich so ungefähr jede Meinung auf einer Skala von ›*völliger Quatsch*‹ bis hin zu ›*heute ist ein historischer Tag, an dem ein neues Kapitel der Menschheitsgeschichte beginnt*‹.

Das versuche ich grundsätzlich bei allen Themen zu machen: mir ein möglichst breites Spektrum von Meinungen dazu anzuhören, ehe ich mir selber ein Urteil bilde.

Doch sich ein Urteil zu bilden erfordert grundlegende Kenntnisse der Zusammenhänge, und die fehlten mir hier. Deshalb fand ich es umso erfreulicher, dass ich mit einem echten Neurologen ins Gespräch kam. Er hieß Dr. Arno Bergstädter, war Österreicher, Professor für Neurologie an der Universität Wien und, wie ich, in Vertretung eines ungenannt bleibenden Eingeladenen hier.

Er war begeistert, Deutsch reden zu können, und erklärte mir gleich, davon ausgegangen zu sein, dass die ganze Sache etwas mit Computerspielen zu tun haben würde, »des Namens wegen, nicht wahr?«, wie er in einem herrlichen Wienerisch hinzufügte. Darüber forsche er nämlich, über die Auswirkungen von Computerspielen auf die Ausbildung der Gehirnstruktur von Heranwachsenden und auf die »Skills«, die sie dabei ausbildeten: »Das ist deutlich anders, als die meisten Leute denken!«, betonte der hagere Mann, der eine große Brille trug von einer Art, die seit mindestens zwanzig Jahren aus der Mode war.

»Und was halten Sie von der Idee des Uploads?«, fragte ich unverblümt. »Denken Sie, das geht überhaupt?«

Bergstädter grinste schief. »Das fragt mich heute jeder, sobald er hört, dass ich Neurologe bin. Also, ich sag's Ihnen gradraus: Ich bin da sehr skeptisch. Ich kann mir nicht vorstellen, wie das gehen soll.«

»Was ist Ihr Gegenargument?«, wollte ich wissen.

»Schauen Sie«, begann er, »es fängt ja schon damit an, dass wir gar nicht wissen, was das ist, Bewusstsein. Das heißt, wir wissen es einerseits, weil jeder von uns aus seinen Augen herausguckt und die Welt um sich herum sieht und die anderen Menschen darin. Da unterstellt man natürlich, dass es den anderen genauso geht, dass die auch aus ihren Augen herausgucken und ›ich‹ zu sich selber sagen, und so weiter. Bloß – was das *ist*, wie das *funktioniert*, dass so etwas wie Bewusstsein entsteht, das wissen wir eben nicht. Wir forschen da schon lange dran, natürlich, aber was wir wissen, ist wenig genug. Das Gehirn versucht zu verstehen, wie das Gehirn funktioniert – sehr die Frage, ob es prinzipiell überhaupt geht, dass ein System sich selber vollständig verstehen kann. Aber gut, das wäre eher ein Thema für gestandene Philosophen …«

Er sah einen Moment sinnend ins Leere, und es schien mir

geraten, ihn dabei nicht zu unterbrechen. Nichts zu sagen ist manchmal die wirksamste aller Fragen.

»Rund, na, tausend Kilometer von hier, in Arizona, sitzt eine Stiftung namens *Alcor Life Extension Foundation*«, setzte er wieder an. »Sie können dort – natürlich gegen eine nicht unbeträchtliche Gebühr – Mitglied werden. Dann haben Sie Anspruch darauf, dass man Sie nach Ihrem Tod einfriert. Warum? Weil man hofft, dass eines Tages eine Technologie entwickelt wird, die es erlaubt, Sie wieder ins Leben zurückzuholen. Wenn Sie zum Beispiel an einer unheilbaren Krankheit leiden und Ihr Tod nur noch eine Frage von Tagen ist, dann schickt die Stiftung ein speziell ausgebildetes Team. Das flutet innerhalb der ersten Stunde, nachdem Sie für tot erklärt worden sind, Ihren Körper mit allerlei Konservierungsstoffen, um ihn möglichst exakt in dem Zustand zu erhalten, in dem er ist. Anschließend werden Sie in flüssigem Stickstoff eingefroren.«

Da er mich fragend ansah, erwähnte ich, dass ich von dieser Stiftung schon gehört hatte, was er mit zufriedenem Kopfnicken zur Kenntnis nahm.

»Gut, und nach allem, was man weiß, sind derzeit etwa dreihundert Menschen eingefroren. Etwa hundert davon haben nur ihre Köpfe aufbewahren lassen, weil das billiger ist. Und der Gedanke dahinter« – er richtete den Zeigefinger auf mich –, »der scheint mir mit dem Thema hier, dem Upload, zu tun zu haben. Passen Sie auf.«

Er zog einen Kugelschreiber aus seinem Jackett, schnappte sich eine der Servietten, die überall herumlagen, und begann, darauf zu kritzeln. Wofür sich eine Serviette, wie ich hinzufügen muss, nur bedingt eignet.

»Das menschliche Gehirn besteht aus durchschnittlich 86 Milliarden Neuronen«, erklärte er, indem er mühsam den walnussartigen Umriss eines Gehirns auf das weiche Papier zeichnete und eine Menge Punkte hineinsetzte. »Die Neuronen sind untereinander durch Axone verbunden, und deren Zahl geht in die Billionen. Nun weiß man, dass Erinnerungen *nicht* in einzelnen Neuronen gespeichert werden ... Das wäre viel zu ineffizient, denn Neuronen sterben ab, und was, wenn das Neuron abstirbt, in dem Ihre Erinnerung daran gespeichert ist, wie Sie heißen?«

»Aber man vergisst doch tatsächlich allerhand im Lauf der Zeit?«, wandte ich ein.

»Ja, aber meistens fällt es Ihnen nach einigem Grübeln wieder ein, nicht wahr? Wie wäre das zu erklären? Jedenfalls nicht mit absterbenden Gedächtniszellen. Nein, die gängige Theorie ist, dass Ihre Erinnerungen in diesen *Verbindungen* gespeichert sind, in Ihrem Konnektom, wie man die Gesamtheit dieser Verbindungen nennt. Dass die Art und Weise der Speicherung eher etwas mit dem Prinzip eines Hologramms zu tun hat als mit dem eines Computerspeichers. Hologramme kennen Sie? Sie haben eine Platte, die ein Bild zeigt, aber wenn Sie sie in der Mitte durchbrechen, haben Sie nachher nicht zwei halbe Bilder, sondern immer noch zwei ganze, nur etwas unschärfer geworden.«

»Und dreidimensional sind sie meistens auch«, warf ich ein.

»Ja, schon, aber in diesem Zusammenhang nur ein interessanter Nebeneffekt«, meinte er mit einer wegwerfenden Handbewegung. »Die Idee hinter dem Einfrieren eines bloßen Kopfes scheint mir folgende zu sein: Wenn man all diese Verbindungen nachverfolgen könnte, die gesamte Landkarte Ihres Konnektoms, und sie vollständig in einem Computer nachbilden würde, dann, so denken manche, würden Sie wieder zum Leben erwachen. Heute scheitert das an technischen Grenzen, aber, Mooresches Gesetz, nicht wahr, alle zwei Jahre verdoppelt sich die Leistungsfähigkeit der Computer, also ist es nur eine Frage der Zeit, bis es machbar sein wird.«

»Kann man das denn?«, fragte ich. »Das Konnektom eines Gehirns extrahieren?« (Ich habe es laienhafter ausgedrückt; Dr. Bergstädter hat mich auf diese Formulierung hin korrigiert.)

»Im Grundsatz schon. Entsprechende Forschungen betreibt man seit den Siebzigerjahren. Letzthin hat es ein Team von der John Hopkins Universität und der Universität Cambridge geschafft, das erste vollständige Konnektom einer Fruchtfliegenlarve zu erstellen, *Drosophila melanogaster*. Das Tier besitzt rund dreitausend Neuronen, die durch mehr als eine halbe Million Verbindungen miteinander verschaltet sind. Das alles zu kartografieren hat mehr als zehn Jahre gedauert – also, stellen Sie sich vor, was das bedeutet, wenn man es auf die Dimensionen eines menschlichen Gehirns hochrechnet!«

»Ich kann mir nicht mal vorstellen, wie man das bei einer Fruchtfliege macht«, gestand ich.

»Mit unendlich großem Arbeitsaufwand«, erklärte Dr. Bergstädter. »Sie müssen das Tier in Hunderttausende von Gewebeschnitten zerlegen, jeden einzelnen davon unter dem Elektronenmikroskop untersuchen und in sorgfältiger Kleinarbeit all diese Teile, Neuron für Neuron, Axon für Axon, rekonstruieren und in ein Gesamtbild übertragen.« Er schüttelte den Kopf. »Für die nächste Dekade wollen sie sich das Gehirn einer Maus vornehmen, das eine Million Mal größer ist. Sicher, das ist sinnvolle Forschung, das will ich nicht bestreiten. Aber der Weg zur Rekonstruktion unseres Ichs … der Weg zum Upload … ist das sicher nicht.«

»Auch nicht, wenn wir technischen Fortschritt für möglich halten?«, fragte ich. »Zwischen dem ersten Flug der Gebrüder Wright und dem Flugzeug, das Sie hierhergebracht hat, liegen zum Beispiel nur wenig mehr als hundert Jahre.«

Er schmunzelte flüchtig. »Hach, wofür die Gebrüder

Wright immer herhalten müssen ... Der Punkt ist ein ganz anderer. Ein Bewusstsein oder einen Verstand nur aus dem Konnektom eines Gehirns rekonstruieren zu wollen, das ist ungefähr so, als wollte man Ihr Sozialleben aus Ihrem Telefonverzeichnis rekonstruieren. Klar, man kann allerlei daraus schließen, wenn man weiß, mit wem Sie in Kontakt stehen, aber wie will man wissen, welcher Art dieser Kontakt ist? Ob Sie mit jemandem streiten oder Liebesgeflüster austauschen, das macht ja wohl einen Unterschied, oder? Und genauso ist es mit dem Konnektom. Sicher, in vielerlei Hinsicht ist es interessant zu wissen, wie Neuronen miteinander verschaltet sind. Aber erstens ist Neuron nicht gleich Neuron, denn davon gibt es verschiedene Sorten, außerdem gibt es aktivierende und dämpfende Verbindungen und so weiter. Und vor allem wissen wir, wenn wir die Verkabelung der Neuronen kennen, noch lange nicht, was sich darin abspielt. Was Neuronen tun, ist, einander elektrische Impulse zu senden. Aber wann? Und wie viele? Dazu verrät uns die Kenntnis eines Konnektoms überhaupt nichts. Dabei ist es natürlich genau diese Aktivität, um die es geht! Unser Denken, unser Fühlen – das besteht aus elektrischen Impulsen, die zwischen Neuronen hin- und hergeschickt werden. Wie wollen Sie das rekonstruieren aus einem toten, eingefrorenen Gehirn, selbst wenn Sie dessen Konnektom kartieren könnten? Unmöglich.«

Er spähte hinüber zum Büfett, wo inzwischen die Desserts aufgetragen wurden.

»Meine eigene neuronale Aktivität bewegt mich dazu, der Versuchung nachzugeben, die da drüben gerade auftaucht«, meinte er dann. »Oh, Kaffee gibt es auch – aber wahrscheinlich so eine amerikanische Labberbrühe. Na ja, egal. Also, was ich mit alldem sagen wollte: Sie *sind* nicht Ihr Konnektom. Nicht im Entferntesten. Lassen Sie sich nichts anderes einreden. Ich hör mir das hier morgen noch an, aber wenn es in diese Richtung gehen sollte, können Sie das Projekt vergessen. Dann ist es Humbug.«

»Ein klares Wort«, sagte ich. »Lassen Sie es sich schmecken.«

* * *

Unterdessen war Victoria Watson aufgetaucht. Sie ging, ein Glas Champagner in der Hand, von Tisch zu Tisch, von Gruppe zu Gruppe, in dem sichtlichen Bemühen, mit allen Anwesenden zumindest ein paar Worte zu wechseln.

Kurz nachdem mich Dr. Bergstädter verlassen hatte, kam sie auch zu mir und sagte: »Hallo, Mister Windover. Wie gefällt es Ihnen bisher?«

Ich müsste lügen, wenn ich behaupten wollte, ich hätte mich nicht geschmeichelt gefühlt, dass sie meinen Namen kannte. Obwohl sie sich, wie ich mir sagte, wahrscheinlich die Mühe gemacht hatte, sich die Gesichter und Namen *aller* Anwesenden einzuprägen, um sie *alle* zu beeindrucken und ihnen *allen* zu schmeicheln.

Ein gutes Gedächtnis beeindruckt uns einfach immer noch, da mögen Computer so viele Daten speichern, wie sie wollen.

»Hallo, Mrs Watson«, sagte ich. »Wie es mir gefällt? Die Show ist erstklassig. Aber was dahintersteckt, ist noch schwer zu beurteilen.«

»Morgen«, versprach sie lächelnd. »Morgen Abend werden Sie es beurteilen können.«

»Ich bin gespannt. Ich wundere mich übrigens, dass Mr Young nicht anwesend ist …« Ich warf einen Blick in die Runde. »Mr Arnesen auch nicht?«

»Für Ralph ist es ein Problem, so vielen Menschen ausgesetzt zu sein«, erklärte sie. »Er ist eher das einsame Genie, während mein Job die Kommunikation ist. Und was Peter betrifft, hat er gemeint, wir seien die Stars in diesem Projekt, deswegen wollte er uns den Vortritt lassen. Aber er kommt morgen dazu.«

»Verstehe«, sagte ich in der Erwartung, dass sie sich nun mit ein paar freundlichen Worten verabschieden würde, um zum nächsten Tisch zu gehen.

Stattdessen fragte sie: »Erinnern Sie sich eigentlich? Wir sind uns schon mal begegnet.«

»Wirklich?«, erwiderte ich verdutzt. »Ich bin sicher, dass ich das noch wüsste.«

Dass Victoria Watson eine überaus attraktive Frau ist, muss ich Ihnen nicht sagen, ohne Zweifel haben Sie ihr Porträt schon auf dem ein oder anderen Zeitschriftencover gesehen. Ich kann Ihnen aber verraten, dass sie aus der Nähe, wenn man hier und da kleine Unebenmäßigkeiten an ihr entdeckt, noch viel attraktiver wirkt, und zwar gerade deswegen.

»Es ist auch schon eine Weile her«, sagte sie mit feinem Lächeln. »Ich war damals fünfzehn und musste eine Zahnspange tragen, was ich ein unsägliches Drama fand. Und Sie waren bei uns zu Hause, um meinen Vater zu interviewen.«

»Ihren Vater?«

»Ian.«

Mir fiel fast die Kinnlade herab. »Ian Watson?« Ian Watson ist, wie Eingeweihte der Heavy-Metal-Szene wissen, der Drummer der Band SOUL CAGE. Oder war es, denn die Band ist schon lange nicht mehr aktiv. »Sie sind die Tochter von Ian Watson?«

Im selben Moment lieferte mein Gehirn, ob nun aus meinem Konnektom oder woher auch immer, die Erinnerung nach: an ein schüchternes Mädchen, das neugierig um die Ecke lugte, während ich mit ihrem Vater sprach.

Ich war geschockt. Erstens, dass ich und mein Team diesen

Zusammenhang übersehen hatten, und zweitens darüber, wie viel Zeit seither vergangen war.

»Stimmt«, räumte ich ein. »Jetzt erinnere ich mich wieder. Es war ein idyllisch gelegenes Haus auf dem Land, ganz anders, als ich es erwartet hatte. Und Sie haben erst mal kein Wort gesagt.«

»Wegen der Zahnspange«, gestand sie lachend. »Die sollte niemand sehen.«

»Später habe ich Sie gefragt, ob Sie auch ein Instrument spielen, und Sie haben gesagt, ja, Klavier. Spielen Sie noch?«

Sie nickte. »Jeden Morgen eine halbe Stunde. Ein Stück von Bach, eins von Mozart. Auf Reisen habe ich immer ein elektronisches Klavier und Kopfhörer dabei.«

»Ich habe Sie auch gefragt, ob Sie später mal in der Band Ihres Vaters mitspielen wollen. Aber Sie haben gesagt, nein, Sie werden Ihre eigene Band gründen.«

»Stimmt«, sagte sie. »Dad war ein bisschen pikiert deswegen.«

»Aber in gewisser Weise haben Sie das ja gemacht. Nur eben anders. Keine Band, sondern eine Firma.«

»Kann man so sagen. Wobei, eine Rockband, das ist auch eine Firma, glauben Sie mir.« Sie sah sich um. »Und nun gründe ich schon die zweite. Firma, nicht Band.«

»Nicht schlecht. Wie geht es Ihrem Vater? Ich muss zu meiner Schande gestehen, dass ich seit zehn Jahren oder so nicht mehr auf dem Laufenden bin, was die Musikwelt anbelangt.«

»Ich weiß«, sagte sie und blickte einen Moment sinnend auf ihr immer noch halb volles Glas hinab. »Nun ja, meinen Eltern geht es eigentlich ganz gut. Sie werden eben älter. Und seit Nicks Tod gibt es die Band ja praktisch nicht mehr.« Nick Bomrost war der Bassist und Songwriter der Band gewesen. Dass er ziemlich jung und unerwartet an Krebs gestorben war, habe ich in meiner Zeit bei dem Musikmagazin gerade noch mitgekriegt.

»Aber in Ihrem offiziellen Lebenslauf und in allem, was man über Sie in Erfahrung bringen kann, taucht Ihr Vater nirgends auf«, sagte ich. »Ist das Absicht?«

»Dad hat mir dazu geraten. Er meinte, wichtige Leute könnten mich sonst für unseriös halten.«

»Hm. Aber inzwischen sollte das doch nicht mehr nötig sein. Ich meine, Sie haben sich längst einen eigenen Namen gemacht, werden für den Nobelpreis gehandelt –«

»Joy«, unterbrach sie mich bestimmt. »Nicht ich. Ich werde, falls es passiert, mit nach Stockholm fahren, im Publikum sitzen und klatschen, wenn der König ihr den Preis überreicht. Aber ansonsten – ja, es wäre nicht mehr notwendig.« Ein melancholischer Klang schlich sich in ihre Stimme. »Andererseits würde es auch niemanden mehr interessieren. Die große Zeit von SOUL CAGE ist schon so lange vorbei, dass sich kaum noch jemand daran erinnert.«

Sie blickte mich an, und mir war, als sähe ich einen winzigen Moment lang das wahre Gesicht dieser Frau. »Alles ist so flüchtig in dieser Welt«, sagte sie leise, »wir selber auch. Zeit, dass wir das ändern.«

»Aber gleich den Tod abschaffen? Ist das nicht arg kühn?«

Ihre Augen blitzten. »Würden Sie es denn nicht tun, wenn Sie könnten?«

»Hm«, machte ich. »Gemeine Frage.«

»Ich will Ihnen was verraten: Ich *hasse* den Tod«, sagte sie leise. »Nehmen Sie gerade Nick Bomrost. Als ich jung war, war das ein fröhlicher, witziger Mann, dem man ewig zuhören konnte, wenn er erzählte, der tolle Riffs und zu Herzen gehende Balladen aus dem Ärmel schütteln konnte, jemand, mit dem es nie langweilig geworden ist. Und gerade, als seine Band auf ihrem Höhepunkt war, dieser Zusammenbruch, die

Diagnose und ein grauenvolles Jahr, in dem er dahinsiecht und immer weniger wird. Und dann war er tot, und wo ist nun all sein Humor, all seine Kreativität? Weg, alles weg. Die Erfahrungen eines ganzen Lebens – weg. Der Tod löscht alles aus. Schon das Altern ist widerwärtig, aber der Tod ist barbarisch. Und jetzt sagen Sie mir, warum sollten wir das dulden?«

»Können wir das denn?«, fragte ich zurück. »Es *nicht* dulden?«

Sie lächelte sphinxhaft, wahrscheinlich, weil sich eine alte Trauer und eine junge Zuversicht darin mischten. »Lassen Sie sich überraschen. Morgen!«

Kapitel 14

Ich zog mich zu einer einigermaßen vernünftigen Zeit auf mein Zimmer zurück, weil der Jetlag mich nun doch einholte, und ich wollte am nächsten Tag frisch und ausgeschlafen und in bestmöglicher Form sein, damit ich auch verstand, womit Victoria Watson vorhatte, mich zu überraschen. Mich und alle anderen, von denen die meisten unten noch Party machten. Der Alkohol floss in Strömen, als ich ging, und manche schienen gar nicht genug zu kriegen von den Virtual-Reality-Spielen, die nebenan liefen. Man balgte sich beinahe um digitale Plastikschwerter und Pistolen, und beileibe nicht nur die Männer unter den Teilnehmern.

Während ich mir die Zähne putzte, dachte ich noch einmal an das Gespräch mit Victoria Watson zurück. Das Interview mit ihrem Vater war damals der erste Auftrag gewesen, der mich in die USA geführt hatte, und ich hatte mächtig Herzklopfen gehabt. Eine Homestory beim Drummer und Kopf einer der großartigsten Bands des Heavy Metal, das war für mich eine große Sache und für die Zeitschrift immerhin eine Titelstory. Wie hatte der Fotograf geheißen, der mich am Flughafen abgeholt und begleitet hatte? Jeremy Sato, fiel mir wieder ein. Ein japanischstämmiger Amerikaner, der nicht weniger als zehn verschiedene Kameras dabeigehabt und es verstanden hatte, guten Gebrauch davon zu machen, denn das Foto von Ian Watson vor der Scheune mit dem Proberaum darin hatte später einen Preis gewonnen.

Wer hätte damals gedacht, dass die scheue Tochter des

Drummers einst vorhaben würde, den Tod abzuschaffen! Was in meinen Ohren klang wie die absolute Utopie schlechthin. Und ungefähr so aussichtsreich wie der Versuch, die Schwerkraft abzustellen.

Glaubte ich, dass es möglich sein würde? Nein, sagte ich mir und spülte den Mund vollends aus.

Dann betrachtete ich mich im Spiegel und stellte mir die Frage, die man sich, wie ich immer predige, grundsätzlich stellen muss, ehe man die Aussichten von etwas beurteilt: *Wünsche ich es mir?*

Nur wer sich seiner Wünsche bewusst ist, hat eine Chance, sich nicht von ihnen in seinem Urteil beeinflussen zu lassen. Sich der Objektivität zumindest zu nähern.

Wünschte ich es mir? Den Tod abzuschaffen?

Daran hatte ich noch nie gedacht. Bisher hatte ich immer nur das *Altern* so weit wie möglich hinausschieben wollen. Am liebsten wäre es mir gewesen, *gar nicht* mehr zu altern, sondern so zu bleiben, wie ich jetzt gerade war.

Ich dachte an mein Leben zurück. Welches körperliche Alter war wohl das ideale? Neununddreißig, fand ich, war zumindest nicht schlecht. In dem Alter war man aus viel jugendlicher Dummheit herausgewachsen, hatte seinen Platz in der Welt gefunden, kannte sich aus. Ja, so konnte es von mir aus gerne bleiben, für die ganze Zeit, die mir noch blieb.

Aber auch für *alle* Zeit? Jahrhunderte? Jahrtausende? Noch länger? Man ist es nicht gewohnt, in solchen Zeitdimensionen zu denken.

Aber wahrscheinlich würde man sich auch daran gewöhnen.

Ich musste an Goethe denken und an seinen *Faust*, wie er sagt: »Werd ich zum Augenblicke sagen: Verweile doch! Du bist so schön! Dann magst du mich in Fesseln schlagen, dann will ich gern zugrunde gehn!« Das hatte auch kein gutes Ende genommen.

* * *

Ich schlief besser als erwartet und wachte trotz Jetlag früh genug auf, um noch in den Fitnessraum des Hotels zu gehen. An meine Gewohnheiten anzuknüpfen, so meine Überlegung, würde mir helfen, dem Gefühl der Unwirklichkeit zu begegnen, das diese Veranstaltung in manchen Momenten für mich hatte.

Wie sich herausstellte, war ich nicht der Einzige, den es frühmorgens zu sportlicher Betätigung zog. Als ich den Fitnessraum betrat, war ein relativ bekannter Milliardär schon heftig an der Butterfly-Maschine zugange. Ich machte irgendeine launige Bemerkung, ich weiß nicht mehr genau, was, denn ich trug meine Krawattenspange natürlich noch nicht. Aber ich erinnere mich, dass er sagte: »Ich mache das jeden Tag. Fühlt sich immer gut an. Ich glaube, das ist, weil man hinterher das Gefühl hat, man hätte den Zahn der Zeit ein bisschen gebremst. Aber ich fürchte, das ist nur so ein Gefühl. Wobei – wäre schon toll, man könnte das wirklich, oder?«

Ich pflichtete ihm bei, dann verausgabte ich mich ein wenig an den Hanteln und den anderen Kraftmaschinen. Als ich ebenfalls ein gutes Gefühl hatte und mein Körper von einer angenehmen, feinen Schweißschicht überzogen war, kehrte ich in mein Zimmer zurück, duschte, zog mich um und ging zum Frühstück.

Das fand zu meiner Erleichterung in einem ganz normalen, vornehm ausgestatteten Frühstücksraum statt – keine Stehtische am frühen Morgen! Das Büfett war reichhaltig bestückt, das blütenweiße Damast auf den Tischen echt, und es herrschte gedämpfte Lautstärke. Viele kämpften sichtlich mit einem Kater. Eine Frau in einem weißen Kittel, eine Ärztin, wie sich herausstellte, ging von Tisch zu Tisch und verteilte Kopfschmerztabletten. Das kam mir offen gestanden wie ein bizarres Detail vor, die Organisation der Veranstaltung betreffend. Es ließ mich argwöhnen, dass man es mit den Angeboten am Abend zuvor darauf *angelegt* hatte, die Leute zu alkoholisieren.

Was wiederum die Frage aufwarf, wieso man das für nötig hielt.

Ich war jedenfalls gespannt, wie es weitergehen würde.

Und für alle Fälle hatte ich ja die Nummer meines Piloten.

* * *

Nach dem Frühstück trafen wir uns im selben Vortragssaal wie gestern, der auch noch genauso aussah wie am Tag zuvor und genauso bestuhlt war. Wieder prangte nur das *Youvatar*-Logo auf der Leinwand und änderte in hypnotischer Langsamkeit seine Farben. Leise, nach Klassik klingende Musik erfüllte den Raum, in dem wir wieder unsere Plätze suchten, und wie man das so macht, suchte jeder denselben wie am Vortag.

Doch anders als gestern blieben heute Stühle leer. Ich fragte meinen Nachbarn, ob er wisse, was mit den Leuten sei, und er erwiderte, einige seien wohl schon gestern oder heute gleich nach dem Frühstück abgereist. Er deutete auf einen leeren Stuhl in der Reihe vor uns und meinte: »Jim hat mir gesagt, das hier sei alles Blasphemie, das höre er sich nicht länger an.«

Auf besagtem Stuhl hatte gestern der Mann gesessen, der nach der unsterblichen Seele gefragt hatte, ein der Öffentlichkeit wenig bekannter Erbe eines Multimilliardenvermögens.

»Und was denken Sie?«, fragte ich.

Mein Nachbar, ein ebenfalls immens reicher Amerikaner,

wenn auch ohne Chancen auf einen Platz unter den ersten hundert der Forbes-Liste, wiegte den Kopf. »Nun, wie es aussieht, greifen die Leute von *Youvatar* nach dem Baum des Lebens, nicht wahr? Den Gott laut der Bibel für uns Menschen unzugänglich gemacht hat, für alle Zeiten. Da kann man schon ins Grübeln kommen.«

»Heißt das, Sie werden auch abreisen?«, hakte ich nach.

Er lächelte listig. »Ich bin nicht so fanatisch. Wenn's das ewige Leben zu kaufen gibt und ich's mir leisten kann, wäre ich doch blöd, nicht zuzugreifen, oder?«

Wie schon gesagt: Das gemeinsame Merkmal aller Ultrareichen ist, dass sie nicht gewillt sind, das Schicksal normaler Menschen zu teilen.

Nach und nach versiegte der Strom der Leute, die hereinkamen; die jetzt noch leeren Plätze würden wohl leer bleiben. Die meisten bewegten sich deutlich betulicher als am Tag zuvor. Die dunklen Stoffbahnen, mit denen Decke und Wände abgehängt waren, dämpften alle Geräusche, und es herrschte eine ernste, aufmerksame Stimmung. Ein frischer Duft erfüllte den Raum, ein nicht zu identifizierendes, aber angenehmes Pflanzenaroma.

Übergangslos verstummte die leise Musik. Die plötzliche Stille ließ alle gespannt aufsehen. Ein dezenter Trommelwirbel erklang, Scheinwerfer richteten sich auf den seitlichen Vorhang, durch den man die Bühne betrat, und dann kam tatsächlich jemand heraus.

Und zwar niemand anders als Peter Young! Unverkennbar mit seinen kantigen Zügen und dem Kinnbart, der ihn auf manchen Fotos wie einen aus einem verrufenen Varieté entflohenen Zauberkünstler aussehen ließ und der so etwas wie sein Markenzeichen war. Seine dynamische, kraftvolle Art, sich zu bewegen, verriet, dass er trotz seiner 56 Jahre körperlich in Hochform war.

Natürlich erkannten ihn alle anderen ebenfalls, und mit einem Schlag schien das Energielevel im Saal zu steigen. Ich erlebte genau das, was man Young immer nachsagt: dass in seiner Gegenwart die Luft zu knistern scheine vor Elektrizität.

»Guten Morgen, meine Damen und Herren«, sagte er und ließ den Blick seiner hellwachen, stechend blauen Augen über uns hinweggleiten. »Meine jungen Mitstreiter haben mich gebeten, Sie heute zu begrüßen, sozusagen in diesen Tag überzuleiten, an dem Sie erstaunliche Dinge erfahren werden. Einen Tag, an dem Sie eine mögliche Zukunft sehen werden, die es wert ist, verwirklicht zu werden. Eine Zukunft, die jede dafür nötige Anstrengung wert ist. Eine Zukunft, die vor allem eines sein wird: grenzenlos.«

Er trat in die Mitte der Bühne, legte die Hände zusammen. Er sprach frei, ohne Manuskript, ohne Stichwortkarten. Peter Young, so sagte man, verfüge über ein phänomenales Gedächtnis.

»Victoria Watson und Ralph Arnesen haben Sie gestern schon ein wenig an die Thematik herangeführt, um die es heute gehen wird. Beide sind Genies auf ihren jeweiligen Gebieten; das muss ich Ihnen nicht erklären, das wissen Sie alle selber. Verglichen damit ist meine Rolle in dem ganzen Projekt vernachlässigbar, fast austauschbar: Genialität, die ich beisteuern könnte, habe ich nicht zu bieten – dafür aber Geld. Ich bin dabei als Risikoinvestor, wie es nun mal meine Art ist, das wissen Sie auch alle. Außerdem werde ich das ganze geschäftliche Drumherum erledigen, den Genies den Rücken frei halten, damit sie das große Projekt voranbringen. Dass ausgerechnet ich mit dem *You* im *Youvatar* an erster Stelle stehe, ist ehrlich gesagt eine unverdiente Ehre, aber andere Kombinationen der drei Silben haben uns nicht gefallen.«

Es beruhigte mich, wie ich an dieser Stelle gestehen muss, dass ich offenbar nicht der Einzige war, der die Herkunft des

Firmennamens nicht sofort durchschaut hatte. Die Reaktionen im Saal verrieten, dass etlichen Teilnehmern erst jetzt ein Licht aufging.

»Das große Projekt«, wiederholte Young. »Der *Upload des Bewusstseins.*« Er machte eine Kunstpause, sah sich fragenden Blickes um. »Wie kühn ist das denn, bitte? Bewusstsein – das ist ein anderes Wort dafür, dass wir unser Dasein *erleben* und nicht einfach nur funktionieren, wie es Maschinen tun. Und das wollen wir in eine Maschine *übertragen?* Wie soll das gehen, wo wir doch keine Ahnung haben, was das überhaupt ist, das Bewusstsein? Und mit ›wir‹ meine ich nicht nur uns hier, ich meine die Menschheit insgesamt, die Wissenschaftler, die Philosophen, alle, die sich darüber schon den Kopf zerbrochen haben. Ich habe mit führenden Neurologen gesprochen, mit Nobelpreisträgern, mit wahren Koryphäen, doch wenn es um die Frage geht, wie es überhaupt möglich ist, dass wir ein Bewusstsein haben, ein Bewusstsein *sind*, gibt es bestenfalls Theorien, aber nichts, von dem jemand ernsthaft sagen könnte, *so ist es.*«

Der Mann auf der Bühne, der seine erste Million mit neunzehn gemacht hatte und seine erste Milliarde in einem Alter, in dem ich gerade mal froh gewesen war, es zu einem Schreibtisch in der Redaktion des *Independent* gebracht zu haben, hatte es geschafft, mich zu verblüffen. Was *sollte* das? Zog er mit dieser Ansprache dem ganzen Vorhaben nicht gerade den Boden unter den Füßen weg?

»Wir wissen nicht, was das Bewusstsein ist«, wiederholte er. »Wir wissen nicht, wie es entsteht, wir wissen nicht, wie es funktioniert, und wer Ihnen etwas anderes erzählt, lügt. Wie also sollte der Upload dieses mysteriösen Dings funktionieren?« Er hob fast lehrerhaft den Zeigefinger, eine Geste, die andeutete, dass nun die große Pointe kam. »Das Erstaunliche ist, dass wir, wenn wir es clever anstellen, das gar nicht wissen *müssen.* Und wenn jemand clever ist, dann Victoria Watson und Ralph Arnesen. Die beiden verfolgen einen Ansatz, der den Upload möglich macht, auch *ohne* zu wissen, was es mit dem Bewusstsein auf sich hat. Und diesen Ansatz werden sie Ihnen heute – nachher! jetzt gleich! – darlegen. Seien Sie gewarnt: Man muss sich ein bisschen anstrengen, um es zu verstehen. Es ist kein Konzept, das auf der Hand liegt – natürlich nicht! Aber man *kann* es verstehen. Das sehen Sie daran, dass sogar *ich* es verstanden habe. Und ich bin, was solche Dinge anbelangt, eher ein, wenn Sie mir den bildlichen Vergleich verzeihen, geistiger Fußgänger und kein Raumfahrer, wie es meine beiden jungen Partner sind.«

Er hob die Hände wie jemand, der sich ergibt. »Doch nun will ich Sie nicht länger auf die Folter spannen. Lassen Sie sich von Victoria und Ralph erklären, wie der Weg in die Unsterblichkeit aussieht – und übers Geschäftliche reden wir hinterher. Vielen Dank.«

Die meisten applaudierten, als er eine Verbeugung andeutete, und der Applaus hielt an, als hinter ihm Watson und Arnesen auf die Bühne kamen. Young schob die beiden nach vorne, bedeutete uns durch Gesten, ihnen den weiteren Applaus zukommen zu lassen, und ging mit einem letzten Winken ab.

* * *

»Einige von uns«, begann Victoria Watson mit feinem Lächeln, »spüren heute Morgen überaus deutlich, wie sehr unser Bewusstsein von materiellen Bedingungen abhängt und beeinflusst wird. Von Alkohol beispielsweise. Und von Aspirin – ich hoffe, die Tabletten, die unsere Ärztin verteilt hat, haben geholfen?«

Das gab Gelächter. Manche derer, die besonders zerknittert

und verkatert aussahen, nickten breit grinsend oder hoben die Hände in einer Geste, die wohl sagen sollte: Ich gestehe alles!

»Gut«, meinte Watson. »Das freut mich. Dann lassen Sie uns einsteigen. Was Sie heute erwartet, sind vier Punkte.«

Sie zählte sie an den Fingern der linken Hand ab, beginnend mit dem Daumen.

»*Erstens* wollen wir Ihnen erklären, warum wir es für grundsätzlich möglich halten, ein Gehirn – also *Sie* – in einen Computer zu übertragen. Und zwar, wie Peter schon verraten hat, *ohne* dass wir wissen müssen, was Bewusstsein ist oder wie es funktioniert.«

Der Zeigefinger.

»*Zweitens* werden wir Ihnen erklären, wie wir es technisch machen wollen.«

Mittelfinger.

»*Drittens* werden wir Ihnen aufzählen, welche Probleme dabei zu überwinden sein werden. Zumindest, soweit sich das aus heutiger Sicht sagen lässt. Unterwegs werden zweifellos noch Hindernisse auftauchen, an die heute niemand denkt, nicht mal Ralph.«

Verhaltenes Gelächter. Das war sehr trocken gekommen, wirkte dadurch aber umso sympathischer. Ihre rechte Hand wanderte weiter zum Ringfinger.

»*Viertens* soll es darum gehen, was zu tun ist, sobald das Ganze funktioniert.«

Sie machte eine Pause, ordnete die Notizen auf dem Pult vor sich. Es war eine Geste, die deutlich signalisierte: *Jetzt wird es ernst.*

»Wir werden heute gemeinsam Experimente unternehmen«, begann sie. »Keine Experimente, für die man ein Labor bräuchte oder aufwendige Versuchsaufbauten, sondern sogenannte *Gedankenexperimente*. Das Wort klingt harmlos. Ein bisschen, als gehe es dabei um Phantastereien, die man nicht allzu ernst nehmen sollte. Aber das Gegenteil ist der Fall. Gedankenexperimente spielen sowohl in der Philosophie als auch in den Naturwissenschaften eine bedeutende Rolle. *Schrödingers Katze* ist ein populäres Beispiel für ein Gedankenexperiment. Der *Maxwellsche Dämon* ein anderes. Vielleicht haben Sie in Ihrer Kindheit Edwin Abbotts Roman ›Flatland‹ gelesen, der anhand der Vorstellung einer nur zweidimensionalen Welt verdeutlicht, was es mit der Dimensionalität überhaupt auf sich hat.«

Die verhaltenen Reaktionen der übrigen Teilnehmer ließen mich vermuten, dass Victoria Watson die Einzige war, die dieses Buch in ihrer Kindheit gelesen hatte.

Was vermutlich vieles erklärte.

»Aber die wohl bedeutendsten Gedankenexperimente waren die, die sich Albert Einstein ausgedacht hat«, fuhr sie fort. »Etwas über hundert Jahre ist das her. Er saß damals an einem Schreibtisch im Züricher Patentamt und hatte offenbar nichts Besseres zu tun, als die Natur des Universums zu enträtseln. Ohne Labor. Ohne aufwendige Versuche. Das hatte er alles nicht. Alles, was er hatte, war eine ebenso rege wie präzise Phantasie. Die Relativitätstheorie ist entstanden aus einer Reihe von gründlich durchdachten Gedankenexperimenten.«

Sie schmunzelte.

»Ralph wird Ihnen jetzt eines der Gedankenexperimente Einsteins erklären, aber keine Sorge: Das wird keine Vorlesung in Physik, und Sie werden auch nicht als Experten für die Relativitätstheorie nach Hause fliegen. Es geht nur darum, Ihnen zu zeigen, wie so ein Gedankenexperiment – das Gedankenexperiment eines wirklichen Könners – aussieht, damit Sie nachher einen Vergleich ziehen können zu dem, was wir uns ausgedacht haben.«

* * *

Ralph Arnesen betrat die Bühne, löste Victoria Watson am Rednerpult ab und erläuterte mit der Hilfe von eingespielten Videos, lebhaften Gesten und vielen »Ähms« Einsteins sogenanntes »Fahrstuhl-Experiment«.

Ich verzichte darauf, an dieser Stelle den genauen Wortlaut seiner Ansprache wiederzugeben. Erstens konnte Arnesen seiner Partnerin in Sachen Rhetorik nicht annähernd das Wasser reichen, und zweitens kann man überall in nahezu beliebiger Detailliertheit nachlesen, was sich Einstein überlegt hat. Weil es aber im Zusammenhang mit dem, was noch folgen sollte, eine gewisse Rolle spielt, sei zusammenfassend erklärt, worum es bei diesem Gedankenexperiment geht.

Einstein stellte sich einen Mann vor, der in einem ringsum völlig geschlossenen Kasten steht, ohne Fenster oder eine sonstige Möglichkeit, etwas über das zu erfahren, was sich außerhalb davon befindet. Dieser Mensch spürt sein eigenes Gewicht, und wenn er einen Gegenstand, den er in der Hand hält, loslässt, fällt dieser zu Boden. Es fühlt sich für ihn also an, als stünde der Kasten, in dem er sich befindet, auf der Erde und das, was auf ihn einwirkt, sei die Schwerkraft.

Doch physikalisch ist auch eine andere Erklärung seiner Situation möglich. Der Kasten mit dem Mann darin könnte sich irgendwo im freien Weltraum befinden und durch eine stetig beschleunigende Kraft in die Richtung bewegt werden, in der sich von dem Mann aus gesehen die Decke befindet. Einstein stellte sich ein unendlich langes Seil vor, das am Dach des Kastens befestigt ist und von einer unbekannten Macht gezogen wird. Und dieser Zug beschleunigt den Kasten gerade so, dass Dinge darin genauso schnell fallen, wie sie es auf der Erde täten. Das, was in diesem Fall auf den Mann einwirkt, wäre nicht die Schwerkraft, denn er befindet sich ja im freien Weltall, sondern die Massenträgheit: Nicht der Gegenstand fällt zu Boden, vielmehr hebt sich der Boden dem Gegenstand entgegen.

Auf welche Weise könnte der Mann in diesem Kasten nun feststellen, in welcher der beiden Situationen er sich tatsächlich befindet? Welches Experiment könnte ihm darüber Aufschluss geben?

Einstein kommt zu dem Schluss, dass der Mann den Unterschied *überhaupt nicht* feststellen kann. Solange er den Kasten nicht verlassen und seine Situation von außen betrachten kann, ist die Frage für ihn *unentscheidbar*.

Daraus folgt, sagt Einstein, dass Schwerkraft und Trägheit in Wahrheit nur zwei Worte für ein und dasselbe sind. In der Sprache der Physik heißt das, dass schwere Masse und träge Masse einander äquivalent sind, etwas, das schon Newton vermutet hatte, für das aber vor Einstein nie jemand einen Beweis gefunden hatte.

Der eigentliche Geniestreich Einsteins bestand allerdings darin, wie er von da aus weitergedacht hat. Was, fragte er sich, wäre, wenn nun durch eine winzige Öffnung in dem Kasten ein einzelnes Photon – also der kleinste Teil eines Lichtstrahls – seitlich in den Kasten eindränge? Ferner sei angenommen, dass der Mann im Kasten imstande sei, das genau zu beobachten.

Wenn sich der Kasten im freien Weltall befindet und beschleunigt wird, ist die Sache klar: In der Zeit, die es braucht, bis das Photon den Kasten durchquert hat und die gegenüberliegende Wand erreicht, ist der Kasten schon ein Stück weiter in Richtung seines Daches bewegt worden, sozusagen unter dem Lichtstrahl weg. Dadurch kommt das Photon auf der Wand gegenüber etwas tiefer auf, also einer gekrümmten Bahn folgend. Für den Mann im Kasten sieht es folglich so aus, als ob das Photon, das Licht also, ebenfalls der Schwerkraft unterliegt.

Das Geniale daran war nun, dass Einstein *nicht* etwa gesagt hat, aha, hier haben wir eine Möglichkeit, festzustellen, in welcher Situation sich der Mann im Kasten in Wahrheit befindet! Nein, er hat umgekehrt an der einmal festgestellten Äquivalenz zwischen Trägheit und Schwerkraft festgehalten. Da es in dem einen Fall so ist, hat er gesagt, muss es in dem anderen Fall genauso sein, sprich, ein Lichtstrahl muss auch durch Schwerkraft gekrümmt werden.

Das war damals ein revolutionärer Gedanke – aber eben erst mal nur ein Gedanke. Eine Gelegenheit, herauszufinden, wie es sich tatsächlich verhält, bot sich mit der Sonnenfinsternis vom 29. Mai 1919. Einstein machte die kühne Vorhersage, man werde, sobald der Mond die Sonnenscheibe so vollständig bedecke, dass der Sternenhimmel darum herum wahrnehmbar sei, Sterne sehen, die in dem Moment eigentlich genau hinter der Sonne stünden. Und zwar, weil das von ihnen ausgehende Licht durch die Schwerkraft der Sonne stark genug abgelenkt werde, dass es die Erde erreichen würde.

Die *Royal Astronomical Society* entsandte zwei Komitees von Astronomen, die die Sonnenfinsternis verfolgten, Aufnahmen des Sternenhimmels anfertigten und auswerteten. Sie kamen zu dem Schluss, dass Einstein recht hatte. Der Tag, an dem sie dieses Ergebnis verkündeten, war der Tag, der den deutschen Physiker schlagartig weltberühmt machte.

* * *

»Sie wissen alle, wie das menschliche Gehirn aussieht und aufgebaut ist«, sagte Victoria Watson, nachdem Arnesen mit Applaus abgegangen war und sie das Rednerpult wieder übernommen hatte. »Ich will es nur in vertretbarer Kürze rekapitulieren, weil es für das Folgende wichtig ist, dass wir alle auf dem gleichen Level sind.«

Ein Schnittbild eines Gehirns erschien auf der Leinwand, wie man es tatsächlich schon oft gesehen hat und vermutlich in der Wikipedia findet.

»Ein menschliches Gehirn wiegt durchschnittlich drei Pfund und ist damit eines der größten Gehirne in der belebten Welt. Nur Elefanten und Wale haben noch größere Gehirne. Setzt man das Gehirngewicht mit dem Körpergewicht in Relation, stehen wir allerdings deutlich besser da als diese Riesen. Auf jeden Fall sind wir Menschen mit viel Hirn pro Körpergewicht ausgestattet, das kann man festhalten.«

Farbige Markierungen legten sich über die Schnittdarstellung des Gehirns. Sie erläuterte dessen Aufbau in Großhirn, Zwischenhirn, Kleinhirn und Stammhirn und ließ nicht unerwähnt, dass die einzelnen Gehirnteile stammesgeschichtlich unterschiedlich alt sind. Das Stammhirn etwa wird bisweilen auch als Reptilienhirn bezeichnet, weil wir es mit derartigen Tieren gemeinsam haben. Ich verzichte hier ebenfalls auf eine wörtliche Wiedergabe, da diese ohne die zugehörigen Abbildungen wenig verständlich wäre. Diese Dinge sind in der einschlägigen Literatur bestens erklärt und können bei Interesse nachgelesen werden. Zudem spielt der Gehirnaufbau für das Folgende, soweit ich das sehe, keine Rolle.

»Insgesamt besteht das menschliche Gehirn aus etwas über achtzig Milliarden Gehirnzellen, den sogenannten Neuronen …«, fuhr Victoria Watson endlich fort, wurde aber sogleich durch einen Zwischenruf unterbrochen.

»Sie vergessen die Gliazellen!«

Es war niemand anders als der Österreicher, Dr. Bergstädter, der die Hand gehoben hatte.

Victoria Watson lächelte, etwas gezwungen, wie mir schien. »Sie haben recht. Es gibt noch einmal so viele Gliazellen. Die allerdings eher nur eine die Neuronen unterstützende Funktion haben, stimmen Sie mir da zu?«

»Ja, ja«, sagte der Neurologe. »Ich wollte nur präzise sein. Wobei die Rolle der Gliazellen noch nicht restlos geklärt ist.«

»Das ist richtig«, räumte Victoria Watson ein, »aber ich

gehe davon aus, dass das im Verlauf unseres Projekts passieren wird.«

Dann ließ sie ein detailliertes Bild eines Neurons auf der Leinwand erscheinen und erläuterte dessen Aufbau und Funktionsweise. Ein Neuron, erklärte sie, besteht aus dem eigentlichen Zellkörper und einer Vielzahl von Zellfortsätzen, von denen es zwei Arten gibt: zum einen die Dendriten, die Tentakeln gleich mit der Umgebung verbunden sind und Erregungen daraus an das Neuron weiterleiten. Zum anderen das Axon, auch Neurit genannt, einen großen, dick isolierten Fortsatz, der sehr lang werden kann und der dazu da ist, einen Impuls weiterzuleiten, sobald das Neuron »feuert«.

Das ist das Grundprinzip: Jedes Neuron empfängt anregende und dämpfende Impulse, die es gewissermaßen in seinem Inneren aufaddiert. Sobald die Summe aus Anregungen (Plus) und Dämpfungen (Minus) einen gewissen Schwellwert überschreitet, gibt das Neuron seinerseits ein Signal weiter. Dieses Signal läuft über sein Axon und landet meist bei anderen Neuronen, um diese anzuregen oder zu dämpfen. Diese anderen Neuronen funktionieren genauso, das heißt, sie geben ihrerseits Signale weiter, wenn die Summe der eingehenden Impulse über ihrem Schwellwert liegt.

Und das Ganze nennt man »denken«.

Der springende Punkt dabei ist, dass das einzelne Neuron nichts »weiß«. Das einzelne Neuron »denkt« auch nicht. Es reagiert nur auf Impulse anderer Neuronen. Die ihrerseits nur auf Impulse anderer Neuronen reagieren. Und immer so weiter.

Das Ganze muss natürlich, damit es Sinn ergibt, irgendwo anfangen und irgendwo auch wieder aufhören. Deswegen gibt es Neuronen, die dadurch angeregt werden, dass sie Impulse von Sinneszellen empfangen, und umgekehrt Neuronen, die, wenn sie »feuern«, Impulse an Muskelzellen weitergeben.

»Wir hatten es ja schon erwähnt – Sie nehmen wahr, und Sie bewegen Muskeln. Das ist, was wir *Leben* nennen.«

Mit einem Klick der Fernbedienung ließ Victoria Watson die schematischen Darstellungen von Nervenzellen verschwinden. Ein Video lief an, das aus der künstlerischen Darstellung eines einzelnen Neurons langsam nach außen zoomte. Immer mehr und mehr Neuronen waren zu sehen, zwischen denen Impulse wie kleine Blitze hin und her sausten, und es ging immer weiter und weiter hinaus, bis man keine Nervenzellen mehr sah, sondern nur noch ein riesiges, tausendfach verzweigtes Netz. Auch dann ging der Zoom ins Große weiter, bis alles, was blieb, ein pulsierendes Muster aus Licht war.

»Wie gesagt, die einzelne Gehirnzelle denkt nicht. Das einzelne Neuron ist kaum mehr als ein etwas komplizierterer Schalter. Unser Denken findet in der Vernetzung der vielen Milliarden Gehirnzellen statt, in deren Zusammenspiel. Auch unser Geist, unser Bewusstsein sitzt nicht an einer bestimmten Stelle, sondern entsteht irgendwie in dieser unerhörten Komplexität und wahrscheinlich auch *dank* dieser unerhörten Komplexität.«

Ich wartete in diesem Moment, ich gestehe es, auf den Begriff »Connectome« – aber sie gebrauchte das Wort nicht.

»Viele Forscher vergleichen das Gehirn mit einem Ameisenhaufen, obwohl dieser Vergleich, wie alle Vergleiche, hinkt, denn Ameisen können sich bewegen, Neuronen dagegen nicht. Aber auch die einzelne Ameise ist ein sehr einfaches Tier, das ein schlichtes, ziemlich vorhersagbares Verhalten an den Tag legt – eine Ameise rennt den anderen nach, oder sie rennt in die entgegengesetzte Richtung, sie folgt Duftmarken, setzt selber welche, und so weiter. Nichts, was sonderlich beeindruckend wäre. Eine einzelne Ameise, auf sich gestellt, überlebt auch nicht lange. Aber die Gesamtheit eines Ameisenhaufens ist zu imponierend intelligenten Leistungen imstande: eine clever konstruierte Behausung zu bauen, vorher die dafür geeignetste Stelle zu finden, Nahrung heranzuschaffen, Feinde abzuwehren und so weiter. Was Ameisen anbelangt, gilt der Spruch unbedingt, dass das Ganze mehr ist als die Summe seiner Teile – und was unser Gehirn anbelangt, ebenfalls.«

Das Video hielt an, dann drehte sich die Bewegungsrichtung um. Es ging wieder vom Großen zurück ins Kleine, diesmal mit atemberaubender Geschwindigkeit: Es sah aus, als stürzten wir auf ein einzelnes Neuron zu.

Kurz davor stoppte das Bild. Das Neuron pulsierte bedächtig.

»Auf der Ebene der einzelnen Gehirnzelle, des einzelnen Neurons«, sagte Victoria Watson, »sind das die Faktoren, auf die es ankommt: die Verbindungen zu anderen Neuronen, die Signale, die über Dendriten und Axone laufen, und die Reizschwelle, ab der ein Neuron seinerseits ein Signal abschickt. Das ist das, was Neuronen tun.«

Die Beleuchtung der Bühne veränderte sich auf subtile Weise, zugleich lag ein kaum wahrnehmbarer, atmosphärischer Klang in der Luft, ein seltsam schwirrender Akkord: Beides signalisierte, dass nun etwas Wesentliches kam.

»Ich möchte Sie jetzt bitten«, fuhr Victoria Watson fort, »uns in ein Gedankenexperiment zu folgen. Und zwar fragen wir uns: Was würde geschehen, wenn wir *ein einziges Neuron* aus dem Gehirn entfernen und durch eine Prothese ersetzen, eine elektronische Nachbildung, die *genau die gleichen Verbindungen* zu anderen Neuronen hat und auch *genau gleich reagiert* wie das Neuron, das sie ersetzt? Was würde geschehen? Würde das Gehirn immer noch genauso denken und empfinden wie bisher? Oder würde es merken, dass sich etwas verändert hat?«

Hinter ihr, auf der großen Leinwand, lief das Video weiter und illustrierte den Vorgang: Ein Neuron verfärbte sich schwarz, wurde entfernt und landete in einem symbolisch dargestellten Mülleimer. Gleichzeitig wurden Kabel an alle Nervenbahnen angeschlossen, die das beseitigte Neuron bisher mit dem Rest des Gehirns verbunden hatten. Sie führten zu einem technisch aussehenden Element in einiger Entfernung, das Impulse aufnahm und seinerseits ab und zu einen Impuls aussandte.

»Beantworten wir die letzte Frage zuerst: Das Gehirn würde davon *nichts* merken. Und zwar, weil es keinerlei Möglichkeit hat, festzustellen, dass sich etwas geändert hat. Es *sieht* sich nicht selber. Das Gehirn kann, wie Sie vielleicht wissen, nicht einmal Schmerz empfinden. Was übrigens Operationen daran erlaubt, die bei vollem Bewusstsein ausgeführt werden. Die einzige Art und Weise, wie sich der Austausch überhaupt bemerkbar machen könnte, wäre die, dass uns ein Fehler unterläuft und die Prothese deswegen *anders reagiert* als das Neuron, das sie ersetzt hat. Aber selbst dann würde das Gehirn nicht wissen, was passiert ist, sondern es würde einfach nur *anders denken und fühlen* als bisher.«

Sie breitete die Hände aus.

»Die Frage war: Was würde geschehen, wenn wir ein einzelnes Neuron aus einem Gehirn entfernen und durch eine elektronische Nachbildung ersetzen, die exakt so funktioniert und reagiert wie das Neuron, das sie ersetzt? Und die Antwort darauf ist: Nichts. Das Gehirn würde den Unterschied nicht bemerken.«

Es war wieder Dr. Bergstädter, der in diesem Moment, der so ungemein dramatisch und beeindruckend hätte sein können, die Hand hob und in seinem wienerisch eingefärbten Englisch rief: »Objection, Your Honor!« *Einspruch, Euer Ehren.*

Kapitel 15

Victoria Watson schien alles andere als erfreut über die Wortmeldung des Österreichers zu sein. Sie schaute sich mit einem etwas verzweifelt wirkenden Blick nach Ralph Arnesen um, der in diesem Moment aus den Kulissen trat, um ihr beizustehen.

»Welchen Einwand haben Sie?«, fragte er.

Dr. Bergstädter wies auf die Leinwand. Dort sah man immer noch das Bild eines technischen Geräts, das über Kabel mit Nervenbahnen verschaltet war. »Wenn Sie elektronische Bauteile verwenden, dann heißt das mit anderen Worten, dass Sie mit elektrischem Strom arbeiten. Ein elektrisches Signal bewegt sich aber mit Lichtgeschwindigkeit, also mehrere Millionen Mal schneller als Nervenimpulse. Das können Sie nicht machen, ohne dass der Rest des Gehirns durcheinanderkommt!«

Er wandte sich uns zu, dem Publikum. »Ich war letztes Jahr auf einem Kongress und habe mich dort mit Professor Wolf Singer unterhalten, dem berühmten Frankfurter Neurophysiologen. Wir haben über den inneren Zusammenhalt gesprochen, der das Bewusstsein auszeichnet. Die Inhalte des Bewusstseins, hat er mir gesagt, wandeln sich ständig, aber zu jedem Zeitpunkt stehen alle Inhalte des phänomenalen Bewusstseins miteinander in Beziehung, und zwar so, dass alle Prozesse in dem Netzwerk am Ende global geordnete Zustände hervorbringen …«

Er hielt inne, vielleicht, weil er spürte, dass er uns damit überforderte, vielleicht aber auch, weil ihm das englische Vokabular für weitergehende Erklärungen fehlte.

»Was ich sagen will«, fuhr er fort, nun wieder an die beiden Leute auf der Bühne gerichtet, »ist, dass wir uns Gedanken nicht als einzelne Impulse vorstellen dürfen. Gedanken, die müssen wir eher so verstehen, dass eine Vielzahl von Neuronen miteinander im Einklang stehen, sozusagen im selben Takt schwingen. Oder *tanzen*, wenn Sie so wollen. Man nennt das ›neuronales Korrelat des Bewusstseins‹. Wenn Sie da mit millionenfach schnelleren elektrischen Impulsen dazwischenschießen, wird das Gehirn nicht einfach *anders* denken, wie Sie vorhin gesagt haben, sondern *gar nicht mehr*. Weil alles durcheinanderkommt.«

Ralph Arnesen nickte ernst. »Sie haben recht. Wir haben auch mit vielen Hirnforschern über dieses Thema gesprochen, und sie haben uns alle auf diese Zusammenhänge hingewiesen.« Er lächelte sanft. »Aber dieses Problem ist tatsächlich sehr einfach zu lösen.«

»Und wie?«

»Ich wollte auf dieser Veranstaltung noch nicht so tief in technische Details einsteigen, aber ich kann es gerne tun.« Er strich sich eine Haarsträhne aus dem Gesicht. »Wenn ich fragen darf – haben Sie eine Vorstellung davon, wie heutzutage Musik produziert wird?«

Dr. Bergstädter hob ratlos die Hände. »Wie meinen Sie das?«

»Wenn heute, sagen wir, eine Pop-Band ins Studio geht, um ein neues Album zu produzieren, dann wird das, was sie spielen, nicht mehr wie früher auf Tonband aufgenommen. Stattdessen fließt es in Form von extrem hoch aufgelösten elektronischen Signalen in Software, die mit solchen Daten umgehen kann. Man nennt diese Programme *Digital Audio Workstations* oder abgekürzt DAWs, und ihre entscheidende

Fähigkeit besteht darin, diese Signale auf die Mikrosekunde genau wieder abspielen zu können. Die Musik auf einer CD zum Beispiel ist mit einer Frequenz von 44,1 Kilohertz codiert, das heißt, pro Sekunde sind 1,4 Millionen Bit zu verarbeiten. Die Aufnahme eines Musikstücks kann eine große Anzahl solcher Aufnahmen beinhalten – auf einer Spur die Stimme der Sängerin, auf einer anderen das, was der Bass spielt; das Schlagzeug wird meistens auf mehrere Spuren verteilt aufgenommen, und so weiter. Es können Hunderte solcher Spuren entstehen. Doch der Computer ist imstande, diese Signale alle präzise wiederzugeben, jeden Ton zum exakt richtigen Augenblick. Und es muss nicht einmal ein besonderer Computer sein. Sie erhalten solche Programme für praktisch jeden Computer, den Sie heutzutage im Laden kaufen können.« Arnesen faltete die Hände. »Dies nur, um Ihnen eine Vorstellung davon zu geben, wie taktgenau moderne Computer arbeiten.«

»Ich sehe den Zusammenhang mit meiner Frage nicht«, erwiderte der Österreicher skeptisch.

»Ich will damit sagen, dass es tatsächlich sehr leicht ist, das Problem der unterschiedlichen Leitungsgeschwindigkeiten zu lösen.« Arnesens Hände lösten sich wieder voneinander, bewegten sich, als malten sie unsichtbare Diagramme in die Luft. »Wir kennen die Leitungslängen, und wir kennen die Übertragungsgeschwindigkeiten, nicht wahr? Also wissen wir, wenn ein Signal über eine Leitung ankommt, um wie viel *zu früh* es ankommt. Was machen wir? Wir bremsen es ab. Wir programmieren eine Schleife, in der es sich genau so lange bewegt, bis der Zeitpunkt da ist, an dem es die originale Nervenzelle erreicht hätte. Dann erst lassen wir es in den Verarbeitungsprozess, der das Innere des Neurons nachbildet. Umgekehrt, wenn die Reizschwelle unseres künstlichen Neurons überschritten ist und es feuert, dann bremsen wir auch diesen ausgehenden Impuls ab. Und zwar so lange, dass er über die

Leitung erst genau dann in das Nervengewebe übergeht, wenn der Impuls des ursprünglichen Neurons an dieser Stelle eingetroffen wäre.«

Ich musste an den Sänger Joe Cocker denken und dessen zappelige Gestik auf der Bühne, die sein Markenzeichen gewesen ist.

»Wenn es umgekehrt wäre«, fuhr Arnesen mit schelmischem Lächeln fort, »wenn Nervenimpulse *schneller* wären als elektrische Signale – *dann* hätten wir ein Problem. Ein *großes* Problem.«

Das gab allgemeines Gelächter im Saal.

»Ja, gut«, räumte Dr. Bergstädter ein. »Wenn Sie daran denken, es so zu machen … Ja. Dann haben Sie recht. Dann würde das Gehirn den Austausch nicht bemerken.«

* * *

Victoria Watson übernahm wieder, sichtlich erleichtert, dass das zur allgemeinen Zufriedenheit geklärt war.

»Ich fasse noch einmal zusammen: Wir haben gerade festgestellt – und ein Hirnforscher bestätigt es uns –«, sagte sie, indem sie in Richtung des Österreichers wies, »dass wir, wenn wir es richtig anstellen, ein einzelnes Neuron durch eine elektronische Schaltung ersetzen können, ohne dass das Gehirn etwas davon merkt oder deswegen anders denkt als vorher. Diese elektronische Schaltung kann sich, dank dessen, dass sich elektrische Impulse dramatisch viel schneller bewegen als Nervenimpulse, auch außerhalb des Gehirns befinden, zum Beispiel in einem Computer. Und schließlich müssen wir nicht unbedingt Kabel verwenden, das Ganze würde auch per Funkverbindung funktionieren, denn Funksignale bewegen sich genauso schnell wie elektrische Impulse in einer Leitung.« Sie sah zu Dr. Bergstädter hin. »So weit einverstanden?«

»Ja«, sagte der Österreicher.

»Gut.« Sie faltete die Hände. »Nun denken wir weiter. Wenn das Gehirn nicht bemerken kann, dass *ein* Neuron ersetzt wurde, dann kann es auch nicht bemerken, wenn wir ein *zweites* Neuron ersetzen. Und ein *drittes*. Und immer so weiter. Sobald zwei Neuronen, die im Gehirn miteinander verbunden waren, durch Simulationen in unserem Computer ersetzt sind, kann auch die Verbindung zwischen ihnen aus dem Gehirn entfernt und im Computer in ihrer Funktionalität nachgebildet werden. Auf diese Weise können wir immer weitermachen, bis das *gesamte* Gehirn … nun ja, *abgebaut* und in unserem Computer nachgebildet worden ist – und es wird diesen Vorgang nicht einmal *bemerken!*«

Sie rief eine Filmsequenz ab, die das in Form eines schlicht gemachten Trickfilms zeigte: Pünktchen für Pünktchen wanderte aus dem stilisierten Kopf einer Zeitung lesenden Person in einen Computer, während die Nervenimpulse zwischen den Pünktchen unablässig weiter im Takt hin und her sausten. Zum Schluss befanden sich alle Pünktchen, also die Schaltungen, die jeweils die Funktion eines einzelnen Neurons nachbildeten, im Computer und kommunizierten nur noch per Funk mit Anschlüssen im Kopf. Von denen aus führten dann Nervenbahnen zu Sinnesorganen (im Trickfilm waren das die Zeitung lesenden Augen) und zu Muskeln (die Hände, die umblätterten).

»Mit anderen Worten«, fuhr Victoria Watson fort, »unser Gedankenexperiment zeigt nicht nur, dass es prinzipiell möglich sein muss, ein Gehirn in einen Computer zu übertragen, sondern auch, dass es möglich ist, das sozusagen *im laufenden Betrieb* zu tun. Kein Gedanke wird dadurch unterbrochen. Folglich muss dabei auch das Bewusstsein, wie immer es entsteht und zu erklären ist, erhalten bleiben, obwohl am Ende vom ursprünglichen Gehirn keine einzige Nervenzelle mehr übrig ist. Und das, meine Damen und Herren, versteht man unter dem Upload des Bewusstseins.«

Bis dahin hatte ich den ganzen Vortrag und das sonstige Geschehen mit ziemlicher Distanz verfolgt, um nicht zu sagen: mit Skepsis. Doch dieses Gedankenexperiment fand ich nun bestürzend einleuchtend. Und sosehr ich auch nach Gegenargumenten suchte, nach logischen Löchern in der Argumentationskette, ich sah keine!

Was mich nur noch mehr bestürzte.

»Dr. Bergstädter«, wandte sich Victoria Watson wieder an den Hirnforscher aus Wien, »sehen Sie das auch so?«

Er stand auf, wirkte sichtlich aufgewühlt. »Ja«, sagte er. »Ja, Sie haben recht. Das … das müsste tatsächlich funktionieren.«

* * *

Schlagartig breitete sich Unruhe im Saal aus. Leute redeten miteinander, gegeneinander, suchten nach Gegenargumenten, genauso, wie ich es getan hatte, und genauso vergebens. Die Aufnahme meines Krawattenclips ist an dieser Stelle ein kakofonisches Durcheinander von Stimmen und Ausrufen, unter denen man nur ab und zu einzelne Wörter wie »Seele«, »Technologie« oder »Skalierung« versteht oder Satzfetzen wie »nicht machbar«, »darf man nicht unterschätzen« oder »wenn es so einfach ist, warum …?«.

Auf jeden Fall kann man sagen, dass die Zustimmung des österreichischen Hirnforschers die übrigen Anwesenden sehr beeindruckt hatte.

Die Unruhe hielt etliche Minuten lang an, bis es Ralph Arnesen gelang, sich wieder Gehör zu verschaffen. »Meine Damen und Herren … meine Damen und Herren …«

Endlich legte sich die Aufregung im Saal weit genug, dass er reden konnte.

»Das Prinzip ist sehr einfach«, sagte er, »und ich glaube nicht, dass Sie belastbare Gegenargumente finden werden. Tatsächlich ist der Grundgedanke auch nicht ganz neu. Hans Moravec, der bekannte kanadische Professor für Robotik und künstliche Intelligenz, hat schon vor längerer Zeit ein ähnliches Verfahren vorgeschlagen. Das *Prinzip* ist nicht das Problem. Das Problem, oder sagen wir besser, die eigentliche technische Herausforderung, ist, es *genau genug* und vor allem *schnell genug* zu machen.«

Er schwang die Fernbedienung, und wieder erschien das Schnittbild eines menschlichen Gehirns auf der Leinwand.

»Rechnen Sie ruhig mit. Das menschliche Gehirn besteht aus rund 86 Milliarden Neuronen. 16 Milliarden davon bilden die Großhirnrinde, imposante 69 Milliarden bilden das Kleinhirn, eine Milliarde etwa verteilt sich auf die sonstigen Hirnteile. 86 Milliarden! Hinzu kommt, dass jedes Neuron mit bis zu eintausend anderen Neuronen in Verbindung steht, das heißt, es sind bis zu 100 Billionen Synapsen im Spiel.«

Ein weiterer schwungvoller Klick, und das Video, in dem Pünktchen aus dem Gehirn des Zeitungslesers in einen Computer wanderten, lief erneut ab.

»Nun stellen wir uns diese Prozedur im richtigen Leben vor. Vermutlich wird man den Kopf der betreffenden Person fixieren, damit keine unwillkürliche Bewegung den Ablauf stört. Wie lange kann man eine solche Position ertragen? Sagen wir, einen Tag lang, 24 Stunden. Das sind 86.400 Sekunden. Teilen Sie die 86 Milliarden Gehirnzellen durch die Anzahl der Sekunden, und Sie sehen, dass wir rund eine Million Neuronen *pro Sekunde* extrahieren müssen, mitsamt all ihren synaptischen Verbindungen.«

Er ließ das Video verschwinden, blätterte sich durch eine Reihe kurz aufblitzender Bilder und hielt bei einer Grafik inne, die etliche exponentiell aufwärts strebende Kurven zeigte.

»Das klingt schwierig«, räumte er dann ein, mit einer Nonchalance übrigens, die ich auch heute noch, beim Abhören der Aufnahme, bewundernswert finde. »Und das ist tatsächlich die *eigentliche* Herausforderung bei der ganzen Sache. Aber ist es unmöglich? Mit diesem Wort muss man heutzutage vorsichtig sein. Hier sehen Sie die Fortschritte, die die Computertechnik seit ihren Anfängen gemacht hat – Taktzyklen der Prozessoren, Speicherdichte und so weiter. Das Telefon in Ihrer Tasche … Gut, im Moment befindet es sich nicht in Ihrer Tasche, sondern in einem Safe unseres Sicherheitsdienstes. Auf jeden Fall aber stellt es einen tragbaren Computer dar, der alle Großrechner zusammengenommen, die der NASA zu Zeiten des Apollo-Programms zur Verfügung standen, an Leistungsfähigkeit übertrifft, und zwar um mehr als den Faktor tausend.«

Die Grafik wich einem anderen Video, dem Video seines *Bee Climbers*.

»Klar ist, dass wir, um den Upload zu verwirklichen, eine wesentlich weiter entwickelte Nanotechnologie brauchen, als wir sie heute haben. Von der Nanotechnologie kann man sagen, dass sie noch ganz am Anfang steht – oder anders gesagt, die steilen Kurven, die wir gerade gesehen haben, *kommen* auf diesem Gebiet erst noch.«

Er reichte die Fernbedienung an Victoria Watson weiter, die auch gleich wieder das Wort übernahm. »Sie alle kennen den Satz, wonach man dazu neigt, zu *überschätzen*, was man innerhalb eines Jahres erreichen kann, und zu *unterschätzen*, was innerhalb eines Jahrzehnts möglich ist.« Mit einem Klick ersetzte sie den Arnesen'schen Roboter, der am Beinhaar einer Biene entlangkrabbelte, durch ein Video, das die gelandete Mondfähre zeigte und die Astronauten, die darum herumhüpften. »Was wir mit dem *Youvatar*-Projekt wollen, ist, die besten Köpfe der Menschheit zu vereinen und ihre Anstrengungen auf diese technischen Probleme zu konzentrieren, mit dem Ziel, die Durchbrüche zu erzielen, die notwendig sind. Das ist kein utopischer Ansatz! Es hat in der Vergangenheit schon solche Projekte gegeben. Das Mondlandeprogramm war eines, das Manhattan-Projekt während des Weltkriegs ein anderes. Jedes Mal hat die Bündelung der Energien, die Konzentration auf ein klar definiertes Ziel, wahre Wunder bewirkt. Wir wollen wieder so ein Wunder bewirken. Wir wollen, dass heute in zehn Jahren der Tod als abgeschafft gelten kann – und wir sind überzeugt, dass das absolut im Bereich des Möglichen liegt.«

Der nächste Klick ihrer Fernbedienung holte eine deutlich als solche erkennbare PowerPoint-Präsentation auf die Leinwand. *Etappenziele* stand als Überschrift da, der Platz darunter war noch leer.

»Folgende Zwischenschritte sind aus unserer heutigen Sicht anzupeilen«, erklärte Victoria Watson. »Erstens – die Extraktion eines ersten echten Neurons aus dem Gehirn eines Säugetiers, zum Beispiel einer Maus. Das Gehirn einer Maus besteht aus nur acht bis vierzehn Millionen Neuronen, zudem ist es gut erforscht. Wir können also auf reichlich vorhandenem Wissen aufbauen.«

Dieser Punkt erschien unter »1.« auf der Leinwand.

»Zweitens – Beschleunigung des Vorgangs der Extraktion, bis wir in Bereiche kommen, die einen Upload möglich machen. Drittens – Upload eines kompletten Mäusegehirns. Da Mäuse sehr lernfähige Tiere sind, bietet es sich an, dem Versuchstier zuvor eine Reihe von Dingen beizubringen. Auf diese Weise können wir nach dem erfolgten Upload überprüfen, ob dieses Wissen die Prozedur überstanden hat.«

Auch diese beiden Punkte reihten sich nun auf der Leinwand unter den ersten.

»Viertens – der Bau eines ›Mäuseroboters‹. Damit ist ein

Roboter gemeint, der so beweglich und so leistungsfähig ist wie der Körper einer Maus und der so beschaffen ist, dass wir das digitale Gehirn daran anschließen können. Dabei wird wohl der Geruchssinn eine Herausforderung sein – zwei Prozent eines Mäusegehirns sind der Identifizierung von Gerüchen gewidmet, ein zweihundertmal höherer Anteil als beim Menschen. Aber vielleicht bringt die Forschung daran den Durchbruch fürs Geruchsfernsehen, wer weiß?«

Wir lachten, und ich vernahm etliche Kommentare dahingehend, ob das überhaupt so wünschenswert sei.

Auch dieser Punkt erschien auf der Liste, zusammen mit der Zeichnung einer futuristisch aussehenden Robotermaus.

»Fünftes Etappenziel«, fuhr Victoria Watson fort, »ist, dasselbe mit einem Hund zu machen. Sechstes Etappenziel, es mit einem Schimpansen zu machen. Und siebtes Etappenziel – mit einem Menschen.«

Es ist ein einzigartiges Geräusch, wenn in einem Saal voller Zuhörer alle gleichzeitig erschrocken einatmen. Auch ich tat es. Seltsam – wir hatten ja gewusst, dass dies das Ziel war. Jeder von uns hätte sich diese Liste von Zwischenschritten selber ausdenken können. Und doch erfasste uns alle ein kreatürlicher Schrecken bei der Vorstellung, dass ja irgendjemand der Erste sein musste, der dieses Verfahren an sich ausprobieren ließ!

Vielleicht, überlegte ich, würde man es so ähnlich machen wie damals die Chirurgen, die zum ersten Mal Herzen verpflanzt hatten: nach Versuchspersonen suchen, die ohnehin dicht an der Schwelle des Todes standen und nur noch wenig zu verlieren hatten.

In diesem Moment tauchte Peter Young wieder aus dem Hintergrund der Bühne auf, ein normales Funkmikrofon in der Hand, und sagte: »Man hört es deutlich – Sie fragen sich, wer wohl dieser erste Mensch sein mag, der so verrückt ist, den Upload zu wagen. Nun, diese Frage kann ich Ihnen beantworten: *Ich* werde das sein.«

* * *

Ich glaube, das verschlug uns allen erst mal die Sprache. Mir jedenfalls.

»Sie fragen sich, warum«, sagte Peter Young salbungsvoll in die entgeisterte Stille hinein. »Warum das Risiko eingehen? Immerhin hat man bei dem Verfahren nur einen einzigen Versuch – der muss klappen, sonst war's das. Ja. Das kann man fragen.«

Er wies mit der freien Hand auf die beiden anderen. »Meine jungen Partner sind Genies. Wenn die technischen Herausforderungen dieses Projekts bewältigt werden, dann wird es ihrer Genialität zu verdanken sein, daran zweifle ich keine Sekunde. Ich dagegen steuere nur Geld bei, und Geld ist nun wahrhaft nichts Besonderes. Deswegen haben wir in unserem Gründungsvertrag klipp und klar festgelegt, dass ich der erste Mensch sein werde, der sich einem Upload unterziehen wird, sobald die Technologie dazu bereit ist. Das ist das Mindeste, was ich außer Geld in dieses große Vorhaben einbringen kann.«

Jetzt hatte sich eine Kamera auf ihn gerichtet, sein Gesicht erschien riesenhaft auf der Leinwand.

»Ich bin nicht lebensmüde, keine Sorge«, fuhr er fort. »Und ich bin, falls Sie sich das fragen sollten, auch kerngesund für mein Alter. Lassen Sie uns nicht groß drumherum reden – wozu? Wir sind hier unter uns, und wir hoffen, Sie als Partner zu gewinnen. Darum sage ich Ihnen ganz offen, meine Motivation ist schlicht und ergreifend … *Ruhm*. Neal Armstrong wird für alle Zeiten der erste Mensch sein, der seinen Fuß auf einen anderen Himmelskörper gesetzt hat, und dass er nicht mehr unter uns weilt, ändert daran nichts. Ich, Peter James Young, möchte für alle Zeiten der erste Mensch sein, der sich einem Gehirnupload unterzogen und damit die Begrenzungen des menschlichen Körpers hinter sich gelassen hat.« Er lächelte. »Allerdings habe ich vor, danach *noch lange* unter Ihnen zu weilen!«

Er trat an die Vorderkante der Bühne, hielt Ausschau nach dem österreichischen Skeptiker. »Ich habe heute früh gesagt, wir wissen nicht, was Bewusstsein ist, wie es funktioniert oder entsteht. Aber wir wissen, dass es in unserem Gehirn stattfindet. Oder dass es sich darin befindet. Wie auch immer man das ausdrücken will. Deswegen – wenn man das Gehirn in seiner Gänze in einen Computer transferiert, transferiert man zwangsläufig das Bewusstsein mit. Stimmen Sie mir darin zu, Dr. Bergstädter?«

Der Hirnforscher erhob sich, nickte heftig. »Absolut. Ja. Ich bin bekehrt.«

»Ein Urteil aus berufenem Munde, das mich freut und erleichtert«, meinte Peter Young.

Er wandte sich an Victoria Watson, sagte leise: »Victoria, gibst du mir mal …? Ja, danke.« Sie reichte ihm die Fernbedienung. Er drehte uns kurz den Rücken zu, blätterte durch etliche Bilder, bis er zu einem kam, das eine digital erzeugte Szenerie zeigte, in der menschenähnliche Roboter um ein Raumschiff schwebten.

»Lassen Sie uns kurz gemeinsam von den Möglichkeiten träumen, die sich uns eröffnen, wenn wir erst einmal ein Bewusstsein in einem Computer sind«, fuhr er fort. »Zu Anfang werden wir unseren eigenen Körper behalten, ihn fernsteuern, ihn *bewohnen*, und das, ohne einen Unterschied zu bemerken. Aber dieser Körper wird altern und eines Tages aufhören zu funktionieren. Ich formuliere das absichtlich so, weil Sie daran nicht *sterben* werden, denn Ihr Bewusstsein lebt ja im Computer weiter. Sie werden sich dann mit anderen Körpern verbinden, die Sie *bewohnen* – geklonte Körper vielleicht, oder robotische; das wird eine Frage des Geschmacks sein. Wir werden aber auch Körper beziehen, die nicht mehr menschenähnlich sein müssen. Das können wir! Diejenigen von Ihnen, die schon einmal ein schnelles Motorrad besessen haben, wissen das – man wird beim Fahren eins damit, die Maschine wird zum Teil unseres Körpers. Genauso, wenn Sie, sagen wir, mit dem Degen fechten. Sie gewinnen nur, wenn der Degen ein Teil von Ihnen wird, wenn Sie zum Degen *werden*. Wir Menschen haben diese einzigartige Fähigkeit, ganz eins mit unseren Instrumenten zu werden. Deswegen wird es ohne Zweifel dahin kommen, dass wir unseren Geist in Raumschiffe einbauen und damit in die Tiefen des Universums vorstoßen. Anders als ein biologisches Gehirn können wir einen Computer ab- und wieder einschalten. Wir können uns also selbst abschalten und erst ein paar Jahrtausende später, wenn das Ziel in Sicht kommt, von einer Automatik wieder aktivieren lassen. Und das«, fügte Peter Young hinzu, »ist erst der Anfang. Es werden sich Möglichkeiten auftun, an die wir heute noch gar nicht denken, nicht einmal im Traum. Aber das Schönste ist: Sie werden das alles miterleben, denn vergessen Sie nicht: Der Hauptvorteil des Uploads ist, dass Sie so lange leben können, wie Sie wollen. Tausend Jahre werden vergehen, eine Million Jahre – und Sie werden immer noch dabei sein!«

»Wenn«, warf Ralph Arnesen trocken ein, »Sie heute die richtige Entscheidung treffen.«

»Ja, genau.« Peter Young lachte. Aus seinem Mund hätte dieses Argument wie eine billige Verkaufsmasche geklungen. Doch wenn jemand wie Arnesen das sagte, dachte man unwillkürlich: Ja, stimmt.

Vielleicht hätte man sich das aber sowieso gesagt, denn ich

glaube, wir waren alle geradezu *geflasht* von den Visionen, die Peter Young hier vor uns aufgeblättert hatte. Ich jedenfalls war es. Irgendwann in der Stunde, die hinter mir lag, hatte dieser Ausflug ins Silicon Valley aufgehört, nur ein delikater Erkundungsauftrag zu sein, und war zu etwas geworden, das mich auch persönlich betraf.

* * *

»Ich will noch«, ergriff Victoria Watson wieder das Wort, »einen Aspekt ansprechen, der bisher nicht zur Sprache gekommen ist, der für den langfristigen Erfolg unseres Vorhabens aber von entscheidender Bedeutung sein wird. Und wer, wenn nicht wir, muss sich darin üben, langfristig zu denken, nicht wahr?«

Die Leute im Saal waren immer noch unruhig und aufgekratzt, aber sie schaffte es, dass ihr trotzdem alle zuhörten.

»Ich spreche von den gesellschaftlichen Konsequenzen einer solchen Technologie«, fuhr sie ruhig, aber eindringlich fort. »Wir haben uns in vielen Besprechungen und Brainstormings gefragt, wie eine Welt aussehen wird, in der der Upload des Bewusstseins in einen Computer möglich wird und damit der Tod kein unabwendbares Schicksal mehr ist. Die erste Vorstellung, die einem in den Sinn kommt, ist die, dass die Menschheit dadurch zerfallen wird in eine, sagen wir, Kaste der Unsterblichen und den Rest. Aber wir sind zu der Einsicht gelangt, dass diese Vorstellung *falsch* ist. So wird es nicht kommen, weil es so nicht kommen *kann* – aus dem einfachen Grund, dass wir dann ja in Computern leben, und Computer bedürfen der Wartung. Man wird immer mal wieder defekt gewordene Bauteile austauschen müssen, die jemand herstellen muss, und so weiter, und so fort. Eine gespaltene Gesellschaft, was ja heißen würde, eine Gesellschaft, in der

Feindschaft bestünde zwischen einer Gruppe der Unsterblichen und den anderen, wäre eine ständige Gefahr für unser Fortexistieren. Es wäre unausweichlich, dass es irgendwann zu gewalttätigen Aufständen käme – wenn nicht sofort, dann in hundert Jahren oder in fünfhundert. Eine solche Spaltung wäre wie der Riss zwischen zwei Kontinentalplatten, der, egal, wie lange es friedlich bleibt, eines Tages unweigerlich ein alles zerstörendes Erdbeben auslösen wird.«

Das war ein gut gewähltes Bild, befanden wir uns doch hier in Kalifornien, in dem jedes Jahr rund zehntausend kleinere Beben registriert werden. Unterschwellig warten alle Menschen, die hier leben, auf *The Big One*, die große Entladung der tektonischen Kräfte, die sich entlang der San-Andreas-Verwerfung aufstauen.

»Wohlgemerkt«, sagte Victoria Watson, »*verwirklichen* wollen wir unser Projekt unter größtmöglicher Geheimhaltung. Was wir definitiv nicht wünschen, ist, dass sich allzu früh eine öffentliche Diskussion entwickelt. Warum wollen wir das nicht? Weil diese Diskussion zwangsläufig geprägt wäre von Vorurteilen, uninformierten Ängsten und der heutzutage üblichen Hysterie. Eine solche Diskussion könnte politisch Einfluss nehmen und dazu führen, dass ahnungslose Politiker uns regulatorische Hindernisse in den Weg legen, die im schlimmsten Fall unser Vorhaben scheitern lassen. Deshalb all die Maßnahmen, die wir ergriffen haben, die sehr scharf gehaltenen *Non Disclosure Agreements* und so weiter.«

Alle nickten. Das verstand man. Ich glaube, sogar ich nickte.

»Aber kein Geheimnis lässt sich für immer bewahren. Ein Geheimnis wie dieses schon gar nicht, denn wenn Sie in hundert Jahren immer noch leben, wird man wissen wollen, wieso, nicht wahr? Also müssen wir auch diese Herausforderung bewältigen. Wir sind zu dem Schluss gekommen, dass die beste

Strategie die sein wird, einen solchen Riss erst gar nicht entstehen zu lassen. Das heißt, wir werden die Kapazitäten aufbauen müssen, die nötig sind, um jedem, der die Unsterblichkeit will, die Perspektive zu eröffnen, sie auch zu erlangen. Sie darf einen Preis haben, aber sie darf niemandem grundsätzlich verwehrt bleiben. Damit vermeiden wir die meisten Gefahren aus dem gesellschaftlichen Bereich. Wenn wir die Unsterblichkeit anzubieten haben, werden alle Menschen unsere Verbündeten sein.«

Ich merkte, dass ich in zunehmendem Maße fasziniert war von diesem Vorhaben und wie schwer es mir fiel, die objektive Distanz zu bewahren, die ich für meinen Beruf als unabdingbar erachte. Genau genommen hatte ich diese Distanz längst verloren. Hätte ich mit einem Milliardenvermögen aufwarten können, ich hätte schon längst mein Scheckbuch gezückt.

Falls dieses Projekt Erfolg hatte, sagte ich mir, würde es die Welt mehr verändern als jede andere technische Neuerung seit der Zähmung des Feuers. Daran konnte es in meinen Augen keinen Zweifel geben. Dass der Tod am Ende des Lebens stand und dass er zu allen kam, ob arm oder reich, ob schwach oder mächtig: Das war die Urerfahrung aller Menschen seit Anbeginn der Zeit. *Unser Leben währet siebzig Jahre, und wenn's hochkommt, so sind's achtzig Jahre, und was daran köstlich scheint, ist doch nur vergebliche Mühe; denn es fähret schnell dahin, als flögen wir davon,* heißt es in den Psalmen: Wenn das eines Tages nicht mehr galt, wenn Menschen künftig Hunderte oder Tausende von Jahren leben konnten, dann mussten alle Regeln des Zusammenlebens auf den Prüfstand und alle Gesetze neu durchdacht werden.

Je länger ich darüber nachdachte, desto mehr Fragen tauchten auf. Wie würde eine Welt aussehen, in der es Menschen möglich war, über viele Jahrhunderte hinweg Vermögen anzusammeln? Würde man künftig streng reglementieren müssen, wer Kinder bekommen durfte, um zu verhindern, dass ein von einer unsterblichen Spezies bewohnter Planet aus allen Fugen platzte? Wie würde man mit Frauen verfahren, die ohne Erlaubnis schwanger wurden? Würde man Mord anders bewerten als bisher, nahm man doch damit einem Menschen nicht ein begrenztes, sondern ein potenziell unbegrenztes Leben? Waren umgekehrt lebenslängliche Haftstrafen dann überhaupt noch sinnvoll?

Vor allem aber, muss ich gestehen, dachte ich an mich selbst. In zehn Jahren würde ich, falls der Upload bis dahin möglich sein sollte, 49 sein. *Erst* 49. Falls es zwanzig Jahre dauern sollte, 59. Mit anderen Worten, ich hatte gute Chancen, den Erfolg des Projekts noch zu erleben – und womöglich davon zu profitieren!

Wenn *Youvatar* Erfolg hatte, würde ich nicht mehr sterben müssen.

Vorausgesetzt, ich schaffte es, mich in eine Position zu manövrieren, um dann auch rechtzeitig an die Reihe zu kommen.

Auf einmal wusste ich, wie es sich angefühlt haben muss, als 1848 der kalifornische Goldrausch ausbrach.

Kapitel 16

»Es war ein anstrengender Vormittag«, sagte Victoria Watson. »Ich glaube, Sie alle spüren jetzt die physische Bedingtheit Ihres Bewusstseins – oder einfach ausgedrückt, Sie haben jetzt alle Hunger, und das stört das klare Denken. Wir unterbrechen deswegen für einen Mittagsimbiss, der in diesem Moment nebenan bereitgestellt wird. Heute Nachmittag wollen wir dann Fragen besprechen, die Sie vielleicht haben, und diskutieren, auf welche Weise Sie oder Ihre Auftraggeber sich in das Projekt *Youvatar* einbringen können.«

Peter Young hob das Funkmikrofon vor die Lippen und sagte: »Reden wir nicht drumherum – es wird eine Warteliste geben müssen, und natürlich wird die Höhe Ihres Investments über Ihren persönlichen Platz auf dieser Liste entscheiden. Alles andere wäre ungerecht, wenn Sie drüber nachdenken, nicht wahr? Oder anders gesagt: Die Unsterblichkeit ist nur noch ein paar Milliarden Dollar entfernt – und das Wichtigste, was Sie jetzt tun müssen, ist, nicht vorher zu sterben.« Er grinste sein typisches Haifischlächeln. »Guten Appetit.«

Heute musste man keinen virtuellen Parcours durchlaufen, um an die Futterstellen zu gelangen. Manch einen schien das zu enttäuschen. Stattdessen fand das Mittagessen in ebendem Ballsaal statt, in dem am Vorabend die virtuellen Welten installiert gewesen waren. Indes: Keine Spuren kündeten mehr davon, alles war weit und hell und luftig, nur die Stehtische waren wieder dieselben.

Ich reihte mich in die Schlange vor dem Büfett ein, blieb

aber schweigsam und lauschte stattdessen, während ich mich bediente oder bedienen ließ, auf das, was um mich herum gesprochen wurde. Alle waren aufgeregt, fast fiebrig, und allen gingen offenbar mehr oder weniger dieselben Fragen und Gedanken durch den Kopf wie mir auch. Was mich unruhig werden ließ, noch unruhiger, als ich ohnehin war: Alle hier hatten gerade einen Blick ins Gelobte Land getan, hatten dasselbe gesehen wie ich, und natürlich waren nun alle genauso begierig wie ich auch, so schnell wie möglich dorthin zu gelangen.

Und viele davon hatten, anders als ich, Milliarden, die sie investieren konnten.

Victoria Watson mischte sich wieder unter uns und war natürlich sehr umlagert. Trotzdem schaffte ich es, sie in einem ruhigeren Moment zu erwischen und ihr zu sagen: »Sie hatten recht – Sie haben mich überrascht.«

Aus der Nähe sah man, dass sie erschöpft war, erahnte den Druck, unter dem sie stand. »Ich war mir ziemlich sicher«, meinte sie und schaffte es zu lächeln.

Ich beschloss, die Gunst dieses Augenblicks zu nutzen, in dem ich sie für mich alleine hatte, und sagte: »Keine Ahnung, ob Sie das wissen – ich bin nicht nur Journalist, ich gebe eine eigene digitale Zeitung heraus –«

»*The Windover View*, ich weiß«, unterbrach sie mich. »Joys Mann ist Ihr Abonnent. Nein, eigentlich Ihr Fan.«

Das war mir entgangen. Ärgerlich. Ich nahm mir vor, das zu checken, und sagte: »Das freut mich zu hören.«

»O ja. Wenn wir Nachrichten im Fernsehen anschauen und er Kommentare dazu abgibt, sieht man oft alles mit anderen Augen.«

»Das ist der Sinn der Sache«, sagte ich und fuhr fort: »Hören Sie, ich finde Ihr Vorhaben großartig und würde Ihnen gern meine Unterstützung anbieten. Mit meiner Zeitung erreiche ich Leute mit einem Gesamtvermögen von mindestens einer halben Billion Dollar. Entbinden Sie mich von meiner Schweigepflicht, und ich werde tun, was ich kann, um Ihnen weitere Investoren zu verschaffen.«

Victoria Watson zögerte. Sie musterte mich prüfend, dann sagte sie: »Darüber werde ich nachdenken.«

»Tun Sie das«, bat ich.

Ich hielt es für psychologisch ungeschickt, gleich einen Platz auf der Warteliste für mich anzusprechen. Wenn ich es schaffte, dass wir in engem Kontakt blieben, dann würde sich das von selber ergeben.

Sie sah sich um, wie um sich zu vergewissern, dass niemand mithörte, beugte sich leicht vor und sagte leise: »Ehrlich gesagt habe ich ohnehin das Gefühl, dass es gut wäre, einen Verbündeten außerhalb von *Youvatar* zu haben. Vielleicht könnten Sie das sein.«

Das kam überraschend. »Liebend gern«, sagte ich geschmeichelt, »aber wieso denken Sie das?«

Wieder diese vergewissernden Blicke, dann meinte sie, noch leiser: »Ich bin mir nicht sicher, dass Peter die Strategie wirklich mittragen wird, den Upload allgemein verfügbar zu machen. Er ist ein kluger Mann, ohne Zweifel, aber er ist jemand, der entschieden elitär denkt. Ich fürchte, eine klar geteilte Gesellschaft wäre ihm gar nicht so unrecht, und die damit verbundenen Risiken würde er in Kauf nehmen.«

»Denken Sie?« Mir kam diese Einschätzung nach allem, was ich über Peter Young wusste, durchaus realistisch vor.

Sie wiegte den Kopf. »Ich werde das Gefühl nicht los, dass er bei dem Projekt noch Hintergedanken hat, die ich nicht kenne … ah, und wenn man vom Teufel … Hallo, Peter!«

Ausgerechnet in diesem Moment gesellte sich Peter Young zu uns, ein halb geleertes Glas eines Smoothies in der Hand. Peter Young trinkt keinen Alkohol und schwört auf gesunde Ernährung: Diese beiden Eigenheiten werden stets genannt, wenn in irgendeiner Zeitschrift ein Porträt von ihm veröffentlicht wird. Was ziemlich häufig vorkommt, meistens mit einem Foto illustriert, das ihn auf einem Motorrad oder mit einem Degen in der Hand zeigt.

»Ah, Mister Windover im Gespräch mit meiner Partnerin«, sagte er und stellte sich auf eine besitzergreifend wirkende Weise dicht neben Victoria Watson. »Muss ich mir Sorgen machen?«

Er mochte mich nicht besonders, das war deutlich zu spüren.

»Was haben Sie zu befürchten?«, fragte ich lächelnd zurück.

»Dass morgen alles über unsere kleine Verschwörung in Ihrem Blättchen steht?«

Er legte dabei den Arm auf eine Weise um Victoria Watson, dass ich mich fragte, ob die beiden wohl ein Verhältnis hatten. Was kein Geheimnis hätte sein müssen, denn Watson war nicht verheiratet und nicht liiert, soweit man wusste, und Young galt ohnehin als erklärter Gegner der Institution Ehe.

Ich entschied, dass mich das nichts anging, und sagte: »Keine Sorge. Ich habe Ihr NDA sehr sorgfältig gelesen, ich kenne die Erfolgsquote Ihrer Anwälte, und lebensmüde bin ich auch nicht.«

»Das weiß man bei Journalisten nie.« Er sah mich einen Moment lang abschätzig an. »Wenn es nach mir gegangen wäre, dann stünden Sie jetzt nicht hier. Dass Sie es trotzdem tun, verdanken Sie dieser jungen Frau hier, die aus irgendeinem Grund einen Narren an Ihnen gefressen hat.«

In diesem Augenblick klingelte das Telefon in seiner Tasche. Seiner fast schon erschrockenen Reaktion nach zu urteilen, musste es sich um einen Notfall handeln. Bestimmt hatte er, wenn er auf einer solchen Veranstaltung ein eingeschaltetes Telefon bei sich trug, Vorsorge getroffen, dass ihn gewöhnliche Anrufe erst gar nicht erreichten.

Jedenfalls, er sagte: »Oh!«, ließ Victoria Watson los, ging ein paar Schritte vom Tisch weg, nahm den Anruf an und fragte: »Ja?«

Er lauschte kurz, dann beendete er das Gespräch, kam zurück und sagte: »Vic, ich muss euch allein weitermachen lassen. Bei mir wird gerade eingebrochen, darum muss ich mich kümmern.«

»Eingebrochen?« Victoria Watson riss die Augen auf. »Ja, klar. Wir kommen zurecht.«

»Weiß ich, weiß ich«, sagte er, tätschelte ihren Arm und eilte dann davon. Mich dagegen würdigte er keines Blickes mehr.

Was vielleicht ganz gut war, denn sonst hätte er womöglich bemerkt, dass mir bei seinen Worten ganz heiß geworden war. Vera! Die hatte ich völlig vergessen. Hieß dieser Anruf am Ende, dass sie erwischt worden war?

Mist, Mist, Mist.

Und ich konnte von hier aus, in diesem Augenblick, nichts für sie tun. Sie schon gar nicht warnen. Was immer ihr passiert war, sie würde alleine damit fertigwerden müssen.

Was, wenn man sie geschnappt hatte? Sie verhörte? Peter Young war keiner, der das gleich der Polizei überlassen würde. Seine Leibwächter und Sicherheitsleute hatte ein Reporter der *New York Times* einmal als *seine Privatarmee* bezeichnet.

Was, wenn er aus Vera herausbrachte, dass ich sie beauftragt hatte?

Mir wurde auf einmal verdammt flau im Magen. Jetzt war ich es, der sich Sorgen machen musste. Sorgen, dass ich mich mit der Entscheidung, Vera auf Peter Young anzusetzen, um meine Chance auf Unsterblichkeit gebracht hatte.

* * *

Ich versuchte, meine Sorgen zur Seite zu schieben und wieder an das vorherige, gute Einvernehmen mit Victoria Watson anzuknüpfen, aber ohne Erfolg. Sie war mit den Gedanken woanders; der Zwischenfall hatte sie genauso irritiert wie mich.

Und dann kam auch noch eine junge Frau von ihrem Organisationsteam auf uns zu, ein tragbares Telefon in der Hand.

»Ich seh schon«, sagte ich und zeigte auf die Helferin, »Sie haben zu tun. Sprechen wir einfach ein andermal weiter, okay?«

»Ja, bleiben wir in Kontakt«, meinte Victoria Watson und wandte sich der jungen Frau zu.

Doch die wollte gar nicht zu ihr, sondern zu mir. »Ihr Büro«, sagte sie. »Eine Mrs Udenthal. Sie meint, es sei dringend. Ein Notfall.«

Ich konnte mir gar nicht vorstellen, was das sein konnte. Marta war absolut imstande, mit allen Notfällen selber fertigzuwerden. Selbst wenn die Redaktion abgebrannt wäre, hätte sie mir das erst nach der Veranstaltung mitgeteilt. Und mir wahrscheinlich gleich gesagt, unter welcher Adresse sie Ausweichbüros eingerichtet hatte.

Außerdem musste es in Amsterdam etwa 21 Uhr und Marta längst zu Hause sein.

Entsprechend beunruhigt nahm ich das Telefon entgegen, das mir die Frau mit dem *Youvatar*-Logo auf dem Poloshirt hinhielt.

»Marta?«, fragte ich. »Was gibt es?«

»Hallo, James«, hörte ich ihre Stimme. »Tut mir leid, dass ich dir das auf diesem Weg mitteilen muss, aber Joan hat gerade angerufen. Dein Vater ist heute Abend bei ihnen eingeliefert worden, und sie meint, es sähe nicht gut aus.«

»Was heißt das?«

»Offenbar hat dein Vater Pankreas-Krebs. Sehr aggressiv und viel zu lange verschleppt. Joan hat gesagt, wenn du dich mit deinem Vater noch versöhnen willst, solltest du dich besser beeilen.«

* * *

Eine Stunde später war ich schon wieder in der Luft und auf dem Weg nach London. Es hatte tatsächlich nur eines Anrufs bei den Piloten bedurft.

Ich hatte Victoria Watson erklärt, was los war, und sie hatte gemeint, es sei okay, wenn ich den Rest der Veranstaltung schwänzte, ich würde nichts Wesentliches mehr verpassen. Nachmittags würde es um finanzielle Details und die konkreten Pläne für die erste Projektphase gehen; das seien alles Dinge, die sie dann ohnehin noch einmal mit Anahits Anwälten durchgehen müssten, falls diese sich zu einem Investment entschließe.

»Berichten Sie ihr einfach, worum es geht, und richten Sie ihr Grüße aus«, sagte sie. »Und alles Gute für Ihren Vater.«

Sie fühlte wirklich mit mir, würde ich behaupten.

»Und wir?«, fragte ich.

»Wir bleiben einfach in Kontakt«, sagte sie.

Das war das, was ich hören wollte. Danach verabschiedete ich mich, ging rasch packen, und als ich wieder in der Halle ankam, wartete schon mein Taxi zum Flughafen.

III
DIE PRÜFUNG

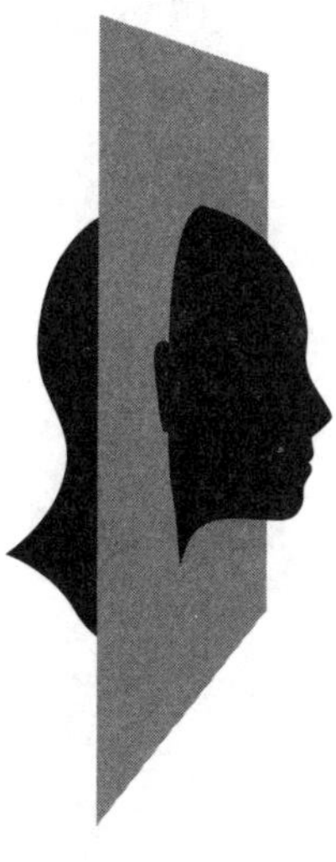

Kapitel 17

Meine Eltern gehören beide der anglikanischen Kirche an und haben, Fotos beweisen es, auch kirchlich geheiratet. Ich vermute, weil meine Mutter es sich so gewünscht hat, denn danach hat mein Vater eine Kirche nur noch betreten, wenn ein Todesfall es erforderlich machte. Meine Mutter dagegen besuchte jeden Sonntag den Gottesdienst, was an jedem Wochenende einen Spannungspunkt schuf, der nicht immer, aber oft zu Streit führte. Religionen seien Opium für das Volk, pflegte mein Vater Karl Marx zu zitieren (falsch übrigens; die korrekte Formulierung findet man in Marx' Einleitung zu seiner »Kritik der Hegelschen Rechtsphilosophie«). In seinen Augen war das mit der Kirche nur ein psychologischer Trick der herrschenden Klasse, um die unteren Schichten im Zaum zu halten. Meine Mutter war gläubig genug, um sich durch solche Äußerungen tief verletzt zu fühlen, doch darauf nahm mein Vater keine Rücksicht, wenn erst mal ein Wort das andere gab. Immerhin ging er jedoch nie so weit, aus der Kirche auszutreten.

Auch erhob er keinen Einwand dagegen, dass ich, dem Wunsch meiner Mutter folgend, ebenfalls anglikanisch getauft wurde, am Religionsunterricht teilnahm und sonntags mit ihr in die Kirche ging. Ich war damals schon der Frühaufsteher, der ich heute noch bin, auch an Sonntagen, und mich für den Kirchgang gut zu kleiden war mir durchaus nicht zuwider. Doch das, was in der Kirche selber stattfand, wurde mir irgendwann zu langweilig, und so schlug ich mich im Lauf der Zeit auf die Seite meines Vaters, was das Thema Religion anbelangte.

Meine Eltern trennten sich, als ich neun Jahre alt war. Genauer gesagt verließ meine Mutter ihren Ehemann und ihr bisheriges Zuhause; ein Ereignis, das für mich trotz allem ganz und gar überraschend kam. Zudem veränderte es mein Leben auf einen Schlag völlig, denn meine Mutter nahm mich mit größter Selbstverständlichkeit mit sich, und zwar nicht einfach nur in eine andere Gegend Londons, sondern ins Ausland: Sie begleitete einen anglikanischen Priester, Reverend Dr. Colin Russell, der seinen Dienst in der europäischen Mission antrat, als dessen Haushälterin.

Ich habe diese seltsame Konstellation nie verstanden. Es muss damals ein großer Mangel an Haushälterinnen geherrscht haben, dass man gewissermaßen eine Ehebrecherin als Hilfe akzeptierte, doch wie auch immer, man tat es. Zwar glaube ich nicht, dass meine Mutter und der Priester eine heimliche sexuelle Beziehung hatten, aber ich glaube bestimmt, dass zwischen den beiden mehr war als nur ein Dienstverhältnis.

So kam es, dass ich mich im Alter von neun Jahren von einer Woche auf die andere in Tervuren, einem kleinen Vorort östlich von Brüssel, wiederfand und zurechtfinden musste. In der Kirchengemeinde Saint Paul's dort sprach man Englisch, doch in der Schule, in die man mich schickte, sprachen alle Französisch und *nur* Französisch: Also blieb mir nichts anderes übrig, als diese Sprache zu erlernen, was mir, da ich noch keine Freunde und nichts anderes zu tun hatte, auch relativ schnell gelang. Im ersten Jahr waren meine Zensuren katastrophal, aber ich schaffte die Versetzung. Im zweiten Jahr hatte ich schon wieder gute Noten und auch Freunde, mit denen zusammen ich allerhand Unfug anstellte.

Zweieinhalb Jahre später wurde das alles erneut über den Haufen geworfen: Reverend Russell wurde nach Basel versetzt, die Stadt am Rhein im Dreieck zwischen Deutschland, Frankreich und der Schweiz, von der aus er auch die anglikanische Gemeinde Freiburg zu betreuen hatte. Wieder eine neue Schule, wieder musste ich eine neue Sprache erlernen, Deutsch, was mir diesmal leichter fiel, vielleicht, weil ich schon Übung hatte.

Dieser wechselhaften, durchaus nicht einfachen Kindheit verdanke ich es, dass ich heute zwei Fremdsprachen flüssig beherrsche, wenn auch mein Deutsch einen dezenten Schweizer Akzent hat und ich, wenn ich in Frankreich mit Zahlen zu tun habe, ins Stolpern komme, denn die Belgier zählen anders als die Franzosen (in Belgien heißt z. B. die Zweiundneunzig *nonante-deux*, »neunzig-zwei«, in Frankreich dagegen *quatre-vingt-douze*, also »vier mal zwanzig plus zwölf«), und bei den Belgiern habe ich es gelernt.

Wir nahmen alle Mahlzeiten gemeinsam ein, am Tisch des Geistlichen. Das war mir immer zuwider. Wenn er wenigstens ein dicker, bleicher, unsympathischer Dummschwätzer gewesen wäre! Dann hätte ich ihn einfach ignorieren können. Doch Reverend Colin Russell war ein freundlicher, wohlwollender und überaus gut aussehender Mann; man hätte ihn ohne Weiteres für einen älteren Bruder von Richard Gere halten können. Er hatte es drauf, jede Mahlzeit mühelos in eine Art theologisches Seminar zu verwandeln. Egal, was für Ereignisse Schlagzeilen machten, er verstand es, sie als das Wirken Gottes zu interpretieren. Wenn die Schlagzeilen nichts hergaben, belehrte er mich salbungsvoll über die Seele, Gott, die Vergebung der Sünden und dergleichen mehr.

Die Vorträge über Sünden begannen sich zu häufen, als ich in die Pubertät kam und anfing, den Mädchen in Freiburg und Basel nachzustellen. Schließlich hielt ich es nicht mehr aus und bearbeitete Mutter so lange, bis sie mich zu meinem Vater nach London zurückkehren ließ.

Ich war zu dem Zeitpunkt fünfzehn Jahre alt, und mein Vater war alles andere als begeistert davon, mich wieder am Hals zu haben. Auch war es ein ziemlicher Schock, nach den Jahren in der luxuriös ausgestatteten Schweizer Schule in einem abgeranzten englischen Klassenzimmer zu sitzen. Trotzdem bereute ich meinen Entschluss nicht, und irgendwie rauften Vater und ich uns im Lauf der Zeit auch zusammen, einigermaßen zumindest. Auch, dass ich notgedrungen das Kochen erlernen musste, als ich keine Lust mehr hatte, mich von mitgebrachten Fish 'n' Chips oder Fertiggerichten aus der Mikrowelle zu ernähren, geriet mir nicht zum Nachteil.

Vater hatte seine Lebensweise, bestehend aus viel Bier, schlechtem Essen und langen Abenden im Pub, und war nicht gewillt, daran etwas zu ändern. Also musste ich meine eigene Lebensweise entwickeln, die, wie ich schon erwähnt habe, der seinen fast vollständig entgegengesetzt war: Sie umfasste gesunde Ernährung und Besuche im Sportstudio, ausreichend Nachtschlaf und Sorgfalt in Körperpflege und Bekleidung. Ich kritisierte seine Entscheidungen, er die meinen, und auf dieser Basis arrangierten wir uns.

Richtig heftig wurde es erst, als ich erwog, in den Journalismus zu gehen. In den Augen meines Vaters taugten Journalisten nur dann etwas, wenn sie seine Standpunkte teilten und vertraten, was bei den wenigsten der Fall war. Ich dagegen fand schon damals, dass es die vorrangige Aufgabe eines Journalisten sei, so wahrheitsgemäß wie möglich von dem zu berichten, was ein normaler Bürger nicht zu sehen bekam, beziehungsweise, zu erklären, was ein normaler Bürger nicht ohne Weiteres verstehen konnte. Die politischen Ansichten eines Journalisten dagegen, meinte ich, seien seine Privatsache, die er tunlichst aus seiner Arbeit herauszuhalten habe.

Ich sehe meinen Vater noch vor mir, wie er hemdsärmelig an dem wie neu aussehenden Küchentisch sitzt, den ich eines Tages für ein paar Pfund meines Taschengelds bei einem Trödler in der Portobello Road gekauft und mühsam nach Hause transportiert hatte. Ich höre noch, wie er mir erregt vorhält, ich bewiese mit diesem Kauf mangelndes Klassenbewusstsein. Ja, vielleicht. Ich hatte den alten, abgestoßenen, hässlichen Tisch rausgeworfen, weil er mir vorgekommen war wie ein Ausstellungsstück in einem Museum über den Frühkapitalismus. Später schliff ich auch die Küchenschränke ab und strich sie neu, damit sie nicht so aussahen, als gehörten sie ebenfalls dorthin.

All diese Erinnerungen gingen mir durch den Kopf, während der Privatjet Anahit Kevorkians mich über den Atlantik zurück nach England trug. Sie servierten mir eine Mahlzeit, das weiß ich noch und auch, dass sie gut schmeckte, aber ich erinnere mich beim besten Willen nicht mehr daran, was es war. Wenn ich an diesen Flug zurückdenke, dann sehe ich nur die großen Fenster, die bei Nacht unheimlich wirkten mit all der Schwärze dahinter, und mich, wie ich dasaß und hinausschaute auf den schwarzen Ozean unter uns und versuchte, es in meinen Kopf zu bekommen, dass dieser Mann, mein Vater, im Sterben lag.

Ich merkte, dass die Vorstellung, ihn zu verlieren, mir trotz all der Schwierigkeiten, die wir miteinander hatten, schwer zu schaffen machte. Jetzt tat es mir leid, dass ich ihn in letzter Zeit so gemieden hatte; schrecklich leid sogar.

Was ich nicht merkte, sondern erst jetzt sehe, da ich dies niederschreibe, war, welch große Angst die Nachricht von seiner Erkrankung in mir ausgelöst hatte: schlicht und einfach die Angst davor, nach ihm selber sozusagen »in der ersten Reihe zu stehen«, was den Tod anbelangte.

Diese Angst hatte ich schon immer gehabt. Die Veranstaltung, von der ich gerade kam, hatte sie nur noch verstärkt, hatte sie mich doch daran erinnert, nein, mir glasklar aufgezeigt, dass die Wissenschaft keinerlei Hoffnung auf ein Leben nach dem Tod oder auf die Existenz einer unsterblichen Seele ließ, mochte Reverend Russell auch mit Engelszungen das Gegenteil predigen. Man lebte in seinen Neuronen, das hatte ich so klar verstanden wie noch nie zuvor. Starben diese ab, weil der Körper, der sie am Funktionieren hielt, seinen Dienst einstellte, dann war alles vorbei, endgültig und unwiderruflich. Nicht einmal endlose Schwärze wartete jenseits davon, denn dann existierte niemand mehr, der sie hätte wahrnehmen können.

* * *

Wir landeten gegen acht Uhr Ortszeit in London, an einem ganz ähnlichen Privatterminal wie das in Amsterdam. Mein Taxi wartete schon; ich musste nur die Gangway hinabgehen, meinen Pass vorzeigen und konnte einsteigen. Mein Gepäck, hatten mir die Piloten erklärt, würden sie aufbewahren, denn selbstredend würden sie mich im Lauf des Tages – wann immer es mir zupasskam – nach Amsterdam zurückbringen.

»Ich kann auch den Zug nehmen«, hatte ich angeboten.

»Dann reißt uns Miss Lestari den Kopf ab«, war die Antwort gewesen, und dann hatte ich mich nicht weiter gewehrt.

Der Verkehr an diesem Montagmorgen war beträchtlich. Es war 9 Uhr 30, als ich das legendäre St Mary's Hospital erreichte, in dem unter anderem William, Prince of Wales und designierter Thronfolger, geboren ist, Charles R.A. Wright 1874 das Heroin erfunden und Sir Alexander Fleming 1928 das Penicillin entdeckt hat.

Ich hatte wenig und schlecht geschlafen, und der typische Krankenhausgeruch, der mich hinter den Eingangstüren umfing, löste nicht einfach nur Gänsehaut aus, sondern einen richtiggehenden Fluchtimpuls. Vermutlich sah ich blass und wenig vertrauenerweckend aus, als ich mich am Empfang nach dem Verbleib von William Joseph Windover erkundigte, denn die Schwester fragte skeptisch: »Und Sie sind?«

»James Windover«, sagte ich. »Er ist mein Vater.«

»Ah«, machte sie. »Ja, Ihr Vater ist hier. Aber Besuchszeit ist erst heute Nachmittag ab fünfzehn Uhr.«

Daran hatte ich gar nicht mehr gedacht. »Könnte ich dann wenigstens kurz mit Dr. Joan Hayward sprechen?«

Während der Herfahrt hatte ich es schon auf ihrem Handy versucht, aber das war ausgeschaltet, wie üblich, wenn sie Dienst hatte.

Allerdings hatte sie gar keinen Dienst, wie sich herausstellte. »Dr. Hayward ist nicht im Haus«, beschied mich die Dame nach einem Blick in ihren allwissenden Computerschirm. »Sie hat Spätschicht. Aber sie hat eine Nachricht hinterlassen, sehe ich gerade. Einen Moment, bitte.«

Sie griff nach dem Telefonhörer und wählte eine Nummer.

Ich checkte den Schichtplan, den ich von Joan hatte: Für heute war eine Frühschicht eingetragen. Sie musste mit jemandem getauscht haben, wahrscheinlich, weil sie nicht damit gerechnet hatte, dass ich so schnell zurück sein würde.

Trotzdem fühlte es sich irgendwie an, als wiche sie mir aus.

»Also«, sagte die Schwester, »gehen Sie hoch in den zweiten Stock und fragen Sie nach Dr. Prasad. Er weiß Bescheid.«

Dr. Mohid Prasad war ein Kollege von Joan, ein eleganter, Vertrauen erweckender Mann Mitte fünfzig; ich hatte ihn schon ein paar Mal getroffen, wenn ich Joan direkt von der Arbeit abgeholt hatte. Er erkannte mich sofort, als ich die Station betrat, und bat mich in ein Arztzimmer von der Größe eines Kleiderschranks. Die Unterlagen, die meinen Vater betrafen, hatte er schon besorgt; die Mappe lag auf dem winzigen Tisch, an dem zwei Stühle standen, obwohl eigentlich kein Platz dafür war.

Wir setzten uns trotzdem irgendwie. Er begann damit, dass es ihm leidtue, mir das sagen zu müssen, und dann sagte er es mir: »Die bildgebenden Verfahren zeigen ein zystisches Adenokarzinom der Bauchspeicheldrüse, etwa fünf Zentimeter groß, teilweise in die Wand des Zwölffingerdarms und in die obere Mesenterialarterie eingewachsen. Man erkennt bereits Metastasen in der Leber. Zu spät erkannt, wie es leider für diese Art Pankreaskarzinome typisch ist.« Er nahm eine Kopie des Befundes aus der Mappe und gab sie mir.

»Wie hätte man es denn rechtzeitig erkennen können?«, fragte ich, oder besser gesagt, hörte ich mich fragen, denn irgendwie war mir, als handle mein Körper ganz unabhängig von meinem Bewusstsein. Was mir nach allem, was ich gerade in Kalifornien gehört hatte, ziemlich seltsam vorkam.

»Die frühen Symptome sind eher unspezifisch – ein unangenehmer Druck im Oberbauch, Appetitlosigkeit, Übelkeit, Verdauungsprobleme, depressive Verstimmungen«, zählte Dr. Prasad auf.

»Hm«, machte ich. Diese Art Symptome hätte man bei meinem Vater allerdings diagnostizieren können, seit ich ihn kannte.

»Später kommen gürtelförmig in den Rücken ausstrahlende Bauchschmerzen hinzu, generell dumpfe, sich nachts verschlimmernde Schmerzen, die mit der Zeit langsam zunehmen …«

Hätte ich etwas bemerken können, wenn ich ihn häufiger besucht hätte? Ich bezweifelte es. Mein Vater hatte schon immer über Bauchschmerzen geklagt, es aber nicht hören wollen, dass seine Ernährungsgewohnheiten etwas damit zu tun haben könnten.

»Wie ist es überhaupt erkannt worden?«

»Eine Nachbarin Ihres Vaters war bei ihm zu Besuch, eine gewisse …« – er blätterte in der Akte – »eine gewisse

Mrs Campbell war da, als er von einem akuten, lähmenden Schmerz im Oberbauch heimgesucht wurde. Sie hat den Notarzt gerufen.«

»Mrs Campbell?« Die alte Schreckschraube aus dem Nachbarhaus? Hatte er etwa was mit der angefangen auf seine alten Tage?

»Claire Campbell, ja«, bestätigte Dr. Prasad. »Der Adresse nach wohnt sie nebenan.«

»Ich weiß«, sagte ich und hätte gern gewusst, was ich von alldem halten sollte. »Und wie ... wie geht es jetzt weiter mit meinem Vater?«

Dr. Prasad war, das wusste ich, in England geboren und aufgewachsen, trotzdem machte er diese typisch indische Wackelbewegung mit dem Kopf, die mal ein Nein, mal ein Schulterzucken bedeuten kann, je nach Kontext. »Es ist eine sehr ernste Erkrankung, das ist Ihnen klar«, sagte er.

Es war keine Frage, sondern eine Feststellung. Er kannte mich gut genug, um zu wissen, dass ich mich kundig gemacht hatte. Und das hatte ich tatsächlich; der Jet hatte über eine Internetverbindung verfügt, und ich hatte einen Teil des Fluges damit verbracht, zu recherchieren. Von daher wusste ich, dass ein Pankreaskarzinom zu den am schlechtesten zu behandelnden Krebsarten gehört; die Chance, nach fünf Jahren noch am Leben zu sein, lag günstigstenfalls bei zwanzig Prozent.

»Im Augenblick«, fuhr der Arzt fort, »gleichen wir die bei Ihrem Vater bestehende Mangelernährung durch Infusionen aus. Das betrifft vor allem fettlösliche Vitamine und Eiweiß. Das ist die Vorbereitung auf eine Operation. Die ist für morgen früh angesetzt, eine Teilresektion des Pankreas.«

»Und wie stehen die Chancen?«

Diesmal schüttelte er den Kopf, auf ganz westliche Art. »Dazu kann man noch nichts sagen.«

Ich atmete tief durch. »Gibt es darüber hinaus sonst irgendetwas, das man tun kann?«, fragte ich und fügte hinzu: »Am Geld muss es nicht scheitern.«

Er lächelte milde. »Mister Windover, wir sind hier nicht in den USA. Wir tun für jeden Patienten alles, was möglich ist.«

Stimmte das, oder war das nur das edle Selbstbild, das der *National Health Service* von sich pflegte? Ich hatte es immer vermieden, mich allzu genau mit den Realitäten des NHS zu befassen, und spürte auch in diesem Augenblick wenig Lust dazu. Ich beschloss, dem Arzt einfach zu glauben.

»*Sie* können etwas tun«, sagte Dr. Prasad. »Gehen Sie zu Ihrem Vater und machen Sie ihm Mut. Egal, welche Krankheit jemand hat, die Chancen stehen immer besser, wenn derjenige zuversichtlich ist und einen Grund sieht, weiterzuleben.«

Ich war voller Widerstand, nach wie vor. Am liebsten wäre mir gewesen, er hätte mir gesagt, mein Vater schliefe und ich dürfe nicht zu ihm, dass hingegen eine Spende in Höhe von soundso viel Pfund seine Chancen dramatisch verbessern würde. Ich hätte mein Scheckheft ohne Zögern und mit größter Erleichterung gezückt.

Aber so fragte ich: »Wo liegt er denn?«

»Zimmer 5. Die dritte Tür rechts, wenn Sie rausgehen.«

* * *

Es kostete mich Überwindung. Hätte er mir alternativ eine Zahnwurzelbehandlung angeboten, ich hätte sofort zugestimmt und zur Not auch auf eine Betäubung verzichtet. Aber er schlug mir nichts dergleichen vor, sondern verabschiedete mich freundlich, und so wandte ich mich, als ich das winzige Arztzimmer verließ, nach rechts und zählte Türen mit dem Gefühl, bergauf zu gehen.

Um mich herum nahm ich routinierte Geschäftigkeit wahr und die unaussprechlichen Gerüche nach Krankheit, Körperausscheidungen und Verfall, die kein Desinfektionsmittel der Welt wirklich überdecken kann. Es kam mir vor wie ein unerhörter Gewaltakt des Schicksals, dass jemand, den ich kannte, alldem ausgesetzt sein sollte; zugleich fühlte ich ein mächtiges Ziehen im ganzen Körper in Richtung Ausgang, Treppenhaus, Straße: nur weg!

All das waren natürlich irrationale Reaktionen, vermutlich ausgelöst von meinem Stammhirn, meinem Reptilienhirn also, das die Umgebung als gefährlich einstufte und schnellstens fliehen wollte. Doch es zeichnet uns Menschen aus, dass wir dank unseres Großhirns, das ja schon rein von der Größe und Gestalt her alle anderen Gehirnteile dominiert, imstande sind, unsere instinktiven Reaktionen zu übergehen, und dank dieses Umstandes öffnete ich die dritte Tür rechts und trat ein.

Und seltsam, da lag er tatsächlich, mein Vater: im ersten Bett, angeschlossen an Infusionen, schlafend, unrasiert und mit einem gelblichen Schimmer im Gesicht, seltsam deplatziert in dieser Umgebung.

Es war ein Dreibettzimmer mit hoher Decke, weiß, alle Kanten in dunklem Blau gehalten, der Boden mit einem Laminat belegt, das wie Parkett aussehen sollte. Das mittlere Bett war leer, unberührt, ohne Bettzeug. In dem Bett am Fenster schlief jemand, von dem man nur krause, ergrauende Haare sah. Auf seinem Nachttisch, der genauso funktional und hässlich war wie die Betten, welkten Blumen vor sich hin.

Jetzt, da ich da war, war der Fluchtimpuls erloschen. Ich nahm mir einen Stuhl, um mich wenigstens eine Weile an das Bett meines Vaters zu setzen. Doch das Geräusch, das ich dabei machte, ließ ihn aufwachen.

Er lächelte matt. »Ah, James«, flüsterte er. »Du bist da.«

»Hi, Dad«, sagte ich. »Was machst du denn für Sachen?«

Er brauchte eine Weile, um sich zu sammeln. »Weißt du, unwohl hab ich mich schon eine ganze Weile gefühlt. Aber ich hab halt gedacht, es liegt an dem Fraß, den Freddy kocht. Dass er das Fett in seiner ollen Fritteuse viel zu selten austauscht, der Geizhals.« Fred Turner war der Betreiber des Pubs, dem Vater seit Jahrzehnten die Treue hielt.

»Ist bestimmt auch so«, sagte ich.

»Ja, ja. Und die sagen hier, ich hab Krebs. Schöner Mist.«

»Hätte nicht sein müssen, das stimmt«, pflichtete ich ihm bei. »Aber jetzt darfst du vor allem nicht den Kopf hängen lassen. Morgen wirst du operiert, und dann sieht man weiter.«

Er schnaubte. »Was soll man da schon sehen? Dass es zu Ende geht, halt.«

»Hey«, sagte ich, »wenn du Fußball schaust, gibst du das Spiel doch auch nicht vor dem Abpfiff verloren, oder? Ich hab vorhin mit Dr. Prasad gesprochen. Er hat gesagt, man kann noch allerhand machen.« Das hatte er tatsächlich zwar nicht gesagt, aber in dem Moment war ich fest davon überzeugt. »Du bist hier in guten Händen, so viel steht fest.«

So etwas wie ein Lächeln huschte über sein Gesicht. »Ja, gestern Abend war deine Freundin da. Hat sich sehr nett um mich gekümmert.« Das schien ihm Hoffnung zu geben. »Sie ist tüchtig, nicht wahr?«

»O ja«, sagte ich. »Das ist sie.«

»Gut.« Er blinzelte. »Ich glaube, ich muss wieder ein bisschen schlafen. Die haben mir was gegeben, weißt du? Damit ich schlafe.«

»Ist in Ordnung. Ich muss sowieso noch was in der Stadt erledigen.« Anahit wusste unter Garantie längst, dass ich zurück war, und wartete bestimmt schon ungeduldig auf meinen Bericht. »Brauchst du noch irgendwas aus deiner Wohnung?«

»Nein, nein. Claire hat mir gestern alles Nötige gebracht.« Er räusperte sich mühsam. »Mrs Campbell, meine ich.«

Mehr sagte er nicht dazu, und ich fragte auch nicht nach, sondern tätschelte nur unbeholfen seinen Arm, unschlüssig, ob ich noch eine Weile dableiben sollte. Doch dann drehte sich der Mann in dem Bett am Fenster schwer atmend herum, und das nahm ich als Signal, dass es Zeit war, zu gehen. Zumal ich ohnehin außerhalb der Besuchszeiten da war, mit anderen Worten, den Ablauf störte.

Wie immer, wenn ich ein Krankenhaus verließ, schrie auch an diesem Vormittag alles in mir danach, eigene Aufenthalte darin, wenn es irgend ging, zu vermeiden. Bisher hatte ich nach solchen Besuchen immer mein tägliches Training intensiviert und verstärkt darauf geachtet, mich gesund zu ernähren. Doch nun, mit der Vision der digitalen Unsterblichkeit vor Augen, sah ich einen anderen Weg, dieses Ziel zu erreichen.

* * *

Nach dem nüchtern-modernen Interieur der Klinik kam mir Anahit Kevorkians Arbeitszimmer wie die Verkörperung des guten, alten Empire-Stils vor. Überdies duftete es gut, zwar nicht nach Zigarren und Sherry, aber nach den frischen Blumen, die in mehreren Vasen über den Raum verteilt standen. Anahit saß heute in einem leuchtend grasgrünen Rollstuhl und lauschte meinem Bericht vorgebeugt und mit geradezu habichthafter Aufmerksamkeit; ihre Tochter saß bei ihr, ein Notizbuch auf den Knien, das Gesicht reglos.

Ich erzählte alles haarklein, durchlebte gewissermaßen das ganze Wochenende noch einmal. Und eigenartig: Indem ich es erzählte, wurde alles noch greifbarer, vorstellbarer, wirklicher als zuvor. Ich konnte mich gerade noch zurückhalten, ihr sofort zu empfehlen, die Investition zu tätigen.

»Sie kennen unser Prozedere«, sagte ich stattdessen. »Wir werden alle Behauptungen gegenprüfen, Experten befragen, die mit der Firma nicht in Kontakt stehen, und so weiter. Und natürlich so schnell wie möglich. Aber ich muss zugeben, dass ich einen sehr guten Eindruck von dem Projekt habe. Ich bin zuversichtlich, dass unsere Überprüfung das bestätigen wird.«

Anna richtete sich auf, mühsam, wie es schien. »Hm, das ist jetzt etwas anderes als das, was ich mir vorgestellt hatte«, sagte sie. »Aber es klingt auch interessant, das muss ich zugeben.« Sie wandte sich ihrer Tochter zu. »Schatz, wie fändest du es, wenn ich unsterblich würde?«

»Großartig«, sagte Lestari, ohne zu zögern.

»Du würdest dann nie erben.«

Das Mädchen lachte hell auf. »Ja, das wäre das Allerbeste daran.«

Anahit streckte die Hand aus, strich ihrer Tochter zärtlich über die Wange. »Liebling, besorg uns doch mal ein paar gute Bücher darüber, wie das Gehirn funktioniert. Ich möchte das alles selber nachlesen.«

»Ja, Mum«, sagte Lestari und machte sich eine Notiz. Sie recherchiert für ihre Mutter quasi, seit sie lesen kann, und ist inzwischen ziemlich gut darin, zu jedem Thema die richtigen Bücher zu finden.

»Was denken Sie, wie lange Sie brauchen werden, James?«, wandte sich Anahit an mich.

»Schwer zu sagen«, erwiderte ich. »Sie wissen ja, wie das laufen kann, wenn man recherchiert. Oft tauchen die zentralen Fragen erst auf, wenn man die ersten Antworten findet.«

Ihre Augen verengten sich, ließen ihre Ungeduld sichtbar werden. »Aber bis Ende der Woche werden Sie doch sicher zu einem vorläufigen Urteil gelangt sein?«

Ich wusste, dass das keine Frage war, sondern ein Befehl, also sagte ich: »Ich werde mein Möglichstes tun.«

»Ich möchte nämlich, wenn ich schon investiere, mir damit auch einen guten Platz in der Warteschlange sichern«, fuhr Anahit fort. »Es wäre doch superblöd, zu sterben, kurz bevor die Unsterblichkeit zu haben ist, nicht wahr?«

Ich nickte nur und musste an meinen Vater denken, der wahrscheinlich genau dieses Pech haben würde.

* * *

Lestari übernahm es, die Piloten zu verständigen, und rief mir dann ein Taxi zum Flughafen. Wie mir der Flug gefallen habe, wollte sie wissen. Als ich antwortete, dass ich mich daran gewöhnen könnte, schien sie das zu amüsieren.

Unterwegs schaltete ich mein Telefon wieder ein und checkte meine Nachrichten, aber es war keine von Joan dabei.

Na gut. Vielleicht meldete sie sich später. Ich wusste, dass sie es brauchte, gewisse Dinge erst mit sich selber auszumachen, ehe sie darüber reden konnte, und ich war daran gewöhnt, ihr diese Zeit zu lassen. Aber derart lange hatte sie noch nie gebraucht. Ich konnte nur hoffen, dass es nicht unsere Beziehung war, die sie gerade infrage stellte.

Der Flug von London nach Amsterdam war wirklich nur noch ein Hopser, und so war ich kurz nach Mittag schon wieder in der Redaktion.

»Und? Worum ging's?«, wollte ungefähr jeder wissen, dem ich auf dem Weg von der Eingangstür bis hinauf zu meinem Büro begegnete.

»Wir treffen uns in der Kantine«, erwiderte ich. »In einer halben Stunde. *Alle.* Dann erzähl ich's euch.«

Unsere Kantine ist ziemlich großzügig ausgelegt, aber wenn wirklich alle gleichzeitig da sind, kommt doch etwas Enge auf. Und sie kamen wirklich alle. Na gut – *fast* alle. Die Zwillinge kamen nicht. Aber damit hatte ich auch nicht ernsthaft gerechnet.

Ich begann damit, sie alle an die Verschwiegenheitsverpflichtung zu erinnern, die sie zusammen mit ihrem Arbeitsvertrag unterschrieben hatten. »Jeder von euch hat jetzt die einmalige Möglichkeit, diesen ganzen Laden hier in die Luft zu jagen, Marta und mich ins Gefängnis zu bringen und euch selber bis an euer Lebensende viele spannende Stunden vor Gericht zu verschaffen, dazu die Erfahrung, wie es ist, gepfändet zu werden, und dergleichen mehr«, sagte ich. »Alles, was ihr tun müsst, ist, etwas von dem auszuplaudern, was ich euch jetzt gleich erzählen werde. Denn *Youvatar* ist ein Geheimprojekt, so etwas wie damals im Weltkrieg die Entwicklung der Atombombe. Nur, dass dieses Projekt nicht von den amerikanischen Geheimdiensten bewacht wird, sondern von Schlimmeren: von amerikanischen Anwälten. Um genau zu sein, von der Kanzlei *Selassio, Tiburon and Partners*, den Anwälten der Hölle, die für Peter Young arbeiten. Wer mag, kann ja mal deren Erfolgsbilanz in unserer Datenbank nachlesen. Die sind nicht nur fähig, sondern auch rücksichtslos und frei von Skrupeln – die Schlimmsten der Schlimmen, wie gesagt.« Ich blickte in die Runde. »Noch Fragen?«

Niemand meldete sich.

Nachdem ich sie auf diese Weise hinreichend beeindruckt hatte, erzählte ich ihnen ebenfalls alles, zum zweiten Mal an diesem Tag. Inzwischen hatte ich ja Übung darin, und nicht nur das, alles ein weiteres Mal zu durchdenken und zu durchleben, während ich die Ereignisse und Erkenntnisse des Wochenendes schilderte, überzeugte mich noch mehr davon, dass wir es hier mit einem wahrhaft epochalen Vorhaben zu tun hatten. Ich fragte mich zwischendurch mehrfach, was wir eigentlich finden wollten, das dagegen sprach. Gut, um die technische Machbarkeit war es wahrscheinlich nicht so gut bestellt, wie sie einen glauben machen wollten, aber war die technische Machbarkeit letztlich nicht immer nur eine Frage der Zeit? Von den ersten US-amerikanischen Raketen waren die Hälfte beim Start explodiert, manche hatten nicht einmal die Startrampe hinter sich gelassen – aber zwölf Jahre später waren diese Raketen nicht nur um ein Vielfaches größer gewesen, sie waren auch tadellos bis zum Mond und zurück geflogen.

Als ich fertig war, blickte ich in viele große Augen und sah nicht wenige Kinne, die einfach herabgeklappt waren.

»Also, für diejenigen, die ein *too long; didn't read* brauchen«, setzte ich hinzu: »Es geht um Unsterblichkeit. Um Unsterblichkeit für alle. Quasi um die Abschaffung des Todes.«

Claas Jordan hob die Hand. »Hab ich das richtig verstanden?«, fragte er. »Der Endzustand sähe so aus, dass ich mich vor eine Maschine setze oder lege, den Kopf fixiert bekomme … dann arbeitet die Maschine eine Weile, sagen wir, vierundzwanzig Stunden … und hinterher befindet sich mein Gehirn, mein Geist, befinde *ich* mich in einem Computer, und in meinem Kopf gibt es nur noch Funkempfänger, die mit den Nerven verbunden sind, die zu Muskeln oder Sinnesorganen führen?«

»So ungefähr stellen die sich das vor, ja«, bestätigte ich.

»Und wenn mein Körper altert oder stirbt, dann kann ich mich an einen neuen anschließen lassen? Einen Klon von mir vielleicht, oder an einen Roboter?«

»Richtig. Oder Sie können beschließen, in einer virtuellen Welt zu leben.«

»Ich nehm den Robotkörper«, rief Ben van Reuben dazwischen. »Ich hoffe bloß, das Modell *Terminator* wird nicht zu teuer!«

Da es so aussah, als würden gleich alle durcheinanderreden, hob ich die Hände und sagte: »Noch mal zur Erinnerung – wir müssen bis kommenden Freitag zu einer verlässlichen Einschätzung gelangen, ob eine Investition in dieses Vorhaben empfehlenswert ist oder Geldvernichtung. Außerdem müssen wir unsere Empfehlung begründen können. Und *richtig* sein sollte sie außerdem, andernfalls müssen wir uns bald alle neue

Jobs suchen.« Ich klatschte in die Hände. »Also, an die Arbeit. Sagt alle Termine ab, die ihr bis Freitag habt. Inga, mach den Kaffee doppelt so stark und doppelt so viel davon. Rens und Nishant bleiben bitte noch einen Moment.«

Sie stoben alle davon, aufgeregt palavernd, voller Tatendurst. So liebte ich das.

Nur Rens Reijnders und Nishant Patil blieben sitzen.

»Rens«, sagte ich, »ich möchte, dass Sie so unauffällig wie möglich in Erfahrung bringen, ob die Polizei von San Francisco oder jedenfalls des Bay-Bezirks eine gewisse Vera van Akkeren verhaftet hat.«

»Hat sie sich etwa erwischen lassen?«, fragte er verblüfft zurück.

»Peter Young hat gestern um die Mittagszeit einen Anruf bekommen, bei ihm würde gerade eingebrochen«, sagte ich. »Da ich *zufällig* weiß, dass Vera in der Gegend war, frage ich mich, ob sie *womöglich* was damit zu tun hatte.«

»Verstehe.« Er schmunzelte. »Ich seh mal, was ich rausfinde.« Damit stand er auf und ging.

Als ich mit Nishant alleine war, holte ich die Kopie aus meinem Koffer, die ich vom Befund meines Vaters bekommen hatte, und legte sie ihm hin.

»Oh«, sagte er, als er den Namen des Patienten las. »Ihr Vater.«

Ich nickte. »Versuchen Sie jemanden zu finden, der so ein Karzinom schon mal erfolgreich behandelt hat. Und behandeln Sie diese Recherche bitte vordringlich und vertraulich. Es brauchen nicht alle zu wissen.«

»Ja, natürlich.« Nishant legte den Befund in seine Mappe. »Ich geh gleich an die Arbeit.«

* * *

In meinem Büro wartete das Exemplar des Buches *»At The Bottom of Things«* von Ralph C. Arnesen, das ich in der Woche zuvor noch rasch bestellt hatte. Dieses Buch hatte in den USA mehrere Wochen auf der Bestsellerliste gestanden und seinen Autor weit über Fachkreise hinaus bekannt gemacht: Zeit, dass ich es mir endlich einmal vornahm.

Abends nahm ich es mit nach Hause und las bis kurz vor Mitternacht, oder sagen wir besser: Ich kämpfte mich durch. Millionen Menschen mochten dieses Buch *gekauft* haben, aber zur Gänze *gelesen* hatten es bestimmt die wenigsten.

Als ich ins Bett ging, hatte sich Joan immer noch nicht gemeldet.

Kapitel 18

Am Dienstagmorgen trieb mich eine unklare Unruhe früh aus dem Bett, und so kam ich früher als gewöhnlich in der Redaktion an. Ich fand ein Haus vor, das vor Geschäftigkeit brummte. Schon von der Haustür aus hörte ich Stimmen und das Klappern von Geschirr aus den oberen Stockwerken, im Treppenhaus roch es nach Kaffee, und als ich in die Kantine kam, saßen sie da, mit aufgeklappten Laptops und jeder Menge Tassen und Gläsern vor sich. Man hätte es fotografieren und einen Artikel über die moderne Arbeitswelt damit illustrieren können.

Wobei wir das bei *The Windover View* grundsätzlich nicht tun: symbolische Fotos verwenden. Wir finden das manipulativ. Wenn wir eine Abbildung bringen, egal, ob es sich um eine Fotografie oder eine Zeichnung (manchmal auch um eine Videodatei) handelt, dann hat sie immer einen konkreten Bezug zum Text und fügt ihm Information hinzu, nicht nur »Stimmung«.

Wendy Kroon sagte gerade: »Mir leuchtet nicht ein, was das eine mit dem anderen zu tun haben soll. Den Geist in einen Computer übertragen – okay, kann man vielleicht machen. Aber was hat das mit Unsterblichkeit zu tun? Ich hatte noch keinen Computer, der länger gehalten hat als zehn Jahre!«

»Aber du kannst digitale Inhalte verlustfrei kopieren«, entgegnete Ben van Reuben. »Du ziehst deinen Geist einfach in immer neue Computer um, sooft du willst.«

Sogar Jaak Tillens saß in der Runde, ein ausgesprochen seltener Anblick. Jaak ist Programmierer im Statistik-Team. Man trifft ihn fast immer in geistesabwesendem Zustand an und gemeinsam mit seinem Hund, einem grauen Riesenpudel, der auch jetzt dösend zu seinen Füßen lag. Es ist der friedlichste Hund, den ich je gesehen habe, und von Jaak kann man im Grunde dasselbe sagen.

»Ich frage mich«, meinte er blinzelnd, »was passiert, wenn du deinen Geist auf *zwei* neue Computer überträgst. Wenn du eine Kopie von dir anfertigst – gibt es dich dann zweimal?«

»*Du* stellst immer Fragen!«, maulte Ben.

»So müsste es sein«, überlegte Jaak weiter. »Jede der Kopien würde denken, dass sie Ben ist. Interessant wäre dann, wie es weitergeht. Ob sie sich genau gleich verhalten – das wäre ein Beweis dafür, dass wir total vorbestimmt sind – oder eben nicht. Dann gäbe es nach einiger Zeit zwei verschiedene Bens.«

»Oder eine Million verschiedene«, meinte Ben. »Weil die Welt gar nicht genug Ben van Reubens haben kann.«

Jaak grinste. »Man müsste dich dann durchnummerieren.«

»Und was ist mit Back-ups?« Jetzt schaute Ben grüblerisch drein. »Wenn ich mich verliebe, sie mich aber verlässt und mir das Herz bricht, dann könnte ich sagen, komm, ich spiel ein Back-up von mir ein, das ich vor der Affäre angelegt hab, dann weiß ich gar nicht mehr, dass ich sie erlebt habe.«

»Man kriegt einen ganz warmen Kopf, wenn man drüber nachdenkt«, gab Jaak zu. »Ich frage mich, ob die Möglichkeit, Kopien anzulegen, nicht eigentlich ein Gegenargument ist gegen den Upload.«

»Wieso sollte das ein Gegenargument sein?«

»Frag ich mich halt.«

Es gefiel mir, sie alle so emsig zu sehen. Wir haben immer wieder mal solche Phasen, in denen alle gemeinsam tief in irgendein Thema abtauchen – um die Konsequenzen eines Handelsabkommens auszuloten, die Bedeutung unerwarteter Statistiken zu durchschauen, die Folgen eines politischen Machtwechsels zu durchdenken, solche Dinge –, und ich genieße es jedes Mal.

Aber ein Thema von einer derartigen Tragweite hatten wir noch nie.

»*Goedemorgen iedereen!*«, sagte ich, um mich bemerkbar zu machen. »Und, wie sieht es aus? Schon irgendwelche Erkenntnisse gewonnen?«

»Es ist der Versuch, das Leib-Seele-Problem zu lösen«, platzte Donata Marinucci heraus. Gleich darauf zog sie den Kopf ein und fügte leise hinzu: »Ich hab ein paar Semester Philosophie studiert. Deswegen ist mir das eingefallen.«

Donata ist eine unserer stillsten Mitarbeiterinnen; an den meisten Tagen bemerkt man gar nicht, dass sie da ist. Aber ich schätze ihre Arbeit sehr. Ihre Analysen bringen die Sachverhalte, um die es geht, immer klar und knapp auf den Punkt.

Beim Leib-Seele-Problem, erklärte sie uns auf Nachfrage, handle es sich um die Kernfrage der sogenannten Philosophie des Geistes: Wie ist das Verhältnis zwischen den mentalen Zuständen und den körperlichen Gegebenheiten? Was haben der Geist, das Bewusstsein, die Psyche, die Seele mit dem Leib, dem Materiellen, dem Gehirn zu tun? Bedingt das eine das andere? Bringt das eine das andere hervor? Über solche Fragen denken Philosophen schon seit dem Altertum nach, ohne zu endgültigen Antworten gelangt zu sein.

»Wenn aber in einigen Jahren Mister Young seinen Geist in einen Computer übertragen lässt und hinterher immer noch bei Bewusstsein ist«, schloss sie, »wird zumindest er eine endgültige Antwort haben, nämlich, dass es tatsächlich das hinreichend komplexe Zusammenspiel von Neuronen ist, welches das Bewusstsein hervorbringt. Und zwar unabhängig davon, ob es sich um Nervenzellen handelt oder ihnen entsprechende Schaltkreise.«

Ich nickte dankend. »Hoffen wir mal, dass er uns an seinen Erkenntnissen teilhaben lassen wird. Was uns aber im Moment vor allem interessieren muss, ist, wie *wahrscheinlich* es ist, dass es so weit kommt. Wie *machbar* es ist.«

Die ersten Recherchen schienen für die grundsätzliche Machbarkeit des *Youvatar*-Projekts zu sprechen, erklärten sie mir. Technisch sei es überaus anspruchsvoll, mit anderen Worten, die Technologie, um den Upload zu bewerkstelligen, musste in der Tat erst entwickelt werden. Aber prinzipiell schien nach dem aktuellen Stand des Wissens nichts gegen das Verfahren an sich zu sprechen. Auch konnten sie bestätigen, dass die Idee, das Gehirn »bei laufendem Betrieb« nach und nach in ein digitales Gegenstück zu übertragen, nicht grundsätzlich neu war; in der Literatur der verschiedenen transhumanistischen Bewegungen fanden sich ähnliche Überlegungen schon seit Jahrzehnten.

Sie hatten auch bereits eine Liste von Experten auf den Gebieten von Neurologie und Nanotechnologie erstellt, die man befragen konnte. Octavia sei schon dabei, Gesprächstermine auszumachen.

Womit auch das in besten Händen war.

Mir gefiel zudem, dass sie von selber diskutierten, wie jeder von ihnen persönlich zu der Vision von *Youvatar* stand. Das ist, was ich ständig predige: dass man sich darüber im Klaren sein muss, was man sich in Bezug auf ein bestimmtes Thema *wünscht*, um bei Nachforschungen nicht auf sein eigenes, unbewusstes Wunschdenken hereinzufallen.

Womöglich würde ich das in Zukunft nicht mehr so oft predigen müssen.

Ben van Reuben wünschte sich ohne Wenn und Aber einen Erfolg des Projekts. »Ich bin noch jung genug, um das miterleben zu können. Und wenn das klappt und sich durchsetzt, würde ich der ersten Generation angehören, die nicht mehr sterben muss – wie cool ist das denn?«

Nishant dagegen meinte, er sei sich nicht sicher, ob er seinen Körper überleben wolle. »Ich habe gestern intensiv darüber nachgedacht«, erklärte er, »und ich kann mir nicht vorstellen, dass ich mich mit einem Maschinenleib wirklich wohlfühlen würde. Dass ich dann überhaupt noch *derselbe* wäre.«

»Du bist jetzt schon nicht mehr derselbe, der du zum Beispiel vor zehn Jahren warst«, warf Ben ein. »Man ändert sich doch dauernd.«

»Ja, aber *zusammen* mit seinem Körper«, erwiderte Nishant. Er schüttelte den Kopf. »Also, ich weiß nicht. Ich bin skeptisch.«

Das Gedankenexperiment, das dem Projekt *Youvatar* zugrunde lag, fanden alle einleuchtend. Erhebliche Skepsis herrschte dagegen vor, was die technische Machbarkeit eines Uploads anbelangte.

»Das ist einfach utopisch«, meinte Martin Wilson. »Der Austausch der Neuronen müsste unglaublich präzise erfolgen und zugleich unglaublich schnell – wie soll das gehen? Eine Million Neuronen *pro Sekunde!* Und jetzt stellt euch vor, sie kriegen nur – *nur!* – hunderttausend pro Sekunde hin. Dann musst du statt einem Tag *zehn* Tage da sitzen, den Kopf eingespannt. Und wenn es nur zehntausend werden, dauert die Prozedur *hundert* Tage, mehr als drei Monate!«

»Man könnte den Betreffenden in ein künstliches Koma versetzen, bis es so weit ist«, überlegte Ben.

»Okay, aber was ist mit Fehlern?« Martin schüttelte entschieden den Kopf. »So ein Prozess wird nicht fehlerfrei funktionieren. Das gibt es nicht. Es werden falsche synaptische Verbindungen hergestellt werden, es werden Verbindungen übersehen werden, es werden komplette Neuronen vergessen werden ... welche Auswirkungen wird das dann haben? Und solche Fehler werden sich akkumulieren. Wenn es dumm läuft, bist du hinterher eine ganz andere Person!«

Während dieser Ansprache war Claas Jordan aufgetaucht, einen Computer unter dem Arm.

»Vielleicht unterschätzen wir das Potenzial aber auch«, meldete er sich zu Wort.

Alle sahen ihn neugierig an, worauf er uns erklärte, dass er ein Video aufgestöbert hatte, einen Vortrag von Ray Kurzweil, dem berühmten Erfinder und Futuristen, den dieser an der *Singularity University* gehalten hatte.

Er zeigte es uns kurzerhand. Es ging darin um die Geschichte des *Human Genome Project*, das auch Gegenstand eines Exponats auf der Veranstaltung gewesen war. Kurzweil erläuterte zunächst, dass es sich um ein internationales Forschungsvorhaben gehandelt hatte, das im Herbst 1990 gestartet worden war mit dem Ziel, innerhalb von fünfzehn Jahren das Genom des Menschen vollständig zu entziffern. In seinem Vortrag zeigte Kurzweil dann anhand von vielen anderen technischen Entwicklungen – den steigenden Reichweiten von Flugzeugen, der zunehmenden Rechengeschwindigkeit von Computern, den sinkenden Preisen für Transistoren und so weiter –, dass Fortschritt nicht linear geschieht, sondern exponentiellen Kurven folgt und durch solche vorhersagbar ist. Im Fall des *Human Genome Project* sei es so gewesen, dass sie nach der Hälfte der geplanten Zeit erst *ein Prozent* des Genoms entschlüsselt hatten. Worauf alle Kritiker sagten, in dem Tempo werdet ihr ja nie fertig und ganz bestimmt nicht in der vorgesehenen Zeit! Aber die Geschwindigkeit, mit der die Sequenzierung erfolgen konnte, hatte sich bis zu diesem Zeitpunkt jedes Jahr verdoppelt und verdoppelte sich auch weiter jedes Jahr, sodass der exponentielle Effekt, wie er sich zum

Beispiel in der berühmten Geschichte von den Reiskörnern auf dem Schachbrett zeigt, dazu führte, dass das Projekt sogar noch etwas eher, schon 2003 nämlich, im Rahmen der Vorgaben abgeschlossen werden konnte.

»Beeindruckend«, musste ich zugeben.

»Was ist denn das für eine Universität?«, fragte Wendy, klappte ihren Computer auf und fing gleich an, sich die Frage selber zu beantworten. Auch unsere Rechercheure schauen bisweilen in die Wikipedia. »Ah. 2008 gegründet von Ray Kurzweil und Peter Diamandis. Sitzt im Silicon Valley. Und ist eigentlich keine Universität, sondern ein Unternehmen im Bildungssektor.«

Was mich fragen ließ: »Was soll in diesem Zusammenhang eine *Singularity* sein?« Ich kannte den Begriff *Singularität* nur in Verbindung mit dem astronomischen Phänomen der »Black Holes«, der *Schwarzen Löcher*, von denen man sagt, sie seien »Singularitäten der Raumzeit« – was ich aber, ehrlich gesagt, auch nicht wirklich verstanden habe.

»Gemeint ist die *technologische Singularität*«, klärte mich Ben van Reuben eifrig auf. »Das ist ein Begriff, der auf den Computerpionier John von Neumann zurückgeht. Ray Kurzweil und Vernor Vinge, der Science-Fiction-Autor, haben ihn populär gemacht. Sie postulieren, dass die technologische Entwicklung zwangsläufig eines Tages eine künstliche Intelligenz hervorbringen wird, die so leistungsfähig ist, dass sie sich selber verbessern und sich damit noch intelligenter machen kann. Ab dem Zeitpunkt, so stellt man sich das vor, haben wir Menschen keine Kontrolle mehr über das, was passiert. Diese künstliche Intelligenz wird nämlich durch immer schnellere Rückkopplung innerhalb kürzester Zeit quasi unendlich intelligent und ist dadurch imstande, die Kontrolle über das Schicksal der Erde an sich zu ziehen. Wir Menschen haben dann nichts mehr zu melden.«

»Und wenn wir dieser künstlichen Intelligenz einfach den Stecker ziehen?«, fragte ich arglos.

Da lachten sie aber herzlich, meine Rechercheure. »Das wird nicht passieren, Mister Windover«, meinte Claas Jordan. »Die Superintelligenz wird uns einfach austricksen. Sie wird besser verstehen, wie wir ticken, als wir selber, und uns dazu bringen, das zu tun, was sie will. So, wie wir Tiere austricksen, damit sie das tun, was wir wollen. Nur effizienter.«

»Außerdem wird sie viel schneller denken als wir«, ergänzte Ben. »Egal, was wir versuchen, sie wird es voraussehen und rechtzeitig Gegenmaßnahmen treffen. Sie wird uns immer einen Schritt voraus sein.«

Ich ließ das eine Weile sacken. »Ich habe mir nie klargemacht, dass Intelligenz eine so gefährliche Sache ist«, gestand ich.

»Tja«, meinte Wendy. »Aber letzten Endes sind wir Menschen nicht deshalb die beherrschende Spezies auf dem Planeten, weil wir so tolle Reißzähne haben. Sondern weil wir intelligenter sind als der Rest.«

»Eine Superintelligenz würde uns mit unseren eigenen Waffen schlagen«, ergänzte Claas Jordan.

Eine ganz schön unbehagliche Vorstellung, fand ich und war erleichtert, als mir einfiel, dass das im Moment gar nicht das Thema war. »Gruselig«, gab ich zu. »Aber bei *Youvatar* geht es ja nicht um künstliche Intelligenz, sondern um den Upload des Gehirns und um Unsterblichkeit. Konzentrieren wir uns darauf.«

* * *

Kurz vor Mittag stellte Octavia einen Anruf in mein Büro durch. Es war Joan. Endlich!

»Hallo, James«, hörte ich ihre ferne Stimme. »Ich wollte

dir nur sagen, dass die Operation deines Vaters gut verlaufen ist. Er ist schon wieder im Aufwachraum. Alles sieht gut aus.«

Mir fiel ein Stein vom Herzen. »Oh, danke«, sagte ich. »Das ist schön zu hören. Auch schön, mal wieder deine Stimme zu hören, übrigens. Du hast dich ziemlich rargemacht in den letzten Tagen.«

»Ja, ich weiß. Ich war … beschäftigt. Denk dir nichts dabei. Denk jetzt vor allem an deinen Vater.«

»Der ist bei euch doch in besten Händen, oder?«, fragte ich. »Ich hab übrigens jemanden aus meinem Team darauf angesetzt, den besten Spezialisten für diese Art Krankheit zu finden. Für alle Fälle.«

Joan seufzte. »James. Das kannst du lassen. Das wird nichts bringen. Ich weiß, dass du das nicht wahrhaben willst, aber dein Vater wird sterben. Du solltest deinen Frieden mit ihm machen, solange du es noch kannst.«

»Gerade hast du gesagt, dass die Operation gut verlaufen ist!«

»Ist sie auch. Sie haben den befallenen Teil des Pankreas entfernt, es gab keine Zwischenfälle, alles so weit gut. Aber es ist halt nicht mehr viel übrig von der Bauchspeicheldrüse. Und die ist, wie du dich erinnerst, das Organ, das den Körper mit Insulin versorgt. Wenn sie fehlt, entsteht zwangsläufig Diabetes, und zwar in solchen Fällen von einer Art, die medikamentös einzustellen sehr heikel ist.«

»Ihr kriegt das doch aber hin?«

»Ja, ich denke schon. Ich weiß bloß nicht, wie lange. Und, ganz ehrlich, der Allgemeinzustand deines Vaters ist nicht gut. Im Grunde ist alles, was wir machen, palliativ.« Ihre Stimme bekam etwas Drängendes, was mir gar nicht gefiel. »Wirklich, James, was immer offen ist zwischen euch, du solltest es jetzt klären und nicht warten.«

»Und was ist mit uns?«, fragte ich. »Ist da irgendwas zu klären?«

»Wie meinst du das?«

»Joan, ich hab es noch nie so schwer gehabt, dich ans Telefon zu kriegen«, hielt ich ihr vor, »und noch nie so oft vergebens auf einen Rückruf gewartet …«

»Jetzt übertreib mal nicht. Es ist grade eine Woche her, dass wir uns gesehen haben.«

»Ja, und seither fühlt es sich an, als seist du durchgebrannt und untergetaucht. Da frage ich mich halt, was los ist.«

Sie schwieg. Ich spürte einen Schmerz in der Herzgegend, der mich an Abschiede denken ließ, die ich lieber aus meiner Erinnerung getilgt hätte.

»Ich muss nur gerade über eine wichtige Entscheidung nachdenken«, sagte sie endlich leise. »Das ist alles.«

»Darf ich wissen, worum es dabei geht?«, fragte ich, obwohl ich schon wusste, was sie darauf sagen würde.

Nämlich das: »James – du kennst mich doch. Es gibt Sachen, die muss ich erst mal für mich selber klären, ehe ich darüber reden kann.«

»Diese *Sache* ist aber nicht zufällig ein anderer Mann?«

»Du bist eifersüchtig!«, rief sie aus und klang regelrecht verblüfft.

»Ich will dich nicht verlieren«, entgegnete ich. »Das ist nicht ganz dasselbe.«

»Ach, James«, sagte sie sanft. »Du verlierst mich doch nicht. Du verlierst deinen Vater, darum solltest du dir Sorgen machen. Ich – ich muss bloß über etwas nachdenken, das, unter anderem, meine berufliche Zukunft betrifft. Mehr erzähl ich dir, wenn die Sache ausgegoren ist.«

»Versprochen?«, fragte ich und meinte: dass ich dich nicht verliere.

»Versprochen«, sagte sie, und ich fragte lieber nicht nach,

was genau sie mir damit versprochen hatte. »Ich brauch einfach nur gerade ein bisschen Freiraum, okay?«

»Ja, okay. Ich komme morgen nach London. Seh ich dich dann? Im Krankenhaus, meine ich.«

»Nein, morgen hab ich frei. Und ich bin mit Beth verabredet. Wichtige Mädchensache.«

»Aber auf deinem Schichtplan –«

Ich hatte ihn vor mir auf dem Mobiltelefon.

»Der gilt nicht mehr«, sagte Joan hastig. Im Hintergrund hörte ich jemanden nach ihr rufen. »Der hat sich total geändert, weil gleich zwei Ärzte krank geworden sind. Ich schick dir nachher den neuen Plan. Aber jetzt muss ich.«

»Ja, in Ordnung«, sagte ich, aber da hatte sie schon aufgelegt. Es war nicht mal Zeit für einen Abschiedskuss gewesen, und das beunruhigte mich eben doch.

* * *

Als ich an diesem Abend spät nach Hause kam, mit der allerletzten Straßenbahn, lag das ganze Haus dunkel da, und im Treppenhaus kamen mir meine eigenen Schritte überlaut vor, so still war es. Die Tür zu meiner Wohnung war ordnungsgemäß verschlossen, die Alarmanlage eingeschaltet, kurzum, alles war, wie es sein sollte.

Trotzdem hatte ich auf einmal ein seltsames Gefühl. Ein Gefühl, als würde irgendwo im Dunkeln Vera auf mich warten.

Ich machte Licht und ging alle Räume ab, sogar das Schlafzimmer und die Toilette, aber es war niemand da. Alles lag still und verlassen. Ich war allein.

Und fing schon an, Gespenster zu sehen.

Kapitel 19

Am Mittwochmorgen flog ich wieder nach London, mit einer Linienmaschine und widerwillig. Aber zu fliegen würde mir erlauben, abends zurück zu sein, und ich betrachtete das, was wir gerade machten, als die vielleicht wichtigste Recherche in der Geschichte unserer Zeitung; da wollte ich nicht länger als unbedingt nötig aus der Redaktion weg sein. Angesichts dessen hätte ich ohnehin nicht die Ruhe gefunden, im Zug zu lesen oder müßigen Gedanken nachzuhängen, sondern hätte die ganze Zeit das Gefühl gehabt, etwas zu verpassen.

Wahrscheinlich hätte ich Lestari leicht dazu bringen können, mir wieder den Jet ihrer Mutter zu schicken, doch das ließ mein ökologisches Gewissen nicht zu. Für den Flug nach Kalifornien, okay, da war es wichtig gewesen, ausgeruht anzukommen. Aber für den Hopser nach London und zurück, da musste es ein Linienflug tun.

Und vielleicht, sagte ich mir, war es ja gar nicht so übel, wie ich es in Erinnerung hatte.

Also hatte ich mir von Octavia zwei Flüge buchen lassen, und ich war auch pünktlich am Flughafen – aber das Flugzeug nicht. Eine Stunde Verspätung, hieß es; am Schluss wurden es zwei Stunden, und ich wusste wieder, warum ich das Fliegen hasse.

Um die auferzwungene Zeit des Wartens ein wenig zu nutzen, führte ich ein paar Telefonate, mit der gebotenen Vorsicht natürlich, um eventuellen fremden *Public Listeners* kein Material zu liefern.

Zuerst rief ich Rens Reijnders an: Ob seine Recherchen, er wisse schon, in welcher Stadt, etwas ergeben hätten?

»Nichts, was Anlass zu Beunruhigung wäre«, sagte er. »Im Moment haben sie überhaupt keine ausländische Einbrecherin im Gewahrsam, heißt es. Und ich glaube, dass ich durchaus mit Leuten gesprochen habe, die so etwas wissen würden.«

»Und sonst?«, fragte ich.

»Auch sonst kein Lebenszeichen von ... Ihrer Bekannten. Ich bin heute früh extra zu dem Kontaktmann gegangen, Sie wissen schon?«

Er meinte Arne Ohm, den geheimnisvollen Fahrradhändler. »Ja, ich weiß, wer gemeint ist«, sagte ich.

»Er weiß auch nichts. Meinte aber, wir sollten uns keine Sorgen machen.«

»Leicht gesagt«, erwiderte ich. »Danke.«

Danach rief ich Matt Longworth an, unseren Sicherheitschef. »Ich bin gerade am Flughafen und warte auf das Flugzeug, mit dem ich längst in der Luft sein sollte«, sagte ich. »Wir haben am Freitag über ... gewisse Vorkommnisse gesprochen: Wie ist denn da die Lage? Hat sich da noch etwas ergeben?«

»Da kann ich Entspannung vermelden«, sagte er. »Die Hackerangriffe haben in der Nacht von Sonntag auf Montag schlagartig aufgehört. Arno und ich sind gerade dabei, alles zu überprüfen, aber ...« Im Hintergrund klingelte es. »Entschuldigen Sie, Mister Windover«, sagte Matt, »das ist offenbar Adilene mit dem Mittagessen. Einen Moment.«

Er legte das Telefon beiseite, und ich hörte, wie er Mrs de Winter die Tür öffnete. Ich sah auf die Uhr und wunderte mich, dass sie das Essen schon so zeitig brachte. Wobei, das kam manchmal vor. Wenn Inga Lisse mehr Hilfe als sonst in der Küche brauchte, dann schickte sie Adilene früher los mit etwas, das sich gut aufwärmen ließ.

Wir sind schon ein seltsamer kleiner Mikrokosmos, dachte ich schmunzelnd.

Eine Kinderstimme war zu hören. Offenbar hatte Adilene heute mal wieder ihren Sohn dabei. Theo ist fünf Jahre alt und äußerst schüchtern; an manchen Tagen bringt er es nicht über sich, in den Kindergarten zu gehen. Da wir unsere Hausverwalterin aber brauchen, haben wir Adilene erlaubt, ihn in solchen Fällen mit zur Arbeit zu bringen. Er spielt dann hinten im Hauswirtschaftsraum stundenlang selbstvergessen mit Legosteinen; manchmal taut er auch so weit auf, dass er sich mittags zusammen mit seiner Mutter in die Kantine wagt.

Das mit dem Auftauen schien heute kein Problem zu sein, jedenfalls hörte ich ihn fröhlich krähend mit Matt reden. Worauf dieser ihm Arno vorstellte und etwas sagte wie: »Er wird dir alles zeigen, hm?«

Gleich darauf war Matt wieder am Telefon. »Adilenes Sohn hat heute Geburtstag«, berichtete er, »und offenbar hat er sich gewünscht, mal unsere *großen Computer* anschauen zu dürfen. Ha! Wenn Sie den Kuchen sehen könnten, den Adilene mitgebracht hat … da hätten Sie auch nicht Nein gesagt!«

»Streuen Sie ruhig Salz in meine Wunden«, erwiderte ich. »Das Beste, was ich erhoffen kann, wird ein winziges Glas Cola und eine Tüte mit fünf Salzbrezeln oder so sein. Falls das Flugzeug jemals startet.«

»Tja.« Ich hörte ihn den ersten Bissen mampfen. »Und da schwärmen alle immer so vom Jetset-Leben.«

* * *

Ich kam schließlich mit zwei Stunden Verspätung in London an, was meinen Zeitplan entsprechend verkürzte.

Da ich meinen Vater ohnehin erst am Nachmittag besuchen konnte, fuhr ich zuerst zu Anahit Kevorkian, um sie über den Stand unserer Nachforschungen zu informieren. Viel Neues hatte ich nicht zu berichten. Im Grunde konnte ich ihr nur von der langen Liste von Hirnforschern und Experten für Nanotechnologie erzählen, mit denen ich in den kommenden Tagen telefonieren oder per Videokonferenz sprechen würde.

»Das Problem dabei ist«, erklärte ich ihr, »dass ich ja nur sehr allgemein gehaltene Fragen stellen kann, um nicht gegen das NDA zu verstoßen, das mir die *Youvatar*-Leute aufs Auge gedrückt haben. Ich kann also keinen von denen direkt fragen: Können Sie sich vorstellen, dass ein Upload des Geistes auf die und die Weise zu bewerkstelligen wäre? Damit würde ich zu viel verraten, und Peter Young würde mich kreuzigen lassen.«

»Das macht doch nichts«, meinte Anahit unbekümmert. »So erhalten Sie Antworten, die denkoffen sind und nicht schon auf einer bestimmten Schiene sitzen. Vielleicht ergeben sich daraus Gesichtspunkte, an die wir noch gar nicht gedacht haben!«

Wie man das halt so unbekümmert sehen kann, wenn man die Verantwortung für seine wohl größte Investitionsentscheidung auf jemand anderen abgewälzt hat.

* * *

Anahit lud mich ein, mit ihr und ihrer Tochter zu Mittag zu essen, was ich jedoch ausschlug mit der Behauptung, mit einem Informanten in der Stadt verabredet zu sein. Was nicht stimmte. In Wahrheit hatte es im Haus verdächtig nach Sesamöl und fernöstlichen Gewürzen gerochen. Die beiden sind begeisterte Anhänger der asiatischen Küche, wie sie in Thailand, Indonesien und Malaysia gepflegt wird, und zwar der höllenscharfen Variante davon, und danach war mir gerade entschieden *nicht*.

Ich fuhr stattdessen schon mal zum Krankenhaus und

suchte in der Umgebung nach einem Lokal, musste aber feststellen, dass es dort auch fast nur asiatische Küche gab: ein koreanisches Restaurant, ein japanisches, ein chinesisches ... Ein Steakhouse war schließlich meine Rettung. Bei einem Sirloin-Steak mit französischer Kräuterbutter und einem Glas chilenischem Cabernet Sauvignon meditierte ich über die Tatsache, dass unentwegt Tiere und Pflanzen sterben müssen, um uns Menschen am Leben zu erhalten: Wäre ein Upload des Geistes nicht auch ein Ausweg aus diesem moralischen Dilemma? Wenn wir in einer Maschine lebten, bräuchten wir nur noch elektrischen Strom, würden uns also im Idealfall von Sonnenlicht ernähren.

Eine halbe Stunde vor Beginn der offiziellen Besuchszeiten kam ich am Krankenhaus an. Der Mann an der Pforte ließ Gnade walten, und so saß ich kurz darauf am Bett meines Vaters.

Er sah besser aus, nicht mehr so gelb im Gesicht und irgendwie ... nun ja, *erleichtert*. So kam es mir jedenfalls vor.

»Es geht mir gut«, flüsterte er mühsam. »Die haben mir das Ding rausgeschnitten, weißt du? Das ist gut, nicht wahr?«

»Ja«, sagte ich. »Das ist gut.«

»Und sie sind alle nett hier. Kann nicht klagen.«

»Schön.«

Dann wusste ich nichts mehr zu sagen, und er auch nicht, also schwiegen wir uns eine Weile an. Schließlich fiel mir ein, zu fragen: »Weiß Mutter eigentlich Bescheid?«

Er riss die Augen auf. »Bescheid? Worüber?«

»Na, wie's dir geht.«

»Woher soll sie das wissen?«

»Soll ich sie anrufen?« Das letzte Mal hatte ich an Ostern mit meiner Mutter telefoniert. Sie und Reverend Russell lebten seit einigen Jahren in Prag, wo er die *St. Clement's Church* leitete.

Vater winkte ab. »Ach, nee, lass mal. Wozu denn. Wo ist die eigentlich? Nein, die soll mich nicht so sehen.« Er schüttelte den Kopf, wandte den Blick ab und fügte hinzu: »Wenn sie überhaupt käme.«

Ich begriff, dass es ihn schwer treffen würde, wenn jemand Mutter verständigen würde und sie dann *nicht* käme, und dass er es gar nicht erst darauf ankommen lassen wollte.

Wir drucksten noch eine Weile herum, bis Vater meinte, er sei müde und müsse jetzt ein bisschen schlafen. Ich hatte das Gefühl, dass er das nur sagte, um uns beiden weitere Peinlichkeiten zu ersparen, aber ich erwiderte: »Ja, gut«, gab ihm einen Kuss auf die Stirn und ging, erleichtert, es hinter mir zu haben.

Joan war nicht da, aber ich konnte noch kurz mit Dr. Prasad sprechen, der mir versicherte, dass der Zustand meines Vaters ziemlich gut sei, wenn man die Umstände bedenke, und dass man für ihn tun werde, was immer möglich sei.

»Mein Vater kann manchmal ausgesprochen widerspenstig sein«, warnte ich ihn.

Doch der Arzt lächelte nur milde. »Widerspenstig zu sein«, meinte er, »ist in so einem Fall gut.«

* * *

Gegen achtzehn Uhr war ich wieder in Amsterdam im Büro, die ideale Zeit, um mit Leuten in den USA zu telefonieren. In New York war es erst Mittag, an der Westküste begann gerade der Tag.

Die Liste mit Telefonterminen, die Octavia für mich vorbereitet hatte, stellte eine Art Who's who der amerikanischen Spezialisten für Nanotechnologie dar. Ich würde an dieser Stelle nur allzu gerne damit protzen, mit wem ich alles gesprochen habe und was sie mir jeweils erzählt haben, aber das geht leider nicht, weil Octavia ihnen, wie wir das immer tun, Vertraulichkeit zugesichert hat. Und selbst wenn ich hier, wie man es in Romanen ja tun kann, die Namen abänderte, blieben die Personen dahinter dennoch leicht identifizierbar, sobald ich ihre jeweiligen Spezialgebiete erwähnen würde: Die Nanotechnologie handelt nicht nur von kleinsten Dingen, sie ist auch, was das Akademische anbelangt, selber eine kleine Welt, in der jeder jeden kennt.

Ich muss also summarisch bleiben. Allgemein, kann man sagen, herrschte Skepsis hinsichtlich der technischen Machbarkeit des Konzepts vor. Eines Konzepts, das ich in den Gesprächen natürlich nur andeuten konnte. Ich versuchte, es so klingen zu lassen, als ginge es mir um die Interaktion zwischen Computern und dem menschlichen Gehirn mithilfe der Nanotechnologie. Im Prinzip, meinten viele, sei das denkbar, aber nicht in näherer Zukunft. »Fragen Sie mich in hundert Jahren noch mal«, sagte einer laut lachend.

Nicht wenige äußerten auch grundsätzliche Zweifel daran, dass es möglich sei, ein lebendes Gehirn mit technischen Hilfsmitteln zu erfassen. Einer meiner Gesprächspartner meinte, das zu versuchen sei »ungefähr so, als wollten Sie einen Wasserfall scannen«.

Ein paar Äußerungen jedoch darf ich zitieren, nicht zuletzt, weil man sie so ähnlich auch schon publiziert findet.

Nicholas Negroponte, der Gründer des MIT Media Labs, schwärmte davon, mithilfe von Nanobots das Lernen zu revolutionieren, insbesondere das Erlernen anderer Sprachen. Mir wurde allerdings nicht klar, wie er sich das im Detail vorstellte.

Professor James Freund von der *University of California San Diego* befasste sich schon lange mit Nanotechnologie im Bereich der Medizin. Er meinte, wir seien höchstens fünf Jahre davon entfernt, Nanobots für unser Gehirn zu nutzen, etwa, um epileptische Anfälle zu verhindern.

Unmittelbar danach sprach ich mit jemandem, von dem ich

immerhin verraten darf, dass er einst eng mit dem Chemie-Nobelpreisträger Richard E. Smalley zusammengearbeitet hat. Smalley ist der Entdecker der Fullerene, jener hohlen Moleküle, bei denen sich sechzig oder mehr Kohlenstoffatome in einer an einen Fußball erinnernden Gestalt zusammenfinden. Er war selber im Bereich der angewandten Nanotechnologie tätig, unter anderem war er bis zu seinem Tod Vorstandsvorsitzender der Firma *Carbon Nanotechnology*. Sein ehemaliger Mitarbeiter nun erzählte mir, dass Professor Smalley zeitlebens skeptisch geblieben sei, was Roboter in Nanometergröße anbelangte. So sei es bei Nanobots, die im menschlichen Körper agieren sollten, schon ein Problem, sie verlässlich mit Energie zu versorgen. Ganz zu schweigen davon, dass sie imstande sein müssten, verletzliche Strukturen etwa im Gehirn zu umgehen, keine Zellen zu zerstören und auch nicht selber vom Immunsystem zerstört zu werden.

Interessant aber war, dass ausnahmslos allen Fachleuten, mit denen ich sprach, der Name Ralph C. Arnesen ein Begriff war. Nicht nur das, die meisten äußerten sich in dem Sinne, dass, wenn jemand die grundlegenden Probleme der Nanotechnologie lösen sollte, es wahrscheinlich Arnesen sein werde.

In den Pausen zwischen meinen Telefonterminen las ich deshalb weiter in Arnesens Buch. Dessen Titel, das schreibt er auch selber im Vorwort, war angelehnt an den des berühmten Vortrags »*There's plenty of room at the bottom*« von Richard Feynman, in dem dieser bereits 1959 quasi alle wesentlichen Konzepte und Ideen der Nanotechnologie vorgedacht hat. Anders als am Abend zuvor rückte ich dem Buch diesmal mit meinem ganzen Arsenal an Farbstiften und Klebezetteln zu Leibe, um wirklich zu verstehen, wovon die Rede war.

Ach ja, und noch ein interessantes Detail erfuhr ich an diesem Abend: Einer meiner Gesprächspartner erzählte mir, die Videos von Arnesens *Bee Climber*, die man zu sehen bekam, seien alle mit Hochgeschwindigkeitskameras aufgenommen worden, sprich, man sah dessen Bewegungen in starker Zeitlupe. In Wirklichkeit sei das Ding nämlich rasend schnell.

* * *

Gegen Mitternacht ging ich hinüber in die Cafeteria, um mir einen Kaffee aus dem Automaten zu ziehen. Und obwohl es so spät war, saßen sie alle noch über Büchern, Zeitschriften und ihren Computern. Auf den Bildschirmen leuchteten schwarze Strukturen, die aussahen wie fragile, vielfach verzweigte Pflanzenwurzeln, eingebettet in eine rötliche oder gelbliche Substanz: Nervenzellen.

Die Farben seien künstlich, erklärten sie mir, als ich nachfragte. Man nenne das *Golgi-Färbung*, eine Variante der Silberfärbung von biologischem Material, ein Verfahren, das der chemischen Fotografie ähnelte.

Da ich keine weiteren Telefonate mehr zu führen hatte, blieb ich gleich bei ihnen sitzen. Es gibt bei uns immer wieder solche Abende, an denen wir uns als Team tief in irgendeine Materie einarbeiten, Abende, die kein Ende zu haben scheinen: Ich liebe das, auch wenn ich dafür meine innere Uhr mit Kaffee in grenzwertigen Mengen dopen muss.

Wir studierten Skizzenzeichnungen von Nervenzellen und Synapsen, versuchten den Unterschied zwischen prä- und postsynaptischen Membranen zu verstehen und uns klarzumachen, was es heißt, dass der synaptische Spalt nur 0,2 Millionstel Millimeter breit ist.

»Kann man sich auch nur im Entferntesten vorstellen, in jeder Sekunde *eine Million* solcher Nervenzellen samt all ihrer Verästelungen und Synapsen durch digitale Repräsentationen zu ersetzen?«, fragte ich irgendwann, als längst niemand mehr auf die Uhrzeit achtete. »Mir käme es schon vermessen vor, auch nur eine *einzige* Nervenzelle pro *Tag* digital zu rekonstruieren.«

Mir kam das in dem Moment vor wie ein sehr grundlegender Einwand, wie ein Argument, das imstande sein mochte, unser Einschätzungsproblem zu lösen wie einst das Schwert Alexanders den Gordischen Knoten: mit einem Hieb. Doch wenn ich heute daran zurückdenke, weiß ich, dass ich mir in Wahrheit wünschte, der Upload des Gehirns möge funktionieren, es mir aber nicht eingestand. Und dass ich inständig hoffte, jemand würde ein Gegenargument bringen.

Dann sagte Simone Peters etwas, das mir wie eines vorkam. Sie saß wie immer ganz verkrümmt vor ihrem Computer, sah sich erst nach allen Seiten um und vergewisserte sich, dass sie niemanden unterbrechen würde, ehe sie leise anmerkte: »Ich hab vorhin gelesen, dass in jeder Minute einer Schwangerschaft durchschnittlich zweihundertfünfzigtausend Nervenzellen entstehen. Eine Viertelmillion. Jede Minute!«

»Wow«, sagte jemand, vielleicht sogar ich. Auf jeden Fall nickte ich lobend. Das zu hören gefiel mir.

Kapitel 20

Irgendwann nachts nahm ich ein Taxi nach Hause. Am nächsten Morgen verschlief ich sogar den Wecker und ließ mein morgendliches Training und mein Frühstück ausfallen, um zu einer halbwegs vernünftigen Zeit in der Redaktion zu sein.

Dort holte ich mir erst mal einen extra starken Kaffee und einen glasierten Donut aus unserem nie versiegenden Büfett. Als ich am Schreibtisch saß und die Mails sichtete, stellte ich erleichtert fest, dass nichts davon nach meiner dringenden Aufmerksamkeit verlangte. Also widmete ich mich in aller Ruhe meinem ungesunden Notfrühstück und überlegte, wie ich es anstellen konnte, auch die übrigen Abonnenten der *Windover View* für das *Youvatar*-Projekt zu gewinnen. Oder sie zumindest darüber zu informieren. Denn eins war in meinen Augen sonnenklar: Dieses Vorhaben hatte umso größere Chancen auf Erfolg, je mehr Geld in die dafür nötigen Anstrengungen floss.

Auf eigene Faust konnte ich in diese Richtung nichts unternehmen, dem stand schon das NDA entgegen, das ich unterschrieben hatte. Ich würde außerdem nicht nur die explizite Erlaubnis von *Youvatar* benötigen, sondern auch die von Anahit Kevorkian.

Wenn ich die jedoch bekam, würde ich in bedeutendem Maß zum Gelingen des Projekts beitragen. Und das wiederum hieß, dass ich dann Chancen auf einen guten Platz auf der Warteliste hatte!

Vorausgesetzt, es kam nie heraus, dass ich es gewesen war, der Vera van Akkeren dazu angestiftet hatte, bei Peter Young einzubrechen. Young mochte mich schon jetzt nicht; wenn er davon erfuhr, konnte ich mir alle Hoffnungen auf ein ewiges Leben abschminken.

Außerdem beunruhigte es mich, dass ich immer noch nichts von Vera gehört hatte. Man konnte nun zwar nicht sagen, dass das *nicht ihre Art war* oder dergleichen – Vera machte, was sie wollte, und war darin völlig unberechenbar –, aber sie hätte ja wenigstens ein Lebenszeichen schicken können, oder?

Ich warf einen Blick auf die Uhr. Kurz vor neun. Das hieß, in Los Angeles war es kurz vor Mitternacht. Ich wählte Greg Scotts Nummer und bekam ihn tatsächlich ans Telefon. Nicht nur das, er klang wie der frische Tag. Wie schon erwähnt: Greg ist eine Nachteule.

»Greg«, sagte ich, »haben Sie irgendwas läuten hören davon, dass es letzten Sonntag bei Peter Young zu Hause einen Einbruch gegeben haben soll?«

»Ähm«, machte er. »Nein. Mir ist nichts dergleichen zu Ohren gekommen.«

Ich erzählte ihm, wie ich sozusagen live davon erfahren hatte, und bat: »Beauftragen Sie doch bitte einen unverdächtigen Privatdetektiv, herauszufinden, was es damit auf sich hat. Ob jemand verhaftet wurde, ob etwas gestohlen wurde und so weiter. Jemanden mit persönlichen Verbindungen zur Polizei am besten.«

»Und ohne erkennbare Verbindungen zu uns, nehme ich an«, ergänzte Greg.

»Sie haben es erfasst.«

»Okay, kein Problem.« Wir nehmen recht häufig die Hilfe von Privatdetektiven in Anspruch. Jeder Niederlassungsleiter pflegt eine entsprechende Kontaktliste. »Ich kümmere mich gleich morgen darum.«

Gleich morgen: Das hieß bei Greg, nicht vor zwölf Uhr

Ortszeit. Bei uns würde es schon Abend sein, und der Detektiv würde erst *anfangen*, Erkundigungen einzuziehen.

»Geben Sie mir Bescheid, sowie Sie etwas erfahren«, bat ich, und dann beendeten wir das Telefonat.

Ich hatte kaum aufgelegt, da klingelte mein Apparat wieder, allerdings mit dem Ton, der einen internen Anruf signalisierte.

Es war Marta. »James«, sagte sie, »hast du mal einen Moment?«

* * *

Ich ging zu ihr hinüber, und sie zeigte mir einen dicken Stapel gehefteter Ausdrucke auf ihrem Besprechungstisch.

»Das sind alle Reden, Verlautbarungen und sonstige Äußerungen von Politikern, die seit Anfang letzter Woche aufgelaufen und noch nicht analysiert worden sind«, erklärte sie mit finsterem Blick. »James – die Qualität unseres Newsletters fängt an, unter dieser *Youvatar*-Sache zu leiden! Unsere Leute haben keine Kapazität mehr für das Tagesgeschäft. Das können wir uns nicht erlauben!«

Dazu ein Wort der Erklärung: Wir bei der *Windover View* gehen davon aus, dass Politiker, wenn sie zur Öffentlichkeit sprechen, das nie »einfach nur so« tun und dass sie nie einfach die Wahrheit sagen. Mit dem, was Politiker von sich geben, verfolgen sie immer ein Ziel. Sie wollen immer beeinflussen, sprich, jemanden dazu bringen, auf eine bestimmte Weise zu handeln. Ausgehend von dieser These analysieren wir wichtige öffentliche Äußerungen von wichtigen Politikern, indem wir herausarbeiten, warum sie sagen, was sie sagen, warum sie es *jetzt* sagen, wer zu welcher Handlung bewogen werden soll und was von dem, was sie sagen, auf Tatsachen beruht und was eine mehr oder weniger großzügige Interpretation ist. Politiker schrecken auch vor blanken Lügen nicht zurück, wenn sie es zweckdienlich finden und glauben, dass sie damit durchkommen. Aber man kann auch auf vielfältige Weise nicht die Wahrheit sagen, ohne geradeheraus zu lügen, und das ist der häufigere Fall.

»Ich weiß«, sagte ich. »Aber das geht ja nur noch ein paar Tage so.«

»Trotzdem. Wir haben einen Ruf zu verlieren, James!«

Ich setzte mich auf einen ihrer Stühle, schlug die Beine übereinander und sagte: »Das ist aber nicht der *wirkliche* Grund, warum du dich ärgerst, oder?«

Sie sah mich ein paar schweigsame Sekunden lang finster an, dann seufzte sie und gab zu: »Stimmt. Die Wahrheit ist …«

Wieder zögerte sie, suchte nach Worten.

»Ich hab mir das alles angeschaut, was ihr gefunden habt. Ich hab mich da reingelesen. Und ganz ehrlich? Ich finde dieses *Youvatar*-Projekt schlicht und einfach gotteslästerlich. Diese transhumanistischen Ideen … damit kann ich nichts anfangen. Das sind in meinen Augen nicht nur abstruse Visionen, das sind alles Versuche von Menschen, sich selber an Gottes Stelle zu setzen.«

Es wunderte mich nicht, dass sie so dachte. Im Gegenteil, es hätte mich gewundert, wenn Marta von dem Vorhaben begeistert gewesen wäre.

»Wir können nicht wissen, ob etwas funktioniert oder nicht, wenn wir es nicht versuchen«, wandte ich ein. »Du weißt schon – mein Erdbeeren-Beispiel.«

Damit meinte ich ein Argument, das ich in religiösen Diskussionen mit ihr öfter verwendet hatte: Erdbeeren kann man nicht tiefgefrieren, ohne sie zu zerstören, Ei- und Samenzellen dagegen schon. Berechtigt das nicht zu dem Schluss, dass das Einfrieren von Eizellen und Samenzellen im Plan der Schöpfung vorgesehen oder zumindest erlaubt ist, das Einfrieren von Erdbeeren aber nicht?

Marta schüttelte den Kopf. »Wir sprechen hier von etwas, das ganz eindeutig auf einem anderen Level spielt als die Fortpflanzungsmedizin.«

»Und was schlägst du vor?«

»Wir beenden die Recherchen, und du sagst Anahit Kevorkian, dass wir ihr nicht empfehlen können, in das Projekt zu investieren. Und zwar, weil wir keine Chance sehen, dass das Vorhaben je gelingt. Zu utopisch.«

»Und was, wenn es in zehn Jahren doch gelungen ist?«

»Dann haben wir uns eben geirrt, *so what?* Wobei, wenn sie heute schon zehn Jahre veranschlagen, dauert es bestimmt zwanzig, und bis dahin kann viel passieren.« Sie beugte sich vor und drehte ihren Bildschirm zu mir herum. »Außerdem glaube ich nicht, dass es funktionieren wird. Schau, hier. Das ist John Eccles. *Sir* John Eccles. Ein australischer Neurophysiologe, der 1963 den Nobelpreis bekommen hat dafür, dass er herausgefunden hat, wie die Signalweiterleitung in Nervenzellen funktioniert. Und er hat immer darauf beharrt, dass man strikt zwischen Körper und Geist trennen müsse.«

»Er lebt also nicht mehr«, mutmaßte ich. Ich würde den Wikipedia-Eintrag, den sie mir zeigte, nachher in meinem Büro in Ruhe lesen.

»Nein, er ist 1997 gestorben. Aber er ist jemand, der dicht dran war an genau diesem Thema, nicht wahr?«

Ich habe mich später über Sir John Carew Eccles ausführlich kundig gemacht. Es stimmt, was Marta mir erzählt hat. Allerdings wird Eccles vor allem oft als Beispiel dafür genannt, wie stark das Denken vieler Hirnforscher von ihren eigenen religiösen Überzeugungen geprägt ist.

»Angenommen«, fragte ich, »der Upload des menschlichen Geistes wäre technisch möglich und man würde dir anbieten, dich hochladen zu lassen und dadurch Unsterblichkeit zu erlangen – würdest du das ablehnen?«

»Ja«, sagte Marta ohne das geringste Zögern. »Absolut.«

* * *

Ich war nicht gewillt, Anahit einfach abzuraten, wie Marta es vorschlug. Wir einigten uns schließlich darauf, die intensiven Arbeiten an diesem Fall heute zu einem Abschluss zu bringen. Morgen, am Freitag, würde ich ohnehin wieder nach London fliegen, um nach meinem Vater zu sehen. Bei der Gelegenheit würde ich Anahit einfach berichten, was wir an Informationen zusammengetragen hatten, und ihr dann die Entscheidung überlassen.

Nachdem das geklärt war, arbeitete ich weiter meine Liste von Telefonterminen mit Neurophysiologen, Hirnforschern, Zellbiologen und anderen Fachleuten ab. Aber ich tat es nicht alleine. Wir gingen dazu in den Konferenzraum mit seiner Kommunikationsanlage. Nishant saß lange dabei, Ben zeitweise, Donata ab und zu, Simone eine Weile, bis sie wieder duschen gehen musste, und weiter reicht meine Erinnerung nicht. Es war jedenfalls ein stetes Kommen und Gehen. Wir trugen alle Einzelheiten auf dem großen Whiteboard zusammen, das wir in dem Raum hängen haben, ähnlich wie die Kommissare in den Fernsehkrimis ihre »Fall-Wände« zusammenstellen. Wir erreichten auch alle Fachleute von unserer Liste, bis auf, ausgerechnet, Dr. Arno Bergstädter aus Wien.

Das Nachfolgende ist in etwa das, was in einem unserer Newsletter ein Vertiefungsartikel wäre: detaillierte Sachinformationen, die Sie zur Kenntnis nehmen können, wenn es Sie interessiert, die Sie aber auch schadlos überspringen können, wenn nicht. In letzterem Fall blättern Sie bitte einfach zum Beginn der nächsten Szene vor.

Schemazeichnungen von Nervenzellen täuschen meistens über die wahren Dimensionen hinweg. Ein *Neuron*, eine Nervenzelle also, hat einen Durchmesser von nur ein paar Tausendstel Millimeter, aber Fortsätze, die nicht selten mehrere Zentimeter lang sind. Was, anbei bemerkt, anspruchsvolle innerzelluläre Transportprobleme mit sich bringt, denn die Enden dieser Fortsätze sind ja die Synapsen, und die müssen, damit sie ordnungsgemäß funktionieren, unablässig mit einer Vielzahl chemischer Substanzen versorgt werden, den sogenannten *Neurotransmittern*.

Diese langen Nervenfasern sind von der sogenannten Markscheide, auch Myelin genannt, umgeben, und diese Umhüllung ist alle ein bis zwei Millimeter eingeschnürt. Diese Einschnürungen heißen Ranviersche Schnürringe und spielen eine entscheidende Rolle, denn Nervenimpulse pflanzen sich fort, indem sie von einem dieser Ringe zum nächsten springen. Das tun sie mit einer Geschwindigkeit von rund einhundert Metern pro Sekunde, also rund drei Millionen Mal langsamer, als sich elektrische Impulse fortpflanzen, die das bekanntlich mit Lichtgeschwindigkeit tun (also rund 300.000 km pro Sekunde).

Solche Nervenimpulse nennt man »Aktionspotenziale«. Ein Aktionspotenzial hat immer die gleiche Form, nämlich eine Amplitude von etwa einhundert Millivolt und eine Dauer von etwa einer Millisekunde. Ein stärkerer Impuls – sagen wir, von einer Sinneszelle kommend, die Berührungen wahrnimmt, aber statt einer Berührung einen schmerzhaften Schlag meldet – besteht nicht aus stärkeren oder längeren Aktionspotenzialen, sondern aus einer höheren Anzahl davon.

Die Impulsleitung ähnelt in nichts den Vorgängen in einem stromleitenden Draht, vielmehr handelt es sich um ein höchst kompliziertes biochemisches Geschehen. Das Innere der Nervenfaser, das sogenannte »Axoplasma«, ist arm an Natrium-Ionen, aber reich an Kalium-Ionen, während es außerhalb davon genau andersherum ist. Dadurch ist die Innenseite der Nervenfaser im Verhältnis zur Außenseite negativ geladen; das Spannungsgefälle beträgt rund minus 60 Millivolt.

Die Notwendigkeit, dieses Spannungsgefälle stets aufrechtzuerhalten (weil andernfalls das Nervensystem aufhören würde zu funktionieren), ist übrigens auch der Grund, warum das Gehirn, verglichen mit seinem relativ geringen Anteil an der Körpermasse, so viel Energie verbraucht (in Form von Glucose).

Kommt nun ein Nervenimpuls an, verändert dieser die Durchlässigkeit der Zellmembran dahingehend, dass sie Natrium-Ionen ein- und Kalium-Ionen ausströmen lässt. Dadurch kehren sich momentan die örtlichen Spannungsverhältnisse um, die Spannungsdifferenz beträgt nun plus 30 Millivolt. Unmittelbar im Anschluss daran treten sogenannte Ionenpumpen in der Zellwand in Aktion: Diese befördern, durch Stoffwechselvorgänge angetrieben, die Natrium-Ionen wieder hinaus und die Kalium-Ionen wieder zurück und stellen so das vorherige Verhältnis wieder her. Der Nervenimpuls ist dann aber schon weitergesprungen zum nächsten Schnürring.

Sogenannte Nervengifte wie etwa das Tetrodotoxin, das Gift des japanischen Kugelfischs, wirken, indem sie in diesen Vorgang eingreifen. Besagtes Tetrodotoxin blockiert die Kanäle in den Membranen der Nervenzellen, was das Gift zu einem wichtigen Hilfsmittel bei der Erforschung dieser Abläufe gemacht hat. Kommt man außerhalb eines Labors damit in Kontakt, führt es zu tödlichen Lähmungen, weil das Gift die Ausbreitung aller Impulse im Nervensystem verhindert.

Die Nervenfaser endet, wie gesagt, in einer Synapse, und hier sind es dann verschiedene Botenstoffe, die man, wie erwähnt, *Neurotransmitter* nennt, die den Impuls in das nächste Neuron weiterleiten. Die meisten Namen dieser Botenstoffe hat man schon gehört: Dopamin, Noradrenalin, Serotonin,

Gamma-Aminobuttersäure, Glutaminsäure, Glycin und Acetylcholin.

»Ich kann mir echt nicht vorstellen, wie man all das durch ein maschinelles Bauteil ersetzen will«, sagte Nishant irgendwann, als das Gewirr der Zettel und Verbindungsstriche auf unserem Whiteboard begann, unübersichtlich zu werden.

»Wieso?«, wandte Ben ein. »Ich kann mir das sogar sehr gut vorstellen. Du brauchst dann nämlich das ganze komplizierte Geraffel hier überhaupt nicht mehr. Du hast das digitale Abbild des Neurons, und falls das einen Impuls absendet, geht der durch einen simplen Draht bis ans Ziel – fertig.«

Kurz darauf sprachen wir mit einem Neurophysiologen, der es prinzipiell zwar nicht undenkbar fand, eine Nervenzelle mitsamt all ihrer Verbindungen durch eine Apparatur zu ersetzen, aber einwandte, dass es momentan noch sehr schwierig sei, ein einzelnes Neuron zu reizen.

»Und wenn man eine entsprechende Nanotechnologie entwickeln würde?«, fragte Ben.

Der Mann wiegte das greise Haupt. »Ja, dann … dann wäre grundsätzlich alles möglich.«

In den Gesprächen mit den Hirnforschern erwähnten wir die Idee des Uploads nicht, aber erstaunlich viele von ihnen sprachen diese Vorstellung von selber an. Manche beschrieben sogar ungefähr die Vorgehensweise, die den Leuten von *Youvatar* vorschwebte. Wenn wir dann so naiv, wie wir uns zu geben imstande waren, nachfragten, ob sie das denn tatsächlich für möglich hielten, lauteten ihre Antworten in der Regel etwa so: Im Prinzip müsste es funktionieren, aber dass es je technisch machbar würde, das bezweifelten sie.

Als wir mit den Telefonaten durch waren, starrten wir unsere »Fall-Wand« eine Weile schweigend an.

»Ermutigt haben sie uns nicht gerade«, meinte Wendy schließlich.

»Wenn's leicht wäre«, warf Martin Wilson ein, »hätte es ja auch schon längst jemand gemacht.«

Dann sagte Ben van Reuben: »Ja, die waren alle eher skeptisch. Aber ein Argument, warum es grundsätzlich nicht gehen sollte, habe ich nicht gehört.«

Die anderen nickten. Ich auch. »Ben«, sagte ich, »schreiben Sie mir das bitte so zusammen, kurz und übersichtlich. Das nehme ich dann morgen mit nach London.«

* * *

Ben stürmte davon, geradezu begeistert, dass ihm diese Aufgabe zugefallen war. Wir anderen schleppten uns hinab in die Cafeteria, um uns zu stärken. Inga hatte uns einen kräftigenden Imbiss vorbereitet, einen ihrer genialen Gemüse-Nudel-Aufläufe, die allen schmecken und selbst das dunkelste schwarze Loch im Nu stopfen, egal, ob im Bauch oder im Hirn.

Wir hatten noch nicht zu Ende gegessen, da tauchte Ben wieder auf, seinen Computer unterm Arm.

»Das ging aber schnell«, meinte Martin voller Bewunderung, denn er ist, wenn es etwas zu schreiben gilt, eher langsam. Dafür ist er extrem gründlich, was mir in den Fällen, die ich ihm übertrage, wichtiger ist.

»Nein, ich hab grade erst angefangen«, erwiderte Ben. »Aber die Zwillinge haben mal wieder was gefunden.«

»Schön zu hören, dass sie offenbar noch leben«, sagte ich.

»Ja, scheint ganz so«, meinte Ben und klappte den Computer vor uns auf.

Wir sahen ein Video von über vier Stunden Länge, gestoppt bei 2:02:31, und die Person, die da an einem Rednerpult stand, war niemand anderes als Victoria Watson.

Eine deutlich jüngere Victoria Watson.

»Was ist das?«, fragte ich.

»Laut den Zwillingen der Mitschnitt einer Veranstaltung an der *Singularity University*, veranstaltet von einer gewissen *Methuselah Foundation* zum Thema ›Gibt es Grenzen der Lebensverlängerung?‹«, erklärte Ben. »Das Video muss an die fünf, sechs Jahre alt sein.«

Nishant hatte seinen Computer noch neben sich stehen und war deswegen am schnellsten. »Die *Methuselah Foundation*, da ist sie«, sagte er. »Deklariert sich als Non-Profit-Organisation mit Sitz in Springfield, Virginia. Widmet sich Forschungen, die zur Verlängerung der menschlichen Lebensspanne bei voller Gesundheit beitragen.«

»Klingt doch gut«, meinte Wendy.

»Schauen wir es uns einfach mal an«, sagte ich.

Das Video war alt genug, dass sich Victoria Watson ihrem Publikum noch vorstellen musste. Ihre eigentliche Rede begann sie mit den Worten: »Ich will heute über einen Mythos sprechen, den Mythos vom natürlichen Tod.«

Oha, dachte ich.

»Wir wachsen auf in dem Glauben, dass es die natürliche und unvermeidliche Ordnung der Dinge sei, dass wir alt werden und irgendwann sterben müssen«, fuhr sie fort, sichtlich nervös und noch deutlich ungeübter in öffentlichen Reden, als sie es heute war. »Wir erleben es in der Familie, in der Nachbarschaft, in der Gemeinde. Wir erleben es bei Haustieren, die viel schneller altern und die oft sterben, wenn wir noch Kinder sind. Und wenn jemand nicht an einem Unfall oder einer Krankheit stirbt, sondern am Alter, sagen wir, es sei ein natürlicher Tod und unvermeidlich. Aber das stimmt nicht. Der Tod ist nicht unvermeidlich, vielmehr ist er eine Erfindung der Natur und uns als Mechanismus eingepflanzt. Dass das so ist, sieht man daran, dass er bei manchen Lebewesen nicht funktioniert.«

Sie ließ ein Bild auf der Leinwand erscheinen, eine Aufnahme durch ein Mikroskop. Angeblich zeigte sie Bakterien, die man in Irkutsk gefunden hatte und die fünfhundert Millionen Jahre alt sein sollten. (Wie man dieses Alter bestimmt haben wollte, erklärte sie allerdings nicht.)

Dann zeigte sie das Bild einer Qualle mit dem lateinischen Namen *Turritopsis dohrnii*, die, wie sie ausführte, ihren Lebenszyklus beliebig oft durchlaufen könne und damit theoretisch unsterblich sei.

»Seit Anbeginn menschlichen Lebens auf diesem Planeten«, fuhr sie fort, »sind etwa hundert Milliarden Menschen gestorben. Jedes Jahr sterben auf der Welt um die fünfzig Millionen Menschen an, wie man sagt, Altersschwäche. Jeder dieser angeblich ›natürlichen‹ Tode schmerzt die Angehörigen und bricht den Menschen das Herz, die den Verstorbenen geliebt haben, und das vollzieht sich hunderttausendfach an jedem einzelnen Tag. Und für diejenigen, die einsam in Kliniken sterben, umgeben nur von überfordertem Personal, ist es ein noch tragischeres Schicksal.«

Ihre Stimme klang einen Moment lang, als müsse sie ein Schluchzen unterdrücken. Ich nahm mir vor, nachzuschlagen, wann genau Nick Bomrost gestorben war; vielleicht war das Video kurz danach entstanden.

»Jeder Tod bedeutet das Erlöschen eines Lichts«, fuhr sie nach einem tiefen Atemzug fort, »aber nicht nur das. Er bedeutet auch, dass die Hoffnungen, Wünsche und Gefühle einer Person ausgewischt werden. Es bedeutet, dass ein ganzes Leben an Erfahrungen, Erinnerungen und Erkenntnissen, an Fähigkeiten und Wissen verloren geht, endgültig und unwiederbringlich. Stellen Sie sich vor, jeden Tag würde irgendwo auf der Welt eine Bibliothek niedergebrannt, die hunderttausend einzigartige und unersetzliche Bücher enthalten hat – was würde das für einen Aufschrei der Empörung auslösen! Aber jeden Tag werden genauso viele Individuen ausgelöscht, mit ihren einzigartigen Persönlichkeiten, die sich durch die Freuden, Schmerzen und Erfahrungen von Jahrzehnten entwickelt haben – und wir finden uns einfach damit ab, indem wir diese Tode ›natürlich‹ nennen. Aber das sind sie nicht. Lebende Organismen erneuern sich fortwährend, und es gibt keinen Grund, warum sie nicht unbegrenzt lange leben sollten. Der Mechanismus, der uns altern und schließlich sterben lässt, ist uns von der Natur eingepflanzt worden, weil er für die Evolution der Arten notwendig war. Doch diese Zeit ist vorbei. Wir Menschen sind im Begriff, unsere Evolution in die eigenen Hände zu nehmen! Also brauchen wir auch den Todesmechanismus nicht mehr. Lasst ihn uns identifizieren, lasst ihn uns aus unseren Zellen entfernen und so lange leben, wie wir wollen!«

Der Saal applaudierte ihr.

Ben stoppte das Video und meinte: »Also – sie *hasst* den Tod jedenfalls, so viel steht fest.«

»Stimmt das wirklich?«, fragte Donata. »Ist die Alterung tatsächlich ein … eine Art Programm in der Zelle?«

»Ja, das ist die Geschichte mit den Telomeren«, sagte Nishant. »Diese Endstücke der DNA, die mit jeder Zellteilung ein Stück kürzer werden. Irgendwann hören die Zellen dann auf, sich zu teilen, weil sie's nicht mehr können. Außer bei Geschlechtszellen – und bei bestimmten Krebszellen. Also – ja, das ist ein Mechanismus. Aber ob man die Zellen eines Körpers so umbauen kann, dass sie ohne ihn funktionieren, das steht in den Sternen.«

»Vielleicht versucht sie es deswegen jetzt auf einem anderen Weg«, meinte Ben.

Vielleicht, überlegte ich, versuchte sie es ja auf *beiden* Wegen.

»Probiert doch mal, rauszufinden«, sagte ich, »ob sie und Arnesen sich schon früher kennengelernt haben. *Vor* Peter Youngs Initiative.«

Kapitel 21

Am Freitag nahm ich die Mittagsmaschine nach London. Dort besuchte ich zuerst meinen Vater im Krankenhaus.

Er hing an einem harmlos wirkenden Tropf und sah elend und eingefallen aus. »Chemo«, sagte er. »Ein Scheißzeug, kann ich dir sagen.«

»Ja, bestimmt«, erwiderte ich.

Er musterte mich griesgrämig. »Schade, dass ich erst krank werden muss, damit du öfter mal kommst.«

Ich spürte förmlich, wie mein Blutdruck in die Höhe schoss. Das war mal wieder typisch für ihn! Man kam bloß zur Tür herein, und schon lag Streit in der Luft.

»Ich musste ohnehin nach London«, erwiderte ich so ruhig, wie ich konnte.

»Ach so.« Er sank wieder in sich zusammen. »Ich hoff bloß, ich hab's bald überstanden.«

»Das wird schon, du wirst sehen«, sagte ich. »Heute in einem Jahr ist alles nur noch eine vage Erinnerung.«

»Meinst du?«

»Ja, ja. Die sind hier richtig gut, weißt du? Ich meine, wohin geht die Königin, wenn sie was hat? Hierher!«

Das entlockte meinem Vater, der nie viel von der Monarchie gehalten hat, ein schwaches Lächeln. »Na dann …«

»Du wirst sehen«, fuhr ich fort. »Bald bist du hier raus. Du bist dann deine letzten paar Haare auch noch los, aber was soll's? Und dann gehen wir zwei in Fred Turners Pub, was hältst du davon?«

»Klingt gut«, meinte Vater.

»Dann sag ich ihm, Mister Turner, man muss das Öl in der Fritteuse alle zehn Jahre wechseln, und dieser Tag ist heute. Und dann kriegen wir die allerersten, ganz frischen Pommes.«

»Und hinterher bring ich dir endlich mal bei, wie man Dart spielt.«

»Abgemacht. Aber du wirst schon sehen, was du davon hast, wenn ich erst mal haushoch gewinne.«

»Ha!«, machte er. »Bild dir bloß nichts ein.«

»Also«, sagte ich und streckte ihm die Hand hin. »Abgemacht?«

»So machen wir's«, erwiderte mein Vater und schlug ein – das heißt, eigentlich hob er nur mühsam die Hand, gerade weit genug, um meine zu berühren. Es fühlte sich fragil an. »Abgemacht.«

Hinterher erwischte ich Doktor Prasad, zwar nur zwischen Tür und Angel und in Eile, aber immerhin. Er erklärte mir, dass man bei der Operation Metastasen im Bauchraum gefunden und natürlich entfernt habe und dass es nun darum gehe, eventuelle Absiedlungen in anderen Teilen des Körpers zu verringern. Wie weit man damit komme, nun, das müsse man sehen.

Und er verriet mir, dass Joan, die laut Schichtplan eigentlich hätte da sein müssen, kurzfristig Urlaub eingereicht hatte. Dringende Familienangelegenheiten. »Bringt uns ganz schön in Schwierigkeiten bei unserer dünnen Personaldecke«, meinte er, »aber was will man machen?«

Was für eine Familienangelegenheit mochte das sein? Darüber dachte ich nach, während ich das Krankenhaus verließ. Ich wusste wenig über Joans Familie. Ihre Eltern lebten beide noch. Außerdem hatte sie einen älteren Bruder, Stewart, einen Architekten, der nördlich von London lebte, in Stevenage, zusammen mit seiner Frau Myra und zwei Söhnen, die inzwischen im Teenageralter sein mussten. Natürlich wohnten sie in einem architektonischen Meisterwerk von Haus: Joan hatte mir einmal Bilder davon gezeigt – in einer Zeitschrift über Architektur und Kunst! Wobei es auf den Fotos so aufgeräumt ausgesehen hatte, dass man gar nicht das Gefühl bekommen hatte, es lebe tatsächlich jemand dort.

Aber das ist ja typisch für solche Zeitschriften und im Grunde auch eine Art, nicht die Wahrheit zu sagen.

Auf dem Weg zum nächsten Taxistand blieb ich stehen und holte mein Telefon heraus, um Joan anzurufen. Wenn etwas mit ihrer Familie war, wieso sprach sie dann nicht mit mir darüber?

Doch während die Verbindung aufgebaut wurde, fiel mir ein, wie es gewesen war, als ihre Mutter schwer krank geworden war und man lange nicht gewusst hatte, woran sie überhaupt litt: Damals hatte Joan viel mit mir darüber geredet, auch über ihr Verhältnis zu ihrer Mutter.

Mit anderen Worten, das mit den »Familienangelegenheiten« war vermutlich eine Ausrede gewesen.

»Hi, hier ist Joan«, hörte ich ihre Stimme, leider nur von der Ansage ihrer Voicebox. *»Bitte hinterlassen Sie eine Nachricht nach dem Ton.«*

»Hi, Joan, James hier«, sagte ich. »Ich komme grade aus dem Krankenhaus. Schade, dass du nicht da warst; ich hoffe, es ist alles okay? Ruf mich doch bei Gelegenheit mal an.«

Und dann überraschte ich mich selbst damit, dass ich hinzufügte: »Ich vermisse dich.«

Und das, erkannte ich mit gelinder Bestürzung, war die Wahrheit.

* * *

Anahit empfing mich heute neugierig, ungewöhnlich schweigsam und in einem Rollstuhl in grellem Pink. Lestari brachte mir die übliche Tasse Tee und entschwand lächelnd wieder. Ich nahm einen höflichen Schluck und begann dann damit, aufzuzählen, mit wem wir gesprochen und was wir dabei erfahren hatten.

»Victoria Watson ist also, soweit wir wissen, schon seit längerer Zeit auf einem Kreuzzug gegen den Tod an sich«, schloss ich meine Ausführungen. »Ihm per Upload des Geistes zu entgehen ist mindestens ihr zweiter Anlauf. Die Idee, wie *Youvatar* diesen Upload bewerkstelligen will, ist nicht neu; neu ist nur der Entschluss, tatsächlich darauf hinzuarbeiten. Etliche der Hirnforscher, mit denen wir gesprochen haben, kannten das Konzept längst und haben es von sich aus angesprochen. Die meisten halten es für *prinzipiell* machbar, aber alle bezweifeln, dass es auch *technisch* machbar ist. Fragt man sie, was sie über Nanotechnologie denken, dann sehen viele darin großes Potenzial, aber auch noch viele völlig ungelöste Probleme. Allerdings traut man Ralph Christian Arnesen gemeinhin zu, sie zu lösen, sofern sie lösbar sein sollten.«

Anahit schwieg eine Weile, dann meinte sie: »Na, das klingt doch alles gut.«

»Ja, aber ich weiß offen gestanden nicht, welche Investitionsempfehlung daraus abzuleiten ist«, sagte ich. »Derlei habe ich mich auch noch nie zuvor fragen müssen. Ich habe meine Aufgabe immer nur darin gesehen, die für eine Entscheidung nötigen Informationen zusammenzutragen.«

Sie winkte nonchalant ab. »Ach, wissen Sie, James, Entscheidungen trifft man ohnehin nicht alleine aufgrund von Informationen. Das wäre viel zu rational.«

»Zu rational?«

Ich habe wohl ausgesprochen verblüfft dreingeschaut, denn sie lachte und meinte: »Das haben Sie nicht erwartet, was?

Aber ja, man muss auch dem Irrationalen seinen Raum geben. Das verstehe ich immer besser, je mehr ich über die Kultur lerne, der meine Tochter entstammt. Den Asiaten – also, den traditionellen – ist es suspekt, rein rationale Entscheidungen zu treffen. Sie fühlen sich erst wohl, wenn sie außerdem, sagen wir, das I Ging befragt haben, oder einen Feng-Shui-Experten, einen Astrologen oder was immer es da noch an Orakeln gibt.«

»Sie wollen mir damit hoffentlich nicht nahelegen, künftig ein Tageshoroskop in die *Windover View* aufzunehmen?«

»Nein, ach was. So würde das ohnehin nicht funktionieren. Aber wissen Sie, wenn ich so zurückblicke, dann wird mir klar, dass ich mich auch tatsächlich noch nie allein auf Informationen und rationale Argumente gestützt habe. Im Grunde habe ich alle meine geschäftlichen Entscheidungen – oder sagen wir, die guten darunter – aus dem Bauch heraus getroffen.« Sie setzte ihren grellpinken Rollstuhl in Bewegung. »Und deswegen habe ich gestern beschlossen, in die Firma *Youvatar* zu investieren.«

Ich war, ich gestehe es, mehr als nur leicht verärgert. »Und wozu habe ich Ihnen jetzt diesen Vortrag gehalten?«

»Oh, Entscheidungen aus dem Bauch heraus zu treffen heißt ja nicht, Tatsachen zu ignorieren. Man braucht Informationen und Fakten als eine Art Gegenprobe. Ich habe meine Anwälte schon in Marsch gesetzt, aber das geht alles nicht so schnell. Ich werde einige andere Investments dafür auflösen müssen, Firmen verkaufen, Anteile abstoßen und so weiter. Es wird schätzungsweise zwei Wochen dauern, bis alles unterschriftsreif ist. Bis dahin haben die bei *Youvatar* nur meine Absichtserklärung, die zwar im Prinzip bereits bindend ist, aber, nun ja, man käme schon noch heraus, wenn es sein müsste. Es wäre nur eben teuer.« Sie breitete die Hände aus. »Das, was Sie mir erzählt haben, gibt mir das Gefühl, mich richtig entschieden zu haben. Oder anders gesagt: Wenn alles klappt, werden Sie mich nie wieder los!«

Mein Ärger wich tiefer Erleichterung. Die Entscheidung war damit gefallen, und falls sie sich als Fehler entpuppen sollte, lag die Schuld nicht bei uns. Es war schon kein Stein mehr, der mir da von der Seele rollte, sondern ein ausgewachsener Felsbrocken.

Vielleicht, sagte ich mir, war dies der richtige Moment, um den Weg zu meiner eigenen Unsterblichkeit ein Stück weiter zu bahnen.

»Mir kam der Gedanke«, begann ich, »ob es nicht eine gute Idee wäre, auch unter den Abonnenten der *Windover View* nach Investoren zu suchen. Grundsätzlich dürften die Erfolgschancen des *Youvatar*-Projekts ja umso besser sein, je mehr Geld zur Verfügung steht.«

Woraufhin mich Anahit listig ansah und erwiderte: »Darüber können wir mal nachdenken – aber erst, wenn es eine Warteliste gibt und ich meinen Platz darauf sicher habe!«

* * *

Am Abend, zurück in Amsterdam, rief ich Victoria Watson an.

»Woher haben Sie meine Mobilnummer?«, wunderte sie sich.

Es gefiel mir, sie verblüfft zu haben. »Wir sind hier ziemlich fit darin, herauszufinden, was wir wissen wollen«, sagte ich nicht ohne Stolz. »Ich rufe nur an, um Ihnen Bescheid zu sagen, dass –«

»Ich weiß schon«, unterbrach sie mich. »Unsere Anwälte haben mich natürlich sofort informiert. Miss Kevorkian will insgesamt acht Milliarden Dollar investieren – das ist großartig!«

»Sie denken noch über meinen Vorschlag nach?«, fragte ich. »Miss Kevorkian ist nur *eine* Abonnentin meiner Zeitung!«

»Ich hab's nicht vergessen. Aber ich muss es erst mit den anderen besprechen. Und es muss erst mal klar sein, wie viele Investoren wir in dieser ersten Runde gewinnen.«

»Bleiben wir in Kontakt?«

Sie lachte. »Offenbar könnte ich das ja nicht mal vermeiden, wenn ich wollte!«

Nachdem ich aufgelegt hatte, lehnte ich mich zurück und dachte noch einmal über meinen heutigen Besuch in London nach. Acht Milliarden Dollar! Alte Geheimniskrämerin. Ich hatte nicht gewusst, dass Anahit Kevorkian *so* reich war.

* * *

An diesem Punkt hätte die Sache zu Ende sein können, erledigt und abgeschlossen.

Wäre es so gewesen, gäbe es das Buch nicht, das Sie in Händen halten.

Doch es sollte sich herausstellen, dass die Geschichte gerade erst begonnen hatte. Und dass es eine ganz andere Geschichte war, als wir alle dachten.

IV
DIE IRRITATION

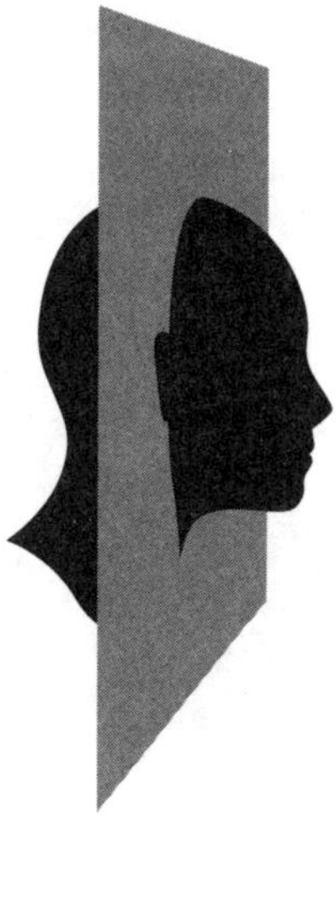

Kapitel 22

In dieser Nacht schlief ich wie ein Baby. Ich wachte um fünf Uhr auf, brachte mich im Kraftraum energisch ins Schwitzen, damit es sich auch lohnte, unter die Dusche zu gehen, und lief ungewohnt früh in der Redaktion ein. Ehrensache, dass ich Samstag und Sonntag dort verbringen würde, um aufzuarbeiten, was in den letzten zwei Wochen liegen geblieben war. Nun, da die Last der Verantwortung für das Kevorkian'sche Vermögen von uns genommen war, würde ich das auch leichten Herzens und frohen Mutes tun.

Es war, man kann es nicht anders sagen, ein idyllischer Morgen. Die aufgehende Sonne ließ alle Dachfirste golden schimmern und die wie gezupfte Watte am Himmel hängenden Wolken aufleuchten. Die Stadt lag ungewöhnlich ruhig, wobei in unserer kleinen Seitenstraße ohnehin nie viel los ist. Als ich auf dem Fahrrad ankam, traf ich Jaak Tillens an, wie er gerade mit seinem lethargischen Hund rausging, wie immer tief in Gedanken versunken, aber immerhin, zu einem *»Goedemorgen, baas«* reichte es.

Ich stellte mein Rad im Hof ab und traf, als ich das Haus betrat, Adilene an, wie sie unten die Böden wischte. Was mich wunderte, denn an den Wochenenden war sie für gewöhnlich nie da, da musste immer einer von Ingas anderen Helfern das Mittagessen nach Bullewijk rausfahren.

»Mir ist langweilig zu Hause«, meinte sie nur, als ich sie danach fragte.

»Ja, und Ihr Sohn?«, wunderte ich mich. »Theo?«

»Ist bei seinem Vater.«

Es war das erste Mal, dass von einem Vater die Rede war. Aber ich sagte mir, dass mich das nichts anging, also beließ ich es bei einem »Ach so«, wünschte ihr einen guten Tag und bemühte mich, die Treppe zu erreichen, ohne auf schon gewischten Boden zu treten.

Im Treppenhaus hörte ich leise, jazzige Gitarrenklänge von ganz weit oben: Mit anderen Worten, Niels De Jong war auch schon da. Und »wischte den Staub vom Griffbrett« seiner Gibson ES-335, wie er es nannte.

Nicht da war dagegen Octavia. Das fand ich richtig beruhigend: Hatte sie also doch so etwas wie ein Privatleben. Ich betrachtete ihr verlassenes und aufgeräumtes Büro eine Weile, weil es ein so seltener Anblick war, dann verzog ich mich in mein eigenes. Dass auch Marta nicht da war, hatte ich schon gewusst; sie hatte angekündigt, das Wochenende ihrer Familie zu widmen.

Als Erstes las ich, wie immer, den Bericht des Nachtdienstes. Den hatte letzte Nacht noch einmal Wendy Kroon gehabt. *Keine besonderen Vorkommnisse*, hatte sie im System vermerkt und sich um 7 Uhr 02 abgemeldet, als Niels gekommen war.

Alles in Ordnung also. Die einzigen Sorgen bereiteten mir jetzt nur noch zwei Frauen, die sich nicht meldeten.

Die Liste der Artikel, die ich schon längst hätte lesen sollen, war lang. Darunter befanden sich drei ausführliche Situationsberichte von unseren Spezialisten: einer von Pjotr Sokolov, unserem zur Hypochondrie neigenden, kettenrauchenden Antialkoholiker, zuständig für die russischsprachige Welt, einer von Gilbert Le Bras, den man oft zusammen mit Pjotr rauchend auf dem hinteren Balkon antraf und dessen Gebiet die frankophone Welt war, und einer von Jaouad Kader, der für uns die arabischsprachige Welt beobachtete und keinen Hehl daraus machte, dass er in seiner Jugend in Ägypten wegen Diebstahls im Gefängnis gesessen hatte. Diese drei Artikel nahm ich mir zuallererst vor.

Es tat gut, sich wieder in vertrauten Bahnen zu bewegen. Die Berichte waren von gewohnt guter Qualität; die Anmerkungen, die ich dazu einzutragen hatte, betrafen im Grunde fast nur unwesentliche sprachliche Details, die einem als Muttersprachler eben auffielen.

Es ging in diesen Artikeln wohlgemerkt um sich gegenwärtig abzeichnende gesellschaftliche und politische Entwicklungen und deren mögliche Konsequenzen, darum also, wie es in diesen Teilen der Welt tatsächlich aussah – *nicht* um Aktienkurse oder »Gewinnchancen«, denn wir sind, das muss ich noch einmal betonen, kein Börsenbrief und kein Investorenratgeber, sondern wirklich eine *Zeitung*, die lediglich so ist, wie eine Zeitung sein sollte: leidenschaftlich der leidenschaftslosen Darstellung der Wirklichkeit verpflichtet. Dass unsere Leser Aktienkäufe und Investitionsentscheidungen daraus ableiten, ist ihre eigene Sache und geht uns nichts an.

Bis jetzt jedenfalls. Aber ich war schwer in Versuchung, das zu ändern.

Ich habe schon erwähnt, dass es rund zweieinhalbtausend Milliardäre auf der Welt gibt. Sie sind die Hauptzielgruppe unserer Zeitung, deswegen weiß ich ziemlich viel über sie. Wir führen eine ausführliche Datenbank über diese Leute, verfolgen alles, was sie tun, und wenn wir zusammenzählen, was wir über ihre Vermögen wissen, kommt ein Betrag zwischen neun und zehn Billionen Dollar heraus: Was damit geschieht oder nicht geschieht, bleibt, ganz klar, nicht ohne Auswirkungen auf den Rest der Welt.

Eine Ebene tiefer in der Pyramide des Reichtums sind die Leute angesiedelt, die über ein Vermögen von mindestens dreißig Millionen Dollar verfügen. In der Sprache der Finanzwelt nennt man diese Menschen UHNWs – die Buchstaben sind die Abkürzung von *Ultra High Net Worth* –, und es gibt etwa 300.000 von ihnen. Deren Namen kennen wir nicht alle, aber auch über diese Leute führen wir eine Datenbank. Sie repräsentieren nicht einmal vier Tausendstel Prozent der Weltbevölkerung, doch ihnen gehören dreiunddreißig Prozent des gesamten Weltvermögens.

Wir leben in einer sehr ungleichen Welt. Den meisten Menschen ist nicht klar, *wie* ungleich sie ist, nicht einmal all jenen, die diese Ungleichheit beklagen.

Ich habe das akzeptiert, wie es im Grunde die meisten akzeptiert haben: Was kümmert es uns, wie groß die Jachten der Milliardäre sind, solange es uns selber einigermaßen gut geht? (Was hätte ich auch mit einer Jacht angefangen, so leicht, wie ich seekrank werde?)

Doch seit letztem Wochenende dachte ich anders darüber. All diese reichen Leute, sagte ich mir, würden nur zu gerne länger leben, als es ihnen die Natur von sich aus zubilligt. Und sie würden dafür bereitwillig bezahlen, sehr viel bezahlen, wenn es ihnen tatsächlich ein längeres Leben einbrachte. Mit anderen Worten: Das Projekt von *Youvatar* würde bestimmt nicht an Geldmangel scheitern, im Gegenteil. Verfügbares Geld gab es mehr als genug.

Doch im Moment, so meine Einschätzung, hatten die drei Gründer Probleme, an dieses Geld heranzukommen, und zwar Probleme, die sie nicht so leicht aus der Welt schaffen konnten. Mit Peter Young als bisherigem Hauptinvestor stand jemand im Rampenlicht, für den man das Wort ›umstritten‹ hätte erfinden müssen, wenn es das nicht schon gegeben hätte: ein Mann, der es fertigbrachte, sowohl als Erfolgsgarant für Start-ups zu gelten als auch als halbseidener Hasardeur, je nachdem, wen man fragte. Ralph C. Arnesen galt spätestens, seit er in einer Folge der Serie »The Simpsons« aufgetreten war, als Inbegriff des verrückten Wissenschaftlers unserer Tage, was auch nicht gerade Vertrauen stiftet.

Blieb Victoria Watson, das Covergirl des Silicon Valley. Doch nicht einmal sie genoss einen tadellosen Ruf, denn: War das nicht die Frau, die mit unseren Genen herumspielte? Selbst wer ihr grundsätzlich gewogen war, mochte sich fragen, wieso sie sich mit *diesen Typen* eingelassen hatte.

Hinzu kam die Strategie höchster Geheimhaltung, die *Youvatar* im Moment verfolgte: Natürlich war sie notwendig, um nicht Reaktionen der Öffentlichkeit zu provozieren, die das Projekt schneller scheitern lassen konnten als alles andere. Doch zugleich verhinderte sie, dass die drei Gründer zu den Leuten durchdrangen, deren Geld sie brauchen würden.

Ich war überzeugt, dass Victoria Watson absolut recht hatte mit ihrem Gedanken, dass es unmöglich sein würde, die Unsterblichkeit nur wenigen Reichen vorzubehalten. Sobald bekannt wurde – und es *würde* bekannt werden, zwangsläufig! –, dass sich die Reichen vom Tod freikaufen konnten, würde der Rest der Menschheit die Ungleichheit nicht länger akzeptieren. Es würde zum Aufstand kommen, der die Reichen hinwegfegen würde, mitsamt den Computern, in denen sie lebten.

Kurzum, die Situation war wie geschaffen dafür, einen Vermittler wie *The Windover View* mit ins Boot zu nehmen: ein eingeführtes, aber exklusives Medium, das die Reichsten der Reichen konsumierten, von dessen Existenz die Öffentlichkeit aber nicht einmal ahnte. Wir konnten mögliche Geldgeber auf eine Weise ansprechen, wie es *Youvatar* nicht einmal mit hundert Veranstaltungen wie der, auf der ich war, hinbekommen würde.

Mit anderen Worten: *Ich* war in der Position, eine entscheidende Rolle in dem Projekt zu spielen, mit dem die Menschheit den Tod abschaffen würde.

Wenn ich mir auf dieser Verhandlungsbasis keinen sicheren Platz auf der Warteliste sichern konnte, dann würde es wirklich meine eigene Schuld sein.

Aber ich dachte noch darüber hinaus. Die Unsterblichkeit würde nämlich, davon war ich inzwischen überzeugt, der Menschheit auf lange Sicht sehr zum Vorteil gereichen.

Mal ganz abgesehen von den offensichtlichen Vorteilen, die es hätte, die klügsten Wissenschaftler und die begabtesten Künstler nicht an den Tod zu verlieren: Die Einstellung ›*Nach mir die Sintflut*‹, von der sich ziemlich viele Leute leiten ließen, darunter auch Politiker, Unternehmer und andere Entscheider, verbot sich von selbst, wenn man damit rechnen musste, die Konsequenzen seiner Entscheidungen noch selber ausbaden zu müssen, und sei es erst in hundert Jahren. Unsterbliche Milliardäre würden sich im Handumdrehen in entschiedene Umweltschützer verwandeln, das war so sicher wie das Amen in der Kirche.

Und sie würden sich im eigenen Interesse um sozialen Ausgleich bemühen müssen. Denn die Welt, in der man nach dem Konzept von *Youvatar* unsterblich wäre, wäre zugleich eine Welt, in der jeder in hohem Maße auf die Unterstützung durch andere angewiesen wäre, auch der Reiche. Mit anderen Worten, deren Macht würde dadurch reduziert, und in der Folge würden sich auf lange Sicht die jetzt so eklatanten Ungleichheiten verringern.

Kurzum, das alles gefiel mir außerordentlich. Die Menschheit stand vor einem entscheidenden historischen Moment, und ich befand mich in nächster Nähe zu dem Punkt, an dem es passieren würde.

Ich musste jetzt nur dranbleiben.

Gegen zehn Uhr holte ich mir einen Kaffee aus der Cafeteria und erfreute mich an den vielversprechenden Düften, die aus der Küche herüberwehten. Ein friedlicher Tag, dachte ich und kehrte mit meinem Pott an den Schreibtisch zurück.

Der Frieden dauerte bis elf Uhr. Dann klopfte es, und drei Männer traten ein: Ben van Reuben, Niels De Jong und – ein eher seltener Gast – Wally »Buddha« Evans, unser dezent übergewichtiger, oft wortkarger, aber sehr von sich überzeugter Hacker, der sein Refugium ebenfalls im Dachgeschoss hat, nicht weit von dem der Zwillinge entfernt, und vermutlich ebenfalls hauptsächlich dort wohnt.

»Chef«, sagte Ben van Reuben, »wir sollten doch herausfinden, ob sich Victoria Watson und Ralph Arnesen womöglich schon früher kennengelernt haben …«

»Hab ich gesagt, stimmt«, erwiderte ich. »Aber inzwischen ist die Entscheidung ohne uns gefallen, also ist es nicht mehr so wichtig. Hätte ich euch sagen sollen, sorry.«

Niels wiegte den Kopf. »Haben wir mitgekriegt«, sagte er. »Aber wir denken, es *ist* wichtig.«

»Die Sache ist nämlich ziemlich anders, als sie zuerst ausgesehen hat«, fügte Ben hinzu.

* * *

Wir setzten uns an meinen Besprechungstisch. Die drei packten ihre Unterlagen aus.

»Fangen wir mit Peter Youngs Filmfirma an, *Future Images*«, sagte Niels und nickte in Wally Evans Richtung.

Der hatte seine eindrucksvolle Gestalt in einen meiner Sessel gezwängt und die Arme vor der umfangreichen Brust verschränkt. Auf Niels' Zeichen hin holte er tief Luft und begann: »Seine *ehemalige* Filmfirma. Die große Hoffnung aller Geeks, dass endlich mal wieder wirklich neuartige Science-Fiction ins Kino kommt. Science-Fiction, die die Grenzen des Vorstellbaren erweitert und nicht nur in eingefahrenen Klischees verharrt. Science-Fiction, die nicht aussieht wie von ›Star Wars‹ oder ›Star Trek‹ geklont.«

Ich persönlich finde an beiden Serien nichts auszusetzen und konnte seine tiefe Empörung daher nicht nachvollziehen, aber ich nickte und sagte: »Ja, und was ist damit?«

»Es ist bekannt«, meldete sich Ben van Reuben zu Wort, »dass Young regelmäßig an Brainstorming Sessions im ›Writer's Room‹ der Firma teilgenommen hat. Er war auch involviert, was die Auswahl der Drehbuchautoren anging, der Produzenten und so weiter, er hat sich also richtig reingehängt.«

»Aber meines Wissens hat die Firma in den zwei Jahren unter Youngs Ägide keinen einzigen Film in die Kinos gebracht?«, hakte ich nach.

»Weil ihm keine Idee gut genug war. Aber es soll an die zweihundert verschiedene Drehbücher in unterschiedlichen Reifestadien geben.«

»Wir haben diverse Blogs gefunden, dazu ein Forum, dessen internen Teil wir knacken konnten, und allerhand Berichte über die Zustände bei *Future Images*«, berichtete Wally, der vermutlich auch das mit dem Knacken erledigt hatte. »Also, die haben wirklich gearbeitet. Und Peter Young muss wirklich eine enorme Phantasie haben, das haben ihm jedenfalls eine Menge Leute ganz unabhängig voneinander bescheinigt.«

»Die letzte Session, an der Young teilgenommen hat, war am 22. Januar«, fuhr Niels fort. »Am nächsten Tag, dem 23. Januar, ist er mit seinem Privatjet nach Helsinki geflogen. Aus der Termindatenbank der dortigen Universität wissen wir, dass er mit einer Neurologin gesprochen hat, die an Hirn-Computer-Schnittstellen forscht, Professor Doktor Aina Laukkanen – und dass dieser Termin erst einen Tag vorher vereinbart worden ist.«

»Aha«, sagte ich. Das begann, interessant zu klingen. »Und weiter?«

»Auf dem Rückweg hat Peter Young in Boston Station gemacht, um mit einem Wissenschaftler in Harvard zu sprechen, ebenfalls einem Hirnforscher. Und am nächsten Tag hat er seine Anwälte beauftragt, die Filmfirma zu verkaufen.«

Ich faltete die Hände. »Okay. Ihr denkt also, in dieser letzten Session ist ihm die Idee für das *Youvatar*-Projekt gekommen, er hat sich daraufhin Rat bei Fachleuten geholt, ob es grundsätzlich machbar wäre, und ist dann darangegangen, es zu machen.«

Ben nickte, sagte aber: »Im Prinzip ja. Aber wir denken, dass da noch was anderes gelaufen sein muss. Ungefähr um die Zeit, als Young Kontakt mit Watson und Arnesen aufgenommen hat, hat ihn nämlich eine gewisse Elaine Black beschuldigt, ihren Bruder ermordet zu haben.«

»Ermordet?«

»Sie hat zu Protokoll gegeben, ihr Bruder sei einer der Drehbuchautoren bei *Future Images* gewesen, Young habe ihm eine Idee gestohlen, und als es deswegen zum Streit kam, habe er ihn ermordet oder ermorden lassen.«

Ich holte tief Luft. Das war selbst für einen Hai wie Peter Young eine extreme Anschuldigung. »Und? Ist da etwa was dran?«

Niels De Jong zog einen Ausdruck aus seiner Mappe. »Was sich herausfinden ließ, war, dass Anfang Februar ein gewisser Richard Colbert tot aufgefunden worden ist. Er war tatsächlich bei *Future Images* angestellt, aber drei Tage vor seinem Tod hat der neue Eigentümer der Firma, ein japanischer Industrieller, beschlossen, dass Colbert nicht zu der Gruppe von Autoren gehörte, die er übernehmen wollte. Am Tag vor seinem Tod soll Colbert versucht haben, sich gewaltsam Zutritt zu Peter Youngs Büro zu verschaffen, was dessen Sicherheitsdienst verhindert hat. Am nächsten Tag ist er tot aufgefunden worden. Die Polizei geht von einem Selbstmord mit Schlaftabletten aus.«

»Und diese Elaine Black hat dem widersprochen?«

»Richtig«, sagte Niels. »Laut Protokoll ist ihr Mädchenname ebenfalls Colbert. Es könnte sich also tatsächlich um ihren Bruder gehandelt haben.«

Ich lehnte mich zurück. »Mag sein, aber diese Anschuldigung kommt mir absurd vor. Peter Young würde keine Idee *stehlen*, er würde sie dem Betreffenden *abkaufen*.«

»So scheint es auch gewesen zu sein«, sagte Ben van Reuben.

»Ja, laut Polizeiprotokoll hat Peter Young einen Vertrag zwischen ihm und Richard Colbert vorgelegt«, ergänzte Niels, »des Inhalts, dass Colbert eine – nicht näher bezeichnete – Filmidee hatte, die er mit sämtlichen Rechten an Young übertragen hat. Im Gegenzug sollte er einhunderttausend Dollar bekommen, die sich auch auf seinem Konto finden, und zwar überwiesen am 24. Januar.«

»Also quasi, während Young noch in der Luft war«, schloss ich. »Und worum ging es dann bei dem Streit?«

»Vielleicht darum, dass Young aus der Idee keinen Film machen wollte«, warf Wally Evans ein. »Sondern eine Firma.«

»Bringt man sich deswegen um?«

»Eben«, meinte Wally.

»Aber welchen Grund hätte Young denn gehabt, ihn umzubringen? Es war doch alles geregelt. Er hatte einen Vertrag, hat das fällige Honorar prompt bezahlt …«

Niels breitete die Hände aus. »Was auch immer war, Peter Young hat sich mit Elaine Black außergerichtlich geeinigt, um es nicht zu einem Zivilprozess kommen zu lassen.«

»Eine Viertelmillion Dollar«, ergänzte Ben van Reuben.

Auch das musste nichts heißen. Das US-amerikanische Recht ist legendär seltsam, und spätestens seit dem Fall O.J. Simpson wissen wir, dass man dort unter derselben Anklage in einem Strafprozess freigesprochen und in einem Zivilprozess trotzdem zu Schadenersatz verurteilt werden kann.

Trotzdem verspürte ich jenes leise, unangenehme Kribbeln im Nacken, das ich immer habe, wenn irgendetwas nicht so ist, wie es zu sein scheint.

Und das gefiel mir gar nicht.

»Versucht, diese Schwester zu kontaktieren«, sagte ich. »Und versucht, andere Drehbuchautoren aus der Gruppe von damals ausfindig zu machen. Ich will wissen, was es mit dieser Geschichte von der gestohlenen Idee auf sich hat.«

* * *

Nachmittags führte ich ein längeres Telefonat mit Ty Lancaster, unsere weitere Vorgehensweise hinsichtlich jenes strauchelnden Fintech-Unternehmens betreffend. Ty hatte eine erste Warnung geschrieben, die wir am Donnerstag der Vorwoche gebracht hatten. Letzten Montag war dann der angekündigte Artikel in der *Financial Times* erschienen, worauf der Aktienkurs der Firma steil in den Keller gegangen war.

Ein Punkt für uns. Unsere Abonnenten hatten gegebenenfalls genug Zeit gehabt, ihre eigenen Aktien rechtzeitig abzustoßen.

In der Zwischenzeit hatte Ty neue Hinweise gefunden, die den Verdacht, dass es bei den Geschäften dieser Firma nicht mit rechten Dingen zuging, eher bestätigten. Da die Hinweise vor allem das Asiengeschäft betrafen und wir uns ungern auf Hörensagen verlassen, einigten wir uns darauf, dass ich Yu Chow bitten würde, ein, zwei Mitarbeiter loszuschicken, um weitere Nachforschungen vor Ort anzustellen: ob gewisse Immobilien tatsächlich existierten, welchen Eindruck das örtliche Büro der Firma machte, was von den Mitarbeitern zu erfahren war – solche Dinge. Nichts ersetzt einen Menschen mit geübtem Beobachtungsvermögen vor Ort.

Danach holte ich mir noch einen Kaffee, ging damit aber

hinaus auf unsere Balkonterrasse hinter dem Haus, um ein bisschen frische Luft zu schnappen und ein bisschen Grün zu sehen. Außerdem schien die Sonne. Gut möglich, dass dies der letzte warme Tag des Jahres war.

Ich setzte mich in einen der Liegestühle, stellte den Kaffeepott ab, lehnte mich zurück und schloss die Augen.

Als ich sie wieder öffnete, stand Niels De Jong vor mir.

»Wir haben was«, sagte er und nickte in Richtung der Terrassentür.

Eine eiserne Regel bei uns lautet: Keine Gespräche über Berufliches auf der Terrasse – wir haben jede Menge Nachbarn, die mithören können, und da jeder von uns schon mal als *Public Listener* gearbeitet hat, wissen wir nur zu gut, was man durch Mithören alles in Erfahrung bringen kann.

Damit niemand diese Regel vergisst, steht auf einem Tisch drinnen neben der Balkontür ein grell angemaltes Sparschwein mit der Aufschrift »Für einen bösen Zweck«. Wer gegen die Regel verstößt, muss zehn Euro hineinstecken, und damit sich niemand einreden kann, damit wenigstens etwas Gutes zu tun, ist ausgemacht, dass das Geld einer Organisation gestiftet wird, die wir alle verabscheuen. Wir haben uns noch nicht darauf geeinigt, welcher genau, aber vielleicht müssen wir das auch nie, denn bisher ist das Sparschwein noch leer.

Ich erhob mich also schweren Herzens, nahm meinen Kaffee mit und folgte ihm nach drinnen.

»Was gibt es?«, fragte ich, als die Tür zu war.

»Elaine Colbert-Black, geschieden, zwei Töchter, die jedoch beim Vater leben, hat in ihrer Anklage einen Wohnsitz in Kansas City angegeben«, berichtete Niels. »Ich habe die Telefonnummer dazu ausfindig gemacht und angerufen. Der Mann, den ich erreicht habe, hat mir gesagt, das sei die Mieterin vor ihm gewesen – und sie sei tot. Ein Autounfall.«

»Nee, oder?«

»Ich hab das gecheckt, es gibt Zeitungsmeldungen dazu. Eine Elaine B. ist unterhalb der Interstate 435 mit ihrem Auto tödlich verunglückt. Das war keine zwei Wochen, nachdem sie dem Vergleich mit Peter Young zugestimmt hat. Laut Polizeibericht hat sie die Kontrolle über das Fahrzeug verloren und ist mit hundert Sachen gegen einen Brückenpfeiler geprallt.«

Kapitel 23

Am Sonntagmorgen wussten wir mehr über Elaine Colbert-Black. Etliche unserer Leute, auch in den USA, waren über Nacht emsig gewesen.

Die Colberts stammten aus Frankreich, aus der Gegend von Avignon. Sie waren aus beruflichen Gründen zwanzig Jahre zuvor in die USA gezogen und hatten sich nach zwei kurzen Zwischenstationen schließlich in Des Moines, der Hauptstadt von Iowa, niedergelassen. Sie hatten drei Kinder: Elaine, die heute 36 Jahre alt gewesen wäre, Bernard, heute 34, und schließlich Richard, der im Alter von 27 Jahren gestorben war.

Elaine musste so etwas wie das schwarze Schaf der Familie gewesen sein, jedenfalls hatten unsere Rechercheure allerhand Hinweise gefunden, wonach sie öfter von zu Hause ausgerissen war, in der Schule ständig Schwierigkeiten machte, vor allem im Zusammenhang mit Alkohol, und möglicherweise im Alter von 21 eine Abtreibung hatte.

Das Foto im Jahrbuch ihrer Schule zeigte jedoch ein auffallend gut aussehendes Mädchen, das als Berufswunsch *Filmstar* angab. Tatsächlich hatte sie nach der Schule aber einige Jahre bei der Kanzlei *Miller, Duchamps and Sanford* in Iowa City gearbeitet, bis sie entlassen wurde, weil sie ihren Alkoholismus nicht in den Griff bekam.

In dieser Zeit heiratete sie einen Gebrauchtwagenhändler namens Marvin Black, der sich elf Jahre später von ihr scheiden ließ und das Sorgerecht für die beiden Töchter Irene und

Constanze zugesprochen bekam. Zuletzt hatte Elaine Colbert-Black wohl von Sozialhilfe und gelegentlichen Jobs in Supermärkten gelebt.

Elaine und ihr Bruder Richard schienen sich nach allem, was sich herausfinden ließ, tatsächlich nahegestanden zu haben. Was möglicherweise daran lag, dass es auch Richard Colbert nach Hollywood gezogen hatte, wo er als Drehbuchautor reüssieren wollte; seine Schwester hatte vielleicht darauf spekuliert, über ihn an eine erste Filmrolle zu kommen. Wie realistisch diese Hoffnungen waren, sei dahingestellt. Zwar sind in der Traumfabrik schon die unwahrscheinlichsten Sachen passiert, aber die Chancen dürften für jemanden, der offenbar niemals auch nur ansatzweise so etwas wie eine Schauspielausbildung gemacht hatte, ziemlich schlecht gestanden haben.

»Wir sollten versuchen, mit den noch lebenden Mitgliedern der Familie Colbert zu sprechen«, sagte ich, als all diese Informationen auf dem Tisch lagen. »Ist Fiene zufällig im Haus?«

Kopfschütteln in der Runde.

»Die macht Wochenende«, sagte jemand.

»Was immer das ist«, sagte jemand anders.

Fiene Vermeulen, muss ich dazu erklären, ist unsere Telefonkünstlerin. Sie ist die Einzige im Team, die nicht per Internet recherchiert, sondern ausschließlich per Telefon. Deswegen hat sie im zweiten Stock ein schallgedämmtes Büro für sich alleine, wo sie den ganzen Tag mit aller Welt palavert, und das in wer weiß wie vielen Sprachen. Sie fragt sich von einem Kontakt zum nächsten durch, bezirzt Leute, überredet sie, horcht sie aus, umschmeichelt sie, bringt sie zum Reden und hört zu, hört zu, hört zu. Sie allein ist verantwortlich für neunzig Prozent unserer Telefonrechnung – aber das, was sie herausfindet (und was sich auf keine andere Weise herausfinden ließe), ist jeden Cent davon wert.

Ich konsultierte unser internes System. Fiene hatte sich

tatsächlich für das Wochenende abgemeldet, würde aber morgen wieder da sein. Früh genug, entschied ich, denn wir versuchen, die Freizeit unserer Mitarbeiter nach Möglichkeit zu achten.

»Fiene soll das übernehmen«, sagte ich. »Ich schreibe ihr eine Nachricht, dass sie das gleich morgen früh angehen soll.«

Nishant hatte noch etwas gefunden. »Keine Ahnung, ob es von Belang ist«, meinte er. »Es war sozusagen Beifang bei einer Google-Suche nach etwas ganz anderem. Und zwar läuft noch bis Jahresende ein Kurzgeschichtenwettbewerb, den der Verlag *Tomorrow Tales Press* letzten März ausgeschrieben hat. Das Thema ist: ›Angenommen, es würde möglich, das menschliche Bewusstsein in Computer upzuloaden, welche Auswirkungen hätte das auf die Gesellschaft der Zukunft?‹. Die zwanzig besten Storys sollen nächstes Jahr in einer Anthologie erscheinen und mit jeweils zehntausend Dollar fürstlich bezahlt werden.«

»Na, so ein Zufall aber auch«, sagte ich.

»Wohl eher nicht. *Tomorrow Tales Press* ist ein winziger Indie-Verlag, der in Bangor, Maine sitzt, ziemliches Ansehen in der Science-Fiction-Szene genießt, finanziell aber praktisch keinen Gewinn abwirft. Genau genommen ist der Verlag das Hobby eines Ehepaars – und zwar aus dem Bekanntenkreis von Peter Young. Wobei sein Name in dem Zusammenhang nirgends fällt.«

»Wahrscheinlich, um keine Animositäten zu provozieren.«

»Wahrscheinlich.«

Ich betrachtete die Ausschreibungsunterlagen, die Nishant heruntergeladen hatte. »Irgendwie ist es dieselbe Strategie wie bei seiner Filmfirma«, überlegte ich. »Peter Young lässt sich gern von den Ideen anderer inspirieren.«

»Immerhin scheint er den sozialen Aspekt seines Projekts tatsächlich durchdenken zu wollen«, meinte Nishant. »Anstatt das Thema als unwichtig vor sich herzuschieben.«

»Sieht so aus, ja.« Womöglich verdächtigte ihn Victoria Watson ganz zu Unrecht eines elitären Denkens hinsichtlich des Uploads.

Mein Telefon klingelte, mit dem Ton, der einen direkten Anruf von extern anzeigt. Da die Zahl derer, die meine Durchwahl kennen, sehr überschaubar ist, beeilte ich mich, ranzugehen, in der Hoffnung, dass es Joan war, die anrief.

Doch die Nummer, die angezeigt wurde, war mir völlig fremd.

Und es war nicht Joan, die sich meldete, sondern Vera.

* * *

»Na, so ein Zufall aber auch«, sagte ich mit dem Gefühl, mich zu wiederholen.

Die anderen wechselten kurze Blicke und verließen dann diskret mein Büro.

»Tut mir echt leid, dass ich so lang nichts von mir hab hören lassen«, hörte ich Veras Stimme, die irgendwie klang, als sei sie ganz weit weg. »Hab in Frisco eine liebe alte Freundin getroffen, bei der ich untergekrochen bin, als die Cops ausgeschwärmt sind. Na ja, und dann haben wir ein bisschen die Zeit vergessen. Du kennst das ja – die Liebe und so.«

»Cops ist ein gutes Stichwort«, sagte ich. »Ich stand zufällig neben Peter Young, als er den Anruf bekam, dass bei ihm eingebrochen würde. Und ich habe die ganze Zeit befürchtet, sie hätten dich womöglich geschnappt.«

Sie lachte so unbeschwert, wie nur eine Vera van Akkeren bei dieser Vorstellung lachen kann. »Ach was, nein. Ich hatte nur ein bisschen Pech, als ich raus bin, das ist alles.«

»Und? Hat sich's gelohnt, drin gewesen zu sein?«

»Schwer zu sagen. Ich hab euch mal was in den Briefkasten gesteckt.«

»Heißt das, du bist zurück?«

»Yep. Liebe hin oder her, Amiland ertrage ich immer nur kurze Zeit.«

Ich musterte die Telefonnummer, die auf meinem Display angezeigt wurde. Die Vorwahl war +86, die Vorwahl von China. »Und von wo aus rufst du an?«

»Ach, so eine nette alte chinesische Touristin hat mir ihr Telefon geliehen. Deswegen kann ich auch nicht so lange quatschen.«

»Okay, verabreden wir uns. Ich hab zu Hause noch was von dir –«

»Das denkst du vielleicht«, sagte sie lachend, dann war die Leitung tot.

* * *

Ich legte auf, erhob mich und ging hinunter zum Briefkasten. Tatsächlich, es lag ein brauner Manila-Umschlag darin, adressiert an *James W. persönlich*. Ich nahm ihn mit hinauf in mein Büro, ehe ich ihn öffnete.

Er enthielt zehn Ausdrucke von Scans, wie man sie mit einem Smartphone machen kann. Scans eines Vertrags zwischen Peter Young und einem gewissen Raymond Ferdurci, wohnhaft in Nîmes, Frankreich, über den Erwerb aller Rechte an einer Kurzgeschichte, die Letzterer geschrieben hatte. Zehn Seiten in Großbuchstaben und in diesem typischen, geradezu imperialen Stil amerikanischer Verträge. Unterzeichnet worden war er vom Autor am 23. Mai, von Young drei Tage eher.

Was hatte es damit auf sich, dass Vera es des Erbeutens für wert befunden hatte? Ich sah noch einmal in den Umschlag, aber es lag kein Zettel mit Erläuterungen oder dergleichen bei, gar nichts sonst.

Ich verglich das Datum der Unterzeichnung mit der Zeitleiste, die wir inzwischen für *Youvatar* und alle damit verbundenen Ereignisse angelegt hatten. Das lag anderthalb Monate nach der offiziellen Gründung von *Youvatar* und zweieinhalb Monate, nachdem *Tomorrow Tales Press* den Kurzgeschichtenwettbewerb ausgeschrieben hatte.

Außerdem hatten wir den 23. Mai als den Tag notiert, an dem Cal Tiburon, einer der Leibanwälte Youngs, zum zweiten Mal in seinem Leben nach Europa geflogen war, genauer gesagt nach Frankreich.

Mein Nacken kribbelte heftig. Das hatte etwas zu besagen. Ich wusste nur nicht, was.

Ich griff zum Telefon und wählte die Nummer Robrecht Arendonks, unseres Rechtsberaters. Er war nicht nur da, er ging auch sofort ran und hatte nichts vor, das einem kurzen Besuch bei uns in der Redaktion entgegengestanden hätte.

»Geben Sie mir eine halbe Stunde«, sagte er.

»Klar«, sagte ich, legte auf und trommelte alle, die da waren, zusammen.

* * *

»Das ist ein sogenannter Buy-out-Vertrag, wie er eher in der Filmindustrie als im Verlagswesen üblich ist«, erklärte Robrecht Arendonk, nachdem er die zehn Seiten aufmerksam studiert hatte.

Wir hatten uns im Konferenzraum versammelt und ihm dabei gespannt zugesehen. Nicht, dass er sich davon hätte hetzen lassen. Wozu auch, schließlich wurde er für seine Zeit bezahlt, plus Sonntagszuschlag.

»Und was heißt das in diesem Fall?«, fragte ich.

»Das heißt, der Lizenznehmer zahlt einmal für die Rechte und darf dann damit machen, was er will, ohne dass weitere

Zahlungen fällig werden.« Er blätterte zurück. »Hier. Es geht um eine Science-Fiction-Kurzgeschichte mit dem Titel ›Die Abschaffung des Todes‹, die besagter Ferdurci verfasst und zur Teilnahme an einem hier nicht näher bezeichneten Kurzgeschichtenwettbewerb eingesandt hat. Peter Young erwirbt mit diesem Vertrag alle Rechte an dieser Geschichte und, das ist hier ausdrücklich betont, auch an dem *Stoff*, also an der zugrundeliegenden Idee, für anderthalb Millionen US-Dollar, zahlbar in zwei Raten: die erste Hälfte unmittelbar nach Unterzeichnung, die zweite Hälfte ein Jahr danach.«

»Ziemlich viel Geld für eine Kurzgeschichte«, meinte Wally Evans.

»Andererseits ein Schnäppchen, falls Young einen Film daraus macht, der zweihundert Millionen einspielt«, sagte ich und fragte, an Arendonk gewandt: »Steht da irgendwas, was Young mit dem Stoff vorhat?«

»Das wäre eher unüblich«, meinte der Anwalt. »Mir fällt aber etwas ganz anderes an dem Vertrag auf, nämlich dieser Passus hier.« Er blätterte weiter nach hinten. »Hier wird explizit festgelegt, dass sich beide Vertragsparteien darüber einig sind, dass der Lizenznehmer – also Young – keinerlei *Verpflichtung* hat, die Kurzgeschichte in irgendeiner Form zu verwerten. Selbst wenn er entscheiden sollte, sie nicht zu publizieren oder als Grundlage einer Filmproduktion zu verwenden, begründet dies kein Recht des Lizenzgebers auf Rückruf der Rechte, und der Lizenzgeber verzichtet auch ausdrücklich auf das Recht, dagegen zu klagen.« Er schob die Blätter wieder zusammen. »Das ist insofern bemerkenswert, dass Verlagsverträge normalerweise die *Verpflichtung* zur Veröffentlichung beinhalten. Sollte ein Verlag entscheiden, ein unter Vertrag genommenes Werk doch nicht zu publizieren, dann darf der Autor die Rechte nach einer gewissen Zeit zurückfordern. Der Sinn dieser Regelung ist, dass keine Möglichkeit geschaffen werden soll, Werke sozusagen wegzukaufen und unter Verschluss zu nehmen. Genau das scheint aber die Absicht hinter diesem Vertrag zu sein.«

»Young zahlt anderthalb Millionen dafür, die Story in seinen Safe legen zu dürfen?«, fragte ich.

»Ja, sieht ganz so aus. Dieser Vertrag gibt Peter Young das Recht, diese Geschichte in der Versenkung verschwinden zu lassen, und der Autor hat keine Chance mehr, das zu verhindern.« Er zog das letzte Blatt aus dem Stapel. »Hier. Am Schluss ist eine Konventionalstrafe vereinbart. Sollte der Lizenzgeber gegen diesen Vertrag und insbesondere gegen die darin festgelegte Schweigeverpflichtung verstoßen … ah, genau, diese Schweigeverpflichtung!« Er blätterte wieder. »Hier. Der Lizenzgeber – also der Autor – anerkennt mit seiner Unterschrift unter den Vertrag das Interesse des Lizenznehmers – also Youngs – an einer absoluten Geheimhaltung dieser Vereinbarung. Er wird mit niemandem über diesen Vertrag reden und niemandem den vertragsgegenständlichen Text zugänglich machen, überdies wird er Vorkehrung treffen, dass sich niemand Zugang dazu verschaffen kann.« Arendonk hielt inne. »Das ist echt starker Tobak. Er muss seine Story praktisch verbrennen. Er kriegt anderthalb Millionen und darf niemandem erzählen, wofür.«

»Und diese Konventionalstrafe?«, hakte Nishant nach.

Arendonk zog die letzte Seite wieder hervor. »Vereinbart ist eine Konventionalstrafe in Höhe des durch die Vertragsverletzung entstandenen Schadens, mindestens aber drei Millionen Dollar. Das Doppelte also.«

»Andererseits sind anderthalb Millionen Dollar eine Menge Geld«, meinte Wally Evans. »Dafür kann man schon mal vergessen, dass man eine bestimmte Story geschrieben hat.«

»Vielleicht ist sie so gut, dass Young sie als sein eigenes

Werk ausgeben will«, überlegte Nishant. »Um zumindest literarisch unsterblich zu werden.«

»Würde mich extrem wundern«, sagte ich und wandte mich an Wally »Buddha« Evans, der seinen Computer aufgeklappt vor sich stehen hatte. »Wer ist denn dieser Raymond Ferdurci überhaupt? Ich hab den Namen noch nie gehört.«

»Es gibt einen Raymond Ferdurci, 53 Jahre alt, Dozent an der Universität von Nîmes, wo er übrigens auch geboren ist. Er unterrichtet Philosophie, was er auch studiert hat, und gibt Kurse in ›*lettres modernes*‹, ›moderne Briefe‹, was immer das sein soll.«

Er drehte seinen Computer herum und zeigte mir die Website, der er diese Informationen entnommen hatte. Darauf war ein Mann mit auffallend wilden Locken und einer markanten Brille abgebildet, der eigentümlich arglos in die Kamera blickte, fast schon naiv wirkend.

»›*Lettres modernes*‹, das heißt so viel wie, dass er Studenten beibringt, sich schriftlich verständlich auszudrücken«, erklärte ich. »Wie man Gedanken formuliert, Aufsätze aufbaut, richtig zitiert – solches Zeug. Das ist damit gemeint.«

Wenn ich ihn so ansah, fragte ich mich allerdings, ob er dazu wirklich in der Lage war.

»Okay«, sagte Wally gedehnt. »Auf jeden Fall scheint das den Herrn Dozenten nicht so richtig auszulasten, denn ich finde an mehreren Stellen den Hinweis, dass er der Autor hinter dem Pseudonym *F. Raymond* sein soll. F. Raymond wiederum ist ein fleißiger Verfasser von Krimis und Thrillern mit viel Sex, Spionage und Verfolgungsjagden, eher trashiges Zeug, das sich aber gut zu verkaufen scheint.«

Arendonk reckte interessiert den Hals, warf ebenfalls einen Blick auf besagte Website. »Sind das nicht diese ziemlich billig gemachten Taschenbücher? Ich meine, ich hätte den Namen öfter in Brüssel am Bahnhofskiosk gesehen. Grelle

Cover mit halb nackten Frauen, die Pistolen oder Maschinengewehre halten und grimmig dreinschauen. Immer das gleiche Muster.«

»Okay«, sagte Nishant. »Das spricht vermutlich gegen meine Theorie, dass der Vertrag einem literarisch hochwertigen Werk gilt.«

Ich hob die Hände, um die aufkeimende Diskussion zu stoppen. »Leute – wir müssen mit diesem Raymond Ferdurci reden. Und zwar, noch ehe Anahit Kevorkian ihre endgültige Investitionszusage unterschreibt. Wir müssen wissen, worum es in dieser Story geht, dass Young so viel Geld dafür ausgibt, sie aus der Welt zu schaffen.«

»Aussichtslos«, meinte Wally Evans. »Der Mann hat sich gerade ein schönes finanzielles Polster fürs Alter verschafft und garantiert keine Lust, sich von Young vor Gericht zerren zu lassen. Der wird den Teufel tun und mit uns reden.«

»Wir überbieten Young einfach«, sagte ich.

»Darauf würden Sie an seiner Stelle auch nicht eingehen«, meinte Nishant. Womit er recht hatte.

»Ich will trotzdem mit ihm reden«, beharrte ich. »Wenn er mir dann sagt, dass er mir nichts sagen wird, dann ist das halt so. Aber versuchen muss ich es.« Ich nickte Nishant zu. »Macht ihn einfach mal ausfindig, dann sehen wir weiter.«

* * *

Der restliche Sonntag verplätscherte dann mit Routineaufgaben. Ich überflog unsere Veröffentlichungen der letzten Wochen und glich die Anzahl und Umfänge der Berichte mit unserer aktuellen Weltkarte ab, um zu sehen, ob wir die Dinge angemessen gewichtet wiedergaben. Die meisten Medien konzentrieren sich ja auf jeweils zwei, drei Themen, die meist mit den USA oder Europa zu tun haben, und was, sagen wir, in Südamerika oder in der Sahelzone vor sich geht, fällt unter den Tisch. Wir dagegen bemühen uns, die ganze Welt im Blick zu behalten, im Rahmen unserer Möglichkeiten.

Ich las verschiedene Newsletter, die wir unsererseits abonniert haben, von Leuten, die von sich behaupten, Trends frühzeitig zu erkennen, verglich sie miteinander und notierte mir Stichworte für unsere Redaktionskonferenz am Montagmorgen: Vor allem anderen wollen wir keine Entwicklung *übersehen*. Ich las ein paar der Artikel, die für die kommende Woche vorgesehen waren, darunter einen von Claas Jordan über die Klimapolitik Schwedens, der ziemlich gut war, abgesehen davon, dass er immer noch nicht ganz von seiner Vorliebe für manipulierende und emotional aufgeladene Vokabeln lassen wollte: Wir nennen einen Wissenschaftler, der eine Einzelmeinung zu einem Thema vertritt, nicht »der umstrittene Professor XY«, sondern sagen, was er meint, und schreiben dazu, dass man innerhalb seines Fachgebiets mehrheitlich anderer Meinung ist, und diese erwähnen wir dann auch. Das halten wir vor allem in wissenschaftlichen Fragen streng so, und zwar aus gutem Grund, denn genau genommen war jeder wissenschaftliche Fortschritt einmal eine Einzelmeinung.

Ich nahm mir vor, darüber noch einmal ausführlicher mit ihm zu sprechen. Sobald ich dazu kam.

Gegen Abend klingelte mein Telefon wieder mit jenem Ton, der ein von außen kommendes Gespräch anzeigte, und diesmal war es tatsächlich Joan, die anrief, um mir zu sagen, dass die erste Chemo meines Vaters vorbei war und dass er sie gut überstanden hatte. »Wir haben auch seinen Insulinspiegel einigermaßen im Griff«, fügte sie hinzu. »Ich hoffe, das bleibt noch eine Weile so.«

»Ich hatte mich darauf gefreut, dich zu sehen am Freitag«, sagte ich.

Sie gab ein unbestimmtes Geräusch von sich, halb Seufzen, halb irgendwas anderes. »Ich war nicht da, weil … ach, das erzähl ich dir ein andermal. Weißt du, ich brauch grad viel Zeit für mich, also genau das, was sie einer Ärztin nicht geben wollen. Jetzt hab ich mir die ganze nächste Woche freigenommen – oder *freigekämpft*, genauer gesagt –, um endlich mal in Ruhe darüber nachzudenken, wie's mit mir weitergehen soll.« Ich hörte sie lachen, aber es klang eher verzweifelt. »Bethany will mich zu einer Wahrsagerin schleppen, stell dir vor! So weit wird's hoffentlich nicht kommen mit mir.«

»Und wenn du … einfach zu mir kommst, um nachzudenken? Weit weg von allem?«

»Ach, James. Als ob ich bei dir dazu käme, in Ruhe nachzudenken! Nein, ich …« Sie suchte nach Worten. »Ich weiß, dass das jetzt alles schräg für dich klingen muss, und das tut mir auch leid, aber du kennst mich ja, es geht halt manchmal nicht anders. Ich würde gern kommen, aber nicht jetzt. Ich vermiss dich auch, so ist es nicht. Aber ich brauch diese Woche für mich. Eine Woche, James. Die ist rum wie nichts. Und dann reden wir, ja?«

»Ja, gut«, sagte ich. Immerhin sagte sie, dass sie mich vermisste, und das zu hören tat gut. »Wenn es nicht anders geht, dann ist es halt so. Und falls du es dir noch anders überlegst, ich bin da.«

»Ich weiß, James. Ich weiß.« Sie klang erleichtert, wenn ich auch nicht ganz verstand, wieso. »Ach, und James …«

»Ja?«

»Sprich dich mit deinem Vater aus. Er redet immer von dir, wenn ich zu ihm ans Bett komme.«

»Hm, ja«, machte ich unbehaglich. »Ich denke, du hast recht.«

»Tu's einfach. Oh, ich muss.« Sie flüsterte mir noch ein Kosewort zu, das mir jetzt zu privat ist, um es niederzuschreiben, dann legte sie auf. Und ich konnte weiterhin nur spekulieren, was sie umtreiben mochte.

Es klang jedenfalls, als überlege sie sich, vom St. Mary's Hospital wegzugehen. Was in der Tat eine große Entscheidung gewesen wäre, hatte sie hier doch fast ihr gesamtes bisheriges Berufsleben verbracht. Aber es musste noch mehr damit verbunden sein, denn das hätte sie ja mit mir besprechen können.

Mir fiel wieder ein, wie sie einmal von einer Kommilitonin erzählt hatte, die nach Kanada ausgewandert war und heute in einem Krankenhaus in Calgary arbeitete, am Fuß der Rocky Mountains. Joan hatte sie einmal besucht, zwei oder drei Jahre, bevor wir uns getroffen hatten, und so, wie sie davon erzählte, hatte es ihr dort gefallen.

War sie dabei, abzuwägen, was ihr wichtiger war, die lose Beziehung mit mir oder die endlosen Weiten von Alberta?

Nein, sagte ich mir. Darüber hätte sie mit mir gesprochen.

Oder nicht?

Oder … hatte sie vielleicht ein Angebot von einer Art bekommen, die sie früher als verwerflich bezeichnet hatte, inzwischen aber verlockend fand? Womöglich von einer Pharmafirma? Joan wusste, dass ich das Geschäftsgebaren der meisten Pharmakonzerne höchst fragwürdig finde; sie würde zögern, so ein Angebot mit mir zu erörtern, vor allem dann, wenn sie im Grunde schon geneigt war, es anzunehmen, und es sich nicht ausreden lassen wollte.

Auf jeden Fall schwang in der ganzen Art, wie sie sich damit abplagte, mit, dass es im Grunde um ein moralisches Dilemma ging. Wobei ich ihr natürlich zutraute, dass sie sich am Ende richtig entscheiden würde.

Ich hätte ihr nur gern dabei geholfen.

* * *

Als ich spät am Abend nach Hause kam, schaute ich natürlich zuallererst im Safe nach. Das Stoffbeutelchen mit dem kunstvollen Knoten, das mir Vera anvertraut hatte, war tatsächlich nicht mehr da. Ich nahm mir vor, demnächst aber mal *wirklich* die Kombination zu ändern.

Ganz vorne im Safe hatte mir Vera ein Foto hinterlassen. Es zeigte ein Futonbett vor einer dunkelblau gestrichenen Wand, an der über dem Kopfende des Bettes ein großes, golden schimmerndes Ankh hing, das altägyptische Symbol des ewigen Lebens.

Ich drehte das Foto um und las in Veras winziger Handschrift: *Das ist Peter Youngs Bett.*

Kapitel 24

Am Montagmorgen bemühte ich mich, früh genug im Büro zu sein, um Marta noch vor der Redaktionskonferenz aufs Laufende zu bringen.

Ich erzählte ihr, was sich übers Wochenende im Fall *Youvatar* ergeben hatte, von dem Vertrag mit Raymond Ferdurci und was wir über ihn wussten. Zu meinem Erstaunen war sie sofort ebenfalls dafür, das Rätsel um diese Kurzgeschichte zu lösen, die Peter Young so viel Geld und Aufwand wert war.

»Du verblüffst mich«, sagte ich.

»Wieso?«, gab sie zurück. »Die Sache ist doch sonnenklar. Dieser Franzose hat eine Story geschrieben, die einen Denkfehler in Youngs Unsterblichkeitsprojekt aufzeigt, und Young hat ihn mit viel Geld und vielen bösen Anwälten zum Schweigen gebracht, damit dieser Denkfehler nicht bekannt wird. Weil sich Peter Young nicht das Geschäft seines Lebens verderben lassen will, das darin besteht, mit der Verheißung des ewigen Lebens zig Milliarden einzusammeln, mit denen er dann jahrzehntelang nach Belieben schalten und walten kann.«

»Was soll das für ein Denkfehler sein?«, fragte ich unwirsch. »Ein Denkfehler, den wir und Dutzende hochkarätiger Fachleute alle nicht gesehen haben?«

Marta zuckte unbeeindruckt mit den Schultern. »Finde die Story, dann erfährst du es.«

Ihre Reaktion hatte mich aus dem Konzept gebracht. Ich war fest davon überzeugt gewesen, dass sie mir vorhalten würde, schon viel zu viel Energie auf diese Angelegenheit verschwendet zu haben, und dass es höchste Zeit sei, mich wieder um das Kerngeschäft unserer Zeitung zu kümmern. Ich hatte mir schon allerhand Argumente zurechtgelegt, warum wir diese eine Sache noch klären sollten – und nun brauchte ich die alle gar nicht!

»Na gut«, sagte ich matt. »Genau das hab ich ja vor.«

Sie lächelte zuckersüß, immer ein gefährliches Zeichen. »Ein gewisser Herr Windover sagt gern, man solle sich immer fragen, was man sich in einer bestimmten Angelegenheit *wünscht*. Was wünschst *du* dir, James?«

Im selben Moment wurde mir schlagartig klar, dass ich mir schon lange etwas vormachte. Mein rigoroses morgendliches Sportprogramm, meine ständige Sorge, ob ich mich auch gesund genug ernährte, das war schon lange nicht mehr einfach nur eine aus Protest gegen meinen Vater erwachsene Gewohnheit. Auf einmal fiel mir wieder ein, wie ich letztes Jahr in unserem statistischen Archiv auf die Information gestoßen war, dass die durchschnittliche Lebenserwartung eines im Vereinigten Königreich geborenen Mannes meines Geburtsjahrgangs bei 73,25 Jahren lag – und wie mir heiß und kalt geworden war bei der Erkenntnis, dass ich mich mit meinen damals 38 Jahren sozusagen schon in der zweiten Halbzeit befand!

Und was hatte ich gemacht? Die Sirupwaffel weggeworfen, die in diesem Moment angebissen auf einem Teller neben mir gelegen hatte, und auf dem Heimweg einen Großeinkauf im Bioladen unternommen.

Die Wahrheit sah so aus, dass mich eine diffuse Angst umtrieb vor dem Altwerden und vor dem Tod, eine Angst, die ich mir noch nie eingestanden und über die ich folglich auch noch nie nachgedacht hatte. Und ja, ich würde, wenn man es mir anböte, nur zu gern alldem entgehen – dem Verfall, dem Nachlassen der Kräfte, dem Schwinden der Attraktivität. Und natürlich vor allem dem Ende selbst, dem Verschwinden im großen schwarzen Nichts.

In dieser Gefühlslage war mir das *Youvatar*-Projekt vorgekommen wie die Erhörung meiner Gebete, die ich in Form ausgedehnter Jogging-Runden verrichtet hatte. Ich hoffte auch immer noch, dass dieses Vorhaben gelang und funktionierte. Ich war bereit, viel dafür zu tun, um selber davon profitieren zu können, alles in die Waagschale zu werfen, was ich hatte – auch meine Zeitung und den Einfluss, den sie besaß. Meine Wahrheitsliebe für dieses Ziel ein Stück weit aufzugeben war mir dabei wie ein geringer Preis vorgekommen für weitere Jahrzehnte oder gar Jahrhunderte meines Lebens.

Doch in diesem Moment, in dem ich in Martas Büro stand und sie mich so durchdringend ansah, wurde mir klar, dass mich mein Streben nach Objektivität *definierte* und dass ich nicht mehr ich selber wäre, gäbe ich es auf.

»Du hast recht«, sagte ich schließlich, und es kann sein, dass ich ziemlich lange nachgedacht habe. Aber Marta hatte geduldig gewartet. »Was ich mir wünsche, ist, dass das *Youvatar*-Projekt Erfolg hat und tatsächlich der historische Durchbruch ist, der es sein möchte.«

»Siehst du? Und ich wünsche mir, dass es sich als Hirnfurz überspannter Technokraten herausstellt. Dass es scheitert aus demselben Grund, aus dem man Erdbeeren nicht einfrieren kann: Weil es *grundsätzlich* nicht geht.«

Ich merkte, dass ich lächelte. Auf irgendeine seltsame Weise war mir, als sei ein Gewicht von mir genommen worden.

»Lass uns die Wahrheit herausfinden«, sagte ich.

»Ja, genau«, meinte Marta und stand auf. »Zeit für die Redaktionskonferenz.«

* * *

In der Konferenz ging es, wie immer, zuerst um die aktuellen Entwicklungen in der Welt. Wir besprachen, welche neuen Statistiken uns weiterhelfen würden und mit welchem Aufwand es verbunden sein würde, sie zu erstellen. Wir diskutierten, wo unsere *Public Listeners* als Nächstes eingesetzt werden sollten. Wir sahen uns an, um welche Länder wir uns schon lange nicht mehr gekümmert hatten, und entschieden, wohin wir Kundschafter entsenden würden.

Diesmal war auch Sophie Giraud zugeschaltet, die Leiterin unserer Pariser Niederlassung. Sie wollte wissen, ob wir das Safe House, das wir vor ein paar Jahren in der französischen Hauptstadt eingerichtet hatten, um Whistleblower und andere schutzbedürftige Personen zu verstecken, überhaupt noch benötigten.

»Seit Snowden und erst recht seit Assange so gescheitert sind mit ihren Versuchen, die Öffentlichkeit aufzurütteln, wagt sich doch niemand mehr aus der Deckung«, meinte sie in ihrem entzückend französischen Englisch. »Ich sehe nicht, wieso sich daran in Zukunft etwas ändern sollte. Die großen Medien kollaborieren alle mit ihren Regierungen, anstatt sie zu hinterfragen.«

Ich schaute zu Marta hinüber, die den Überblick über unsere Finanzen hat. Die Einrichtung des Safe House hat Geld gekostet, sein Unterhalt kostete ebenfalls, aber es aufzulösen war eine Entscheidung, die nicht nur am Geld allein hängen durfte.

»Wir werden darüber nachdenken«, versprach Marta und machte sich eine Notiz.

Wir besprachen noch ein paar allgemeine Budgetfragen, bei denen es unter anderem auch um die Zahlung von Geldern an Informanten ging, weswegen ich hier nicht in Einzelheiten gehen kann. Wie üblich zurrten wir zum Abschluss noch ein paar Termine fest, dann verabschiedeten wir alle, die uns per Videokonferenz zugeschaltet waren.

Und als die Bildschirme schwarz waren, wandten wir uns dem Thema *Youvatar* und Raymond Ferdurci zu.

»F. Raymond? Den kenn ich«, sagte Gilbert Le Bras zu meiner Überraschung. »Von dem hab ich bestimmt an die zwanzig Romane zu Hause.«

»Heißt das, Sie sind ein Fan?«, fragte ich.

»Na ja, Fan … Ich hab die halt eine Weile ganz gern gelesen. Damals, als ich noch so oft zwischen Nantes und Amsterdam hin- und hergefahren bin. Die Dinger sind actionreich und spannend, die ideale Lektüre für lange Zugfahrten.« Gilbert Le Bras hatte anfangs zwischen seiner Geburtsstadt und der Redaktion gependelt.

»Und der Autor, was weißt du über den?«, hakte Nishant nach.

Gilbert hob die Hände. »Hat mich ehrlich gesagt nicht groß interessiert. Ich wusste nicht mal, dass das ein Pseudonym ist. Ich hab sogar mal überlegt, ob eine Frau dahintersteckt, weil als Vorname nur dieses F angegeben war.«

»Wieso das? F wie feminin?«, fragte Wally Evans.

Gilbert schüttelte den Kopf. »Nein, weil viele Autorinnen das so machen. Ich hab mal gelesen, sie werden von ihren Verlegern dazu gedrängt, ihren Vornamen zu verstecken, weil es sich dann angeblich besser verkauft. Denk an ›Harry Potter‹, da steht auch nur J.K. Rowling drauf.«

»Scheint was dran zu sein an der Theorie«, meinte Ben van Reuben. »Wenn man an die Verkaufszahlen denkt.«

»Worum geht es in diesen Romanen denn?«, fragte ich. »Da wir nicht mal eben zwanzig Romane lesen können, müssen Sie einstweilen als unser F.-Raymond-Spezialist fungieren.«

Gilbert Le Bras überlegte. »Also, es sind fast immer Verfolgungsjagden. Es geht immer um irgendwelche technischen Erfindungen oder wissenschaftliche Entdeckungen, hinter denen böse Buben her sind. Oft haben sie was mit dem Gehirn zu tun – eine Droge, die telepathische Fähigkeiten verleiht, eine Maschine, mit der man Menschen aus der Ferne hypnotisieren kann, ein Implantat, das ein perfektes Gedächtnis verleiht … solche Dinge.«

»Sieh an«, meinte Nishant. »Das passt doch.«

»Ich hab übrigens auch eine niederländische Ausgabe von einem seiner Romane«, fiel Gilbert ein. »Ich hatte denselben Roman schon auf Französisch, und ich hab die beiden benutzt, um mein Niederländisch zu verbessern.«

»Ah«, machte Claas Jordan. »Und, hat's was genützt?«

Gilbert grinste. »Da gehen die Meinungen auseinander. Aber die niederländische Ausgabe hat ein Foto des Autors auf der Rückseite, was die französischen Originalausgaben alle nicht haben. Falls ihr wissen wollt, wie der Mann aussieht.«

»Wissen wir schon«, sagte Wally Evans. »Auf der Website seiner Universität ist er mit Foto abgebildet.«

»Bringen Sie das Buch trotzdem mal mit«, bat ich. »Und jetzt an die Arbeit, Leute! Ich will alles über Raymond Ferdurci wissen. Vor allem, wo ich ihn finde.«

* * *

An den Rest des Tages erinnere ich mich als emsiges Durcheinander, das zum größten Teil aus unserer normalen Arbeit bestand, also der Klärung von Fragen wie: Was steckt hinter einer Regierungserklärung? Was hat eine Umbesetzung in einem Kabinett zu besagen? Welche weitreichenden Folgen wird ein neues Gesetz haben? Was ist nach einem Führungswechsel im Vorstand eines multinationalen Konzerns zu erwarten? Hat eine neue Erfindung wirklich Potenzial, oder ist das, was man darüber hört, nur ein Hype? Wir studieren Aktienkurse, Umfrageergebnisse, vorab geleakte Vertragstexte, vertrauliche Aussagen von Informanten aus dem direkten Umfeld von Regierungen und vieles andere mehr und destillieren daraus unsere Analysen und Vorhersagen.

An all das erinnere ich mich wie an ein wogendes Meer, zwar bei gemäßigtem Wind und blauem Himmel, weil aktuell keine große Krise dominierte, aber doch mit erhöhtem Wellengang, weil wir allerhand nachzuholen hatten.

Und in diesem wogenden Meer tauchten immer wieder kleine Inseln neuer Erkenntnisse über Raymond Ferdurci auf.

Auf einer liebevoll gestalteten Website, auf der jemand hingebungsvoll Informationen über Leben und Werk französischer Kriminalschriftsteller zusammentrug, fand Simone Peters den Hinweis, dass Ferdurci geschieden war und zwei Töchter hatte.

Daraufhin rief Niels De Jong seinen guten Freund Cornelis an, der bei der Polizei von Amsterdam arbeitete, Niels bereitwillig auf dem Laufenden hielt und bisweilen dafür zu gewinnen war, Dinge auf dem kleinen Dienstweg zu regeln. Besagter Cornelis wiederum rief einen guten Freund bei der französischen Polizei an, der mittels eines Zugriffs auf die behördlichen Datenbanken Details hierzu lieferte: Die Ex-Frau hieß Solange Blanc, 51 Jahre alt, wohnhaft in Montpellier, die Töchter hießen Anna, 28 Jahre alt, und Nathalie, 24 Jahre alt. Die Scheidung lag sieben Jahre zurück.

Solange Blanc, fanden wir heraus, lehrte als Professorin an der Universität Montpellier, und zwar das Fachgebiet Neurowissenschaften.

»Daher kommen bestimmt die Inspirationen für seine Romane«, meinte Gilbert Le Bras. »Sie hat ihm beim Essen von ihrer Arbeit erzählt, und er hat ab und zu gedacht, hm, daraus lässt sich was machen. So stelle ich mir das jedenfalls vor.«

»Ich rufe Sophie an«, meinte Marta. »Sie soll jemanden hinschicken, der mit ihr redet. Mit dem TGV ist man von Paris aus in dreieinhalb Stunden in Montpellier.«

Ich schüttelte den Kopf. »Zu umständlich. Erst mal soll Fiene schauen, was sie telefonisch erreicht.« Unerwähnt ließ ich, dass mir unwohl war bei dem Gedanken, den Namen Raymond Ferdurci allzu weit zirkulieren zu lassen.

* * *

Später setzten Marta und ich uns zusammen, um über die Zukunft unseres Safe House zu beraten. Wobei es da im Grunde wenig zu beraten gab: Wir hatten das *sichere Haus* vor Jahren erworben und aufwendig eingerichtet, um einen Mafia-Aussteiger bis zu seinem Auftritt vor Gericht zu verstecken. Seither benutzten wir es nur noch, weil es eben da war, und auch das viel zu selten.

Weil das Gebäude aber von historischem Interesse war – der ursprüngliche Besitzer des Hauses hatte während der deutschen Besatzung von Paris der Résistance angehört und viele Widerstandskämpfer darin versteckt –, kamen wir überein, dass Sophie zunächst bei entsprechenden Einrichtungen vorfühlen sollte, ob Interesse bestand, ein Museum oder dergleichen daraus zu machen, ehe wir die Sache einem Makler übergaben.

Wir waren uns gerade einig geworden, als es klopfte und Florinda Alvarez eintrat, die würdevolle Hüterin unseres Archivs und unserer Statistiken. Señora Alvarez würde niemals nur den Kopf durch einen Türspalt strecken, um vorzufühlen, ob ihre Anwesenheit erwünscht ist, o nein: Wenn sie beschlossen hat, einen Raum mit ihrer Gegenwart zu beehren, dann ist ihr Erscheinen nichts weniger als ein Auftritt, mit wallendem Gewand und Grandezza in der Bewegung.

»Das hier«, verkündete sie und überreichte mir schwungvoll einen Ausdruck, »wird Sie interessieren.«

Es war der Scan eines 36 Jahre alten Artikels aus der Zeitung *Midi Libre*, betitelt: *17-jähriger Gymnasiast sprengt in IQ-Test alle Grenzen.*

Bei einem Intelligenztest, wie er in dieser Klassenstufe obligatorisch durchgeführt wird, hat der Schüler RAYMOND FERDURCI (17) nicht nur sämtliche Aufgaben korrekt gelöst, er hat dies auch in der Hälfte der verfügbaren Zeit geschafft, las ich. *Nach Aussage des Psychologen, der den Test ausgewertet hat, weist dies auf eine Intelligenz hin, die außerhalb des messbaren Bereichs liegt. Um alle Aufgaben innerhalb der zur Verfügung stehenden Zeit von vierzig Minuten zu lösen, ist ein IQ von 162 erforderlich. Da der Schüler aber weitaus weniger Zeit, nämlich nicht einmal zwanzig Minuten benötigt hat, muss seine Intelligenz deutlich darüber liegen; es ist jedoch unmöglich, zu sagen, um wie viel, da es keine Vergleichsfälle gibt. Dem jungen Mann kann auf jeden Fall eine glänzende akademische Karriere vorhergesagt werden.*

»Sie haben recht«, sagte ich. »Das ist nicht nur interessant, das ist sogar … *beeindruckend.*«

Señora Alvarez lächelte huldvoll. »Dachte ich mir.«

Ich gab das Blatt an Marta weiter. »Das stammt aber nicht aus unserem eigenen Archiv, schätze ich.«

»Nein, das kommt aus den ›Archives de la presse‹ der französischen Nationalbibliothek«, erwiderte sie vornehm. »Ich … *kenne* dort jemanden.«

Die Art, wie sie das sagte, erweckte in mir die Vorstellung von einem verflossenen, ihr aber nach wie vor ergebenen Liebhaber, doch diese Assoziation behielt ich natürlich für mich.

»Es gab«, fügte sie hinzu, »noch ein paar andere Artikel aus anderen Blättern, mit Titeln wie *die Intelligenzbestie von Nîmes* und dergleichen, die aber vom Informationsgehalt diesem hier nichts mehr hinzufügen. Weswegen ich auf einen Ausdruck verzichtet habe.«

»Haben Sie eine Vorstellung, wie lange etwa das Thema in

den Medien war?« Das ist eine Standardfrage, wenn wir historische Recherchen anstellen.

»Mein Kontaktmann meint, nicht länger als vier Wochen.«

»Verstehe.« Wir bedankten uns, und sie rauschte wieder davon.

»Siehst du?«, sagte Marta zu mir, den Artikel in der Hand. »Er ist jemand, der intelligenzmäßig in einer eigenen Liga spielt. So jemand könnte sehr wohl einen Denkfehler in der *Youvatar*-Geschichte finden, der allen anderen nicht auffällt. Auch Wissenschaftlern nicht.«

Ich nickte, immer noch schwer beeindruckt. Unsere Diskussion kürzlich über die grundsätzliche Gefährlichkeit von Intelligenz fiel mir wieder ein: Wie es aussah, war sie auch für Peter Youngs Pläne gefährlich geworden.

»Umso wichtiger, mit ihm zu reden.«

* * *

Danach tauchten die meisten von uns wieder ab in das Gewoge politischer Entscheidungen, wirtschaftlicher Entwicklungen und gesellschaftlicher Wandlungen. Es galt, Wahlergebnisse einzuschätzen, Interviews zu analysieren und Trends aus Statistiken herauszulesen. Und es galt vor allem, das alles in kompakter, übersichtlicher Form aufzubereiten, es in eine Art Tachometer zu verwandeln, aus dem unsere stets eiligen Leser notfalls mit einem Blick den Zustand der Welt und die Richtung, in die sich die Dinge entwickelten, ablesen konnten.

Bis später am Nachmittag Fiene in der Tür meines Büros erschien und sagte: »Ich hab mit ihr gesprochen.«

Ich muss sie ausgesprochen ratlos angeblickt haben, denn sie fügte gleich hinzu: »Mit Solange Blanc.«

»Und?«, fragte ich.

»Hört es euch an.«

Kapitel 25

Fiene Vermeulen sieht aus wie die Elbin Arwen aus dem »Herr-der-Ringe«-Film, nur in blond und natürlich ohne die spitzen Ohren: Kein Wunder also, dass die meisten männlichen Mitglieder unseres Redaktionsteams immer ein bisschen nervös werden, wenn sie in der Nähe ist.

Entsprechend aufgekratzt war die Stimmung, als wir uns in ihrem schalldichten Büro drängelten, dessen imposante Telefonanlage aussieht wie der Kommandostand eines kriegführenden Generals. Aber wir taten so, als liege das nur an dem, was wir gleich zu hören kriegen würden.

So, wie Fiene schmunzelte, als sie den Abspielknopf drückte, glaube ich nicht, dass sie uns das auch nur eine Sekunde lang abgekauft hat.

Die Aufzeichnung von Telefongesprächen ist juristisch eine heikle Sache. Man darf es eigentlich nicht ohne Wissen und Zustimmung des Gesprächspartners tun, eine Zustimmung, die natürlich in vielen Fällen nur schwer bis gar nicht zu erhalten ist. Überdies ist nicht eindeutig geregelt, wie explizit diese Zustimmung sein muss. Fiene macht das oft so, dass sie am Anfang des Gesprächs fragt, ob es okay ist, wenn »jemand nachher mithört«, wobei sie es so klingen lässt, als passiere das im Moment noch nicht; theoretisch könnte sie sich dann auf ein Missverständnis herausreden. Vielleicht. Bis jetzt hat sich die Notwendigkeit nie ergeben.

Manchmal zeichnet sie ein Gespräch auch »aus Versehen« auf, ein bedauerlicher Fehler, den sie anschließend selbstverständlich korrigiert, indem sie die »irrtümliche« Aufzeichnung löscht – freilich erst, nachdem sie sie gründlich ausgewertet hat.

Um es zu vermeiden, dass wir den Bogen überspannen, habe ich die Regel aufgestellt, dass keine Gesprächsaufzeichnung Fienes Büro verlässt. Sie wird auch nicht länger aufbewahrt als unbedingt notwendig. Der Computer, mit dem sie Telefonate mitschneidet, hängt nicht am Intranet, hat keinen USB-Anschluss und keine allzu große Festplatte, sodass die Versuchung, Audiofiles aufzubewahren oder woandershin zu transportieren, gar nicht erst entstehen kann. Fiene hört ihre Gespräche in der Regel selber ab, schreibt die wesentlichen Punkte heraus, und nur dieses Dokument (das sie auf einem anderen, mit unserem Netz verbundenen Rechner verfasst) kommt dann in Umlauf und ins Archiv. Anschließend löscht sie die Aufzeichnung mit einem speziellen Programm, das die Daten *wirklich* unwiederbringlich plattbügelt.

Sie übersprang die erste Hälfte des Mitschnitts, in der wir nur gehört hätten, wie Fiene Solange Blanc ans Telefon bekam und, nun ja, Vertrauen aufbaute. Fiene hatte sich als Redakteurin eines niederländischen Literaturmagazins ausgegeben und behauptet, man wolle ein »etwas anderes« Porträt des Schriftstellers F. Raymond bringen, eine Formulierung, die weiten Raum ließ für alle möglichen, auch ungewöhnlichen Fragen.

Fiene stieg an einer Stelle in die Aufzeichnung ein, an der sie gerade fragte: »Sie unterrichten an der Universität von Montpellier, stimmt das?«

»Ja«, sagte die ruhige, dunkle Stimme einer gelassen klingenden Frau. »Neurowissenschaften. Meine Studenten kommen vor allem aus den Bereichen Biologie und Medizin.«

»In den Romanen Ihres Mannes spielen oft Erfindungen eine Rolle, die in irgendeiner Form mit dem Gehirn oder dem

Nervensystem zu tun haben. Denken Sie, dass Sie ihn dazu inspiriert haben?«

»Selbstverständlich. Als wir noch verheiratet waren, haben wir oft Studenten zu uns eingeladen, und beim Essen wurde natürlich viel über offene Fragen in diesem Bereich diskutiert. Davon gibt es ja reichlich, da ist uns der Stoff nie ausgegangen. Ich musste immer die Sachverhalte erklären, und Ray hat immer versucht, phantastische Ideen daraus abzuleiten.«

Gilbert hob grinsend den Daumen. *Richtig geraten*, hieß das.

»Darf ich fragen, wie Sie sich kennengelernt haben?«

»*Mon dieu*, das ist lange her.« Nun bekam ihre Stimme doch einen etwas wehmütigen Klang. »Wir waren noch Studenten. Ich in Rennes, er in Nîmes, seiner Geburtsstadt. An der Universität von Rennes fand damals eine Konferenz statt, auf der Philosophen und Neurowissenschaftler miteinander reden sollten, über Wahrnehmung, Erinnerung, den freien Willen und so weiter. Das war damals etwas ganz Außerordentliches, etwas, das in Fachkreisen für Aufsehen gesorgt hat, schon im Vorfeld. Ich war im Organisationsteam, habe Namensschilder ausgeteilt, Listen abgehakt, Vortragstexte kopiert, solche Dinge. Und Raymond durfte seinen Professor begleiten … hm, ich weiß nicht mehr, wie er hieß, nur, dass er schon ziemlich alt war und deswegen einen Assistenten brauchte. Und da sind wir uns über den Weg gelaufen.«

»Wie sah das konkret aus?«

»Er hat mir sehr gefallen. Er hatte damals so wilde Locken, fast wie ein Rockstar, und so einen intensiven Blick … Ich schien ihm auch zu gefallen, denn er ist unter allen möglichen Vorwänden immer wieder bei mir aufgetaucht. Aber er war schüchtern, keiner von denen, die nur auf Symposien gehen, um Mädchen aufzureißen.« Sie gab einen Laut von sich, der eine Mischung aus Lachen und Seufzen war. »Also hab ich beschlossen, ehe er wieder ins ferne Nîmes entschwindet, krall ich ihn mir. Und ehrlich gesagt war's auch einfach.«

»Und dann?«

»*En bref*, ich habe die Universität gewechselt, nach Montpellier, und wir sind dort in eine gemeinsame Wohnung gezogen. Ich hatte es nicht weit zur Universität, und er ist jeden Tag mit dem Zug nach Nîmes gefahren, was eine Fahrt ist von etwa einer Stunde. Das hat ihm nichts ausgemacht, er hat das immer genutzt, um zu lesen. Philosophen müssen ja unglaublich viel lesen. Und als ich schwanger geworden bin, haben wir geheiratet. Das war vier Jahre später.«

»Wie kam es, dass er angefangen hat, Thriller zu schreiben?«

Eine Pause entstand. Als hätte Fiene damit ein heikles Thema berührt.

»Soweit ich weiß, hat Ray schon immer geschrieben. Er hat mir gleich bei unserem ersten Spaziergang erklärt, dass das sein Traum ist: einen großen philosophischen Roman zu schreiben. Ich glaube, sein heimliches Vorbild war Proust; er hat die ›Suche nach der verlorenen Zeit‹ jedenfalls mehrmals gelesen und auch jede Biografie von Marcel Proust, die ihm unter die Finger gekommen ist. Und er hat immer Material gesammelt, Ideen notiert, Szenen entworfen. Aber er hat nie wirklich angefangen damit. Stattdessen hat er Artikel und Essays geschrieben über die Philosophen, über die er gearbeitet hat – Descartes, Sartre, Bergson, Merleau-Ponty und so weiter.«

»Aha. Und dann?«

Wieder dieses Seufzen. »Wissen Sie, Raymond war einer von diesen Überfliegern. Als Anna zur Welt gekommen ist, unsere ältere Tochter, hatte er sein Studium schon abgeschlossen und bereits eine Dozentenstelle in Nîmes. Besonders gut bezahlt war sie nicht, aber wir sind zurechtgekommen, und er musste nicht oft hin. Das war praktisch, einen Mann zu haben, der viel zu Hause ist und sich um die Kinder kümmert, vor allem, als bald unsere zweite Tochter dazukam, Nathalie. Er hat das auch genossen. Bloß habe ich im Lauf der Zeit eben eine akademische Karriere gemacht und er nicht, und heute weiß ich, das vertragen Männer ganz schlecht.«

»Aber er ist doch Dozent in Nîmes, oder?«

»*Oui, bien sur*. Nur ist das im Grunde noch dieselbe Stelle, die er schon vor zwanzig Jahren hatte. Nîmes ist die kleinste Universität Frankreichs, und kaum ein Mensch interessiert sich für Philosophie, also fallen seine Kurse meistens sowieso aus. In der Hauptsache gibt er diese – wie sagt man? – Creative-writing-Kurse.«

»Hat ihn das auf die Idee gebracht, Thriller zu schreiben?«

»Er wollte Geld verdienen! Er hat gesehen, wie gefragt Thriller sind, und hat sich gesagt, das kann ich auch. Zuerst hat er die Bücher erfolgreicher Autoren analysiert: James Patterson, Dan Brown, John Grisham, Stephen King, Mary Higgins Clark, Robert Ludlum … und noch viele mehr, ich krieg sie gar nicht alle zusammen. Dann hat er sich hingesetzt und den ersten Roman geschrieben. Der war schrecklich, ganz so einfach war's also nicht. Aber er hat noch einen geschrieben, der schon besser war, und mit dem dritten hat er dann einen Verlag gefunden.«

»Der, bei dem er heute noch veröffentlicht?«

»Ja. Aber nicht, weil er dort so gut behandelt wird, sondern weil er nicht aus dem Knebelvertrag herauskommt, den er damals unterzeichnet hat. Der Verleger hat ihn übers Ohr gehauen, um es klipp und klar zu sagen. Rays Bücher werden viel verkauft – ich seh sie ja immer noch überall –, aber er kriegt fast nichts davon ab.«

»Das muss ihm doch ziemlich zu schaffen gemacht haben?«

»*Vous pouvez chanter ça!* Und nicht nur ihm.«

»Ihnen auch?«

Ein schwerer Atemzug. »Sagen Sie mir noch mal, wie die Zeitschrift heißt, für die Sie arbeiten?«

»*Plaats delict*«, antwortete Fiene ohne das geringste Zögern. »Das heißt so viel wie ›Tatort‹. Wir sind auf Kriminalliteratur und Thriller spezialisiert.«

»Ehrlich gesagt habe ich noch nie von Ihnen gehört«, sagte Solange Blanc.

Was kein Wunder war, denn dieses Magazin existiert natürlich nicht; Fiene hatte es für dieses Telefonat erfunden.

»Es gibt uns erst seit drei Jahren«, behauptete Fiene nichtsdestotrotz. »Aber wir sind inzwischen an den meisten Kiosken vertreten, und die Zahl unserer Abonnenten steigt jeden Monat.«

»*Bien.* Wissen Sie, ich kenne diese Art Literaturmagazine. Sie wollen die Autoren in Porträts feiern, sie wie große Künstler aussehen lassen. Also werden Sie gar nicht wissen wollen, was ich Ihnen über die andere Seite erzählen könnte.«

»Wie meinen Sie das?«

Ein langer Seufzer. »Wie es der Familie eines solchen … *Künstlers* ergeht. Raymond hat schon immer Phasen gehabt, in denen er kaum ansprechbar war. Wenn er sich in philosophische Werke vertieft hat, zum Beispiel. Aber als das mit den Romanen losgegangen ist, war er geistig praktisch nicht mehr anwesend. Immer in Gedanken, selbst beim Kochen, Essen und Spülen. Unseren Töchtern hat das nicht so viel ausgemacht, die hatten ihr Umfeld und konnten tun, was sie wollten. Aber wenn ich nach Hause gekommen bin, hat er oft nur in seinem Zimmer gesessen und geschrieben. Drei Romane jedes Jahr, manchmal auch vier, stellen Sie sich das vor! An manchen Tagen habe ich ihn überhaupt nicht zu Gesicht bekommen.«

Nun war es Fiene, die kurz zögerte. »Wenn ich eine heikle Frage stellen darf … war das der Grund für Ihre Scheidung?«

»*Non, pas du tout.* Der Grund war, dass ich eine Affäre hatte«, sagte Solange Blanc ungerührt. »Mit einem seiner Schüler. Einem hübschen jungen Mann, mehr als zwanzig Jahre jünger als ich und ausgesprochen leidenschaftlich.«

»Und daraufhin hat Ihr Mann Sie verlassen?«

»*Mais non!* Ich habe ihn vor die Tür gesetzt!« Jetzt klang die Stimme nicht mehr ganz so ruhig und abgeklärt. »Verstehen Sie, ich hatte mehr und mehr das Gefühl, in meiner Ehe im Grunde allein zu sein. Also die Affäre. Und Raymond hat ewig nichts davon gemerkt, und das, obwohl ich mir keinerlei Mühe gegeben habe, es zu verheimlichen! Riri saß mit uns am Tisch, ich habe unter dem Tischtuch Händchen mit ihm gehalten und mehr, aber mein Mann war so in Gedanken, dass er nichts davon mitbekommen hat, nicht das Geringste! Ich musste es *arrangieren*, dass er uns zusammen im Bett vorfindet, damit er endlich aufwacht! Das war dann das Ende. Ich konnte nicht mehr mit einem Mann zusammenleben, der sich so wenig für mich interessiert, dessen ganzer Kopf angefüllt war mit philosophischen Theorien und Verfolgungsjagden. Ich hab ihm gesagt, er soll gehen, und er ist gegangen.«

»Es tut mir leid, das zu hören«, sagte Fiene bemerkenswert einfühlsam.

»Ich hoffe, Sie bringen den Artikel über ihn trotzdem«, erwiderte Solange Blanc. »Es ist nicht so, dass ich ihm irgendwas verderben will.« Sie seufzte. »Vielleicht hätte ich das alles besser nicht erzählen sollen.«

»Wir können es weglassen, wenn Sie wollen.«

»Stellen Sie ihn einfach nicht als schlechten Menschen dar. Das ist er nämlich nicht. Er geht nur ganz auf in dem, was er tut, will es richtig gut machen. Und ich meine, mal ehrlich: Von wie vielen Menschen kann man das sagen?«

»Wir wollen den Artikel auf jeden Fall bringen«, sagte Fiene. »Aber ich müsste dazu auch mit ihm selbst sprechen, und das gestaltet sich unerwartet schwierig.«

»Weil er verschwunden ist«, sagte Solange Blanc knapp.

»Ja, genau. Wissen Sie, wie ich ihn erreichen kann?«

»*Désolé.* Ich weiß nur, dass er sich vor einem halben Jahr hat beurlauben lassen. Seither ist er unauffindbar.«

»Auch keine Idee, wo er sein könnte?«

»*Aucune.*«

»Denken Sie, er hat sich irgendwohin zurückgezogen, um an seinem großen Roman zu schreiben?«

»Das würde ich ihm wünschen, aber ich wüsste nicht, wie er sich das leisten kann. Er hat keine großen Ersparnisse, jedenfalls nicht genug, um so lange auf ein Einkommen zu verzichten.«

Nun, das wussten wir inzwischen besser.

»Gibt es Leute, die wissen könnten, wo er ist?«

»Die hab ich alle schon selber gefragt. Von denen weiß keiner was. Oder wenn, dann will man's mir nicht sagen.« Sie zögerte, ihre Stimme klang auf einmal brüchig. »Er war sehr niedergeschlagen wegen der Scheidung. Man musste sich Sorgen um ihn machen. Ich hoffe, die Erklärung ist einfach die, dass er eine andere Frau kennengelernt hat und jetzt bei ihr ist.«

»Madame Blanc«, sagte Fiene sanft, »würden Sie mir die Chance geben, zu versuchen, ihn aufzuspüren? Wenn Sie mir die Namen und Telefonnummern der Leute nennen, von denen Sie gedacht haben, sie könnten etwas wissen, dann würde ich es gern noch einmal probieren. Und wenn ich ihn finde, würde ich Ihnen Bescheid geben, wenn Sie wollen.«

»Es würde mir reichen, zu wissen, dass es ihm gut geht«, sagte sie. »Aber ja, warten Sie. Ich hole mein Adressbuch.«

Das Rascheln von gutem, altem Papier war zu hören, dann

diktierte sie Fiene Namen und Telefonnummern, sagte jeweils dazu, wer das war: ein Kollege an der Universität, ein Freund aus dem Studium, eine Nachbarin in dem Haus in Nîmes, in dem Raymond Ferdurci seit der Scheidung lebte, seine Schwester in Lyon, seine Eltern, sein Hausarzt, der Buchhändler, bei dem Raymond Stammkunde war, sein Verleger in Paris, seine Dekanin und so weiter. Erstaunlich viele Namen für jemanden, der so zurückgezogen gelebt hatte. Sie wusste noch ein paar Namen von Schülern seines letzten Creative-writing-Kurses, die er erwähnt hatte, aber von diesen hatte sie keine Telefonnummern und war sich auch nicht sicher, ob sie die Namen richtig verstanden hatte.

Danach kam nichts mehr von Belang. Fiene bedankte sich, dann war das Gespräch zu Ende.

»Fiene«, sagte ich, »Sie sind und bleiben die Meisterin des Telefons.«

Sie nahm das Lob gelassen. »Ich würde jetzt diese Liste abtelefonieren und versuchen, etwas zu erfahren. Könnte doch sein, dass jemand dabei ist, dem Monsieur Ferdurci anvertraut hat, wo er steckt, der ihm aber versprechen musste, seiner Ex-Frau nichts zu verraten?«

Ich hatte eine andere Idee. »Das will überlegt sein«, sagte ich behutsam. »Fürs Erste wäre es mir lieber, Sie schreiben nur diese Liste auf und schicken sie mir. Und das Gedächtnisprotokoll dieses Gesprächs darf diesmal ruhig ausführlich sein.«

Was so viel hieß wie, dass sie es nahezu wörtlich wiedergeben sollte. Sie verfügt natürlich über eine Diktiersoftware, die in solchen Fällen das Transkribieren übernimmt. Das funktioniert mit erstaunlicher Korrektheit; Fiene muss nur mitlesen und hier und da ein falsch erkanntes Wort korrigieren.

Das ist übrigens nicht der Normalfall. In den weitaus meisten Fällen sind uns kurze Zusammenfassungen lieber.

»Alles klar«, sagte Fiene Vermeulen.

»Prima«, sagte ich und dann, an die anderen gewandt: »Raus mit uns!«

* * *

»Niels«, sagte ich auf dem Weg nach unten, »Sie haben doch da diesen Bekannten in Marseille …«

»An den habe ich auch grade gedacht«, meinte er.

Niels De Jong hat naturgemäß jede Menge Bekannte in der Welt der Strafverfolgung. Bei dem Mann, an den wir beide gerade dachten, handelte es sich um einen ehemaligen Zielfahnder namens Jean Baptiste Favreau, der seit seinem Ausstieg bei der Polizei eine Detektei in Marseille betrieb.

»Denken Sie, er kann uns helfen, Ferdurci zu finden?«, fragte ich.

»Mit einer so langen Liste von Kontakten? Er wird keine vierundzwanzig Stunden brauchen.«

»Dann rufen Sie ihn an. Es darf auch was kosten.«

Niels grinste. »Oh, das wird es auch.«

Kapitel 26

Am Dienstagmorgen legte mir Gilbert Le Bras ein zerlesenes Taschenbuch auf den Tisch. Es trug den Titel »Gestolen herinneringen«, »Gestohlene Erinnerungen«, der Autor hieß F. Raymond, und das Cover zeigte eine sich in Albträumen wälzende Frau, überblendet mit einem verschwommenen Bild, wie jemand durch eine dunkle Gasse flüchtete.

»Liest es sich so dramatisch, wie es aussieht?«, fragte ich, während ich versuchte, den Rückseitentext zu verstehen.

»Mindestens«, meinte Gilbert. »Die französische Ausgabe habe ich mal im Zug nach Nantes gelesen, und ich war so vertieft, dass ich um ein Haar nach Saint-Nazaire weitergefahren wäre.«

»Ich wollte, mein Niederländisch wäre besser«, sagte ich und betrachtete das Autorenfoto. Es war dasselbe Bild wie das auf der Website der Universität von Nîmes.

»Ich vermute«, sagte Gilbert, »dass ihm das mit dem Foto nicht recht war. Heute auf dem Herweg habe ich in der Bahnhofsbuchhandlung zwei seiner Romane in einer neuen Ausgabe gesehen, vom selben Verlag, aber ohne sein Bild.« Gilbert Le Bras wohnt mit seiner Freundin in Almere und fährt jeden Tag mit dem Zug nach Amsterdam herein.

»Lassen Sie mir das da?«, fragte ich, das Buch anhebend. »Vielleicht bring ich ihn dazu, es für Sie zu signieren.«

»Das wäre großartig«, meinte er lachend und ging wieder.

* * *

An diesem Tag kam Miroslaw Król aus dem Urlaub zurück.

Miroslaw ist ein großer, ungelenk wirkender Mann, der immer schrecklich ausgeleierte Klamotten trägt, und zwar, wie er behauptet, damit ihm »die Frauen nicht scharenweise nachlaufen«. Er stammt aus Polen, aus Łódź, um genau zu sein, hat sich aber aus irgendwelchen Gründen mit seiner Familie zerstritten und lebt schon ewig in Amsterdam. Den Urlaub hatte er, soweit wir es wussten, bei seiner Freundin verbracht, einer Serbin, die in Novi Sad lebt und mit der er seit Jahren eine Fernbeziehung pflegt, ähnlich wie Joan und ich.

Miroslaw arbeitet in der Statistikabteilung. Sein Englisch ist zu schlecht, als dass wir ihn Beiträge für die Zeitung schreiben lassen könnten, aber er ist sehr gründlich und hat ein phantastisches Gespür für Zahlen. Tatsächlich ist er unser »Super-Forecaster«, wie wir sagen.

Unsere Artikel über aktuelle Ereignisse haben fast immer folgenden dreiteiligen Aufbau: Erstens – was ist passiert? Zweitens – was denken wir, das dahintersteckt? Warum ist das passiert? Wer hat welche Beweggründe? Und schließlich drittens – was denken wir, welche Konsequenzen das haben wird?

Was den dritten Teil anbelangt, müssen wir natürlich raten. Wir machen das so, dass mehrere Leute, die sich mit dem jeweiligen Thema auskennen, eine Prognose abgeben, und zwar zunächst, ohne zu wissen, was die anderen sagen. Dann diskutieren sie ihre Beweggründe und korrigieren gegebenenfalls ihre eigenen Prognosen. Falls sie sich auf eine Vorhersage einigen, bringen wir diese, wenn es bei mehreren unterschiedlichen Prognosen bleibt, bringen wir sie alle. Diese Vorgehensweise haben wir nicht erfunden; sie heißt Delphi-Methode (benannt, ja, genau, nach dem gleichnamigen Orakel) und wurde bereits in den Fünfzigerjahren entwickelt. Sie ist, wenn man sie korrekt anwendet, erstaunlich treffsicher, wird heutzutage aber weder in der Wirtschaft oft genutzt noch in der Politik – dort schon gar nicht.

Und natürlich führen wir Statistiken darüber, wer wie oft richtigliegt mit seinen Vorhersagen. Und das ist seit Jahren Miroslaw, und zwar mit weitem Abstand.

»Willkommen zurück, Miroslaw«, sagte ich, als er die Treppe hochgestapft kam. »Ich fürchte, Sie müssen sich gleich als Erstes unsere Prognosen der letzten drei Wochen ansehen und sagen, was Sie davon halten.«

»Wie üblich«, meinte er nur.

Das vergaß ich zu erwähnen: Sonderlich gesprächig ist Miroslaw auch nicht.

* * *

Der Zielfahnder, den Niels am Montagnachmittag noch erreicht und beauftragt hatte, meldete sich und bat darum, dass wir von uns aus keine weiteren Versuche unternahmen, die Kontaktleute Ferdurcis zu befragen. Das würde ihm seine Arbeit nur erschweren, erklärte er, was ich einleuchtend fand. Ich besprach mich mit Fiene und setzte sie wieder auf die Familie Richard Colberts an, um mehr über die Umstände seines Todes zu erfahren.

Irgendwann am Dienstagnachmittag meldete sie sich, sie hätte jetzt mit den Eltern gesprochen. Ich machte einen kurzen Rundruf, und wir trafen uns alle in der Cafeteria.

»Den anderen Sohn, Bernard, habe ich nicht erreicht, aber die Eltern«, berichtete Fiene. »Jean-Luc Colbert, der Vater, ist Anfang sechzig und inzwischen im Ruhestand. Er war als IT-Fachmann bei *Jones & Jefferson* angestellt, das ist eine Firma, die weltweit eine spezielle Art von Steuerungsanlagen installiert. Vor zwanzig Jahren hat es in diesem Markt große Verschiebungen gegeben, weil chinesische Firmen auf dem Vormarsch waren, und man musste die Niederlassungen in Europa schließen, um die Firma zu verschlanken. Colbert bekam jedoch das Angebot, in die USA zu kommen, hat es angenommen, und so sind sie in Des Moines gelandet.«

Fiene biss herzhaft in ihre Sirupwaffel, kaute genüsslich und erfreute sich an unseren gespannten Blicken, ehe sie fortfuhr.

»Sie haben aber zunächst nur *zwei* ihrer Kinder mitgenommen, nämlich ihre Tochter Elaine, damals sechzehn, und Bernard, damals vierzehn Jahre alt. Richard, der erst sieben Jahre alt war, blieb bei den Großeltern in Avignon, bis er die Grundschule absolviert hatte. Dann holten sie ihn nach, aber er hatte Schwierigkeiten, sich in den USA einzuleben, und verbrachte immer wieder die Ferien in Avignon. Er war offenbar ein Wanderer zwischen den Welten.«

»Und weiter?«, fragte ich. Man sah ihr an, dass sie noch einen Knaller in Reserve hatte, und ich wollte wissen, was für einen.

»Er hat es schließlich irgendwie arrangiert, dass er in Frankreich studieren konnte. Sehr zur Erleichterung seiner Eltern, weil das natürlich viel weniger kostet als ein Studium in den USA.«

»Und?«

»Er hat in Nîmes studiert, und zwar *lettres modernes* – das sei eine Art Literaturwissenschaft, meinte Monsieur Colbert.«

»Ich ahne etwas«, sagte ich.

»Er sei mit einem seiner Professoren befreundet gewesen, seinem Dozenten für kreatives Schreiben, hat Monsieur Colbert weiter erzählt. Und dass er sogar oft bei ihm und seiner Frau, einer Hirnforscherin, zu Gast war.«

»Sieh an«, meinte Niels.

»Solange Blanc«, fiel mir ein, »hat den Studenten, mit dem sie eine Affäre hatte, *Riri* genannt. Das ist im Französischen die Koseform des Namens Richard.«

»Ich glaube«, sagte Niels, »ich werde mal versuchen, rauszufinden, wo sich dieser Raymond Ferdurci Ende Januar aufgehalten hat. Womöglich schreibt er gerade einen Roman über ein Verbrechen, das er selber begangen hat!«

* * *

Abends klopfte Wally Evans gegen den Rahmen meiner offen stehenden Tür und meinte: »Ich hab übrigens ein paar Nachforschungen angestellt, wem die Mailadresse gehört, an die die Teilnehmer des Storywettbewerbs ihre Sachen schicken sollen. Sie wissen schon, *Tomorrow Tales Press*, ›Angenommen, es würde möglich, das menschliche Bewusstsein in Computer upzuloaden …‹.«

»Ja, klar«, sagte ich. »Und?«

»Ich hab eine Mail hingeschickt mit einem winzigen Bild, weiß auf weiß, das der Mailclient von einem Server nachladen muss, und den Reverse-Ping verfolgt –«

»Walter, Sie wissen genau, dass ich keine Ahnung habe, wovon Sie gerade reden.«

Er lächelte huldvoll. »Jedenfalls, die Mail landet nicht in Maine, sondern in Mountainview, Kalifornien. Und wenn mich nicht alles täuscht, direkt bei Peter Young.«

»Das hieße, dass er alle diese Storys als Erster liest?«

»Wäre möglich.«

»Was es ihm erlauben würde, Storys, die ihm nicht gefallen, einfach verschwinden zu lassen.«

»Eben«, sagte Wally Evans. Dann klopfte er abermals gegen den Rahmen und meinte: »Einen schönen Abend noch.«

* * *

Noch später am Abend kam Niels herein, warf sich in den Sessel vor meinem Schreibtisch und sagte: »Ich hab gerade mit Jean Baptiste telefoniert. Das heißt, er hat mich angerufen.«

»Um Erfolg zu melden, hoffe ich?«

Niels schüttelte den Kopf. »Nur ein Zwischenbericht. Wir hätten ihm da eine harte Nuss zu knacken gegeben, hat er gemeint.«

»Hat er Einzelheiten erzählt?«

»Ein bisschen. Er redet nicht allzu gern darüber, wie er's macht. Verständlich, weil das rechtlich eine ziemliche Grauzone ist. Aber er meint, von den Leuten auf der Liste weiß tatsächlich keiner, wo Ferdurci steckt. Jean Baptiste hat dessen Verleger angerufen und sich als Filmproduzent ausgegeben, hat gesagt, er überlegt, einen der Romane von F. Raymond zu verfilmen, dass er aber erst mit dem Autor persönlich sprechen will. Der Verleger war ganz außer sich vor Geldgier, hat Jean gemeint, aber hilflos. Er wisse selber nicht, wo sich sein Autor aufhalte, seit Monaten versuche er vergeblich, ihn zu erreichen.«

»War also nichts mit den vierundzwanzig Stunden.«

»Ja, er klang ziemlich gefrustet. Jemand mit einem so ungewöhnlichen Namen, hat er gemeint, hat eigentlich gar keine Chance, durchs Netz zu schlüpfen.«

»Und was macht er jetzt?«

»Er hat rausgefunden, dass Ferdurci einen Nachsendeantrag gestellt hat, und war schon siegessicher. Aber die Post geht nur an eine Hausverwalterin, eine ältere Frau, die auch ab und zu nach seiner Wohnung schaut. Die will er sich morgen genauer vornehmen.«

»Wen? Die Frau oder die Wohnung?«

»Beide.«

Kapitel 27

Am Mittwochmorgen wartete Miroslaw mit einer langen Liste auf. Sie betraf unsere Prognosen der letzten drei Wochen, bei denen er dezidiert anderer Meinung war. Und nicht nur das, er konnte es in jedem Fall auch begründen.

Das hieß, wir würden Ergänzungen verfassen und entsprechende Hinweise darauf veröffentlichen müssen.

In zwei Berichten unseres Asienteams hatte er sogar richtiggehende Unstimmigkeiten entdeckt. Ausgehend von dem bloßen Gefühl, ›da stimmt was nicht‹, hatte er die Zahlen nachgeprüft und war darauf gekommen, dass die Angaben der Volksrepublik China zu Bevölkerungs-, Geburten- und Sterbezahlen nicht zu den veröffentlichten Statistiken zur Anzahl der Kinder in verschiedenen Schulformen passten. Wir wissen, dass auf Statistiken aus China wenig Verlass ist, und versuchen immer, sie aus anderen Quellen zu ergänzen und zu korrigieren, aber dieser Widerspruch war uns tatsächlich allen entgangen.

Mit der Konsequenz, dass wir einen umfangreichen Bericht zur Entwicklung des chinesischen Immobilienmarktes ganz neu durchrechnen und bewerten mussten.

Mit anderen Worten: Wir hatten viel Arbeit für nichts geleistet.

Natürlich hatte Miroslaw inzwischen auch von der *Youvatar*-Sache gehört. Als ich ihn darauf ansprach und wissen wollte, was er davon hielt, brummte er: »Weiß nicht mal, was für eine Frage man da stellen muss.«

»Na«, meinte ich leichthin, »die erste Frage wäre doch wohl: Klappt es oder nicht?«

Daraufhin sah er mich eine Weile so durchdringend an, als sähe er mich zum ersten Mal im Leben, schüttelte dann entschieden den Kopf und sagte: »Ist nicht die Frage. Hab das Gefühl, dahinter lauert Gefahr. Große Gefahr. Weiß aber nicht, was für eine.«

Ich sagte irgendwas, das locker und unbeschwert klingen sollte, doch in Wirklichkeit hatte mir das, was er gesagt hatte – und vor allem, *wie* er es gesagt hatte –, eine Gänsehaut über den Rücken gejagt. Ich habe schon zu oft erlebt, dass auch Miroslaw Król sich irrt, und halte ihn nicht für einen Hellseher, ganz gewiss nicht.

Aber irgendwie … eben doch.

* * *

Inzwischen hatte Fiene mit etlichen der Drehbuchautoren gesprochen, die bei *Future Images* neben Richard Colbert an den Brainstormings im »Writer's Room« teilgenommen hatten.

Diejenigen, die immer noch bei der Firma angestellt waren, hatten sich geweigert, über die damalige Zeit zu sprechen. Dafür waren diejenigen, die durch den Verkauf der Firma ihren Job verloren hatten, umso auskunftsfreudiger gewesen.

»Also, dass Peter Young Richard Colbert eine Filmidee abgekauft hat, scheint zu stimmen«, referierte Fiene Vermeulen, als wir uns kurz vor dem Mittagessen in der Cafeteria deswegen zusammensetzten. »Das haben mir mehrere Autoren bestätigt. Die meisten erinnerten sich auch noch daran, dass das am 23. Januar passiert ist. Eine Autorin hat es mir ausführlich beschrieben, filmreif fast …«

»Sollte man ja eigentlich auch erwarten dürfen«, warf Ben van Reuben ein.

»Eben. Diese Brainstormings fanden immer nachmittags statt, von drei bis sechs Uhr. Peter Young war jedes zweite oder dritte Mal dabei, so oft halt, wie er zwischen seinen anderen Geschäften Zeit hatte. Sie sagt, er habe die Runde immer angefeuert und ermutigt, und dass die Ideen deutlich besser geflossen seien, wenn er dabei war.«

»Das mit der Menschenführung hat er zweifellos drauf«, warf ich ein. »Nicht mal seine größten Feinde bestreiten das.«

Fiene nickte. »An dem Nachmittag, hat die Autorin gesagt, sei Colbert die ganze Zeit nervös gewesen, angespannt, habe auf irgendwas gelauert. Das ist auch anderen aufgefallen. Anscheinend hat Colbert normalerweise ziemlich viele und ziemlich schräge Beiträge geliefert, immer gut mitgemacht, aber an dem Tag gar nicht. Als das Treffen zu Ende war und Young sich verabschieden wollte, ist Colbert auf ihn zugeschossen und hat ihn überfallartig gefragt, ob er ihn kurz sprechen könne, unter vier Augen.«

»Um ihm seine Idee zu erzählen«, mutmaßte Nishant.

»Genau. Young hat die anderen Autoren verabschiedet und ist mit Colbert im ›Writer's Room‹ geblieben, hinter geschlossenen Türen. Es war kein kurzes Gespräch, es muss mindestens zwei Stunden gedauert haben. Einer der anderen Autoren hat auf seine Freundin gewartet, die in der Buchhaltung arbeitet, und er hat Young kurz nach acht Uhr abends wegfahren sehen. Ein anderer meinte, am nächsten Tag habe ihm Colbert erzählt, er habe einen Vertrag mit Peter Young, dass er sehr geheimnisvoll getan und gesagt habe, er dürfe nicht über Einzelheiten reden. Besagte Autorin meinte, Colbert habe am nächsten Tag geradezu geleuchtet vor Zuversicht. So, als sei er sich sicher, dass seine Karriere jetzt durchstarten werde.«

»Stattdessen hat Young aus der Filmidee eine Geschäftsidee gemacht«, sagte ich.

»Davon wusste natürlich keiner der Autoren etwas, mit

denen ich gesprochen habe«, ergänzte Fiene. »Sie waren alle ziemlich perplex, als Young *Future Images* Knall auf Fall verkauft hat, aber keiner konnte sich erklären, warum das geschehen ist. Niemand hat einen Zusammenhang mit der Idee Colberts gesehen.«

»Haben sie etwas zu Colberts Tod gesagt?«, wollte ich wissen.

Fiene schüttelte den Kopf. »Jeder, mit dem ich gesprochen habe, ist überzeugt, dass es tatsächlich Selbstmord war. Und es scheint die meisten nicht überrascht zu haben. Einer hat gesagt, Colbert sei immer ein ziemliches Nervenbündel gewesen, oft depressiv und schwierig im Umgang. Ein anderer hat gemeint, man habe richtig sehen können, wie ihn der Ehrgeiz zerfresse und dass es nur eine Frage der Zeit gewesen sei.«

»Und was genau das für eine Idee gewesen sein könnte, die Colbert sich von Young hat abkaufen lassen, hat dazu irgendjemand was gesagt?«

»Nur, dass Colbert wohl mehrmals gesagt haben muss, es sei die beste Idee, die er je gehabt habe.«

Ich schüttelte den Kopf. »Es kann nicht einfach nur darum gegangen sein, das menschliche Gehirn – den Geist – in einen Computer hochzuladen. Diese Idee ist ein alter Hut. Sogar ich weiß, dass es darüber schon jede Menge Filme gibt.«

»Und auch die Idee, es so zu machen, wie *Youvatar* es vorhat, ist nicht neu«, ergänzte Nishant.

»Vielleicht hat dieser Richard Colbert die Bedeutung seiner Idee einfach nur völlig überschätzt«, meinte Ben van Reuben.

»Ich glaube kaum, dass ein Peter Young ihm dann hunderttausend Dollar dafür bezahlt hätte«, warf Marta ein, die wie immer dabeisaß, aber selten etwas sagte. »Der Mann weiß genau, dass man nicht vom Geldausgeben reich wird.«

* * *

Am Nachmittag setzte ich mich einmal mehr mit Claas Jordan zusammen, um mit ihm einen Text durchzugehen, den er geschrieben hatte. Der schon ziemlich gut war, aber immer noch spüren ließ, dass er den Politiker, um den es ging, abgrundtief verachtete. Nicht zu Unrecht übrigens. Ebendeshalb bestand ich auf sprachlicher Sorgfalt.

»Taten sprechen deutlicher als Worte«, sagte ich. »Wenn Sie durchblicken lassen, dass Sie denken, der Mann sei ein Idiot oder ein Scheusal, ist das etwas, das ein Leser allzu leicht abtun kann. Das ist dann halt Ihre Meinung, *so what?* Aber wenn Sie präzise schildern, was er entschieden hat und wie sich das auswirkt, welche Probleme es verursacht und wer aus seinem Umfeld davon wie profitiert, dann spricht das für sich. Das ist dann etwas, das man nicht mehr einfach übergehen kann.«

»Sie meinen also, Objektivität in der Darstellung erzwingt Objektivität in den Fakten?«, überlegte Claas.

»So ungefähr. Aber warten Sie mal, bis es um jemanden geht, den Sie verehren. Dann wird es *richtig* schwierig.«

Wir gingen den Text Zeile für Zeile durch, diskutierten über die Bedeutung einzelner Begriffe, mussten bisweilen im *Oxford English Dictionary* nachschlagen, das wir sowohl in der zwanzigbändigen gedruckten Ausgabe besitzen als auch in elektronischer Form.

Kurz vor dem letzten Absatz streckte Niels De Jong den Kopf zur Tür herein.

»Ich will nicht stören«, behauptete er, »nur Bescheid sagen, dass Raymond Ferdurci Anfang des Jahres definitiv *nicht* in den USA war. Nicht nur, dass sich in den Passagierdaten kein Flug von jemandem dieses Namens findet, seine Fakultät hat in der fraglichen Zeit ein großes internes Fest ausgerichtet, um den alten Dekan in den Ruhestand zu verabschieden. Und Ferdurci hat sich intensiv an den Vorbereitungen beteiligt. Es gibt Fotos davon im Netz.«

»Ehrlich gesagt hab ich mir gleich gedacht, dass das –«, begann ich, doch dann rief Claas Jordan plötzlich: »USA!«

»Wie bitte?«, fragten Niels und ich wie aus einem Mund.

»Wir sprechen den Namen Ferdurci immer französisch aus«, sagte Claas. »Aber wie würde ein Amerikaner ihn aussprechen? Und was würde jemand hören, der es mitbekommt und keine Ahnung hat, wovon die Rede ist?«

Ich brauchte einen Moment, dann kapierte ich.

»*Feather sea!*«, sagte ich. »Genau.«

»Ist das ein Insiderwitz, oder worum geht es?«, fragte Niels.

Ich nickte Claas zu. Das war seine Entdeckung.

»Angenommen«, erklärte der, »ein amerikanischer Anwalt telefoniert in der Öffentlichkeit in einer Angelegenheit, die einen Vertrag mit einem Monsieur Ferdurci betrifft, und ein *Public Listener* hört zu: Dann wäre es doch gut möglich, dass er ›feather sea contract‹ zu hören meint, oder?«

Niels bekam große Augen. »Klar. Logisch. Das muss es sein.«

»Und das heißt«, ergänzte ich, »dass dieser Raymond Ferdurci die Anwälte Youngs schwer beschäftigt haben muss. Denn von einem ›feather sea problem‹ ist in den Protokollen ausgesprochen oft die Rede.«

* * *

Abends meldete sich Niels' Zielfahnder wieder, um über den Stand der Dinge zu berichten. Diesmal war ich bei dem Gespräch dabei. Er hörte sich gefrustet an.

»Ich war in seiner Wohnung. Normalerweise findet man immer einen Hinweis, wenn man eine Wohnung in aller Ruhe gründlich durchsuchen kann. Eine Landkarte mit einem Kreuz darauf eher selten, dafür irgendwelche Notizen, Fahrkarten, Reiseführer, die an einer bestimmten Stelle von selber aufgehen, Kontoauszüge … Aber hier: Nichts. Der Mann ist 53. In dem Alter müssen die meisten Männer schon dauerhaft Medikamente nehmen, Blutdrucksenker zum Beispiel. Also muss er einen Hausarzt haben, muss sich die Mittel irgendwie verschaffen. Wenn er in Frankreich ist, muss er in Apotheken seine *Carte vitale* vorlegen, die Apotheken sind vernetzt … aber auch hier: Fehlanzeige. Der Mann hat außerdem noch nie ein Mobiltelefon besessen, sagen alle, die ihn kennen, also ist das auch keine Spur. Er hat auch nie den Führerschein gemacht, also wird er auch kein Auto gemietet haben. Es gibt keinen neuen Vertrag über einen Stromanschluss bei der EDF, keinen Telefonanschluss auf diesen Namen bei der *France Télécom*, nicht einmal Wasseranschluss scheint er zu brauchen.« Er atmete geräuschvoll aus. »Sind Sie sicher, dass es den Mann tatsächlich *gibt?*«

»Was ist mit seinem Computer?«, fragte ich.

Jean Baptiste Favreau schnaubte ärgerlich. »Den hat er mitgenommen.«

»Es gibt doch solche Dienste, um einen gestohlenen Laptop aufzuspüren, sobald er ans Netz geht – *Find My Mac* zum Beispiel …?«

»Nett, dass Sie mir meinen Job erklären wollen«, erwiderte der Zielfahnder angesäuert, »aber das war tatsächlich mein erster Gedanke. Bloß habe ich dann die Rechnung für den Computer gefunden und gesehen, dass dieser Ferdurci da eine richtige Antiquität besitzt. Das Ding war schon alt, ehe jemand diese Aufspürmöglichkeiten erfunden hat.«

»Ich bitte um Entschuldigung«, sagte ich. »Was werden Sie jetzt tun?«

»Nachdenken«, war die Antwort. »Ich bin mit meinem Latein grade ein bisschen am Ende.« Ein Seufzen. »Ich treff mich nachher mit einem Kollegen. Vielleicht fällt uns beim Fachsimpeln was ein.«

Als ich wenig später Gilbert Le Bras davon erzählte, lachte der nur und meinte: »In ungefähr jedem zweiten Roman von F. Raymond versucht eine Figur, spurlos unterzutauchen. Das ist ein Thema, mit dem er sich eindeutig auskennt.«

»Sie denken, Favreau findet ihn nicht?«, fragte ich.

Gilbert schüttelte entschieden den Kopf. »Keine Chance.«

Kapitel 28

Gilbert sollte recht behalten. Am Donnerstagmorgen gegen elf Uhr meldete sich Favreau wieder und erklärte, dass er die Suche aufgebe.

»Meine professionelle Meinung ist«, sagte er, »dass Monsieur Ferdurci bei seinem Verschwinden entweder die Hilfe eines Geheimdienstes gehabt hat, der ihn nach wie vor schützt, oder aber, dass er entführt und getötet wurde. In diesem Fall liegt sein Leichnam irgendwo verscharrt und wird, wenn überhaupt, nur durch einen Zufall gefunden werden.«

»Entführt?«, echote ich. »Er hat sich offiziell beurlauben lassen! Also hatte er die Absicht, irgendetwas zu unternehmen in der Zeit.«

»Das mag ja sein. Aber auch jemand, der beurlaubt wurde, kann Opfer eines Verbrechens werden.«

»Ist das Ihr letztes Wort?«

»*Oui. Désolé.*«

»Nun gut«, sagte ich, »dann schicken Sie uns bitte Ihre Rechnung.«

Ich legte auf, und wir sahen einander beunruhigt an – Niels, Marta, Gilbert und ich. Einen Moment lang sagte niemand etwas. Aber ich bin mir sicher, wir dachten alle dasselbe, nämlich: *Was zum Kuckuck hat Raymond Ferdurci da für eine Story geschrieben?*

* * *

Ich war enttäuscht. Nicht nur einfach enttäuscht, ich war *zutiefst* und *über alle Maßen* enttäuscht.

So geht es mir immer, wenn ich auf Andeutungen und vage Hinweise gestoßen bin, dass die offizielle Geschichte nicht stimmt (und tatsächlich stimmen die offiziellen Geschichten fast nie) und sich hinter den Kulissen in Wirklichkeit etwas ganz anderes abgespielt hat, ich aber einfach nicht erfahre, was. In solchen Fällen könnte ich glatt die Wände hochgehen, und das war auch jetzt so.

Ich versuchte, mich zu beruhigen, indem ich mir sagte, dass diese angeblich so gefährliche Story wahrscheinlich völlig belanglos war und dass Peter Young nur *dachte*, sie könne ihm gefährlich werden. Schließlich sagte man ihm ja bisweilen einen gewissen Hang zur Paranoia nach.

Oder, vielleicht war es in der Story überhaupt nicht um das Konzept von *Youvatar* gegangen, sondern um etwas, das Peter Young persönlich belastete! Womöglich wusste dieser Raymond Ferdurci etwas über das Ableben von Richard Colbert, das die Polizei *nicht* wusste, und hatte es in eine Kurzgeschichte verpackt?

Vielleicht hatte das alles mit diesem Wettbewerb gar nichts zu tun? Ferdurci konnte den Text direkt an Peter Young geschickt haben, um ihn zu erpressen.

Solcherlei Überlegungen also gingen mir durch den Kopf, doch sie überzeugten mich nicht. Ich merkte selbst, dass ich nur versuchte, mir die Enttäuschung auszureden.

Auf der anderen Seite konnte ich mir aber auch nicht vorstellen, wie eine *Kurzgeschichte* dem Konzept von *Youvatar* schaden sollte. Was sollte da drinstehen? Was daran konnte anderthalb Millionen Dollar wert sein? Einem gewieften Geschäftsmann wie Peter Young zudem, dessen Tage, in denen man ihn hatte übers Ohr hauen können, schon lange hinter ihm lagen?

Andererseits war Ferdurci anerkanntermaßen hyperintelligent. Schlau genug, um einem professionellen Zielfahnder zu entwischen. Wie wollte ich mir anmaßen, zu wissen, was sich so ein Kopf auszudenken imstande war?

Den anderen ging es ähnlich. Marta kam nach einer Weile zu mir ins Büro, setzte sich auf die Kante meines Schreibtischs und fragte: »Und jetzt?«

Ich zuckte mit den Schultern. »Weiß ich auch nicht.«

»Einen anderen Zielfahnder zu beauftragen hat wenig Zweck, nehme ich an?«

»So viel Auswahl gibt es in der Branche ohnehin nicht.«

»Wirst du es Anahit Kevorkian erzählen?«

»Darüber muss ich noch nachdenken«, sagte ich ausweichend. Auf jeden Fall würde ich es irgendwie verpacken müssen. Eine offizielle Geschichte darum herum spinnen. »Eigentlich hat sie ihre Entscheidung ja schon getroffen. Wir müssen halt hoffen, dass sie richtig war.«

Marta zog eine Schnute. »Gefällt mir nicht.«

»Mir auch nicht«, gab ich zu.

* * *

Nach dem Mittagessen unterhielt ich mich noch ein wenig mit Niels De Jong, ließ mir von ihm mehr darüber erzählen, wie so ein Zielfahnder überhaupt arbeitete.

»Die Erfolgschancen beruhen auf einem ganz simplen Ungleichgewicht«, erklärte er mir. »Der Fahnder kann sich beliebig viele Fehler leisten, während dem, den er sucht, schon ein einziger Fehler zum Verhängnis werden kann.«

»Das heißt, der Fahnder muss nur lange genug dranbleiben, oder?«, fragte ich. »Aber wieso hat Ihr Freund dann schon nach drei Tagen aufgegeben?«

»Weil er keine Anhaltspunkte mehr gefunden hat.«

Ich fragte, wie das gemeint war, worauf mir Niels die wilde Geschichte eines Falles erzählte, den Favreau einmal gelöst hatte. Und zwar war er beauftragt worden, einen Mann zu finden, der untergetaucht war, um seinen Unterhaltsverpflichtungen für ein Kind zu entgehen. Favreau unterhielt sich mit der verlassenen Frau und erfuhr, dass Henri – so hieß der Gesuchte – sein Geld, von dem er keineswegs zu wenig verdiente, lieber für tropische Zierfische ausgab. Er hatte, als er verschwunden war, seine Aquarien zurückgelassen, aber seine wertvollsten Fische mitgenommen. Also würde er sich, egal, wo er sich aufhielt, wieder ein Aquarium zulegen und wahrscheinlich auch die Fachzeitschrift wieder abonnieren, die er immer gelesen hatte.

Favreau versuchte, an die Abonnentenliste des Zeitschriftenverlags heranzukommen, aber das erwies sich als unmöglich. Also gab er selber eine Anzeige in besagter Zeitschrift auf, in der er ein Paar seltener Fische anbot, eine Art, von der die Kindsmutter gewusst hatte, dass Henri verrückt danach war. Es meldeten sich Hunderte von Interessenten, und das, obwohl Favreau keine Mailadresse angegeben hatte, sondern nur eine Chiffre, man ihm also altmodisch Briefe schicken musste.

Unter diesen Briefen war tatsächlich auch einer von Henri. Die Absenderadresse auf dem Umschlag war absichtlich verschmiert worden und unleserlich, doch es klebte eine belgische Briefmarke darauf; Henri hatte sich also offenbar nach Belgien abgesetzt. Er hatte nur eine Mobilnummer angegeben, was zeigte, dass er vorsichtig war: Eine Festnetznummer hätte nämlich über die Rückwärtssuche seinen neuen Wohnsitz verraten.

Favreau rief ihn an und schaffte es, Henris Vertrauen zu gewinnen. Da er selber von Zierfischen nichts verstand, oder nicht genug, um als gleichgesinnter Sammler durchzugehen, behauptete er, er müsse sich um das Aquarium eines unerwartet verstorbenen Onkels kümmern und wolle die Tiere in fachkundige Hände abgeben. Er erzählte, dass außer den angebotenen Tieren noch andere Fische in dem Becken schwämmen, von denen er nicht wisse, welcher Art sie angehörten. Als Henri bat, sie ihm zu beschreiben, gab ihm Favreau eine Schilderung, die von einer Website über die seltensten Tropenfische der Welt stammte.

Henri wurde gierig. Was er für die anderen Fische wolle, fragte er. Favreau sagte, ach was, die geb ich Ihnen dazu, Hauptsache, ich bin sie los. Und dann, ganz beiläufig, sehe ich das richtig, Sie sind in Belgien? Da bin ich nächste Woche auch, ich könnte Ihnen die Tiere vorbeibringen.

Super, sagte Henri, gab ihm noch Tipps, wie er die Fische am besten transportieren sollte, dann rückte er mit seiner Adresse heraus.

Ein paar Tage später klingelte es bei Henri, aber es war kein Mann mit bunten Fischen in Plastikbeuteln voller Wasser, sondern die Polizei.

Seine Leidenschaft für tropische Zierfische war ihm zum Verhängnis geworden.

»Und bei Raymond Ferdurci gibt es keinen solchen Anhaltspunkt?«, fragte ich.

Niels hob die Schultern. »Er liest die Werke alter Philosophen – die kann man überall kaufen. Und er schreibt. Falls er außerdem noch eine heimliche Leidenschaft haben sollte, dann ist die so heimlich, dass nicht einmal seine Frau etwas davon weiß.«

Claas Jordan hatte bis dahin nur dabei gesessen und zugehört, aber nun fragte er: »Was, wenn er sich einfach eine neue Identität zugelegt hat? Ich meine, er hat einen ziemlich ungewöhnlichen Nachnamen, da wäre doch der erste Schritt, dass er sich Pierre Dupont nennt oder so. Also, ich würde das jedenfalls so machen.«

Niels, der ehemalige Polizist, lächelte säuerlich. »Und *wie* würden Sie das machen? Sie bräuchten mindestens einen Pass und einen Führerschein auf diesen Namen.«

»Gibt's doch alles zu kaufen. Im Darknet zum Beispiel. Man bezahlt mit Bitcoin, und alles bleibt anonym.«

Niels lächelte noch säuerlicher. »Okay. Angenommen, Sie kommen auf diese Weise an Dokumente, die Ihnen richtig echt vorkommen. Woher wollen Sie wissen, dass die auch einem Polizisten oder einem Zollbeamten richtig echt vorkommen? Sie müssten auf Verdacht einen Flug buchen und es ausprobieren – viel Spaß, wenn sich dann rausstellt, dass es der gestohlene Pass von jemandem ist, der wegen Drogenschmuggels gesucht wird!«

»Na gut, ja, das ist riskant«, gab Claas zu. »Aber was, wenn er im Land geblieben ist? Oder sich mit dem Zug in ein anderes Land des Schengenraums abgesetzt hat? Dazu braucht er keinen gültigen Pass.«

»Spätestens, wenn er irgendwo ein neues Bankkonto eröffnet, braucht er einen. Und die Banken melden ihre Konten. Geldwäschegesetz.« Niels lehnte sich zurück. »Der Punkt ist, dass es nicht verboten ist, unterzutauchen. Sich gefälschte Ausweispapiere zu beschaffen ist dagegen illegal und kann einen ins Gefängnis bringen.«

Claas nickte, nachdenklich an seiner Unterlippe nagend. »Ja, okay. Aber die Frage ist doch, ob Ferdurci das klar war? Was, wenn er es trotzdem so gemacht hat und man ihm einfach noch nicht draufgekommen ist?«

»Moment«, sagte ich und stand auf. »Fragen wir den Fachmann.«

Ich rief Gilbert Le Bras dazu, und wir befragten ihn, was sich aus Ferdurcis Thrillern über dessen Kenntnisstand ableiten ließ.

»Nein, der weiß genau, was geht und was nicht«, meinte

Gilbert. »In dem Roman ›Die heiße Witwe‹ versucht einer, falsche Papiere zu kaufen, und wird dabei verhaftet, weil er auf einen Lockvogel reingefallen ist. In dem Roman ›Kalter Regen in Nancy‹ stiehlt jemand die Papiere eines Toten, der ihm ähnlich sieht, eröffnet mit dem neuen Pass ein Konto, zahlt das ganze Geld darauf ein, mit dem er aus seinem alten Leben geflohen ist – und ein paar Tage später wird das Konto gepfändet, weil der Mann, dem sein Pass gehört hat, hohe Steuerschulden hatte. In dem Roman ›Schuss in stiller Nacht‹ …«

»Ja, ich glaube, wir haben verstanden«, unterbrach ich ihn.

* * *

Nicht nur ich war enttäuscht, im ganzen Haus war Enttäuschung zu spüren. Wir wandten uns wieder unserer normalen Arbeit zu, die darin bestand, andere Geheimnisse zu lösen und andere Vorkommnisse zu durchleuchten, aber es war leiser im Haus als gewöhnlich, man traf auf lauter grüblerische Gesichter, und beim Essen ging es schweigsamer zu als sonst.

»Wenn dieser Ferdurci so ein superintelligentes Genie ist, wieso hab ich dann eigentlich noch nie von ihm gehört?«, fragte Rens grimmig. »So jemand müsste doch, was weiß ich, mit Bill Gates zu Mittag essen, Elon Musk beraten oder für den Nobelpreis gehandelt werden?«

»Vielleicht ist so jemand viel zu intelligent, um sich den ganzen Stress anzutun«, wandte Wendy ein, die bei uns die Profile von Leuten schreibt, die wichtige Rollen in Wirtschaft oder Politik spielen. »Man liest immer wieder mal von hochbegabten Wunderkindern, aber die meisten davon scheuen später das Rampenlicht.«

»Mit anderen Worten, die Welt wird von den zweitklassigen Köpfen gelenkt? Ist es das, was du damit sagen willst?«

Wendy lachte hell auf. »Anders ist doch gar nicht zu erklären, was sich da draußen abspielt, oder?«

Aus Gesprächsfetzen, die ich nebenbei mitbekam, war herauszuhören, dass diese Geschichte immer noch alle beschäftigte. Sogar die Gedanken und Argumente ähnelten dem, was ich mir selber schon gesagt hatte: dass die Ferdurci-Story vielleicht gar nichts mit *Youvatar* zu tun hatte, sondern anderweitige Geschäfte Peter Youngs betraf. Andere, hörte ich, diskutierten die Konzepte des Gehirn-Uploads zum hundertsten Male durch, und auch sie endeten unweigerlich bei derselben Frage: Was um alles in der Welt sollte das für eine Story sein, die Ferdurci da geschrieben hatte? Niemand konnte sich das vorstellen.

So dümpelte der Tag dahin wie ein Schiff, das im Brackwasser schaukelt. Das Haus roch nach Frustration, und Ernüchterung hing in allen Räumen wie ein dunkler Schatten. Ich starrte auf Außenhandelsbilanzen und dachte doch nur über diesen Raymond Ferdurci nach. Ich las Protokolle unserer *Public Listeners* aus dem Europaviertel von Brüssel, aber anstatt zu versuchen, daraus auf politische Entwicklungen zu schließen, kreisten meine Gedanken nur um diesen Vertrag, den Peter Young mit dem französischen Schriftsteller geschlossen hatte.

Doch am Nachmittag, kurz vor sechzehn Uhr, schien das Haus plötzlich zu vibrieren. Aufregung wogte durch die Gänge, von der Treppe war eiliges Getrappel zu hören. Ich lauschte, stand schließlich auf und ging nachsehen, was los war.

»Die Zwillinge!«, rief mir Octavia zu, die gerade dabei war, ihr Büro abzuschließen. »Die Zwillinge sind heruntergekommen. Und sie sagen, sie haben Raymond Ferdurci gefunden.«

V
DIE VERFOLGUNG

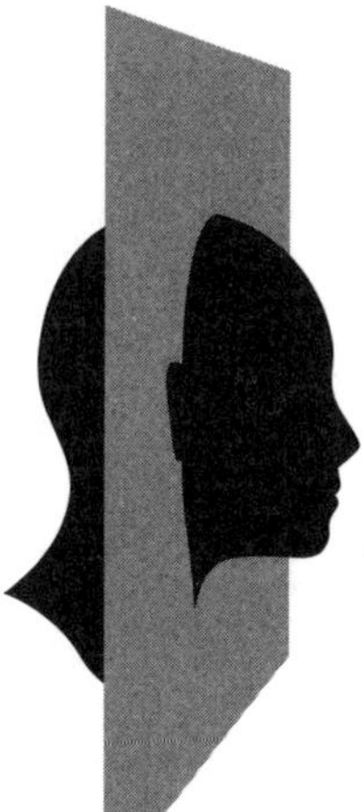

Kapitel 29

Sie waren es tatsächlich: Tu Jiang und Stijn Willemse, die da wie zwei magere Aliens im Konferenzraum umherhuschten. Spinnenfingrig und hurtig, aus großen, dunklen Augen scheue Blicke auf die gewöhnlich Sterblichen werfend, die sich zu ihnen ins Zimmer drängten, schlossen sie gerade ihren Laptop an den Projektor an, als ich hereinkam. Sie tauschten sich dabei in einer Art Kurzsprache aus.

»Der gelbe.«

»Im Off?«

»Ich schau. Hier.«

»Okay. Reicht.«

Und so weiter. Man erzählt sich, dass sie untereinander eine Art Geheimsprache sprächen, eine Mischung aus Englisch, Chinesisch und Niederländisch. Ich weiß nicht, ob das stimmt. Vorstellen kann ich es mir allerdings.

Ich ließ mich von der aufgekratzten Gefühlslage anstecken, die auf einmal herrschte, einer Art »Lasst-uns-diesen-Tag-im-Kalender-anstreichen«-Stimmung: Die Zwillinge waren aus ihrem Hackerhorst im Dachstuhl herabgestiegen! Das *musste* etwas zu bedeuten haben!

Wobei es mich durchaus freute und, in meiner Eigenschaft als ihr Arbeitgeber, auch beruhigte, sie einmal wieder zu sehen, zumal in augenscheinlich guter Verfassung. Zugegeben, sie waren beide ziemlich mager, weil sie oft das Essen vergaßen, und viel zu bleich, weil sie so gut wie nie an die frische Luft gingen. Aber sie machten nicht den Eindruck von Zombies, sondern wirkten auf ihre Art lebenslustig. Beide trugen weite Pluderhosen in einem Stil, der mir indisch vorkam, und lange, lose Hemden mit breiten Kragen und Blümchenmustern. Beide trugen dieselbe Art dünnrandige, runde John-Lennon-Brille, Tu außerdem einen Bowler-Hut, auf dem ein metallenes Abzeichen der Sternenflotte aus dem Star-Trek-Franchise steckte, Stijn dagegen hatte es mehr mit bunten Ketten, von denen sich eine Menge verschiedener um seinen Hals und seine Handgelenke wanden.

»Stimmt das?«, fragte ich. »Habt ihr Raymond Ferdurci gefunden?«

Stijn sah mich aus weit aufgerissenen Augen an und hauchte: »Wir warten lieber.«

»Bis alle da sind«, ergänzte seine Freundin.

»Und wir die Tür zumachen können«, beschloss Stijn den Satz.

Deswegen hatten sie sich direkt in unseren Konferenzraum begeben: weil der am besten abgeschirmt und nach menschlichem Ermessen abhörsicher ist.

Allerdings ist er auch ein bisschen klein, wenn alle hereinwollen.

Und es wollten alle herein. Wir drängelten uns, verteilten uns irgendwie auf die Stühle und die Fensterbänke und warteten gespannt. Die Zwillinge beobachteten das Ganze aus großen Augen. Die beiden wirken immer wie scheue Tiere, die man nicht aufscheuchen oder erschrecken mag, also rückten wir ihnen auch nicht zu nahe auf den Leib.

Rens Reijnders war es, der die Tür zuzog, und im selben Moment begann Tu zu sprechen, mit ihrer dünnen Stimme, die immer klingt, als werde sie zu wenig benutzt.

»Was wir gemacht haben, ist einfach, dass wir eine Bildersuche angestoßen haben«, erklärte sie. »Weil wir finden, dass dieser Raymond Ferdurci ziemlich eigentümlich aussieht. Wir haben das Foto von der Website der Universität als Vorlage verwendet, außerdem haben wir die Suche beschränkt auf Bilder, die erst nach seinem Verschwinden gemacht worden sind.«

»Wir *können* so was?«, platzte Ben van Reuben heraus. »Ich meine, ich weiß, dass wir unseren eigenen Webcrawler haben – für Texte! Aber Bildanalyse, das ist doch noch mal 'ne ganz andere Hausnummer …?«

Stijn reckte das Kinn vor. »Streng genommen haben nicht wir die Bildersuche durchgeführt, sondern …«

»… wir haben uns in ein Forschungsprojekt an einer amerikanischen Universität eingeklinkt …«, ergänzte Tu.

»… und die eigentliche Suche lief über ein Computercluster, das, wie soll ich sagen …«

»… einer der großen Social-Media-Plattformen gehört …«

»Schon gut«, unterbrach ich den sirenenhaften Wechselgesang der beiden. »So genau will ich das lieber gar nicht wissen. Zeigt uns einfach, was ihr gefunden habt.«

»Okay«, sagte Tu.

»Das hier«, sagte Stijn.

Er drückte eine Taste, und ein Foto erschien auf der Leinwand. Es zeigte ein Mädchen, allem Anschein nach eine Japanerin, vielleicht Anfang zwanzig, die strahlend etwas in die Kamera hielt, das ein Geldstück zu sein schien.

Wir müssen alle ausgesprochen ratlos dreingeblickt haben, denn Tu sagte schließlich: »Es ist im Hintergrund.«

Der Hintergrund: Das war eine Häuserzeile planloser Bausünden. Ein schmaler Durchgang schien zwischen zwei Häusern zum Meer zu führen. Direkt hinter dem Mädchen stand, etwas von der Straße zurückgesetzt, ein garagenartig wirkendes, zweistöckiges Haus offenbar älteren Datums, das man nachträglich mit einer hässlichen Außenisolierung versehen hatte. Das obere Stockwerk hatte einen Balkon oder einen eigenen Zugang, jedenfalls trat dort gerade jemand aus der Tür, der etwas wie einen Schlüsselbund in der Hand trug.

»Ich vergrößer das mal«, sagte Stijn und drückte ein paar Tasten an seinem Laptop.

Eine Ausschnittsvergrößerung erschien, aufgehellt und mit den typischen Spuren einer Nachregelung der Bildschärfe.

Der Mann, der da in der offenen Tür stand, trug eine Brille und hatte Locken, die wild und flusig nach allen Seiten abstanden. Und sein Gesicht zeigte denselben halb fragenden, halb verdutzten Ausdruck, der mir schon auf dem Universitätsfoto von Raymond Ferdurci aufgefallen war.

* * *

»Bravo«, sagte ich. »Gute Arbeit. Das ist er. Ihr habt recht, es ist ein ziemlich unverkennbares Äußeres. Ich glaube kaum, dass er irgendwo einen Doppelgänger hat.«

»Es dürfte sogar dasselbe Jackett wie auf dem Uni-Foto sein, was er da anhat«, warf Wally Evans ein.

»Die Frage ist jetzt bloß«, fuhr ich fort, »wo ist das? Dem Aussehen nach eine französische Küstenstadt. Aber davon gibt's Unmengen. Frankreich hat über fünftausend Kilometer Küste.«

»Oh, kein Problem«, sagte Tu flink.

»Das Bild war auf einem japanischen Reiseblog«, erklärte Stijn.

»Wir haben es runtergeladen und analysiert.«

»Es ist mit einem iPhone aufgenommen worden.«

»Die GPS-Informationen waren in der Datei noch enthalten.«

»Was nicht selbstverständlich ist, denn …«

»… manche Plattformen entfernen solche Informationen automatisch.«

»Das Foto wurde vor 33 Tagen aufgenommen.«

»Um 11 Uhr 51.«

»Und zwar hier.« Stijn rief das nächste Bild auf, das eine Karte von Google Maps zeigte, und zwar den Teil der Normandie, der wie die Rückenflosse eines Fischs in den Ärmelkanal hinausragt. »Der Ort heißt Agon-Coutainville, die Straße Avenue des Dunes, und das Foto wurde ungefähr hier gemacht.« Er ließ einen roten Kreis in dem Bild auftauchen, in der Mitte der westwärts gelegenen Küste.

Begeisterung breitete sich im Raum aus. Was für eine geniale Idee das sei, flüsterte jemand, was für ein Wahnsinn, den Mann auf diese Weise zu finden, raunte ein anderer. Auf einem japanischen Blog, man denke! Was für ein Zufall! Einerseits. Andererseits sehe man mal wieder, dass dem Internet heutzutage nichts mehr entgehe.

An den Zwillingen schien das jedoch abzuperlen. Tu sagte mit hörbarem Bedauern: »Mehr haben wir leider nicht herausgefunden.«

»Wir haben auch keine weiteren Hinweise gefunden«, ergänzte Stijn betrübt.

»Nur dieses eine Bild.«

»Wir wissen nicht mal, wem das Haus gehört.«

»Und auch nicht, wer dort gemeldet ist.«

Worauf sich Fiene Vermeulen lachend erhob und meinte: »Gebt mir eine Stunde.«

* * *

Sie brauchte nicht mal eine halbe. Und das, obwohl es schon recht spät am Tag war und die Bürgermeisterämter, Touristenbüros und wen sie noch alles angerufen haben mag, bestimmt längst an den Feierabend gedacht hatten.

»Das Haus«, berichtete sie uns, die wir nach wie vor im

Konferenzraum saßen und die beiden Fahnder lobten, »gehört einer Madame Marlène Roche, die im Verzeichnis des Tourismusbüros als Vermieterin einer Ferienwohnung geführt wird. Der hab ich entlocken können, dass in dieser Ferienwohnung ein gewisser Alain Géroux wohnt, und zwar schon seit einem halben Jahr, und dass er die Wohnung noch bis Anfang Dezember gemietet hat.«

»Alain Géroux!«, wiederholte Stijn enttäuscht.

Gilbert Le Bras lachte auf. »Das ist er. Alain Géroux, das ist der Name einer Figur aus einem seiner Krimis, ich glaube, aus ›Die Vergessensmaschine‹. Darin kommt ein Schriftsteller vor, der sich in die Einsamkeit der Berge zurückzieht, um endlich seinen großen Roman zu schreiben, und der heißt so.«

Die Gesichter der Zwillinge hellten sich auf.

»Dann ist er es ja doch«, meinte Tu.

»Bingo«, meinte Stijn.

Mein Gesicht jedoch verdüsterte sich. »Fiene«, fragte ich, »wie hast du diese Madame Roche dazu gebracht, dir das zu verraten?«

»Du weißt doch, ich hab da so meine Tricks«, erwiderte sie mit kokettem Augenaufschlag.

»Ja, sicher. Aber wir haben es mit einem Mann zu tun, der es geschafft hat, einem erfahrenen Zielfahnder zu entwischen. Er wird seiner Vermieterin womöglich irgendwelche Anweisungen gegeben haben, was sie tun soll, falls jemand nach ihm fragt.«

»Eigentlich darf sie am Telefon sowieso keine Auskünfte über ihre Mieter geben«, warf Niels ein. »Datenschutz.«

Fiene seufzte. »Ja, das hat sie mir auch gleich gesagt. Aber ich hab ihr lang und breit erzählt, ich sei im Sommer in Agon-Coutainville gewesen und wäre da mit einem netten Herrn ins Gespräch gekommen, der mir nicht aus dem Kopf gehe. Ich habe ihr Monsieur Ferdurci beschrieben, nach dem Foto, das in unserem System steht, und ihr gesagt, dass ich mich noch erinnere, wo er gewohnt habe, in dem und dem Haus, und dass ich vom Tourismusbüro erfahren hätte, dass es ihr gehöre. Sie fand das alles sehr romantisch und hat mit mir gefühlt, trotzdem wollte sie nichts verraten. Und dann habe ich sie gefragt, ob ich ihm wenigstens einen Brief schreiben könne? Die Adresse hätte ich ja, aber ich müsste doch einen Namen draufschreiben! Und da hat sie gesagt, na gut, schreiben Sie Monsieur Alain Géroux drauf, dann kommt es schon an.«

Niels und ich wechselten einen sorgenvollen, wissenden Blick.

»Wenn sie ihm davon erzählen sollte«, sagte er, »und Ferdurci im Sommer *keine* Frau kennengelernt hat, dann weiß er, dass ihn jemand gefunden hat. Und packt sofort seine Sachen.«

Fiene schaute unglücklich drein. »Ich hätte sie bitten sollen, ihm nichts zu sagen, oder? Damit es eine Überraschung wird. Ach, Mist!«

Ich stand auf. »Hoffen wir, dass sie nicht gleich zu ihm rennt. Auf jeden Fall dürfen wir nun keine Zeit verlieren. Ich fahre hin. Jetzt sofort.«

»Wie, jetzt sofort?«, rief Marta entgeistert.

»Ich nehme das Auto«, erklärte ich. »Und fahre die Nacht durch. Wie weit ist es von hier bis nach diesem Agon-Coutainville?«

Stijn klapperte kurz auf seinem Computer, dann erschien die Route, die Google vorschlug, auf der Leinwand: über Antwerpen, Lille, Amiens, Le Havre und Caen.

»780 Kilometer«, las er vor.

»Fahrzeit acht Stunden und fünfundzwanzig Minuten«, ergänzte Tu.

»Gut«, sagte ich. »Wenn ich auf halber Strecke eine Weile schlafe, kann ich morgen früh dort sein.« Ich sah unsere geniale Sekretärin an. »Octavia, rufen Sie bitte in Bullewijk an; die sollen den Firmenwagen für eine Nachtfahrt bereit machen. Und buchen Sie mir dann ein Hotel in Agon-Coutainville.«

»Soll nicht besser jemand mitkommen?«, meinte Marta. »Du musst das doch nicht ganz alleine machen.«

»Doch«, sagte ich, »muss ich. Ferdurci ist ein scheues Wild. Wenn da gleich zwei Leute auf einmal auftauchen, erreiche ich garantiert nichts.«

* * *

Zuerst aber ging ich noch einmal in mein Büro zurück, um einen kurzen Blick auf meine Mails, Nachrichten und Terminliste zu werfen. Es war nichts darunter, das meine sofortige Reaktion erfordert hätte. Gut.

Dann nahm ich mein Mobiltelefon aus dem Ladegerät und beglückwünschte mich, dass ich nach meiner Rückkehr aus Amerika mein Versäumnis korrigiert hatte: Seither war eine Reisetasche mit allem Notwendigen hier im Haus deponiert, unten in meinem Spind. Solange es nicht gerade in die Arktis oder in die Wüste ging, war ich jederzeit aufbruchbereit. Wie jetzt zum Beispiel.

Als ich aus meinem Büro kam, stand Octavia schon da, einen Ausdruck in der Hand. »Ihr Taxi kommt in fünf Minuten«, sagte sie. »Ich hab Ihnen ein Hotelzimmer in Agon-Coutainville reserviert, ab morgen für zwei Tage erst mal. Ich denke, um diese Jahreszeit wird es kein Problem sein, zu verlängern, wenn es nötig werden sollte. Das Hotel heißt *Villa Augusta* und liegt in der Nähe der Avenue des Dunes, sieben Minuten zu Fuß, zwei mit dem Auto.«

»Großartig«, sagte ich, nahm das Blatt mit der Buchung, das sie mir hinhielt, faltete es und steckte es ein.

»Anrufe soll ich keine weiterleiten, nehme ich an?«, fragte sie. »Auch nicht von Madame Lestari?«

»Nein, keine«, sagte ich. »Das könnte fatal ungelegen kommen. Ich melde mich, sobald ich da bin. Und ansonsten, wenn ich was brauche.«

»Alles klar.« Sie kannte mich, so hielt ich es immer.

Unten war die Türklingel zu hören, was normalerweise bedeutete, dass ein Lieferdienst etwas brachte, ein Paket meistens. Heute war es das Taxi, eine seltene Ausnahme. Octavia eilte an die Sprechanlage, ich zerrte meine Reisetasche aus dem Spind, eilte die Treppe hinab und verließ das Haus.

Der Taxifahrer war ein junger, dunkelhäutiger Mann mit einem hellwachen Blick, was ich bei Taxifahrern ausgesprochen beruhigend finde. Obwohl im Moment kein anderes Auto zu sehen war, war es ihm sichtlich unangenehm, mit seinem Taxi unsere schmale Straße zu blockieren.

Er atmete auf, als ich kam. *»Waarheen?«*, fragte er.

»Ik moet naar Bullewijk«, erwiderte ich.

»Oké.«

Die Fahrt dauerte vierzig Minuten, nicht ungewöhnlich für diese Tageszeit und immer noch schneller, als ich es mit der Straßenbahn geschafft hätte.

Das gab mir Gelegenheit, in Ruhe darüber nachzudenken, wie ich vorgehen wollte.

Normalerweise – das wäre dann Freddy Kirks Schule – macht man es so, dass man die Zielperson erst einmal beobachtet und ihren Tagesablauf eruiert. Fast jeder hat seine festen Gewohnheiten, wann er aus dem Haus geht und wann er zurückkehrt. Wenn man diese Gewohnheiten kennt, findet sich meistens eine Gelegenheit, die Zielperson anzusprechen, ohne dass es verdächtig wirkt.

Auf der anderen Seite wusste ich nicht, ob mir so viel Zeit blieb. Würde sich die Vermieterin wegen des Anrufs bei

Ferdurci melden? Und wenn ja, wie eilig würde sie es damit haben? Alles hing davon ab, was er ihr erzählt und was für Anweisungen er ihr gegeben hatte. Wenn es ganz dumm lief, dann hatte sie ihn sofort nach dem Gespräch mit Fiene Vermeulen angerufen, und er würde schon weg sein, wenn ich ankam.

Auf der anderen Seite … Ich versuchte, mich in seine Lage zu versetzen. Ferdurci hatte ja nichts verbrochen, weswegen er befürchten musste, von der Polizei gesucht zu werden. Er hatte vielleicht einfach nur die erste Rate von Peter Young kassiert und beschlossen, sich wie seine Romanfigur Alain Géroux zurückzuziehen, um endlich in aller Ruhe seinen großen Roman zu schreiben. Vielleicht war der Einzige, von dem er Nachstellungen zu befürchten hatte, sein bisheriger Verleger, der auf den nächsten trashigen Thriller von ihm wartete. Aber weil Ferdurci sich für seine bisherigen trashigen Thriller eben ausgiebig mit dem Thema Verfolgung und Untertauchen beschäftigt hatte, konnte es sein, dass er es mehr oder weniger ganz automatisch so eingefädelt hatte, dass er schwer zu finden war.

Außerdem war es vielleicht nicht ratsam, seiner Vermieterin allzu ungewöhnliche Anweisungen zu geben, was zu geschehen hatte, sollte jemand nach einem fragen: Am Ende wurde sie selber misstrauisch und fing an, Verdacht zu schöpfen, dass mit ihrem Mieter etwas nicht stimmte.

Kurzum, allzu viel vorausplanen konnte ich nicht. Ich würde flexibel auf die Situation reagieren müssen, wie sie sich mir vor Ort darbot.

Im schlimmsten Fall würde ich vergebens hinfahren.

Dachte ich.

* * *

Als wir das Industriegebiet erreichten – auf den letzten paar Kilometern ging es endlich zügig voran, und es war schon Nacht –, ließ ich mich vor dem Hindu-Tempel absetzen, der ein markanter Punkt ist, den jeder Taxifahrer kennt. Dort wartete ich, bis das Taxi um die Ecke verschwunden war, und ging dann, meine Reisetasche in der Hand, die restliche Strecke zu Fuß.

Matt Longworth erwartete mich schon vor dem Gebäude, lässig gegen unseren Firmenwagen gelehnt, einen nicht mehr ganz neuen, aber hervorragend gepflegten VW Passat in unauffälligem Anthrazitgrau. Wir brauchen den Wagen nicht allzu oft, doch wenn wir ihn brauchen, dann immer dringend. Dass er trotzdem hier draußen in einer Garage untergebracht ist, hat den einfachen Grund, dass in der Innenstadt keine Garagen zu kriegen sind.

»Vollgetankt, letzte Inspektion liegt zwei Monate zurück, müsste tadellos laufen«, sagte Matt, das Wagendach tätschelnd. »Auf dem Rücksitz liegen warme Decken und ein Kopfkissen für eventuelle Ruhepausen. Im Kofferraum steht ein Karton mit Cola, Mineralwasser, Energydrinks und Müsliriegeln. Das Navigationssystem hat die aktuellsten Daten für ganz Europa.« Er überlegte kurz, zuckte dann mit den Schultern und fuhr fort: »Alles andere ist auch so, wie es sein soll. Bleibt nur noch, Ihnen gute Fahrt zu wünschen.«

»Danke«, sagte ich und nahm den Schlüssel, den er mir hinhielt. »Drücken Sie mir die Daumen, dass sich die Fahrt auch lohnt.«

Kapitel 30

Ehrlich gesagt fahre ich ungern Auto auf dem Kontinent. Ich habe meinen Führerschein in England gemacht, bin dort auch viel und gern gefahren, aber obwohl ich jetzt schon eine ganze Weile in Amsterdam lebe, irritiert es mich immer noch, das Lenkrad auf der falschen Seite des Wagens vorzufinden. Ich steige auch peinlich oft auf der falschen Seite ein, was nicht immer unbemerkt bleibt.

Es ist wohl der Wunsch, solche Peinlichkeiten zu vermeiden – und Unfälle natürlich auch –, der bewirkt, dass ich stets in einen eigentümlich wachen Zustand gerate, wenn ich doch einmal selber fahren muss. Ich sitze dann gewissermaßen neben mir, kommentiere im Geiste meinen eigenen Fahrstil, erinnere mich daran, an Kreuzungen auf die richtige Weise abzubiegen, und was der Dinge mehr sind.

Dieser Zustand erhöhter Aufmerksamkeit ist mir natürlich höchst willkommen, und er hielt an diesem Abend auch erfreulich lange an. Je später es wurde, desto leerer wurden die Straßen, und ich kam gut voran. Bald musste ich, anstatt von Staus und zähem Verkehr gebremst zu werden, mich im Gegenteil zügeln, denn deutsche Autos sind dafür gebaut, wesentlich schneller zu fahren als die hundertdreißig Stundenkilometer, die in praktisch allen Ländern außer Deutschland das erlaubte Maximum darstellen. Man muss ständig gegen die Versuchung ankämpfen, das Gaspedal weiter durchzutreten. (Der Wagen hat eine Automatik, die das verhindern würde, aber ich fahre so selten, dass ich immer vergesse, wie man sie einschaltet.)

Ich folgte dem Navigationssystem und hörte nebenher Heavy-Metal-Musik, was mich stets ein bisschen zurück in mein jüngeres, belastbareres Selbst verwandelt. Bei einer kurzen Rast tat ich mir einen scheußlich nach Himbeerbonbons schmeckenden Energydrink an und war danach lange Zeit guter Dinge. Doch irgendwann, ich glaube, zwischen Lille und Amiens, merkte ich, dass meine Müdigkeit überhandnahm.

Mitten auf dem flachen Land. Ich bog über einen offiziell verbotenen Weg von der Schnellstraße ab. In der Nähe eines Wasserturms fand ich einen Platz, der mir so vorkam, als könne man hier unauffällig parken. Dann kippte ich den Sitz nach hinten, stellte den Wecker meines Mobiltelefons auf zwei Stunden, wickelte mich in eine der Decken, legte mir das Kissen unter und schlief im Nu ein.

Irgendwas muss ich mit dem Wecker falsch gemacht haben, oder vielleicht habe ich ihn auch ausgeschaltet, ohne wach zu werden, jedenfalls, ich hörte ihn nicht, sondern schlief weiter. Als ich schließlich aufwachte, war es schon halb fünf Uhr morgens.

Nehmen wir an, dass hier die Weisheit meines Körpers gewaltet hat.

Ausgeschlafen war ich, aber enorm verspannt. Ich krabbelte ins Freie, erleichterte mich im Dunkeln, wusch mir mit etwas Mineralwasser den Schlaf aus den Augen und machte ausgiebig Gymnastik, bis die Verspannungen verschwunden waren. Dann kehrte ich auf demselben verbotenen Weg auf die Schnellstraße zurück und fuhr weiter.

* * *

Um halb acht begann es zu dämmern. Eine halbe Stunde später ging die Sonne auf, und dann sah ich endlich mal was von der Normandie, die ich, wie mir klar wurde, noch nie zuvor bereist hatte. Wenn ich mit Joan Ausflüge gemacht hatte, waren wir meistens nach Belgien oder Deutschland gefahren, eigentlich vor allem deswegen, weil ich mich dort besser auskenne.

In der Normandie, stellte ich fest, liebt man es, Straßen schnurgerade zu bauen. Und weil schnurgerade Straßen dazu verleiten, zu schnell zu fahren, gab es jede Menge Radarfallen, vor denen mich mein Navigationssystem aber zuverlässig warnte. Ich sah viele eindrucksvolle, alte Häuser aus braunem oder grauem Naturstein, Bauernhöfe von enormer Größe und immer wieder lange, lange Reihen seltsam kugeliger Bäume. Das Gras wirkte prall und saftig und wie dafür gemacht, von Kühen in Milch für herrliche Butter verwandelt zu werden. Und über allem lag ein erstaunlich intensives Licht dafür, dass wir Anfang November hatten.

Endlich näherte ich mich Agon-Coutainville. Die Route, die mir die sanfte Stimme aus dem Computer ansagte, führte an einer weitläufigen Bucht entlang; ich sah flaches, schier endlos scheinendes Schwemmland und gemächlich grasende Schafe, ein idyllisches Bild. Am Himmel ballten sich Wolken, die im Licht der hinter mir emporsteigenden Sonne leuchteten.

Endlich tauchte ein Schild auf, das mir bestätigte, den richtigen Ort erreicht zu haben. Dahinter kamen enge Straßen und Häuser in allen möglichen Baustilen.

Das Navigationssystem schickte mich auf einen verwirrenden Zickzackkurs, denn die meisten Straßen waren zu eng, um etwas anderes als Einbahnstraßen sein zu können. Das würde ich mir genau anschauen müssen, sagte ich mir. Die erste Regel für Privatdetektive: Sorg dafür, dass du dich in der Umgebung auskennst!

Wobei Freddy Kirk ehrlich gesagt ziemlich viele »erste Regeln« aufgestellt hatte im Lauf der Zeit. Aber ich kannte sie alle noch.

Und schließlich behauptete die sanfte Stimme aus dem Computer: »Sie haben Ihr Ziel erreicht.«

Ich lenkte den Wagen an den Straßenrand und blieb stehen. Tatsächlich: Dies war eindeutig der Ort, an dem das Foto entstanden war, das die Zwillinge ausgegraben hatten. Meine Perspektive war eine etwas andere, aber ansonsten fand ich alles wieder: die rote Straße mit der schmalen Fahrbahn und den Parkstreifen rechts und links – auf denen jetzt, im November, deutlich mehr freier Platz war als zu dem Zeitpunkt, an dem sich das japanische Mädchen hatte fotografieren lassen –, das etwas zurückgesetzt stehende, kastenartige Haus mit der Außenisolation, mit der Treppe, die zu einer Galerie im Obergeschoss hinaufführte, zu eben der Tür, hinter der wir Raymond Ferdurci vermuteten.

Ich zückte mein Telefon und rief in der Redaktion an. Kurz nach neun Uhr. Octavia war schon da und klang frisch wie der neue Tag.

»Sie sind angekommen?«, mutmaßte sie anstelle einer Begrüßung, denn sie erkannte natürlich meine Mobilnummer.

»Ja«, sagte ich. »Hier ist alles ruhig. Ich werde jetzt Posten beziehen und hoffen, dass der Vogel nicht schon ausgeflogen ist.«

»Ich habe übrigens noch mal Ihr Hotel angerufen und gesagt, dass es sein kann, dass Sie erst spät ankommen. Wenn es später als zweiundzwanzig Uhr wird, müssten Sie die Nummer anrufen, die auf Ihrer Bestätigung ausgedruckt ist. Die Inhaber wohnen gleich nebenan, da käme dann jemand.«

»Das war sehr vorausschauend von Ihnen«, lobte ich.

»Ich dachte, für den Fall, dass Sie das Haus nicht mehr aus den Augen lassen wollen.«

»Gut gedacht«, sagte ich. »Genau das habe ich vor.«

* * *

Das hatte ich tatsächlich vor – aber nicht sofort. Erst galt es, wie gesagt, die Umgebung besser kennenzulernen. Freddy Kirks Regel Nummer eins.

Ich fuhr also die umliegenden Straßen ab und warf unterwegs immer wieder einen Blick auf die Karte, die das Navigationssystem zeigte. Auf diese Weise fand ich heraus, dass Agon-Coutainville zwei Zentren hatte: ein kleines, eher unaufgeregtes in der südlichen Hälfte des Ortes, am seewärts gelegenen Ende der Avenue du Passus, das aus ein paar Restaurants, einer Bar mit Terrasse, einem winzigen Supermarkt und einer Handvoll Läden bestand. Das eigentliche, offizielle Zentrum dagegen, mit Bürgermeisteramt, Post, teuren Boutiquen, edlen Gastronomietempeln, einem Kino, einem *Office de Tourisme* und sogar einem Spielcasino und einer Pferderennbahn, lag im nördlichen Teil des Ortes.

Das Tourismusbüro hatte schon geöffnet, also hielt ich an und ging hinein. Ich hätte mich spontan entschlossen, ein paar Tage lang in diesem bezaubernden Ort auszuspannen, erzählte ich der Dame hinter dem Schalter; die Arbeit, der Stress, das sei mir alles zu viel geworden. Ich tat es mit deutlich englischem Akzent, was meiner Erfahrung nach die meisten Franzosen sehr hilfsbereit macht, weil sie einen bedauern, dass man ihre schöne Sprache nicht besser beherrscht. Sie deckte mich denn auch gleich ein mit Stadtplan, einem Verzeichnis der Hotels, Restaurants und Freizeitmöglichkeiten und jeder Menge Tipps und zusätzlicher Flugblätter der verschiedensten Läden, Vereine und sonstiger Einrichtungen.

Ich bedankte mich. Dann besorgte ich mir in einer nahe gelegenen Bäckerei zwei süße Stücke und, weil sie das anboten, einen großen Kaffee zum Mitnehmen, und fuhr mit alldem wieder zurück in die Avenue des Dunes.

Diesmal parkte ich in etwas größerer Entfernung von dem fraglichen Haus, frühstückte erst mal in aller Ruhe, sichtete dann die Unterlagen, ohne das Gebäude aus den Augen zu lassen.

Wenn man ein Auto sieht, in dem ein Mann stundenlang allein sitzt, was denkt man da? Auf jeden Fall kommt es einem verdächtig vor, zumindest, wenn man in seinem Leben schon ein paar Fernsehkrimis gesehen hat.

Das ist für einen Beobachter, der selber unbeobachtet bleiben will, ein Problem.

Wir hatten damals eigens Wert darauf gelegt, einen Wagen mit getönten Scheiben zu kaufen, was es schon mal schwerer macht, einen Beobachter im Inneren überhaupt zu sehen. Und ansonsten – das ist wieder Freddy Kirks Schule – muss man ein bisschen Theater spielen. Ein Mann mit einer dicken Mappe voller Unterlagen vor sich, das ist wahrscheinlich ein Vertreter, der Listen durchsieht oder sonst irgendeine Büroarbeit erledigt, ehe es weitergeht zum nächsten Termin. Heutzutage kann man auch sein Mobiltelefon ans Ohr halten, wenn jemand des Weges kommt, und ist dann jemand, der einfach dringend telefonieren musste und dazu, wie es sich gehört, angehalten hat. Die Hauptsache ist, dass man einem zufälligen Beobachter eine einleuchtende Erklärung anbietet, warum man allein in einem Auto sitzt, damit er die Sache geistig abhakt und nicht weiter darüber nachdenkt.

Was als Problem allerdings bleibt, ist Langeweile. Und die Gefahr, einzuschlafen.

Und in meinem Fall die nagende Ungewissheit, womöglich ein längst verlassenes Haus zu bewachen.

Es war wirklich sehr still, nicht nur in dem Gebäude, das ich beobachtete, sondern überhaupt. Ich wünschte mir, jetzt auch die Fähigkeit zu haben, von der Vera behauptete, dass sie sie besaß: zu erkennen, ob in einem Haus jemand war oder ob es leer stand. Wobei das ja nur ihre Behauptung ist; ich habe sie nie in Aktion erlebt, abgesehen von dem einen Mal, und da hatte sie sich geirrt. Wodurch wir uns begegnet sind.

Da ich also nicht wusste, ob es eine solche Fähigkeit wirklich gibt, und ich sie auf jeden Fall nicht besaß, übte ich mich in Geduld. Das ist durchaus wörtlich zu verstehen, denn es ist tatsächlich Übungssache. In der Zeit, als ich für Freddy gearbeitet hatte, war ich gut darin gewesen, mich zu gedulden. Ganze Nächte hatte ich in Autos verbracht, erkaltende Hamburger aus Pappschachteln gegessen, Kaffee aus Thermosflaschen getrunken und in Plastikflaschen gepinkelt, den Fotoapparat mit dem dicken Teleobjektiv griffbereit auf dem Beifahrersitz links neben mir. Damals, als man noch hochempfindliche Filme verwenden musste, weil Digitalkameras erst Zukunftsmusik waren.

Ich übte mich also wieder. Entspannte mich, spürte, wie mein Körper schwer wurde, genoss es, ganz reglos zu sitzen und einfach nur das Gewicht meiner Gliedmaßen wahrzunehmen. Gleichzeitig darf man dabei natürlich nicht einschlafen. Kaffee und Cola helfen, allerdings nur begrenzt. Kreuzworträtsel und Sudokus sind riskant, denn die Beschäftigung damit lenkt einen zu sehr von dem ab, was man observieren will.

Mein Trick ist, zu beobachten und aufzuschreiben, was ich sehe. So lasse ich mich nicht ablenken, es wird mir auch nicht so schnell langweilig, und nebenbei biete ich neugierigen Blicken von irgendwoher das uninteressante Bild eines arbeitenden Vertreters.

10 Uhr 27, notierte ich beispielsweise, – *zwei Möwen streiten sich um den Platz auf einem Kamin. Obwohl es mehr als genug freie Kamine gäbe. Dieser eine Kamin muss etwas Besonderes an sich haben, und sei es nur der Umstand, dass eine andere Möwe ihn besetzt hält.*

Wenig später: *10 Uhr 38 – eine Frau Mitte sechzig, rote Bluse, dunkle Haare im Pagenschnitt, stellt einen großen grünen Plastik-*

sack vor das Haus, lehnt ihn an eine Straßenlaterne. Es scheinen Gartenabfälle darin zu sein, soweit sich das von hier aus sagen lässt.

11 Uhr 14 – ein Mann in einem blauen Overall steigt in den grünen Kastenwagen, der bis jetzt unter dem einzigen ausladenden Baum in der Umgebung geparkt stand. Er muss die Fahrertür mehrmals zuschlagen, ehe sie schließt, und fährt dann davon.

Zwischendurch überlegte ich, wie lange ich warten wollte, ehe ich hinging und einfach an die Tür klopfte. Im Augenblick wäre mir das überstürzt vorgekommen. Vielleicht auch nur, weil ich diese anstrengende Nachtfahrt hinter mir hatte. Ich fühlte mich noch nicht fit genug für ein einfühlsames Gespräch mit jemandem, der das Geheimnis zu wahren versprochen hatte, das ich ihm entlocken wollte.

Heute Nachmittag, sagte ich mir. Wenn ich bis, sagen wir, drei Uhr nichts von ihm gesehen oder gehört hatte, würde ich aktiv werden.

Spätestens um vier.

Oder doch schon eher?

Ich überlegte hin und her und kam zu keinem Schluss, was aber nichts machte, denn:

11 Uhr 50 – die Tür der oberen Wohnung öffnet sich, ein Mann in einem grauen Mantel tritt heraus. Es handelt sich eindeutig um Raymond Ferdurci.

»Bingo«, sagte ich. Warum? Weil Helden in Actionfilmen das in solchen Situationen nun mal sagen, darum.

Ferdurci schloss hinter sich ab, in aller Ruhe und umständlich. Dann zog er seinen Mantelkragen zurecht und ging zu dem Ende der Galerie, an dem die Treppe abwärts führte. Im Hinabsteigen kam er kurz außer Sicht, tauchte aber gleich danach wieder auf und setzte sich in meine Richtung in Bewegung, in Richtung des südlichen Zentrums und seiner Restaurants also, wie man vermuten durfte.

Ich legte rasch mein Mobiltelefon ans Ohr, bewegte die Lippen heftig, als würde ich mit jemandem streiten, schaute dabei geradeaus und beobachtete den Mann nur aus den Augenwinkeln. Ferdurci hingegen beachtete mich, soweit sich das sagen ließ, überhaupt nicht. Er stapfte an meinem Auto vorbei und sah aus, als sei er tief in Gedanken versunken. Vielleicht ging ihm ja die Romanszene im Kopf herum, an der er gerade schrieb, wer weiß?

Die Avenue des Dunes verlief – Normandie! – schnurgerade, und es gab nicht viele Möglichkeiten, davon abzubiegen und außer Sicht zu geraten. Ich beschloss, ihm hundert Meter Vorsprung zu geben, ehe ich ihm folgte.

Doch Ferdurci war kaum an meinem Wagen vorbei, da trat noch jemand auf die Straße. Er kam aus dem Nachbarhaus und war ein Schrank von einem Mann, mit einem derben, unleidig dreinblickenden Gesicht, die Haare streichholzkurz geschnitten, in einer abgewetzten Jeansjacke, aus deren Brusttasche eine Packung Tabak quoll.

Er schlug dieselbe Richtung wie Ferdurci ein, und so, wie er diesen dabei nicht aus den Augen ließ, sah es verdammt so aus, als würde er ihm folgen!

Kapitel 31

Schlagartig war es wieder da, das Kribbeln in meinem Nacken.

Was ging hier vor? Wer war dieser Mann, und warum verfolgte er Ferdurci? Mir fiel wieder ein, dass Jean Baptiste Favreau, Niels' Zielfahnderfreund, gemeint hatte, Ferdurci sei entweder tot oder werde von einem Geheimdienst geschützt: War es das, womit ich es hier zu tun hatte?

Bei dem Gedanken wurde mir mulmig zumute, denn abgesehen vom Vornamen habe ich mit James Bond so gar nichts gemeinsam. Gut möglich, dass sich das hier als eine Nummer zu groß für mich herausstellen würde.

Doch erst einmal schob ich meine Bedenken beiseite, wartete, bis der Abstand zu den beiden groß genug war, stieg dann aus und folgte ihnen. Ich hielt mir dabei mein Mobiltelefon vor den Mund, in der sogenannten »Butterbrothaltung«, die, wie mir jemand mal erklärt hatte, zunehmend in Mode kam, also, dass man das Telefon bei Gesprächen nicht mehr ans Ohr hielt. Es ist eine auffallende Körperhaltung, die einen schon von Weitem als jemanden erkennen lässt, der geistig nicht ganz da, sondern bei seinem Gespräch ist, kurzum, den man als harmlos einstuft und nicht weiter zu beachten braucht.

Doch meine Vorsicht war unnötig, denn keiner der beiden blickte auch nur einmal zurück. Schließlich ließ ich das Theater und steckte das Telefon ein.

Nach geschätzt fünfhundert Metern weitete sich die Straße auf jenen kleinen Platz, der das südliche Zentrum des Ortes darstellt. Linker Hand führte eine Rampe ins Meer, den Ärmelkanal also. Ein Areal vor zwei Garagen war unübersehbar für die SNSM reserviert, die französische Seerettung, was den Schluss nahelegte, dass hinter den Rolltoren Rettungsboote auf ihren Einsatz warteten.

Rechter Hand lagen ein Parkplatz und zwei Restaurants. Eines war ein Fastfood-Laden, das andere ein richtiges, wenn auch schlichtes Lokal mit einem ausladenden, rot lackierten Wintergarten, das Tagesmenüs ab fünfzehn Euro anbot. Es hieß *Le Solstice* und war das Ziel sowohl Ferdurcis als auch seines Verfolgers.

Ich studierte die Speisekarte und beobachtete nebenbei, was sich drinnen tat. Der grimmige Muskelprotz setzte sich an die Theke, den abweisenden Blick des Mannes an den Zapfhähnen ignorierend. Ferdurci dagegen wirkte wie ein bekannter und beliebter Gast, der seinen Stammplatz bekam, vorne rechts in der äußersten Ecke des Vorbaus, und ein Lächeln der Bedienung obendrein.

Zeit, ebenfalls hineinzugehen. Es war nicht viel los, ungefähr die Hälfte der Tische war noch frei, was sich freilich bald ändern mochte. Ich bekam anstandslos einen Tisch, direkt neben einem großen Wandheizkörper, der allerdings nicht in Betrieb war. Praktischerweise hatte ich von hier aus beide im Blick. Ich bestellte das Tagesmenü und ein Glas Wein und befleißigte mich dabei eines möglichst akzentfreien Französischs, denn ich wollte ein unauffälliger Gast bleiben, an den sich später niemand mehr erinnern würde.

Das Entrée kam umgehend. Während ich aß und merkte, wie hungrig ich war, behielt ich Raymond Ferdurci im Blick. Er wirkte gänzlich unbekümmert, leicht geistesabwesend, aber guter Dinge – und kein bisschen wie jemand, der erfahrene Zielfahnder austricksen konnte.

Sein Verfolger saß über einem Bier, naschte Erdnüsse aus einer Schale und schien sich zu langweilen.

Konnte es sein, fragte ich mich, dass jemand, der so rasend intelligent ist, nicht merkt, dass er verfolgt wird? Jemand zudem, der es geschafft hatte, nahezu spurlos unterzutauchen?

Offenbar schon. Ferdurci widmete sich seinem Teller und schien ansonsten ganz und gar in Gedanken versunken zu sein. Ich musste an das denken, was seine Frau über ihn erzählt hatte. Wenn er beim Abendessen mit der Familie genauso gewirkt hatte, dann war vieles verständlich.

Die Mahlzeit verlief ohne besondere Ereignisse, was mir sehr recht war, denn ich hatte Hunger und war froh, ihn in Ruhe stillen zu können. Allerdings hinkte ich in dem Rhythmus, wie die Teller aus der Küche kamen, Ferdurci hinterher. Ich war noch beim Dessert, einer etwas zu steifen *Crème brûlée*, als er schon beim Kaffee war, den er rasch austrank, um sich sogleich zu erheben und zur Kasse zu gehen.

Ich musste also die Hälfte meiner Nachspeise stehen lassen und, was ich noch mehr bedauerte, auf einen Espresso als Abschluss verzichten. Ferdurci zahlte bar, gab ein Trinkgeld, das allseitiges Lächeln beim Personal auslöste, und verließ das Lokal. Der Muskelprotz stürzte sein Bier hinab, klatschte einen Schein auf den Tresen, was mit hochgezogener Augenbraue hingenommen wurde, und ging ebenfalls. Ich zahlte mit Karte, was in Frankreich, wie in den Niederlanden auch, ebenso schnell geht wie Bargeldgeschäfte, und folgte den beiden.

Ich hatte damit gerechnet, dass Ferdurci gleich zurückgehen würde, um sich wieder seinem Roman zu widmen, der ihm ja allem Anschein nach schwer im Kopf herumging. Doch das tat er nicht, vielmehr betrat er die Strandpromenade und wandte sich nach Norden, in Richtung des eigentlichen Stadtzentrums.

Sein Schatten folgte ihm, erkennbar angepisst.

Und ich folgte den beiden in angemessenem Abstand.

Zum Glück waren wir nicht die einzigen Spaziergänger auf dem Uferweg, im Gegenteil: Für Anfang November waren erstaunlich viele Leute unterwegs, größtenteils deutlich als Touristen erkennbar.

Offenbar war gerade Ebbe, und die reichliche Stunde beim Essen hatte einen großen Unterschied ausgemacht, wie sich das Meer präsentierte. Hatte es vorhin noch die Rampe bedeckt, die schräg ins Wasser hinabführte, lag nun eine Wattlandschaft vor mir, die ewig weit hinauszugehen schien. Die Sonne stand hoch am Himmel, ließ das Meer glitzern und den flach abfallenden Sand nicht minder; es geriet zu einem die Sinne verwirrenden Kaleidoskop aus Dunkelgrau und gleißendem Silber, wenn man zu lange in dieselbe Richtung spähte. Ich sah Männer, die mit Schaufeln nach Muscheln gruben, eine Frau, die mit ihrem Hund weit draußen spazieren ging, und eine Gruppe Teenager mit knallbunten Rettungswesten, die sich unter Anleitung eines Lehrers bemühten, eine Reihe von Strandseglern in Bewegung zu setzen.

Es sah alles friedlich aus, aber die enormen Mengen halb vertrockneter Algen zwischen den Felsklötzen, mit denen die Strandpromenade befestigt war, verrieten, dass hier nicht selten heftige Sturmfluten gegen das Land anrannten. Auf der anderen Seite der Promenade blickten mehrstöckige Häuser aufs Meer hinaus, dicht an dicht und in einer wilden Mischung aller möglichen Baustile. Bei denjenigen davon, die unbewohnt wirkten, sah man die Fenster hell schimmern von all dem Salz, das sich im Lauf der Zeit darauf abgesetzt hatte.

Es gab also viel zu sehen, und ich schaute es mir interessiert an, ohne freilich die beiden Männer aus den Augen zu lassen, denen ich folgte. Ferdurci schlenderte beschwingten Schrittes dahin und sah aus, als genösse er den Spaziergang. Sein Verfolger hatte die Hände in den Taschen seiner Jacke vergraben und wirkte eher, als wäre er lieber woanders gewesen. Den beiden folgend, kamen mir immer wieder Leute entgegen: ältere Paare, die sich gegenseitig auf irgendwelche sehenswerten Dinge aufmerksam machten, junge Eltern mit kleinen, noch nicht schulpflichtigen Kindern, die ausgelassen umherrannten oder vergebens darauf drängten, zum Sandstrand hinunterzugehen, und immer wieder Leute mit begeistert hechelnden Hunden.

Ferdurci wanderte tatsächlich bis ins Zentrum des Ortes. Sein Ziel dort war, wie sollte es anders sein, eine Weinhandlung. Sie hieß *Cave Julien*, und er ging zielstrebig hinein. Von meinem Beobachtungsposten an einer Infosäule, wo ich so tat, als studiere ich den Stadtplan, konnte ich sehen, wie sich der Schriftsteller drinnen vor dem Regal mit den Rotweinen mit dem Weinhändler beriet. Und auch, dass ihn sein Verfolger, der so tat, als betrachte er die Auslagen im Schaufenster, keinen Moment aus den Augen ließ. Endlich erstand Ferdurci eine Flasche und kam kurz darauf wieder heraus, sie in einem Beutel aus braunem Packpapier mit sich tragend. Er schlug den Rückweg ein, diesmal nicht über die Strandpromenade, sondern eine Straße entlang, die hinter den Häusern am Meer verlief und unangenehm stark befahren war.

Insgesamt eine ordentliche Strecke für einen Mittagsspaziergang, schätzungsweise vier Kilometer, falls Ferdurci nun wieder direkt nach Hause ging. Schadete sicher nicht, wenn er ansonsten an seinem Computer saß. Dem Museumsstück, wie Favreau gesagt hatte.

Doch wie sich herausstellte, hatte Ferdurci noch andere Pläne. Wieder im südlichen Zentrum angelangt, tätigte er zunächst einen kleinen Einkauf in dem kleinen Supermarkt dort, der *Vivéco* hieß und sich unter demselben Dach befand wie ein winziges Bekleidungsgeschäft und eine Bäckerei. Sein Verfolger blieb wieder vor der Ladentür stehen. Was unter dem Gesichtspunkt der Überwachung nicht optimal war, denn obwohl der Laden gläserne Wände hatte, sah man von außen nicht, was zwischen den Gängen geschah. Der Mann nutzte die Pause, um eine Zigarette zu drehen und sich zwischen die Lippen zu stecken. Ich nahm derweil die T-Shirts in Augenschein, die an einem Drehständer vor dem Modegeschäft hingen. Der Laden war nicht größer als mein Wohnzimmer, aber bis unter die Decke vollgestopft mit Klamotten aller Art.

Nach einer Weile kam Ferdurci wieder heraus. Zu seiner Tragetüte mit der Weinflasche hatte sich nun ein roter, transparenter Plastikbeutel gesellt, in dem ich den Karton eines Fertiggerichts für die Mikrowelle identifizierte und eine Plastikschale mit zwei Croissants: sein Abendessen und sein Frühstück am nächsten Morgen, wie man vermuten durfte. Er schlug den Weg meerwärts ein, vorbei an der Bäckerei, einer rustikal aussehenden Pizzeria und einem Fischladen, um in einer Bar mit dem Namen *L'arrivée des pêcheurs* erneut Halt zu machen.

Wie es sich für eine ordentliche französische Bar gehörte, führte sie auch Zigaretten, Süßigkeiten und Zeitschriften. Ferdurci erstand eine Tageszeitung, die aktuelle Ausgabe der *Libération*, und bestellte an der Theke einen *petit café*. Dann suchte er sich einen freien Tisch auf der vorgebauten Terrasse, um sich der Lektüre seiner Zeitung zu widmen. Eine stämmige Frau brachte ihm seinen Kaffee, was er mit einem dankbaren Lächeln quittierte. Sein Verfolger hatte sich derweil ein Bier besorgt, mindestens das zweite heute, wenn ich richtig gezählt hatte. Er setzte sich ans andere Ende der Terrasse, von wo aus er Ferdurci, der ihn weiterhin völlig ignorierte, im Blick behielt.

Ich hatte das alles vom Zeitschriftenstand aus verfolgt. Da sich weiter erst mal nichts tat, nahm ich das letzte Exemplar der *Le Monde*, zahlte und ging damit wieder hinaus. Am Rand des Parkplatzes vor dem Restaurant, wo wir alle zu Mittag gegessen hatten, lehnte ich mich gegen einen Poller, schlug die Zeitung auf und beobachtete über ihren Rand hinweg den Fortgang der Dinge.

Nach einer reichlichen halben Stunde schien sich Raymond Ferdurci, was die Ereignisse in der übrigen Welt anbelangte, wieder auf dem aktuellen Stand zu wähnen. Er faltete seine Gazette zusammen und reichte sie einem Mann am Nebentisch, erhob sich dann und machte sich auf den Heimweg, seinen Verfolger hinter sich wie einen fernen Schatten.

Ich beobachtete die beiden nur aus den Augenwinkeln und versuchte auszusehen wie ein Mann, der auf jemanden wartet. Dann, als sie in der Avenue des Dunes verschwunden waren, folgte ich ihnen ruhigen Schrittes.

Am Ausgangspunkt angekommen, verschwand Ferdurci in seiner Ferienwohnung und sein Verfolger in dem blassrosa gestrichenen Haus daneben, dessen Dach dicht mit Flechten bewachsen war. Weiter geschah nichts, vor allem nichts, das mich überrascht hätte. Ich ging zu meinem Auto, stieg ein und fuhr los, weil alles andere verdächtig ausgesehen hätte, falls mich jemand beobachtete. Aber ich fuhr nur einmal um den Block und parkte gleich darauf wieder an fast derselben Stelle, ein Stück weiter vorne, gerade noch so, dass ich Ferdurcis Wohnungstür im Blick hatte.

Es war kurz vor halb fünf. Eine reichliche Stunde später ging die Sonne unter, Dämmerung setzte ein, und bald darauf wurde es Nacht. Leute kamen aus Häusern, verschwanden in Häusern, Autos rollten vorbei, dann ließ auch das nach. Ich ärgerte mich, dass ich mir nicht ebenfalls ein Sandwich oder dergleichen gekauft hatte, und beruhigte meinen knurrenden Magen mit einem der Energieriegel aus meinem Vorrat.

Als es still geworden war, stieg ich leise aus, ging ein Stück zurück bis zur nächsten Stelle, an der man zwischen zwei

Grundstücken hindurch auf die Strandpromenade gelangte. Dort wanderte ich im Licht des Mondes, der Sterne und der wenigen, schwachen Lampen entlang der Promenade bis zu Ferdurcis Haus.

Das Obergeschoss wies zwei Fenster auf, die aufs Meer hinausblickten. Im linken davon brannte Licht, ein Vorhang war vorgezogen, auf dem sich Schatten abzeichneten. Ein Mann ging im Zimmer hin und her, ein Blatt Papier in der einen Hand, einen Stift in der anderen, und sah aus, als deklamiere er einen Text. Immer wieder blieb er stehen und beugte sich hinab, wohl, um etwas daran zu korrigieren. Endlich hob er ein Weinglas an die Lippen, trank einen Schluck und setzte sich dann – wahrscheinlich, so sagte ich mir, übertrug er nun die Korrekturen am Computer in seine Manuskriptdatei.

Es stimmte also: Alain Géroux alias Raymond Ferdurci hatte sich tatsächlich in die Einsamkeit zurückgezogen, um seinen großen Roman zu schreiben – aber nicht in die Berge, sondern ans Meer.

Nur war es keine Einsamkeit, vielmehr wurde er bei jedem Schritt, den er tat, verfolgt. Oder bewacht. Darauf konnte ich mir keinen rechten Reim machen.

* * *

Ich erklomm die Treppe von der Promenade aus hoch zu dem schmalen Pfad, der zwischen Ferdurcis Haus und dem seines Verfolgers hindurch zurück auf die Avenue des Dunes führte. Beide Gärten lagen still und dunkel da. In dem Haus, in dem Ferdurcis Verfolger verschwunden war, brannte in einem Fenster im Obergeschoss Licht, in dem Zimmer dahinter bewegte sich jemand. Durch das große Wohnzimmerfenster sah ich jemanden vor einem flimmernden Fernseher sitzen; im Hintergrund zeichnete sich der Schattenriss einer weiteren Gestalt ab, die in der Küche hantierte. Mehrere Personen also.

Unwillkürlich trat ich einen Schritt zurück, als es vor mir im Gebüsch raschelte, und das war gut so, denn im nächsten Moment verbellten mich zwei beißlustig wirkende, große Hunde, Rottweiler oder etwas in der Art. Zum Fürchten jedenfalls. Ich machte, dass ich weiterkam, und war froh, als ich wieder im Auto saß.

Die Uhr zeigte 21 Uhr 33. Nach kurzer Überlegung zückte ich mein Telefon und rief in der Redaktion an.

Donata Marinucci meldete sich, die ab heute Nachtdienst hatte. Es sei alles ruhig, meinte sie. »Gerade kommen die Berichte aus Asien rein, aber da war bis jetzt auch nichts Wichtiges dabei.«

»Gut«, sagte ich. »Ist Niels zufällig noch da?«

»Moment … Nein, der hat schon ausgecheckt.«

»Alles klar. Danke. Und eine gute Nacht noch!«

Von Niels hatte ich die private Mobilnummer und die Erlaubnis, ihn in dringenden Fällen anzurufen. Trotzdem fragte ich, als ich ihn erreichte: »In Ordnung, wenn ich Sie störe?«

»Sie stören nicht«, erwiderte er. »Im Gegenteil, Sie liefern mir eine willkommene Ausrede, noch nicht aufstehen und die Spülmaschine ausräumen zu müssen.«

Ich erzählte ihm in gebotener Kürze, wie ich den Tag verbracht und was ich beobachtet hatte, und fragte: »Haben Sie irgendeine Idee, was diese Überwachung zu bedeuten haben könnte?«

»Hm«, brummte er. »Und Sie denken wirklich, er bemerkt seinen Verfolger nicht mal?«

»Macht jedenfalls nicht den Eindruck. Er ist die ganze Zeit völlig in Gedanken. Ich hab schon überlegt, ob es eine Leibwache sein könnte, aber dazu bleibt der Typ auf zu weitem Abstand.«

»Also hält ihn jemand unter Beobachtung«, schlussfolgerte Niels. »Man fragt sich ja schon, was zum Henker der Mann da geschrieben hat. Wird schwierig werden, überhaupt mit ihm Kontakt aufzunehmen.«

»Sehe ich genauso. Es muss wie Zufall wirken, dass wir ins Gespräch kommen, aber es muss sich auch was draus ergeben.«

»Bei ihm klingeln und sich als Zeuge Jehovas ausgeben verbietet sich jedenfalls«, meinte Niels. »Wenn die ihm folgen, sowie er das Haus verlässt, haben sie bestimmt auch sein Apartment verwanzt.«

Daran hatte ich noch gar nicht gedacht.

»Guter Hinweis«, sagte ich. »Da werde ich mir was überlegen müssen.« Ich betrachtete die Straße, die ruhig und verlassen vor mir lag. »Aber heute nicht mehr. Ich fahr jetzt ins Hotel. Und halte Sie nicht länger von Ihrer Spülmaschine fern.«

Er lachte, wir beendeten das Gespräch, und ich fuhr los. Als ich an der *Villa Augusta* ankam, waren die hoteleigenen Stellplätze – ganze drei – alle schon belegt. Aber gleich daneben lag ein riesiger allgemeiner Parkplatz, eine formlose, teilweise gekieste Fläche, die Platz für hundert und mehr Autos geboten hätte. Ich hatte also die Qual der Wahl. Beim Aussteigen erhaschte ich durch eine schmale Gasse, die zur benachbarten Straße führte, einen kurzen Blick auf eben die Bar, in der Ferdurci heute Nachmittag Zeitung gelesen hatte. Abends schien deutlich mehr los zu sein; auf der Terrasse leuchteten bunte Glühbirnen, es saß aber niemand draußen, dazu war es wohl schon zu kühl. Dafür drängten sich drinnen jede Menge Leute.

Das Hotel war noch offen, der Mann an der Rezeption lächelte wissend, als er mich sah. »Mister Windover, nehme ich an?«

»So ist es«, gestand ich.

»Ihre Sekretärin hat angerufen und uns vorgewarnt, dass es bei Ihnen später werden kann.« Er reichte mir einen Schlüssel. »Zimmer 2, im ersten Stock, die Treppe gleich hier rechts hoch. Benötigen Sie noch irgendwas?«

»Das Abendessen habe ich verpasst, nehme ich an?«

»Ja, aber ich kann Ihnen ein Sandwich machen, wenn Sie wollen.«

»Damit würden Sie mich retten«, sagte ich.

Er lachte. »Na, dann wird das meine gute Tat für heute. Ich bring's Ihnen hoch.«

Das Zimmer war gemütlich, aber viel zu groß für eine Person. Die Möbel hatte man künstlich auf alt getrimmt, das Badezimmer war riesig und seltsam geschnitten. Der Hotelier brachte mir ein prächtiges Sandwich, worunter Franzosen nicht diese blassen Toast-und-Gurkenscheiben-Kompositionen verstehen wie wir Engländer, sondern ein halbes Baguette, opulent belegt mit allem, was der Kühlschrank hergibt. An diesem Abend pries ich sie dafür. Ich aß es mit Hochgenuss, während ich darüber nachdachte, wie ich weiter vorgehen wollte, dann ging ich zu Bett und fiel in einen tiefen, traumlosen Schlaf.

Kapitel 32

Am nächsten Morgen erwachte ich erholt und für meine Verhältnisse ausgesprochen spät. Ich machte trotzdem etwas Gymnastik, Platz genug war ja, ehe ich unter die Dusche ging.

Im Frühstücksraum, der modisch dunkel gehalten war, viel Rot und Grau und mit tiefen Sesseln, aus denen man gar nicht mehr aufstehen wollte, war ich einer der Ersten. Was an einem Samstag vermutlich nicht verwundern durfte. Das Büfett war reichhaltig bestückt, der Kaffee angenehm stark, ausgezeichnete Voraussetzungen also, um den Tag zu beginnen.

Das Wetter hatte über Nacht umgeschlagen. Der Himmel war grau, was die kahlen Bäume, die ich von meinem Platz am Fenster aus sah, noch erbarmungswürdiger wirken ließ. Ein aufgeregter Schwarm Sperlinge zog über den Himmel, wieder und wieder, schien sich nicht entscheiden zu können, wo sich das Niederlassen lohnte. Hölzerne Sitzgruppen rings um das Haus, zwischen Agaven, Ziergras und kleinen Fichten in großen Betontöpfen, ließen erahnen, wie belebt es hier an lauschigen Sommerabenden zugehen konnte. Heute freilich hätte es niemanden hinausgezogen.

Während allmählich weitere Gäste auftauchten, Paare zumeist, dachte ich nach. Vermutlich, überlegte ich, sah Ferdurcis Tag typischerweise so aus, wie ich es miterlebt hatte: Morgens frühstückte er in seinem Apartment, mit Croissants, die er sich am Tag zuvor besorgt hatte, und Kaffee, den er sich selber aufbrühte. Dann schrieb er bis Mittag. Zehn vor zwölf machte er sich auf den Weg ins *Le Solstice*, das vermutlich sein Stammrestaurant war. Nach dem Mittagessen erledigte er allerlei Einkäufe und beschloss seinen Ausflug mit einem Kaffee in der Bar und der Lektüre einer Tageszeitung, ehe er in sein Apartment zurückkehrte, um weiterzuschreiben.

Kühn, das aus einer einzigen Beobachtung zu folgern, hätte mich Freddy Kirk gerügt, und normalerweise hätte ich tatsächlich noch mindestens zwei weitere Tage damit verbracht, diese Theorie zu verifizieren. Aber mich plagte die Sorge, dass mir so viel Zeit nicht bleiben würde. Wenn seine Vermieterin ihm erzählte, dass jemand nach ihm gefragt hatte, mochte wer weiß was passieren; dass Ferdurci unter Beobachtung stand, verkomplizierte die Situation zusätzlich.

Deswegen wollte ich heute den Kontakt zu ihm suchen, sobald sich die Gelegenheit ergab.

Ich beschloss, das Auto stehen zu lassen. So ruhig, wie die Avenue des Dunes war, mochte es auffallen, wenn ein fremder Wagen zwei Tage hintereinander am Straßenrand parkte.

Als ich ins Freie trat, zweifelte ich einen Moment daran, dass das eine gute Idee war, denn vom Meer her wehten dünne Nebelschwaden heran, und es schien Regen in der Luft zu liegen. Es mochte sein, dass ich Pech hatte, es mochte aber auch sein, dass sich das graue Wetter im Lauf des Tages wieder verzog, das weiß man an der Küste nie so genau. Einstweilen blieb ich bei meinem Entschluss, wanderte strammen Schrittes bis zur Uferpromenade und wandte mich dort südwärts.

Ich kam gerade rechtzeitig unterhalb von Ferdurcis Apartment an, um zu sehen, wie er die Vorhänge aufzog und die Fenster zum Lüften weit öffnete. Er schien mich nicht bemerkt zu haben, und so wagte ich mich, als sein Kopf wieder verschwunden war, erneut die Treppe hoch zu der Gasse zwischen den beiden Häusern. Die zwei Hunde knurrten mich durch den Zaun hindurch an. Die Vorhänge zum Wohnzimmer waren zugezogen, auf der Terrasse standen ein überquellender Aschenbecher und ein gutes Dutzend leerer Bierflaschen auf einem weißen Plastiktisch, wie es aussah, schon seit Tagen. In der Dunkelheit des Vorabends hatte ich dieses Stillleben nur nicht gesehen.

Wie sollte ich vorgehen? Ich durchquerte die Gasse raschen Schrittes, dachte nach und hatte eine Idee. Eine vage Idee, die mir aber gut gefiel und in meiner Vorstellung umgehend zu einem Plan wurde. Zumindest war es etwas, das ich versuchen konnte, also lenkte ich meine Schritte zurück zum Auto und zum Hotel, um alles vorzubereiten.

* * *

Meine Mutmaßungen über Raymond Ferdurcis Tagesablauf bestätigten sich: Genau wie gestern tauchte er pünktlich kurz nach zwölf Uhr im *Le Solstice* auf.

Heute aber war ich bereits da, hatte mir einen Tisch gesichert, der nur zwei Plätze von dem seinen entfernt stand, und auch schon bestellt.

Doch anders als gestern folgte Ferdurci heute ein hochgewachsener, spindeldürrer Mann in einer dunkelbraunen Lederjacke, der sich mit unstetem Blick umsah und eine unangenehme Großspurigkeit ausstrahlte. Und dieser Mann begnügte sich nicht mit einem Platz an der Bar und einem Glas Bier, sondern setzte sich an genau den Tisch, der noch zwischen meinem und dem Ferdurcis stand. Ebender Tisch, von dem die Kellnerin mir gesagt hatte, der sei leider schon reserviert. Er bestellte das Tagesmenü in gebrochenem Französisch mit deutlich amerikanischem Akzent und immerhin auch ein Bier dazu, ein großes.

Raymond Ferdurci, bemerkte ich, brauchte gar nicht zu bestellen. Die Kellnerin lächelte ihn nur an, fragte: »*Comme d'habitude?*«, worauf er zurücklächelte und nickte. Sie machte sich eine Notiz auf ihren Block und entschwand wieder.

Das sah alles nicht aus wie die richtige Gelegenheit, ihn anzusprechen, also verschob ich die Kontaktaufnahme erst mal und widmete mich meiner Mahlzeit.

Die nächste Abweichung von der Routine war, dass Ferdurci nach dem Essen auf einen Spaziergang ins Zentrum verzichtete. Vielleicht, weil es nach Regen aussah, zumindest spähte er prüfend zum Himmel, wo sich grauschwarze Wolken dichter und dichter ballten. Vielleicht war die Weinflasche, die er gestern gekauft hatte, ja auch noch nicht leer. Wie auch immer, er wandte sich sogleich in Richtung des kleinen Supermarktes.

Und, eine weitere Abweichung von der Routine, der dürre Mann in der Lederjacke folgte ihm in den Laden hinein. Womit mein Plan, Ferdurci im Sichtschutz der Regale anzusprechen, hinfällig geworden war.

Also begab ich mich gleich in die Bar, bestellte einen Cappuccino und bezog auf der Terrasse Position.

Dort hatte ich ausgiebig Gelegenheit, zwei Kaugummiautomaten zu betrachten und viele Plakate und Anschläge, die für Lotto und Pferdewetten warben, kostenloses Wi-Fi versprachen und allerlei örtliche Veranstaltungen ankündigten. Dann tauchte Ferdurci endlich auf. Er trug wieder eine Zeitung unter dem Arm, und seine rote Tasche mit den Einkäufen schien heute etwas voller zu sein als gestern.

In der Zwischenzeit hatte sich die Terrasse gut gefüllt. Nicht, weil es so angenehm war, hier draußen zu sitzen, sondern weil man nur draußen rauchen durfte. Es waren vor allem Männer, die davon Gebrauch machten, derbe, seefest wirkende Gestalten, womöglich tatsächlich jene Fischer, die die Bar in ihrem Namen ansprach. Kurz vor Ferdurcis Auftauchen hatte ein älteres Paar einen Tisch verlassen, die stämmige Kellnerin die verbliebenen Gläser abgeräumt und einmal kurz über die Platte gewischt. An diesem Tisch nahm Ferdurci nun Platz, deponierte seine Einkäufe auf dem Stuhl neben sich und entfaltete die aktuelle Ausgabe der *Libération*.

Sein spindeldürrer Verfolger trat Momente später heraus, ein großes Glas Bier in der Hand – Bier der Marke *Grimbergen*, dem Emblem nach zu schließen, das an etlichen Stellen die Fassade zierte. Er sah sich unwillig um, aber es war tatsächlich nichts mehr frei, also ging er grummelnd wieder hinein.

Eine bessere Gelegenheit, sagte ich mir, würde sich heute nicht mehr bieten. Also zog ich die niederländische Taschenbuchausgabe heraus, die mir Gilbert Le Bras gegeben hatte, stand auf, trat an seinen Tisch und sagte: »Monsieur Raymond? F. Raymond? Sie sind doch Monsieur Raymond, der berühmte Schriftsteller, nicht wahr?«

Ferdurci hatte seine Zeitung sinken lassen und sah mich erschrocken an. »Also …«, machte er, »ähm …«

»Sie sind es!« Ich hielt ihm das Taschenbuch hin, erst die Vorderseite, dann die Rückseite mit seinem Bild darauf. »Ich bin begeistert, Sie hier zu treffen. Was für ein Glück! Sagen Sie, hätten Sie wohl die Freundlichkeit, mir dieses Buch zu signieren? Es ist für einen guten Freund, der übrigens Ihr allergrößter Fan ist. Er wird außer sich sein vor Freude, wenn ich ihm das mitbringe.«

Ferdurci zögerte sichtlich, schien mit dem Gedanken zu spielen, sich einfach zu verleugnen. *Leider … ich sehe ihm nur etwas ähnlich … werde öfter mit ihm verwechselt …*

Doch am Ende siegte die Eitelkeit des Künstlers, und er sagte: »Ja, natürlich. Das mache ich gern.« Er strahlte regelrecht, streckte die Hand aus und zog gleichzeitig einen Kugelschreiber aus der Tasche. »Ah, ja, die niederländische Ausgabe. Sehr schön. Wie heißt Ihr Freund denn?«

»Gilbert«, sagte ich. »Gilbert Le Bras.«

Er signierte schwungvoll, unterzeichnete mit *F. Raymond*.

Dann sah er mich an, warf einen prüfenden Blick auf das Buch, das vor ihm auf dem Tisch lag, und fragte: »Sie sind aber kein Franzose, nicht wahr? Belgier?«

»Genau genommen«, sagte ich, »bin ich Engländer. Aber ich lebe in den Niederlanden. Windover ist mein Name, James Windover.«

»Ein Engländer!«, stieß er hervor. »Also, mein Kompliment, Sie sprechen *hervorragend* Französisch!«

Man ist dergleichen von Engländern nicht gewöhnt. Ich erhalte diese Art Komplimente oft, dabei beherrsche ich weniger Fremdsprachen als der durchschnittliche holländische Gymnasiast.

»Danke«, sagte ich, zog einen der freien Bistro-Stühle heran und setzte mich zu ihm an den Tisch. »Wie der Zufall es will, bin ich Chefredakteur eines in den Niederlanden erscheinenden Literaturmagazins. Was meinen Sie, könnte ich vielleicht ein kleines Interview mit Ihnen machen? Sie haben viele Fans in den Niederlanden, müssen Sie wissen.«

Er blinzelte nervös. »Hm. Na ja. Also … Wie haben Sie mich überhaupt gefunden? Kein Mensch weiß, dass ich hier bin.«

Was das anbelangte, machte er sich offensichtlich Illusionen, aber es war nicht der Moment, dieses Thema zu vertiefen, also sagte ich mit lässiger Geste: »Tja, wie das Leben so spielt … Es war reiner Zufall.«

»Zufall!« Er gab ein glucksendes Lachen von sich. »Na so was. Wissen Sie, in einem Roman könnte man das nicht bringen, das würde einem schon der Lektor rausstreichen. Und wenn nicht, würden sich die Leser beschweren. Aber das Leben, ja … das kann sich alles erlauben, da haben Sie recht.«

Er klappte das Taschenbuch zu, schob es mir hin, ich nahm es und verstaute es in meiner Jackentasche.

Im nächsten Moment brach Chaos aus.

Auf einmal platzte Ferdurcis Verfolger aus der Bar heraus, stieß eine Frau grob beiseite, kam auf uns zugetorkelt wie ein betrunkener Gorilla und bellte: *»Ne pas parler! No talking!«*

Dann riss er blitzartig eine Pistole aus der Lederjacke und richtete sie auf Ferdurci.

* * *

Der Anblick der Pistole, schwarz, kantig, stumpfnasig, lähmte mich einen Augenblick lang. Schlagartig waren die Erinnerungen wieder da: Freddy und ich, wie wir vor schießwütigen kolumbianischen Gangstern davonrennen, des Nachts, in einem verlassenen Teil des Londoner Hafens. Ich hörte wieder, wie Kugeln durch die Luft pfeifen und mit hässlich klingenden Gongschlägen von den Containern abprallen, zwischen denen wir Schutz suchten.

Ebenso schlagartig begriff ich, dass das hier, diese ganze Ferdurci-Geschichte, aus irgendeinem Grund, den ich nicht verstand, ernster war als bisher gedacht. Todernst sozusagen, in jedem Sinne des Wortes.

Einmal mehr wünschte ich mir, ich hätte mit James Bond mehr gemeinsam als nur den Vornamen. Zum Beispiel dessen Fähigkeit, einen Angreifer mit einem eleganten Schlag und einem dünnen Lächeln auf den Lippen auszuschalten.

Da mir das nicht gegeben war, musste ich es mit Reden versuchen.

»Hören Sie«, sagte ich, ins Englische wechselnd und die dunkle, drohend näher kommende Pistolenmündung anstarrend wie das Kaninchen die Schlange, »kein Grund zur Aufregung. Der Herr ist Schriftsteller, und ich will nur ein Interview mit ihm –«

»Ne pas parler!«, fauchte der Mann, und er atmete so heftig dabei, dass einem angst und bange werden konnte.

So richtig nüchtern war er außerdem auch nicht mehr. Kein Wunder, wenn er Amerikaner und womöglich nur das dünne amerikanische Bier gewöhnt war …

Trotzdem schien er gerade auch etwas zu begreifen, und zwar, dass er Scheiße gebaut hatte. Man konnte ihm dabei zusehen, wie er überlegte, wen er alles umlegen musste, um die Situation zu bereinigen, und ob die Kugeln, die er im Magazin hatte, dafür reichen würden.

Wie gesagt, die Terrasse war voll besetzt, größtenteils mit stämmigen, derben Männern, die es täglich mit dem Ozean aufnahmen. Aus den Augenwinkeln sah ich, wie sich ein paar davon mit Blicken und Nicken und kurzen Handzeichen abstimmten. Sie würden doch nicht etwa …?

Ich wagte es kaum zu hoffen, aber gleich darauf geschah es: Sie sprangen den Mann mit der Pistole von zwei Seiten gleichzeitig an. Der eine schlang ihm den Arm um den Hals, der andere packte die Hand mit der Pistole, der dritte trat ihm von hinten in die Kniekehlen, und der vierte versuchte, ihn zu Boden zu reißen.

Doch der hagere Kerl war widerstandsfähiger, als er aussah. Er ließ sich nicht niederringen; stattdessen kämpfte er, urtümlich grollende Laute ausstoßend, gegen die Männer an, die an ihm hingen …

Und schoss.

Raymond Ferdurci schrie auf, ein heller, spitzer Schmerzensschrei.

Endlich reagierte ich so, wie Freddy Kirk einst versucht hat, es mir beizubringen: Ich schnellte hoch, über den Tisch, und riss Ferdurci mit mir zu Boden.

Was ihn nur noch ärger schreien ließ. Er hielt sich den linken Arm – oder war es die Schulter? Der Hals? Auf jeden Fall quoll jede Menge Blut unter seiner Hand hervor.

Ein Blick zurück. Die Männer rangen immer noch mit

Ferdurcis Verfolger, hatten ihm die Pistole immer noch nicht entrissen, es nur dahin gebracht, dass sie im Moment zur Decke zeigte. Aber es schien mir fraglich, ob sie es schaffen würden, ihn zu überwältigen.

Wir mussten fort!

Ich packte Ferdurci an seinem unverletzten Arm, zog ihn hoch, zerrte ihn mit mir, runter von der Terrasse, raus auf die Straße, auf die andere Seite und dort in die nächstbeste Quergasse, um zumindest mal eine Hausecke zwischen uns und die Waffe zu bringen.

Dann, als wir um die Ecke waren, fiel mir wieder ein, dass diese Gasse zu dem großen Parkplatz vor meinem Hotel führte. Von dem aus ich gestern Abend noch die Lichter der Bar gesehen hatte.

Der Parkplatz, auf dem mein Auto stand.

»Kommen Sie!«, sagte ich zu Ferdurci, der nur haltlos stöhnte und wohl am liebsten ohnmächtig geworden wäre.

Das durfte ich nicht zulassen. Ich packte ihn fester, zerrte ihn mit mir, schritt aus, so schnell ich konnte. Und wer auch immer diese Verriegelung erfunden hat, die ein Auto aufschließt, sobald sich ihm die Schlüsselkarte nähert, ich dankte ihm in diesem Augenblick von Herzen. Ich verfrachtete den jammernden Schriftsteller auf den Beifahrersitz, rannte anschließend um den Wagen herum auf die Fahrerseite. Von der Bar her hörte ich Schüsse, erst einen, dann drei schnell hintereinander …

Es durchrieselte mich kalt. Ich riss die Tür auf, warf mich auf den Fahrersitz, ließ den Motor an und fuhr los, dass der Kies unter meinen Reifen spritzte.

Kapitel 33

Ich trat aufs Gas, durchdrungen einzig von dem Gedanken, so schnell wie möglich so weit wie möglich wegzugelangen von dem Kerl mit der Pistole. Und mich dann um Ferdurci zu kümmern, der verkrümmt und mit geschlossenen Augen neben mir saß, die Hand auf den Oberarm gepresst und keuchend, während sich sein Hemd nach und nach mit Blut tränkte.

Doch nach ein paar Hundert Metern wurde mir klar, dass die Kombination aus schnurgeraden Verkehrswegen und Einbahnstraßen ein Problem war, wenn man damit rechnen musste, verfolgt zu werden.

Ich raste die Straße entlang, die von meinem Hotel aus nach Süden führte. Diese Straße war lang und wie mit dem Lineal gezogen; falls unsere Verfolger in diesem Moment um die Ecke bogen, dann sahen sie mich.

Und wenn sie gesehen hatten, in welche Richtung ich gefahren war, und mich *nicht* sahen, dann wussten sie, dass ich abgebogen war.

Die erste Kreuzung, an die wir kamen, bot nur eine Alternative zum Geradeausfahren, nämlich die, nach links abzubiegen. Das tat ich und kam gleich darauf an eine Einmündung, an der ich nur nach *rechts* fahren durfte.

Unsere Verfolger waren schon länger als ich in dieser Stadt. Das hieß, wenn sie ein bisschen was auf dem Kasten hatten, wussten sie, dass, wenn sie mich in der ursprünglichen Straße nicht sahen, ich in der Parallelstraße sein musste.

Auf einmal kam mir dieses Agon-Coutainville schrecklich groß vor. Und ich mir wie eine Maus in einem Labyrinth mit nur einem Ausgang.

An der nächsten Abzweigung nach links prangte ein Schild mit der Aufschrift *Impasse*, Sackgasse also. Ich riss das Steuer herum, bretterte bis zur Wendeplatte durch, bremste abrupt und rangierte das Auto hastig rückwärts in eine Ecke rechts neben der Zufahrt. Dort sollten ein Haus und ein großes Gebüsch uns vor Blicken von der Durchfahrtstraße her schützen, sagte ich mir und stellte den Motor ab.

Ferdurci seufzte und meinte: »Wie im Film. Wilde Flucht, und am Ende landet man in einer Sackgasse.«

Es klang fast, als belustige ihn das.

»Das Sackgassen-Schild ist nicht zu übersehen«, widersprach ich, während ich noch mit dem Gefühl kämpfte, mich dämlich angestellt zu haben. Oder anders gesagt: mich als minderintelligent erwiesen zu haben. »Ich spekuliere darauf, dass ein Verfolger nicht annehmen wird, dass jemand absichtlich in eine Sackgasse einbiegt.«

Ferdurci nickte sinnend. »Ja, der Gedanke hat etwas für sich.« Er sah an sich herab. »Ich blute Ihr ganzes Auto voll. Bitte entschuldigen Sie.«

»Machen Sie sich keine Gedanken deswegen«, erwiderte ich, erleichtert, dass er mir zugestimmt hatte. Ich hatte schon befürchtet, er könnte ein Gegenargument bringen, das absolut einleuchtete, an das ich aber nicht gedacht hatte.

Ich lehnte mich zur Seite, sodass ich über den Rückspiegel bis auf die Durchfahrtstraße sehen konnte. Dort tat sich nichts. Vielleicht waren sie einfach nicht so schnell. Vielleicht hatten die Fischer den Mann schließlich doch niedergerungen und warteten gerade auf die Polizei. Das wäre der Idealfall gewesen. Aber selbst wenn nicht, wenn der Mann in der Lederjacke seine Kontrahenten abgeschüttelt hatte, musste er erst seine Kumpane benachrichtigen, die mussten erst ins Auto springen … das dauerte alles.

»Es sieht nach schrecklich viel aus«, sagte Ferdurci. Er klang leicht benommen. »Aber das denkt man bei Blut immer. Das ist evolutionär in uns angelegt. Ein Instinkt, Blutungen nicht auf die leichte Schulter zu nehmen.«

Das sagt Joan auch immer: Ein halber Liter Blut, auf dem Boden ausgeleert, sieht aus wie ein Massaker. Dabei ist es nur so viel, wie einem bei einer Blutspende abgenommen wird.

»Das wollen wir auch nicht tun«, sagte ich.

»Was wollen wir nicht tun?«, fragte er.

»Es auf die leichte Schulter nehmen.«

Ich stieg leise aus, huschte zum Kofferraum und holte den Verbandskasten. Dann machte ich mich daran, Ferdurcis Wunde zu desinfizieren und zu verbinden, so gut ich konnte. Als ich dazu sein Jackett aufschneiden musste, jammerte er: »Das schöne Jackett! Das hat mir zwanzig Jahre treue Dienste geleistet, und nun so ein Ende!« Aber er ließ es über sich ergehen.

Eine Blutung zu stoppen ist in erster Linie eine Frage des Druckes, den man auf die Wunde ausübt. Erst, wenn das Blut nicht mehr fließt, kann die Blutgerinnung den Rest erledigen.

»Der hat echt auf mich geschossen!«, stellte Ferdurci endlich das Offensichtliche fest.

»Ja«, sagte ich.

Es war zum Glück nur ein Streifschuss. Trotzdem würde man ihn nähen müssen, damit keine hässliche Narbe zurückblieb.

Was von seinem Blut, das sich reichlich über den Sitz und dessen Umgebung ergossen hatte, zurückbleiben würde, musste sich erst noch zeigen. Im Moment sah es jedenfalls ziemlich übel aus.

»So also fühlt sich das an«, sinnierte der Schriftsteller weiter. »Wissen Sie, ich habe oft über so etwas geschrieben, aber ich habe nie wirklich gewusst, wie sich das anfühlt.«

Zwanzig Zentimeter weiter Richtung Körpermitte, und der Schuss wäre ihm mitten durchs Herz gegangen. Und er schien es irgendwie interessant zu finden.

»Ich dachte immer, Schriftsteller benutzen vor allem ihre Phantasie«, erwiderte ich. »Von der Einstein gesagt hat, sie sei wichtiger als Wissen.«

»Ja, schon«, meinte er. »Aber Phantasie braucht Anregungen. Letztlich baut alle Phantasie auf den Erfahrungen eines Menschen auf.«

Ich glaube, mich zu erinnern, dass ich an dieser Stelle ein Seufzen nicht unterdrücken konnte. Jedenfalls holte ich mein Mobiltelefon heraus, rief in der Redaktion an, bekam Octavia an den Apparat und bat sie, mir einen Arzt in Agon-Coutainville zu nennen.

»Haben Sie sich den Magen verdorben?«, fragte sie, während sie schon eine entsprechende Suche startete. Octavia hegt Vorurteile, was französisches Essen anbelangt.

»Es geht um eine Schusswunde«, sagte ich.

»Bei Ihnen oder bei jemand anders?«, hakte sie ungerührt nach.

»Bei jemand anders.«

»Gut.« Sie räusperte sich. »Also, es gibt eine Praxis schräg gegenüber Ihrem Hotel. Da ist ein großer Parkplatz, und in dem Haus –«

»Nein, von dort bin ich gerade geflüchtet. Dort sind die bösen Jungs. Dahin können wir nicht zurück.«

»Okay …« Tastenklappern. »Dann dürfte die beste Anlaufstelle die Notaufnahme des Centre Hospitalier de Coutances sein. Das sind rund dreizehn Kilometer. Eine Viertelstunde mit dem Auto.«

»Gut. Geben Sie mir die genaue Adresse.«

Sie las sie mir vor, ich tippte sie in mein Navigationssystem ein.

»Da fahren wir jetzt hin«, sagte ich zu Ferdurci. »Und wenn Ihre Wunde genäht ist, gehen wir zur Polizei.«

* * *

Ich ließ den Motor an, wendete. Mit Verspätung überfiel mich Entsetzen darüber, was mein Versuch einer Kontaktaufnahme ausgelöst hatte. Hätte ich das ahnen können, ahnen *müssen?* Ich wusste es nicht. Ich verstand es auch nicht. In Gedanken ging ich hektisch alles noch einmal durch, all unsere Nachforschungen, all die Informationen, auf die wir gestoßen waren ... An keiner Stelle hatte es Hinweise darauf gegeben, dass irgendwann Schusswaffen ins Spiel kommen könnten!

Oder hatten wir sie nur übersehen? Es hätte so viel zu diskutieren gegeben, bloß war keine Zeit dafür. Auf dem Verband an Ferdurcis nacktem Oberarm zeigte sich schon ein roter Punkt.

Während ich zurück zum Anfang der Sackgasse rollte, fragte ich mich, was ich tun würde, falls ich einbog und die Verfolger gerade angefahren kamen.

Noch etwas, das ich nicht wusste.

Aber sie waren nirgends zu sehen. Also gab ich Gas und fuhr los, so schnell ich konnte und ohne Rücksicht auf das geltende Tempo 30. Und weil ich so schnell fuhr und so nervös war, verpasste ich ständig Abzweigungen oder missverstand entsprechende Hinweise, mit dem Ergebnis, dass die Stimme aus dem Cockpit ständig »Route neu berechnen« sagte. Nach einer Weile kam es mir vor, als klänge sie vorwurfsvoll.

»Wieso wollte der Mann eigentlich nicht, dass Sie mit mir reden?«, fragte Ferdurci plötzlich.

»Wie bitte?«

»Na, der geschossen hat. Er hat gerufen, Sie sollten nicht reden. Warum?«

Ich sah ihn an, verblüfft und nicht ganz sicher, ob er versuchte, einen Scherz zu machen. Offenbar aber nicht. »Der meinte nicht mich. Der meinte Sie!«

»Mich? Wie kommen Sie darauf?«

»Weil er Sie schon den ganzen Tag verfolgt hat.«

»Verfolgt?«

Ich musste lachen, glaube ich. »Haben Sie das nicht bemerkt? Er ist Ihnen gefolgt. Er hat im *Le Solstice* am Tisch neben Ihnen gesessen. Er ist Ihnen in den Supermarkt gefolgt. Auch gestern ist Ihnen jemand gefolgt, aber jemand anders. Ins Restaurant, die Strandpassage entlang, zum Weinhändler und wieder zurück. Er ist aus dem Haus neben dem gekommen, in dem Sie wohnen, und ich schätze, der heute auch.«

Ferdurci holte geräuschvoll Luft. »Es war also doch kein Zufall, dass Sie mich gefunden haben. Sie haben mich schon eine ganze Weile beobachtet. Sonst wüssten Sie das alles nicht.«

»Ja«, sagte ich. »Zugegeben. Ich bin seit gestern früh hier.«

Er seufzte. »Das ist meine Schwachstelle, die Beobachtung. Ich kann Menschen, oder Dinge, oder Situationen gut beschreiben, aber nur, wenn ich es mir vornehme. Ansonsten bin ich immer so in Gedanken, dass mir alles entgeht, was rings um mich herum passiert.« Er holte noch einmal tief Luft. »Letztlich ist daran auch meine Ehe gescheitert.«

Ich überholte einen Traktor, sah immer wieder in die Rückspiegel, ob uns jemand folgte. Bis jetzt nicht.

»Haben Sie eine Ahnung, wer diese Männer sein könnten?«, fragte ich. »Wieso überwacht Sie jemand so aufwendig?«

Er gab einen keuchenden Laut von sich. »Keine Ahnung. Ich finde das auch eine völlig absurde Vorstellung.«

»Was tun Sie hier in Agon-Coutainville?«

»Was soll ich schon tun? Ich schreibe einen Roman.«

»Worüber?«

Er schwieg. Wir erreichten einen Kreisverkehr, an dem erstmals nicht nur ein Schild nach Coutances auftauchte, sondern auch eines in Richtung Gesundheitszentrum.

»Ihr Roman«, erinnerte ich ihn. »Wovon handelt er?«

»Es wird diesmal keiner meiner üblichen Thriller«, erwiderte Ferdurci widerstrebend. »Damit bin ich fertig. Ich schreibe über das Leben. Über das Altwerden, den Tod, vor allem aber über die Liebe. Ja, so könnte man es sagen. Es wird mein großer Roman über die Liebe. Ohne dass es ein Liebesroman wird, wohlgemerkt.«

Eine Allee mit kegelförmig beschnittenen Bäumen. Links abbiegen. Keine Hinweisschilder mehr in Richtung Klinik. Egal, das Navigationssystem würde sich schon nicht ausgerechnet heute vertun. Ich fuhr einfach, so schnell ich konnte.

»Wer könnte etwas dagegen haben, dass Sie diesen Roman schreiben?«

Er blies die Backen auf. »Niemand. Wer denn? Höchstens meine Frau. Aber die weiß nicht, wo ich bin. Und es weiß ja niemand, woran ich schreibe!« Er schüttelte den Kopf. »Ihre Theorie ist Quatsch.«

Das war auch nur so eine Frage gewesen. Keine Theorie. Trotzdem ärgerte es mich, dass er mich so abkanzelte.

Ich bretterte durch eine Zone, in der nur zwanzig Kilometer pro Stunde erlaubt waren. Billig aussehende Nachkriegshäuser wichen wunderbar restaurierten mittelalterlichen Fassaden. Die Straße wurde immer schmaler, der rote Fleck auf Ferdurcis Verband immer größer.

Dann, endlich, ein weißes, schmiedeeisernes Tor, weit geöffnet. Ein Hof dahinter, umgeben von schmutzig-pissgelben, zwei- bis dreistöckigen Gebäuden. Ein Schild wies in Richtung der »Urgences«: geradeaus.

Ich sah ihn im wirklich allerletzten Moment: den Mann,

der Ferdurci gestern verfolgt hatte. Der Schrank. Der Muskelprotz in der verschlissenen Jeansjacke. Er stand hinter einem dunkelgrauen Lieferwagen, der unter einem ausladenden Baum wartete, mit laufendem Motor. Ich entdeckte ihn im selben Moment, in dem er offensichtlich Ferdurci auf dem Sitz neben mir erkannte, trotz der getönten Scheiben, denn er streckte die Hand aus und deutete auf ihn, schrie irgendwas, sprang dann in den Wagen, und der Wagen schoss los in der eindeutigen Absicht, uns zu rammen.

Das hätte er um ein Haar auch geschafft, aber ich reagierte instinktiv. Und das heißt, ich reagierte so, wie ein in Großbritannien sozialisierter Autofahrer reagiert, mit anderen Worten, ich riss das Steuer herum – *aber in die falsche Richtung!*

Ich streifte den Wagen noch, mit der Seite, was ein hässliches Geräusch von Metall auf Metall machte und im Bruchteil einer Sekunde Arbeit für zwei Autowerkstätten erzeugte.

Ferdurci schrie auf.

Dann waren wir vorbei.

Aber der Weg zu dem Tor, durch das wir gekommen waren, war abgeschnitten. Der Lieferwagen hielt mit quietschenden Bremsen, stieß zurück. Eine Tür ging auf, ein anderer Mann streckte den Kopf heraus, der Hochgewachsene mit der Lederjacke, der uns bedroht hatte, und auch jetzt hatte er seine Pistole in der Hand – und schoss.

Im wirklichen Leben klingen Pistolenschüsse deutlich unbeeindruckender als im Film; eher wie Fehlzündungen. Eine Kugel dagegen, die in die Karosserie des Wagens einschlägt, in dem man gerade sitzt, jagt einem eine Angst ein, die etwas von einem elektrischen Schlag hat. Auf einmal weiß man, dass die Filmszenen, in denen Leute hinter einem Auto Schutz vor einem Kugelhagel finden, völliger Quatsch sind.

Ich kurbelte wild am Lenkrad, versuchte, unvorhersehbare Schlenker zu machen. Was jetzt? Das ganze Gelände lag mindestens anderthalb Stockwerke tiefer als die Umgebung. Rechter Hand führte eine Rampe in die Höhe, aber wohin? Das war nicht zu erkennen, doch was blieb uns anderes übrig? Ich gab Gas, trat das Pedal bis zum Bodenblech durch.

Ein Krankenwagen kam uns entgegen. Ich konnte ihm gerade noch ausweichen, sah noch, wie der Fahrer fluchte, was sicher hörenswert gewesen wäre, denn der Vorrat der französischen Sprache an Schimpfwörtern ist beeindruckend. Aber dann waren wir schon vorbei, während der Krankenwagen sich hinter uns wild hupend quer stellte, nur einen Moment lang, aber lange genug, um unsere Verfolger aufzuhalten und uns die Chance zu geben, zu verschwinden.

* * *

Ich raste durch die Stadt wie ein Verrückter, schlug Haken, bog hier ab, dann da, hinein in immer schmalere Straßen: Coutances ist eine alte Stadt, auf einem Hügel erbaut und von einer weithin sichtbaren Kathedrale gekrönt; so eine Stadt hat *jede Menge* enger Straßen zu bieten! Bei jeder Kurve hatte ich Angst, in eine Sackgasse zu geraten oder irgendwo zu landen, wo es so eng wurde, dass wir stecken blieben. Oder dass wir unseren Verfolgern irgendwo per Zufall wieder begegneten, aus einer ganz anderen Richtung kommend.

Das Navigationssystem arbeitete immer noch, und es drehte fast durch in seinem eifrigen Bemühen, mich zurück zum Centre Hospitalier zu lenken: »Route neu berechnen … Route neu berechnen …« Es nahm gar kein Ende, und ich hatte ja keine Hand frei!

»Können Sie das löschen?«, rief ich Ferdurci zu. »Das alte Ziel?«

»Ich?«, erwiderte er entgeistert. »Das könnte ich nicht mal, wenn die Bedienung auf Französisch wäre!«

Ah, richtig. Das Navigationssystem sprach ja Niederländisch. Ich schaltete es kurz entschlossen einfach aus. Ohnehin hatte ich gerade nicht die Muße, mich anhand der Karte zu orientieren, die das Gerät mir anzeigte.

Nach und nach wurden die Straßen wieder breiter, die Bebauung luftiger, dann lag Coutances auf einmal hinter uns. Wir fuhren auf einer schmalen Straße ohne Randstreifen oder Mittelstrich davon, rechts ein bewachsener Erdwall, auf dem Bäume wuchsen, links ein Erdwall, von Büschen und Brombeersträuchern überwuchert, und es ging grob südwärts, zumindest vermutete ich das.

»Wir suchen besser einen anderen Arzt«, schlug ich vor. »Irgendwo auf dem Land.«

Ferdurci schniefte unwillig. »Will ich gar nicht mehr.«

»Was?«

»Einen Arzt. Der größte Schmerz ist vorbei, und dran verbluten werd ich schon nicht.«

Tatsächlich war der rote Fleck auf seinem Verband nicht mehr größer geworden, und das, obwohl es ihn bei unseren diversen heftigen Fahrmanövern ziemlich hin und her gebeutelt hatte.

»Es ist eine große Wunde«, gab ich zu bedenken. »Wenn man sie nicht vernäht, wird eine hässliche Narbe bleiben.«

»*Et alors?* Dann hab ich später wenigstens mal was zu erzählen.«

Seltsam. Aber vielleicht waren Leute mit übermenschlich hohem IQ so.

Erzählen war aber ein gutes Stichwort: Höchste Zeit, dass wir der Polizei erzählten, was passiert war. Im nächsten Ort hielt ich an der Polizeistation, die, wie fast überall in Frankreich, aussah wie die Festung einer Besatzungsmacht: hohe Zäune aus massivem Stahlrohr rings um das Grundstück, ein automatisches Tor, übermannshoch, eine riesige Funkantenne auf dem Dach des Gebäudes, alle Fenster im Erdgeschoss vergittert.

Doch es war niemand da, und auch als ich an der Sprechanlage klingelte, tat sich nichts.

»Ist das, weil Samstag ist?«, fragte ich.

Ferdurci zuckte mit den Schultern, oder besser gesagt, nur mit der rechten Schulter. »Keine Ahnung. Der Polizei gehe ich immer nach Möglichkeit aus dem Weg.«

Wir fuhren weiter, aber im nächsten Ort war es genau dasselbe: eine Polizeistation, die aussah wie ein Atomschutzbunker, aber es war niemand da.

Ratlos ließ ich mich wieder hinters Steuer fallen. »Ein Polizeistaat ist das hier jedenfalls nicht.«

Ferdurci kratzte sich am Kinn. »Haben Sie sich mal überlegt, wie die uns vorhin überhaupt *gefunden* haben? Woher die wussten, wo wir auftauchen würden?«

Eine gute Frage. Und nein, das hatte ich mir bisher nicht überlegt. Ich war irgendwie zu sehr anderweitig beschäftigt gewesen.

Aber die Frage bewies, dass Ferdurci trotz all seiner geistigen Abwesenheit ganz schön was auf dem Kasten hatte.

»Sie werden es sich gedacht haben«, mutmaßte ich. »Der eine Kerl hat ja gesehen, dass er Sie getroffen hat, also haben sie sich gesagt, wir werden irgendwohin fahren, wo man diese Wunde versorgen kann.«

»Dann haben sie aber gut geraten. Allein in Agon-Coutainville gibt es sieben Allgemeinärzte, zu denen wir hätten fahren können. Dass wir bis nach Coutances fahren würden, konnten sie nur wissen, wenn sie Ihr Telefongespräch abgehört haben. Mit wem auch immer Sie da gesprochen haben.«

Das war, musste ich mir widerwillig eingestehen, ziemlich intelligent gedacht.

»Ich habe mit unserer Sekretärin gesprochen«, sagte ich

und überlegte, ob das, was Ferdurci da vermutete, sein konnte, und wenn ja, wie. Das war doch unmöglich. Erstens waren unsere Systeme nach dem letzten Stand der Technik geschützt, und zweitens hatten Ferdurcis Verfolger unmöglich ahnen können, dass ich kommen würde.

»In meinem Roman ›Der Jäger mit dem magischen Blick‹«, fuhr Ferdurci versonnen fort, »wird der Held von einem Killer um die halbe Welt gejagt. Irgendwann findet er heraus, dass dessen Helfer bei einer lange zurückliegenden Gelegenheit in seinem Mobiltelefon eine Wanze versteckt haben und sein Jäger deshalb immer weiß, was er vorhat.« Er sah mich an. »Nur so ein Gedanke.«

Mir fiel siedend heiß ein, dass ich das Mobiltelefon, das ich bei mir trug, zwei Wochen zuvor tatsächlich hatte aus den Händen geben müssen, und zwar an den *Youvatar*-Wachdienst, und das mehr als 24 Stunden lang. Angeblich hatten sie es in diesem Schrank mit den vielen Schließfächern eingeschlossen, der hinter der Rezeption gestanden hatte, aber ich wusste ja nicht, ob das stimmte. Ein Hotelsafe mag einen Schutz gegen Diebe von außerhalb darstellen, aber der Hotelier selber hat immer auch einen Schlüssel zu seinen Safes.

Gut möglich also, dass man mir im Silicon Valley eine Wanze eingepflanzt hatte. Vorsichtshalber vielleicht. Einfach, um zu prüfen, ob ich mich an meine Schweigeverpflichtung hielt oder sofort in die Welt hinausposaunte, was ich gesehen hatte.

Ich holte das Gerät heraus, betrachtete es von allen Seiten. Es sah unberührt aus.

»Vorstellbar wäre es«, räumte ich ein.

»Sie kennen doch den Spruch von Sherlock Holmes«, meinte Ferdurci. »›Wenn man das Unmögliche ausgeschlossen hat, dann ist das, was übrig bleibt, die Wahrheit, egal, wie unwahrscheinlich sie auch aussehen mag.‹«

Das Beunruhigende an dieser Vorstellung war, dass, wenn in meinem Telefon ein Spion saß und Ferdurcis Verfolger mich darüber abgehört hatten, sie mit *Youvatar* unter einer Decke stecken mussten.

Und das hieß, die ganze Geschichte war noch viel komplizierter, als ich bis jetzt gedacht hatte.

»Also gut«, sagte ich schließlich. »Sicher ist sicher.« Ich schaltete das Gerät aus, packte es an beiden Enden und bog es mit aller Kraft durch – was übrigens gar nicht so einfach ist; ohne mein Krafttraining hätte ich wahrscheinlich keine Chance gehabt –, bis endlich etwas brach und splitterte. Ab da ging es leichter, und am Ende hatte ich einen Haufen Trümmer im Schoß, die ich einsammelte und draußen im nächsten Mülleimer entsorgte. Ökologisch nicht einwandfrei, wie ich zugeben muss.

»Und Sie?«, fragte ich, als ich zurück ins Auto kam und mir die schmerzenden Hände rieb. »Haben Sie auch ein Telefon dabei?«

Er schüttelte entrüstet den Kopf. »Hab nie eins gehabt. Ich hasse Telefone. Stören bloß beim Denken.«

Kapitel 34

Wir fuhren weiter, und ich hatte auf einmal schlechte Laune. Nach einer Weile wurde mir klar, dass diese schlechte Laune daher rührte, dass ich mich ohne Mobiltelefon nackt fühlte, verloren, abgeschnitten von Rat, Hilfe und Beistand in Notlagen. Und das, wo sich der ganze Tag mittlerweile in eine einzige Notlage verwandelt hatte.

»Ich überlege gerade, wie viele Romane ich in meinem Leben schon geschrieben habe«, ließ mich Ferdurci derweil wissen. »Gar nicht so einfach zu sagen. Mehr als dreißig auf jeden Fall. Fünfunddreißig, wenn ich die Kurzgeschichtensammlungen mitzähle. Alles Thriller. Geheimnisse, Rätsel, Verschwörungen, Geheimbünde, Verfolgungsjagden, Faustkämpfe, Schießereien. Alles keine große Literatur, klar, aber es hat seine Fans. Und wenn man zu Hause am Schreibtisch sitzt, ist es ein großer Spaß, solche Geschichten zu schreiben.«

Er wandte den Kopf, um nach hinten zu spähen.

»Aber ehrlich gesagt«, fuhr er fort, »wenn man es wirklich *erlebt* … dann ist das kein bisschen spaßig!«

»Das ist wohl so, schätze ich«, pflichtete ich ihm bei.

Er seufzte, fingerte an den blutverkrusteten Überbleibseln seines Hemdes und seines Jacketts herum und sagte: »Ich weiß gar nicht, was ich jetzt machen soll. Ich meine, wenn der wirklich *absichtlich* auf mich geschossen hat … dann kann ich doch nicht einfach zurück in meine Wohnung, oder?«

»Seh ich auch so.«

»Vor allem nicht, wenn die wirklich im Haus nebenan sind, wie Sie sagen.«

Meine Laune besserte sich schlagartig, als mir klar wurde, dass Ferdurcis Überlegungen meinen Zielen entgegenkamen. Ich wollte ja endlich in aller Ruhe ein langes Gespräch mit ihm führen, und das möglichst, ohne nebenher ein Auto auf der gefühlt falschen Straßenseite fahren zu müssen. Von der Abwehr bewaffneter Überfälle ganz zu schweigen.

»Ich mache Ihnen einen Vorschlag«, sagte ich also. »Es wird allmählich Abend. Wir suchen uns ein kleines, abgelegenes Hotel irgendwo, besprechen die Angelegenheit in Ruhe bei einem ausgedehnten Abendessen, überschlafen die Sache, und morgen sieht alles vielleicht schon ganz anders aus.«

Ferdurci sah an sich herab. »So kann ich aber in kein Hotel gehen, und in ein Restaurant erst recht nicht. Außerdem habe ich nur noch zwanzig Euro bei mir. Und eine Kreditkarte, klar. Aber ich schätze, die benutze ich besser nicht, wenn wir verfolgt werden. In meinen Romanen ist das immer –«

»Ich lade Sie selbstverständlich ein«, sagte ich rasch. »Und ich zahle alles in bar.« Zur Ausstattung unseres Firmenwagens gehört ein kleiner Safe mit Zahlenschloss, der an einer versteckten Stelle eingebaut ist und immer mindestens fünftausend Euro in bar enthält, für Notfälle oder, was ehrlich gesagt der häufigere Fall ist, um jemanden zu bestechen.

Ferdurci grübelte eine Weile, dann meinte er: »Gut. Ich denke, es ist in Ordnung, wenn ich Ihr Angebot annehme.«

Wir fuhren weiter, mehr oder weniger aufs Geratewohl, was uns beinahe in eine Klemme gebracht hätte. Ich war es aus Amsterdam gewöhnt, jeden Tag bis 22 Uhr einkaufen zu können, und dachte nicht daran, dass das in anderen Ländern anders gehandhabt werden könnte. Ein dummer Fehler, der mich abermals an meiner Intelligenz zweifeln ließ. Auf den letzten Drücker fanden wir einen riesenhaften Leclerc-Supermarkt, der immerhin bis 19 Uhr 30 offen hatte. Ich bewaffnete mich mit ausreichend Bargeld, ließ mir von Ferdurci dessen Größen nennen und sauste hinein. In höchster Eile erstand ich zwei frische Hemden und einen Pullover für ihn – Jacketts hatten sie nicht, obwohl es einer dieser französischen Supermärkte war, die auf den ersten Blick *alles* zu haben scheinen –, außerdem Unterwäsche, Schlafanzüge, Zahnbürsten und andere Hygieneartikel für uns beide. Damit war ich unter den letzten Kunden, die den Laden verließen; hinter mir wurden schon die Lichter ausgeschaltet.

Anschließend hieß es, ein Hotel zu finden. Normalerweise hätte ich mich dafür der Hilfe Octavias bedient oder zumindest des Internets, aber das ging ja jetzt alles nicht. Dann fiel mir ein, dass der Datenbestand meines Navigationssystems nicht nur Straßen umfasste, sondern auch touristische Informationen. Dank dessen fanden wir zu einem Etablissement, das mitten in einem Waldstück an einem stillen See lag und sich folgerichtig *Hôtel de l'Etang* nannte.

Es war ein altehrwürdiges, imposantes vierstöckiges Gebäude, und dafür war erstaunlich wenig los an einem Samstagabend.

»Eigentlich hätten wir heute eine Hochzeitsgesellschaft gehabt«, erklärte uns der Mann an der Rezeption, »über einhundert Gäste. Aber die Brautleute haben in letzter Minute kalte Füße bekommen und das Ganze abgesagt. Und jetzt steht das Hotel quasi leer!«

»Wie bedauerlich«, sagte ich, verblüfft, dass es derlei heutzutage immer noch gab: riesige Hochzeitsgesellschaften.

»Sie bekommen hoffentlich Schadenersatz«, meinte Ferdurci.

Der Rezeptionist, dessen Mienenspiel mich irgendwie an ein Kamel denken ließ, lächelte. »Leicht verdientes Geld. Darf auch mal sein.«

»Ihr Restaurant ist heute aber trotzdem geöffnet, oder?«, vergewisserte ich mich besorgt.

»Selbstverständlich. Samstagabends sind wir immer gut besucht. Nur der Festsaal bleibt geschlossen.«

»Dann bitte ich um einen Tisch für zwei Personen. Und zwei Zimmer.«

»Gern.« Er zückte einen dicken Kalender voller Eintragungen, von denen die meisten durchgestrichen waren. »Auf welchen Namen?«

»Windover«, sagte ich und sah zu, wie er *Vindouvert* schrieb.

»Und Géroux«, ergänzte Ferdurci, dem der neue Pullover gut stand. »Alain Géroux.«

Er ließ uns zwei Meldescheine ausfüllen. Ich übernahm seine Schreibweise meines Namens, fügte als Vornamen *Henry* hinzu – immerhin mein zweiter Vorname, also dicht an der Wahrheit – und gab die Adresse an, unter der meine Mutter und ich in Belgien gewohnt hatten. Da wir so gut wie kein Gepäck hatten, zahlte ich unsere Übernachtungen im Voraus. Wir bekamen jeder einen Schlüssel; Ferdurci für ein Zimmer im zweiten Stock, ich für eines im dritten.

»Unsere besten«, behauptete der Mann und lächelte wieder so kamelartig. »Falls Sie abends noch ausgehen sollten, Schlüssel bitte mitnehmen. Unser Haus ist ab 22 Uhr geschlossen. Der Zimmerschlüssel öffnet auch die Eingangstür.«

»Danke«, sagte ich, »aber wir waren heute lang genug draußen.«

»Umso besser. Frühstück morgen von sieben bis zehn Uhr.« Er wies nach rechts. »Den Aufzug finden Sie dort hinten, im Treppenhaus.«

Wir fanden den Aufzug, aber wir fanden ihn so eng, dass man auch ohne klaustrophobische Veranlagung Erstickungsgefühle darin bekommen konnte. Also nahmen wir lieber die Treppe.

»In zwanzig Minuten im Restaurant?«, schlug ich vor, als sich unsere Wege fürs Erste trennten.

»D'accord«, meinte Ferdurci und machte sich auf die Suche nach Zimmer 214.

Ich stieg einen Stock weiter hinauf. Unmittelbar hinter der Glastür zwischen Flur und Treppenhaus hing, wie es Vorschrift war, ein Etagenplan an der Wand, auf dem die Notausgänge, die Positionen der Feuerlöscher und so weiter eingezeichnet waren. Einer meiner aufregendsten Jobs als junger Spund bei der *Northumberland Gazette* war eine Reportage über einen verheerenden Hotelbrand in Berwick-upon-Tweed, der es zwar, mangels Toter, nicht zu überregionalen Schlagzeilen gebracht, mich aber dennoch schwer beeindruckt hat. Seither studiere ich, wann immer ich in Hotels nächtige, derartige Pläne eingehend.

Dieses Gebäude, stellte ich fest, war erfreulicherweise so gebaut, dass es außer dem großen Treppenhaus, durch das wir hochgestiegen waren, am anderen Ende noch eine schmale Wendeltreppe als Notausgang gab, und zwar ganz hinten im Flur an der Stelle, an der ansonsten das Zimmer mit der Nummer 18 gewesen wäre. Auch die Zahl und Verteilung der Feuerlöscher kamen mir durchdacht vor. Falls ich heute Nacht nicht gut schlief, würden es nicht die Albträume von damals sein, die mich wach hielten.

Mein Zimmer hatte die Nummer 315 und verfügte erfreulicherweise noch über einen ganz normalen Telefonanschluss. Ich deponierte meinen neuen Schlafanzug auf dem Bett, meine neue Zahnbürste samt der Zahnpasta im Bad, dann wusch ich mir kurz das Gesicht und die Hände, an denen immer noch etwas von Ferdurcis Blut klebte. Anschließend rief ich in der Redaktion an, um zu berichten, was mir widerfahren war.

Marta war noch da, ganz gegen ihre Gewohnheiten. »Wundert dich das?«, blaffte sie. »Erst fragst du Octavia, wo du eine Schusswunde verbinden lassen kannst, und dann lässt du den Rest des Tages nichts mehr von dir hören? Super Voraussetzungen für einen ruhigen Abend im Schoß meiner Familie.«

So sarkastisch kannte ich sie gar nicht. Sie musste sich wirklich ernsthafte Sorgen gemacht haben.

»Tut mir leid«, sagte ich. »Es war aber tatsächlich ein eher stressiger Nachmittag. Und ich musste mein Telefon entsorgen, sicherheitshalber.« Ich erzählte ihr, wie es dazu gekommen war.

»Aber wenn sie dir in Silicon Valley eine Wanze in dein Telefon eingebaut haben, dann heißt das doch, dass *Youvatar* hier die Hände im Spiel hat«, folgerte auch Marta sofort.

»Oder einfach Peter Young«, sagte ich. »Er hat diesen Vertrag mit Ferdurci geschlossen, und um auf Nummer sicher zu gehen, hat er ein paar Revolvermänner abgestellt, die dafür sorgen sollen, dass der auch wirklich den Mund hält.«

»Äußerst dubios. Wo seid ihr jetzt überhaupt?«

»Irgendwo im Dreieck zwischen Le Mans, Caen und Rennes. Das Hotel heißt *Hôtel de l'Etang.*« Ich gab ihr Adresse und Telefonnummer durch; beides stand praktischerweise direkt auf dem Telefon. »Ich habe Zimmer Nummer 315. Du kannst mich direkt erreichen, indem du statt der Null am Schluss die Zimmernummer wählst. Behauptet diese Anleitung hier jedenfalls.«

»Gut. Hab ich notiert.«

»Aber jetzt geh ich erst mal essen, mit Monsieur Raymond, dem berühmten Schriftsteller. Und versuche, ihm das Geheimnis seiner Story zu entlocken.«

* * *

Vorher aber wollte ich mich rasch einer längst überfälligen Pflicht entledigen. Ich nahm den Hörer noch einmal auf und rief die Polizei an.

»Guten Abend«, sagte ich. »Ich habe eine Information zu der Schießerei, die sich heute Nachmittag in Agon-Coutainville ereignet hat, in der Bar *L'arrivée des pêcheurs*.«

»Monsieur«, fragte der Mann am anderen Ende der Leitung sachlich und höflich, »würden Sie mir bitte zuerst Ihren Namen sagen und von wo aus Sie anrufen?«

»Ich war zufällig in der Nähe«, sagte ich, seine Aufforderung ignorierend, »und ich habe den Mann erkannt, der geschossen hat. Wie er heißt, weiß ich nicht, aber ich weiß, dass er in der Avenue des Dunes wohnt, zusammen mit mindestens zwei anderen Männern und zwei Kampfhunden.« Ich nannte ihm die Nummer des Hauses neben dem, in dem Ferdurci gewohnt hatte.

»Monsieur, ich brauche trotzdem Ihren Namen und eine Angabe, wie wir Sie erreichen können.«

»Das kann ich nicht sagen«, erwiderte ich. »Die Männer sind gefährlich!«

Dann legte ich auf und hatte schweißnasse Hände. Ferdurci hatte recht: Von Schießereien und Verfolgungsjagden zu lesen ist unterhaltsam, aber es selber zu erleben nicht.

Ich holte tief Luft, erleichtert, es hinter mich gebracht zu haben. Und wie ich so Luft holte, merkte ich, dass ich den Geruch nach Zigarettenrauch, der mir gleich beim Hereinkommen unangenehm aufgefallen war, nicht eine ganze Nacht lang ertragen wollte. Es war ein alles durchdringender, uralter Gestank, so, als habe dieses Zimmer hundert Jahre lang ausschließlich Kettenraucher beherbergt. Es stank schlimmer als in Dad's Pub.

Kurz entschlossen sprang ich auf, schnappte den Zimmerschlüssel und eilte wieder hinunter zur Rezeption. Dort stand gerade ein älteres Ehepaar, Schweizer offenbar, so gedehnt, wie sie Französisch sprachen. Sie schienen eine Panne mit dem Auto zu haben und froh zu sein, noch ein Hotel gefunden zu haben. Der Rezeptionist gab ihnen den Schlüssel für ein Zimmer im ersten Stock und versprach, den nächstgelegenen Automechaniker zur Sonntagsarbeit zu bewegen.

»Monsieur«, wandte er sich mir zu, während sich die beiden mühsam in den Aufzug quetschten. »Wie kann ich Ihnen helfen?«

Ich legte ihm mein Unbehagen mit Zimmer 315 dar und bat um ein anderes, rauchfreies Zimmer.

»Selbstverständlich«, sagte er sofort. »Bitte entschuldigen Sie das Versehen.« Und damit reichte er mir den Schlüssel für Zimmer Nummer 215.

* * *

Ich holte meine Sachen aus dem Zimmer im dritten Stock und siedelte damit in den zweiten Stock um. Während dieser Aktion muss ich Ferdurci verpasst haben, denn als ich hinabging, den alten Zimmerschlüssel wieder abgab und ins Restaurant kam, saß er schon an einem Tisch in einer Fensternische.

Das Restaurant war erstaunlich gut besucht, größtenteils von Stammgästen, hatte ich den Eindruck. Die Geschichte von der abgesagten Hochzeit machte die Runde, und offenbar herrschte die Meinung vor, es habe am Bräutigam gelegen. Man war sich nur uneins, ob ihm die Sache zu unheimlich geworden war oder ob ihm die Braut hinter eine Missetat gekommen war, Untreue zum Beispiel.

Wir studierten die Karte, dann das Tagesmenü, das stilecht von Hand auf eine große, uralte Schiefertafel geschrieben stand. Es sah gut aus, also entschied ich mich dafür, und

Ferdurci schloss sich mir an. Wir einigten uns auf einen Wein, und als der in unseren Gläsern war, erhob ich das meine und sagte: »Höchste Zeit, dass ich Ihnen auch in anderer Hinsicht reinen Wein einschenke.«

Er riss die Augen auf. *»Ça alors!«*

»Mein Name«, fuhr ich fort, »ist James Windover, und ich bin tatsächlich Herausgeber einer Zeitung – aber nicht für Literatur. Vielmehr handelt es sich um eine Art privaten Nachrichtendienst für hochkarätige Investoren. Ich weiß, dass Ihr Name Raymond Ferdurci ist, dass Sie Professor an der Universität Nîmes sind und ferner, dass Sie einen Vertrag mit dem amerikanischen Geschäftsmann Peter Young haben, wonach Sie anderthalb Millionen Euro bekommen dafür, dass Sie so tun, als hätten Sie die Kurzgeschichte mit dem Titel ›Die Abschaffung des Todes‹ nie geschrieben, ja, als gäbe es diese Story gar nicht. Und ich bin nach Agon-Coutainville gekommen, weil ich wissen will, *warum* Peter Young das gemacht hat. Was er sich davon verspricht. Oder besser gesagt, was er an Ihrer Geschichte so gefährlich findet, dass es ihm anderthalb Millionen wert ist, sie verschwinden zu lassen.«

Ferdurci starrte mich an wie das Kaninchen die Schlange. »Ich weiß nicht, wovon Sie sprechen«, behauptete er dann.

Als Lügner hatte er absolut null Talent.

»Bitte!«, sagte ich ungehalten.

In diesem Moment kam die *Mise en bouche*, die Vorspeise der Vorspeise also: in unserem Fall zwei kleine Gläser, gefüllt mit einer geheimnisvoll aussehenden und überraschend schmeckenden Schichtung aus weißem, rotem und grünem Schaum, den man mit einem winzigen Löffel aß.

»Ihnen ist vermutlich gar nicht klar«, meinte Ferdurci, während er sich durch die Schichten löffelte, »was Sie alles verdorben haben.«

»Erhellen Sie mich«, bat ich.

»Es stimmt, ich habe eine Kurzgeschichte geschrieben.« Sein Löffel stieß auf den Boden des Glases durch. »Aber das ist nun weiß Gott nichts Besonderes. Kurzgeschichten habe ich schon Hunderte verfasst. Die besseren davon füllen fünf Bücher.«

Ich sagte nichts, aß nur und wartete ab. Schweigen ist manchmal die beste Art, ein Gegenüber zum Reden zu bringen.

»Es war übrigens keine besonders gute Geschichte. Eine Fingerübung, wenn ich ehrlich bin. Ich wollte einfach mal sehen, ob ich es auch auf Englisch kann. Das war eine Bedingung des Wettbewerbs; die Story, die man einreichte, musste in englischer Sprache verfasst sein.« Er stellte das leere Glas zurück, nahm einen Schluck Wein. »Ich *spreche* Englisch sehr schlecht, offen gesagt. Mir fehlt die Übung. Aber ich *lese* viel auf Englisch, seit ich mich mit amerikanischen Philosophen beschäftige. Mit manchen davon, die noch leben, korrespondiere ich auch, per Mail natürlich. Und dann gibt es ja heutzutage diese Übersetzungsprogramme, die ganz brauchbar sind, wenn man ein bisschen nachhilft. Also hab ich es eben probiert. Ohne mir etwas zu erwarten. Ich habe den Text gründlich überarbeitet, so gut ich es konnte, ihn eingeschickt und die Sache vergessen.«

»Und dann?«, fragte ich, weil er so wirkte, als dächte er, alles gesagt zu haben, was zu sagen war.

Sein Blick wanderte davon, richtete sich auf den offenen Kamin, in dem ein Feuer brannte, eher zur Dekoration als zu Heizungszwecken.

»Und dann? Dann kam eines Tages ein Anruf. Aus Amerika. Ich habe erst gar nicht verstanden, wer das war und was er wollte. Wie gesagt, das gesprochene Englisch ist nicht so meine Sache. Aber irgendwann habe ich begriffen, dass es um diese Story ging und dass der Anrufer mir viel Geld anbot für die Exklusivrechte daran. Wirklich *viel* Geld! Ich wäre blöd gewesen, Nein zu sagen.«

»Hat er gesagt, *warum* er diese Exklusivrechte will?«

»Ach, was weiß ich!« Er winkte ärgerlich ab. »Ja, er hat was gesagt. Hat gar nicht aufgehört. Ich hab's bloß nicht verstanden. Zusammengereimt hab ich mir, dass er vielleicht einen Film draus machen will. Ich hab ein bisschen im Internet nachgesehen, diesem Mister Young gehört unter anderem eine Filmproduktionsfirma, also kam mir das plausibel vor. Ja, und warum nicht? Wie gesagt, mein Herz hängt ohnehin nicht an dieser Story. Soll er damit machen, was er will.«

»Aber fanden Sie das nicht seltsam? Dass jemand verlangt, dass Sie nie wieder jemandem erzählen sollen, wovon Ihre Story handelt? Was die Idee davon ist?«

Unsere *Entrées* kamen: Kompositionen aus je einem weichen Ei in einem Nest aus Schinken und frischen Sprossen, auf einem Bett aus Blumenkohlmus. Jammerschade, dass ich mich nicht ganz darauf konzentrieren konnte. Aber mehr denn je wollte ich wissen, wovon zum Kuckuck diese Geschichte handelte, und dies war vielleicht die einzige Chance, es herauszufinden.

»Fand ich es seltsam?«, fragte Ferdurci, während er sein Ei anschnitt und der weiche Dotter sich wie ein Lavastrom über das Arrangement ergoss. »*Bien sûr* fand ich es seltsam! Aber für anderthalb Millionen? Er hat einen Anwalt geschickt, zusammen mit einer Übersetzerin. Cal hieß er, Cal Tiburon. Unsympathischer Mensch. Diane dagegen, die Übersetzerin, war sehr freundlich. Hat mir alles erklärt. Sie sind nach der Unterzeichnung des Vertrags noch ein zweites Mal gekommen. Sie wollten zusehen, wie ich sämtliche Dateien lösche, die mit der Story zu tun hatten, wie ich meine handschriftlichen Entwürfe vernichte und so weiter.«

»Die Geschichte ist also wirklich aus der Welt geschafft?«

»Ja. Der einzige Ort, an dem sie noch existiert, ist hier drin.« Er tippte auf seinen Kopf. »Und da bleibt sie auch.«

»Das haben Sie versprochen.«

»Genau. Und dieses Versprechen hat mir nicht einfach nur viel Geld eingebracht, viel mehr, als ich mit meinen drei Dutzend Büchern verdient habe. Nein, es hat mir vor allem die Freiheit verschafft, endlich in aller Ruhe meinen großen Roman zu schreiben, den Roman, auf den ich schon mein ganzes Leben lang hinarbeite. Den ersten Roman, den ich unter meinem wirklichen Namen veröffentlicht sehen will. Meine Chance, literarische Unsterblichkeit zu erlangen, verstehen Sie?«

Ich nickte.

»Und dann«, fuhr er grimmig fort, »tauchen Sie auf und werfen das alles über den Haufen!«

Dem konnte ich schwerlich widersprechen, also ließ ich es, und so aßen wir eine Weile schweigend.

Schließlich, als Ferdurci sein *Entrée* verzehrt hatte, erklärte er: »Nein. Nein, Sie werden mich nicht dazu bringen, diesen Vertrag zu brechen. Und wenn Sie sich auf den Kopf stellen.«

Ich leerte meinen Teller auch gerade, legte das Besteck abschließend darauf und sagte behutsam: »Peter Young will Ihre Geschichte aus der Welt schaffen, das steht ohne jeden Zweifel fest. Würden Sie dieser Aussage zustimmen?«

Er nickte, wischte sich mit der dicken Stoffserviette über die Lippen, ehe er nach dem Weinglas griff.

»Er zahlt viel Geld dafür«, fuhr ich fort. »Es muss ihm also offensichtlich sehr wichtig sein. Ich glaube – wohlgemerkt, das ist eine Vermutung – ich glaube, dass ihn diese Geschichte stört, wenn ich auch keine Ahnung habe, wie und wobei. Aber die Idee dahinter muss irgendetwas infrage stellen. Sie muss eines seiner Projekte gefährden, anders ist all der Aufwand nicht zu erklären. Was halten Sie von diesem Gedanken?«

Ferdurci zuckte mit den Schultern. »Und wenn schon.«

»Und falls das alles so ist«, setzte ich hinzu, »ist dann nicht der Gedanke naheliegend, dass es auch Peter Young war, der diese Leute damit beauftragt hat, Sie zu überwachen? Dass er sie angewiesen hat, zu verhindern, dass Sie mit jemandem über Ihre Story reden? Dass er diese Wachmannschaft installiert hat, um notfalls auch *Sie* aus der Welt zu schaffen, nicht nur Ihre Geschichte?«

Der Kellner kam, um abzuräumen, Baguettebrösel vom Tischtuch zu kehren, Wein nachzuschenken. Wir lehnten uns zurück und ließen ihn gewähren.

Als er wieder weg war, sagte Ferdurci: »Ich frage mich gerade, ob nicht *Sie* es waren, der diesen Vorfall inszeniert hat.«

»Ich?«, erwiderte ich verblüfft.

»Sie wissen, woher auch immer, von diesem Vertrag und von der Story, und nun wollen Sie wissen, worum es darin ging. Also wäre es doch eine schlaue Idee, erst mal ein paar Leute zu schicken, die mich verfolgen, und mich dann vor ihnen zu retten, oder? Danach, könnten Sie sich gedacht haben, werde ich Sie schon einweihen, aus lauter Dankbarkeit.«

Abgesehen davon, dass es nicht stimmte, war es keine dumme Idee. Mir fiel wieder ein, dass ich es ja mit einer Intelligenzbestie zu tun hatte.

»Das denken Sie im Ernst?«, fragte ich. »Dass ich Sie *anschießen* lassen würde bei so einer Inszenierung?«

»Warum nicht? So wirkt es doch gleich viel dramatischer.«

Ich sah ihn entgeistert an. »Also, selbst *wenn* ich das arrangiert hätte – das hätte ich definitiv nicht riskiert. Das hätte verdammt leicht danebengehen können!«

Ferdurci schüttelte bockig den Kopf. »Wie auch immer, ich glaube mehr und mehr, dass es diese Verfolgung in Wahrheit gar nicht gibt. Nie gegeben hat. Dass wir vor einem Phantom davongelaufen sind.«

»Und der Überfall vor der Notaufnahme in Coutances? Der graue Lieferwagen, der uns rammen wollte? War das auch ein Phantom?«

Er musterte mich finster. »Das kann ohne Weiteres Teil Ihrer Inszenierung gewesen sein.«

Das Hauptgericht kam, ein zart gebratenes Stück Filet mit Pilzen und knusprig gebackenen Kartöffelchen. Eine Sünde, das vor sich zu haben und dann zu streiten. Ferdurci sah das offenbar genauso, denn wir widmeten uns beide erst einmal schweigend dem Genuss unserer Mahlzeit. Ich tat es überdies, da ich ja wusste, dass es sich keineswegs um eine Inszenierung gehandelt hatte, in jenem Geist der Lebensbejahung, der einen erfüllt, wenn man kurz zuvor bedrohlicher Gefahr ausgesetzt war. Das Leben mag seine Schattenseiten haben, aber alles in allem ist es doch lebenswert, und einmal mehr spürte ich, wie intensiv ich mir wünschte, es würde niemals enden.

Dann dachte ich daran, was auf der *Youvatar*-Veranstaltung darüber gesagt worden war, wie dieses ewige Leben aussehen würde. Womöglich, überlegte ich, war es mit solchen Genüssen vorbei, sobald es an der Zeit war, seinen ursprünglichen Körper gegen einen Robotkörper einzutauschen. Schlagartig sah ich eine künftige Welt vor mir, in der die Menschen zwar nicht mehr sterben mussten, aber in drei Klassen zerfallen lebten: die reichste Klasse, die sich geklonte Austauschkörper leisten konnte, eine etwas weniger reiche Klasse, die in Maschinenkörpern auf Erden wandelte, und schließlich die große Masse der Nichtprivilegierten, deren Leben sich nur noch in virtuellen Welten abspielte, sprich, im elektronisch illustrierten Nichts.

Wir aßen also schweigend, und erst, als wir so gut wie fertig waren, sagte ich: »Es wird Sie vielleicht interessieren, dass Peter Young Anfang des Jahres schon einmal die Rechte an einem Stoff gekauft hat. Es war die Idee für einen Film. Young war damals größter Anteilseigner der Filmproduktionsfirma *Future Images*, das haben Sie richtig festgestellt. Nur war die Information, die Sie im Internet gefunden haben, veraltet, denn Young hat kurz darauf seine Anteile verkauft und eine neue Firma gegründet. Und nach allem, was ich weiß, will er mit dieser Firma besagte Idee in die Wirklichkeit umsetzen.«

Ferdurci kaute auf seinem letzten Stück Filet, ließ sich Zeit damit. Als er es hinabgeschluckt hatte, spülte er mit einem Schluck Wein nach, ehe er sagte: »Und?«

»Derjenige, dem er diese Idee abgekauft hat«, fuhr ich bedächtig fort, »war ein ehemaliger Schüler von Ihnen, Richard Colbert.«

»Ah bon?«, meinte er. »Ich ahne, was das für eine Idee war.«

»Tatsächlich?«

»Das Gehirn besteht aus sechsundachtzig Milliarden Nervenzellen, die über Axone und Dendriten miteinander verbunden sind. Ersetzt man eine Nervenzelle durch eine elektronische Schaltung und bildet alle ihre Verbindungen mit anderen Nervenzellen exakt nach, hat das Gehirn keine Möglichkeit, festzustellen, dass irgendetwas anders ist als vorher. Also macht es keinen Unterschied. Und wenn man das mit einer Nervenzelle machen kann, gibt es keinen Grund, warum man es nicht nach und nach mit allen machen und so den Geist vollständig in einen Computer übertragen können sollte.« Er spießte den letzten Pilz auf, steckte ihn in den Mund. »Richtig geraten?«

»Ja«, gab ich zu. »Ziemlich genau. Wundert mich, dass Sie davon wissen.«

Er machte eine wegwerfende Handbewegung. »Richard war oft bei uns zu Gast, wir haben das bei zahllosen Abendessen immer wieder ausgiebig diskutiert. Meine Frau ist Professorin für Neurologie an der Universität von Montpellier, es waren also durchaus fachkundige Diskussionen. Und Richard war *besessen* von dieser Idee! Ich habe ihm geraten, sie in einen Roman einzubauen, aber er träumte von einem Film, einem großen, visionären Hollywood-Film. Deswegen ist er wieder zurück in die USA.« Er schob seinen Teller von sich. »So originell ist die Idee übrigens gar nicht. Ein kanadischer Wissenschaftler, der an der Universität von Pittsburgh arbeitet, ein gewisser Hans Peter Moravec, hat schon vor Jahrzehnten eine ganz ähnliche Prozedur vorgeschlagen, um den sogenannten *Upload* des Bewusstseins in den Computer zu bewerkstelligen.«

»Es klingt doch aber plausibel, dass es auf diesem Wege gehen müsste«, meinte ich.

»Mag sein, dass das so klingt«, erwiderte er mit einem eigentümlichen Ausdruck im Gesicht. »Und das will Monsieur Young wirklich versuchen?«

»Er hat zwei berühmte Fachleute mit ins Boot geholt und ist schon dabei, Milliarden Dollar von Investoren einzuwerben.«

Das zu hören schien Ferdurci zu amüsieren. »Dann verstehe ich, warum er nicht will, dass meine Story bekannt wird.«

Der Kellner kam, erkundigte sich, ob es uns geschmeckt habe – was wir wahrheitsgemäß bejahten –, sowie nach unseren weiteren Wünschen, das Dessert betreffend. Ich bat um die Dessertkarte, und während wir sie studierten, fragte ich: »Können Sie das ein bisschen genauer erklären?«

»Könnte ich«, sagte Ferdurci, »werde ich aber nicht. Ich nehme das *Parfait glacé*.«

»Als Richard Colbert von dem Verkauf der Filmfirma erfahren hat, hat er Streit mit Peter Young angefangen«, erzählte ich und beschloss, die *Mousse au Chocolat* zu probieren.

Ferdurci lachte. »Das kann ich mir lebhaft vorstellen. Bestimmt ist er an die Decke vor Wut.«

»Das weiß ich nicht«, sagte ich. »Auf jeden Fall war er kurz darauf tot.«

Das schien ihn zu schockieren. »*Vraiment?*«

»Die Polizei geht von Selbstmord aus.«

Sein Blick glitt davon, seine Schultern sanken herab. »Das wusste ich nicht ... Wann war das?«

»Letzten Winter. Er ist am 28. Januar tot in seiner Wohnung aufgefunden worden.«

»Armer Kerl.« Ferdurci seufzte. »Aber wahrscheinlich hat es früher oder später so kommen müssen.«

»Wieso denken Sie das?«

»Richard ist mir immer vorgekommen wie jemand, der eigentlich ins neunzehnte Jahrhundert gehört hätte. Er war immerzu auf Berg-und-Tal-Fahrt zwischen himmelhoch jauchzendem Überschwang und kellertiefer Melancholie, ständig im Kampf mit seinen Leidenschaften. Und dann ist er ausgerechnet nach Los Angeles gegangen, in die Filmindustrie dort, in diese Schlangengrube ...«

Ich musterte ihn voller Verwunderung. »Sie scheinen ihm nichts nachzutragen.«

»Was sollte ich ihm nachtragen?«

»Die Affäre mit Ihrer Frau zum Beispiel.«

»Ach das«, meinte er in einem Ton, als spräche ich von der größten denkbaren Belanglosigkeit. »Das war ja nicht seine Schuld. Solange hat ihn verführt. Und sie ist eine sehr attraktive Frau, er hatte keine Chance, ihr zu widerstehen. Und ihre Schuld war es auch nicht, denn das hätte sie ja nicht gemacht, wenn ich ihr ein besserer Ehemann gewesen wäre.« Er legte seine Serviette beiseite. »Wissen Sie, genau davon handelt mein großer Roman: wie das Leben fehlgeht. Wie man die Liebe aus Achtlosigkeit verliert, weil man Dingen nachjagt, die einem wie Gold vorkommen, in Wahrheit aber wertloser Tand sind.«

Das war der Punkt, an dem ich aufgab. Der Moment, in dem ich einsah, dass ich bei ihm nichts erreichen würde. Raymond Ferdurci würde sich an seinen Vertrag mit Peter Young halten, und er hatte allen Grund, das zu tun.

Und womöglich hatte ich tatsächlich einfach eine Überreaktion seiner Bewacher provoziert. Was hieß, dass es an mir war, das Missverständnis zu klären.

»Wenn Sie wollen, bringe ich Sie morgen nach Agon-Coutainville zurück«, bot ich an, während wir unsere Desserts genossen. »Oder wo immer Sie hinwollen.«

Ferdurci nickte nur. »Ich wüsste gern«, sagte er dann, »wie Sie mich dort eigentlich gefunden haben. Ich hab mir ziemlich viel Mühe gegeben, keine Spuren zu hinterlassen.«

Ich hatte keine Lust mehr, ihm das zu erzählen, also sagte ich nur: »Das Internet hat eine gewisse Rolle dabei gespielt. Aber letzten Endes war es wirklich Zufall.«

Kapitel 35

Wozu war das nun alles gut gewesen? Das fragte ich mich, als ich mir die Zähne putzte und mich dabei im Spiegel betrachtete. Es liegt am Neonlicht, sagte ich mir, dass ich so erschöpft aussehe. Aber das war eine Ausrede, und ich wusste es.

Welches Recht hatte ich gehabt, mich in Raymond Ferdurcis Privatleben einzumischen? Keines. Die Gier hatte mich getrieben, die Gier danach, alles zu wissen, die Panik, Anahit Kevorkian falsch geraten zu haben … Mein Rat? Hatte sie denn überhaupt auf den gehört? Eher nicht, oder?

Ich war wirklich erschöpft, sagte ich mir. Bestimmt würde ich schlafen wie ein Stein.

Aber im Bett gingen mir diese Fragen immer noch im Kopf herum. Zudem war da dieses nagende Gefühl, *dicht dran* gewesen zu sein, *beinahe* erfahren zu haben, was das Geheimnis hinter Ferdurcis Story war, hinter seiner Anderthalb-Millionen-Dollar-Kurzgeschichte.

Beinahe ist ein gefährliches Wort. Ein süßes Gift. Eine Droge. Nur noch einen Schritt, sagt man sich, dann bin ich da, und dann tut man noch einen Schritt, und noch einen, und noch einen …

Mein ganzer Körper kribbelte vor Nervosität. Eine Überdosis Adrenalin, überlegte ich. Die musste ich erst abbauen. Der Wein hatte mir dabei helfen sollen, ein schwerer Bordeaux, der großartig zu dem Filet gepasst hatte.

Aber der Espresso am Schluss hatte wahrscheinlich eher das Gegenteil bewirkt. Ferdurci hatte wie selbstverständlich einen bestellt, da hatte ich auch nicht widerstehen können. Zwar hatte ich einen *déca* verlangt, einen koffeinfreien Kaffee ... aber es fühlte sich nicht so an.

Ich probierte es mit allen Entspannungstechniken, die ich kannte. Ruhig liegen. Auf den Atem achten. Die Atemzüge zählen, von eins bis zehn und wieder zurück, und immer so weiter. Ich hatte doch das mit der Meditation mal so großartig beherrscht, so gut, dass ich sogar eine Vera van Akkeren hatte verblüffen können ... Aber das half mir an diesem Abend auch nichts.

Oder vielleicht doch, denn irgendwann glitt ich zumindest in eine Art Halbschlaf, in jenes Land zwischen Traum und Wachsein, in dem die Gedanken zwar nicht aufhören, aber die seltsamsten Arabesken ziehen, ohne dass es einem merkwürdig vorkommt. Es war wie ein Gleiten, immer tiefer und tiefer hinab, und ich weiß noch, dass ich dachte: *Gut ...*

Was ich nicht mehr weiß, ist, wie lange ich so gelegen habe. Es können Minuten ebenso gut wie Stunden gewesen sein, unmöglich zu sagen. In meiner Erinnerung sind es Äonen, in denen Reiche entstanden und wieder vergingen, sich neue Spezies entwickelten und die Erde eroberten, während ich glitt und glitt und wirklicher Schlaf nicht kommen wollte.

Doch egal, wie lange es gedauert haben mag, es endete jedenfalls mitten in der Nacht, als ich hochschreckte, weil jemand an meine Zimmertür pochte.

* * *

Übergangslos saß ich aufrecht im Bett, mit hämmerndem Herzen und Augen, die ich so weit aufgerissen hatte, dass es weh tat.

Es war dunkel, Nacht, erhellt nur von dem bisschen Licht, das von den Lampen, die den Vorplatz und den Garten des

Hotels beleuchteten, durch die Vorhänge bis in mein Zimmer drang.

Es klopfte noch einmal. Aber nicht an *meiner* Tür, sondern an der Tür des Zimmers direkt über mir.

Dem Zimmer, in dem ich *eigentlich* hätte liegen sollen.

Das alarmierte mich. Mein Nacken kribbelte nicht nur, er fühlte sich an, als stünde er unter Strom.

Ich schlüpfte aus dem Bett, so lautlos wie möglich, und huschte auf nackten Sohlen zum Fenster. Ohne die Vorhänge zu berühren, durch einen Spalt zwischen ihnen, spähte ich hinab. Da war der See, eine große, dunkle Fläche, die mit den Bäumen ringsum verschmolz, konturlos, ein schwarzes Loch in der Landschaft. Davor der Parkplatz, auf dem neben meinem Auto noch zwei weitere standen.

Und ganz links, direkt neben dem Haupteingang, parkte ein Lieferwagen, der, soweit sich das in dem mageren Widerschein der kugeligen Gartenlampen sagen ließ, grau war und deutliche Schrammen entlang der Seite aufwies: der Wagen aus Coutances!

Wie um diese Beobachtung zu bestätigen, hörte ich über mir das Geräusch, mit dem eine Tür gewaltsam aufgebrochen wird. Dann trampelten mehrere Personen hin und her, es rumpelte, als würden Möbel umgeworfen – das Bett? Um zu sehen, ob sich jemand darunter verbarg? –, die Tür zum Bad fiel ins Schloss, jemand fluchte.

Das ließ nur einen Schluss zu, sagte ich mir: Das waren unsere Verfolger, und sie hatten uns gefunden. Auch wenn ich nicht den Hauch einer Ahnung hatte, wie.

Ich hastete zur Tür, öffnete sie leise, flitzte quer über den Flur zur Tür von Zimmer 214 und klopfte. Leise zunächst, denn so hellhörig, wie das altehrwürdige Hotel war, würde es sich, wenn man von unten so gut hörte, was über einem geschah, umgekehrt genauso verhalten.

Doch Ferdurci reagierte nicht. Offenbar schlief er tatsächlich, erkannte ich nicht ohne Neid, und als über mir die Schritte wieder aus dem Zimmer heraus auf den Flur polterten, klopfte ich kräftiger, hämmerte richtiggehend.

Er öffnete abrupt, hatte ein verquollenes Gesicht, das davon zeugte, dass er zwar geschlafen hatte, aber schlecht. »*Quoi?*«, brummte er.

»Die haben uns gefunden«, flüsterte ich und zeigte zur Decke, wo man hörte, wie sich Schritte, die nach einer ganzen Kompanie klangen, in Richtung Treppenhaus bewegten. »Kommen Sie!«

»Kommen?«, stieß er hervor. »Wohin denn?«

»Weiß ich noch nicht. Aber wir müssen weg, uns irgendwo verstecken.«

Von vorne war zu hören, wie sie das Treppenhaus herabrumorten. Ich drängte mich zu Ferdurci ins Zimmer, um nicht im Flur zu stehen, wenn sie diesen Stock erreichten.

»Ist das wieder so eine Inszenierung?«, wollte er wissen.

»Nein, ist es nicht«, sagte ich hastig. »Die haben grade die Tür von Zimmer 315 aufgebrochen. Das war das Zimmer, das mir der Rezeptionist gestern gegeben hat. Aber ich hab's vor dem Abendessen getauscht, weil es mir zu verraucht war.«

Das Getrampel entschwand nach unten.

»Jetzt gehen sie nach unten, nachsehen, welche Schlüssel nicht am Brett hängen«, erkannte ich.

Nicht alle. Es waren welche auf der Treppe stehen geblieben. Ich hörte das Knarren von Walkie-Talkies. Und die Art Geräusche, die entstehen, wenn jemand das Magazin aus seiner Pistole zieht und wieder zurückschiebt.

»*Bon, d'accord*«, maulte Ferdurci, »aber ich will mir wenigstens was anziehen …«

Die Schritte kamen wieder hoch.

»Keine Zeit«, sagte ich, packte ihn und zerrte ihn hinter

mir her, weg vom Treppenhaus. Man sah die Nottreppe tatsächlich erst, wenn man das Ende des Flurs fast erreicht hatte: unsere Chance.

Wir hörten einen Ausruf, der klang wie: »*There they are!*« Dann wurden aus Schritten das Getrampel rennender Männer.

Wir rasten die Wendeltreppe hinab, herum und herum – jetzt bloß nicht stolpern, dachte ich. Ferdurci musste ich nicht mehr mit mir ziehen, er rannte selber und fluchte dabei äußerst blumig vor sich hin.

Erster Stock.

Erdgeschoss. Eine Tür mit dem beleuchteten Schild: »*Sortie de secours – Emergency exit*«. Darunter ein Hinweis, dass die Tür alarmgesichert sei und nur im Notfall benutzt werden durfte, andernfalls …

Weiter las ich nicht. Dies war ein Notfall. Ich riss die Sperre beiseite, drückte die Klinke herab und stieß die Tür auf.

Und stand vor einem hünenhaften Mann, der triumphierend grinste, als er uns sah. Er breitete die Arme aus, was ihn nicht mehr wie einen Schrank, sondern wie eine ganze Schrankwand aussehen ließ. In einer Hand hielt er ein Messer, dessen Klinge im Licht der Gartenbeleuchtung so gefährlich glänzte, wie sie zweifellos war.

Ich erkannte ihn wieder. Es war der Mann, der Ferdurci am ersten Tag verfolgt hatte. Der Mann, der sich nur von Bier ernährte.

»Hören Sie«, sagte ich, heftig keuchend, stellte mich vor den Schriftsteller und hob die Arme. »Wir können über alles reden …«

Er ignorierte meine Worte, verstand sie wahrscheinlich gar nicht, denn ich hatte Französisch gesprochen; er aber zog ein Walkie-Talkie aus der Tasche, drückte den Rufknopf und sagte: »*I've got them. Back door.*«

Als er es zurück in die Tasche schieben wollte, verhakte es

sich, er war kurz abgelenkt, und in dem Augenblick ließ ich mein rechtes Bein ansatzlos vorschnellen und trat ihm in die Hoden: eine der dreckigen, unfairen Kampftechniken, die mir Freddy Kirk beigebracht hat. Er hatte mir auch beigebracht: *Wenn du zuschlagen musst, dann schlag zu, als ob dein Leben davon abhängt. Gut möglich nämlich, dass es das tut!* Auch diesen Rat befolgte ich in diesem Moment, so gut ich konnte.

Der Kerl klappte stöhnend zusammen, ließ sein Walkie-Talkie fallen, nicht aber sein Messer, leider, denn so kam es, dass, als ich ihm das Knie brutalstmöglich aufwärts ins Gesicht hämmerte, er mich damit doch noch am linken Oberschenkel erwischte.

In mir pumpte das Adrenalin wie noch nie zuvor im Leben, trotzdem ließ mich der jähe Schmerz schier zu Boden gehen. Über uns, hinter uns, hörte man sie schon die Wendeltreppe herabpoltern.

Dann tauchte wie aus dem Nichts ein großer, roter Zylinder auf, traf den Kopf des Mannes mit einem hässlichen Knacken, und das war es dann: Er fiel zu Boden wie eine Marionette, deren Fäden jemand durchgeschnitten hatte.

»Ist er tot?«, fragte Ferdurci, den Feuerlöscher noch in der Hand.

»Ach was«, sagte ich, obwohl ich mir da keineswegs sicher war, »solche Kerle sind hart im Nehmen.«

Das Getrappel auf der Wendeltreppe kam immer näher. Ich presste die Hand auf die Wunde, die blutete wie blöde, und war einen Moment ratlos.

Ganz nutzlos scheint das Schreiben von Thrillern in solchen Situationen doch nicht zu sein: Ferdurci drehte den Feuerlöscher herum, riss die Plombe ab, richtete den Schlauch in der Wendeltreppe nach oben und betätigte den Hebel. Laut zischend stieg eine weiße Wolke nach oben, ließ unsere Verfolger aufschreien, bremste sie ab.

Ferdurci legte den Feuerlöscher auf geschickte Weise so hin, dass der Schlauch weiterhin nach oben zeigte und, indem der Zylinder in geeigneter Weise gegen eine Treppenstufe drückte, der Hebel weiter gedrückt blieb, dann umrundeten wir, ich humpelnd, er zitternd, den niedergestreckten Messerhelden und kamen ins Freie. Hinaus in die eiskalte Nacht.

»Und jetzt?«, keuchte er.

»In den Wald«, stieß ich hervor. Was anderes blieb uns nicht übrig. Es waren nur fünf Schritte bis zu meinem Wagen, aber die Autoschlüssel lagen oben in meinem Zimmer.

»In den Wald?«, rief er. »Im Schlafanzug? Im November?«

»Eine Erkältung überlebt man leichter als eine Kugel«, gab ich zurück.

Wir schleppten uns weiter. Barfuß auf Kies. Ich weiß nicht, was unangenehmer war, die spitzen Steine oder die Kälte.

Der nächste Wagen hatte ein Schweizer Nummernschild und war ein Mercedes. Unknackbar, erst recht mit bloßen Händen. Daneben ein großer Renault, auch verschlossen. Ich zitterte, vor Kälte, vor Schmerzen, und hatte das Gefühl, massenhaft Blut zu verlieren. Da war der See, so schwarz, als sei auch er mit Blut gefüllt. Und da der Wald, der darauf wartete, uns zu verschlingen.

Dann fiel mein Blick auf den zerschrammten Lieferwagen, und ich sah etwas, das mir eine Idee eingab.

»Planänderung!«, keuchte ich und humpelte auf den Wagen unserer Verfolger zu.

Dessen Fahrertür nur angelehnt war.

Und wenn ich das richtig gesehen hatte im Widerschein des Lichts, das aus der aufgebrochenen Haupttür fiel …

Ja. Die Schlüsselkarte baumelte am Rückspiegel. Allzeit bereit, falls es jemanden zu verfolgen galt.

Freddy hatte mir auch gezeigt, wie man ein Auto kurzschließt. Aber ich war mir nicht sicher, ob ich das noch konnte.

Gut also, dass es nicht nötig war. Wir kletterten in den Wagen, und Sekunden später rasten wir schon davon.

* * *

Die nächsten zehn Kilometer oder so schob Ferdurci reine Panik. Vorhin war er noch so cool wie ein Actionheld gewesen, aber jetzt hatte ihn der Schreck eingeholt, und er fluchte, dass es nur so eine Art hatte.

»Was *wollten* die, zur Hölle? Was hatten die *vor?* Uns entführen? Uns umbringen? Der Kerl mit dem Messer … der wollte uns *abstechen!*«

»Der Kerl mit dem Messer«, sagte ich, »hat Sie Freitagmittag verfolgt. Er hat mit einem Bier an der Theke im *Le Solstice* gesessen, während Sie zu Mittag gegessen haben, und er hat am Schaufenster der Weinhandlung gewartet, während Sie Ihre Flasche ausgesucht haben.«

»Was?«, stieß Ferdurci hervor, fassungslos.

Ich raste durch die Nacht, so schnell, wie es der Lieferwagen nur hergab, das Gaspedal bis zum Bodenblech durchgedrückt. Ich überfuhr rote Ampeln, ignorierte alle Verkehrsschilder, schlug wild Haken, links, rechts, noch mal links, und das alles, während mein linkes Hosenbein immer nasser wurde von meinem Blut und der Autositz immer fleckiger.

Schließlich hielt ich auf einem Platz vor einem heruntergekommen aussehenden Betrieb. »Können Sie mal schauen, ob Sie den Verbandskasten finden?«

»Ins Krankenhaus!«, rief Ferdurci. »Sie müssen in die nächste Notaufnahme! Sie verbluten ja!«

»Der Verbandskasten!«, insistierte ich.

Er nickte, öffnete die Tür. Nasskalte Luft schoss herein und ließ mich erzittern. Anderslautende Theorien zur Ursache dieses Zitterns verbot ich mir.

Es mochte ein Gangsterauto sein, aber es war vorschriftsmäßig ausgestattet: Ferdurci fand einen quasi neuen Verbandskasten im hinteren Teil des Wagens.

Keine falsche Scham jetzt. Ich zog meine Hose herunter, drückte die erste Kompresse auf die Wunde. Wie ich es mir gedacht hatte, war es ein zwar langer, aber nicht tiefer Schnitt, andernfalls wäre ich gar nicht so weit gekommen. Er schmerzte höllisch, erst recht, als ich Desinfektionsmittel darauf gab; kurz wurde mir schwarz vor Augen. Dann atmete ich tief durch und bastelte mit weiteren Kompressen, Binden und viel Pflaster – ich brauchte den halben Vorrat auf – so etwas wie einen Verband. Nicht schön, aber er erfüllte erst mal seinen Zweck.

Anschließend fuhren wir weiter, etwas langsamer als bisher, und Ferdurci schimpfte auch etwas leiser.

»Das wäre alles nicht passiert, wenn Sie nicht aufgetaucht wären!«, hielt er mir vor.

»Sie haben ja recht«, sagte ich seufzend.

»Und es wäre nicht passiert, wenn ich mich nicht auf diesen Deal eingelassen hätte.« Er verfolgte die Kausalkette weiter rückwärts. »Wenn ich nicht diese blöde Story geschrieben hätte. Wenn ich nie von diesem Wettbewerb erfahren hätte. Wenn ich ein besserer Ehemann gewesen wäre. Wenn ich mein Leben nicht so verpfuscht hätte …« Er hielt inne, klang auf einmal nachdenklich. »Hm, das ist eigentlich eine Idee für meinen Roman! Ja, so eine Wendung der Ereignisse fehlt eigentlich noch.«

Er verstummte. Zuerst dachte ich, er grübele über seinen Roman nach, aber nach einer Weile stellte ich fest, dass er eingeschlafen war, einfach so: zack, weg. Sein Kopf lag schräg zwischen Kopfstütze und Rückenlehne.

Nun, auch gut. Ich beneidete ihn.

Oder auch nicht. Hohe Intelligenz *und* rege Phantasie, das musste manchmal eine ganz nett heftige Bürde sein.

Im Weiterfahren ließ ich die Einzelheiten des Überfalls noch einmal vor meinem inneren Auge ablaufen, insbesondere den Kampf mit dem Messermann. Der ganz übel hätte enden können. Ich hatte ihn mit dem rechten Fuß ins Gemächt getreten und ihm dann, weil mich das etwas aus dem Gleichgewicht gebracht hatte, das linke Knie ins Gesicht gerammt, eine Bewegung, die mir mit dem rechten Knie zweifellos besser gelungen und auch kraftvoller ausgefallen wäre. Aber in dem Fall hätte sein Messer nicht die Außenseite meines linken Oberschenkels erwischt, sondern die Innenseite des rechten, und damit womöglich die große Arterie, die dort verläuft. Hätte er die verletzt, wäre ich wahrscheinlich verblutet. Medizinisch betrachtet hätte mich der rapide Druckabfall im Blutkreislauf bewusstlos werden lassen; mein Gehirn wäre nicht länger mit Sauerstoff und Energie versorgt worden, und nach wenigen Minuten hätten meine Gehirnzellen begonnen, abzusterben. Und alles, was James Henry Windover ausmachte, hätte sich in Zersetzungsprodukte aller Art aufgelöst.

Befremdlicher Gedanke, dass mich ausgerechnet die Jagd nach der Unsterblichkeit in Lebensgefahr gebracht hatte.

Man sollte sein Gehirn wirklich erst uploaden und in Sicherheit wissen, ehe man sich auf solche Abenteuer einließ, sagte ich mir.

Ich fuhr noch eine Weile weiter durch die Nacht, merkte aber bald, wie auch mich die Müdigkeit einholte, jetzt, da der Adrenalinspiegel wieder sank. Als ich anfing, Dinge doppelt zu sehen, bog ich auf einen Feldweg ab und brachte das Auto irgendwo im Nirgendwo zum Stillstand, neben einem verfallenen Steinhaus. Den Motor ließ ich laufen, denn wir hatten ja nur unsere Schlafanzüge an und nichts, um uns zuzudecken, also würden wir nicht ohne die Standheizung auskommen. Ich drehte sie auf volle Pulle. Die Faustregel, die mir Freddy Kirk beigebracht hat für lange winterliche Überwachungsnächte:

Ein Motor braucht im Leerlauf einen Liter Sprit pro Stunde. Und ein Motor im Leerlauf erzeugt mehr als genug Wärme, das wollen die Gesetze der Thermodynamik so.

Als das alles geregelt war, stellte ich meinen Sitz schräg nach hinten, vergewisserte mich ein letztes Mal, dass die Handbremse angezogen war, dann schloss ich die Augen und war weg.

Kapitel 36

Wir erwachten in der Morgendämmerung. Der Motor tuckerte immer noch, die Heizung blies unermüdlich Warmluft ins Wageninnere, aber mich fröstelte trotzdem. Das linke Bein meiner Schlafanzughose fühlte sich von all dem getrockneten Blut bretthart an. Unter dem Verband pochte es unangenehm. Und die Tankanzeige stand dicht über der Reservemarke.

Ferdurci wirkte benommen. »Wo sind wir?«, fragte er, während er seinen Kopf hin und her drehte in dem Bemühen, die Verspannungen zu lösen, die ihm seine unbequeme Schlafposition beschert hatte.

»Keine Ahnung«, gestand ich. Wir würden es auch nicht herausfinden, denn der Wagen verfügte weder über ein Navigationssystem, noch fand sich irgendwo ein Autoatlas.

Überhaupt fand sich außer dem gesetzlich vorgeschriebenen Verbandskasten so gut wie nichts in diesem Wagen: keine Waffen, keine Handschellen, kein Klebeband, um Entführungsopfern den Mund zuzukleben, keine Schaufel, um Leichen zu verbuddeln. Nur die zwei Vordersitze und eine Rückbank, auf der sich noch mal drei Leute anschnallen konnten. Seltsame Gangster.

Eine Durchsuchung des Handschuhfachs ergab, dass es sich um einen Mietwagen handelte. Gemietet am Donnerstag vor zwei Wochen.

»Wie es aussieht, hat Ihre Überwachung erst angefangen, als Peter Youngs Projekt in die heiße Phase getreten ist«, stellte ich fest.

»Was heißt das?«, fragte Ferdurci.

Ich zeigte ihm das Datum auf dem Mietvertrag. »Zwei Tage danach hat im Silicon Valley die erste Präsentation vor einem ausgesuchten Publikum möglicher Investoren stattgefunden. Die Young die Zusage von mindestens acht Milliarden Dollar eingebracht hat, wahrscheinlich aber wesentlich mehr.«

Und einen Tag vorher hatte Young erfahren, dass Anahit einen Journalisten als Vertretung schicken wollte. Was ihm entschieden ein Dorn im Auge gewesen war.

Gut möglich, dass er sich gesagt hatte, da sorge ich mal besser dafür, dass der Mann mit der gefährlichen Geschichte *wirklich* den Mund hält.

»Woher könnte Peter Young eigentlich gewusst haben, wo Sie sich verstecken?«, fiel mir ein, zu fragen.

Ferdurci seufzte. »Monsieur Tiburon hat mich gebeten, ihn auf dem Laufenden zu halten, wie er mich erreichen kann. Für den Fall, dass es Rückfragen gibt wegen der Überweisung der zweiten Rate.«

»Ach so.« Das erklärte die Sache natürlich.

Ferdurci sah sich um und meinte, sich die Oberarme reibend: »Also, sehe ich das richtig? Wir sitzen in einem gestohlenen Auto, wissen nicht, wo wir sind, und haben kaum noch Benzin. Außerdem sind wir barfuß, haben nur Schlafanzüge an, kein Geld bei uns, keinen Ausweis, keine Kreditkarte und kein Telefon. Und es ist November. Hab ich was vergessen?«

»Eine Schusswunde und einen Messerstich«, ergänzte ich.

»Ja, genau. Toll. Und was machen wir jetzt?«

»Erst mal nachdenken.« Ich fühlte mich herausgefordert, unter Beweis zu stellen, dass ich auch nicht ganz dämlich war. Ein Gedanke meldete sich, der schon die ganze Zeit da gewesen war. »Beginnend mit Ihrer Frage: Wie haben die uns überhaupt gefunden?«

Ferdurci nickte grüblerisch. »An Ihrem Telefon kann es nicht mehr liegen, das haben Sie ja weggeworfen. Könnte es sein, dass sie einen Peilsender an Ihrem Wagen …? Nein, wann hätten die das machen sollen? Und selbst wenn, warum sind sie dann erst so spät in der Nacht aufgetaucht und haben uns nicht schon unterwegs abgepasst?« Er verschränkte die Arme vor der Brust. »Sie haben recht, das ist ein Rätsel.«

»Die eigentliche Frage«, dämmerte mir, »ist, woher die wussten, in welchem *Zimmer* ich bin. Die sind zielsicher zu meinem Zimmer gegangen – aber zu dem Zimmer, in dem ich *zuerst* war! Das heißt, sie können die Information nicht vom Rezeptionisten erfahren haben, denn der hätte ja gewusst, dass er mir ein anderes Zimmer gegeben hat.«

»Außerdem war der gar nicht mehr da«, warf Ferdurci ein.

»Er hat den Zimmerwechsel im Gästebuch vermerkt, das habe ich gesehen. Wenn sie dort nachgeschaut hätten, wären sie direkt an meiner Tür gelandet. Also haben sie sich gar nicht um das Gästebuch gekümmert. Sie haben die Vordertür aufgebrochen und sind zielstrebig zu dem Zimmer marschiert, in dem ich *zuerst* war.« Ich holte scharf Luft, als mir ein Zusammenhang dämmerte. »Und von dem aus ich *telefoniert* habe! Und zwar mit der Polizei, um denen zu sagen, wo der Kerl wohnt, der auf Sie geschossen hat.«

»Sie verdächtigen *die Polizei?*« Ferdurci sah mich an wie jemanden, an dessen geistigem Zustand man ernsthaft zweifelt.

»Die französische Polizei«, erklärte ich ihm, »ist mit Computersystemen ausgestattet, die von der Firma *Panopticon* stammen. Das ist ein amerikanisch-britischer Konzern, an dem Peter Young nicht nur Anteile hält, sondern bei dem er sogar im Vorstand sitzt.«

Jetzt machte Ferdurci große Augen. »*Vraiment?* Sie denken, er hat eine Hintertür in diese Systeme?«

»Würde mich schwer wundern, wenn nicht. Young ist ein Silicon-Valley-Gewächs. Die können solchen Versuchungen nie widerstehen.«

»Das klingt logisch.« Ferdurci überlegte. »Sie werden sich gesagt haben, dass wir bestimmt zur Polizei gegangen sind. Wollten wir ja auch. Also haben sie das System abgefragt, was es an Meldungen zu Agon-Coutainville gibt. Sind auf Ihren Anruf gestoßen. Die Telefonnummer ist aufgezeichnet worden. Darüber konnten sie das Hotel finden – und Ihr Zimmer! Denn die letzten Ziffern sind typischerweise die Zimmernummer.«

Ich nickte. »Und weil das alles Zeit gebraucht hat, sind sie erst in der Nacht angekommen.«

»Das heißt, wir dürfen *auf keinen Fall* zur Polizei gehen!«, schlussfolgerte Ferdurci mit einem Anflug von Panik in der Stimme. »So, wie wir daherkommen, stecken die uns erst mal in eine Zelle. Was sie dann natürlich auch in ihr System eintragen. Und damit wären wir ein leichtes Ziel!«

»Ja, das riskieren wir besser nicht.« Die ersten Umrisse eines Plans formten sich in meinen Überlegungen. »Wir müssen uns irgendwie nach Paris durchschlagen. Dort hat meine Firma eine sichere Wohnung, von da aus sehen wir weiter.« Ich betrachtete die Tankuhr, deren Nadel immer weiter sank. »Aber dazu brauchen wir Benzin. Und am besten auch was zum Anziehen.«

Ferdurci spähte aus dem Fenster, betrachtete die weiten Felder ringsumher. »In meinem Roman ›Das Elixier von Notre-Dame‹ gerät der Held in eine ganz ähnliche Situation. Er stiehlt schließlich Kleidung von einer Wäscheleine und besorgt sich einen Schlauch, um Benzin aus dem Tank eines anderen Autos abzuzapfen, indem er es zunächst mit dem Mund ansaugt und dann über den Saughebereffekt in einen Kanister laufen lässt.«

»Ich schätze aber mal, der Roman spielt nicht im November«, wandte ich ein. »Würde mich nämlich wundern, wenn wir irgendwo Wäsche auf Leinen hängen sehen, zumal an einem Sonntag. Und Benzin per Ansaugen zu stehlen ist sagenhaft gefährlich, das mache ich auf keinen Fall. Zumal ich wahrscheinlich Benzin und Diesel verwechseln würde, so wenig, wie ich mich mit Autos auskenne.«

»Und wie machen wir es dann?«

»Anders«, sagte ich, legte den Gang ein und fuhr los.

* * *

Kaum hatten wir die nächste Siedlung erreicht, leuchtete an der Tankuhr schon das Reservelämpchen auf.

Und natürlich hing nirgends Wäsche an Leinen.

Ich hielt in irgendeiner Straße, in der die Häuser nicht allzu wohlhabend wirkten, stieg aus und ging, barfuß, bibbernd und zum Gruseln aussehend mit meinem blutig verkrusteten Schlafanzug, zur nächstbesten Tür und klingelte.

Bei den ersten beiden Häusern schien niemand da zu sein.

Beim dritten öffnete ein Mann, der die Art Anzug trug, in dem man in die Kirche geht.

»Bonjour«, sagte ich höflich, »entschuldigen Sie die Störung. Mein Kollege und ich sind überfallen und ausgeraubt worden – ob Sie wohl die Freundlichkeit hätten, uns etwas Kleidung zu leihen und womöglich auch etwas Geld? Wir erstatten Ihnen selbstverständlich alles wieder zurück.«

Er blinzelte nur entgeistert und schlug die Tür ohne ein Wort wieder zu.

Der Nächste, der öffnete, war ein alter, etwas schwerhöriger Mann in einer dicken braunen Strickjacke, um die ich ihn in dem Moment aufrichtig beneidete. »Da müssen Sie zur Polizei gehen, junger Mann!«, belehrte er mich in entschiedenem

Ton. »Fahren Sie geradeaus weiter und vor der Kirche dann rechts.«

Zwei weitere Türen später, an denen niemand geöffnet hatte, begann ich an meinem Plan zu zweifeln.

Vielleicht war ich doch dämlicher, als ich dachte.

Eine noch, sagte ich mir.

Ohne sonderliche Hoffnungen klingelte ich an einer Tür, die schon seit Jahren einen neuen Anstrich hätte vertragen können. Auf dem Klingelschild stand nur »Durant«. Es war ein schlichtes Häuschen, an dessen Vorderfront ein paar Ranken wilden Weins vor sich hin kümmerten.

Dass es drinnen klingelte, war deutlich zu hören, aber weiter geschah nichts. Ich begann, über alternative Ideen nachzudenken. Einen Einbruch in ein Bekleidungsgeschäft beispielsweise. Ob sich in dem Lieferwagen wohl wenigstens ein Wagenheber fand, mit dem sich eine Scheibe einschlagen oder eine Tür aufstemmen ließ?

Gerade, als ich mich abwenden wollte, ging die Tür doch noch auf, und eine kleine alte Frau in einem knallbunt bestickten Morgenmantel streckte den Kopf heraus. »*Oui, Monsieur?*«

Sie hatte ein pausbäckiges Gesicht voller Runzeln, eingerahmt von schneeweißen Locken, und sie trug eine altmodische Brille. Ich sagte mein Sprüchlein auf, worauf sie, noch ehe ich das Versprechen abgeben konnte, alles zurückzuerstatten, geradezu entzückt ausrief: »Überfallen! *C'est vrai?*«

»Ja«, versicherte ich, denn obgleich meine vereinfachte Darstellung nicht den journalistischen Maximen von *The Windover View* genügt hätte, war es keine grundsätzlich unrichtige Behauptung.

»Was für eine Geschichte!« Ihre Augen leuchteten beim Anblick meiner blutverkrusteten Schlafanzughose regelrecht auf. »Aber kommen Sie doch herein, *Monsieur*. Sie holen sich ja sonst den Tod bei dieser Kälte …«

»Mein Kollege«, versuchte ich, ihren Redestrom zu unterbrechen. »Der ist noch im Auto und –«

»Ja, der natürlich auch.« Sie machte die Tür weit auf. »Kommen Sie, kommen Sie. Sie müssen mir alles erzählen, hören Sie? Haben Sie denn schon gefrühstückt? Bestimmt nicht. Ich mache uns einen Kaffee, ja?«

»Liebend gern«, sagte ich rasch und winkte Ferdurci, zu kommen. Er riss die Augen auf, dachte aber trotzdem daran, die Schnur mit der Schlüsselkarte vom Rückspiegel zu nesteln und mitzubringen.

»*Putain*, ist das kalt!«, keuchte er bibbernd, als er auf Zehenspitzen laufend ankam. »Wie halten Sie das aus?«

»Keine Ahnung«, sagte ich und schob ihn nach drinnen, ins Warme.

Wir hörten es in der Küche klappern, das Geräusch, das ein Wasserkessel macht, wenn er auf einen Herd gestellt und die Gasflamme entzündet wird.

Im nächsten Moment kam sie schon wieder angewuselt. »*Ah, bonjour, Monsieur*, Sie sind der Kollege? Überfallen, so etwas … Lassen Sie mal sehen. Sie sind gleich groß, gut. Ich denke, die Sachen meines verstorbenen Mannes müssten Ihnen beiden passen. Kommen Sie, kommen Sie!«

Ferdurci war tatsächlich ungefähr so groß wie ich. Das war mir bisher noch gar nicht aufgefallen.

Madame Durant trippelte vor uns her, wir folgten ihr.

»Drei Jahre ist er jetzt tot, mein guter Henri, schon drei Jahre. Aber ich hab es einfach noch nicht über mich gebracht, seine ganzen Sachen wegzuwerfen. Die sind nämlich noch gut, wissen Sie? Aber es will sie trotzdem niemand. Also, was soll ich tun? Die ganze Zeit heißt es, dass wieder ein Container für Kleiderspenden aufgestellt werden soll, aber wissen Sie, unser Bürgermeister, der redet immer nur, redet und redet, und nichts geschieht.«

Sie lotste uns in einen Nebenraum, in dem ein Bügelbrett und ein Wäschekorb standen und ein Schrank eine komplette Wand einnahm. Als sie dessen Türen öffnete, sahen wir, dass er bis in den letzten Winkel vollgestopft war mit Wäsche und Kleidungsstücken jeglicher Art, alles sorgsam gebügelt und zusammengelegt.

»Also, nehmen Sie sich, was Sie brauchen«, sagte die alte Frau und zog eine weitere Tür auf. »Hier sind die Schuhe. Manche hat Henri gar nicht getragen, keine Ahnung, warum er sie gekauft hat. Sie müssen halt sehen, was Ihnen passt. Schuhe sind ja schwierig, ich weiß. Ich lasse Sie mal besser alleine, nicht wahr, damit Sie –«

In der Küche fing der Kessel an zu pfeifen.

»Ah, sehen Sie, der Kaffee. Richtig.« Sie eilte davon und überließ uns die Qual der Wahl.

Bis zu diesem Tag wäre mir die Vorstellung, mich an der Unterwäsche eines fremden, zudem verstorbenen Mannes zu bedienen, befremdlich vorgekommen. Aber man braucht nur lang und heftig genug gefroren zu haben, um es als Wohltat zu empfinden. Zu den fremden Hosen, Hemden und Pullovern griffen wir dann schon mit weitaus geringeren Hemmungen, zumal wirklich alles sauber gebügelt worden war und noch erstaunlich frisch roch, nach Lavendel gar. Ferdurci fand ein Paar Schuhe, die quasi neu waren und ihm perfekt passten. Ich hatte weniger Glück, mir waren alle Schuhe zu eng, um ein weniges nur, doch zu arg, als dass ich es lange darin ausgehalten hätte. Schließlich fand ich ein Paar Turnschuhe, die elastisch nachgaben – nicht ideal, aber besser als nichts.

Ich bat, ihr Badezimmer benutzen zu dürfen, um das eingetrocknete Blut von meinem Bein abzuwaschen, ehe ich mich umzog.

»Ja, aber sicher!«, rief Madame Durant. »Wie aufregend!

Sie müssen mir wirklich alles erzählen!« Sie versorgte mich mit einem frischen Handtuch und sauste wieder in die Küche.

* * *

Das mit dem Erzählen übernahm dann Ferdurci, der das als Schriftsteller ohnehin viel besser konnte. Bis ich in die Küche kam, hatte er sich in dem Zimmer mit dem Bügelbrett umgezogen, saß schon über einer großen *bol* Milchkaffee und schilderte, was uns widerfahren war. Und natürlich schmückte er alles phantasievoll aus und ergänzte es um dramatische Details. Madame Durant war entzückt.

Nebenbei lieferte er auch eine – frei erfundene – Begründung, warum wir nicht zur Polizei gehen konnten: Weil wir, behauptete er, Inspektoren seien, die den Auftrag hatten, Fälle von Korruption bei der Polizei zu untersuchen. Und dass der Überfall bestimmt damit zu tun hatte.

»Es war also kein Zufall!«, erkannte unsere Gastgeberin hingerissen.

»Ganz bestimmt nicht«, sagte Ferdurci.

Madame Durant versorgte mich ebenfalls mit einem großen Kaffee und einem Stück Brioche, aus einer Packung vom Supermarkt. »Wissen Sie«, erklärte sie aufgeregt, »so eine ähnliche Geschichte hab ich mal in einem Kriminalroman gelesen. Also, wobei ich so etwas normalerweise nicht lese. Aber ich hab halt manchmal nichts zu tun, und im Fernsehen kommt ja oft auch nichts Gescheites. Da gehe ich eben an den Bücherschrank. Mein verstorbener Mann mochte die Krimis von einem gewissen Renaud oder Raymond, davon hat er eine ganze Sammlung. Und ich meine, in einem davon hab ich so eine Geschichte auch mal gelesen.«

Ferdurci strahlte sichtlich, als er das hörte. »Ja«, sagte er, »manchmal ist das Leben unglaublicher als jeder Roman.«

Alles in der kleinen Küche war sauber und liebevoll gepflegt, aber sichtlich alt und abgenutzt. Man musste nicht Sherlock Holmes sein, um zu erkennen, dass diese Frau von einer kleinen Witwenrente lebte.

Ich beschloss, dass wir sie nicht um Geld anbetteln würden. Aber ich fragte, ob ich mal telefonieren dürfe.

»Ja, aber sicher, aber sicher«, rief sie aus und sprang auf. »Kommen Sie.«

Es hätte gepasst – und halb rechnete ich auch damit –, wenn sie mich zu einem alten, im Flur an die Wand geschraubten Apparat geführt hätte, aber so war es dann doch nicht. Sie dirigierte mich ins Wohnzimmer, wo auf einer Anrichte ein relativ modernes Gerät stand, mit altersgerecht großen weißen Tasten und einem riesigen Display.

»Sie kommen zurecht, ja?«, vergewisserte sie sich. »Ich lass Sie dann mal alleine.« Es klang wie: *Ich kann es nicht erwarten, von Ihrem Kollegen noch mehr spannende Einzelheiten zu erfahren.*

»Ja, danke«, sagte ich und rief, als sie gegangen war, im Büro an.

Marta musste neben dem Telefon gewartet haben, so schnell hob sie ab. »Ihr lebt also noch«, stellte sie fest.

»Ja, noch«, sagte ich und betastete meine nach wie vor leicht pochende Wunde am Oberschenkel. »Ich wollte, ich könnte etwas erzählen, was zur Beruhigung beiträgt. Aber leider …«

Sie seufzte. »Ich hab's geahnt. Sag schon, was ist los?«

Also erzählte ich, was passiert war. Im Gegensatz zu Ferdurci beschränkte ich mich dabei aber auf die wesentlichen Fakten – im Stil von *The Windover View* eben –, doch die waren beunruhigend genug.

»Mit anderen Worten«, meinte Marta, als ich fertig war, »Peter Young lässt euch von seinen Leuten jagen, um zu verhindern, dass je herauskommt, was dieser Raymond Ferdurci geschrieben hat? Und wenn's sein muss, bringen die euch auch um?«

»Ich fürchte, diesen Schluss muss man ziehen«, räumte ich ein. »Wobei es im Moment vor allem darum geht, den Kopf über Wasser zu halten, bildlich gesprochen. Wir haben jetzt zwar was anzuziehen, aber nur noch Benzin für, na, vielleicht dreißig Kilometer.«

»Octavia ist schon dran, was zu organisieren«, sagte Marta.

»Ich hab mir überlegt, dass wir nach Paris fahren. Du könntest Sophie anrufen und sie bitten, die sichere Wohnung herzurichten. Dann findet die wenigstens noch einmal eine sinnvolle Verwendung.«

»Und wenn ihr einfach hierherkommt?«, schlug Marta vor. »Die Strecke bis Amsterdam sollte bis heute Abend zu schaffen sein.«

»Hab ich auch erwogen, aber ich fürchte, dass die genau darauf spekulieren. Wenn Young dahintersteckt, dann wissen die, wo sich unser Hauptbüro befindet, und ziehen schon Linien auf der Landkarte. Außerdem, das Auto, mit dem wir unterwegs sind, haben wir streng genommen gestohlen. Deswegen möchte ich es so schnell wie möglich loswerden. Und Paris liegt einfach deutlich näher.«

»Verstehe. Warte mal, Octavia will mit dir sprechen ...«

Der Hörer wurde weitergereicht. »Hallo, Chef«, hörte ich Octavia sagen. »Also, ich habe mit dem Pariser Büro von American Express gesprochen. Jemand von deren Notdienst bringt Ihnen eine neue Platin-Karte und ein bisschen Bargeld. Ich muss ihm nur noch die Adresse durchgeben, wo Sie sich befinden. Und das schnell, damit er die richtige Ausfallstraße nehmen kann.«

»Heißt das, er ist schon unterwegs?«

»Ja, sitzt bereits im Auto.«

Ich spürte wieder so ein warnendes Kribbeln im Nacken. Vielleicht war ich nicht so intelligent wie Monsieur Super-IQ, aber ich hatte diesen sechsten Sinn, und ich hatte gelernt, darauf zu hören. Was unterm Strich womöglich genauso nützlich war.

»Ich glaube, es ist besser, wenn er nicht direkt hierherkommt«, sagte ich. »Geben Sie mir seine Mobilnummer durch, dann mache ich selber einen Treffpunkt mit ihm aus.«

»Verstehe«, sagte Octavia und diktierte mir die Nummer. Ich schrieb sie auf einem Block mit, der neben dem Telefon lag.

»Muss ich mich ihm gegenüber irgendwie ausweisen?«, fiel mir ein, zu fragen. »Das kann ich nämlich nicht; mein Pass liegt immer noch in Agon-Coutainville im Hotel.«

»Ich hab denen ein Foto von Ihnen gemailt«, sagte Octavia. »Um das Hotel kümmere ich mich noch.«

»Wunderbar. Danke!«

Dann fragte ich Madame Durant, ob sie zufällig einen Atlas oder eine Landkarte der Gegend habe. Hatte sie natürlich. Ihr verstorbener Mann Henri war nämlich gern Auto gefahren, oh, die vielen schönen Ausflüge, die sie unternommen hatten, wie oft sie daran zurückdachte! Aber sie habe ja nie den Führerschein gemacht, also habe sie das Auto ihrer Tochter überlassen, die verheiratet sei und in Toulouse wohne und einen Sohn habe, der gerade erwachsen wurde und ein Auto gut brauchen konnte … ja, aber den Atlas, den habe sie noch.

Tatsächlich fand sich ein gut dreißig Jahre alter Autoatlas im Bücherschrank.

Direkt neben einer langen Reihe von F.-Raymond-Krimis.

Ich rief die Mobilnummer an, die Octavia mir gegeben hatte, und sagte, als sich eine aufgeregte, junge Männerstimme meldete: »Guten Morgen, James Windover hier. Ich würde gern einen Treffpunkt mit Ihnen ausmachen.«

»*Ah, oui, très bien.* Warten Sie, ich fahre mal eben rechts ran.«

Wir verabredeten uns auf dem Platz vor dem Bürgermeisteramt eines etwa zwölf Kilometer entfernten Ortes. Der hatte mir vor allem deswegen zugesagt, weil dort auch eine Tankstelle eingezeichnet war, bei einem großen Supermarkt: Blieb zu hoffen, dass es die nach all der Zeit immer noch gab.

Ich wartete, bis er den Treffpunkt in sein Navigationssystem eingegeben hatte und eine geschätzte Ankunftszeit wusste. »Zwölf Uhr fünfzig etwa«, sagte er.

»Was für ein Auto fahren Sie, wenn ich fragen darf?«

»Einen schwarzen Porsche. Mit Firmenlogo.«

»Alles klar«, sagte ich. »Dann bis später.«

* * *

Danach blieben wir nicht mehr lange bei Madame Durant. Wir tranken unseren Kaffee aus, lehnten das zweite Stück Brioche, das sie uns anbot, höflich ab, dann erklärte ich, dass es Zeit sei, aufzubrechen. Der Abschied zog sich natürlich auch hin, weil wir dabei noch allerhand Dinge über den guten Henri erfuhren, aber am Ende saßen wir wieder im Wagen, neu eingekleidet und aufgewärmt. Unsere Schlafanzüge hatten wir in Plastiktüten bei uns, überdies hatte unsere Gastgeberin uns auch ihren Autoatlas mitgegeben; sie brauche ihn schließlich nicht mehr, hatte sie gemeint.

Ich fuhr los. Ferdurci war verärgert, als ich ihm erst unterwegs offenbarte, dass wir irgendwie noch fast zwei Stunden herumbringen mussten, ehe es weiterging.

»Wieso dann die Hektik?«, maulte er. »Wir hätten gemütlich im Warmen sitzen können, bis es so weit ist!«

»Je länger wir bei Madame Durant geblieben wären, desto größer die Gefahr, in die wir sie möglicherweise gebracht haben«, erwiderte ich. »Außerdem hätte sie demnächst wahrscheinlich angefangen, uns zu bekochen.«

»Wäre mir gar nicht so unrecht gewesen.«

»In spätestens einer halben Stunde hätten Sie ihr zudem offenbart, dass Sie der Lieblingsschriftsteller ihres guten Henri sind.«

Er bedachte mich mit dem finsteren Blick des Ertappten. »Diese Absicht hatte ich keineswegs«, behauptete er.

»Und dann«, fuhr ich fort, »hätte sie Sie adoptiert. Und Sie hätten sie künftig jedes Weihnachten besuchen müssen.«

Er seufzte. »*D'accord*, Sie haben recht. Es war Zeit, aufzubrechen.«

Es zerrt an den Nerven, mit leuchtender Reserveanzeige zu fahren, erst recht, in diesem Zustand an einem Wegweiser zur nächsten Tankstelle *vorbeizufahren*. Überhaupt erstaunlich, wie hilflos und verloren man sich fühlt, wenn man sich in unserer heutigen Welt bewegt und keinen einzigen Cent in der Tasche hat.

»Aber wie Sie das angegangen sind, das war eine kreative Art und Weise, unser Problem zu lösen«, meinte Ferdurci nach einer Weile. »Ich überlege schon, wie ich so eine Wendung mal in einen Roman einbauen könnte.« Er räusperte sich unbehaglich. »Das heißt, falls ich mal wieder Lust haben sollte, einen Krimi zu schreiben.«

»Und? Haben Sie?«

Er wiegte den Kopf. »Im Augenblick scheint eher die Frage zu sein, ob ich lange genug *lebe*, um noch einen Roman zu schreiben.«

Wir hielten in der Nähe des Treffpunkts. Ich hatte unterwegs die Heizung voll aufgedreht, stellte den Motor aber jetzt ab und hoffte, dass wir mit der Wärme, die sich im Wageninneren angesammelt hatte, bis Mittag auskommen würden.

»*À propos* schreiben«, sagte ich. »Der Roman, an dem Sie in

Agon-Coutainville geschrieben haben – ist der jetzt eigentlich verloren, falls unsere Verfolger Ihr Apartment verwüstet und den Computer zerstört haben sollten?«

Ferdurci seufzte so leidend, dass ich das Schlimmste befürchtete, sagte dann aber: »Natürlich nicht. Ich hab mir jeden Abend die aktuelle Fassung per Mail geschickt. An eine andere Adresse als meine normale. Hab ich mir neu eingerichtet, bei einem Schweizer Provider. Ich muss nur irgendwo an einen Computer und ins Internet gehen, mich einwählen und die Mails abrufen, dann hab ich alles wieder.« Er seufzte noch einmal. »Ich frag mich nur gerade, ob ich das wirklich tun will. Ob es überhaupt was taugt, was ich da geschrieben habe. Oder ob es nur selbstmitleidiger Quatsch ist.«

Ich ließ ihn grübeln, behielt den Platz im Auge, an dessen Rand wir standen. Hier und da kamen sonntäglich gekleidete Leute des Wegs, sicher auf dem Heimweg von der Kirche. Ansonsten war wenig los.

»Der hatte fast alle meine Romane!«, sagte Ferdurci nach einer Weile. »Ihr verstorbener Mann, Henri. So ein Zufall, oder?«

»Vielleicht auch nicht«, meinte ich. »In Amsterdam findet man Ihre Romane am Bahnhofskiosk, habe ich mir sagen lassen. Sie haben ziemlich viele Fans.«

»Hm. Und warum verdiene ich dann so wenig mit meinen Büchern? Wieso muss ich mich auf Knebelverträge mit einem amerikanischen Milliardär einlassen?«

»Wahrscheinlich brauchen Sie nur mal jemanden, der Ihren Vertrag neu aushandelt.« Ich zögerte einen Moment, dann setzte ich hinzu: »Ich kann unseren Justiziar bitten, Ihnen einen Fachmann zu vermitteln. Wenn Sie wollen.«

»Erst mal müssen wir das hier überleben«, meinte Ferdurci düster. »Ich seh schon, wie uns die Polizei aufgreift und man uns morgen früh erhängt in irgendeiner stinkenden Zelle findet, zwei ganz unerklärliche Selbstmorde …«

Ich fragte mich, ob wohl alle Kriminalschriftsteller von einer so ausufernd morbiden Phantasie geplagt werden.

Was das überhaupt sei, eine »sichere Wohnung«, wollte er eine Weile später wissen. Und wieso wir so etwas hätten.

»Aus, sagen wir, historischen Gründen.« Ich erzählte ihm ein wenig darüber. Und zwar hatten wir einmal einen Zeugen verstecken müssen, der bereit gewesen war, über die Verstrickungen der *'Ndrangheta*, der kalabrischen Mafia also, mit der Politik, der Polizei und vor allem der Industrie auszusagen. Die *'Ndrangheta* ist eine der mächtigsten Verbrecherorganisationen der Welt, die einen Jahresumsatz von geschätzt fünfzig Milliarden Euro mit Drogenhandel und – was unseren Fall betraf – der illegalen Entsorgung von Giftmüll erzielt. Es hatte uns viel Mühe und schlaflose Nächte gekostet, aber wir hatten den Mann aus Italien heraus und in Sicherheit gebracht, bis er in den Zeugenstand treten konnte. Und nach allem, was ich wusste, lebte er immer noch.

»Und wieso haben *Sie* das übernommen?«, wunderte sich Ferdurci. »Eine *Zeitung?*«

»Sagen wir so: Wir sind keine gewöhnliche Zeitung«, erklärte ich. »Eher so eine Art ... privater Nachrichtendienst. Und wie gesagt, es gab den Verdacht, dass Teile der Polizei in den Fall verwickelt waren. Wir wollten damals auch nicht, dass alles mit einem unerklärlichen Selbstmord endet.«

Tatsächlich hätte man einige Parallelen zwischen dem damaligen Fall und meiner gegenwärtigen Situation ziehen können. Auch damals war es einer unserer Abonnenten, der uns um Hilfe gebeten hatte. Und man sagt nicht so leicht Nein zu jemandem, der einem jedes Jahr eine Million Euro überweist.

»Die Wohnung liegt versteckt, hat einen nicht einsehbaren Zugang, Fenster aus Panzerglas, eine gesicherte, stahlverstärkte Tür, Vorräte für mehrere Wochen, eine Notstromversorgung und so weiter«, sagte ich. »Und sie ist groß genug, dass wir bewaffnete Wachleute darin unterbringen können. Die inzwischen alarmiert und unterwegs sein dürften.« Dass ich nicht wusste, wie viele von den Leuten noch verfügbar waren, die wir damals engagiert hatten – nach gründlicher Überprüfung, versteht sich –, behielt ich für mich. Sicher nicht mehr alle. Auf der anderen Seite waren auch keine kalabresischen Profikiller hinter uns her, sondern nur ein paar amerikanische Haudraufs, also war es wohl ohnehin übertrieben, Wachleute dazuzuholen.

In diesem Moment rollte ein schwarzer Porsche auf den Platz, drehte eine langsame Runde und parkte schließlich.

»Das ist er, oder?«, meinte Ferdurci.

»Schätzungsweise ja«, sagte ich und öffnete meine Tür.

Ein junger Mann mit sehr modischem Haarschnitt stieg aus, als wir uns dem Porsche näherten. Er schien uns beziehungsweise mich sofort zu erkennen, denn er kam sogleich federnden Schrittes auf uns zu, eine Mappe unter dem Arm und ein strahlendes Lächeln im Gesicht.

»Mister Windover, I presume?«, fragte er in ziemlich gutem Englisch und lachte hell auf. »So was wie heute wollte ich schon immer mal machen! Ich komme mir vor wie ein Agent auf geheimer Mission.«

»Freut mich, dass es geklappt hat«, sagte ich und schüttelte seine Hand. »Sagen Sie, Sie fahren bestimmt gleich wieder nach Paris zurück, *n'est-ce pas?*«

»Oui«, sagte er. *»Tout à fait.«*

»Könnten Sie uns beide da nicht einfach mitnehmen?«

Sein strahlendes Lächeln wich einem Ausdruck des Bedauerns. »Ich fürchte, höchstens einen von Ihnen.« Er drehte sich zu seinem Porsche um. »Das ist ein 718 Cayman. In den passen nur zwei Personen.«

»Und wenn ich mich auf den Notsitz quetsche?«

»Hat der Wagen nicht. *Désolé.*«

Ich gestattete mir ein Seufzen. Wäre auch zu schön gewesen. »Kein Problem«, meinte ich dann. »Vorausgesetzt, Sie haben was für mich dabei.«

»Hab ich, keine Sorge«, sagte er, wieder strahlend, und öffnete seine Mappe aus sichtlich teurem Leder.

Eine Unterschrift und einen Handschlag später besaß ich wieder eine Kreditkarte und außerdem vierhundert Euro in bar. Der junge Mann brauste davon, und wir schlappten zurück zu unserem grauen, verschrammten Lieferwagen.

* * *

Wir tankten, kauften uns ein paar Sandwiches und dergleichen, und bei der Gelegenheit entsorgte ich meinen blutigen Schlafanzug in einem Mülleimer. In Paris würde sich Ersatz finden. Dann fuhren wir weiter.

»Ich hab noch mal nachgedacht«, erklärte Ferdurci irgendwann. »Ich denke, es stimmt tatsächlich, dass dieser Peter Young hinter mir her ist.«

»Sehe ich auch so«, sagte ich.

»Und dass er mich zum Schweigen bringen will. Zur Not endgültig.«

»Steht zu befürchten, ja.«

Er räusperte sich. »Ich hab mir nun überlegt, dass, wenn meine Geschichte veröffentlicht wäre …, wenn das Geheimnis, das Monsieur Young um jeden Preis schützen will, keins mehr wäre … dann hätte er nichts mehr zu gewinnen, wenn er mich tötet. Oder? Dann wäre ich sicher. Zumindest sicherer, als ich es im Moment bin.«

Ich nickte und fand das intelligent überlegt. »Stimmt.«

»Aber«, fuhr er fort, »ich hätte dann seine Anwälte auf dem Hals. Dieser Tiburon! Ein gruseliger Typ, kann ich Ihnen sagen. Könnte selbst einem Dschingis Khan Angst machen.«

»Ich weiß, was Sie meinen.« Für eine gewisse Sorte amerikanischer Anwälte ist diese Art Außenwirkung gewissermaßen Geschäftsprinzip.

»Wenn ich gegen den Vertrag verstoße, also gegen die Geheimhaltungspflicht … dann schulde ich denen drei Millionen Dollar! Und das Geld, das ich schon gekriegt habe, obendrein.« Ferdurci seufzte. »Andererseits, was wollen die machen, wenn bei mir nichts zu holen ist? Immer noch besser so, als sich abmurksen zu lassen, *n'est-ce pas?*«

»Ich müsste mich sehr täuschen«, wandte ich ein, »aber wenn Ihr Vertragspartner Ihnen Killer auf den Hals hetzt, macht das egal welchen Vertrag null und nichtig. Wie gesagt, wir haben auch Anwälte. Und die werden eine Menge zu tun kriegen, sobald ich zurück bin.«

»Verstehe«, sagte Ferdurci, und dann sagte er erst mal eine Weile nichts mehr.

Ich sagte auch nichts. Es fühlte sich an, als brauche er seine Zeit. Außerdem musste ich mich auf die Schilder konzentrieren, die die Richtung nach Paris wiesen.

»Ich dachte«, sagte er irgendwann unvermittelt, »weil Sie gesagt haben, Sie haben eine Zeitung.«

»Ja. Habe ich.«

»Dass Sie dafür sorgen könnten, dass die Geschichte veröffentlicht wird.«

»Kann ich.«

»Wobei der Text nicht mehr existiert, wie gesagt. Ich habe alle Dateien gelöscht, alle Versionen, alle Entwürfe, alles. Auch alle Ausdrucke sind vernichtet.« Raymond Ferdurci holte tief Luft. »Aber ich kann Ihnen erzählen, worum es ging. Das ist, worauf es ankommt: auf die Ideen darin. Nicht auf die Worte. Die Ideen.«

»Ich bin ganz Ohr«, versprach ich.

Um ehrlich zu sein: Ich hatte nicht mehr zu hoffen gewagt,

dass das passieren würde. Dass der Schriftsteller mich in sein Geheimnis einweihen würde.

Aber nun hatte ich auf einmal Angst vor dem, was ich erfahren würde.

VI
DIE EINWEIHUNG

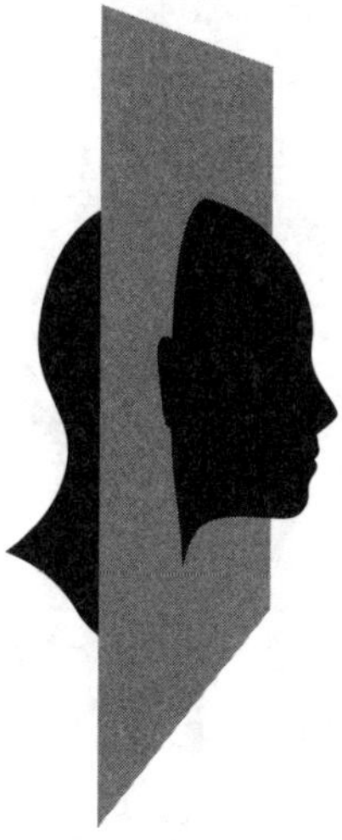

Kapitel 37

Nach seiner Ankündigung verfiel Ferdurci wieder etliche Kilometer lang in Schweigen.

»Ich muss mir erst die richtige Art und Weise zurechtlegen, wie ich es Ihnen erzähle«, erklärte er schließlich. »Das ist nicht so einfach. Es ist eine Geschichte, die man leicht missverstehen kann, wissen Sie?«

»Denken Sie, Peter Young hat sie missverstanden?«

»Nein.« Er dachte eine Weile nach, dann sagte er noch einmal: »Nein. Ich glaube, er hat sie ganz gut verstanden.«

»Okay«, meinte ich und konzentrierte mich auf die Durchquerung eines Kreisverkehrs. Frankreich *liebt* Kreisverkehre, das steht fest. Wahrscheinlich haben sie die Dinger sogar erfunden.

Erneut gab sich Ferdurci einen Ruck. Aber anstatt endlich etwas zu erzählen, fragte er: »Wie haben Sie mich eigentlich *wirklich* in Agon-Coutainville gefunden? Hat Ihnen meine Frau den Tipp gegeben?«

»Nein«, antwortete ich wahrheitsgemäß. »Sie hat gesagt, sie hätte keine Ahnung, wo Sie sein könnten.«

»Wahrscheinlich wollte sie mich schützen.«

»Meine Mitarbeiterin, die Ihre Frau angerufen hat, hat ihr erzählt, für ein niederländisches Literaturmagazin zu arbeiten und dass sie ein großes Porträt über Sie bringen wolle. Und Ihre Frau hat nur gut von Ihnen gesprochen.«

»Hm«, meinte er befremdet. »Sollte sie es tatsächlich nicht gewusst haben …?«

»Ich würde sagen, nein, sie hat es tatsächlich nicht gewusst.«

»Da kann man mal sehen, wie unterschiedlich zwei Menschen dieselbe Sache erleben …«, meinte er dunkelsinnig und verfiel erneut in Schweigen.

Ich bog falsch ab, merkte es nach hundert Metern, wendete und fuhr zurück, bis ich wieder auf der richtigen Strecke war. Wunderte mich einmal mehr, dass es noch Leihwagenfirmen gab, die Autos ohne Navigationssystem vermieteten.

»Es gibt einen alten Spielfilm«, begann Ferdurci von Neuem, »mit Bill Murray in der Hauptrolle. In Frankreich lief er unter dem Titel ›Un jour sans fin‹, im Original heißt er ›Groundhog Day‹. Er spielt in einer amerikanischen Kleinstadt mit einem besonderen Festtag, dem Murmeltiertag, und die Idee des Films ist, dass jemand diesen Tag wieder und wieder durchlebt, immer aufs Neue. Jeden Morgen um sechs Uhr wacht er in seinem Hotelzimmer auf, zu immer der gleichen Musik aus dem Radiowecker, und es ist immer der Morgen des Murmeltiertages. Es treibt ihn schier in den Wahnsinn.«

»Ja«, sagte ich. »Kenne ich.«

»An einer Stelle im Film, als ihm klar wird, was da für ein Fluch auf ihm lastet, überlegt er sich, welche Tage seines Lebens er viel lieber wieder und wieder durchlebt hätte statt ausgerechnet diesen einen Tag.«

»Ich erinnere mich dunkel.«

»Was war der schönste Tag *Ihres* Lebens?«, wollte er wissen. »Welchen Tag würden Sie auswählen, wenn Sie einen Tag bestimmen dürften, den Sie von da an immer wieder durchleben müssten?«

»Oh. Schwierige Frage. Hab ich noch nie drüber nachgedacht.«

»Sehen Sie? Ich schon.« Seine Stimme bekam einen schwärmerischen Klang. »Solange und ich haben uns in Rennes kennengelernt, auf einem Kongress. Wir waren damals beide noch Studenten und waren nur als Helfer dort. Wir hatten auch eine Menge zu tun – aber es hat eben gefunkt. Als der Kongress vorüber war, sind wir zusammen irgendwohin gefahren, in Solanges kleinem blauen 2CV, aufs Geratewohl … und wir haben die ganze Zeit gelacht. So viel gelacht habe ich nie wieder an einem einzigen Tag! Irgendwann sind wir in Agon-Coutainville gelandet, durch reinen Zufall. Wir haben ein Zimmer im Hotel Hardy genommen – das gibt es heute nicht mehr –, Zimmer 20, das weiß ich noch. Es war aufregend. Das erste Mal, dass ich mir selber ein Zimmer in einem Hotel genommen habe, und dann gleich zusammen mit dem schönsten Mädchen der Welt! Wir sind am Strand spazieren gegangen, weit hinaus. Es war gefährlich, aber das haben wir erst gemerkt, als die Flut eingesetzt hat und wir vor dem steigenden Wasser flüchten mussten. Da haben wir uns geküsst, im salzigen Wind, sind zurückgegangen und haben uns zum ersten Mal geliebt.« Er gab einen sehnsuchtsvollen Laut von sich, in dem so viel Trauer mitschwang, dass es mir kalt über den Rücken lief. »Das war der schönste Tag meines Lebens. Das wäre der Tag, den ich ohne Zögern wählen würde, um ihn wieder und immer wieder zu erleben.«

Ich nickte nur, sagte nichts. Ich hatte einen Kloß im Hals, ohne zu wissen, warum.

»Aus dem Grund bin ich zum Schreiben nach Agon-Coutainville gefahren«, fuhr Ferdurci fort. »Um auf das Echo dieses Tages damals zu horchen. Um herauszufinden, was davon noch wahrnehmbar ist.«

»Verstehe«, brachte ich mühsam heraus.

»Das war auch die Ausgangsidee meiner Geschichte«, erklärte er. »Richard Colbert war besessen von der Vorstellung, den menschlichen Geist in einen Computer zu übertragen. Er hatte eine Idee, wie sich das bewerkstelligen lassen könnte, und wollte einen Film daraus machen, einen Blockbuster, dessen Drehbuch von ihm sein sollte. Im Upload des Geistes in den Computer sah er den Weg zum ewigen Leben.« Er winkte verächtlich ab. »Ich dagegen habe mir eine ganz andere Frage gestellt, nämlich: Wie ließe sich *ewiges Glück* erreichen?«

* * *

Ich musste mich darauf konzentrieren, zwei verwirrend ausgeschilderte Kreisverkehre zu überstehen, ohne falsch abzubiegen.

»Ist das denn der Sinn des Lebens?«, überlegte ich laut. »Immerzu glücklich zu sein?«

»Das habe ich nicht behauptet«, erwiderte Ferdurci. »Das ist eine Frage, über die sich Philosophen schon seit Jahrtausenden den Kopf zerbrechen. Ich habe nur von meiner Geschichte gesprochen, und was sie anbelangt, war das die Frage: Wie könnte man immerwährendes Glück herbeiführen, gesetzt den Fall, man wollte es?«

»*D'accord*«, sagte ich. »War nur so ein Gedanke. Ich wollte Sie nicht unterbrechen.«

Und vor allem wollte ich mich nicht durch unintelligente Fragen blamieren.

Endlich tauchte ein Schild auf, das den Weg auf die N12 wies. Ringsum erstreckte sich flaches Land, der Himmel über uns wallte grau, und das Licht war von trostloser Düsterkeit. Kurzum, es novemberte.

Während ich mich in den gemächlich fließenden Verkehr auf der zweispurigen Nationalstraße einfädelte, dachte ich darüber nach, welchen Tag ich als meinen glücklichsten ansah. Welchen Tag ich bereit wäre, wieder und wieder zu erleben, falls ich wählen müsste. Oder dürfte.

Da gab es etliche Optionen, aber der Tag, an dem Joan und

ich ein Paar geworden waren, wäre, vorausgesetzt, ich durfte die Nacht mit dazunehmen, auf jeden Fall ein heißer Kandidat.

Deshalb schmerzte die Vorstellung auch so, dass sie womöglich gerade dabei war, es sich anders zu überlegen. Dass sie vielleicht erwog, das fragile Konstrukt unserer Fernbeziehung zugunsten einer anderen Konstellation aufzukündigen.

Aber darüber konnte ich jetzt nicht auch noch nachdenken. Nicht jetzt, da Raymond Ferdurci im Begriff war, mich in sein 1,5-Millionen-Dollar-Geheimnis einzuweihen. Das Geheimnis, das ein amerikanischer Milliardär um jeden Preis bewahren wollte.

»Also, was meine Geschichte anbelangt, oder besser gesagt, den Text, der jetzt verloren ist«, erklärte Ferdurci, »muss ich gestehen, dass er stilistisch ohnehin nicht besonders befriedigend war. Bedingt dadurch, dass meine Story eher eine Art technisches Märchen ist, war der Ton, sagen wir mal, recht kühl. Schmucklos. Dumpf. Und weil es eine Vorgabe für die Höchstlänge gab, musste ich auch darauf verzichten, die technischen Einzelheiten glaubhaft zu machen; ich habe ihre Machbarkeit also einfach postuliert. Weil es in erster Linie um ein Gedankenexperiment ging, verstehen Sie?«

»Ein technisches Märchen?«, fragte ich. »Wie muss man sich das vorstellen?«

»Haben Sie mal was von Stanisław Lem gelesen? Das war ein polnischer Science-Fiction-Autor.«

»Ja. Ein paar Kurzgeschichten.« Miroslaw war ein großer Fan und hatte so lange davon geschwärmt, dass ich mir ein E-Book dieses Autors zugelegt hatte. »Es ging um einen Raumfahrer, der Tichy hieß oder so ähnlich.«

»Ijon Tichy, ja. Die ›*Sterntagebücher*‹. Und, wie fanden Sie die Geschichten?«

»Ehrlich gesagt etwas trocken. Oder sagen wir, sehr … *kondensiert*. Und immer mit einem unernsten Unterton.«

»Kondensiert, genau. Lem lässt manchmal in einem Absatz mehr passieren als andere Autoren in einem ganzen Buch, das ist mitunter anstrengend zu lesen. Man muss absolut dabei sein.« Ferdurci verfiel in einen dozierenden Ton, vermutlich denselben, in dem er seine Vorlesungen gehalten hatte. »Man kann, denke ich, mit einiger Berechtigung sagen, dass Jules Verne die Science-Fiction als Gattung begründet hat, Stanisław Lem aber hat sie vollendet. Alle Ideen, die die Science-Fiction je hatte, finden sich in irgendeiner Form schon bei ihm; die anderen Autoren sind im Grunde nur damit beschäftigt, sie auszuschmücken. Deshalb der aufs Elementarste beschränkte Stil: Weil die Ideen aus Lem nur so herausgesprudelt sind und er ja auch nur die Zeit eines Menschenlebens hatte, um sie alle zu Papier zu bringen. Wo Verne gern ausufernd wird, wie viele Autoren des neunzehnten Jahrhunderts, bringt Lem es kurz auf den Punkt und geht weiter.« Er hüstelte. »Was ich damit sagen will, ist, dass ich mich um einen ähnlichen Stil bemüht habe, wie ihn Lem pflegt. Wobei er das natürlich viel besser hinbekommen hat. Überhaupt sind seine Geschichten alle philosophisch höchst interessant, relevanter als die meisten der gefeierten philosophischen Werke des zwanzigsten Jahrhunderts. Aber das ist auch ein anderes Thema.«

Wir fuhren eine Weile, während er sich wieder sammelte. Gebüsch am Straßenrand wechselte sich ab mit Blicken auf freie, weithin ebene Wiesen und Felder. Autos überholten uns, Motorräder brausten vorüber. Ich wartete geduldig ab.

»Die Hauptfigur meiner Geschichte hat keinen Namen«, setzte Ferdurci seine Erzählung endlich fort, »ich habe sie nur mit einem Buchstaben bezeichnet, mit R. R beschließt eines Tages, dass er, sobald er einen Tag erlebt, an dem er so glücklich ist, dass er sich eine Steigerung nicht mehr vorstellen kann, diesen Tag immer wieder und wieder erleben will, um so sein Glück ins Endlose zu verlängern. Wie Faust will er zum Augenblick sagen können, ›verweile doch, du bist so schön‹. Aber weil er nicht Faust ist, sondern ein genialer Erfinder, muss er keinen Pakt mit dem Teufel eingehen, sondern überlegt sich stattdessen, wie das technisch zu bewerkstelligen wäre.«

»Ah, diese Art Geschichte«, entfuhr es mir. »Jetzt verstehe ich, was Sie mit technischem Märchen meinen.«

Ferdurci schmunzelte. »Gut. Also, das Erste, was R versucht, ist, dass er ein Gerät baut, das mit allen Nerven verbunden ist, die zu seinem Gehirn führen. Dieses Gerät zeichnet sämtliche Impulse auf, die von den Sinnesorganen übermittelt werden – von den Augen, den Ohren, dem Tastsinn, dem Geruchssinn, dem Geschmackssinn, dem Gleichgewichtssinn, von allem. Alles wird in einem kleinen Kästchen gespeichert, das er in der Tasche trägt. Abends entscheidet er, ob es ein glücklicher Tag war, und wenn ja, ob ein noch glücklicherer Tag denkbar wäre. Wenn die Antwort auf diese zweite Frage auch Ja lautet, löscht er die Aufzeichnung, um den nächsten Tag aufzunehmen. Doch wenn die Antwort Nein lautet, dann heißt das, dass er gefunden hat, was er sucht, nämlich seinen glücklichsten Tag. Er schaltet also das Gerät um, sodass es, anstatt die Impulse der Nerven *aufzunehmen*, die gespeicherten Impulse in die Nervenbahnen *einspeist.* Auf die Weise nimmt er alles, was er an dem Tag gesehen, gehört, gerochen und so weiter hat, noch einmal wahr, und zwar ganz genau so, wie es gewesen ist.«

»Aha«, machte ich.

»Doch als er das zum ersten Mal ausprobiert, stellt er fest, dass es so nicht geht. Dass er das Glück auf diese Weise nicht festhalten kann. Ist Ihnen klar, warum nicht?«

»Weil er weiß, dass es derselbe Tag noch einmal ist«, mutmaßte ich.

»Genau. Und das funktioniert nicht.« Ferdurci breitete die Hände aus. »Erinnern Sie sich, wie Sie als Kind Weihnachten erlebt haben? Weihnachten, das ist für Kinder fast immer ein Höhepunkt, ein glücklicher Tag. Sie wachen morgens auf und wissen, heute ist es so weit, heute ist der Weihnachtstag, auf den sie so lange gewartet haben. Den ganzen Dezember über waren Sie gespannt darauf, was Sie wohl bekommen werden. An Heiligabend gab es ein besonders gutes Essen, vielleicht Ihre Lieblingsspeise, man ist in die Kirche gegangen, vielleicht das einzige Mal im Jahr. Die Aufregung hat sich immer weiter gesteigert. Und nun, endlich, der Weihnachtsmorgen! In glänzendes, buntes Papier verpackte Geschenke liegen unter dem prächtig geschmückten Baum. Und Sie dürfen sie auspacken. Wie wunderbar! Womöglich sind es Geschenke, mit denen Sie gar nicht gerechnet haben, die Ihre Erwartungen noch übertreffen – Sie sind hellauf begeistert, hingerissen, wie im Rausch. Kurzum, Sie sind glücklich.«

Witzigerweise – und ich schwöre, ich erfinde das nicht – überholte uns in diesem Moment ein Motorrad, das mitsamt seinem Fahrer genauso aussah wie eines, das uns zehn Minuten zuvor schon einmal überholt hatte: ein Déjà-vu.

Wobei es ja durchaus sein kann, dass es derselbe Motorradfahrer war. Er hatte uns vielleicht passiert, hatte aus irgendeinem Grund anhalten müssen, und nun, beim Weiterfahren, war er uns erneut begegnet.

Doch dass es ausgerechnet in diesem Augenblick geschah, wie aufs Stichwort …

»Nun stellen Sie sich vor«, erzählte Ferdurci nämlich weiter, »Sie gehen danach zu Bett, wachen am nächsten Morgen auf – und es ist *wieder* Weihnachten! *Wieder* liegen schön verpackte Geschenke unter dem Baum, *wieder* gibt es dasselbe gute Essen, den Kuchen, die Süßigkeiten. *Wieder* werden die Kerzen angezündet, Lieder gesungen, dürfen Sie Ihre Geschenke auspacken. Aber diesmal *wissen* Sie schon, was in den Paketen ist! Sie erkennen den ganzen Tag wieder, Sie wissen genau, was wann passieren wird, alles ist eine Wiederholung. Und am nächsten Tag *wieder* dasselbe, und wieder, und wieder … Murmeltiertag eben. Das ist definitiv *kein* Glück. Irgendwann würden Sie eher Selbstmord begehen, als noch ein einziges Mal Weihnachten zu feiern.«

»Man kann etwas nicht mehrmals *zum ersten Mal* erleben«, erkannte ich.

»Genau. Das ist der Punkt.« Ferdurci rieb sich die Hände. »Als R das erkennt –«

»Warten Sie«, sagte ich, weil ich in dem Augenblick etwas im Rückspiegel bemerkte.

»Was ist?«

»Hinter uns fährt ein Polizeiauto«, sagte ich.

* * *

Es war ein weißer Peugeot, der die Aufschrift POLICE NATIONALE und die Farben der Trikolore auf der Motorhaube trug. Zwei Polizisten saßen darin. Einer von ihnen telefonierte.

Womöglich, um unser Kennzeichen überprüfen zu lassen.

Ich musste unwillkürlich lachen. Sollten die Männer, die uns überfallen hatten, tatsächlich die Chuzpe gehabt haben, ihr Auto als gestohlen zu melden?

»Was machen wir jetzt?«, fragte Ferdurci halblaut.

»Abwarten«, sagte ich. »Falls sie uns verhaften, werde ich darauf bestehen, meinen Anwalt anzurufen.«

Er seufzte. »Schön, wenn man einen hat.«

Ich bemühte mich, unsere Geschwindigkeit unverändert beizubehalten. Einfach dahinzurollen, gleichmäßig mit dem Strom des übrigen Verkehrs. Und nicht zu oft in den Rückspiegel zu blicken.

Fünf Minuten ging das so. Fünf endlos lange Minuten. Vielleicht auch sechs.

Dann wechselte der Polizeiwagen auf die linke Spur, gab Gas, überholte uns … und fuhr weiter.

»Manchmal«, stellte ich fest, »macht es einen schon glücklich, wenn ein erwartetes Unheil *nicht* eintritt.«

Ferdurci sah dem davonfahrenden Fahrzeug nach. »Eigentlich verrückt, dass *wir* uns vor der Polizei fürchten. Kommt mir vor wie der reine Hohn.«

»Ja«, sagte ich. »Vielleicht hätten wir das Auto an einem Bahnhof stehen lassen und einen Zug nach Paris nehmen sollen.« Ich ärgerte mich, dass mir das nicht eingefallen war. Und das, wo ich ausgesprochen *gern* Zug fahre! Aber manchmal hat man einfach einen Tunnelblick, und stressige Situationen begünstigen das.

»Vielleicht«, meinte Ferdurci. »Andererseits gibt es eine Menge irre spannender Thriller, die in fahrenden Zügen spielen.«

Da hatte er auch wieder recht. Mit einem Auto unterwegs zu sein ließ einem erheblich mehr Freiheitsgrade, wenn es drauf ankam.

»Sie wollten mir erzählen, was Ihr R weiter unternimmt«, sagte ich, um uns beide wieder auf andere Gedanken zu bringen.

»*Ah oui, c'est vrai.*« Er schnaufte geräuschvoll, brauchte eine Weile, um in den Erzählmodus zurückzufinden. »Also, R hat gerade entdeckt, dass auch eine absolut genaue Kopie der Sinneseindrücke nicht ausreicht, um das Erleben einer Situation wiederherzustellen. Also studiert er die Frage, wie unsere Erfahrung, wie unser Erleben überhaupt *zustande kommt.* Und weil das Instrument, mit dem wir die Welt und unser Dasein darin erfahren, das Gehirn ist, studiert er folglich das Gehirn.«

Während wir angenehm gleichmäßig durch den trüben Novembertag rollten, erklärte mir Raymond Ferdurci noch einmal ausführlich, wie das Gehirn aufgebaut ist. Wie die Gehirnzellen, also die Neuronen, beschaffen sind, wie sie funktionieren, wie sie untereinander verschaltet sind, sich gegenseitig anregen, wie die Reizleitung abläuft und so weiter. Kurzum, er wiederholte in Form eines durchaus eindrücklichen Vortrags noch einmal alles, was ich auf der Veranstaltung im Silicon Valley gehört und in den darauffolgenden Wochen vertieft hatte. Da er es erstens in sehr anschaulicher Form tat – wobei zweifellos eine Rolle spielte, dass er mit einer Hirnforscherin verheiratet gewesen war; man sah förmlich vor sich, wie sie beim Essen über derartige Themen diskutierten – und da ich zweitens das Gefühl hatte, dass es wichtig war, *genau* zu verstehen, worauf er hinauswollte, unterbrach ich ihn nicht, sondern sagte nur ab und zu »Ja« oder »Verstehe« oder »Mhm«. Ich sagte mir, dass es nicht schaden konnte, all das noch einmal rekapituliert zu haben, ehe es weiterging.

»Das alles heißt, dass es für unser *Erleben* nicht nur wichtig ist, was für Sinneseindrücke unser Gehirn erreichen, sondern auch, wie unsere Neuronen darauf *reagieren*«, zog er schließlich das Fazit. »Alles, was im Gehirn ankommt, egal, ob Bilder, Gerüche oder Laute, muss ja erst einmal verarbeitet, also, *verstanden* werden. Und die Art und Weise, wie eine Wahrnehmung verstanden wird, löst dann Gefühle aus.«

»Ist das so?«, fragte ich.

»Wenn Sie mitten in der Nacht hochschrecken, weil draußen im Flur eine Bodendiele knarrt – was *fühlen* Sie da?«

Ich überlegte. »Kommt darauf an.«

»Eben. Es kommt darauf an. Wenn Sie denken, es ist ein Einbrecher, haben Sie Angst. Aber wenn Sie dasselbe Geräusch hören und denken – oder *wissen* –, dass das normal ist, weil das Haus alt ist und nur auf die Temperaturänderungen in der Nacht reagiert? Dann haben Sie keine Angst, sondern drehen sich um und schlafen weiter.«

»Stimmt«, sagte ich und musste an das Pfarrhaus in Tervuren denken, das nachts oft seltsam geseufzt hatte. Damals, als Kind, hatte ich mich damit beruhigt, dass Geister sich wohl kaum mit einem Priester unter dasselbe Dach wagen würden.

»Keine Angst zu haben ist natürlich angenehmer«, fuhr Ferdurci amüsiert fort. »Aber in Wirklichkeit kann es ja trotzdem ein Einbrecher sein!«

Ich nickte und hörte einfach nur zu, was er weiter ausführte. Die Hirnforschung, sagte er, ist überzeugt, dass es nicht die einzelnen Neuronen sind, in denen das passiert, was wir als Denken, Fühlen, Erleben wahrnehmen. Vielmehr finden sich immer eine Vielzahl davon zusammen, regen sich gegenseitig an und bilden Muster. Unser Erleben, so der Stand der Forschung, kommt durch solche Muster von Erregungszuständen zustande, die sich über das Gehirn ausbreiten.

»Wenn Sie etwas zum ersten Mal erleben, dann wird dieses Erlebnis von den Neuronen Ihres Gehirns verarbeitet. Für Sie ist das Erlebnis mit einem bestimmten Gefühl verbunden. Zugleich *verändern* sich die Neuronen aber dadurch auch. Das ist, was wir Gedächtnis nennen. Wie das genau funktioniert, weiß man nicht – wobei die meisten Hirnforscher sagen, man weiß es *noch* nicht. Fest steht, dass wir mit unserem Gehirn nicht nur die Welt erleben, sondern dass auch die Erinnerung an frühere Erlebnisse darin auf irgendeine Art abgespeichert ist. Und das ist das Problem, erkennt R. Weil wir uns an frühere Erlebnisse erinnern, erleben wir dieselbe Situation anders, wenn sie sich wiederholt.«

»Verstehe«, sagte ich.

»Zwar ist jedes Jahr Weihnachten, aber genau genommen läuft das Fest jedes Mal anders ab. Es ist ein anderer Baum, es sind andere Geschenke, man selber ist ein Jahr älter, die ganze Vorgeschichte ist eine andere. Wir fiebern wieder auf dieses bestimmte Fest hin, aber wenn es so weit ist, ist alles hinreichend neu und vielversprechend. Wir sind aufgeregt und erfreuen uns an dem, was passiert, an dieser Mischung aus traditionellen Ritualen und Überraschungen.«

»Diese Mischung ist es, auf die es ankommt, oder?«

»Vermutlich. Und was nun, wenn sich am nächsten Tag alles absolut identisch wiederholen würde? Es wären zwar genau dieselben Sinneseindrücke, also dieselben Nervenimpulse, die im Gehirn *ankommen* – doch sie würden dort völlig andere Reaktionen auslösen. Nämlich vor allem ein Wiedererkennen, ein Sich-Erinnern daran, was für Geschenke sich in den bunten Paketen befinden, und so weiter. Und anstatt dass sich die über lange Zeit aufgebaute Spannung in einem erfüllenden Glücksgefühl löst, würde Überdruss einsetzen. Weil die Neuronen die Reize wiedererkennen und daraufhin anders reagieren als am Tag zuvor.«

Ich nickte. »Das wäre wohl so, ja.«

»Also, sagt sich R, muss er es anders angehen. Es genügt nicht, jede einzelne Nervenfaser, die von einem Sinnesorgan ins Gehirn läuft, anzuzapfen, um die auf ihr ankommenden Signale aufzuzeichnen. Er muss viel weiter gehen. Er muss *jedes einzelne Neuron* im Gehirn mit seinem Gerät verbinden. Er muss genauestens aufzeichnen, was an Impulsen über die Synapsen einläuft und wie das Neuron darauf reagiert – das heißt, ab welchem Schwellenwert es seinerseits einen elektrischen Impuls aussendet. Kurzum, er muss das Verhalten jedes einzelnen Neurons verfolgen und abspeichern, und das über einen ganzen Tag hinweg.«

»Was ein irrer Aufwand wäre«, wandte ich ein. Verglichen damit kam mir das, was *Youvatar* vorhatte, geradezu machbar vor. Die wollten die Neuronen im Gehirn »nur« ersetzen, nicht einen Datenrekorder an jede einzelne davon anschließen.

»Ja, natürlich – ›irre‹ trifft es nicht mal annähernd«, räumte Ferdurci ein. »Aber es geht ums Prinzip. Und *prinzipiell* wäre es möglich. Man kann, hinreichend feine Instrumente vorausgesetzt, das Verhalten einer Nervenzelle verfolgen und analysieren. Meine Frau macht das ständig, im Rahmen ihrer Forschungsarbeiten ist das ihr täglich Brot. Und was man mit einem einzelnen Neuron machen kann, könnte man im Prinzip auch mit *allen* Neuronen eines Gehirns machen. Im Prinzip. Dass es da allerlei technische Schwierigkeiten zu überwinden gäbe – geschenkt. R ist ein genialer Erfinder, das genügt für ein technisches Märchen, damit das Gedankenspiel weitergehen kann.«

»Ein Gedankenspiel im wahrsten Sinne des Wortes«, meinte ich.

Ferdurci schmunzelte. »Ein *Bonmot*. Werde ich mir merken.« Er räusperte sich. »Nun hat R also ein Gerät in der Tasche, das nicht nur die Signale seiner Sinnesorgane aufzeichnet, sondern auch alle Reaktionen all seiner Neuronen im Verlauf des Tages. Und wieder muss er abends entscheiden, ob der Tag so glücklich war, dass er sich keine Steigerung mehr vorstellen kann. Wenn nein, löscht er die Aufzeichnung. Wobei, er könnte natürlich auch ein Archiv von guten Tagen anlegen, das müsste man im Detail ausarbeiten. Aber was meine Geschichte anbelangt, kommt er irgendwann zu der Überzeugung, seinen glücklichsten Tag erlebt zu haben, und diese Aufzeichnung löscht er nicht, sondern spielt sie erneut ab.«

Die Landschaft, die rings um Paris über weite Strecken sehr eben und sehr langweilig ist, veränderte sich. Immer mehr Siedlungen, Industriegebäude und Strommasten tauchten auf, während die Zahl der Windräder – von denen sich heute kein einziges gedreht hatte – abnahm.

Wir näherten uns der Stadt. Auf den Hinweisschildern wurde schon Versailles angezeigt.

»Nun«, fuhr Ferdurci fort, »ist die Wirkung eine ganz andere. Es kommen nicht nur die Sinneswahrnehmungen aus der Aufzeichnung, auch das Verhalten sämtlicher Neuronen wird durch die gespeicherten Daten gesteuert. Das bewirkt nicht nur, dass R alles, was er am Tag zuvor gesehen, gehört, gefühlt und gerochen hat, erneut sieht, hört, fühlt und riecht. Darüber hinaus *reagiert* er auch auf genau die gleiche Weise auf diese Wahrnehmungen. Und zwar, weil seine *Gehirnzellen* auf die gleiche Weise reagieren. Sie können gar nicht anders! Das Speichergerät, das mit allen Neuronen verbunden ist, löst in diesen ja wieder genau die gleichen Erregungszustände aus, lässt sie exakt dieselben Signale weitergeben und empfangen wie am Tag zuvor. Kurzum, das gesamte Geschehen im Gehirn wird präzise genau so reproduziert, wie es an jenem glücklichen Tag abgelaufen ist. Und da das Gehirn das Instrument unseres Erlebens *ist* – wir haben keine andere Möglichkeit, die Welt zu erfahren, als über unsere Sinne und unser Nervensystem –, erlebt R tatsächlich den glücklichen Tag noch einmal, und zwar wieder so, wie er ihn beim ersten Mal erlebt hat. Und deswegen erlebt er auch dasselbe Ausmaß an Glück.«

»Puh«, entfuhr es mir.

»Und das Beste ist, dass er das beliebig oft wiederholen kann«, fügte Ferdurci hinzu. »Das Gehirn hat keinerlei Möglichkeit, die künstlich induzierten Zustände von denen zu unterscheiden, die von der ersten, der ›echten‹ Erfahrung, ausgelöst worden sind. Sind die Zustände der Neuronen dieselben, ist auch unser Erleben dasselbe. Das jedenfalls ist der Konsens aus knapp zweihundert Jahren neurologischer Forschung.«

Ich verließ die N12 und folgte den Schildern in Richtung Versailles-Centre. Damit hatte das gleichmäßige Dahingleiten ein Ende; wir gerieten in zähflüssigen Stadtverkehr. Wohin ich wolle, fragte Ferdurci, und ich sagte: »Zum Bahnhof. Zeit, umzusteigen.«

Er half mir, hielt Ausschau nach Schildern. Alle paar Schritte rote Ampeln. Jede Menge Baustellen. Wie gesagt, ich bin nicht der beste Autofahrer, wenn ich auf dem Kontinent fahren muss, und ich hatte ernste Bedenken, einen Unfall zu verursachen, sobald der Verkehr noch dichter wurde. Was unweigerlich der Fall sein würde, je näher wir dem Zentrum von Paris kamen.

Endlich tauchte das klotzige Gebäude der SNCF vor uns auf. Ein Hinweisschild machte auf ein nahe gelegenes Parkhaus aufmerksam, aber es gab direkt vor dem Bahnhof auch Parkplätze für Kurzzeitparker, dafür gedacht, jemanden abzusetzen, und ich wollte ja jemanden absetzen: uns. Einer der Plätze war frei, als hätte er auf uns gewartet, also parkte ich dort.

»Hier lassen wir den Wagen stehen«, sagte ich. »Wir nehmen den nächsten Nahverkehrszug und in Paris dann die Metro.«

»*D'accord*«, meinte Ferdurci.

Die Hand auf dem Türgriff, hielt ich noch mal inne. »Ich glaube, ich habe es jetzt verstanden«, sagte ich. »Und ich finde es einleuchtend. Jenseits aller technischen Machbarkeit, was die heutigen Mittel anbelangt oder auch die der absehbaren Zukunft, aber prinzipiell einleuchtend. Und ewiges Glück, das klingt ja eigentlich fast noch besser als ewiges Leben.«

»Kann man so sehen.«

»Aber was ich nicht verstehe«, fuhr ich fort, »ist, was Peter Young daran so gefährlich gefunden hat.«

Ferdurci klemmte sich die Plastiktüte mit seinem Schlafanzug unter den Arm, öffnete die Tür und sagte: »Die Geschichte ist ja auch noch nicht zu Ende.«

Kapitel 38

Wir nahmen den nächsten Zug stadteinwärts. Das war in unserem Fall ein Vorortzug der Transilien-Linie U in Richtung der Station La Défense. Der Zug war nur zur Hälfte besetzt, wir bekamen ohne Weiteres Sitzplätze.

»Was geschieht mit dem Auto?«, fragte Ferdurci halblaut, um sich seine Frage anschließend gleich selber zu beantworten: »Es wird auffallen, wenn es zu lange da steht, man wird es offen antreffen und es merkwürdig finden. Auf jeden Fall wird die Mietwagenfirma ein Strafticket bekommen, das sie an die Mieter weiterberechnen wird.«

»So ungefähr hab ich mir das gedacht, ja«, sagte ich.

»Wir hätten es im Parkhaus abstellen können«, meinte er. »Da wäre es wochenlang unbeachtet geblieben. In den *Jack-Reacher*-Romanen ist das ein beliebter Trick.«

»Tja«, sagte ich schulterzuckend, »ist mir nicht eingefallen. Ich frage mich aber, ob das besser gewesen wäre.«

»Eher nicht.«

»Eben. Kann uns egal sein.«

Ich blickte mich um. Niemand sah aus, als verfolge er uns. Ringsum saßen und standen, wie es typisch ist für Weltstädte, Leute in allen Erscheinungsformen der menschlichen Spezies, und niemand beachtete uns. Die meisten waren ohnehin mit ihren Smartphones beschäftigt.

Wir durften aufatmen. Der Schreck in der letzten Nacht war groß gewesen, trotzdem waren wir unseren Verfolgern entkommen, endgültig, wie es aussah.

Der Zug ratterte gleichmäßig dahin. Einschläfernd geradezu. Das beunruhigte mich. Einschläfernd, das war gefährlich.

»Sie haben gesagt, die Geschichte sei noch nicht zu Ende«, rief ich ihm in Erinnerung, um das Gespräch nicht abreißen zu lassen.

»Ja, wir sind erst etwa bei der Mitte«, erwiderte Ferdurci. »Aber ehe ich weitererzähle, muss ich ein bisschen ausholen.«

»Holen Sie.«

Er kratzte sich die hellbraunen Locken. »Wenn Sie einen Urlaub buchen«, fragte er, »fahren Sie dann selbst an das gewählte Ziel, oder schicken Sie lieber einen Assistenten?«

Ich musterte ihn verdutzt. Was sollte *das* jetzt?

Aber vermutlich dachten Philosophen gern über solche abstrusen Fragen nach, also beschloss ich mitzuspielen und sagte: »Wenn Sie mich so fragen, ich fahre lieber selber.«

»Warum?«

»Weil *ich* mich erholen will. Ich habe ja nichts davon, wenn sich jemand anders an meiner Stelle erholt.«

»Er könnte Ihnen Fotos der Sehenswürdigkeiten schicken. Und Ihnen erzählen, wie das Essen geschmeckt hat.«

»Ja, könnte er, aber es wäre nicht dasselbe. Vor allem nicht, wenn es um einen Urlaub mit meiner Freundin ginge.«

Er nickte eine Weile sinnend vor sich hin.

»Als meine Tochter Anna klein war«, erzählte er dann seltsam zusammenhanglos, »hatten wir einen Videorekorder, und ob Sie's glauben oder nicht, sie hat kapiert, wie man das Ding bedienen muss. Was ich von mir bis heute nicht behaupten kann. Sie konnte grade mal gut genug lesen, um in der Fernsehzeitung ihre Lieblingssendungen zu finden, aber wann immer etwas kam, das sie nicht sehen konnte – morgens, wenn sie Schule hatte, vor allem –, nahm sie es auf Band auf. Und sie hatte *viele* Lieblingssendungen. Jede Menge. Ich fand es faszinierend, wie sie das machte, also habe ich ihr bereitwillig neue Kassetten gekauft, damit es daran nicht scheitert. Und natürlich wurde der Stapel ungesehener Aufnahmen immer größer.«

Ich nickte. »Kennen wir heute in Form von Lesezeichen auf YouTube-Videos, die wir uns *bei Gelegenheit* ansehen wollen. Meine Liste ist längst dreistellig.«

»Ich kenne es eher in Form von Stapeln ungelesener Bücher. Man müsste zu jedem Buch die zum Lesen nötige Zeit mitkaufen können.«

»Hat Ihre Tochter das Problem gelöst? Oder warten die Kassetten immer noch?«

»Ehrlich gesagt weiß ich das gar nicht.« Etwas wie ein Schatten huschte über sein Gesicht; ich hatte mit der Frage wohl einen empfindlichen Punkt gestreift. »Aber sie hat damals zumindest gemerkt, dass es ein Problem war. Was ich schon beachtlich finde für ein Kind von, na, sieben Jahren oder so.«

»Immerhin die Tochter eines Philosophen.«

»Vielleicht lag es daran, mag sein. Auf jeden Fall, eines Tages kam sie zu mir und klagte, sie wisse gar nicht, wann sie sich das alles anschauen solle. Denn sie hatte ja Schule, musste Hausaufgaben machen, einmal die Woche ging sie zur Kindergymnastik, und wenn sie Zeit gehabt *hätte*, kamen ja *andere* Sendungen, die sie sehen wollte!«

»Willkommen im Informationszeitalter. Was haben Sie ihr geraten?«

»Ich habe ihr scheinbar ernsthaft den Vorschlag gemacht, dass wir uns eine Kamera kaufen, dass wir dann die Kassetten, die sie noch nicht gesehen hatte, nachts laufen lassen und das Programm mit der Kamera vom Bildschirm abfilmen. ›Die Kamera guckt das dann für dich‹, habe ich ihr gesagt.«

»So ist das also, wenn man einen Philosophen zum Vater hat.«

»Ja, aber sie ließ sich nicht reinlegen. Sie hat darüber nachgedacht und mir dann klipp und klar gesagt, dass das eine dumme Idee sei. Und zwar mit der Begründung, ›da hab ich ja nichts davon!‹.«

»Ich beginne zu verstehen, was Sie mit Ihrer Frage vorhin bezwecken wollten.«

»Bemerkenswert, nicht wahr? Meine Tochter hatte verstanden, was das Bewusstsein ist, das Ich, oder wie immer man es nennen will. Es gibt viele Begriffe dafür, und leider haben die meisten davon missverständliche Doppelbedeutungen. Dabei ist das, was gemeint ist, ganz simpel: Wir sitzen beide hier in diesem Zug, aber Sie schauen aus Ihren Augen mich an und sind ein Mensch, der daran gewöhnt ist, von sich als James Windover zu denken, und ich schaue aus meinen Augen Sie an und bin ebenso ein Mensch, nur ein anderer als Sie. Ich denke von mir als ›ich‹, während Sie dasselbe von sich denken. Und was die Frage nach dem ewigen Leben anbelangt, ist es für keinen von uns beiden ein Trost zu wissen, dass die Atome, aus denen unsere Körper, aus denen *wir* bestehen, nach unserem Tod in Würmern, Bakterien und Pflanzen weiterexistieren werden, denn das ist es nicht, worauf es uns dabei ankommt. Die Atome unseres Körpers sind uns völlig egal; was wir erhalten wollen, ist das, was *uns* ausmacht. Wir wollen, dass das, was von sich selber als ›ich‹ denkt, das, was Spaß am Anschauen einer Sendung hat, das, was einen Urlaub genießt oder ein gutes Essen, dass das weiter existiert – alles andere ist uns egal.«

* * *

Wir stiegen dann in die Metro um und mussten noch mehrmals die Linien wechseln. Unterwegs sprach er über einen Science-Fiction-Film mit dem Titel »Interstellar«, den ich nicht gesehen hatte und in dem es wohl unter anderem darum ging, dass eine Ladung tiefgefrorener, befruchteter Eizellen auf einen neuen, bewohnbaren Planeten gebracht werden sollten, um den Fortbestand der menschlichen Art zu sichern. Ferdurci ritt wieder darauf herum, was für ein schwacher Trost das sei, wenn man selber zurückbleiben müsse und dem Tod geweiht sei. Mir dagegen kam es eher so vor, als seien diese Ungeborenen dem Tod geweiht, und ich fand das ganze Unternehmen moralisch höchst fragwürdig. Aber Science-Fiction-Filme sind ja selten sonderlich gut durchdacht.

Schließlich gelangten wir unbehelligt zu unserem sicheren Haus, das in der Nähe einer Metrostation liegt, deren Namen ich aber – ich bitte um Verständnis – lieber verschweige. Es sei so viel dazu gesagt, dass es ein unauffälliges Gebäude ist, das zur Straße hin ein mit Graffiti verschmiertes Rolltor aufweist, hinter dem für den Fall der Fälle ein Fluchtfahrzeug bereitsteht. Der Rest der Fassade wirkt ebenfalls angemessen heruntergekommen, um in der Umgebung nicht aufzufallen. Wenn man hineinwill, muss man ein rostiges Gartentor öffnen und das Haus umrunden, denn der Eingang befindet sich im Hinterhof. Was dort aussieht wie rissiges, grünes Holz, ist nur die Verkleidung einer massiven Stahltür, für die sich auch der Tresorraum einer Bank nicht schämen müsste. Dahinter sitzt die Wachmannschaft, die über verdeckte Kameras die gesamte Umgebung überwacht, einen gut ausgestatteten Waffenschrank griffbereit.

Wir wurden bereits erwartet. Sophie Giraud selber war da und wirkte noch blasser als sonst. Ihre wachsamen Augen hörten nicht auf, uns zu mustern, als argwöhne sie, dass wir noch mehr Blessuren als die schon bekannten aufwiesen, ihr aber verschwiegen. Sie hatte auch einen Arzt mitgebracht, einen Doktor Rolland, der sich unsere Wunden ansah und neu versorgte. »Ist ein bisschen spät, da werden Narben bleiben«, sagte er uns. »Aber die kann man, wenn es Sie stört, mit kosmetischer Chirurgie beseitigen.«

Es störe ihn nicht, versicherte Ferdurci.

Ich sagte, ich würde abwarten und es mir dann überlegen.

»Ich habe heute insgesamt drei von den Leuten aktivieren können, die damals Wache gehalten haben«, erzählte Sophie hinterher. »Der dritte kommt gegen neunzehn Uhr und bringt das Abendessen für euch mit. Eine Freundin von mir, Hélène, hat ein Bekleidungsgeschäft; sie hat mir Schlafanzüge und Unterwäsche in mehreren Größen mitgegeben. Morgen Vormittag kommt sie mit einer Auswahl von Garderobe, um euch neu einzukleiden. Obwohl« – sie trat einen Schritt zurück und begutachtete uns – »so schlimm, wie ich es mir vorgestellt habe, seht ihr gar nicht aus.«

»Das Wichtigste wäre eine lange, heiße Dusche«, sagte ich.

»*Eh bien*, das ist das geringste Problem.« Sie zog ein Mobiltelefon aus der Tasche, ein älteres Billigmodell. »Habe ich in unseren Beständen gefunden. Nicht das neueste Gerät, aber noch nie benutzt.« Sie gab es mir. »Marta wartet übrigens auf deinen Anruf.«

»Kann ich mir lebhaft vorstellen«, meinte ich.

Wir gingen die Treppe hinauf in die eigentliche Wohnung. Ich überließ Ferdurci das Badezimmer und rief Marta an, die hörbar erleichtert war, meine Stimme zu hören. Im Hintergrund klang es, als versammle sich das halbe Team in ihrem Büro, um mitzuhören.

Ich erzählte ihr, was seit unserem letzten Gespräch passiert war und dass wir Paris unbehelligt erreicht hatten. »Und nicht nur das«, fügte ich hinzu, »auch, was unsere Neugier hinsichtlich Ferdurcis Geheimnis anbelangt, hat es einen Durchbruch gegeben.«

»Lass hören«, verlangte sie.

»Es ist eine lange Geschichte«, sagte ich, »und ich kenne erst die Hälfte davon. Wir werden noch einen ruhigen Abend dafür brauchen, schätze ich. Jetzt am Telefon hat es keinen Zweck.«

Sie schnaubte unwillig. »Das ärgert mich in Filmen jedes Mal. Wenn jemand sagt, ich kenne das Geheimnis, aber ich erzähl's dir erst später. Dann weiß man immer, dazu wird's nicht mehr kommen.«

»Na, zum Glück sind wir hier nicht in einem Film«, meinte ich und versuchte, unbekümmert zu klingen. In Wahrheit war mir schon genau derselbe Gedanke gekommen. Aber es wäre ja tatsächlich nicht gegangen, ihr am Telefon diese ganze, komplizierte Story zu erzählen, zumal ich den Teil, auf den es wohl ankam, wirklich noch nicht kannte.

»Wie hast du dir vorgestellt, dass es jetzt weitergehen soll?«, wollte Marta dann wissen. »Willst du deinen Philosophen erst mal in der sicheren Wohnung lassen und alleine zurückkommen? Oder was schwebt dir vor?«

»Weiß ich noch nicht«, begann ich, und im selben Moment kam mir ein Gedanke, der schon eine ganze Weile in meinem Hinterkopf geschwebt hatte. »Doch, warte – was ich *wirklich* gern machen würde, wäre, mit Dr. Bergstädter zu reden. Octavia soll noch mal versuchen, einen Gesprächstermin auszumachen. Und zwar ein persönliches Treffen; ich würde dann zu ihm nach Wien kommen.«

»Wozu das?«, wunderte sie sich.

»Um gegenzuprüfen, was Ferdurci mir erzählt. Um eine zweite Meinung einzuholen. Der große Vorteil ist, dass Bergstädter in Silicon Valley dabei war, das heißt, mit ihm könnte ich offen reden, ohne gegen mein NDA zu verstoßen.«

»Mmh, ja, verstehe.« Ich hörte, wie Marta etwas aufschrieb. »An einem Sonntagabend wird sich da wenig machen lassen. Aber ich schau mal, was ich erreiche.«

»Danke. Außerdem müssen wir uns überlegen, wie wir überhaupt sicherstellen, dass die Gefahr für Ferdurcis Leib und Leben beseitigt ist«, fuhr ich fort. »Aber das können wir morgen besprechen. Jetzt brauche ich erst mal eine Dusche und was zu essen.«

* * *

Nach dem Duschen fühlte ich mich schon fast erholt, und als ich das Bad verließ, empfing mich zudem belebender Kaffeeduft. Einer der Männer, die uns bewachten, hatte ihn aufgebrüht. Es gab dazu sogar *Viennoiserien*, wie die Franzosen süßes Gebäck nennen, abgeleitet von dem französischen Wort *Vienne* für die Hauptstadt der Kaffeehauskultur, Wien.

Was mir in diesem Moment wie eine seltsame Koinzidenz vorkam, hatte ich doch erst vorhin den Wunsch geäußert, nach Wien weiterzureisen: Nun nahm ich es kulinarisch vorweg.

Ich spürte dennoch, dass ich müde war. Abenteuer sind anstrengend, man merkt es nur nicht gleich, solange der Adrenalinspiegel noch hoch ist.

Obwohl wir uns direkt an einer stark befahrenen Straße befanden, hörte man den Verkehr so gut wie nicht. Das lag an den isolierten Wänden, die dick genug waren, um die meisten Geschosse aufzuhalten, wie uns der auf Sicherheitsbauten aller Art spezialisierte britische Architekt damals mit großer Begeisterung versichert hatte. Man sah auch nichts vom Verkehr, da jemand die blickdichten Vorhänge zugezogen und Licht eingeschaltet hatte: noch eine Sicherheitsmaßnahme.

Ferdurci saß in einem der Polstersessel, eine Tasse Kaffee in der Hand und ein halbes Eclair auf dem Tischchen neben sich. Wie er sich fühle, fragte ich ihn, worauf er meinte: »Ich muss an Salman Rushdie denken. Wie viele Jahre hat der sich verstecken müssen? Das mag ich mir gar nicht vorstellen.«

»Wir werden das schon hinkriegen«, sagte ich. »Auch amerikanische Milliardäre dürfen nicht alles machen, was sie wollen.«

»Für einen Journalisten ist das eine bemerkenswert optimistische Sichtweise.«

Ich goss mir auch einen Kaffee ein, nahm ein *pain au chocolat* und setzte mich in den anderen Sessel. »Ich halte Ihre Strategie immer noch für die beste«, erklärte ich. »Ihre Geschichte publik zu machen, meine ich.«

»Ah, ja.« Er nickte, nahm einen Schluck Kaffee und widmete sich dann erst einmal dem Verzehr seines restlichen Eclairs.

Ich biss in mein süßes Stück, kaute genüsslich und wartete einfach.

»Als Kind«, sagte Ferdurci schließlich, »wollte ich verstehen, wie das mit dem Sehen funktioniert. Ich habe in der Bücherei ein Buch gefunden, in dem es erklärt wurde: dass die Augen wie Kameras gebaut sind, dass die Linsen darin elastisch sind und sich von den Muskeln darum herum auf verschiedene Entfernungen scharf stellen lassen, dass sie ein umgekehrtes Bild auf die Netzhaut werfen, die aus Stäbchen und Zäpfchen besteht, die jeweils einen Lichtpunkt wahrnehmen, so ähnlich, wie das bei einem Fernsehapparat ist. Dass wir einen blinden Fleck an der Stelle haben, an der alle Nervenfasern des Auges zusammenlaufen und zum Sehnerv werden, der ins Gehirn geht …« Er hob die freie Hand in einer Geste der Enttäuschung. »Bloß, wie es dann weiterging, das stand da nicht mehr. Das Buch erklärte, wie die *Augen* funktionieren, aber nicht, wie das *Sehen* funktioniert.«

Ich nickte nur. So ähnlich war es mir auch ergangen. Womöglich hatten wir dasselbe Buch gelesen.

»Eine Weile hatte ich die Vorstellung, es gebe im Gehirn eine Art Fernsehapparat, der das Bild zeigt, das die Augen sehen, und dass jemand davorsitzt und es betrachtet. Aber dann wurde mir klar, dass ich damit die Frage nur verlagert hatte, denn wie das Sehen bei diesem *Jemand* funktionierte, wusste ich dadurch ja immer noch nicht.« Er stellte seine Kaffeetasse ab. »Ich glaube, das war der Moment, in dem ich der Philosophie verfallen bin.«

»Aha«, sagte ich, um zu signalisieren, dass ich ihm zuhörte. Wenn ich auch nicht verstand, ob das etwas mit seiner geheimen Story zu tun hatte oder nicht.

»Die Neurologie«, fuhr er fort, »verlagert die Frage im Grunde genauso. Sie sagt, es gebe im Gehirn ein *Sehzentrum*, das die Signale, die von den Augen kommen, *verarbeitet*. Aber wie geht das vor sich? Bis dahin haben wir eine Kette von, sagen wir, im Grunde mechanischen Vorgängen. Auch wenn sie größtenteils chemischer Natur sind. Licht fällt auf eine Sinneszelle im Auge – die Sinneszelle gibt ein Signal ab. Das Signal kommt an einem Neuron an – das gibt, vielleicht, auch ein Signal weiter. Und immer so fort. Eine Kette von einander mechanisch auslösenden Vorgängen, wie eine Kette von Dominosteinen. Doch wo in dieser Kette ist der Punkt, an dem die bloße Verarbeitung von Signalen umschlägt in *Bewusstwerdung?* An welcher Stelle passiert es, dass da *jemand ist*, der sieht? Das weiß niemand. Das ist die große, ungelöste Frage. Die Hirnforscher sagen einfach, na ja, irgendwo im Gehirn muss es passieren, wo denn sonst? Unübersichtlich genug ist es ja weiß Gott, dass sich diese Stelle darin verstecken kann.«

Er sah eine Weile grübelnd ins Leere, dann schien ihm wieder einzufallen, was Sache war.

»Ich sollte vielleicht erwähnen, dass der Dreh, wie die Geschichte weitergeht, nicht ganz allein auf meinem Mist gewachsen ist«, sagte er dann, die Hände im Schoß faltend. »Es gibt einen amerikanischen Philosophen, Arnold Zuboff, der über Fragen der persönlichen Identität, die Philosophie des

Geistes, Metaphysik und Erkenntnislehre gearbeitet hat. Er hat eine Reihe von philosophischen Märchen geschrieben, viel komplexer und tiefgründiger als meine Story, und eine von seinen Geschichten hat mich zu meiner inspiriert.«

»Hatten Sie das in dem Text erwähnt, den Sie damals eingeschickt haben?«

»Nein«, gestand er. »Hätte ich aber wohl tun sollen.«

Ich wiegte den Kopf. »Ich weiß nicht. Vielleicht haben Sie Mister Zuboff dadurch eine Menge Scherereien erspart. Lebt er noch?«

»Da bin ich überfragt. Könnte sein.« Er holte tief Luft. »*En tout cas*, wenn Sie die Geschichte veröffentlichen, dann erwähnen Sie es bitte. Es gehört sich so.«

»Versprochen«, sagte ich.

Er lehnte sich zurück, und seine ganze Haltung veränderte sich – unmerklich, aber deutlich spürbar: Der grübelnde Philosoph verwandelte sich in den Erzähler.

»R hat also nun eine Maschine, die nicht nur die komplette Aufzeichnung eines sehr glücklichen Tages gespeichert hat, sondern sie auch in sein Gehirn zurückspielen kann, und zwar so, dass er diesen Tag wahrhaftig neu erlebt, und das, sooft er will. Da sein sonstiges Leben trostlos ist, will er das so oft wie möglich. Also erfindet er eine weitere Maschine, die er an seinen Körper anschließen kann; eine Maschine, die ihn intravenös ernährt und die Ausscheidungsprodukte seines Organismus abführt, die ihn, kurz gesagt, am Leben hält, ohne dass er etwas dazu tun muss. Auf diese Weise kann er ungestört wieder und wieder seinen glücklichsten Tag durchleben. Das wird ihm logischerweise auch nie langweilig, denn es ist ja jedes Mal neu für ihn.«

»Clever«, sagte ich und überlegte kurz, wie realistisch so eine Maschine war. Joan hatte mir öfter erzählt, welchen Aufwand sie im Krankenhaus manchmal trieben, um Komapatienten am Leben zu erhalten, und was dabei alles schiefgehen konnte.

Wahrscheinlich war eine solche Maschine kaum weniger schwierig zu verwirklichen als das Aufzeichnungsgerät, das die Reaktionen aller achtzig Milliarden Gehirnzellen aufnahm.

Aber für ein Gedankenexperiment spielt das ja keine Rolle.

»Dummerweise«, fuhr Ferdurci fort, »hat diese Maschine jedoch einen Defekt. Irgendein kleines Teil versagt, und die Maschine hört auf, R zu versorgen. Nur – das merkt er nicht. Ja, er *kann* es gar nicht merken! Über die Nervenbahnen der verschiedenen Sinnesorgane kommen zwar Signale im Gehirn an, aber sie lösen dort keine Reaktionen aus, denn was in jeder einzelnen Nervenzelle passiert, wird ja durch die ablaufende Aufzeichnung bestimmt. So durchlebt R seinen glücklichsten Tag wieder und wieder und immer aufs Neue, während sein Körper verfällt, verhungert, verdurstet.«

Er hatte eine eindrucksvolle Art, zu erzählen, wenn man allein mit ihm in einem ruhigen Zimmer saß. Ich lauschte ihm wie gebannt, sah die Szenerie förmlich vor mir.

»Zum Glück hat R eine Bekannte, S, die zufällig vorbeikommt und sieht, was vor sich geht. Seinen Körper kann sie nicht mehr retten, aber sie rettet sein Gehirn mitsamt dem Apparat, der seine Neuronen steuert. So entgeht R, der nun als bloßes Gehirn in einem Tank lebt, dem Schicksal, ohne jegliche sensorische Reize fortexistieren zu müssen. Im Gegenteil, dank seines Apparates, der ihm weiterhin seine Aufzeichnung einspielt, ändert sich für das *Erleben* von R überhaupt nichts; er durchlebt einfach immer aufs Neue seinen glücklichsten Tag.«

In diesem Moment kam einer der Wachleute herein, ein Telefon in der Hand. *»Monsieur Windover?«*, sagte der breitschultrige, wettergegerbte Mann leise, fast scheu. *»Madame Udenthal veut vous parler d'urgence.«*

Kapitel 39

Ich ging nach nebenan, ins Esszimmer. Der Tisch war schon gedeckt, und es duftete bereits nach gutem Essen, aus der Küche, wo ebenfalls jemand zugange war.

»Marta?«, meldete ich mich.

»Entschuldige, ich muss doch noch mal stören.« Sie hörte sich gestresst an. Die Art Stress, die bei ihr nicht von zu viel Arbeit herrührte, sondern von dem Gefühl, ihre Familie zu vernachlässigen. »Octavia hat sich mal wieder selbst übertroffen. Sie hat die Privatnummer von diesem Dr. Bergstädter ausfindig gemacht und ihm einen Termin abgeschwatzt.«

»Großartig!«, sagte ich.

»Das Problem ist«, fuhr sie fort, »der Termin ist *morgen.*«

»Morgen?!«

»Um 19 Uhr 30, im Institut für Hirnforschung, Spitalgasse 4.« Sie seufzte. »Und es *muss* morgen sein, weil er ab Dienstag zwei Wochen weg ist, zu einem Kongress in Japan.«

»Danach ist es zu spät. Anahit muss nächste Woche über ihre Investitionszusage entscheiden.« Ich unterdrückte einen Fluch. »Wie lange fährt man von Paris bis nach Wien?«

»Mit dem Auto ist es nicht zu schaffen, ich hab's schon ausgerechnet«, sagte Marta. »Und mal davon abgesehen, dass du ohnehin nicht der richtige Fahrer für eine Terminfahrt quer durch den Kontinent bist, musst du ja fit sein, wenn du ankommst.«

»Mit dem Zug könnte es klappen. Wenn ein geeigneter TGV fährt –«

»Hab ich mir auch schon angeschaut. Du müsstest noch heute Abend losfahren, 21 Uhr irgendwas, dreimal umsteigen, mit über drei Stunden Aufenthalt nachts in Frankfurt. Oder morgen in aller Frühe, aber mit Umsteigezeiten von jeweils weniger als zehn Minuten, was realistischerweise nicht klappen wird. Nein, ich buch dir einen Flug. Die Frage ist jetzt nur, ob du deinen Schriftsteller mitnehmen willst oder nicht.«

»Du *kannst* mir keinen Flug buchen!«, erwiderte ich. »Mein Reisepass liegt immer noch in Agon-Coutainville im Hotel!«

»Darum kümmere ich mich, mach dir da mal keine Gedanken«, sagte sie. »Sag mir lieber, ob ein Flug oder zwei.«

Ich holte tief Luft. »Zwei«, entschied ich. »Besser, Ferdurci ist dabei, wenn es irgendwelche Fragen zu seiner Geschichte gibt. Die gibt es nämlich.« Wahrscheinlich würde es mich einiges an Überredung kosten, ihn zum Mitkommen zu bewegen, aber wir hatten ja noch den ganzen Abend Zeit.

»Lohnt sich die Sache wenigstens?«, wollte Marta wissen.

Ich überlegte. »Ich glaube schon. Ich hab noch nicht ganz verstanden, worauf das alles hinausläuft, aber … Doch, ich glaube, es lohnt sich.«

»Gut«, sagte sie. »Ich melde mich dann später noch mal.«

* * *

Ferdurci goss sich gerade ein Glas Wasser ein, als ich zurückkam, aus einer der Evian-Flaschen auf dem Büfett neben der Kaffeemaschine.

»Klang, als gäbe es Probleme?«, fragte er, spürbar bemüht, nicht misstrauisch zu klingen.

Ich schüttelte den Kopf. »Es ging eher um Problem*lösungen*. Wie wir weiter vorgehen.«

»Und wie gehen wir weiter vor?«

Ich wollte jetzt nicht über Flugreisen und Gespräche mit

Hirnforschern reden, sondern endlich erfahren, worauf seine Geschichte hinauslief, also sagte ich: »Darüber zerbrechen sich gerade ein paar kluge Leute den Kopf. Bis sie fertig sind, werden wir uns gedulden müssen.« Dann setzte ich mich wieder in meinen Sessel und fuhr fort: »Also, wie war das? Von R ist nur noch das Gehirn übrig, und das schwimmt in einem Tank mit Nährlösung. Und es ist nach wie vor an den Apparat angeschlossen, der ihm ständig die Aufzeichnung seines glücklichsten Tages in die Neuronen einspielt, richtig?«

»Précisément«, sagte Ferdurci, blieb aber am Büfett stehen.

»Im Grunde also dieselbe Situation, als wäre sein Gehirn in einen Computer hochgeladen worden«, fuhr ich fort. »Auf die Weise, die … Ihrem Schüler Richard Colbert vorschwebte.« Mir war gerade noch eingefallen, dass Ferdurci ja nichts von der Firma *Youvatar* wusste.

Jetzt setzte er sich in Bewegung. »Genau das ist die Frage«, sagte er, indem er zu seinem Sessel zurückkehrte und sich schwungvoll hineinfallen ließ. »Ob das dieselbe Situation ist.«

»Hatte ich so verstanden«, gab ich zu.

Ferdurci schüttelte den Kopf. »Am besten, ich erzähle einfach, wie die Geschichte weiterging.«

»Je vous écoute«, sagte ich und dachte: *Na endlich!*

»Rs Gehirn ist also gerettet worden und lebt nun in diesem Tank. R hat aber zwei Kinder, zwei Töchter, die sich jetzt darum streiten, wer von ihnen den Tank bei sich haben darf. Jede von ihnen zählt gute Gründe auf, und auf den ersten Blick ist die Frage nicht zu entscheiden.« Er winkte ab. »Das habe ich in meiner Geschichte arg ausgewalzt – die eine ist technisch begabter und käme damit zurecht, falls der Tank oder die Apparatur einen Defekt aufweist, die andere hat mehr Platz und Zeit, und so weiter. Aber das sind Details, die im Grunde unwichtig sind. Da ist der Erzähler ein bisschen mit mir durchgegangen.« Er räusperte sich. »Und vielleicht auch das Wunschdenken. Ich habe selber zwei Töchter, aber dass die sich jemals streiten werden, wer sich um mich kümmern *darf*, glaube ich nicht. Ich bin schon froh, wenn sich eine davon an meinem Geburtstag meldet.«

»Verstehe«, sagte ich. »Aber für den Fortgang der Geschichte ist es wichtig, dass sozusagen zwei Erbberechtigte an dem Tank zerren, richtig?«

»So ist es. Und da es keine Verbindung in das Gehirn gibt, über die man mit R sprechen könnte, kann man ihn nicht fragen. Ja, man kann ihm nicht einmal mitteilen, was passiert ist. Für ihn … ist *gar nichts* passiert. Alle seine Neuronen sind ja noch intakt, und sie werden durch den Apparat so angeregt, dass er immer wieder und wieder den glücklichsten Tag seines Lebens erlebt, und jedes Mal ist es für ihn, als erlebe er alles zum ersten Mal.«

»Mhm«, machte ich und fragte mich, ob man diesen Zustand wirklich *ewiges Glück* nennen durfte.

»S denkt eine Weile darüber nach und kommt schließlich auf eine Lösung, die beide Töchter zufriedenstellen sollte. Und zwar, sagt sie, könnte man das Gehirn ja teilen!«

»Teilen?«

»*Mais oui!* Sie wissen ja, wie ein Gehirn aussieht: wie eine große Walnuss, mit einem deutlichen Spalt längs der Mitte, der die beiden Hemisphären teilt. Die beiden Gehirnhälften sind hauptsächlich durch einen dicken Nervenstrang verbunden, das *Corpus callosum,* und das Bemerkenswerte ist, dass ein Mensch durchaus weiterleben kann, wenn dieser Nervenstrang durchtrennt wird. Es gibt etliche Menschen, denen das passiert ist, durch einen Unfall zum Beispiel. Manchmal ist dieser Defekt auch angeboren. Früher gab es zudem eine Operation, die man bei schwerer Epilepsie angewandt hat, die *Callosotomie*, die darin bestand, diesen Balkenstrang chirurgisch zu durchtrennen. Im normalen Leben fallen solche

Leute nicht weiter auf. Man muss schon sehr spezielle Experimente mit ihnen machen – und Hirnforscher haben das natürlich gemacht –, um zu zeigen, dass diese Menschen mit zwei getrennten Gehirnen funktionieren. Man nennt diesen Zustand *Split Brain*. Wenn Sie so jemandem einen Gegenstand so hinlegen, dass er ihn nur in der linken Hälfte seines Gesichtsfelds sieht, dann kann er ihn nicht benennen – weil die Signale des linken Gesichtsfelds in der rechten Hirnhälfte verarbeitet werden, während das Sprachzentrum in der linken Hirnhälfte sitzt.«

»Faszinierend«, entfuhr es mir. Dunkel erinnerte ich mich, schon einmal davon gehört zu haben, womöglich sogar in der Schule.

Einmal mehr merkte man, dass Ferdurci mit einer Hirnforscherin verheiratet gewesen war. Und dass er ein guter Zuhörer gewesen sein musste, wenn sie von ihrem Arbeitsgebiet erzählt hatte.

»S besorgt also einen zweiten Tank. Außerdem baut sie ein Duplikat des Apparates, in dem der Ablauf des glücklichsten Tages gespeichert ist, und kopiert die Daten des ersten Apparates darauf. Anschließend verbindet sie alle Leitungen, die zu den Neuronen der einen Hälfte führen, mit dem neuen Apparat, wobei sie dafür sorgt, dass beide Apparate genau im gleichen Takt arbeiten.«

»Alles klar«, murmelte ich gebannt. Es waren gruselige Bilder, die er da in mir wachrief, aber man konnte sich das alles gut vorstellen.

Wahrscheinlich war es deshalb so gruselig.

»Endlich ist es so weit«, fuhr Ferdurci fort. »S ist bereit, den Schnitt durchzuführen und eine der Gehirnhälften in den anderen Tank zu überführen. Sie hat das Messer schon in der Hand, da kommen den beiden Töchtern plötzlich Bedenken: Was, wenn durch die Teilung das Erleben ihres Vaters, sein

Glück also, beeinträchtigt wird? Sie diskutieren das, doch S sagt, dass sie nicht glaubt, dass R überhaupt etwas von der Teilung bemerken wird. Denn, sagt sie, in seinen Neuronen laufen ja, angeregt durch die Signale der beiden synchron arbeitenden Apparate, immer noch *genau die gleichen Prozesse ab* wie vorher. Mit anderen Worten, was an Nervenimpulsen durch den *Corpus callosum* geht oder nicht, kann für das Erleben ihres Vaters überhaupt keine Rolle spielen.«

Er hob die Hand und senkte sie, eine Bewegung, als würde er eine unsichtbare Torte anschneiden.

»Und so wird Rs Gehirn in zwei Hälften geteilt. Jede der beiden Töchter nimmt einen Tank mit einer Gehirnhälfte mit nach Hause. Die Apparate werden über das Internet verbunden, sodass sichergestellt ist, dass sie immer synchron laufen.«

»Und Sie denken wirklich, R erlebt in diesem geteilten Zustand weiterhin seinen glücklichsten Tag, wieder und wieder?«

»Davon muss man ausgehen. Denn nach wie vor wird jede einzelne seiner Gehirnzellen dazu gebracht, in exakt der gleichen Weise zu reagieren wie damals, als er all das *wirklich* erlebt hat.« Ferdurci hob die Hände. »Oder? Sehen Sie irgendeine Stelle in der Geschichte, an der diese Logik unterbrochen wurde?«

»Nein«, gab ich zu. »Erzählen Sie weiter.«

Er lehnte sich zurück, und wieder kam er mir vor wie von einem magischen Fluidum umgeben, der Magie des Erzählens. »Eine der beiden Töchter ist mit einem Journalisten verheiratet. Und wie es so geht im Leben, irgendwann kann ihr Mann der Versuchung, darüber zu schreiben, nicht mehr widerstehen. Sein Artikel stößt auf große Resonanz, der Fall erregt weltweit Interesse. Wissenschaftler melden sich, um die Sache zu untersuchen … und außerdem werden reiche Sammler vorstellig, die eine der Hälften des Gehirns *kaufen* wollen.«

Ich nickte. Das war durchaus realistisch gedacht. Von

mindestens einem unserer Abonnenten weiß ich, dass er ein Sammler ist, und zwar genau von der Art, die in so einem Fall sofort auf der Matte gestanden hätte: ein italienischer Milliardär, der die absonderlichsten Dinge aufstöbert – einen Elefantenembryo mit zwei Rüsseln in Formalin, zehn Kirschkerne, in die reliefartige Darstellungen der »zehn Ochsen-Bilder« aus dem Zen eingeschnitzt sind, Goldbecher, die angeblich aus einem unentdeckten Pharaonengrab geraubt wurden, und so weiter. Sein größtes Vergnügen ist es, für jedes neue Teil seiner Sammlung eine ausschweifende Party zu organisieren. Ein träumendes Gehirn im Glas hätte er unwiderstehlich gefunden.

»Die Töchter schlagen alle Kaufangebote aus, obwohl die Summen, die geboten werden, immer größer werden. Bis schließlich einer der Sammler einen Vorschlag macht. Die Teilung des Gehirns, sagt er, hat für das, was ihr Vater erlebt, keine Rolle gespielt. Und zwar, weil ja nicht mehr die Impulse, die über Nervenbahnen ankommen, bestimmen, in welchem Erregungszustand die Neuronen sind, sondern die Steuerung durch den Apparat. Also würde es an seinem Erleben auch nichts ändern, wenn man eine *einzelne* Gehirnzelle abtrennen würde, vorausgesetzt, man erhält sie in einem eigenen Gefäß am Leben und versorgt sie aus einer Kopie des Apparates mit den nötigen Impulsen.«

»Oha«, machte ich.

»Das erklärt er den Töchtern, es leuchtet ihnen ein, und dann bietet er für diese eine Gehirnzelle einen derart stattlichen Preis, dass sie nicht länger widerstehen können. Also gehen sie auf das Angebot ein.« Ferdurci begleitete seinen Vortrag mit Gesten, die wirkten, als arbeite er in einer unsichtbaren Werkstatt. »Sie bauen ein kleines Gefäß, groß genug für ein einzelnes Neuron und sämtliche Anschlüsse daran. Außerdem fertigen sie eine einfache Kopie des Apparates an und überspielen darauf den Teil der Aufzeichnungen, die für diese bestimmte Nervenzelle bestimmt sind. Dann trennen sie mit der Hilfe von S dieses Neuron aus dem Gehirn ihres Vaters heraus und setzen es in das neue, kleine Gefäß. Natürlich achten sie darauf, dass es bei diesem Wechsel zu keinerlei Unterbrechung kommt. Und auch darauf, dass der kleine Steuerapparat mit den anderen beiden Geräten synchron läuft. Fertig! Der Sammler zieht mit seinem neuen Besitz beglückt ab, und die Töchter zählen beglückt das viele Geld, das ihnen der Verkauf eingebracht hat.«

»Und der Vater?«, fragte ich.

»Nun, er muss wohl weiterhin seinen glücklichsten Tag erleben, nicht wahr? Denn für ihn hat sich ja nichts geändert. Nach wie vor sind alle seine Neuronen – auch die eine Gehirnzelle, die gerade per Flugzeug das Land verlässt – an Apparate angeschlossen, die dafür sorgen, dass sie genau im richtigen Moment die nötigen Anregungsimpulse bekommen. Folglich *kann* sich an seinem Erleben nichts geändert haben.«

»Hm«, machte ich und hätte gern ein Gegenargument gebracht, doch mir fiel keines ein.

»Wenn man das aber mit *einem* Neuron machen kann, ohne das Glück ihres Vaters zu beeinträchtigen, dann, so sagen sich die beiden Töchter, kann man es auch mit beliebig *vielen* Neuronen machen. Und das machen sie dann auch, denn der nächste Sammler steht schon auf der Matte. Und noch einer, und noch einer. Es wird bald ein Riesengeschäft. Sie bauen eigens eine Fabrik, die Kopien des Apparates und der Versorgungsgefäße herstellt, und teilen das Gehirn ihres Vaters nach und nach in lauter einzelne Neuronen auf, die jeweils in ihren eigenen Gefäßen in aller Welt verteilt weiterleben.«

»Hm, hm«, machte ich und suchte immer noch vergebens nach einem Haken an der Sache.

»Zwischendurch«, fuhr Ferdurci fort, »kommen ihnen

manchmal Zweifel. Haben sie ihrem Vater wirklich nicht geschadet? Sie besprechen sich mit S, denken die Sache wieder und wieder durch und kommen zu dem Schluss: Nein. Zwar ist inzwischen schon ein großer Teil des Gehirns abgetrennt und in einzelne Gehirnzellen aufgelöst worden, die zudem räumlich weit voneinander getrennt sind – aber nach wie vor wird jede Gehirnzelle mit genau den richtigen Impulsen versorgt, um genau so zu reagieren, wie sie an jenem glücklichsten Tag im Leben von R reagiert hat. Ja, mehr noch – die Zellen haben überhaupt keine Möglichkeit, festzustellen, dass sie räumlich von den anderen Gehirnzellen getrennt sind! Also kann sich am Erleben Rs nichts geändert haben.«

»Bizarr«, sagte ich.

Dann klingelte mein Telefon.

* * *

Es war wieder Marta, also ging ich wieder nach nebenan. Wo inzwischen schon der Wein geöffnet bereitstand.

»Ich hab euch jetzt zwei Flüge gebucht«, berichtete sie. »Morgen Nachmittag um 15 Uhr 55 ab Paris Charles de Gaulle. Austrian Airlines, ein Nonstop-Flug, der um 17 Uhr 50 in Wien landet. Genug Zeit, um euren Termin bei Dr. Bergstädter einzuhalten.«

»Und was ist mit unseren Pässen?«

»Braucht ihr im Schengenraum nicht unbedingt, aber läuft. Ich hab Rens losgeschickt, er ist inzwischen schon unterwegs nach Agon-Coutainville, um dein Gepäck aus dem Hotel abzuholen. Bei der Gelegenheit wird er auch gleich das Apartment von Monsieur Ferdurci … ähm, *besuchen*. Eine kleine Ruhepause eingerechnet, sollte er im Verlauf des morgigen Vormittags bei euch eintreffen, mit euren Reisepässen.«

»Sag ihm, er soll auch Ferdurcis Computer mitbringen.«

»Okay, sag ich ihm noch.«

Rens Reijnders war eine gute Wahl für diese Art Aufgabe. Er sprach leidlich Französisch und würde zurechtkommen. Überdies war er topfit und hart im Nehmen, falls er es mit unseren Verfolgern zu tun bekam.

»Also gut«, sagte ich. »Morgen 15 Uhr 55 ab Charles de Gaulle Airport.«

»Wobei ihr besser zwei Stunden vorher da sein solltet. Ich schick dir die Tickets gleich auf dein neues Telefon. Ach ja, ich hab euch in Wien auch gleich zwei Zimmer gebucht, im *Hotel Ambassador*, Neuer Markt 5. Die Adresse schick ich dir mit. Die Zimmer sind vorab bezahlt, und ich hab denen gesagt, dass ihr möglicherweise spät ankommt; das ist also geregelt, egal, wie lange ihr mit diesem Dr. Bergstädter redet.«

»Gut«, sagte ich, »denn es kann wirklich spät werden. Ich hab ihm *eine Menge* Fragen zu stellen.«

Als ich das Gespräch beendet hatte, streckte ein junger Mann den Kopf aus der Küchentür. »Das Essen wäre jetzt so weit«, sagte er.

* * *

Das Abendessen stammte aus einem nahe gelegenen Restaurant und passte ideal zu dem grauen Novemberwetter: Als Entrée gab es eine kräftige Suppe, danach ein duftendes *Bœuf bourguignon* mit Kartoffeln.

Das Geschirr, die Gläser und das Tischtuch selber wirkten ausgesprochen altmodisch, so, als ob sie schon mindestens fünfzig Jahre in Benutzung wären. Das war Absicht und ein Tipp, den uns der Architekt damals gegeben hatte. In einer Umgebung, die so aussah, als existiere sie seit einer kleinen Ewigkeit, fühlten sich die meisten Menschen sicherer, hatte er gemeint und es den »Oma-Effekt« genannt.

Hier im Esszimmer war er perfekt verwirklicht. Und der gute Bordeaux, den es dazu gab, tat ein Übriges, um uns zu entspannen.

Über der Suppe eröffnete ich Ferdurci, dass ich seine Geschichte gerne mit einem Neurophysiologen besprechen würde. Dieser Idee stand er sehr aufgeschlossen gegenüber. So ein Gespräch würde ihn ebenfalls interessieren, meinte er, er habe es bisher ja nicht führen können, seines Stillschweigeabkommens mit Young wegen.

Dass dieses Gespräch morgen stattfinden sollte, ließ ich erst mal unerwähnt. Dazu, sagte ich mir, war morgen Vormittag noch genug Zeit, und nach einem guten Nachtschlaf würde ich ihn leichter zu dem Flug nach Wien überreden können, und mich selber auch.

Beim Hauptgang erzählte Ferdurci weiter. »Die Töchter von R vertreiben also seine Gehirnzellen nun einzeln, und das erweist sich als großer Verkaufsschlager. Nicht nur Privatleute erwerben Gefäße, die jeweils eine Zelle von Rs Gehirn enthalten, auch Institutionen, die sich in irgendeiner Weise mit Denken, Klugheit, Bildung und so weiter assoziieren wollen. Die kaufen gleich Hunderte und Tausende davon, um Eingangshallen oder Besprechungsräume zu schmücken. Kurzum, nach einiger Zeit hat sich ein beträchtlicher Teil von Rs Gehirn in Form einzelner Neuronen über die Welt verteilt.«

»Verstehe«, sagte ich und goss uns Wein nach.

»Es ist natürlich unvermeidlich«, fuhr Ferdurci fort, »dass hier und da Käufer nicht so gut auf ihre Gefäße aufpassen, wie sie sollten. Inzwischen laufen die Apparate, die der Nervenzelle die für sie bestimmten Signale liefern, mit Batterien. Wenn man vergisst, die rechtzeitig auszutauschen, kommt der Apparat aus dem Takt. Bei manchen Gefäßen bleibt ein Ausfall des Apparats tagelang unbemerkt. Wenn man ihn wieder mit Strom versorgt, startet er sein Programm von vorne, ungeachtet dessen, dass die übrigen, noch miteinander synchronisierten Apparate an einer ganz anderen Stelle im Ablauf sind. Kurzum, allmählich kommt alles durcheinander.«

»Nicht gut, oder?«, meinte ich.

Ferdurci hob die Schultern. »Das eben ist die Frage. Wie kann das Erleben dieses glücklichsten Tages dadurch beeinflusst werden? Die Neuronen von Rs Gehirn waren ja im Prinzip schon in dem Moment voneinander getrennt, als er angefangen hat, den Erregungszustand jeder einzelnen Hirnzelle separat aufzuzeichnen. Ob es noch Verbindungen, Nervenbahnen, Axone, Dendriten zwischen den Zellen gab oder nicht, war schon ohne Belang, als er die gespeicherten Impulse das erste Mal zurückgespielt hat. Egal, was für Impulse von anderen Zellen kamen oder nicht, jedes Neuron wurde zuverlässig immer in genau den Zustand versetzt, den es zu einem bestimmten Zeitpunkt an jenem glücklichsten Tag in Rs Leben gehabt hat. Und wenn der Signalaustausch über die Verbindungsleitungen zwischen den Neuronen keine Rolle spielt, dann ist es auch egal, ob diese Leitungen noch existieren oder nicht. Und wieso soll, wenn die räumliche Trennung keine Rolle für Rs Erleben spielt, die zeitliche Trennung der Impulse eine Rolle spielen?«

Ich ließ die Gabel sinken. »Aber das ist doch abstrus! Am Ende haben wir ein Gehirn, dessen einzelne Zellen über die Welt verstreut leben, isoliert voneinander in Glasbehältern, die von einer Maschine mit … mit *irgendwelchen* Impulsen angeregt werden, Neuronen, zwischen denen es im Grunde keinerlei Zusammenhang mehr gibt – und dann soll der Mensch, dem dieses Gehirn einmal gehört hat, *immer noch* etwas erleben?«

»Schwer vorstellbar, nicht wahr?«, meinte Ferdurci und griff nach dem elegant geschliffenen Weinglas. »Alles hat damit angefangen, dass R den Zustand jeder einzelnen Zelle seines Gehirns aufgezeichnet hat. Was aber ein passiver Vorgang war, der an seinem Erleben selbst nichts geändert haben kann. Von da aus sind wir ganz logisch, Schritt für Schritt, zu dieser Endsituation gelangt – und es kommt uns vor, als müsse sich irgendwo unterwegs die Fähigkeit des Gehirns, etwas zu erleben, aufgelöst haben, *n'est-ce pas?* Aber wo? Sagen Sie es mir. Oder fragen Sie den Neurophysiologen, mit dem Sie sprechen wollen. Ich weiß es nicht.«

»So endet Ihre Geschichte?«

»Ja. So endet sie. Rs Gehirn ist in Milliarden Neuronen zerteilt worden, jede einzelne schwimmt in einem Versorgungsgefäß und erhält Impulsfolgen von einem Signalapparat, der manchmal mit anderen synchronisiert ist, manchmal auch nicht. Niemand weiß, ob R immer noch seinen glücklichsten Tag erlebt, ob er *überhaupt* noch etwas erlebt, ob es ihn überhaupt noch als Bewusstsein *gibt*. Und weil man sich dessen nicht sicher ist, lässt man alles, wie es ist, und wartet darauf, dass die Nervenzellen nach und nach eines natürlichen Todes sterben und irgendwann nur noch diese Frage übrig ist.«

Ich starrte ihn an, ratlos, was ich von alldem halten sollte.

»Das ist Ihre Geschichte?«, fragte ich schließlich.

»Das ist sie«, bestätigte er.

»Und die hat Ihnen anderthalb Millionen Dollar eingebracht?«

»Bis jetzt erst die Hälfte«, schränkte Ferdurci ein.

»Wie verstehen Sie sie selber?«, wollte ich wissen. »Was besagt sie?«

»Man sagt, ein Autor solle das, was er schreibt, nicht selber interpretieren, weil er sich dabei unweigerlich irre«, meinte Ferdurci. »Aber man hat als Autor natürlich trotzdem eine gewisse Auffassung davon, was das, was man geschrieben hat, bedeutet. Und wenn Sie meine Auffassung hören wollen, dann sage ich, dass diese Geschichte – dieses Gedankenspiel – meines Erachtens zeigt, dass die Theorie, wonach unser Bewusstsein in der Komplexität des Gehirns *entsteht*, dass es von unseren Neuronen *erzeugt wird*, nicht stimmen kann. *Reductio ad absurdum.*«

»Und wie erklären Sie sich das Bewusstsein dann?«

»Gar nicht. Ich weiß nicht, wieso es ein Bewusstsein gibt, das aus den Augen dieses Körpers in die Welt blickt und sich daran gewöhnt hat, Raymond Ferdurci genannt zu werden, ein Mann zu sein, ein Vater, ein geschiedener Ehemann, ein Franzose, ein Universitätsdozent, ein Philosoph, der sein Geld mit dem Schreiben von Spionagethrillern verdient, und so weiter, und so weiter. Ich weiß es nicht. Ich weiß nur, *dass* es mich gibt. Denn wenn ich Zahnschmerzen habe, dann tut *mir* der Zahn weh, und das ist ein allumfassender, nicht wegzuleugnender Schmerz, der *mein* Erleben ganz und gar bestimmt. Dieser Schmerz mag in dem entzündeten Zahn als Nervenimpuls beginnen, doch wo er endet, wo er *ankommt*, wo sich diese fühlende Einheit befindet, die *ich* bin, die den Schmerz *fühlt*, das weiß ich nicht. Aber die wissenschaftlichen Theorien, die behaupten, das Bewusstsein zu erklären, wissen es meines Erachtens auch nicht.«

Er beugte sich vor.

»Wir lassen uns, was unsere Vorstellungen davon betrifft, wie die Welt funktioniert, nur allzu gern von der jeweils zeitgenössischen technischen Metapher verführen«, fuhr er fort. »Zu der Zeit, als genau gehende mechanische Uhren der letzte Schrei waren, hat man die Welt als großes Uhrwerk betrachtet – von den Bewegungen der Planeten bis hin zum Verhalten der Tiere, die Descartes etwa für eine andere Art von Maschinen gehalten hat. Heute sind Computer die Hightech *du jour*, also blühen Theorien, wonach das Universum ein informationsverarbeitendes System sein soll und unser Bewusstsein eine Art hoch entwickelte Software. Wenn man das glaubt, liegt die Vorstellung nahe, man müsse das Bewusstsein aus dem Gehirn woandershin übertragen können, so, wie man ein Computerprogramm von einem Datenträger auf einen anderen kopiert. Aber das ist nur eine Metapher! In hundert Jahren wird irgendetwas anderes der letzte technische Schrei sein, und dann wird man auf diese Idee zurückblicken und lachen. Und gleichzeitig von irgendeinem anderen Unsinn überzeugt sein.«

Ich nickte nachdenklich. Allmählich verstand ich, was sich abgespielt haben musste.

»Ich habe doch erwähnt, dass Peter Young die Idee des Gehirn-Uploads, die Richard Colbert ihm verkauft hat, in die Realität umsetzen will.«

Ferdurci nickte. »Sie haben so etwas gesagt, ich erinnere mich dunkel.«

»Er will keinen Film daraus machen, er will diese Idee Wirklichkeit werden lassen. Er will es in absehbarer Zeit möglich machen, sein Gehirn in einen Computer übertragen zu lassen. *Uploaden*, wie man das nennt.«

»Verstehe«, sagte Ferdurci. Es schien ihn nicht sonderlich zu überraschen.

»Die Firma dazu hat er, wie gesagt, Anfang des Jahres gegründet. Sie heißt *Youvatar,* und ich habe noch nie ein Unternehmen gesehen, das ein dermaßen großes Geheimnis um seinen Geschäftszweck macht. Im Moment sprechen sie nur mit schwerreichen Leuten, um sie dazu zu bringen, in das Vorhaben zu investieren, alles im Geheimen.« Ich dachte an Anahit Kevorkian, die womöglich jetzt gerade dabei war, ihre Investition endgültig zu machen. »Mindestens acht Milliarden haben sie schon so gut wie sicher.«

Ferdurci atmete geräuschvoll ein. »Es geht also um viel Geld.«

»Sehr viel Geld. Und um das ewige Leben.«

Er wurde merklich unruhig. Hob den Blick, betrachtete die Wände und die Fenster so prüfend, als mache er sich Sorgen um die Sicherheit, die sie boten. »So verkaufen die das? Per Upload zum ewigen Leben?«

»Sie formulieren es anders. Sie sagen, ›wir wollen den Tod abschaffen‹. Und um zu erklären, wie das gehen soll, verwenden sie genau das Gedankenspiel, das Richard Colbert ihnen verkauft hat.«

»*Je comprends*«, sagte Ferdurci, griff nach seinem Weinglas und stürzte den Inhalt hinab, als sei er am Verdursten.

»Und in dieser Situation«, fuhr ich fort, »kommen Sie daher und schicken ihnen eine Kurzgeschichte, die *ebenfalls* ein Gedankenspiel enthält – aber eines, das die Schlussfolgerungen Colberts *ad absurdum* führt! Kein Wunder, dass Peter Young aufs Höchste alarmiert war. Kein Wunder, dass er nicht wollte, dass Ihre Geschichte veröffentlicht wird.«

»Kein Wunder, dass er mich eher umbringen lassen würde, als zu riskieren, dass ein Milliarden-Dollar-Geschäft platzt«, ergänzte Ferdurci. »Denn darum muss es ihm ja in Wirklichkeit gehen. Er hat meine Story offensichtlich verstanden und auch, was sie bedeutet. Aber wenn er wirklich an das Vorhaben dieser Firma glauben würde – wie hieß sie noch mal?«

»*Youvatar.*«

»Aha. Also, was ich sagen will: Wenn er wirklich daran glauben würde, dass sich der Upload des menschlichen Geistes bewerkstelligen lässt und dass man auf diese Weise den Tod abschaffen würde, dann hätten ihm doch nach meiner Story Zweifel kommen müssen, oder? Er hätte erkennen müssen, dass die Theorie, wonach Bewusstsein einfach in hinreichend komplex verschalteten Systemen entsteht, nicht stimmen kann. Dass diese Theorie das Unerklärbare des Seins nur ein Stück weiter hinter den Horizont des Verstandenen schiebt, kaum weniger hilflos als meine kindliche Vorstellung, im Gehirn gebe es einen Fernsehapparat, der wiedergibt, was meine Augen sehen.«

Ich schüttelte den Kopf. »Er hat nicht nur keine Zweifel, er hat vor allen Teilnehmern einer Informationsveranstaltung erklärt, dass er sich, sobald die Prozedur des Uploads an Tieren erfolgreich erprobt ist, als erster Mensch uploaden lassen wird, freiwillig. Wenn es stimmt, was er sagt, hat er das seinen Geschäftspartnern sogar schriftlich gegeben.«

Ferdurci wollte wissen, was für eine Veranstaltung ich damit meinte, also erzählte ich ihm von dem Investorentreffen im Silicon Valley. Da dies der Tag war, an dem Schweigeverpflichtungen gebrochen wurden, wollte ich nicht zurückstehen.

Danach grübelte er eine Weile, was so aussah, als kaue er nicht nur auf dem zarten Rindfleisch herum, sondern auch auf Argumenten und Gegenargumenten.

Ich schwieg und wartete ab. Das hatte sich bis jetzt am besten bewährt.

»Selbst wenn dieses *Youvatar*-Projekt Erfolg haben sollte«, sagte Ferdurci schließlich, »und es wirklich möglich wird, ein Gehirn Nervenzelle für Nervenzelle in einem Computersystem nachzubauen, dann wäre dieser Nachbau trotzdem nur ein *Modell* des ursprünglichen Gehirns. Das bei dem Vorgang, wenn ich das richtig verstanden habe, zerstört würde.«

»Ja, so haben sie es uns erklärt.«

Er nickte sinnend. »Gut. Nehmen wir an, diese Übertragung gelänge. Das bedeutet keineswegs, dass damit auch das *Bewusstsein* übertragen wird. Das ist, was meine Story in diesem Zusammenhang zeigt. Ich halte es für viel wahrscheinlicher, dass man auf diese Weise etwas erschaffen würde, was man einen *philosophischen Zombie* nennt: ein Wesen, das zu leben *scheint*, tatsächlich aber nur *so aussieht*, von außen, während es in Wahrheit ohne jedes innere Erleben ist. Alle anderen würden sich mit dem Computersystem, das durch den Upload erzeugt wurde, unterhalten und vielleicht überzeugt sein, es mit einer Person zu tun zu haben, nicht ahnend, dass derjenige, der sich der Prozedur unterzogen hat, in deren Verlauf in die endgültige Dunkelheit des Todes versunken ist. Dass nur noch seine Denkprozesse übrig sind, er selber aber nicht mehr.«

Ferdurci spießte sein letztes Fleischstück auf und hielt es in die Höhe.

»Mit anderen Worten«, sagte er, »der Upload schafft womöglich nicht den Tod ab, sondern das Leben!«

VII
DIE WAHRHEIT

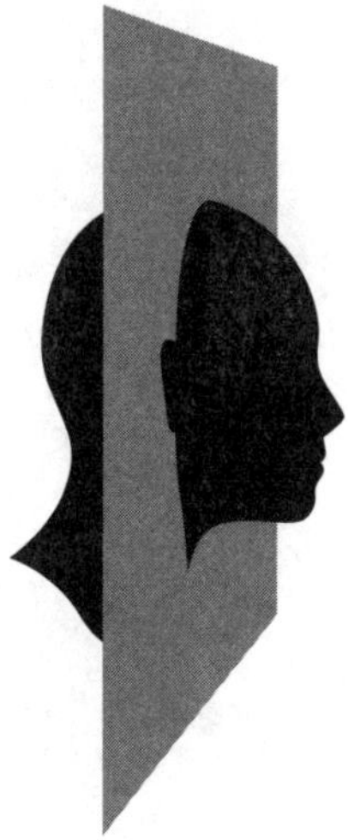

Kapitel 40

In dieser Nacht schlief ich ungewöhnlich tief und ungewöhnlich lange. Als mich der Alarm aus dem Schlaf riss, zeigte die altmodische Digitaluhr an der Wand 5 Uhr 59.

Alarm?

Was um alles in der Welt …? Noch ehe ich den Gedanken zu Ende gedacht hatte, hörte ich schon Kampfgeräusche. Dumpfe Schläge, die das ganze Haus erschütterten. Schüsse. Aufgeregte Stimmen.

Blitzartig war ich auf den Beinen, spähte durch den Vorhang nach draußen. Es war noch dunkel, Nacht, November. Vor dem Haus stand ein großer Lkw, die Warnblinklichter eingeschaltet. Männer in dunkler Kleidung, mit schwarzen Skimasken auf dem Kopf, stiegen ein und aus, wuchteten Kisten und Dinge, die wie Waffen aussahen.

Das zu sehen und zu erfassen dauerte keine Sekunde. Ich zog mich so schnell an wie noch nie und rannte los, die Treppe runter, während mir das Adrenalin in den Ohren rauschte.

Zwei Wachmänner standen an schmalen Schießscharten links und rechts des Eingangs und schossen hinaus. Zwei weitere Männer, unrasiert und noch nicht ganz wach, zogen sich gerade hastig an. Etliche der Überwachungsbildschirme waren schwarz, was hieß, dass jemand die entsprechenden Kameras zerstört hatte.

»Was ist los?«, rief ich.

Wie als Antwort auf diese Frage donnerte etwas Schweres gegen die Tür. Sie erzitterte, hielt aber stand.

»Der Rammbock ist ein Ablenkungsmanöver, Sir«, rief einer der Schützen. Er hörte auf zu schießen und eilte zu mir. »Sie sind in die Garage eingedrungen, in der der Fluchtwagen steht, und im Begriff, den Zugang zum Haus zu verminen, um ihn aufzusprengen.« Er wies auf die schwarzen Bildschirme. »Ich könnte Ihnen die Aufzeichnungen –«

»Unwichtig. Haben Sie die Polizei verständigt?«

»Ist schon auf dem Weg. Aber ich fürchte, bei dem Verkehr, am Montagmorgen …« Er verzog das Gesicht. »Am besten, Sie und Ihr Gast suchen den Schutzraum auf.«

In den kompliziert geschnittenen Räumlichkeiten unseres offenbar doch nicht so sicheren Hauses versteckte sich, was man in den USA einen Panic Room nennt: ein schwer zu findender, gut gepanzerter und von innen verriegelbarer Raum, in dem man hoffen durfte, einer Belagerung durch Eindringlinge eine gewisse Zeit standzuhalten.

Ich hatte das Gefühl, dass mein Hirn in diesem Moment auf Hochtouren arbeitete. Als hätte mich mein Bemühen, den komplexen Gedanken Ferdurcis zu folgen, auf ein neues Level gehoben.

»Nein«, sagte ich. »*Sie* gehen in den Schutzraum. Sie und die anderen. Versuchen Sie, die da draußen noch fünf Minuten aufzuhalten, dann ziehen Sie sich zurück, verstanden? Ich will nicht, dass es Verletzte oder Tote gibt, jedenfalls nicht auf unserer Seite.«

»Und Sie, Sir?«

Ich schüttelte den Kopf. »Besser, Sie wissen es nicht.«

* * *

Ich rannte wieder hinauf und fand Raymond Ferdurci vor, noch schlaftrunken, aber zum Glück schon so gut wie angezogen; er war gerade dabei, sich die Schuhe zu binden.

»Was ist denn jetzt wieder los?«, wollte er wissen.

»Sie haben uns gefunden, wie es aussieht«, sagte ich.

Er riss die Augen auf. »Wie das? Ich dachte, das hier sei ein *sicheres* Haus?«

»Zum Glück ist es das, sonst hätten die uns schon. Kommen Sie!«

Ich zerrte ihn mit mir in die Küche und schloss die Tür von innen. Dann schaltete ich das Licht aus, sodass der Raum nur noch von der blassen Zeitanzeige auf dem Backofen erhellt wurde.

Aber das genügte. Ich ging vor dem Kühlschrank, der unter dem Backofen eingebaut war, auf die Knie, tastete durch das Gitter im Sockel nach einem gewissen winzigen Hebel, fand ihn und drückte ihn mit einiger Mühe zur Seite. Etwas klickte, und nun ließ sich der Kühlschrank herausziehen, mühelos, lautlos, dank eines sinnreichen Mechanismus mit weichen Rollen.

Dahinter gähnte ein schwarzes Rechteck: ein Tunnel ins Dunkle. Im Hintergrund glomm eine grüne LED, die anzeigte, dass niemand im Fluchttunnel lauerte.

»Rein mit Ihnen«, sagte ich.

»Ganz schön viel verlangt auf nüchternen Magen«, maulte Ferdurci, ließ sich aber ohne Zögern auf alle viere nieder und krabbelte an mir vorbei in das dunkle Loch in der Wand.

Ich folgte ihm und zog dabei den Kühlschrank hinter mir her, bis er seine normale Position wieder erreicht hatte und mit einem leisen, eher spür- als hörbaren Klicken einrastete.

Nach ein paar Metern erweiterte sich der Tunnel zu einem telefonzellengroßen Raum, in dem man aufrecht stehen konnte. Im Widerschein der grünen LED fand man sich vor einer von innen verriegelten Stahltür wieder.

Ferdurci betastete die Tür und die Wände. »Das ist doch nicht neu«, wisperte er. »Das ist alt. Uralt.«

»Stimmt«, sagte ich und zog den Riegel auf, was sich trotz seines Alters immer noch so gut wie geräuschlos bewerkstelligen ließ. »Das Haus gehörte im Zweiten Weltkrieg dem Widerstand. Was zum Glück praktisch niemand mehr weiß.«

Wir hatten es selber nicht gewusst, als wir das Haus gekauft hatten. Der alte Besitzer hatte es mir nach dem Termin beim Notar anvertraut und auch, dass er diesen Umstand nie publik gemacht hatte. Er war die Sorge nie losgeworden, dass sich so etwas wie damals wiederholen und es erneut nötig werden könnte, über geheime Gänge zu verfügen. Er war kinderlos geblieben und kurz nach dem Verkauf seines Hauses im Altersheim gestorben. Marta, Sophie und ich hatten das Geheimnis des Fluchttunnels ebenfalls gewahrt, für alle Fälle. Die einzigen Veränderungen, die wir vorgenommen hatten, waren, dass wir den alten durch einen modernen Kühlschrank ersetzt und den Bewegungsmelder installiert hatten: Beides hatte ich damals eigenhändig erledigt, des Nachts, als niemand sonst auf der Baustelle gewesen war.

Ich öffnete die Tür. Dahinter schraubte sich eine enge, steile Wendeltreppe in die Tiefe, nur fragmentarisch erhellt von ein paar winzigen Notlichtern, die das Herausziehen des Kühlschranks aktiviert hatte. Sie würden noch etwa zehn Minuten lang leuchten.

»Vorsicht«, sagte ich warnend. »Die Stufen sind halsbrecherisch.«

Ferdurci gab ein unwilliges Brummen von sich, machte sich aber ohne weitere Widerrede an den Abstieg, derweil ich die Tür hinter uns zuzog.

Während wir, uns an den kalten Wänden abstützend, Stufe um Stufe hinabtasteten, dachte ich daran, wie wir damals die wenigen, uralten, unzulänglichen Pläne studiert hatten, die es von diesem Haus noch gab. Wir hatten uns gefragt, wo diese Wendeltreppe eigentlich versteckt war, es aber nicht herausgefunden. Im Grunde blieb nur die Erklärung, dass wir uns in etwas bewegten, das auf dem Papier aussah wie der Kamin des Hauses – der folglich in Wahrheit woanders verlaufen musste.

Auf jeden Fall waren die Wände so dick, dass wir von den Kämpfen nichts mehr hörten. Sie würden eine Weile zu tun haben, sich zu fragen, wohin wir verschwunden waren, und mit etwas Glück würde die Polizei schnell genug eintreffen, dass sie es nie herausfanden.

Endlich kamen wir unten an. Nun galt es, sich in einem unbeleuchteten Gang voranzutasten, der einmal um eine Ecke führte und so eng war, dass ein Mensch mit Übergewicht Probleme bekommen hätte.

Als wir die Biegung hinter uns hatten, sahen wir eine Metalltür vor uns mit zahlreichen runden Löchern darin, durch die blasse Helligkeit sickerte. Sie ließ sich nur von dieser Seite aus öffnen und fiel ins Schloss, als wir sie, nachdem wir sie passiert hatten, hinter uns zuzogen. Ein großes Schild darauf warnte: *»Ne pas ouvrir – DANGER DE MORT!«*, daneben prangte das Zeichen für Hochspannung.

»Alles gelogen, oder?«, meinte Ferdurci.

»Ja«, sagte ich. »Ist aber nötig, weil dieser Gang hier nicht mehr zum Haus gehört.«

»Sondern?«

»Werden Sie gleich sehen.«

Ich ging voran. Entlang der Wände liefen ein gutes Dutzend Kabel, übereinander montiert und ziemlich eingestaubt. Wir passierten Schaltkästen und müde glimmende Wandlampen, gelangten endlich wieder an eine Tür, die sich ohne Weiteres öffnen ließ. Wir traten hindurch – und standen auf einem der Bahnsteige der Metrostation.

»Das war ein Wartungstunnel der Metro«, erkannte Ferdurci.

»Ja«, sagte ich. »Diese Linie hat schon vor dem Krieg existiert. Also auch die nur für Personal bestimmten Gänge.«

»Und wir flüchten mit der Metro!« Er strahlte geradezu. »Das ist genial. Es ist unmöglich, in Paris auf andere Weise schneller voranzukommen.«

In diesem Moment kam der erste Zug, der an diesem Tag verkehrte. Da wir keinen Fahrkartenautomaten und auch keinen Entwerter passiert hatten, fuhren wir natürlich schwarz, was uns aber in diesem Moment wirklich nicht wie ein Risiko vorkam.

* * *

Unterwegs tat ich das, was ich, Martas Worten zufolge, nur tun durfte, »sollte die Firma brennen«: Ich rief sie auf ihrem privaten Mobiltelefon an.

Das natürlich um diese Zeit noch ausgeschaltet war; ich gelangte nur bis auf ihre Voicebox. Der aber erzählte ich, was passiert war, nämlich dass wir in unserem sicheren Haus überfallen worden waren.

»Die Angreifer kannten das Haus und wussten Bescheid über alle Zugänge«, fügte ich hinzu, »nur den Fluchttunnel kannten sie nicht. Mir sagt das, dass wir entweder einen Spion in unserem Team haben oder dass diese Leute Zugriff auf unser Computersystem haben. Und ja – beides kann ich mir kaum vorstellen, aber es ist die einzige Erklärung dafür, dass sie uns immer wieder gefunden haben. Und deswegen werde ich mich auch bis auf Weiteres nicht mehr melden.«

Dann beendete ich die Verbindung.

Obwohl ich mit Marta natürlich Englisch gesprochen hatte, hatte Ferdurci mich verstanden. »Ein Spion in Ihren Reihen?«, meinte er. »Das klingt allmählich wie etwas, das nur in Thrillern passieren sollte.«

»Ich fürchte, da haben Sie recht«, sagte ich und betrachtete die Tunnelwand, die vor dem Fenster vorbeisauste.

»Was machen wir jetzt?«, wollte Ferdurci wissen.

Ich hob das Telefon in meiner Hand hoch. »Auf diesem Gerät habe ich zwei elektronische Flugtickets für einen Flug heute Nachmittag nach Wien. Ursprünglich wollte ich den heutigen Vormittag dazu nutzen, Sie dazu zu überreden, mich dorthin zu begleiten.«

»Nach Wien? Wozu das?«

Ich erzählte ihm von Dr. Bergstädter und meinem Plan, ihn zu seiner Geschichte und ihren Implikationen zu befragen.

»Je vois«, meinte Ferdurci dann. »Aber wenn die einen Spion bei Ihnen haben, dann wissen die auch von diesen Flügen und werden am Charles de Gaulle auf uns warten.«

Ich nickte. »Genau das befürchte ich auch. Deswegen fahren wir da auch nicht hin.«

»Sondern?«

»Frühstücken erst mal.«

* * *

Wir fuhren zur Metrostation Châtelet, von der ich zufällig wusste, dass es dort ein Café der Kette *Brioche doré* gibt, das anders als die meisten schon um 6 Uhr 30 öffnet.

Vorher aber musste ich mein Mobiltelefon loswerden, dessen Nummer unsere Verfolger inzwischen womöglich auch schon kannten. Ich ließ es eingeschaltet, sperrte jedoch den Zugriff und erwog, es einfach im Wagen zu lassen – bloß wo? Wir saßen in einem dieser neuen Metro-Züge, in denen alles glatt, abgerundet und pflegeleicht gestaltet ist und in denen es keine Gepäckablagen gibt und die Polster keine Ritzen mehr haben.

Nun gut, dann eben anders. Als wir uns Châtelet näherten

und aufstanden, um auszusteigen, drängelte sich ein Radfahrer, der offenbar für einen Kurierdienst unterwegs war, rüde an uns vorbei, fuhr mir dabei über den Fuß, und als ich mich beschwerte, blaffte er nur: »*Quoi?*«

»Schon gut«, sagte ich, ließ ihm den Vortritt – und schob ihm mein Telefon dabei unauffällig in die Gepäcktasche.

Und fort war es. Gute Reise.

Solcherart erleichtert und einstweilen unauffindbar, begaben wir uns in das erwähnte Café. Da ich über Bargeld verfügte – eine erfreuliche Verbesserung, verglichen mit unserer letzten Flucht –, gönnten wir uns ein ausgiebiges Frühstück. Ein fettes Schoko-Croissant zu einem starken Kaffee mag nicht genau das sein, was man unter gesunder Ernährung versteht, aber es tut der Seele und der Stimmung gut. Wenn man frühmorgens von schießwütigen Gesellen aus dem Schlaf gerissen wird und abhauen muss, kann ich es nur empfehlen.

»Finden Sie das nicht seltsam?«, fragte Ferdurci. »Da wollen Leute einerseits den Tod abschaffen – und gleichzeitig müssen wir Angst haben, dass sie uns umbringen.«

»Doch«, sagte ich. »Ziemlich seltsam.«

»Stellen Sie sich nur mal vor, wie das wäre, wenn alle Menschen ihren Geist in Computer hochladen lassen würden. Wenn das tatsächlich ginge. Wie viel mehr Angst man dann haben müsste. Jetzt müssen sie uns erst mal finden, und dann müssen sie irgendwelche Gerätschaften benutzen, um uns auf mehr oder weniger blutige Weise vom Leben zum Tod zu befördern. Aber wenn unsere Bewusstseine – also das, was sterben kann – in einem Computer wären, dann könnte man uns mit einem Tastendruck löschen, einfach so. Jederzeit.«

Ich sah ihn verblüfft an. »Stimmt. So hab ich mir das noch gar nicht überlegt.«

Er rührte nachdenklich in seinem Kaffee, viel gründlicher, als es nötig gewesen wäre. »Ich muss immer wieder daran denken, was Sie über diesen Plan gesagt haben, diejenigen, die sich keine geklonten Körper leisten können, in einer virtuellen Welt weiterleben zu lassen. Wie es wäre, so zu leben. Also, quasi in einer Art Computerspiel, nicht wahr?«

»Die ja heutzutage von erstaunlicher Bildqualität sind«, meinte ich. »Noch ein paar Jahre technischer Fortschritt, und man wird die künstliche nicht mehr von der wirklichen Welt unterscheiden können.«

»Trotzdem bleibt sie künstlich. Virtuell. Eine Welt, in der alles jederzeit geändert, umprogrammiert, gelöscht werden kann. Was würde es *bedeuten*, in so einer Welt zu leben? Inwieweit *wäre* das ein Leben? Nichts, was man tun würde, könnte in irgendeiner Weise von Bedeutung sein. Das Leben dort, falls man es so nennen kann, wäre bestenfalls ein endloses Adventure-Game – und schlimmstenfalls endlose Langeweile.« Er tauchte sein Croissant in den Kaffee, sah zu, wie es sich vollsaugte. »Eine weitere Variante, wie der Upload das Leben im eigentlichen Sinne des Wortes abschaffen würde.«

»Wäre, wer sich dann langweilt, nicht selber schuld?«, wandte ich ein. »Nicht einmal als Unsterblicher kann man alle Bücher lesen, die es gibt, zumal ständig neue dazukommen. Lesen, stelle ich mir vor, kann man auch in einer virtuellen Welt. Und schreiben sicher auch.«

»Ja, mag sein, dass Sie das einige Tausend Jahre lang beschäftigt. Aber Sie können ja nicht *dauernd* lesen. Was, wenn Sie sich zum tausendsten Mal verliebt haben und abgewiesen wurden? Wie oft ertragen Sie es, dass Ihnen das Herz gebrochen wird?«

Ich musste an Joan denken und sagte: »Bestimmt keine tausend Mal. Ich habe, was das betrifft, ehrlich gesagt schon mit einstelligen Zahlen Probleme.«

»Sehen Sie? Und was dann? Wenn Sie einfach nicht mehr wollen? In der *wirklichen* Welt, wenn Sie da quasi unsterblich wären, also nicht altern und von selber sterben würden, gäbe es immer noch eine Menge Möglichkeiten, trotzdem zu Tode zu kommen. Wenn Sie nicht Selbstmord begehen wollen, könnten Sie die Wahrscheinlichkeit Ihres Ablebens erhöhen, indem Sie sich auf leichtsinnige Abenteuer einlassen, Extremsport betreiben, sich Drogenexzessen hingeben, viel zu schnell Auto fahren oder sich mit den falschen Leuten anlegen. Doch was, wenn Sie in einer virtuellen Welt leben, keine Lust mehr haben, weiter zu existieren, die Herren der Server Sie aber nicht gehen lassen?«

»*D'accord*«, sagte ich. »Das wäre fatal.«

»Nicht wahr? Unfreiwillig unsterblich zu sein wäre gleichbedeutend mit dem völligen Verlust der Freiheit.« Ferdurci aß das durchgeweichte Ende seines Croissants; ich konnte kaum hinsehen. Dann fuhr er fort: »Aristoteles war der Ansicht, dass nur die natürliche Existenz von Wert ist und dass, wer in irgendeiner unnatürlichen Weise fortbesteht, schlimmer dran wäre, als wäre er tot. Man kann natürlich darüber streiten, was in der heutigen Zeit unter einer natürlichen Existenz zu verstehen ist, aber letzten Endes, denke ich, wird man doch dahin kommen, zu sagen, dass das Leben nur dann Leben ist, wenn es in der Wirklichkeit stattfindet.«

Ich behielt nebenbei die Umgebung im Blick, sowohl, was das Innere des Cafés anbelangte, als auch dessen Umgebung. Ab und zu rannte draußen jemand, aber nicht in unsere Richtung und auch nicht mit einer Pistole in der Hand. Ansonsten strömten eben Menschen in mehr oder weniger ausgeschlafenem Zustand von hier nach da beziehungsweise umgekehrt. Ein ganz normaler Montagmorgen, wie es aussah.

»Mit anderen Worten«, überlegte ich, »man müsste nicht nur dafür sorgen, dass man einen guten Platz auf der Warteliste bekommt, sondern auch, dass man sich später einen geklonten Körper leisten kann.«

»Was wiederum nicht für alle Menschen infrage käme, weil der Planet sonst aus allen Nähten platzen würde«, ergänzte Ferdurci. »Was bedeutet, dass die Unsterblichkeit zugleich das Ende der Idee von der *Égalité* wäre, das Ende der Demokratie. Die Menschheit würde in strikt voneinander getrennte Klassen zerfallen.«

»Hm«, machte ich unbehaglich, da ich ja zumindest bis vor Kurzem noch wild entschlossen gewesen war, genau hierzu beizutragen.

»Und irgendwann käme unweigerlich ein Diktator, den wir nicht mehr loswürden. Ein Diktator, der unsterblich ist und der, je länger er herrscht, immer mehr Übung darin bekäme, an der Macht zu bleiben, immer mehr Erfahrung darin, jeden Widerstand rechtzeitig zu erkennen und zu unterdrücken. Ein Tyrann, den wir irgendwann für einen Gott halten würden, wie es die römischen Cäsaren beansprucht haben, zu sein.«

»Mir graut vor Ihrer Phantasie, *Monsieur*«, gestand ich.

Ferdurci betrachtete das unappetitliche Durcheinander, das er auf seinem Tablett angerichtet hatte, und meinte versonnen: »Im neunzehnten Jahrhundert hat ein Schweizer Dichter … Leuthold? Ich glaube, so hat er geheißen: Heinrich Leuthold. Den Anspruch auf Unsterblichkeit zu stellen, hat er geschrieben, sei die größte Unbescheidenheit von allen, eine Zumutung an die Natur, von den dürftigen menschlichen Kreaturen auch noch die missratensten Exemplare für ewige Zeiten aufzubewahren.«

* * *

Als wir satt waren und keinen Kaffee und keinen Orangensaft mehr sehen konnten, sagte ich: »Gehen wir.«

Wir klapperten die umliegenden Geschäfte ab und fanden einen Telefonladen, der zwar nicht unbedingt von der vornehmsten Sorte war, aber schon offen hatte und, vor allem, Prepaid-Telefone verkaufte. Der bärtige Mann hinter der Theke legte drei verschiedene Packungen vor mich hin und nannte die zugehörigen Preise.

»Welches davon ist aufgeladen?«, fragte ich.

»Jedes«, behauptete er.

Ich packte das teuerste aus, schaltete es ein, und siehe da: Es stimmte. »Ich nehme das hier«, sagte ich, bezahlte in bar und ließ ihm den Karton da.

Im Weitergehen wählte ich als Erstes die Nummer meines alten Kumpels, des Kriegsreporters Hugh Barnett, unter Freunden »der Schotte« genannt.

Und, o Wunder, ich erreichte ihn auf Anhieb.

»James hier«, sagte ich.

»Du hast eine neue Nummer«, stellte er auf seine übliche trockene Art fest.

»Ja«, sagte ich, »und du bist der Erste, der sie zu sehen bekommt. Ob du es glaubst oder nicht, aber ich bin in Paris!«

Worauf er einen Lachanfall bekam. »Ist nicht wahr!«

»Doch«, insistierte ich. »Hat mich selber überrascht. Es hat sich ergeben, und hier bin ich, mitten in Lutetia, der Stadt der Liebe.«

»Tja, altes Haus«, erwiderte er, »das glaub ich dir gerne, aber wie das Schicksal so spielt: Ich bin es nicht.«

Der schöne Plan, den ich mir bei einem Schoko-Croissant zurechtgelegt hatte, zerbröselte vor meinem inneren Auge. »Nicht? Wo denn dann?«

»Im Moment in Bukarest. Aber heute Mittag geht es weiter. Ich hab den Auftrag, aus Moldawien zu berichten. Pech, was?«

»Ja, das ist wirklich Pech«, gestand ich. »Ich hatte nämlich darauf spekuliert, ein paar Tage Unterschlupf bei dir zu finden.«

Wie in den alten Zeiten hörte er mir sofort an, dass etwas nicht stimmte. »Was ist los?«, wollte er wissen.

»Jemand ist hinter uns her. Hinter mir und einem Mann, den ich unter meine Fittiche genommen habe. Jemand mit einer Privatarmee.«

»Heißt konkret?«

»Ich schätze, es ist eine von diesen Sicherheitsfirmen, die es für genug Geld mit den Gesetzen nicht so genau nehmen. Im Dienst eines amerikanischen Milliardärs, der Informationen unterdrücken will. Heute früh um sechs haben sie in dem Haus, in dem wir waren, die Türen aufgebrochen und herumgeballert.« Das beschrieb, fand ich, die Sache genau genug.

»Aber ihr seid entkommen.«

»Grade mal so. Und dass sie uns überhaupt aufgespürt haben, kann nur heißen, dass sie einen Spion bei uns in der Firma sitzen haben.«

»Mist.« In Wirklichkeit sagte er etwas anderes, ein derbes Wort, das ich hier aus Gründen der Schicklichkeit nicht wiederholen möchte, wenngleich es seine Erbitterung perfekt wiedergab. »Da hast du dir echt den denkbar übelsten Zeitpunkt ausgesucht, James. Ich würde euch, klar, meine Wohnung als Unterschlupf anbieten, bloß ist die jetzt natürlich abgeschlossen, und die Alarmanlage ist scharf. Meine Freundin hätte einen Schlüssel, aber die ist die nächsten zwei Wochen in Brasilien, und der alte Monsieur Guérin, bei dem ich einen Wohnungsschlüssel deponiert hatte, ist im September gestorben. Und ich habe bisher keinen vertrauenswürdigen Ersatz gefunden.«

»Verstehe«, sagte ich. Nun, wir konnten immer noch einen Zug nehmen, Paris verlassen, uns irgendwo auf dem Land verkriechen …

Dann fiel mir wieder ein, wie Hugh und ich damals, als wir, ebenso jung wie ahnungslos, bei der *Northumberland Gazette* geschuftet hatten, einander unsere jeweiligen Probleme geschildert hatten. Damals hatten wir gemeinsam immer eine Lösung gefunden.

Na gut, *fast* immer. Aber vielleicht wirkte die Magie ja noch.

»Darf ich dir mein eigentliches Problem schildern?«, bat ich.

»Immer doch«, dröhnte er.

»Ich habe heute Abend um 19 Uhr 30 einen Termin bei einem hochkarätigen Wissenschaftler in Wien.«

»In Wien?«

»Ja. Ich habe für heute Nachmittag auch zwei Flüge gebucht, aber erstens muss ich befürchten, dass, wenn wir am Flughafen auftauchen, unsere Verfolger schon auf uns warten –«

»Ja, davon hätte ich auch abgeraten.«

»– und zweitens haben wir unsere Pässe verloren.«

»Oh«, machte er.

Ich seufzte. »Wir sollten sie heute im Lauf des Tages wiederkriegen, aber daraus wird wohl nichts. Und jetzt weiß ich auch nicht.«

»Wie viel Bargeld hast du?«, fragte Hugh.

»Ein bisschen mehr als zweihundert Euro. Und die American Express Platinum Card, mit der ich auch an Bargeld komme, wenn es sein muss. Aber damit hinterlasse ich natürlich Datenspuren.«

»Macht nichts«, sagte er und klang auf einmal erfreulich nach einem mit allen Wassern gewaschenen Kriegsreporter, der schon in jedem Dreck dieser Erde gelegen und immer noch einen Kniff auf Lager hatte. »Besorg dir, na, viertausend am besten. Und dann mach Folgendes …«

Kapitel 41

»Toussus-le-Noble?«, fragte Ferdurci in einem Ton, als sei er überzeugt, er müsse sich verhört haben. »Was wollen wir denn *dort?* Das ist nur ein uralter, winziger Inlandsflughafen!«

»Ich wusste bis gerade eben nicht mal das«, gestand ich. Aber es gefiel mir, dass zur Abwechslung mal *ich ihm* Rätsel aufgab.

Wir saßen in einer Metro der Linie 4, die uns zum Bahnhof Paris Montparnasse bringen sollte. Von dort würden wir eine der Regionalbahnen in Richtung Versailles nehmen.

»Ein paar französische Luftfahrtpioniere haben dort ihre ersten Flugversuche durchgeführt, vor über hundert Jahren«, wusste Ferdurci zu erzählen. »Im Zweiten Weltkrieg hat man den Flughafen zeitweise militärisch genutzt, aber danach ist er immer unwichtiger geworden. Und vor ein paar Jahren gab es eine Initiative, ihn zu schließen. Es könnte also sein, dass es ihn gar nicht mehr gibt.«

»Mein Freund sagt, es gibt ihn noch.«

»Dann ist es trotzdem nur ein Inlandsflughafen.«

»Ja, kommt mir auch seltsam vor«, räumte ich ein. »Aber wir haben nichts zu verlieren, wenn wir seinem Rat folgen.«

Das Bargeld, das ich mir besorgt hatte, beulte meine Hosentaschen aus. Ich hatte mir, um es zu bekommen, eine nicht enden wollende Litanei von Beteuerungen anhören müssen, wonach man heutzutage wirklich so gut wie überall mit Karte zahlen könne, und ein Schriftstück unterzeichnen müssen des Inhalts, dass ich mit den horrenden Gebühren für diese Transaktion einverstanden war. Dann endlich hatte ich das Geld bekommen, viertausend Euro, in Fünfzigern, weil sie es größer nicht dahatten. Ein ansehnlicher Stapel.

Von Montparnasse aus fuhren wir mit der Linie N bis nach Versailles-Chantier. Es regnete leicht, als wir ausstiegen. Bis wir die etwa hundert Meter entfernte Bushaltestelle erreichten, von der aus die Linie 262 nach Saint-Rémy-Lès-Chevreuse abfuhr, waren wir dezent angefeuchtet.

Der Bus war zum Glück gut geheizt, hielt allerdings jede Minute, und mit jedem Öffnen der Türen kam wieder ein Schwall nasskalter Luft herein. Nach einer Viertelstunde erreichten wir die Haltestelle Trou Salé. Sie war an einem Kreisverkehr, in dessen begrünter Mitte ein Kunstwerk installiert war, einen Doppeldecker darstellend, der gerade landete – oder abstürzte, das war nicht so klar zu erkennen.

Inzwischen hatte der Regen wieder aufgehört. Hinter der Haltestelle lag, von einem grünen Maschendrahtzaun umschlossen, ein weitgehend leerer Parkplatz. Dahinter blickte man über ein Rollfeld, Hangars und ein paar Sportflugzeuge. Hinter zwei hohen Bäumen erhob sich ein hellbraun-gelbes, dreistöckiges Gebäude, an das sich eine graue Wellblechbaracke anschloss. Dort residierte, wenn man dem Segeltuchbanner glauben durfte, das über dem Eingang gespannt war, der *Aero Club Paris Sud.*

»An diesem Flughafen gibt es fünf oder sechs Flugschulen«, erklärte ich Ferdurci, »aber mein Freund hat mir die hier empfohlen.«

Es waren nur ein paar Schritte. Wir umrundeten den Parkplatz, und die ganze Zeit blieb alles still und grau. Niemand kam, niemand ging, niemand flog ab – nur auf der Straße fuhr das ein oder andere Auto vorbei und sah aus, als frage es sich, was es hier solle.

Immerhin, die Tür ließ sich öffnen, und so gingen wir hinein. Hinter einer Theke erhob sich ein älterer Mann mit runder Nickelbrille. Er schien sich bis gerade eben gelangweilt zu haben und freute sich offenbar über die Abwechslung, die unser Erscheinen darstellte.

»*Bonjour, messieurs*«, begrüßte er uns. »*Comment puis-je vous aider?*«

»*Bonjour*«, sagte ich. »Ein guter Freund von mir, Hugh Barnett, hat mir empfohlen, mich mit unserem Anliegen an Sie zu wenden …«

»*Ah, Monsieur Barnett, oui*«, erwiderte er strahlend. »Wie geht es ihm?«

»Oh, gut, sehr gut sogar«, behauptete ich. »Er wollte eigentlich heute mitkommen, aber Sie wissen ja, er ist immer unterwegs …«

»*Oui, oui, je sais.*« Er räusperte sich. »Sie erwähnten ein Anliegen?«

»Richtig.« Ich wies auf Ferdurci. »Mein Begleiter hier ist der Schriftsteller Alain Géroux – Sie kennen ihn vielleicht?«

Er verzog unglücklich das Gesicht. »Es ist mir unendlich peinlich, aber leider, nein.«

Ferdurci verneigte sich leicht. »Ich hätte daran denken sollen, eins meiner Bücher mitzubringen. Dann hätte ich es Ihnen natürlich verehrt.«

»Sie sind zu freundlich, *Monsieur*«, erwiderte der Mann.

»Alain schreibt an einem neuen Roman«, fuhr ich fort, »und darin spielt ein Rundflug über die Alpen eine zentrale Rolle. Ich habe gesagt, Alain, du kannst nicht über etwas schreiben, das du nicht erlebt hast. Deshalb würden wir gerne, ganz spontan, einen solchen Rundflug mit einer kleinen Maschine machen.« Ich setzte mein verbindlichstes Lächeln auf. »Mein Freund Hugh meinte, Sie hätten bestimmt Flugschüler, die darauf erpicht wären, Stunden zu sammeln, noch dazu welche, für die sie bezahlt werden, oder?«

»*Mais oui, bien sûr!*« Er holte tief Luft, legte die Hände vor sich auf die Theke, sah sich suchend um und förderte schließlich ein Notizbuch zutage. »An welche Route hatten Sie dabei konkret gedacht?«

»Einmal quer über die Schweiz nach Osten, über Österreich bis kurz vor Wien«, sagte ich. »Es gibt dort, wenn ich richtig unterrichtet bin, einen kleinen Flughafen in Bad Vöslau, nicht wahr?«

»*Tout à fait.*« Er nickte bekräftigend. »Der Pilot wird tanken müssen, und dieser Flughafen bietet sich dafür an.«

»Wunderbar. Wir könnten dort einen Kaffee trinken, die Eindrücke wirken lassen, und dann ginge es zurück.«

»Sicher.« Er räusperte sich. »Und Sie dachten wirklich an … jetzt sofort?«

»*Dès que possible, oui.*«

»Das Wetter ist nicht optimal, was die Sicht über den Bergen anbelangt«, gab er zu bedenken.

Ich nickte lächelnd. »Es geht eher um die Erfahrung als solche. Und der Abgabetermin drängt.«

»*Je comprends.* Gut, dann werde ich mal telefonieren.« Er wies auf eine Sitzgruppe aus roten Plastikstühlen rings um einen niedrigen Tisch, der voller Luftfahrtzeitschriften lag. »Wenn Sie sich kurz gedulden?«

Wir geduldeten uns und hörten zu, wie er eine Reihe von Nummern abtelefonierte. Es klang, als meldete sich bei den meisten nur ein Anrufbeantworter. Er hinterließ jeweils die kurze Aufforderung, umgehend zurückzurufen.

Ferdurci und ich wechselten Blicke. Was, wenn sich niemand fand?

Endlich bekam er jemanden an die Strippe, und was wir von dem Gespräch mitbekamen, klang nach einem Treffer. Tatsächlich tauchte er gleich darauf wieder hinter der Theke auf und verkündete: »*Alors, messieurs*, ich habe jemanden gefunden, der bereit ist, Sie zu fliegen. Eine junge Pilotin, Marie

Bouchard, sie ist schon hierher unterwegs. Wollen wir solange die Einzelheiten besprechen?«

»Gern«, sagte ich, und wir gesellten uns wieder zu ihm.

»Zunächst wäre die Frage nach dem Flugzeugtyp zu klären. Bis nach Wien, das ist keine geringe Strecke für ein kleines Flugzeug. Ich würde Ihnen unsere *Piper Seneca PA34* empfehlen, eine zweimotorige Maschine mit insgesamt sechs Sitzen und Long Range Tanks.«

»Einverstanden«, sagte ich, denn genau dazu hatte mir Hugh auch geraten.

»Die Flugzeit bis Wien wird etwas mehr als dreieinhalb Stunden sein, dann die Zeit für das Auftanken, der Rückflug … es wird Abend sein, bis Sie wieder hier sind.«

»Umso besser«, sagte ich. Natürlich hatten wir nicht vor, zurückzukommen.

»Ich darf kurz die Kosten dafür berechnen?«

»Ich bitte darum.«

Er ging an seinen Computer, klickte weg, was er bis vorhin im Internet gelesen hatte, und gab allerlei Daten ein. Kurz darauf kam aus dem Drucker, was wohl der Flugplan war. Er legte die insgesamt vier Blätter vor uns hin. Ganz oben stand »LFPN – LOAV«, gefolgt vom Datum des heutigen Tages und der Bezeichnung des Flugzeugs, und den Rest überflog ich nur; las Begriffe wie *Average Wind, Fuel, Additional Reserve, Departure und Clearance.*

Und hinter *Souls on board* stand die Zahl 3. Das war wohl die Anzahl der Passagiere plus Pilotin, oder? Eigentümlich, das so zusammenzufassen.

»Die gesamten Kosten für Ihren Flug«, sagte der Mann, »belaufen sich auf 3.600 Euro. Wie möchten Sie bezahlen?«

»*En espèces.*« Ich holte mein Geldbündel heraus und zählte ihm zweiundsiebzig Fünfziger auf die Theke.

Er lächelte. »Brauchen Sie eine Rechnung dafür?«

»Unnötig«, sagte ich, immer noch am Zählen.

Er lächelte noch mehr. Vermutlich gab es eine Möglichkeit, zumindest einen Teil des Profits an der Steuer vorbeizumogeln.

Genau wie Hugh es vorhergesagt hatte, fragte mich niemand nach meinem Namen. Dabei hatte ich mir zurechtgelegt, mich James Henry zu nennen, nach meinen beiden Vornamen. Aber es fragte niemand. Ich war beinahe enttäuscht.

Er hatte das Geld gerade in einer Kassette verstaut und den Flugplan in Grün als *PAYÉ* abgestempelt, als wir durch das Fenster sahen, wie ein kleiner Renault auf den Parkplatz sauste und ebenso schwungvoll wie präzise zwischen zwei Markierungsstreifen zum Stehen kam.

»Das ist Marie«, sagte der Mann.

Das hagere Mädchen, das aus dem Wagen sprang, mochte Mitte zwanzig sein und war flippig gekleidet. Aus der Ferne sah ich, dass sie eine Fliegerjacke aus Leder trug und darunter, zusammen mit einer Menge bunter Ketten, ein schwarzes T-Shirt, das wie eine Piratenflagge aussah. Als sie raschen Schrittes auf die Eingangstür zukam, entpuppte sich das, was wie ein Totenkopf ausgesehen hatte, als stilisierter Motorblock, und die gekreuzten Knochen darunter waren in Wirklichkeit zwei gekreuzte Schraubenschlüssel.

»*Salut*«, rief sie aus, als sie hereinkam. Sie gab jedem von uns die Hand; ihr Händedruck hinterließ ein öliges Gefühl auf der Haut. Ihre schulterlangen, dunkelbraunen Haare waren zu zwei Dutzend dünner Zöpfe geflochten und hingen, mit bunten Perlen beschwert, herab; sie hatte ein Piercing im rechten Nasenflügel und viel Kajal um die Augen. »Ich bin Marie. Ich soll Sie nach Wien fliegen, sagt Gérard?«

»Es würde uns freuen«, sagte ich.

»*Chouette!* So fängt die Woche gut an.«

* * *

Ich hatte Mühe, nicht zu grinsen: Es lief tatsächlich alles so ab, wie Hugh Barnett, das alte Schlitzohr, es vorausgesagt hatte!

Meine Begeisterung dämpfte sich allerdings, als wir, nach einem letzten Gang zur Toilette und einer kurzen, für mich unverständlichen Fachsimpelei der beiden über einer Landkarte, aufs Flugfeld hinaustraten. Das Wetter hatte sich gebessert. Der Asphalt war noch feucht, aber die Wolken verzogen sich, und es ging ein kühler, frischer Wind.

Und dann sah ich die Maschine, auf die Marie zusteuerte.

So klein hatte ich mir die nicht vorgestellt! Größtenteils weiß und allseitig abgerundet, erinnerte mich das Ding eher an ein Plastikspielzeug. Ja, ich hatte auf dem Weg von der Haltestelle die Flugzeuge auf dem Rollfeld gesehen, aber irgendwie war ich davon ausgegangen, dass sie … nun ja, *ernsthafter* aussehen würden, wenn man davorstand.

Das Flugzeug hatte eine lang gezogene Schnauze, und in beide Flügel war je ein enorm großes Motorgehäuse integriert, mit riesigen, dreiflügeligen Propellern. Das Ganze sah irgendwie antiquiert aus, was mich veranlasste, zu fragen: »Wie alt ist das Ding eigentlich?«

»Aus den Achtzigern?«, gab unsere Pilotin munter zurück. »Keine Ahnung, irgendwas um den Dreh. Aber keine Sorge, das Schätzchen ist bestens gepflegt!«

Ferdurci betrachtete die Maschine mit ganz anderen Augen als ich, mit leuchtenden nämlich. Er schien von der Aussicht auf den Flug mindestens genauso begeistert zu sein wie unsere junge Pilotin, und er fragte sie, ob er mit nach vorne dürfe?

Na klar, gerne, meinte sie, und so kletterte er auf den Sitz des Co-Piloten, während ich, bemüht, mir mein Unbehagen nicht anmerken zu lassen, hinten einstieg, wo ich vier Sitze für mich alleine hatte. Es beruhigte mich, zu sehen, dass in einer Seitentasche Kotztüten steckten, und nicht mal wenige.

»Wir müssen noch tanken«, sagte sie. »Dauert nur fünf Minuten.«

Sie ließ die Motoren an, und wir rollten bis zu einer Tankstelle, die einer Tankstelle für Autos ähnelte, nur ohne Dach darüber. Die Zapfsäulen waren klobiger, und die Schläuche länger, wie ich sah, als Marie die Propeller wieder abstellte, aus dem Flugzeug hüpfte und mit dem Tanken begann. An der Zapfsäule stand *AvGas 100LL*, was immer das heißen mochte.

Die Tankerei dauerte deutlich länger als fünf Minuten, was mich plötzlich nervös werden ließ. Als könne das Ganze dadurch noch im letzten Moment schiefgehen, obwohl wir schon im Flieger saßen. Sie füllte erst den einen Flügeltank, was, zumindest bildete ich mir das ein, das Flugzeug dazu veranlasste, sich unter leisem Knacken ganz leicht in die eine Richtung zu neigen, und erst das Füllen des zweiten Flügels glich das wieder aus.

»Voilà, c'est fait!«, verkündete unsere Pilotin fröhlich, als sie nach etwa einer Viertelstunde wieder einstieg. *»En route!«*

Aber dann ging es immer noch nicht *en route*, vielmehr zog Marie erst eine Checkliste heraus, ging in einer Art vernuscheltem Selbstgespräch alle Punkte darauf durch und hakte sie der Reihe nach als okay ab. Beruhigend, dass sie so gründlich war, sagte ich mir und war trotzdem noch nervös.

Endlich stülpte sie sich eine Kopfhörer-Mikrofon-Kombination über und begann eine längere Unterhaltung mit dem Tower, auf Englisch mit entzückend französischem Akzent, voller Abkürzungen und Fremdwörter, die mir absolut nichts sagten. Dann ließ sie die Motoren wieder an, und nun wurde es richtig laut. Ich bemerkte grade noch, dass die beiden Propeller sich gegenläufig drehten, einer linksherum, der andere rechtsherum. Sekunden später waren sie so schnell, dass man das nicht mehr sah, und wir begannen wieder zu rollen.

Was sich ausgesprochen holprig anfühlte, fand ich. Das

Fahrgefühl erinnerte mich an den alten 2CV, den meine Mutter damals in Belgien gefahren hatte, und ja, es war, als säße ich in einem Auto mit Flügeln. Wir rollten unverdrossen an den Anfang einer Piste, die auch nur ein schlichtes Band aus Asphalt auf einer flachen Wiese war, nicht ganz ernst zu nehmen, verglichen mit einem *richtigen* Flughafen. Aber dann drehte Marie die Motoren auf Vollgas, wir rumpelten los, wurden schneller und schneller, das Ende der Piste kam näher und näher …

… aber vorher erhoben wir uns wahrhaftig in die Lüfte, mit dröhnenden Motoren und so ruckelig, als gäbe es auch auf Luftstraßen Schlaglöcher.

Es fühlte sich völlig anders an, als mit einem großen Verkehrsflugzeug abzuheben. Ich erinnerte mich an die Male, als ich einen Fensterplatz gehabt und neugierig verfolgt hatte, wie die Erde unter uns entwichen und alles klein und spielzeughaft geworden war. Das war hier genauso, aber dadurch, dass man in einer so kleinen Kiste saß, war alles viel intensiver, viel sinnlicher, viel *wirklicher* als in einem Airbus oder einer Boeing, wo man den Eindruck nie ganz loswurde, da draußen nur einen raffinierten Film zu sehen. Weil sich so ein Linienflug im Grunde anfühlte wie eine endlose U-Bahn-Fahrt und einem Fragen wie, was es zu essen gab und welche Filme einem die Zeit verkürzen würden, viel dringlicher erschienen.

Während wir höher stiegen, spürte ich einen knisternden Druck in den Ohren, und mir wurde klar, dass ein so kleines Flugzeug ja keine Druckkabine hat. Ich beugte mich vor, tippte Marie auf die Schulter und rief: »Wie hoch fliegen wir eigentlich?«

»Auf Flight Level 150«, gab sie zurück. »Das sind ungefähr 4.500 Meter.«

»Der Mont Blanc ist 4.800 Meter hoch.«

Sie lachte. »Ja. Aber der liegt nicht auf unserer Route.«

Als wir die Reiseflughöhe erreicht hatten, schaltete sie die Motoren wieder ein paar Gänge zurück. Es wurde leiser, und wir flogen dahin, Wolken unter uns, aber auch über uns, und ganz tief unter uns eine Landschaft zum Anfassen.

Ferdurci fragte unsere Pilotin, was die Instrumente zu bedeuten hatten. Recherche, konnte man es nennen, aber wahrscheinlich interessierte es ihn wirklich. Sie erklärte ihm bereitwillig alles, was er wissen wollte, und im Nu entspann sich zwischen den beiden ein lebhaftes Gespräch. Sie unterhielten sich über Gott und die Welt, über das Fliegen und auch über das Schreiben, wobei Ferdurci mit einer Selbstverständlichkeit, die mich verblüffte, bei seinem Pseudonym Alain Géroux blieb. Aber klar, er hatte ja Übung darin und es immerhin geschafft, einem professionellen Zielfahnder zu entgehen. Er nahm es auch gelassen, als Marie ihm gestand, dass sie keine Romane las, nur Fachbücher über Flugzeugtechnik, und sich ansonsten die Zeit lieber mit Computerspielen vertrieb.

Auf meinem hinteren Platz bekam ich das alles nur bruchstückhaft mit und hörte bald nicht mehr zu. Stattdessen legte ich immer mal wieder die Hand auf die Innenwand und bildete mir ein, zu spüren, wie die Luft draußen daran vorbeistrich. Ich meditierte darüber, wie wenig Material zwischen mir und dem mehr als viertausend Meter tiefen Abgrund lag – nur etwas Plastik und ein Metallgestänge –, und darüber, wie fragil alle Technik im Grunde war. Wir saßen in einer kleinen, aber dennoch reichlich komplexen Maschine, die uns, solange sie wie vorgesehen funktionierte, durch die Luft beförderte. Doch es würde genügen, wenn nur eine einzige, winzige Schraube im Wert von ein paar Cent versagte, um alles zum Stillstand zu bringen und uns abstürzen zu lassen. Freilich, man bemühte sich, durch sorgfältige Wartung und penible Checks vor jedem Start zu verhindern, dass derlei passierte, doch es passierte immer wieder, selten zwar, aber allen guten Absichten zum Trotz.

Aus diesem Blickwinkel betrachtet, kam mir die Technik des Uploads gar nicht mehr so verlockend vor. Selbst wenn es möglich werden sollte, das Bewusstsein in einem Computer zu speichern, was dann? Dann würden sich irgendwann die Bewusstseine von Millionen von Menschen in Serverfarmen befinden, ähnlich den Rechenzentren, die Firmen wie Google oder Amazon überall auf der Welt betrieben. Nicht nur, dass solche Rechenzentren gewartet werden mussten und dass es Administratoren geben musste, die unbeschränkten Zugriff auf alle gespeicherten Daten hatten – die also auch, wie es Ferdurci ja schon eingefallen war, jeden einfach löschen konnten, wenn sie wollten: Was, wenn etwas mit den Computern selber geschah? Im Elsass war, erinnerte ich mich, einmal ein großes Rechenzentrum vollkommen ausgebrannt. Nicht nur das, es hatte sich herausgestellt, dass die Back-up-Maßnahmen unzureichend gewesen waren. Unmengen Daten hatten nicht mehr wiederhergestellt werden können, was für etliche Firmen den Ruin bedeutet hatte.

Verblüffend schnell tauchten Berge unter uns auf, und kurz darauf waren wir über der Schweiz. Wir flogen über schneebedeckte Wipfel und sahen in tiefe Täler, in denen Nebel hing und sich der Verkehr auf den Straßen staute. So tief, wie wir flogen, konnte man auf den Gedanken kommen, man brauche einfach nur die Hand aus dem Fenster zu strecken, um etwas von dem Hochgebirgsschnee zu erhaschen. Von so nah gesehen wirkte die Landschaft ungleich eindrucksvoller, als wenn man mit einem Jet in großer Höhe darüber hinwegzischte.

Eindrucksvoller vielleicht auch deswegen, weil es *gefährlicher* war.

Als wir nach Österreich kamen, bat mich Marie, nachzusehen, ob unter dem Sitz neben mir eine Tasche eingeklemmt sei. In der Tat fand ich, als ich danach tastete, eine grünbraune, betagt wirkende Isoliertasche, in der sich ein beachtlicher Vorrat an Energieriegeln befand; eine willkommene Stärkung für uns alle.

Schließlich wurden die Berge wieder niedriger, und man sah keinen Schnee mehr. Wir näherten uns Wien.

Ich beugte mich vor, tippte Marie erneut auf die Schulter. »Wir ändern den Plan ein bisschen«, sagte ich. »Wenn Sie zum Tanken in Bad Vöslau landen, werden wir aussteigen, und Sie fliegen dann alleine zurück.«

Sie wandte den Kopf, sah mich mit großen Augen an. »Ist Ihnen so schlecht geworden?«

Ich lächelte und bemühte mich um einen leidenden Gesichtsausdruck, falls ich den nicht ohnehin schon hatte. »Reden wir nicht davon«, bat ich. Besser, sie dachte, das sei der Grund.

»Und wie kommen Sie dann zurück?«

»Mit dem Zug. Machen Sie sich keine Sorgen. Es liegt nicht an Ihnen. Sie haben alles perfekt gemacht.«

Sie zuckte mit den Schultern, sah Ferdurci an. »Und Sie, Alain? Sie bleiben auch?«

Er nickte tapfer. *»Oui. Désolé.«*

»*Dommage.* Wir haben uns so gut unterhalten, nicht wahr?«

»Sie kriegen dadurch doch keine Unannehmlichkeiten, oder?«, fragte ich.

Sie schüttelte den Kopf. *»Non. Pas de problème. Ça marche.«*

* * *

Wir landeten so sanft, dass ich den Übergang gar nicht bemerkte, rollten auf einen Halteplatz und kamen zwischen etlichen anderen Sportflugzeugen zum Stehen. Marie schaltete die Motoren ab. Wir bedankten uns, stiegen aus. Sie und

Ferdurci tauschten zum Abschied nach französischer Art Küsschen links und rechts auf die Wangen, mir wünschte sie gute Erholung. Sie gab uns noch einen Tipp, wie wir das Fluggelände am einfachsten verlassen konnten, anschließend trennten sich unsere Wege.

»Ein nettes Mädchen«, sagte Ferdurci, als wir durch eine unbewachte, unverschlossene Tür in dem schlichten, schulterhohen Drahtzaun rings um das Gelände hinaus auf die Straße traten. »Hat mich ein bisschen an meine Tochter Anna erinnert. Die hat auch so ihre Kämpfe auszufechten, um sich in einem männlich dominierten Feld zu behaupten.«

»Wieso, was macht Ihre Tochter?«

»Informatik. Sie arbeitet bei *Dassault Systèmes*, entwickelt CAD-Programme. Ich weiß nicht mal genau, was das ist. Zeichenprogramme für Ingenieure, hat sie mir mal zu erklären versucht.« Er seufzte. »Ewig her.«

Ich sagte so etwas wie »Aha«. Zwar merkte ich, dass er innerlich aufgewühlt war, aber ich war nicht imstande, angemessen darauf einzugehen. Meine Erleichterung, den Flug heil überstanden und unseren Verfolgern ein elegantes Schnippchen geschlagen zu haben, erfüllte mich in einem solchen Maße, dass ich auf einmal verstand, wieso man nach einer Landung in die Knie sinken und den Boden des Flughafens küssen konnte: Das hätte ich am liebsten auch gemacht.

Da waren wir nun also. In Österreich, unweit der Hauptstadt, ohne unsere Pässe und ohne dass jemand von unserem Hiersein ahnte.

Bad Vöslau war ein winziger Flughafen, noch kleiner als Toussus-le-Noble: ein großes Stück eingezäunte Wiese, eine Startbahn, ein paar Rollwege zu ein paar unscheinbaren Hangars und ein anderthalbstöckiges Gebäude im Sichtbeton-Stil, das auch eine Schule hätte sein können, hätte sich nicht ein niedlicher kleiner Tower darüber erhoben. Auf zwei Parkplätzen standen kaum ein Dutzend Autos. Alles sehr überschaubar.

Viel zu wenig los, als dass sich ein Taxistand jemals hätte lohnen können.

Ich holte mein Mobiltelefon aus der Tasche und schaltete es ein. »Jetzt hoffen wir mal, dass das Ding auch in Österreich funktioniert«, meinte ich.

Das tat es, den Regulationsbemühungen der Europäischen Kommission sei Dank. Ich suchte nach einem Taxidienst in der Nähe, fand gleich mehrere, und schon bei der ersten Nummer, die ich anrief, hieß es: »*Ois kloar, i komm scho.*«

Oder so. Ich hatte etwas Mühe, mich auf Deutsch umzustellen, und das Österreichische war mir noch nie wirklich leichtgefallen.

Kurz darauf tauchte tatsächlich ein Taxi auf. Der Fahrer, ein hagerer Mittfünfziger mit grauem Pferdeschwanz, wunderte sich, dass wir kein Gepäck hatten, nahm es aber hin und fragte nur: »Und wohin darf ich die Herrschaften bringen?«

»Nach Wien«, sagte ich.

»Wien ist groß«, erwiderte er.

»Zum Neuen Markt«, ergänzte ich.

»Neuer Markt«, wiederholte er. »Passt.« Dann fuhr er los.

Ich rätselte, was er mit dieser Bemerkung gemeint hatte, vermutete aber, dass er damit Zustimmung ausdrückte in dem Sinne, dass er verstanden hatte, was ich meinte. Wobei ich mich in Wien nicht auskannte, diese Bezeichnung hatte ich nur als Adresse des *Hotels Ambassador* in Erinnerung gehabt. Wo zwei Zimmer für uns reserviert und bezahlt waren. Die wir aber verfallen lassen würden, weil es zu riskant gewesen wäre, sie zu nutzen, seit wir davon ausgehen mussten, dass unsere Verfolger darüber informiert waren.

Aber an Hotels herrschte in Wien sicherlich kein Mangel.

Auch den Termin bei Dr. Bergstädter würden wir verlegen

müssen. Aber das würde sich finden. Im Augenblick hatte ich das überwältigende Bedürfnis, zu duschen und anschließend etwas zu essen.

»Wie viele Sprachen beherrschen Sie eigentlich?«, fragte Ferdurci beinahe ehrfürchtig.

»Die Sprachen, die ich beherrsche, verdanke ich einer bewegten Kindheit«, erklärte ich. »Die erste Sprache, die ich vorsätzlich erlerne, ist das Niederländische, und was das anbelangt, bin ich noch sehr in den Anfängen.«

Er nickte nachdenklich und vertiefte sich dann in den Anblick der vorbeiziehenden Landschaft.

Ich versuchte, über das Internet eine Telefonnummer von Dr. Bergstädter herauszufinden, ließ es aber bald sein, als ich sah, wie rasch das gespeicherte Gesprächsguthaben dabei aufgezehrt wurde. Besser, ich ging sparsam damit um und verschob meine Recherche, bis wir in einem Hotel waren, wo ich einen Computer fand, den ich nutzen konnte.

Je näher wir der Stadt kamen, desto stärker kribbelte mein Nacken, immer das Zeichen dafür, dass ich irgendetwas übersehen oder nicht bedacht hatte. Was, dessen war ich mir sicher, irgendwie mit der Geschichte zu tun haben musste, die mir Ferdurci erzählt hatte. Seit ich sie zur Gänze gehört hatte, wurde ich das Gefühl nicht los, dass darin noch mehr steckte als die Schlussfolgerungen, die ich bis jetzt gezogen hatte. Ich war unendlich gespannt darauf, was ein Fachmann dazu sagen würde. Jemand, der einen eventuellen Denkfehler darin erkennen würde oder der eine allzu laienhafte Annahme darüber, wie das Gehirn funktionierte, als falsch entlarven konnte.

Tatsächlich konnte ich es kaum erwarten. Am liebsten hätte ich dem Taxifahrer gesagt, er solle gleich ins Zentrum für Hirnforschung fahren, Spitalgasse 4.

Aber ich ließ es. Erst ein Hotel und eine Dusche. Außerdem würden wir Dr. Bergstädter wahrscheinlich gar nicht antreffen, oder wenn, dann sicher nicht in der Stimmung, einem so komplizierten Gedankenspiel zu folgen.

Je weiter wir nach Wien hineinkamen, desto eindrucksvoller wurden die Häuserfronten, Zeugnisse einstiger imperialer Pracht. Endlich erreichten wir einen nicht allzu großen Platz, der Taxifahrer hielt am Straßenrand und sagte: »*Da simmer.* Neuer Markt.«

»Danke«, sagte ich.

Ferdurci kletterte schon aus dem Wagen. Ich bezahlte die Fahrt, was meinen Bargeldvorrat bedenklich schwinden ließ.

Schließlich stieg auch ich aus, schlug die Wagentür zu, und als das Taxi anfuhr, erblickte ich vor dem Eingang des Hotels Ambassador auf der gegenüberliegenden Seite des Platzes ebenjenen Mann, der mich am *Hôtel de l'Etang* mit dem Messer bedroht hatte.

Und im selben Moment, in dem ich ihn sah, entdeckte er auch mich.

Kapitel 42

Herumfahren und Ferdurci am Arm zu packen war eine Bewegung. Weg, wir mussten weg! Ich zog ihn mit mir, achtete nicht auf seltsame Blicke von Passanten. Passanten würden uns nicht beistehen, wir mussten uns selber retten. Und wir retteten uns in die nächste offene Tür, die ich fand.

Dahinter: Kühle, Dunkelheit, Dämmerlicht. Ein gläserner Kassenschalter, eine Kaugummi kauende ältere Frau, die mich fragend ansah.

»Was ist das hier?«, fragte ich atemlos, auf Deutsch.

»*Qu'est-ce qui se passe?*«, wunderte sich Ferdurci, aufgebracht, irritiert, aber es war keine Zeit, ihm das jetzt zu erklären.

»Die Kapuzinergruft, der Herr«, sagte die Frau und legte die Hand auf die Kasse neben sich. »Eintritt acht Euro fünfzig pro Person.«

»In Ordnung.« Ich legte ihr einen Zwanzigeuroschein hin. Schaute zurück, durch das dunkle Glas der Tür nach draußen, wo der Kerl näher kam, langsam zwar, aber er kam.

Mist! Hoffentlich gab es einen Hinterausgang, was auch immer das hier war.

Mit Bewegungen, die mir zeitlupenhaft vorkamen, zählte die Frau das Wechselgeld ab, legte die Tickets dazu und wies dann auf den Prospektständer neben der Kasse. »Die Informationsbroschüre gibt es auch auf Französisch, für den anderen Herrn«, erklärte sie.

Ich schnappte mir zwei der Broschüren, eine auf Englisch, die andere auf Französisch, gab Ferdurci einen Stoß, und wir eilten die Treppe hinab, auf die ein Pfeil wies: *Zur Ausstellung*.

Hinab, hinab, alles Marmor, alles edel, ein Ambiente wie die Restauranttoilette eines Fünf-Sterne-Hotels. Vorbei an einer Garderobe, in der ein Mann Zeitung las, vorbei an Schautafeln, die wir nicht beachteten. Dann passierten wir einen Übergang in ein Gewölbe, das sich wie die eigentliche Ausstellung anfühlte, und standen auf einmal ... vor *Särgen!*

»Was ist das hier?«, hauchte Ferdurci genauso fassungslos, wie ich mich fühlte. »Und was *machen* wir hier?«

»Die haben auf uns gewartet«, wisperte ich hastig, denn so ein Gewölbe trug Stimmen weit. »Keine Ahnung, warum, aber der Kerl, der versucht hat, mich im *L'Etang* abzustechen, hat vor dem *Hotel Ambassador* gestanden. Und er hat mich im selben Moment entdeckt wie ich ihn.«

»Dann war es keine gute Idee, das Taxi ausgerechnet hierher zu lotsen.«

»Nein, war es nicht«, gab ich zu.

»Und jetzt?«

»Vielleicht gibt es einen Notausgang«, sagte ich und öffnete den Prospekt, auch um herauszufinden, was hier überhaupt ausgestellt war.

Kenner der österreichischen Hauptstadt werden an dieser Stelle schmunzeln, denn selbstverständlich ist die Kapuzinergruft eine der bekanntesten Sehenswürdigkeiten Wiens: Hier ruhen die sterblichen Überreste der Herrscher und Herrscherinnen des Hauses Habsburg, das über vierhundert Jahre lang Könige und Kaiser für Österreich und die verbundenen Territorien gestellt hat. Aber ich war, obgleich viel gereist in meinem Leben, noch nie zuvor in Wien gewesen, und so war es eine denkbar überraschende Erfahrung, plötzlich hier zu stehen, wo, wie mir das Faltblatt erläuterte, zwölf Kaiser, neunzehn Kaiserinnen und Königinnen samt ihren Familienmitgliedern ihre letzte Ruhe gefunden hatten. Die sonderlich ruhig nicht war, denn täglich von zehn bis achtzehn Uhr konnte, wer immer wollte, hier herumlaufen und beim Anblick der rund einhundertfünfzig teilweise prachtvoll verzierten, stets aber sorgfältig verlöteten und abgedichteten Särge erschauern.

»Bizarr«, war Ferdurcis Kommentar, nachdem er das Faltblatt überflogen hatte.

Ich lauschte auf Verfolgerschritte, hörte aber nichts dergleichen. Hinter uns blieb es still. Hatte ich mich geirrt? Hatte der Mann sich gar nicht in Bewegung gesetzt, weil er mich gesehen hatte, sondern aus einem ganz anderen Grund? Die Distanz zwischen uns, quer über den Platz, der Neuer Markt hieß, obwohl kein Markt auf ihm stattfand, war beträchtlich gewesen. Dass ich ihn erkannt hatte, musste nichts heißen. Vielleicht waren wir schnell genug verschwunden. Vielleicht war er zu dem Schluss gekommen, dass er sich geirrt hatte. Vielleicht … bestand die Gefahr schon gar nicht mehr.

Ich merkte, wie ich aufatmete. Wie eine gewisse Entspannung einsetzte. Womöglich zu Unrecht, aber es tat in diesem Moment einfach gut.

Heute weiß ich, dass ich, gegen alle Evidenz, an der Vorstellung festhalten wollte, unseren Verfolgern ein Schnippchen geschlagen zu haben. Schlauer gewesen zu sein als die anderen. Dieser Wunsch war so stark, dass ich mich allem verschloss, was mich das Gegenteil hätte erkennen lassen.

»Irgendwie passt das, finden Sie nicht?«, meinte Ferdurci, als wir langsam weitergingen. »Ich stelle mir gerade vor, wie jemand in ferner Zukunft durch eine gekühlte, gesicherte Gruft wie diese geht. Aber statt der Särge hier, voller Gebeine und körperlicher Zerfallsprodukte, stehen da dann dunkle, leise summende Computerbänke, Festplatten-Arrays, auf denen die Geister von Menschen gespeichert sind, deren Körper schon nicht mehr existieren.«

»Und auch diese Geister würden darauf warten, wiedergeboren zu werden«, ergänzte ich. »In maschinellen Körpern oder in geklonten.«

Es hatte etwas Makabres, all diese dunklen Särge aus Metall da stehen zu sehen. Ein prachtvoll geschmückter Sarg in einem Mausoleum, das war eine Sache – aber Dutzende davon, nebeneinandergestellt wie Betten in einem Möbelhaus, hinter hüfthohen Absperrgittern mit Warnungen, die empfindlichen Oberflächen nicht zu berühren und auch keine Blumen darauf abzulegen, das wirkte unfreiwillig komisch.

Hinter uns war immer noch keine Aufregung zu spüren, nichts von einer Verfolgung zu hören. Ein paar Geräusche, ein paar Schritte, ja, aber nichts, das ungewöhnlich gewirkt hätte.

Das hieß, sagte ich mir, dass wir im Moment sicher waren. Und die Frage nur war, wie wir hier wieder herauskamen.

Die verrückte Idee schoss mir durch den Kopf, uns hier irgendwo anzuketten und uns nach achtzehn Uhr von der Polizei abführen zu lassen. Das würde uns unsere Verfolger vom Hals halten, allerdings auch jede Menge juristischer Scherereien bereiten.

Und schon daran scheitern, dass wir nichts zum Anketten hatten.

Erst mal gingen wir weiter. Vor dem prunkvollen Doppelsarkophag, in dem die Kaiserin Maria Theresia mit ihrem Gatten beigesetzt war, blieben wir stehen. Gemeinsam bewunderten wir die unfassbare Mühe, die in dieses düstere Kunstwerk geflossen war, und hoben dann den Blick zu dem Deckenfresko in der hohen Kuppel, das eine Auferstehungsszene darstellte.

In der Kuppel, die auch Fenster enthielt, durch die Tageslicht herabfiel. *Wäre dies ein Film*, dachte ich, *und wäre ich James Bond, würde ich daraus was machen.*

Nur was? Die Kuppel lag gut zwei Stockwerke über uns.

Man hätte schon fliegen müssen, um die Fenster darin zu erreichen. Die nicht mal so aussahen, als könne man sie öffnen.

»Wieso macht man so etwas?«, überlegte Ferdurci halblaut. »Wer sich so … sagen wir, *haltbar* beisetzen lässt, tut das doch in der Erwartung, eines Tages wieder ins Leben zurückzukehren. Aufzuerstehen.«

»Am Tag des Jüngsten Gerichts«, sagte ich. »Wenn Gott die Toten aus ihren Gräbern holt, um Gericht zu halten über sie.«

»Ich habe mich immer gefragt, wie Menschen, die an ihre Auferstehung glauben, sich das konkret vorstellen«, räsonierte er. »Zum Beispiel: In welcher Gestalt erwarten sie, wiederzukehren? Hier, die Kaiserin war bei ihrem Tod 63 Jahre alt. Hat sie sich vorgestellt, als alte Frau wiederaufzuerstehen? Außerdem ist man meistens krank, wenn man stirbt – ist man auch noch krank, wenn man wiederkehrt? Oder stellt man sich vor, jünger und gesünder zurückzukommen? Bestimmt. Aber wie jung? Gibt es ein ideales Alter für Menschen? Ein Alter, vor dem man zu jung und nach dem man zu alt ist? Was für eine Zahl mag das sein? Dreißig? Sechsundzwanzig? Würde ich noch mal sechsundzwanzig Jahre alt sein wollen?« Er schüttelte sich. »Um Himmels willen. Gesünder wäre ich, ja. Aber auch viel dümmer. Ahnungsloser. Ängstlicher.«

»Ich schätze, diese Art Kriterien sind auf diese Situation gar nicht anwendbar«, warf ich ein.

»Ja. Man belässt es besser bei einer vagen, idealen Vorstellung. Weil bei näherer Überlegung das ganze Konzept fragwürdig aussehen würde.«

Darüber hatte ich als rebellischer Jugendlicher viel mit Reverend Russell gestritten: Wieso man überhaupt davon ausging, dass Gott irgendwann kommen und alle Fehler der von ihm geschaffenen Welt beheben, sozusagen eine Schöpfung Version 2.0 daraus machen würde. Wieso, hatte ich gefragt, sollte er das tun? Ein allwissender, allmächtiger Gott hätte die Welt von vornherein vollkommen machen können, ohne all das Leid, von dem wir erwarten, dass es mit dem Jüngsten Tag ein Ende haben wird.

Wenn er es denn gewollt hätte. Vielleicht wollte er ja nicht.

Oder vielleicht *war* die Welt so, wie sie war, vollkommen. Vielleicht gehörte das Leid dazu, und zu glauben, Gott würde es irgendwann wegnehmen, war irgendwas zwischen unverständig und gotteslästerlich.

»Wie haben Sie sich vorgestellt, dass wir hier wieder herauskommen?«, fragte Ferdurci, ebenfalls mit Blick nach oben. Die Fenster auf halber Höhe waren vergittert und überdies dunkel, führten wohl in andere Räume. Und die Fenster ganz oben, die hellen Fenster, waren unerreichbar. »Ohne zur Vordertür hinauszugehen und unangenehmen Menschen zu begegnen, meine ich?«

»Ich hatte die vage Idee, es könnte irgendwo einen Notausgang geben«, gestand ich. Außerdem hatte ich die vage Hoffnung, dass Ferdurci, der Intelligenzbestie, etwas *richtig* Geniales einfallen würde. »Einen Notausgang, für den Fall, dass es brennt.« Ich sah mich um, betrachtete die Särge aus Metall und die Wände aus Marmor. »Obwohl, was sollte hier brennen?«

»Möglicherweise ist das eine irrige Annahme bei einem Grabgewölbe«, meinte Ferdurci. »Immerhin handelt es sich hier ja um eine Art Friedhof.«

»Gehen wir weiter«, schlug ich vor. »Vielleicht, wenn wir mehr auf die Wände achten als auf die Särge …«

Die Frage, wie wir wieder herauskommen würden, beantwortete sich schließlich ganz von selbst. Als wir die Franz-Josefs-Gruft betraten, in der nur drei Sarkophage standen, standen dort auch, rechts und links des Durchgangs, zwei Männer mit Pistolen.

Und einer von ihnen sagte: »*Hello, Mister Windover.*«

Derjenige, dem ich im *Hôtel de l'Etang* so kraftvoll ins Gemächt getreten hatte.

* * *

Ich begriff, dass sie uns nicht einfach nachgerannt waren. Stattdessen hatten sie Eintritt bezahlt, waren in aller Ruhe hinuntergegangen und hatten die Gruft entgegen der vorgesehenen Besichtigungsrichtung betreten, um uns ganz gemütlich entgegenzugehen.

»Schreien Sie nicht, wehren Sie sich nicht, und machen Sie auch sonst keine unüberlegten Dinge«, fuhr der Mann fort, indem er neben mich trat und mir den Lauf seiner Pistole gegen den Oberschenkel presste. »Das ist Kaliber .45, das macht aus Ihrem Oberschenkelknochen Pulver. Wenn ich Ihnen damit ins Bein schieße, können Sie es sich nur noch amputieren lassen.«

»Ein überzeugendes Argument«, gab ich zu, zumal ich wusste, dass er nicht übertrieb. »Und was jetzt?«

»Jetzt gehen wir schön friedlich wieder hinauf, sagen der Dame an der Kasse Lebewohl und verlassen das Gebäude dann gemeinsam«, erklärte er.

Ferdurci sah mich fragend an.

»*On fait ce qu'il dit*«, sagte ich zu ihm. »Das ist jetzt nicht der Moment für Heldentaten.«

»*Bien parlé*«, kommentierte der Mann mit dem Revolver, mit deutlichem amerikanischen Akzent zwar, aber es bewies, dass er, anders als die meisten seiner Landsleute, des Französischen nicht gänzlich unkundig war. Dann befahl er: »Hände auf den Rücken.«

Ich gehorchte notgedrungen und stöhnte auf, als er mir die Handgelenke mit einem Kabelbinder unnötig fest verzurrte.

Ferdurci erging es genauso. Sie filzten uns rasch, fanden mein Mobiltelefon und steckten es ein.

»Los jetzt«, sagte der Mann. *»Allez!«*

Sie schoben uns vor sich her. Als wir die Gruft der Kaiser verlassen hatten, gesellten sich zwei weitere Männer zu uns, die, wie ich begriff, am Eingang der Gewölbe gewartet hatten für den Fall, dass wir versucht hätten, in die andere Richtung zu fliehen.

Wir mussten ein auffälliges Bild bieten, sagte ich mir, als wir zu sechst die Treppe hinaufstiegen, mit zwei Männern in der Mitte, deren Arme auf den Rücken gefesselt waren. Immerhin hatten sie ihre Pistolen wieder eingesteckt. Ich nahm mir vor, in dem Moment, in dem wir oben waren, der Kassiererin zuzurufen, dass wir entführt wurden und sie die Polizei rufen solle.

Doch als wir oben ankamen, stand die Frau schon da und sagte in tadellosem Englisch: »Haben Sie sie also. Gut. Die kamen mir gleich verdächtig vor.«

»Yes, thank you«, sagte einer der Männer, die zu uns gestoßen waren. »Sie können jetzt wieder Besucher reinlassen.«

Dann führten sie uns hinaus. Dort wartete ein weißer Lieferwagen. Einer zog die Schiebetür auf. Der Laderaum war vollkommen leer.

Ich blieb stehen. »Was soll das werden? Was haben Sie mit uns vor?«

»Rein da«, war die barsche Antwort. »Und hinlegen.«

In einiger Entfernung standen Passanten und beobachteten das Spektakel. Einer filmte mit seinem Smartphone, wie sie uns in den Wagen bugsierten und uns, als wir auf dem blanken Boden lagen, auch noch die Fußgelenke verschnürten.

»Was haben Sie der Kassiererin gesagt, wer Sie sind?«, fragte ich, weil ich immer die Wahrheit wissen will; in der Hinsicht bin ich unheilbar.

Einer lachte dreckig und sagte: »FBI.«

»FBI?«, echote ich. »Aber das FBI hat außerhalb der USA keinerlei Befugnisse!«

Noch mehr Gelächter. »Wer weiß das schon? Und man kann im Internet sagenhaft echt aussehende Marken und Ausweise kaufen.«

Dann schlug die Schiebetür zu. Wir hörten, wie sie vorne einstiegen und der Motor angelassen wurde.

Ich versuchte gar nicht erst, mir die Strecke zu merken – wie lange es geradeaus ging, wie oft rechts, wie oft links, wie der Straßenbelag klang und all dieses Zeug. Das, hatte mir Freddy Kirk einst erklärt, funktioniert nur in Filmen. Wir wurden hin und her geschleudert, und wir sahen nichts, abgesehen von einem winzigen Fenster in jener Wand, die uns vom Fahrerraum trennte, durch das ich ab und zu einen Blick auf einen Dachtrauf oder eine Ampel erhaschte. Nicht einmal, wenn ich Wien so gut gekannt hätte, wie ich London kenne, hätte ich eine Chance gehabt, festzustellen, wohin sie mit uns fuhren.

Wie lange waren wir unterwegs? Weniger als eine Stunde, mehr als eine halbe, schätze ich. Dann wurde es in dem winzigen Fenster plötzlich dunkel, und der Wagen fuhr eine steil abwärts führende Spirale hinab: ein Parkhaus.

»Hinab in die Höhle des Löwen«, hörte ich Ferdurci murmeln.

Der Wagen kurvte umher, kam endlich zum Stillstand. Der Motor verstummte. Die Männer stiegen aus, schlugen die Türen zu, schlossen ab. Wir hörten, wie ihre Schritte sich entfernten, wie irgendwo Autotüren zuschlugen.

Dann war Stille.

* * *

»Ich habe einen Denkfehler gemacht«, gestand ich dem dämmrigen Halbdunkel, das uns umgab. »Ich dachte, wenn sie uns am Flughafen nicht antreffen, dann werden sie glauben, sie hätten unsere Spur verloren, und würden … was weiß ich, aufgeben oder so. Aber ich wette, die *waren* nicht mal am Charles de Gaulle. Das war denen ganz egal. Wir waren ihnen entwischt, aber sie wussten, dass wir einen Termin in Wien hatten! Also haben sie einfach irgendeine Maschine genommen und sich hier auf die Lauer gelegt. Es war ihnen *egal*, wie wir hierherkommen würden. Sie haben einfach vor dem Hotel gewartet, von dem sie wussten, dass dort Zimmer für uns gebucht waren. Wenn wir dort nicht aufgetaucht wären, sondern uns gleich ein anderes Hotel in einem anderen Teil der Stadt genommen hätten, dann hätten sie uns vor dem Zentrum für Hirnforschung aufgelauert. Oder Dr. Bergstädter beschattet. Sie hatten tausend Möglichkeiten.«

»Der Fehler war, überhaupt nach Wien zu kommen«, fasste Ferdurci es prägnant zusammen. Er klang seltsam sachlich, so, als würde ihn all das, was uns widerfahren war, gar nicht berühren. »Wissen Sie, ich glaube, das ist jetzt das, was man ›die dunkle Stunde‹ nennt.«

»Wie meinen Sie das?«, fragte ich verwundert, weil diese Bemerkung so gar nichts mit den Gedankengängen zu tun zu haben schien, die ich ihm gerade dargelegt hatte.

»In jeder Geschichte«, dozierte Ferdurci, »kommt irgendwann der Moment, in dem der Held an seinen absoluten Tiefpunkt gelangt, so tief, dass es tiefer nicht mehr geht. Das Schlimmste, was ihm zustoßen konnte, ist ihm zugestoßen. Das, wovor er mehr Angst gehabt hat als vor allem anderen, erlebt er nun. Das ist der Moment, in dem er gezwungen ist, sich seinen inneren Dämonen zu stellen, sich eine Wahrheit einzugestehen, die er bis jetzt vor sich verleugnet hat, und dadurch eine tiefe Erkenntnis zu gewinnen. Danach ist er imstande, sich dem Antagonisten zu stellen. Weil er nun einen Plan hat, wie er ihn besiegen kann. Doch wenn Protagonist und Antagonist schließlich zum alles entscheidenden Kampf aufeinandertreffen, wird sich herausstellen, dass dieser Plan nicht funktioniert, dass er scheitert – doch in dem Augenblick, in dem es so aussieht, als obsiege der Antagonist, macht der Held etwas Unerwartetes, etwas, das mit seiner Erkenntnis, seiner Wandlung zusammenhängt und nur dadurch möglich geworden ist, und das ist es am Ende, was ihm den Sieg bringt.« Das alles sprudelte geradezu aus ihm heraus. Währenddessen ruckelte er sich herum, bis er mich ansehen konnte, und fragte: »Was sind Ihre inneren Dämonen, Monsieur Windover? Wie sieht Ihr Plan aus?«

»Wieso fragen Sie *mich* das?«, wunderte ich mich.

»Weil Sie in dieser Geschichte der Protagonist sind, natürlich!«

»Ich? Wieso ich? Wieso nicht Sie?«

Er schüttelte den Kopf. Seine Locken schimmerten staubig. »Ich bin die Mentorenfigur. Der Mentor nimmt nicht am Entscheidungskampf teil. Seine Rolle ist es, den Helden mit dem Wissen zu versorgen, das er für den Kampf brauchen wird. In unserem Fall ist das die Geschichte, die ich Ihnen erzählt habe.«

Er klang irgendwie manisch, fiebrig, rastlos. Er *klang* nur rational, aber darunter brodelte Panik, merkte ich auf einmal.

»Ich … verstehe nicht, wieso Sie denken, dass das so laufen muss«, sagte ich behutsam.

»Das sind die Regeln der Dramaturgie. Die Heldenreise. Der Monomythos. Joseph Campbell. Alle Geschichten, die wir kennen, folgen auf ihre jeweilige Weise diesem Muster.«

»Geschichten, ja, mag sein. Aber wieso sollte *das Leben* solchen Regeln folgen?«

Ferdurcis Augen wurden groß und größer, und in dem

Dunkel waren seine Pupillen riesig. Er holte tief Luft, bemühte sich, durchzuatmen.

»Stimmt«, stieß er dann hervor. »Sie haben recht. Das ist nur das, was Leute gerne hören. Was sie gerne lesen.«

»Aber in gewisser Weise«, sagte ich, »haben Sie recht. Es gibt durchaus innere Dämonen, die mich antreiben, und jetzt gerade sehe ich ziemlich genau, welche das sind. Zum Beispiel mein Drang, die Wahrheit hinter dem, was geschieht, zu erfahren und mich nicht mit Lügen abspeisen zu lassen, auch nicht mit wohlwollenden. Es ist ein Drang, der an Besessenheit grenzt.«

Eine Erinnerung platzte auf wie ein Furunkel: Wie ich, noch ein kleines Kind, weghöre, wenn meine Eltern sich streiten, und mich inbrünstig an die Behauptung meiner Mutter klammere, es sei alles in Ordnung. Wie ich später erkenne, dass, wenn ich stattdessen aufmerksam gewesen wäre und offen für die Wahrheit, so schmerzhaft sie auch sein mochte, mich die Trennung meiner Eltern nicht so unerwartet und welterschütternd getroffen hätte.

»Zum Beispiel meine Neigung, mein Leben durch eine Vielzahl sorgsam ausgetüftelter Routinen und Prinzipien zu stützen und zu schützen«, fuhr ich fort. »Eins dieser Prinzipien ist, keine Information zu veröffentlichen, ehe ich sie nicht gründlich gegengeprüft habe. Und wir sind jetzt nur in dieser Situation, weil ich selbst an einem Tag wie heute an diesem Prinzip festgehalten habe.«

»Das verstehe ich nicht«, keuchte Ferdurci und zerrte an seinen Fesseln, was natürlich gar nichts brachte, außer dass er sich damit weh tat.

»Es hätte mir heute Morgen einfallen können, dass ich jemanden kenne, der uns ohne Zögern einen Privatjet geschickt hätte.« Lestari wäre sogar *begeistert* gewesen, jede Wette. »Wir hätten auch statt nach Wien direkt nach London fliegen können, zu einer meiner Kundinnen, die sich überlegt, in *Youvatar* zu investieren. Ihr hätten wir Ihre Geschichte erzählen können, und wenn sie Fragen gehabt hätte – und die Dame, an die ich denke, hat einen rasiermesserscharfen Verstand; ohne Zweifel wären ihr Fragen und Gesichtspunkte eingefallen, an die wir noch gar nicht gedacht haben –, dann hätten wir Dr. Bergstädter immer noch holen lassen können. Oder irgendeinen anderen Experten.« Jetzt war mir auch sehr danach, meine Fesseln zu zerreißen, doch ich ließ es, weil ich wusste, was ordentliche Kabelbinder aushalten. »Aber ich war so auf mein Prinzip fixiert, alles erst zweihundertprozentig abzuklären, ehe ich damit rausgehe, dass mir diese Option nicht mal in den Sinn gekommen ist.«

»Sie sind jemand, der sich um keinen Preis blamieren will«, erkannte Ferdurci. »Sie wollen sich nie eingestehen müssen, dass Sie auf eine Täuschung reingefallen sind.«

Es klang unangenehm wahr, was er da sagte. »Mag sein«, brummte ich.

Ferdurci reckte den Kopf. »Was denken Sie, dass die mit uns vorhaben?«

»Das frage ich mich schon die ganze Zeit.«

Man konnte beinahe hören, wie jetzt der Teil seines Gehirns, der sich Thriller ausdachte, auf Touren kam. »Vielleicht warten sie nur, bis es dunkel ist. Dann fahren sie mit uns raus aus der Stadt, in irgendeinen Wald, bringen uns um und vergraben unsere Leichen, wo man sie nie finden wird. Problem gelöst.« Er holte zitternd Luft. »Oder … vielleicht sind sie längst weg und lassen uns hier drinnen einfach verdursten. Wir stehen in einem Parkhaus. Hier kann ein Wagen wochenlang stehen, ohne aufzufallen. Erst, wenn der Verwesungsgeruch zu stark wird …«

Seine Panik hatte etwas Ansteckendes, mir wurde auch ganz mulmig.

»Das wollen wir doch mal sehen«, stieß ich hervor. »Ob die weg sind, meine ich.«

Damit wälzte ich mich herum, bis ich in einer Position lag, die es mir erlaubte, mit den Füßen gegen die Tür zu hämmern.

Und das tat ich dann mit aller Kraft.

* * *

Der Krach, den ich machte, hallte draußen nach und vermittelte uns eine akustische Vorstellung von der Größe des Kellergeschosses, in dem wir uns befanden. Eine unheimliche Vorstellung. Was, wenn wir tatsächlich ganz alleine auf einem ansonsten verlassenen Parkdeck standen, uns selbst überlassen …?

Doch ehe das Grauen allzu sehr Besitz von mir ergreifen konnte, wurde die Schiebetür unvermittelt aufgerissen. Einer der anderen Männer, die am Eingang des Gewölbes gewartet hatten, sah auf uns herab. Er war blass, hatte streichholzkurze Haare unbestimmbarer Farbe und eigentümlich stumpfe Augen. Er wäre ohne Weiteres als Androide durchgegangen.

»*What?*«, schnauzte er.

»Ich muss mal austreten«, sagte ich.

»*What?*«

»Ich muss auf die Toilette«, präzisierte ich. »Wasser lassen. Urinieren. Pinkeln. *Pissen*, verdammt noch mal.«

Er ließ das sacken, dann winkte er jemandem. Gleich darauf kam sein Kumpel ins Bild, ein untersetzter Mann mit deutlich hispanischem Einschlag und deutlich wacherem Blick. Er hielt seine Pistole im Anschlag und auf mich gerichtet.

»Hey«, sagte ich besänftigend. »Das ist ein ganz normales körperliches Bedürfnis …«

Der Androide zückte ein Messer, beugte sich über mich und schnitt den Kabelbinder an meinen Waden durch, eine

Wohltat. Offensichtlich kein Freund vieler Worte, bedeutete er mir, mich auf den Bauch zu drehen, dann befreite er auch meine Arme, was mich schon fast glücklich machte.

Anschließend gab er mir zu verstehen, ich solle aufstehen und aus dem Wagen steigen. Als ich draußen war, auf Beinen, die sich noch ein bisschen wacklig anfühlten, packte er mich mit schraubstockartigem Griff am Oberarm und führte mich in Richtung einer blauen Stahltür, auf der in großen weißen Buchstaben *TG3 Service* stand.

Hinter dieser Tür betraten wir Räumlichkeiten, die wohl so etwas wie das Refugium des Wartungspersonals oder des Hausmeisters waren: mehrere Spinde auf der einen Seite, ein Kühlschrank, eine versiffte Kaffeemaschine, Tische und Stühle an der anderen. An der Wand ein Kalender mit Abbildungen leicht bekleideter Damen, allerdings noch das Kalenderblatt vom Juni. Vielleicht gefiel die darauf abgebildete Dame am besten.

Eine weitere blaue Tür führte in eine Toilette, in der es ein Pissoir, eine Kabine und ein Waschbecken gab.

»Bleiben Sie etwa hier drin?«, fragte ich.

»*Yes*«, erklärte er mit entwaffnender Endgültigkeit.

In Wahrheit musste ich gar nicht so dringend, wie ich getan hatte, also schloss ich mich in der Kabine ein und rang mir ein paar Tropfen ab. Danach wusch ich mir die Hände und trank ein paar Handvoll des kühlen Wassers aus dem Hahn. Mein Durst war, im Gegensatz zu meinem Harndrang, nicht gespielt.

Auf dem Rückweg hatte ich mehr Gelegenheit, mich umzusehen. Wir standen tatsächlich auf einem großen Parkdeck. Es war völlig leer bis auf den weißen Lieferwagen, neben dem der Mann mit der Pistole wartete, und einem metallic-silbernen Mercedes, in dem die anderen Männer saßen. Vorne an der Zufahrt flatterte ein rot-weißes Absperrband.

»Wo sind wir hier eigentlich?«, fragte ich.

»Müssen Sie nicht wissen«, erwiderte der Androide und zerrte mich weiter in Richtung auf den Lieferwagen.

»Gibt's wenigstens bald was zu essen?«

Die beiden Männer wechselten Blicke, dann meinte der mit der Pistole glucksend: »Sie werden nicht an Hunger sterben, Mister Windover.«

Es klang bedrohlich, wie er das sagte.

Dann zog er die Schiebetür wieder auf. Ferdurci war ebenfalls von den Plastikschnüren befreit worden. Er saß aufrecht da. Seine linke Hand war mit Handschellen an einer der Ösen in der Innenwand gekettet, an denen man normalerweise Packbänder befestigt, um die Ladung zu sichern. In der anderen Hand hielt er eine Plastikflasche mit Mineralwasser.

Eine zweite Flasche derselben Marke – *Gasteiner*, mit einem Logo, das zwei stilisierte Berggipfel in Blau zeigte – wartete an dem Platz, an den ich mich setzen und auf die gleiche Weise anketten lassen musste wie Ferdurci.

»Was ist mit Ihnen?«, schnauzte der Androide Ferdurci an.

»*Quoi?*«, fragte der erschrocken zurück.

»Er meint, ob Sie auch mal auf die Toilette müssen«, erklärte ich auf Französisch. »Gehen Sie. Wer weiß, ob wir noch mal die Gelegenheit dazu kriegen.«

Ferdurci befolgte meinen Rat. Die Schiebetür ging wieder zu, und ich saß allein in dem Halbdunkel, in das nur das Licht der Neonröhren draußen drang. Ich lauschte den sich entfernenden Schritten, dann fummelte ich den Verschluss meiner Wasserflasche auf, was umständlich war, weil ich dazu die Hilfe der angebundenen Hand brauchte.

Ich trank, aber nur wenig.

Als Ferdurci zurück und wieder angekettet war und die Männer sich wieder verzogen hatten, meinte er: »Immerhin wollen sie uns nicht *gleich* umbringen.«

»Sieht so aus«, räumte ich ein. »Wobei ich nicht verstehe, was das jetzt alles soll. Sie?«

Er schüttelte den Kopf. »Es fühlt sich irgendwie wie Leerlauf an. Als wüssten sie nicht, was sie mit uns anfangen sollen. Oder als warteten sie auf Befehle.« Er schluckte und fügte hinzu: »In meinen Romanen habe ich solche Situationen nach Möglichkeit immer vermieden. In einem Thriller ist es besser, wenn es zack-zack-zack geht.«

Ich starrte ins Leere. »Ich versuche, mir vorzustellen, wie es wäre, wenn ich jetzt wüsste, mein Gehirn ist weit weg in einem Computer abgespeichert und in Sicherheit. Ob ich mich dann besser fühlen würde.«

»Hm«, machte er. »Ich weiß nicht.«

»Ich auch nicht«, bekannte ich.

Und dann konnte ich nicht mehr anders, ich musste endlich fragen: »Wie denken Sie über das, was hinter uns liegt? Diese ganze Verfolgungsjagd? Ich hab gerade das Gefühl, alles falsch gemacht zu haben, und ich wüsste wirklich gern, was jemand mit Ihrem IQ darüber denkt.«

Er ächzte leise. »Ach, diese Sache? Davon wissen Sie auch?«

»Es stand in der Zeitung«, sagte ich. »Und was mal in der Zeitung stand, lässt sich in Archiven finden. Dort nachzusehen ist so mit das Erste, was wir Journalisten tun.«

Eine Weile schwieg er, dann meinte er: »Daran kann man mal wieder sehen, dass man nicht alles glauben darf, was in der Zeitung steht.«

»Wie meinen Sie das?«

»Bei dem Test damals ... da hab ich geschwindelt.«

Ich stutzte. »Wie bitte?«

»Ja. Leider.«

»Wie macht man das – bei einem *Intelligenztest* schwindeln?«

Er wiegte den Kopf. »*Bien*, ›schwindeln‹ ist vielleicht nicht ganz das richtige Wort.«

»Sondern?«

»Sie wollen die ganze Geschichte hören?«

»Unbedingt.«

»Na gut.« Ferdurci seufzte entsagungsvoll. »Ich war in der *Terminale* – das ist die Abschlussklasse im Lyzeum. Bis dahin galt ich bei unseren Lehrern als, na ja, recht begabt, nur etwas faul. Ich dagegen hielt mich nicht für begabt, sondern hatte immer Angst, zu versagen. Und dann kam plötzlich die Ankündigung, dass wir einen Intelligenztest machen müssten, gleich nach den Herbstferien! Ich bin gestorben vor Angst, dass dabei herauskommen würde, dass ich überhaupt nicht geeignet war für das Gymnasium.«

»Und dann?«, fragte ich, immer noch gespannt zu erfahren, wie man bei einem Intelligenztest schummeln konnte. Ich selber habe, wie wohl die meisten, in der Schule bisweilen Spickzettel verwendet oder bei meinen Nachbarn abgeschrieben. Aber bei einem Intelligenztest geht es ja nicht darum, Wissen abzufragen, sondern darum, abstrakte Aufgaben zu lösen, auf die man sich nicht vorbereiten kann.

»Am letzten Schultag vor den Herbstferien musste ich für unseren Mathematiklehrer ein Blatt mit Hausaufgaben über die Ferien dreißigmal kopieren – dreißig, so viel waren wir damals in der Klasse. Als ich an den Kopierer kam, sah ich unter der Maschine ein Blatt liegen, das da irgendwie hingerutscht war. Ich hob es auf, und es sah aus wie ein Übungsblatt, mit dem man für einen Intelligenztest üben konnte. Also habe ich es eingesteckt.«

»Ich ahne etwas«, sagte ich.

»Sie ahnen richtig«, räumte Ferdurci ein, »aber in dem Moment bin ich wirklich nicht auf die Idee gekommen, es könnte der Test sein, der uns erwartete. Und zwar, weil man uns erklärt hatte, wie das alles ablaufen würde. Wir würden getrennt sitzen und beaufsichtigt werden. Der Prüfer würde die Blätter mit den Testfragen einem versiegelten Umschlag entnehmen und verdeckt vor uns hinlegen. Wir würden sie erst auf den Gongschlag umdrehen dürfen, würden exakt vierzig Minuten Zeit dafür haben, und so weiter. Es klang wie eine richtig große Sache, fast schlimmer als das Bakkalaureat selber.«

»Und was haben Sie dann gemacht?«

»Ich habe das Blatt mit nach Hause genommen und versucht, die Aufgaben darauf zu lösen. Die ersten paar waren einfach, aber die nächsten wurden schnell immer schwieriger. Ich habe mehr oder weniger die gesamten zwei Ferienwochen über diesem Blatt gebrütet, mir das Hirn zermartert, gegrübelt und getüftelt ... aber ich habe niemanden um Hilfe gebeten. Ich wollte die Aufgaben alleine lösen, denn das, habe ich gedacht, war der Sinn dieses Trainingsblatts. Manchmal sind mir Lösungen eingefallen, doch dann habe ich sie am nächsten Morgen noch einmal angeschaut und gemerkt, nein, das kann nicht stimmen. Manchmal hatte ich richtiggehende Heureka-Momente. Jedenfalls, kurz vor Ende der Ferien hatte ich tatsächlich alle Aufgaben gelöst. Ob richtig, das wusste ich natürlich nicht, denn Lösungen standen keine auf dem Blatt, aber ich hatte so gründlich über alles nachgedacht, dass ich mir ziemlich sicher war.« Er atmete geräuschvoll aus. »Dann fing die Schule wieder an, und am zweiten Tag fand der Test statt.«

»Und das, was Sie für ein Übungsblatt gehalten hatten, war tatsächlich der Test?«

»Ja«, gestand er. »Mir ist heiß und kalt geworden. Was hätte ich denn machen sollen? Ich hatte mir die Lösungen nicht gemerkt, ich musste sie alle noch mal herleiten, aber weil ich mich so lange damit beschäftigt hatte, fiel mir das ziemlich leicht.«

»Und dann haben Sie auch noch früher abgegeben?«

»Nein, so war das nicht.« Er nahm umständlich einen tiefen Schluck aus seiner Wasserflasche. »Ich war fertig, ja, nach ungefähr zwanzig Minuten. Dann habe ich mir überlegt, ob ich vielleicht eine oder zwei der Aufgaben absichtlich falsch lösen sollte, um nicht aufzufallen. Aber in dem Moment kam Monsieur Lavalle vorbei, einer der aufsichtsführenden Lehrer. Er fragte, ob ich etwa schon fertig sei, und als ich ganz überrascht Ja gesagt habe, hat er mir das Blatt weggenommen und die Uhrzeit darauf vermerkt.«

»Und dann?«

Er seufzte. »Am nächsten Tag, als die Tests ausgewertet waren, ging das Ganze los von wegen, wie sagenhaft intelligent ich sei. Sie wollten weitere Tests mit mir machen, aber ich hab mich geweigert, standhaft, weil ich ja gewusst habe, dass dann alles rauskommen würde. Irgendwann haben sie mich schließlich in Ruhe gelassen.«

»Sie haben es also nie aufgeklärt?«

»Ich hätte nicht gewusst, wie. Wahrscheinlich hätte ich es gleich sagen müssen, als die Prüfungsblätter verteilt worden sind, aber ich war viel zu überrascht, und dann war es eben passiert.« Er nahm noch einen Schluck. »Außerdem habe ich schnell gemerkt, dass es sagenhaft nützlich war, als superintelligent zu gelten. Die Lehrer haben sich nicht mehr getraut, mir schlechte Noten zu geben. Man hat auf einmal auf mich gehört, wenn ich etwas gesagt habe. Tja, und einen Studienplatz zu kriegen war gar kein Problem mehr; die haben mich an der Universität mit Handkuss genommen. Nur bei den Mädchen hat es mir nichts geholfen, im Gegenteil, denen war ich ab da endgültig suspekt.«

»Aber wenn Sie alle Aufgaben selber gelöst haben, dann spricht das doch auf jeden Fall für eine hohe Intelligenz, oder?«

»*Ah, vous savez*, das, was wir Intelligenz nennen, ist im Grunde nur ein Ehrfurcht einflößendes Wort für etwas ganz Einfaches, nämlich für die *Denkgeschwindigkeit*. Das ist alles, was ein Intelligenztest misst: wie *schnell* Sie denken können. Wie schnell Sie ein Problem lösen können. Deshalb spielt die Zeit bei solchen Tests immer eine zentrale Rolle. Es geht nicht darum, *ob* Sie ein Problem lösen können, sondern darum, wie *schnell* Sie es lösen. Und in meinem Fall war es so, dass ich statt vierzig Minuten zwei ganze Wochen zur Verfügung hatte. Zwei Wochen, das ist ungefähr fünfhundertmal so viel Zeit, wie man uns für den Test zugestanden hat; ich hab es einmal ausgerechnet. Und da ich schon nach der halben Zeit fertig war, tausendmal so viel. Aber es waren dieselben Aufgaben, dieselben Lösungen, verstehen Sie? Ich habe nur deshalb so hyperintelligent gewirkt, weil ich tausendmal so viel Zeit zur Verfügung hatte wie alle anderen.«

»Wollen Sie damit sagen, dass jeder jede Denkleistung vollbringen kann, wenn man ihm nur genug Zeit gibt?«

Ferdurci wiegte den Kopf. »Im Prinzip ja, aber im wirklichen Leben wird man ständig beim Denken gestört. Es passiert immer etwas, das einen aus der Konzentration reißt, das Gedankenketten abbrechen lässt, sodass man nicht bis zu einem Ergebnis kommt, weil man nicht schnell genug denken kann, um den Störungen zu entgehen.« Er rutschte herum, suchte eine bequemere Position. »Und wenn ich mal in Gefahr bin, mir etwas auf meine angebliche Intelligenz einzubilden, dann muss ich mir nur anschauen, was ich aus meinem Leben gemacht habe. Darüber sollte man als Philosoph im Grunde viel öfter nachdenken, nicht wahr? Und wie sieht die Bilanz aus? Ich habe eine gute Ehe in den Sand gesetzt, so sieht's aus. Immerhin, zwei Kinder habe ich, aus beiden ist was geworden. Immerhin. Aber ich kann keine bedeutende philosophische Abhandlung vorweisen, keine Theorie oder dergleichen, kein wegweisendes Buch, nur einen Haufen Aufsätze, die im Grunde Blabla sind, Texte, die die Welt nicht gebraucht hätte. Außerdem habe ich mit meinen Vorlesungen Hunderte von Studenten gelangweilt … womöglich sogar Tausende, das müsste man mal nachrechnen. Ja, und an die dreißig Romane habe ich geschrieben und einen Haufen Kurzgeschichten, alles triviales Zeug …«

»Aber Sie haben viele Fans«, wandte ich ein.

»Die mich alle nicht kennen«, meinte er düster. »Nicht mal meinen Namen.«

»Ihr Fan in meinem Redaktionsteam kannte ihn. Unser Analyst für den frankophonen Sprachraum. Er hat die meisten Ihrer Romane nicht nur gelesen, er kennt sie auswendig. Er hat sofort gewusst, wer Alain Géroux ist.«

»Ha«, machte Ferdurci. »Und ich hab noch überlegt, mir besser einen ganz neuen Namen auszudenken.«

»Und warum haben Sie es nicht gemacht?«

»Ach, wissen Sie, wenn man mal einen ganzen Roman lang mit einer Figur gelebt hat … Mit Alain Géroux konnte ich mich einfach leichter identifizieren.« Er hüstelte. »Obwohl es mit dem ja auch kein gutes Ende nimmt in dem Buch. Er versucht, auf den Spuren Marcel Prousts zu wandeln, und scheitert.«

»Denken Sie, Marcel Proust war glücklicher als Sie?«, fragte ich.

Er überlegte. »*Bien*, abgesehen davon, dass ich schon zwei Jahre älter bin, als er geworden ist … schwer zu sagen. Immerhin wurde er zum Ritter der Ehrenlegion geschlagen, war berühmt, ist es immer noch. Aber tot ist er trotzdem. Und er hat zeitlebens unter Depressionen gelitten.« Er seufzte, seine Worte kamen langsamer, träger. »Ach, wissen Sie was? Ich frage mich, ob überhaupt schon einmal jemand *wirklich glücklich* gewesen ist.«

Ich dachte an Joan und an die glücklichen Stunden, die wir gemeinsam erlebt hatten, und fand es auf einmal traurig, dass sich unsere Leben gewissermaßen nur an den Rändern berührten. Joan lebte ihr Leben, ich lebte das meine, und ab und zu trafen wir uns, um uns auf den neuesten Stand zu bringen und vorübergehend ein verliebtes Paar zu sein. Aber wenn Joan etwas Wichtiges zu klären hatte, etwas, von dem, wie sie gesagt hatte, ihr ganzes weiteres Leben abhing – dann wandte sie sich nicht an mich, sondern an ihre beste Freundin Bethany.

Bisher hatte ich das für ein überaus praktisches Arrangement gehalten, das uns beiden und unseren Eigenheiten ideal gerecht wurde. Aber in diesem Moment kamen mir Zweifel daran, ob es wirklich gut war, solche Arrangements zu treffen. Falls ich heute umgebracht wurde, würde Joan es erst erfahren, wenn Marta es ihr mitteilte. Und es würde Marta sein, die sich um meine Beisetzung kümmern würde.

Über diesen traurigen Gedanken wurden meine Augenlider schwer. Ich schaute zu Ferdurci hinüber und sah, dass er eingeschlafen war. Seltsam, dachte ich, haben die uns ein Schlafmittel in das Wasser gemischt?

Dann sackte ich auch weg.

Kapitel 43

Ich erwachte, als der Motor des Lieferwagens angelassen wurde.

Hatte ich also tatsächlich geschlafen. Ich wusste nicht, wie lange, aber bestimmt nicht nur ein paar Minuten, denn ich lag unbequem, und die Hand, die hochgebunden in der Handschelle hing, fühlte sich unangenehm leblos an. Hastig setzte ich mich auf und spürte, wie sie zu kribbeln begann.

Da ging die Fahrt schon los. Der Wagen stieß ruppig zurück, schoss nach vorn, bog in die nach oben führende Rampe ein, kurvte und kurvte. Wer immer den Wagen lenkte, er fuhr deutlich hektischer als gestern. Ich fragte mich, ob irgendwas passiert war, das die Männer aufgeschreckt und nervös gemacht hatte, und wenn ja, ob ich überhaupt wissen wollte, was.

Ferdurci kam ebenfalls zu sich, rappelte sich schlaftrunken hoch. »*Mon dieu*«, stieß er hervor. »Jetzt geht es uns an den Kragen.« Er lehnte sich an die Wand, sah sich um und meinte: »Wenn ich diese Szene doch nur noch in einem Roman unterbringen könnte!«

»Womöglich«, sagte ich, »machen Sie sich gerade die falschen Sorgen.«

Wir rumpelten hinaus auf die Straße, das Fahrgeräusch änderte sich deutlich. Arg viel heller wurde es allerdings nicht; durch das Fensterchen drang nur trübes Licht, die Morgendämmerung vielleicht.

Dann hatten wir wirklich die Nacht verpennt? Das kam

mir glaubhaft vor, so grässlich, wie ich mich in meinen verschwitzten Klamotten fühlte.

Ab und zu hielt der Wagen. Dann glomm ein roter Schimmer im Fensterchen auf, wurde zu einem grünen Schimmer, und die Fahrt ging weiter. Ampeln also. Das hieß, wir waren immer noch in der Stadt.

Diesmal dauerte die Fahrt nicht lange. Der Wagen bremste plötzlich ab, bog rechts ein und hielt. Der Motor erstarb, man hörte die beiden Männer aussteigen, gleich darauf zog jemand die Schiebetür auf. Es war der Kerl mit den stumpfen Augen. Hinter ihm sah ich einen Parkplatz und freien Himmel, besser gesagt, es lag Nebel auf der Stadt, den die aufgehende Sonne rosa färbte. Es verblüffte mich, diese Szenerie zu sehen anstatt die einer anderen Tiefgarage oder eines Waldwegs, wo finstere Dinge geschehen konnten.

Der Mann setzte einen Fuß auf die Ladefläche. Schräg hinter ihm stand der Mann mit der Pistole.

»Ich mache Sie jetzt los«, erklärte der Androide. »Dann kommen Sie mit uns. Es wird Ihnen nichts passieren.« Er nickte in Richtung Ferdurcis. »Übersetzen Sie das für ihn.«

»*I understand!*«, sagte Ferdurci mürrisch.

Der Mann zuckte mit den Schultern, kam herein und löste meine Handschellen. Er steckte sie ein, stieg wieder aus und bedeutete mir, ihm zu folgen. Als ich draußen war, packte er mich stahlhart am Oberarm und wartete, während sein Kumpan im gleichen Sinne mit Ferdurci verfuhr.

Dadurch hatte ich Gelegenheit, mich umzusehen. Wir standen auf einem von alten Mauern umgebenen Parkplatz vor einem breiten Gebäude im klassischen Stil, drei hohe Stockwerke mit jeder Menge Rundbogenfenstern. Hinter manchen davon brannte schon Licht. Gekrönt wurde der Giebel von einem Ensemble aus steinernen Figuren, die ein Wappen hielten, darunter glänzte eine Inschrift in goldenen

Buchstaben, von der ich die letzten beiden Worte entziffern konnte: CAUSIS MORBORUM.

Ich habe nie Latein gelernt, aber inzwischen habe ich herausgefunden, dass das *die Ursachen von Krankheiten* heißt.

Ehe ich den Rest der Inschrift lesen konnte, tauchte Ferdurci schon neben mir auf. Hinter uns schlug die Schiebetür wieder zu, dann schob man uns in Richtung der Treppe, die zu dem aus drei nebeneinanderliegenden Türen bestehenden Eingang des Gebäudes hinaufführte. Auf einer Tafel aus Acrylglas stand *Institut für Hirnforschung*, und ich begriff endgültig gar nichts mehr.

Es ging hinein. Alles war noch leer und still, aber ein Wachmann stand im Eingangsbereich, grüßte mit einem knappen Nicken. Das Treppenhaus war gewaltig, weißes Deckengewölbe, das von mächtigen, kantigen, verzierten Pfeilern aus dunklem Stein getragen wurde. Mächtig viel Imposanz für einen frühen Morgen nach einer schlechten Nacht.

Wir stiegen in den ersten Stock hoch und einen im Dämmerlicht liegenden Flur entlang, dessen Fliesenboden rosa schimmerte, ein Widerschein der Morgenröte. Endlich gelangten wir an eine hohe Tür aus dunklem, wahrscheinlich hundert Jahre altem Holz, neben der auf einem vergleichsweise zurückhaltend wirkenden Schild aus Plastik zu lesen stand: *Prof. Dr. med. Arno Bergstädter.*

Bergstädter?

Der Androidendarsteller öffnete die Tür, schob mich hindurch. Der Raum dahinter war hoch, die Wände weiß, die Möbel dunkel und allem Anschein nach noch aus Kaiserzeiten stammend. Immerhin, auf dem Schreibtisch standen ein Computer und ein modernes Telefon, und die zwei ledernen Besucherstühle wirkten auch zeitgemäß.

»Setzen«, schnarrte der Mann.

Ich nahm auf dem Stuhl Platz, den er mir anwies, Ferdurci

landete auf dem Stuhl neben mir. Meine Befürchtung, gleich wieder mit Kabelbindern fixiert zu werden, bewahrheitete sich erfreulicherweise nicht, aber unsere beiden Bewacher blieben im Raum.

»Bergstädter?«, fragte Ferdurci halblaut. »War das nicht der Wissenschaftler, zu dem Sie wollten?«

»Ja«, erwiderte ich. »Ganz genau.«

»Und wieso bringen uns diese Männer jetzt zu ihm? Was hat der mit alldem zu tun?«

»Darauf bin ich jetzt auch gespannt.«

Er schüttelte missbilligend den Kopf. »Wenn ich in einem Thriller so eine Wendung brächte, müsste ich sie verdammt gut begründen.« Darüber grübelte er eine Weile nach, dann brummte er: »Bloß wie?«

Erst mal tat sich nichts. Alles, was man hörte, war, wie die beiden Männer im Hintergrund ihre Positionen änderten, sich mal setzten, mal wieder aufstanden oder sich einfach nur reckten, wobei dann immer das Leder ihrer Jacken knarrte.

Ich hätte einen Kaffee vertragen können.

Endlich – draußen wurde es langsam hell – hörte man rasche, knallende Schritte im Flur, hörte die Tür nebenan, hörte jemanden rumoren.

Dann öffnete sich die Tür, die dieses Zimmer mit dem nebenan verband.

Und herein kam … Peter Young.

* * *

Er kam hereingestürmt wie jemand, der sehr in Eile ist und hundert Bälle gleichzeitig zu jonglieren hat. Während er auf den Schreibtisch zumarschierte, sah er uns flüchtig an, desgleichen die im Hintergrund wartenden Männer, legte dann einen Tabletcomputer auf die Schreibunterlage und eine

Mappe mit allerhand Papieren und sagte: »Ich *hasse* es, wenn ich um diese Zeit schon aktiv sein muss.«

Er klopfte suchend die Taschen seines Viertausend-Dollar-Anzugs ab, dann sah er sich seufzend um. Es wirkte verdammt noch mal wie ein Theaterstück. Auftritt Peter Young. Was zum Teufel *machte* er hier?

Dann klingelte sein Telefon. Er holte es heraus, nahm den Anruf an und sagte: »Ah, Mister Bosch. Können wir es auch schon möglich machen?«

Es war leise genug, dass wir jemanden am anderen Ende der Leitung reden hörten, allerdings war kein Wort davon zu verstehen.

»In Wien«, sagte Young. »Und ich komme direkt aus Helsinki. Wo ich heute weiß der Himmel genug zu tun gehabt hätte. Nein, erinnern Sie mich bloß nicht daran, zu welcher unchristlichen Zeit ich in den Jet steigen musste, sonst wird meine Laune noch schlechter, als sie ohnehin schon ist.«

Wieder hörten wir *brabbel, brabbel, brabbel.* Young setzte sich in den Ledersessel hinter dem Schreibtisch, als gehöre ihm das alles hier.

»Das haben mir Ihre Leute erzählt, Eric. Dass Sie krank sind, ja. Ganz schlimmes Fieber. Bettlägerig. Und wissen Sie was? Ich hab's sogar geglaubt. Bis ich rausgekriegt hab, dass es in diesem verdammten Agon-Coutainville ein Spielcasino gibt.«

Sehr aufgeregtes *brabbel, brabbel, brabbel.*

»Eric, nein. Wir haben darüber gesprochen, mehr als einmal. Ich habe absolut keine Lust, das alles noch mal herzubeten. Entweder, Sie kriegen Ihren Bullshit endlich auf die Reihe, oder Sie suchen sich einen anderen Brötchengeber.«

Brabbel, brabbel.

»Will ich gar nicht wissen. Wenn Sie mich schon bescheißen, dann tun Sie's wenigstens so, dass ich's nicht merke. Ihre

Leute korrekt zu instruieren wäre zum Beispiel eine echt gute Idee gewesen.«

Brabbel.

»Nein, ganz bestimmt wollte ich nicht, dass Ihre Leute in aller Öffentlichkeit um sich ballern und die beiden durch halb Europa jagen. Und diese Aktion in Paris – also ehrlich! Wissen Sie, dass die französische Anti-Terror-Einheit ausgerückt ist? Haben Sie auch nur den Hauch einer Ahnung, was es mich kosten wird, das zu … Eric, das ist jetzt Quatsch. Sie haben nicht aus Versehen *Gorillas* engagiert! Das ist die blödeste Ausrede, die Ihnen einfallen konnte. Gorillas, das sind friedliebende Lebewesen. Sie haben einfach Leute engagiert, die die falschen Drogen nehmen und die Wirklichkeit mit Actionfilmen verwechseln.«

Brabbel, brabbel, brabbel. Brabbel, brabbel, brabbel.

»Genug. Ich muss den Scheiß jetzt aufräumen. Wir reden noch darüber, wenn Sie zurück sind. Auch über Geld, natürlich. Machen Sie sich da mal keine falschen Hoffnungen.«

Damit beendete er das Gespräch, legte das Telefon neben sich auf die altehrwürdige Tischplatte, sah uns an und sagte: »Guten Morgen, Mister Ferdurci, guten Morgen, Mister Windover. Ich muss für die Unannehmlichkeiten, die Ihnen widerfahren sind, um Entschuldigung bitten. Es hat Missverständnisse gegeben. Fehler wurden gemacht. Leute, die nur einen Hammer haben, sehen in allem Nägel, und Leute, die nur eine Pistole haben, sehen in allem Zielscheiben – das ist der traurige Hintergrund. Dass Intelligenz ein rares Gut ist, um es mal so auszudrücken.«

»Wollen Sie uns gerade sagen, dass das alles *nicht so gemeint* war?«, fragte ich einigermaßen ungehalten. »Einer Ihrer Leute hat auf Monsieur Ferdurci *geschossen!* Ein anderer ist mit dem *Messer* auf mich los!«

»Nun, Sie haben sich zu wehren gewusst, soweit ich weiß«,

erwiderte Young ungerührt. Er lehnte sich zurück, stellte die Finger gegeneinander und sagte: »Fangen wir am Anfang an. Wir haben einen Vertrag, *Monsieur* Ferdurci – Sie erinnern sich?«

»*Oui*«, sagte Ferdurci, obwohl das Gespräch auf Englisch geführt wurde.

»Und wir beide« – Young sah mich an – »haben auch einen Vertrag, wie Sie sich erinnern wollen. Ein *Non Disclosure Agreement*, das verlangt, dass Sie mit niemand Außenstehendem über das sprechen, was Sie über das *Youvatar*-Projekt erfahren haben.«

»Richtig, aber wenn ich von meinem Vertragspartner bedroht und vorsätzlich in Lebensgefahr gebracht werde, beeinträchtigt das meine Neigung zur Vertragstreue empfindlich«, erwiderte ich.

Er seufzte. »Ich hatte vom ersten Augenblick an das Gefühl, dass ich mit Ihnen noch Ärger haben würde, Windover.«

»Das Kompliment kann ich zurückgeben«, erwiderte ich.

Er schloss seufzend die Augen, massierte sich eine Weile lang ausgiebig die Nasenwurzel. Schließlich setzte er sich wieder auf, musterte seine Unterlagen, musterte dann uns und sagte: »Gehen wir es der Reihe nach durch. Eins nach dem anderen. Beginnen wir mit Ihnen, Mister Ferdurci.«

Ferdurci hob den Kopf, musterte seinerseits Peter Young, sagte aber nichts.

»Verstehen Sie, was ich sage?«, fragte Young.

»*Yes*«, erwiderte Ferdurci schmallippig.

»Wir haben einen Vertrag. Wir haben vereinbart, dass Sie eine bestimmte Kurzgeschichte vernichten, Stillschweigen über deren Inhalt bewahren und dafür von mir eine Menge Geld bekommen. Stimmen Sie mir da zu?«

»Die haben auf mich geschossen«, erwiderte Ferdurci erbost, in stark akzentbehaftetem Englisch. »Ihre Männer.«

»Ja«, gab Young zu. »Das hätten sie nicht sollen.«

»Ich habe einen Kaffee getrunken. In Agon-Coutainville. Ich habe mit diesem Herrn hier geredet. Ihr Mann ist gekommen und wollte mich erschießen!«

Young lächelte dünn. »Tatsächlich wollte er nicht *Sie* erschießen. Sondern ihn.« Er wies auf mich. »Es ist ihm nur jemand in den Arm gefallen.«

Das zu hören ließ mich heftiger erschrecken, als ich für möglich gehalten hätte. Es war, als reagiere mein Körper direkt, ohne den Umweg über meine Gedanken, und es fühlte sich an, als explodiere etwas unglaublich Kaltes in mir, das sich blitzartig bis in die Fingerspitzen und Zehen ausbreitete. Ich war außerstande, etwas zu sagen.

»*Whatever*«, fuhr Young fort, »auch das hätte er nicht tun sollen. Die Männer hatten nur Anweisung, Sie zu beobachten und neugierige Leute von Ihnen fernzuhalten. Journalisten. Leute wie Mister Windover. Ich nehme an, Sie haben ihm erzählt, worum es in Ihrer Story ging?«

Ferdurci verschränkte trotzig die Arme vor der Brust. »Ich habe gedacht, Sie wollten mich töten. Ich *musste* es denken. Also wollte ich die Story veröffentlichen. Ich dachte, wenn sie veröffentlicht ist, nützt es Ihnen nichts mehr, mich zu töten. Dann überlebe ich vielleicht.«

»Verstehe«, sagte Young und massierte sich zur Abwechslung die Schläfen. »Das nennt man wohl, sich selber in den Fuß zu schießen. Aber was für ein Glück, dass wir auch einen Vertrag haben, nicht wahr, Mister Windover?«

Mir war immer noch kalt. Ich hob nur vage die Schultern. Die alte Redewendung *someone walked over my grave* kam mir in den Sinn. Zum ersten Mal verstand ich, was damit gemeint war.

Young beugte sich vor, faltete die Hände. »Ich schlage Ihnen Folgendes vor, Mister Ferdurci«, sagte er langsam. »Wir vergessen, dass Sie dieses eine Mal gegen unsere Abmachung verstoßen haben, Sie vergeben mir die Schwierigkeiten, die meine Leute Ihnen bereitet haben, kehren zurück in Ihre Schreibklausur, bewahren künftig Stillschweigen – und erhalten die zweite Hälfte des vereinbarten Betrages zum vorgesehenen Zeitpunkt.«

Ferdurci sah ihn brütend an und sagte nichts.

»Plus eines Schmerzensgeldes in Höhe von weiteren fünfhunderttausend Dollar«, fügte Young grimmig hinzu. »Wenn Sie *jetzt* zustimmen.«

Ferdurci kaute nachdenklich auf seiner Unterlippe.

»Zwei Millionen, Mister Ferdurci?«

»*D'accord*«, sagte der Schriftsteller. »Okay. Ich bin einverstanden.«

Young bemühte sich, zu lächeln, ohne dabei wie ein Haifisch auszusehen. »Wunderbar. Meine Sekretärin wird alles Weitere organisieren.« Er drückte eine Taste an einem altmodischen Sprechgerät. »Tamara? Würden Sie bitte rüberkommen?«

Die Tür zum Nebenzimmer öffnete sich, und eine stämmige, dunkelhaarige Frau etwa meines Alters kam herein. Ich betrachtete sie verwundert. Von jemandem wie Peter Young hatte ich unwillkürlich angenommen, er würde seine Sekretärinnen eher nach, sagen wir, optischen Kriterien auswählen. Diese Frau dagegen wirkte vor allem kompetent, wie jemand, dem man schwierige Angelegenheiten bedenkenlos anvertrauen konnte.

»Tamara«, begann Young, indem er aufstand und sein Jackett zuknöpfte, »ich darf Ihnen Mister Raymond Ferdurci vorstellen, Philosoph und Schriftsteller.« Er bedeutete Ferdurci, sich zu erheben, eine Aufforderung, der er ohne Zögern nachkam.

Die Sekretärin reichte Ferdurci die Hand, der sie sofort ergriff.

»*Enchanté*«, sagte sie.

»Tamara spricht, im Gegensatz zu mir, hervorragend Französisch«, erläuterte Young. »Sie wird Sie zum Flughafen bringen, Ihren Rückflug nach Paris organisieren und auch, dass man Sie zurück in diesen Badeort bringt.«

»Mein Pass«, fiel Ferdurci ein. »Ich habe keinen Pass bei mir.«

»Ja, das konnten wir erfreulicherweise schon regeln«, sagte Young und sah auf die Uhr. »Demnächst landet ein gewisser Rens Reijnders in Wien, er hat Ihren Pass dabei. Und auch Ihren Computer, habe ich gehört. Sie können also noch während der Rückreise weiterschreiben.«

Ferdurci blinzelte, sah sich um, sah mich an, sah die Männer an, Young, die Sekretärin. »Wie? *Jetzt sofort?*«

Young nickte bekräftigend. »Je schneller die ganze Aufregung vorbei ist, desto besser, nicht wahr? Sie gehen einfach mit Tamara, sie wird sich um alles kümmern. Sagen Sie ihr einfach, was Sie brauchen – eine Dusche, was anderes zum Anziehen, egal, was, sie wird dafür sorgen, dass Sie es kriegen.«

Ferdurci schüttelte den Kopf. »Ich will nur zurück.«

»Umso besser.«

Ferdurci drehte sich zu mir um. Ich stand ebenfalls auf, um mich zu verabschieden.

»Ich weiß noch nicht, was ich von alldem halten soll«, meinte er, als er mir die Hand gab. »*Mais c'était en tout cas une expérience extraordinaire.*«

»Ja, eine außergewöhnliche Erfahrung war es auf jeden Fall«, pflichtete ich ihm bei. »Ich wünsche Ihnen alles Gute.«

Er nickte, dann folgte er Youngs tüchtiger Sekretärin hinaus. Die Tür schloss sich hinter den beiden, und ich war mit Peter Young alleine. Mit ihm und seinen beiden Männern fürs Grobe. Aber die zählten wohl nicht, und sie gaben auch keinen Mucks mehr von sich.

Und die ganze Zeit ging mir nur ein Gedanke im Kopf herum: *Das kann doch unmöglich schon alles gewesen sein!*

* * *

»Was *tun* Sie hier eigentlich?«, fragte ich und setzte mich wieder, um zu signalisieren, dass ich nicht zu gehen gedachte, ehe ich nicht ein paar Antworten bekam. »Das ist doch, wenn ich das recht gesehen habe, das Büro von Professor Bergstädter?«

»Er hat es mir freundlicherweise zur Verfügung gestellt«, sagte Peter Young und ließ sich zurück in dessen Sessel fallen. Als wolle auch er nicht gehen, ehe ein paar Dinge zwischen uns geklärt waren. »War kein Problem, da er seit heute ohnehin auf Reisen ist und es nicht braucht.«

»Hat er einen besonderen Grund, so freundlich zu Ihnen zu sein?«

»Ich denke schon. Immerhin finanziere ich zwei Assistentenstellen an seinem Institut.«

»Einfach so.«

Young gestattete sich ein flüchtiges Grinsen. »Im Gegenzug hat er sich bereit erklärt, neulich bei unserer Kick-off-Veranstaltung den Saulus zu spielen, der sich zum Paulus bekehrt.«

Einen Moment lang war ich sprachlos. »Das war *abgesprochen?*«

»Hat alle sehr beeindruckt, nicht wahr? An dem Mann ist ein Schauspieler verloren gegangen.«

»Steht Ihr Projekt auf so schwachen Füßen, dass Sie solche Tricks nötig haben?«

»Nein, tut es nicht. Aber nach meinen Erfahrungen im Marketing überzeugt man niemanden mit Argumenten und Logik allein. Es muss immer ein emotionales Moment dazukommen, etwas, das sich an der Ratio vorbeiwieselt und tiefere

Schichten des Bewusstseins direkt anspricht. Und zu sehen, aha, ein hochkarätiger Wissenschaftler, der anfangs skeptisch war, hat sich überzeugen lassen? Das triggert den Gruppeninstinkt.« Young drehte sich mit dem Sessel spielerisch hin und her. »Ehe Sie jetzt darüber nachdenken, was für einen Artikel Sie daraus machen könnten, möchte ich Ihnen dringend raten, die Einzelheiten Ihres NDA noch einmal genau zu lesen. Dasselbe gilt für den Fall, dass Sie mit dem Gedanken spielen, die Story von Mister Ferdurci zu veröffentlichen.«

Ich machte auf Pokerface. »Wie haben Sie Ferdurci überhaupt gefunden?«, fragte ich, obwohl der Schriftsteller mir das ja erzählt hatte. Mich interessierte, was Young darauf sagen würde.

Young schüttelte nur den Kopf. »Wir mussten ihn nicht *finden*. Meine Kanzlei, die den Vertrag mit ihm ausgehandelt hat, hat die ganze Zeit gewusst, wo er ist. Und sie hat auf meine Bitte auch Anstrengungen unternommen, dafür zu sorgen, dass ihn niemand in seiner kleinen Eremitage da an der normannischen Küste findet. Hätte ja fast geklappt.«

»So viel Fürsorglichkeit hätte ich Ihnen gar nicht zugetraut.«

»Es war schlicht einfacher so. Je weniger Kontakt er während unserer ersten Investitionsrunde zum Rest der Welt hatte, desto besser. Dass ich ihn überwachen lassen würde, haben wir ihm natürlich nicht gesagt.«

Das erklärte, warum Ferdurci so spurlos hatte verschwinden können. Es war, wie Favreau vermutet hatte: Der Schriftsteller hatte professionelle Hilfe gehabt. Ohne davon zu wissen, vermutlich.

Ja, es war eine Antwort, die Hand und Fuß hatte. Und trotzdem war mir das irgendwie … *zu einfach!*

»Wie war das mit Rens Reijnders? Wieso kommt der auf einmal nach Wien geflogen?«

»Das hat diese Furie organisiert, mit der Sie sich die Geschäftsführung Ihres kleinen Privatgeheimdienstes teilen, diese Miss Udenthal«, erklärte Young in säuerlichem Ton.

Er schaltete den Tabletcomputer ein, den er mitgebracht hatte. »Das hier hat sie mir gestern Nachmittag gemailt, zusammen mit der Drohung, es heute an sämtliche Milliardäre der Welt zu schicken und zusätzlich noch an die rund hundertfünfzigtausend UHNWs, deren Mailadressen Sie angeblich in Ihrer Datenbank haben. So bin ich überhaupt erst darauf aufmerksam geworden, was da vor sich geht.«

Er reichte mir das Gerät. »Außerdem hat sie es auch an Victoria gemailt, und die hat mir daraufhin die Hölle heißgemacht.«

Ich nahm das Tablet entgegen und betrachtete das Dokument, das es zeigte. Es war eine PDF-Version unseres Newsletters, aber er machte mit einem von Claas Jordan geschriebenen Artikel auf, der den knalligen Titel trug: *»Menschenjagd quer durch Europa«*, Untertitel: *»Wie der amerikanische Milliardär Peter Young einem französischen Schriftsteller nach dem Leben trachtet – weil dieser zu viel über dessen Projekte weiß«*.

Der Artikel war in einem sehr emotionalen, fast schon reißerischen Ton geschrieben, ein Artikel, wie er ohne Weiteres auch in der englischen *Daily Mail* oder im deutschen *SPIEGEL* hätte stehen können. Er schilderte Ferdurcis und meine Erlebnisse auf eine Weise, die zwar von den Fakten her nichts Falsches behauptete, aber durch die Art, wie sie geschildert wurden, einen ganz anderen Eindruck erweckte: Man las den Text und sah Peter Young förmlich als James-Bond-Bösewicht vor sich, der nicht einmal mit der Wimper zuckte, wenn jemand über die Klinge sprang. Fehlte nur noch ein Foto von ihm, auf dem er eine weiße Katze streichelte.

Vor allem aber ließ der Artikel einen mit höchstem Misstrauen gegen das *Youvatar*-Projekt zurück: Wenn dessen Initiator es nötig hatte, einen Autor von Kurzgeschichten um die Ecke zu bringen, damit niemand erfuhr, was dieser dagegen geschrieben hatte, dann *konnte* ja etwas nicht stimmen!

»Ich versuche, ihm beizubringen, *nicht* in diesem Stil zu schreiben«, sagte ich und reichte das Gerät zurück. »Aber in diesem Fall war es wohl genau der richtige Ton.«

Young seufzte. »Ich war gerade in Helsinki, in einer wichtigen Besprechung. Weiß der Himmel, woher Sie meine direkte Mailadresse haben …«

Ich hätte es ihm sagen können: von Vera van Akkeren natürlich.

»… auf jeden Fall habe ich mich sofort mit Miss Udenthal in Verbindung gesetzt, ihr alles versprochen, was sie wollte, und mich dann darangemacht, die ganze Schweinerei aufzuklären.«

Also war es Marta, die uns gerettet hatte. Hatte sie sich an meine Bemerkung über Claas Jordan erinnert? (Später sollte ich erfahren: Ja, hatte sie.) Auf absurde Weise enttäuschte mich das. Das, was Ferdurci über die Struktur von Geschichten gesagt hatte, geisterte mir noch im Kopf herum, auch seine Überzeugung, dass *ich* der Protagonist dieser Geschichte sei und es deshalb an mir gewesen wäre, uns zu retten!

Nicht, dass ich auch nur den Hauch einer Idee gehabt hätte, wie. Immer noch nicht.

»Dieser Eric Bosch, nehme ich mal an, ist Ihr Mann fürs Grobe?«, fragte ich.

»So würde ich es nicht ausdrücken. Er leitet eine Sicherheitsfirma, deren Dienste ich manchmal in Anspruch nehmen muss. Ich kann schließlich nicht alles alleine machen.« Peter Young schob den Tabletcomputer auf der Tischplatte hin und her. »Sie haben es ja vorhin mitgehört, er leidet an Spielsucht. Bis vor ein paar Monaten hatte er noch Leute mit genug Mumm in den Knochen, die ihn daran gehindert haben, dieser Sucht nachzugeben. Aber die sind ihm offenbar abhandengekommen.«

Dass alles nur ein Missverständnis gewesen sein sollte – Untergebene, die die falschen Befehle bekommen oder einfach nur über die Stränge geschlagen hatten –, schien mir dem, was Ferdurci und ich durchgemacht hatten, alle Ernsthaftigkeit zu nehmen. Obwohl es ja eine echte Verfolgungsjagd gewesen war und das, was die Männer uns angetan hatten, echte Narben hinterlassen würde.

»Hat er auch den Spion bei uns platziert, oder waren Sie das?«, fragte ich geradeheraus. Es schadet manchmal nicht, einfach auf den Busch zu klopfen.

Young hob die Augenbrauen. »Soweit ich weiß, hat Eric da was getrickst, ja, nachdem ich ihm gesagt habe, er soll auch auf Sie ein Auge werfen. Mehr weiß ich nicht. Ich schätze, er hat einfach einen guten Hacker auf Sie angesetzt.«

Erst in diesem Augenblick wurde mir bewusst, dass mein Nacken schon die ganze Zeit juckte. Irgendetwas, sagte ich mir, stimmte hier nicht. Dass ich zur falschen Zeit am falschen Ort gewesen sein und damit schlafende Hunde – Jagdhunde gar – geweckt haben sollte, die Young schließlich zurückgepfiffen hatte, war bestenfalls nur die Hälfte der Geschichte.

Mich interessierte die andere Hälfte.

»Was ist mit dem Tod von Richard Colbert?«, fragte ich. »Was haben Sie damit zu tun?«

»Nichts«, erwiderte Young sofort. Dann seufzte er. »Das Ganze ist einfach tragisch gelaufen. Das kann man, glaube ich, so sagen. Wissen Sie, nachdem ich damals diese Filmfirma gegründet hatte, habe ich ausgiebig mit Kreativen zu tun bekommen, und ich fand es schon ziemlich ernüchternd, zu sehen, was für schräge Typen das oft sind. Leute, die wunderbare Geschichten erfinden, aber ihr eigenes Leben gegen die Wand fahren. Leute, die sich fremde Welten ausdenken, aber mit dieser Welt nicht im mindesten zurechtkommen. Leute, die herzergreifende Liebesgeschichten schreiben, sich selber aber völlig verkriechen.« Er rieb sich etwas aus dem Augenwinkel. »Und so jemand war Richard Colbert. Ein junger Mann, labil, unzuverlässig, stark schwankend in seinen Stimmungen. An manchen Tagen hat er den Mund nicht aufgekriegt, an anderen hat er nicht aufgehört zu reden, und meistens Stuss. Bis er eines Tages mit einer echt guten Idee angekommen ist. Und die habe ich ihm dann abgekauft.«

»War es die Idee für *Youvatar*?«, hakte ich nach.

»Ach was, nein«, behauptete Young. »Die Idee, wie *Youvatar* funktionieren soll, ist alt. Die finden Sie schon in Büchern, die dreißig Jahre alt und älter sind. Neu daran ist nur, dass sie allmählich machbar wird.«

»Was für eine Idee war es dann?«

»Es war eine Idee für einen Science-Fiction-Film. Mehr werde ich dazu nicht sagen. Auf jeden Fall, ich habe sie ihm abgekauft, für viel Geld, aber als ich dann die Filmfirma verkauft habe und Colbert entlassen wurde, wollte er den Deal rückgängig machen. Ich aber nicht. Und als er angefangen hat, deshalb zu randalieren, habe ich ihn zu Hause aufgesucht und ihm gesagt, was ich auch Mister Ferdurci gesagt hätte, wenn er auf meinen Vorschlag nicht eingegangen wäre.« Er beugte sich leicht vor. »Nämlich, dass ich massenhaft Geld habe und die besten amerikanischen Anwälte und dass ich damit mehr erreiche, als wenn ich einen Auftragskiller losschicken würde.«

»Ist das so?«, fragte ich.

»Darauf können Sie getrost einen lassen.«

»Und dann?«

»Dann habe ich ihm gesagt, er solle sich verdammt noch mal nicht so auf diese eine Idee fixieren. Er ist doch ein Kreativer, er soll sich einfach was Neues ausdenken! Ich meine, wie hat er sich das vorgestellt? Eine Karriere als Drehbuchautor, aber nur eine einzige Idee im Leben haben? Das funktioniert doch nicht.«

»Und wie hat er reagiert?«

»Tja. Zum einen Ohr rein, zum anderen raus.« Young lehnte sich wieder nach hinten. »Er hat sich dann wohl bei seiner Schwester ausgeheult, schätze ich, und sich anschließend umgebracht. Wie gesagt, er war extrem labil. Das hat jeder gesehen, der ihn gekannt hat. Da können Sie fragen, wen Sie wollen.«

»Seine Schwester hat Sie beschuldigt, am Tod Colberts schuld zu sein«, sagte ich. »Und Sie haben einen Vergleich mit ihr geschlossen.«

»Eine schreckliche Eselei von mir.« Young warf die Hände in die Luft. »Ich wollte diese lästige Sache einfach vom Tisch und keinen Ärger mehr damit haben. Also hab ich gezahlt. Und dann hat diese Frau mit dem Geld nichts Besseres anzufangen gewusst, als ein viel zu schnelles Auto zu kaufen und sich damit das Hirn einzurennen.«

Es klang plausibel. Zumindest war es seine Version der Geschichte. Ich ahnte, dass ich von ihm darüber nicht mehr erfahren würde.

Bloß juckte mein Nacken immer noch.

»Das sage ich übrigens alles *off the records*, klar?«, ergänzte Young. »Ich erzähle es, um Ihre krankhafte Neugier zu befriedigen. Aber sollte ich jemals irgendwo irgendwas davon lesen, dann erleben Sie den Einsatz meiner juristischen Massenvernichtungswaffen, ist das klar?«

»Sonnenklar«, erwiderte ich. »Im Grunde ist mir nur noch eine Sache unklar, die dafür aber total.«

»Nämlich?«, fragte er, selber neugierig.

Ich verschränkte die Arme vor der Brust. »Sie haben die Geschichte von Raymond Ferdurci gelesen. Sie haben sie nicht nur gelesen, Sie haben sie auch verstanden, sonst hätten

Sie sich ja wohl kaum die Mühe gemacht, ihm einen Schweigevertrag aufzunötigen. Sie müssen also verstanden haben, dass sein Gedankenexperiment das Ihre *ad absurdum* führt!«

»Und?«, fragte er knapp.

»Ich verstehe nicht, wieso Sie danach noch *weitergemacht* haben«, gestand ich. »Diese Kurzgeschichte müsste in Ihnen doch massive Zweifel an Ihrem Vorhaben geweckt haben, oder nicht?«

Young sah mich unbeeindruckt an. »Nicht genug, um das Projekt aufzugeben«, sagte er kühl. »Ich neige dazu, mehr Wert auf die Meinung von Nobelpreisträgern zu legen als auf die eines abgehalfterten Schundromanschreiberlings.«

»Meinung?« Ich schüttelte den Kopf. »Ein Gedankenexperiment ist doch keine *Meinung*. Es ist ein *Argument!* Und bei einem Argument ist es egal, von wem es kommt!«

Er zuckte mit den Schultern. »Okay. Sagen wir einfach, das Argument hat mich nicht überzeugt.«

»Und warum haben Sie dann alles getan, um Ferdurcis Story aus der Welt zu schaffen?«

»Um zu verhindern, dass seine Geschichte die Leute ins Zweifeln bringt, deren Geld ich für das Projekt brauche!«, sagte er unverblümt. »Jegliche Verwirrung – und diese Story wäre eine gewesen – kann dem Projekt nur schaden.«

»Sie halten also weiterhin daran fest?«

»Ja, natürlich. Sehen Sie, das Projekt wird, wenn wir es erst einmal in Gang gebracht haben, mindestens zehn Jahre laufen, ehe wir Ergebnisse bekommen, eher mehr. Und bis dahin kann viel passieren. Auch Erkenntnisgewinn, durchaus. Wir werden dazulernen, ganz bestimmt. Auf jeden Fall bleibt es mein Ziel, der erste upgeloadete Mensch zu werden. Und da ich nicht mehr der Jüngste bin, will ich nicht, dass etwas dazwischenkommt, das die Sache unnötig verzögern könnte.«

Er verblüffte mich. »Und Sie haben keine Angst, dass Sie

bei dem Upload sterben könnten? Dass nur Ihre Gedanken in den Computer übertragen werden, *Sie selbst* aber nicht?«

»*Nur* meine Gedanken? Das wäre doch schon mal was.« Er furchte die Augenbrauen. »Will denn nicht jeder, dass seine Gedanken und Erfahrungen irgendwie über seinen Tod hinaus erhalten bleiben? Wozu schreibt ein Schriftsteller Bücher? Damit etwas von ihm bleibt. Wozu belehrt ein Philosoph seine Schüler? Damit seine Erkenntnisse ihn überdauern. Seine Autobiografie zu schreiben gehört in diese Kategorie, selbst so was Simples wie Familienfotos zu sammeln. Etwas soll bleiben: Das treibt uns doch in irgendeiner Form alle an, oder?« Er sah an mir vorbei, schaute grüblerisch in eine Ferne jenseits der Wände dieses Büros. »Ja, vielleicht wird das, was mich ausmacht, was *ich bin*, nicht mit upgeloadet … aber vielleicht ja doch? Das Risiko gehe ich ein.«

Das also steckte dahinter: der Ehrgeiz eines reichen, sehr von sich überzeugten Mannes, der auf eine komplizierte, neuartige und höchst spekulative Weise sein persönliches Vermächtnis hinterlassen wollte.

Nur … war das wirklich alles? Mein Nacken juckte immer noch. Aber vielleicht nur, weil ich zu viele Filme gesehen hatte, in denen hinter kleinen, unscheinbaren Anzeichen eine Gefahr verborgen lag, die sich als weit größer als gedacht entpuppte. Bis der Held am Ende doch die Welt rettete.

Die Geschichten, die das Leben schreibt, folgen aber keiner Dramaturgie, oder jedenfalls nicht dieser. Es gab hier für mich nichts zu retten.

Wobei …

Doch. Eine Sache schon.

»Ich werde Miss Kevorkian davon abraten, in Ihr Projekt zu investieren«, erklärte ich.

Young schnaubte nur verächtlich. »Das ist mir egal. Inzwischen haben wir Zusagen für insgesamt mehr als fünfzig Milliarden, und es wird jeden Tag mehr. Ich habe keinerlei Zweifel daran, dass wir das nötige Geld zusammenbekommen.« Er lächelte, und diesmal war es sein berüchtigtes Haifischlächeln. »Ich habe die Unsterblichkeit anzubieten! Wenn Sie schon alles andere hätten, was man für Geld kaufen kann – könnten Sie da widerstehen?«

Kapitel 44

Danach wurde mein Wunsch, zu gehen, größer als meine Neugier, zumal ich ahnte, dass ich von Peter Young nicht viel mehr erfahren würde. Ich fragte nach meinem Mobiltelefon, er gab die Frage an seine zwei schweigsamen Muskelmänner weiter, und wie sich herausstellte, hatte es der hispanisch aussehende bei sich, der auf den Namen Hugo hörte. Er händigte es mir aus mit den Worten: »Ist tot. Batterie leer.«

In der Tat war es nur noch ein Stück schwarzes Glas und Plastik. Ich steckte es trotzdem ein. Meine Brieftasche hatten sie mir gelassen.

»Wie gesagt, Mister Windover«, wiederholte Young in drohendem Ton, »ich kann Ihnen nur dringend raten, das NDA, das Sie unterschrieben haben, noch einmal ganz genau zu lesen, ehe Sie irgendetwas über mich, *Youvatar* oder das Projekt veröffentlichen.«

»Werde ich ganz bestimmt tun«, erwiderte ich absichtlich doppeldeutig, mochte er das verstehen, wie er wollte.

Er sah mich böse an. »Wenn Sie mir Schwierigkeiten machen, mache ich Ihnen auch welche, das verspreche ich Ihnen.«

»Sie haben mir schon eine ganze Menge Schwierigkeiten gemacht«, gab ich zurück. »Deswegen verspreche ich mal nichts. Leben Sie wohl, Mister Young.«

Damit ging ich, und niemand hielt mich auf.

Die Flure des Instituts lagen inzwischen nicht mehr ganz so verlassen da. Menschen in weißen Kitteln kamen aus Türen und verschwanden in anderen, Menschen in Overalls hantierten mit irgendwelchen Paketen, und zwischen all dem Treiben ging ich zur Treppe und hinab zum Ausgang.

Der Wachmann stand immer noch da, als habe er sich in all den Stunden nicht vom Fleck gerührt. Ich fragte ihn, wo in der Nähe man ein Ladegerät für ein Mobiltelefon und Gesprächsguthaben kaufen könne, und er meinte: »Am besten, Sie probiern's in einer Trafik.«

Was das sei, fragte ich, denn ich hatte das Wort noch nie gehört. Ein kleines Geschäft, in dem man Zigaretten, Zeitungen, Briefmarken, Erfrischungsgetränke, Snacks und andere Kleinigkeiten kaufen könne, erklärte er mir, wo man hingehe, wenn man Lotto spielen wolle und dergleichen mehr; ein unentbehrlicher Bestandteil des österreichischen Lebens also, diese Trafiken. Er beschrieb mir auch gleich den Weg zu dem nächsten derartigen Allzweckort.

Es waren zehn Minuten Fußweg bis dahin, ein Marsch, der nach dieser Nacht in unbequemer Lage guttat. Die Inhaberin besagter Trafik konnte mir zwar Gesprächsguthaben für mein Telefon verkaufen, ein passendes Ladegerät jedoch nicht. Sie schickte mich weiter zu einem Fachgeschäft, das zwei Stationen mit der Straßenbahn entfernt war, und dort erstand ich dann eines.

Solchermaßen ausgestattet, ging ich ins nächstbeste Hotel und verlangte ein Zimmer.

»Vormittags?«, wunderte sich der Mann an der Rezeption.

»Ich brauch's nur ein paar Stunden«, erklärte ich. »Ich hab eine grässliche Nacht hinter mir, muss duschen und auf jemanden warten.«

Er zuckte mit den Schultern und meinte: »*Passt schon*. Aber Rabatt kann ich Ihnen keinen geben, weil, die Arbeit damit ist dieselbe.«

»Geht in Ordnung«, sagte ich.

Drei Minuten später saß ich in einem muffigen Zimmer auf einem Bett, das so weich war, dass eine Nacht darauf wohl grässlich gewesen wäre. Ich hängte mein Mobiltelefon ans Ladegerät, nahm dann das Hoteltelefon auf den Schoß und wählte die Nummer der Redaktion.

Großes Hallo am anderen Ende der Leitung, große Erleichterung, dass ich mich meldete und, wie ich wiederholt versichern musste, noch in einem Stück war. Es tat mir gut, all das zu hören und zu spüren, dass sie alle an meinem Schicksal Anteil genommen hatten.

Nach mehrfachem Weiterreichen des Hörers hatte ich endlich Marta am Ohr, erzählte ihr, wie es ausgegangen war, und erfuhr von ihr, was sich derweil in Amsterdam zugetragen hatte.

»Der Spion«, sagte sie, »war ein kleines Gerät, das im USB-Anschluss eines Servers steckte. Matt hat es entdeckt. Über dieses Teil sind sie in unser System eingedrungen und konnten unsere Telefonate mithören.«

»Und wie ist das Ding dorthin gekommen?«

»Tja«, machte sie, »wie sich herausgestellt hat, war es Adilene. Sie hat es dort angebracht, als sie mit Theo draußen in Bullewijk war und er sich den Serverraum anschauen durfte, als Geburtstagsgeschenk. Die Sache ist nur die – Theo hat im Mai Geburtstag, nicht im Oktober. So sind wir drauf gekommen, nachdem uns dein Anruf aus Paris aufgeschreckt hat.«

»Adilene? Aber warum?«

»Sie hat mir damals beim Einstellungsgespräch erzählt, Theos Vater sei tot. Die Wahrheit ist, dass er noch lebt, sich aber in Kreisen der Unterwelt bewegt und dort wohl eine große Nummer ist. Er ist eines Abends bei ihr aufgetaucht, hat ihr den Spion gebracht, ihr erklärt, was sie damit tun soll, und ihr gedroht, wenn sie nicht mitmacht, wird er ihr Theo wegnehmen.«

»*Good heavens!*«, entfuhr es mir. »Was hast du dann gemacht?«

»Erst mal hab ich die beiden bei uns im Büro einquartiert und dafür gesorgt, dass immer starke Männer im Haus sind. Dann habe ich Claas Jordan gesagt, er soll aufschreiben, was wir über eure Flucht wissen, und dabei mal so richtig vom Leder ziehen. Und damit habe ich Peter Young gedroht. Und ich schwöre dir bei Gott, wenn er nicht sofort alle Hebel in Bewegung gesetzt hätte, um eure Verfolgung zu beenden, hätte ich diese Ausgabe an sämtliche Leute aus unserer Datenbank geschickt, deren Mailadresse wir haben.« Ihre Stimme hatte einen gefährlich erbitterten Ton bekommen. Man sah förmlich eine Bärin vor sich, die ihr Junges mit Zähnen und Klauen zu verteidigen bereit ist. »Nicht, weil er euch verfolgt und uns ausspioniert hat, wohlgemerkt. Sondern weil er Adilene Angst gemacht hat. Das werde ich ihm nie verzeihen.«

»Gut«, sagte ich. »Es hat uns möglicherweise nebenbei auch das Leben gerettet, aber … gut, auf jeden Fall.«

Marta atmete geräuschvoll aus. »Wie sieht's aus, was hast du jetzt vor? Kommst du zurück?«

»So schnell wie möglich. Ich muss nur vorher noch duschen. Wie war das mit Rens?«

»Er hat dein Gepäck aus dem Hotel in Agon-Coutainville, deinen Pass und den von Mister Ferdurci. Nachdem er euch in Paris nicht angetroffen hat, hab ich ihn nach Wien weitergeschickt. Er müsste demnächst landen, und abgesprochen ist, dass er am Flughafen die Sekretärin von Young trifft und ihr Ferdurcis Pass übergibt, damit der zurückfliegen kann.«

»Wie ist das denn in Paris gelaufen? Ist bei dem Überfall jemand verletzt worden?«

»Die Polizei ist wohl grade noch rechtzeitig gekommen. Die Antiterroreinheit, stell dir vor! Einen haben sie verhaftet, die anderen konnten entkommen. Unsere Leute haben sich im Panic Room verschanzt und sind unverletzt geblieben, aber das Haus … das müssen wir jetzt, glaube ich, abreißen lassen.«

»*Alright.* Dann gib mir mal Rens' Mobilnummer, damit ich –«

»Kann ich dir geben, aber du gehst jetzt unter die Dusche, und ich ruf ihn an und sag ihm, wo er dich findet.«

»Wie lange braucht man wohl mit dem Zug von Wien nach Amsterdam?«

»Hat Olivia schon ermittelt. Viel zu lange, fünfzehn Stunden und mehr. Nein, bitte nimm den Flieger!«

* * *

Ich war davon ausgegangen, dass ich Rens Reijnders am Flughafen treffen würde, aber es stellte sich heraus, dass er früher als geplant gelandet und bereits auf dem Weg in die Stadt war, als ich ihn telefonisch erreichte.

»Ist doch kein Problem«, meinte er in seiner typisch brummigen Art. »Wenn ich schon mal in Wien bin. Seh ich wenigstens ein bisschen was von der Stadt.«

Immerhin kam ich so dazu, mein aus den Hinterlassenschaften von Monsieur Durant zusammengestückeltes Outfit durch eigene Kleidung zu ersetzen. Was mir tatsächlich auch viel lieber war.

Danach fuhren wir mit dem CAT, dem *City Airport Train*, wieder zum »richtigen« Flughafen Wien hinaus, was nur eine Viertelstunde dauert und eine höchst bequeme Angelegenheit ist. Unterwegs erzählte mir Rens von den Schwierigkeiten, die es bereitete, den Firmenwagen und alle Sachen, die Ferdurci und ich zurückgelassen hatten, vom *Hôtel de l'Etang* zurückzuholen.

»Das Ding liegt mitten im Wald, da kommt man wirklich nur mit dem Auto hin. Also hat Marta zwei junge Leute aus ihrer Kirchengemeinde engagiert. Die fahren heute oder morgen hin, sammeln alles ein, was liegen geblieben ist, und kommen dann mit beiden Autos zurück. Unseren Wagen bringen sie dann in Bullewijk gleich in die Werkstatt. Gibt ein gutes Taschengeld, und Spaß werden sie auch dabei haben.«

»Das ist so ein Aspekt, der in diesen Actionfilmen immer unter den Tisch fällt«, überlegte ich. »Was für ein Aufwand es ist, hinterher alles wieder aufzuräumen.«

Kurz bevor unser Zug den Flughafen erreichte, klingelte mein Telefon. Nichts anderes erwartend als eine Rückfrage, unseren Flug betreffend, zu dem uns Olivia noch die Tickets schicken wollte, nahm ich den Anruf an.

Es war Marta. Ernst.

»James«, sagte sie, »ich schon wieder. Wieder mit etwas Unangenehmem.«

»Joan hat angerufen«, riet ich mit einem ganz unguten Gefühl.

»Ja, gerade eben. Dein Vater ist ins Koma gefallen. Sie sagt, er wird praktisch nur noch von Maschinen am Leben gehalten. Du sollst so schnell wie möglich nach London kommen, um zu entscheiden, wie es weitergeht.«

VIII
DAS LEBEN

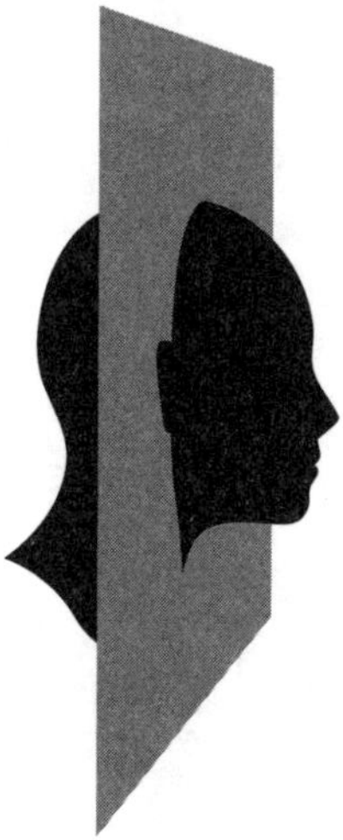

Kapitel 45

Wann bin ich in London angekommen? Um wie viel Uhr habe ich das St.Mary's Hospital betreten? Ich weiß es nicht mehr. Ein Krankenhaus ist ein seltsam zeitloser Ort, ein Universum für sich, in dem andere Gesetze zu gelten scheinen.

Es könnte ungefähr sechzehn Uhr gewesen sein. Ich hatte den ganzen Flug wie in Trance durchlebt, was grundsätzlich nicht die schlechteste Art und Weise ist, einen Linienflug zu überstehen. Habe ich ein Taxi genommen? Wahrscheinlich. Ich erinnere mich nicht mehr.

Alles, woran ich mich erinnere, ist der Tumult in meinen Gedanken. Es schockte mich einmal mehr, wie schlagartig sich alles im Leben ändern kann. Die letzten Tage hatte ich nicht mehr an meinen Vater gedacht, war bis eine Sekunde vor Martas Anruf davon ausgegangen, dass er dort, wo er war, gut versorgt wurde und sich irgendwann wieder berappeln würde. Dass er nach allerlei wenig angenehmen Behandlungen wieder nach Hause kommen würde, glatzköpfiger, als er ohnehin schon war, aber mit der Aussicht, noch eine Weile zu leben. Naiv, gewiss. Aber das habe ich geglaubt, und wie alles, was man so glaubt, habe ich es getan, weil ich mir *wünschte*, es wäre so.

Mein Bedürfnis, die Wahrheit zu erfahren, hatte offenbar Grenzen, merkte ich. Wenn mir eine Wahrheit zu nahe auf den Leib rückte, dann blendete auch ich sie lieber aus.

Außerdem musste ich immer wieder daran denken – und fand es höchst bizarr –, dass ich selber an diesem Tag schon hätte tot sein können, wenn es stimmte, was Peter Young über den Schuss in Agon-Coutainville gesagt hatte und wenn nicht irgendein Fischer, dessen Name ich wohl nie erfahren werde, dem Schützen in den Arm gefallen wäre.

Im Hospital redeten zwei Ärzte auf mich ein, Dr. Prasad, den ich kannte, und Dr. Hobbs, eine stämmige Frau, die ich bislang nur ein paar Mal gesehen hatte. Beide erklärten mir, es gäbe »im Grunde keine Hoffnung mehr«, sie bräuchten aber meine ausdrückliche Erlaubnis, um »die lebenserhaltenden Maßnahmen einzustellen«, sprich, die Maschinen abzuschalten, die meinen Vater noch am Leben hielten.

Ich hatte Mühe, die *stiff upper lip*, für die wir Engländer so berühmt sind, beizubehalten. Was das hieße, wollte ich wissen, welche Optionen es denn gebe, und begriff nicht, dass sie einfach nur meine Unterschrift wollten.

Joan hatte ich, mal wieder, knapp verpasst. Dr. Prasad erzählte mir, ihre erste Schicht nach dem Urlaub habe heute früh um acht Uhr geendet. Aber sie sei noch geblieben und geblieben, hätte auf mich warten wollen, sei jedoch am Ende gewesen, man habe es sehen können. Schließlich hätten sie sie nach Hause geschickt, sie buchstäblich mit vereinten Kräften in ein Taxi gesetzt. Er solle mir Grüße von ihr ausrichten und dass sie mich anrufen werde.

Einmal mehr berühren sich unsere Leben nur an den Rändern, dachte ich und spürte, dass ich sie vermisste, dass ich sie in diesem Moment gern bei mir gehabt hätte, nicht einmal so sehr, um sie zu fragen, was ich tun sollte, sondern einfach nur, um nicht so allein zu sein, wenn ich diese Entscheidung über das Leben meines Vaters treffen würde.

»Ich fühle mich, offen gestanden, überfordert, das jetzt so schnell zu entscheiden«, gestand ich schließlich. »Kann ich vielleicht vorher noch eine Weile mit meinem Vater allein sein?«

»Oh, selbstverständlich«, sagte Dr. Hobbs. »Nehmen Sie

sich die Zeit, die Sie brauchen. Kein Grund zur Eile.« Sie dagegen hatte offenbar Grund zur Eile, denn sie verabschiedete sich mit einem Nicken und stob davon.

»Leidet er?«, fragte ich Dr. Prasad.

Er hob die Schultern. »Ich hoffe, nicht. Man weiß es nicht. Das Koma ist immer noch ein großes medizinisches Rätsel.«

»Aber es sind schon Leute aus dem Koma wieder aufgewacht, nicht wahr? Manchmal nach Jahrzehnten?«

»Das stimmt. Aber das wird bei Ihrem Vater nicht der Fall sein.«

»Was entscheide ich dann? Ob wir seinen Tod vorziehen oder ob wir den Dingen ihren Lauf lassen?«

»Das fasst es gut zusammen, ja.«

»Wie würden Sie an meiner Stelle entscheiden?«

Er lächelte sanft. »Meine Eltern sind Hindus und glauben an die Wiedergeburt. Obwohl ich ihren Glauben nicht teilen kann, färbt diese Haltung doch auf mich ab. Ich fürchte, ich bin nicht der Richtige, um Ihnen zu raten.«

»Wiedergeburt?«, echote ich.

»Das ist den Menschen hier im Westen nicht so präsent, aber tatsächlich glaubt fast die Hälfte der Menschheit in irgendeiner Form an Reinkarnation, an die Wiedergeburt der Seele in einem neuen Leben.«

»Ist das denn aus medizinischer Sicht überhaupt irgendwie vorstellbar?«, fragte ich, weil ich in dem Moment wirklich sehr durcheinander war und wirklich sehr dummes Zeug redete und dachte.

»Nein, ist es nicht«, erwiderte er und lachte leise. »Auf der anderen Seite – was *wissen* wir schon? Nicht mal, wie Schmerz funktioniert. Nicht mal, ob Ihr Vater gerade leidet. Was er überhaupt erlebt. Wir haben nur ein paar Sandkörner in der Hand von einem Berg des Wissens, der größer ist als der Himalaya.«

Ich sah ihn nur an und wusste nichts mehr zu fragen. Nichts mehr, um die Konfrontation mit meinem sterbenden Vater noch länger hinauszuzögern.

»Ich lasse Sie jetzt alleine«, sagte Dr. Prasad. Er deutete ein *Namasté* an, öffnete mir dann die Tür zur Intensivstation und überließ mich der Obhut der dort diensthabenden Krankenschwester.

* * *

Die Krankenschwester war jung, wirkte tüchtig und ätherisch zugleich und seltsam unberührt von dem, womit sie es hier den ganzen Tag zu tun hatte. Sie bat mich, meine Hände zu desinfizieren und mich anschließend in Plastik zu packen: ein weißer Kittel, der mich fast gänzlich umhüllte, dazu blaue Überschuhe mit Gummizug.

»Es ist das dritte Bett«, sagte sie dann, und ich ging an zwei leeren Betten vorbei bis zu einem, in dem, hinter einem blauen Vorhang, mein Vater lag, angeschlossen an einen ganzen Maschinenpark. Er hatte eine Atemmaske auf dem Gesicht, über sich allerlei Beutel mit Flüssigkeiten, die über durchsichtige Plastikschläuche in seinen Körper tropften.

Alles war hell erleuchtet. Der Geruch eines Desinfektionsmittels kämpfte gegen den Geruch von Krankheit und Tod an. Immer wieder piepste irgendwo eines der Geräte leise, ohne dass ich gewusst hätte, welches. Manchmal war das Piepsen auch weit weg, betraf einen anderen der Patienten, die ich nicht sah und auch nicht sehen wollte.

Neben Vaters Bett stand ein Stuhl. Ich setzte mich. Meine Plastikumhüllung knisterte. Was jetzt? Ich wusste nicht, was ich tun sollte, was ich hier wollte oder sollte, wusste es weniger denn je.

Weil ich das alles nicht sehen wollte. Weil mich das alles

mit einer Wahrheit konfrontierte, die ich, wie wohl die meisten, für gewöhnlich ausblendete: dass wir alle nur auf Abruf leben.

Ich betrachtete meinen Vater, wie er da lag, kaum zu erkennen unter all den medizinischen Vorrichtungen: Grau sah er aus, eingefallen, unrasiert und allem wehrlos ausgeliefert, was mit ihm geschah. *Ein bisschen dunkler und ein bisschen mehr Blut, und es wäre ein Anblick aus einem Horrorfilm*, schoss es mir durch den Kopf. Es wollte mir einfach nicht gelingen, das, was ich sah, mit Begriffen wie Heilung, Rettung oder wenigstens Wohlergehen zu verbinden, obwohl mir der Verstand sagte, dass mein Vater ohne all diese Maschinen längst tot gewesen wäre.

Aber eigentlich – und immerhin das wurde mir klar – rührte das Grauen, das mich erfüllte, daher, dass ich fürchtete, eines Tages ebenso dazuliegen, und es mir so entsetzlich vorstellte, wie es aussah.

Joan und ich hatten ab und zu über derartige Themen gesprochen. Nicht oft, aber doch manchmal. Sie hatte immer gesagt, wie etwas aussehe und wie es sich für denjenigen anfühle, das seien zwei völlig verschiedene Dinge. Eine Operation könne manchmal aussehen wie das reinste Massaker, aber in aller Regel rette sie am Ende einem Menschen das Leben. Auf der anderen Seite könne ein Patient, der völlig normal aussieht, unter Schmerzen leiden, die ihn in den Wahnsinn trieben.

Dann fiel mir noch etwas ein, das Joan mal gesagt hatte: dass Menschen im Koma manchmal ansprechbar seien. Dass man durchaus mit ihnen reden könne.

Vielleicht war es das, was ich hier zu tun hatte: mit meinem Vater klarzukommen. Zu sagen, was ich ihm bislang zu sagen versäumt hatte. Reinen Tisch zu machen.

Und sei es nur, dachte ich, dass ich es für mich tue. Dass ich es mir leichter machte, indem ich es endlich ausspreche.

»Hallo, Dad«, sagte ich also leise. »Ich bin's. James. Dein Sohn.«

Keine Reaktion. Natürlich nicht.

»Ich weiß nicht, ob du mich hören kannst.«

Er lag so reglos da, dass ich mir albern vorkam. Egal, sagte ich mir, ich mache das jetzt einfach. Ich sage, was noch zu sagen ist.

Nur … was *war* denn noch zu sagen?

»Dad«, begann ich schließlich, »die Ärzte sind nicht sehr optimistisch, was … dich anbelangt. Es könnte sein, dass …«

Dann wusste ich nicht mehr weiter. Verstummte.

Ich musste an das Projekt denken, das mich die letzten zwei Wochen so vollkommen in Anspruch genommen hatte. Zwei Wochen erst? Das kam mir ganz unglaublich vor. Zwei Wochen, seit Vater hier lag, und schon …

Was, wenn das, was *Youvatar* vorhatte, schon Realität wäre? Wenn man Vater in dem Moment, in dem klar war, dass sein Körper nicht mehr lange funktionieren würde, an so eine Maschine angeschlossen und sein Gehirn, seinen Geist, ihn selbst in eine digitale Kopie übertragen hätte? Dann würde er weiterleben, in einer anderen Form, gewiss, aber er würde eben nicht sterben müssen, und der Schmerz, den ich gerade fühlte, wäre erträglicher gewesen.

Dann fiel mir Raymond Ferdurcis Gedankenexperiment wieder ein, und alle Zuversicht und Hoffnung, die ich mit der Idee des Uploads verbunden hatte, zerbröselten.

Außerdem spielte es keine Rolle. Jetzt war jetzt. Was immer aus dem Projekt der drei Silicon-Valley-Giganten werden würde, es würde meinen Vater nicht mehr retten.

Es galt, Abschied zu nehmen.

»Ich weiß ja nicht, ob du mich hörst«, sagte ich leise, »aber für den Fall, dass du was mitkriegst, wollte ich dir noch sagen …«

Worüber hatten wir nie gesprochen? Zum Beispiel über die Trennung meiner Eltern. Alles, was damit zusammenhing, hatte ich in mich hineingefressen. Warum hatte das passieren müssen? Hätte er meine Mutter nicht ein bisschen besser behandeln können? Mehr Rücksicht auf ihre Religiosität nehmen? Ihr weniger Vorwürfe machen? Nicht immer gleich ausrasten?

Außerdem schien es ihm irgendwie ganz gut in den Kram gepasst zu haben, mich los zu sein, und auch darüber hatten wir nie gesprochen.

Und als ich dann zu ihm zurückgekommen war – was war das für ein Drama gewesen in der ersten Zeit! Um praktisch alles, was mit Schule und so weiter zu tun hatte, hatte ich mich selber kümmern müssen; er hatte keinen Finger krumm gemacht. Ich sei ja wohl selber groß, hatte er nur gemeint, er habe schon genug damit zu tun, das Geld zu verdienen, das ich ihn koste.

Oh, und was hatten wir gestritten! Kaum eine Nachrichtensendung, nach der wir uns nicht regelrecht angeschrien hatten, weil er nicht einsehen wollte, dass ich recht hatte, und ich nicht, dass er recht hatte. Ich erinnerte mich an zuschlagende Türen, an verstocktes Schweigen beim Frühstück, an mühevolle, halbgare Versöhnungen.

Und sein hartnäckiges Beharren auf seinen Vorstellungen davon, wie gewerkschaftliche Arbeit auszusehen habe! Sein stures Festhalten an den alten Idealen von Klassenkampf und Solidarität, die außer ihm längst niemand interessierten!

An dieser Stelle stockten meine Gedanken. Was war denn an *seiner* Hartnäckigkeit anders als an *meiner*, was meine Vorstellungen von richtigem Journalismus anging? War ich nicht genauso jemand, der stur an etwas festhielt, mochte auch die ganze Welt anders denken? Nur mit dem Unterschied, dass ich mehr Glück gehabt hatte als mein Vater?

War es am Ende nicht so … dass ich das von ihm *hatte?* Dass ich der, der ich war, im Ringen mit ihm *geworden* war?

Mir fiel wieder ein, wie er mich das erste Mal in seinen Pub mitgenommen hatte. In seinen stinkigen, verrauchten Pub, wo er sich mit seinen rotnasigen Freunden traf, seinen *Genossen*, wie er meistens sagte, obwohl er der Einzige war, der das Wort benutzte. Ich war fünfzehn gewesen, viel zu jung dafür, und Dad hatte nur gesagt: »Das ist übrigens mein Junge.«

Es hatte knurrig geklungen, aber ich hatte gespürt, dass er irgendwo auch stolz auf mich gewesen war.

Ich betrachtete meinen Vater, wie er da zwischen den weißen Tüchern lag, fast schon nicht mehr da, und endlich sah ich *ihn* und nicht all die Kabel, Schläuche und Gerätschaften. Was hatte es angesichts des Todes noch für einen Sinn, irgendeinen alten Groll zu artikulieren oder unentschiedene Streite von vor mehr als zwanzig Jahren fortzuführen?

Nein, das, was ich ihm *wirklich* noch nie gesagt hatte, war etwas anderes. Etwas ganz anderes.

»Was ich dir noch sagen wollte, Dad«, setzte ich neu an, »ist, dass ich dich … na ja … trotz all unserer Streite und Auseinandersetzungen und so weiter, und es ist ja wirklich oft hoch hergegangen zwischen uns, aber … aber du sollst wissen, dass ich dich trotz allem liebe, Dad. Das wollte ich dir noch sagen. Dass ich dich liebe und dass ich dir dankbar bin für alles, und dass ich dir alles verzeihen möchte und mir wünsche, dass auch du mir alles verzeihst …«

Dann konnte ich nicht mehr weitersprechen, und meine Wangen waren auf einmal feucht. Ich wischte sie mit den Händen trocken, stand auf.

»Ich komm später noch mal«, stieß ich hervor. »Lauf nicht weg.«

Dann ging ich, sagte der Krankenschwester, dass ich es mir noch überlegen müsse, dass ich aber am nächsten Morgen wiederkommen und meine Entscheidung treffen würde, ganz bestimmt.

Sie nickte nur, machte sich eine Notiz, und ich ergriff die Flucht.

* * *

Vor dem Haupteingang blieb ich stehen, holte mein Telefon aus der Tasche und prüfte das verbliebene Guthaben. Für drei Anrufe mochte es noch reichen.

Ich rief Joan an, landete aber nur auf ihrer Voicebox und hinterließ ihr eine wahrscheinlich ziemlich wirre Nachricht von wegen, dass ich sie liebte und gerade vermisste und ihr eine gute Nacht wünschte.

Dann rief ich Bethany an, erinnerte mich auch tatsächlich richtig an ihre Nummer und erreichte sie sogar. Aber sie meinte nur, sie wisse nicht, wo Joan sei; bei ihren Eltern möglicherweise, sie habe so was gesagt.

Die Nummer ihrer Eltern hatte ich nicht; ich wusste nicht mal, wo die wohnten. Auch in Stevenage, wie ihr Bruder? Oder verwechselte ich da jetzt etwas?

Zuletzt wählte ich die Nummer der Kevorkians. Lestari nahm ab, als hätte sie neben dem Telefon gesessen und auf meinen Anruf gewartet.

»Guten Abend, Lestari«, sagte ich. »Ich bin gerade in London und habe Neuigkeiten in Bezug auf das Projekt, Sie wissen schon, welches? Wäre es Ihnen recht, wenn ich kurz vorbeikomme? Ist Ihre Mutter zu sprechen?«

»Ja, natürlich«, erwiderte sie. »Kommen Sie, wann immer Sie möchten.«

Kapitel 46

An der üblichen Straßenecke in Kensington aus dem Taxi zu steigen war wie immer und zugleich, als käme ich das erste Mal hierher. Oder als sei seit dem letzten Mal eine Ewigkeit vergangen, ganze Leben, Äonen. Oder als sei ich ein ganz anderer als der, der es gewohnt war, hier zu verkehren.

Ich war immer noch befangen, als ich klingelte. Erst, als mir Lestari öffnete und mich mit ihrer wie stets überschäumenden Herzlichkeit begrüßte, konnte ich wieder einigermaßen normal atmen.

»Wunderbar, dass Sie da sind«, rief sie aus. »Sie haben doch sicher noch nicht zu Abend gegessen, oder? Ich habe ein Gedeck mehr auflegen lassen. Mutter und ich freuen uns, Sie heute zu Gast zu haben.«

Wann hatte ich das letzte Mal etwas gegessen? Im Flugzeug vielleicht? Ich erinnerte mich nicht mehr. Ich muss irgendetwas in dem Sinne gesagt haben, dass es mir in der Tat gelegen käme … oder so. Jedenfalls meinte sie, ich solle doch endlich hereinkommen, was ich tat, und dann folgte ich ihr die mit einem edlen Läufer belegte Marmortreppe hinauf in den ersten Stock, das erste Mal überhaupt, dass ich über das Erdgeschoss hinaus gelangte.

Wir kamen in einen kleinen, fast schon intimen Raum mit hellem Parkett und Sprossenfenstern, durch die man auf den Garten hinabsah. Ein Kamin, über dessen Feuerstelle sich ein Rauchabzug aus glänzendem Kupfer erhob, war auch ein Blickfang, ebenso wie der runde Glastisch in der Mitte, an dem zwei Polsterstühle standen, modern gemustert, ein bewusster Bruch mit der ansonsten klassischen Anmutung des Raumes: Innenarchitekten dachten sich so etwas aus, wusste ich.

Anahit Kevorkian war schon da, saß in einem heute knallgelben Rollstuhl am Tisch und besprach etwas mit einer handfest wirkenden, nicht mehr ganz jungen Frau, vermutlich der Köchin, in einer Sprache, die ich nicht zu identifizieren vermochte. Sie winkte mir zu, brachte aber erst ihre Unterredung zu Ende, ehe sie sich mir zuwandte, derweil die Köchin den Raum durch eine dunkle, lautlos schließende Tür verließ.

»Was für eine angenehme Überraschung, James, dass Sie uns heute Abend Gesellschaft leisten«, begrüßte sie mich. Sie war in einer so gelösten Stimmung, wie ich es bei ihr noch nie erlebt hatte. »Lestari und ich wollten heute Abend feiern, dass ich einen bedeutenden Teil meines Vermögens in ein größenwahnsinniges Projekt investieren werde. Wenn das kein Grund zum Feiern ist, was dann?«

Das zu hören verschlug mir fast den Atem. War ich womöglich gerade noch in letzter Minute gekommen?

»Genau deswegen bin ich hier«, erwiderte ich. »Weil ich neue Informationen habe. Informationen, in deren Licht das *Youvatar*-Projekt deutlich anders aussieht als bisher gedacht.« Dass ich nichts über meinen Vater erzählen wollte, hatte ich zu diesem Zeitpunkt schon beschlossen.

»Tatsächlich?« Anahit hob die Augenbrauen, bei ihr immer eine eindrucksvolle Geste, aber in diesem Moment wirkte sie eher amüsiert als beunruhigt. »Na, dann trifft es sich ja umso besser, dass Sie da sind. Setzen Sie sich, James! Setzen Sie sich und erzählen Sie. Noch ist ja nichts endgültig.«

»Ich bin froh, das zu hören«, gestand ich und ließ mich auf den bunten Polsterstuhl sinken.

Ich weiß beim besten Willen nicht mehr, was wir an diesem Abend gegessen haben, nur noch, dass es gut war, hervorragend sogar. Und ich erinnere mich, wie nach dem Entrée und dem ersten Glas Wein Entspannung einsetzte und ich ruhiger wurde. Ansonsten waren da dienstbare Geister, die offenbar Gedanken lesen konnten, die auftrugen und abräumten und nachschenkten, während ich erzählte und erzählte. Wie wir von der Existenz Raymond Ferdurcis und von seinem Vertrag mit Peter Young erfahren hatten. Dass er so gründlich untergetaucht war, dass ein professioneller Zielfahnder an dem Fall verzweifelt war, und wie wir ihn trotzdem aufgestöbert hatten. Und wie ich zu ihm gefahren war, um zu versuchen, ihm seine Story doch noch zu entlocken.

»Anderthalb Millionen Dollar, um eine Story aus der Welt zu schaffen?«, meinte Anahit. »Da fragt man sich schon, was das für eine Geschichte sein mag.«

»Dazu komme ich noch«, versprach ich.

Ich schilderte, wie ich Ferdurcis Bewacher entdeckt und versucht hatte, dennoch unauffällig Kontakt mit ihm aufzunehmen. Als ich erzählte, wie das alles in eine Schießerei und eine Verfolgungsjagd durch halb Europa eskaliert war, machten die beiden Frauen große Augen, und ich musste ihnen mehrmals versichern, dass ich das nicht erfunden hatte.

Über alldem widmeten wir, fürchte ich, dem Essen nicht das Maß an Aufmerksamkeit, das angemessen gewesen wäre. Als ich bei der Konfrontation mit Peter Young in Wien angelangt war, stellte ich fest, dass wir das Dessert schon verputzt hatten, ich aber nicht mehr wusste, was es gewesen war.

»Wie aufregend!«, platzte Lestari heraus. »Glauben Sie wirklich, dass alles nur ein Missverständnis war? Dass Mr Young diese Männer tatsächlich nicht auf Sie und Mr Ferdurci gehetzt hat?«

»Ja«, sagte ich, der ich mir dieselbe Frage in den vergangenen Stunden ebenfalls hatte durch den Kopf gehen lassen. »Ich glaube tatsächlich, dass Peter Young kein Killerkommando losschicken würde. Dass er seine Anwälte ernsthaft für wirkungsvoller hält.«

»Aus einem ganz einfachen Grund, Liebes«, warf Anahit ein. »Würden Mr Windover oder dieser Schriftsteller die mit ihm bestehenden Verträge brechen, wären *sie* nämlich die bösen Jungs und Peter Young der Gute, der das Recht auf seiner Seite hat. Young glaubt absolut an rechtsstaatliche Regeln – und daran, dass er immer schlau genug sein wird, sie zu seinen Gunsten zu nutzen.«

»Und weil er in so einem Fall der Gute wäre, würde es die Finanzierung seines Projekts wahrscheinlich überhaupt nicht beeinträchtigen«, überlegte Lestari. »Das scheint ihm das Wichtigste zu sein.«

»Gut erkannt.« Anahit tätschelte ihrer Tochter liebevoll die Hand, dann sagte sie zu der Frau, die serviert hatte: »Yeva, wir nehmen noch einen Tee unten im Arbeitszimmer.«

»Jawohl, *k'ajvard tikin*«, gab diese zur Antwort.

Anahit rollte rückwärts vom Tisch weg, drehte auf der Stelle und befahl: »Gehen wir hinunter. Ich will jetzt endlich die Geschichte hören, die sich dieser Ferdurci ausgedacht hat.«

* * *

Anahit war schon unten, als Lestari und ich das Arbeitszimmer betraten. Es ist mir klar, dass irgendwo im Haus ein Aufzug eingebaut sein muss, aber er ist gut getarnt, denn es ist mir nach wie vor ein Rätsel, wo er sich befindet.

Das Arbeitszimmer sah aus, wie ich es in Erinnerung hatte, abgesehen davon, dass überall Bücher herumlagen oder sich auf den diversen Tischen und Ablagen stapelten. Einen der

Stapel inspizierte ich. Er bestand aus Büchern mit Titeln wie *»Principles of Neural Science«*, *»From Neuron to Brain: A Cellular and Molecular Approach to the Function of the Nervous System«*, *»Neuroscience: Exploring the Brain«* oder *»Fundamental Neuroscience«*, allesamt dicke Schmöker, und sie steckten voller Zettel und Lesezeichen. Mit anderen Worten, Anahit hatte sie tatsächlich durchgearbeitet.

»Sie sehen, ich habe mich weitergebildet«, sagte Anahit nicht ohne Stolz. »Was für ein unerhört faszinierendes Gebiet! Das war mir vorher gar nicht klar. Die letzte Woche war bestimmt eine der lehrreichsten meines Lebens, nicht wahr, Liebling?«

»O ja«, sagte Lestari strahlend.

»Wir hatten sogar einen Wissenschaftler zu Gast, einen von der Sorte, wie sie heute gar nicht mehr gemacht werden«, fuhr Anahit begeistert fort. »Ein Nobelpreisträger, ein Fellow der Royal Society, und so weiter, und so weiter. Wie hieß er doch gleich?«

»Sir John O'Keefe«, half Lestari aus.

»Sir John, richtig. Wir haben auch da oben gegessen, und er hat uns den ganzen Abend Rede und Antwort gestanden. Eine sehr interessante Begegnung!«

»Und ein sehr sympathischer Mensch«, ergänzte Lestari.

»Das auch, stimmt. Es war fast eine Art mündliche Prüfung. Ich habe ihm erklärt, wie ich die Funktionsweise des Gehirns und der Nervenzellen verstanden habe, und er hat mich entweder bestätigt oder korrigiert.« Sie kicherte. »Am Schluss hat er gemeint, er würde mir mindestens ein B geben. Nicht schlecht, oder?«

Ich musste ein wenig um Fassung ringen. »Ein Nobelpreisträger kommt zu Ihnen, wenn Sie mit einem Abendessen locken?«

Sie winkte ab. »Natürlich habe ich ihm auch einen beträchtlichen Scheck für eins seiner Forschungsprojekte überreicht, ehe wir uns zu Tisch begeben haben. Ich weiß schließlich, was sich gehört.«

»Verstehe.« Das rückte mein Weltbild wieder zurecht.

»So, aber jetzt habe ich genug geredet«, fuhr sie fort und rollte hinüber zu der Sitzgruppe vor dem Kamin. »Setzen Sie sich, James, setzen Sie sich. Und erzählen Sie uns, was für eine Geschichte sich dieser Franzose ausgedacht hat.«

Ich setzte mich, doch ehe ich anfangen konnte, ertönte ein sanftes Glockensignal. Die Tür ging auf, und die Frau von vorhin rollte einen Servierwagen herein, auf dem Tassen, eine Teekanne und eine Schale mit Keksen standen.

»Danke, Yeva«, sagte Anahit. »Ich brauche Sie dann heute nicht mehr.«

Die Frau entschwand. Lestari übernahm es, Tassen zu verteilen und Tee einzuschenken. Dann begann ich, den beiden zu erklären, worum es bei Raymond Ferdurcis Gedankenspiel ging.

Was, wie ich feststellte, gar nicht so einfach war. Anahit runzelte immer wieder die Stirn, hakte nach, schüttelte ausgesprochen häufig den Kopf. Ein Aufzeichnungsgerät für jedes einzelne Neuron, wie solle das denn gehen? Das sei nur ein Gedankenspiel, betonte ich immer wieder, kein ernsthaftes Projekt. Da man es mit einem einzelnen Neuron machen könne und auch schon gemacht habe, ginge es im Prinzip, die nötigen Ressourcen vorausgesetzt, auch wenn das sicher niemand je wirklich machen werde.

Ich beendete meine Erzählung mit dem deutlichen Gefühl, dass ich damit nicht recht durchgedrungen war und Anahit Kevorkian die Implikationen von Ferdurcis Story, die ich sah, nicht nachvollziehen konnte.

Weil sie, wie sich herausstellte, schon eine andere Interpretation gefunden hatte, von der sie nicht mehr lassen wollte.

»Ich sehe die ganze Sache anders«, erklärte sie.

»Aha?«, machte ich.

»Fangen wir auf der untersten materiellen Ebene an«, begann sie ihre Darlegungen. »Eine Nervenzelle ist, wie alle Zellen, eine höchst komplizierte Maschine. Langkettige Moleküle bilden ausgefeilte Strukturen, durch die sich kleinere Moleküle bewegen, die dadurch Reaktionen auslösen, die ihrerseits Reaktionen auslösen, und immer so weiter. Richtig?«

»Kann man so sagen«, räumte ich ein.

»Nun gibt eine Nervenzelle ein Signal weiter. Das heißt, Ionen fließen durch Kanäle in den Nervenmembranen, dadurch fließt ein elektrischer Impuls. Er kommt an einer Synapse an und löst Neurotransmitter aus wie Dopamin, Serotonin, Noradrenalin und so weiter. Die ihrerseits Prozesse in der empfangenden Zelle initiieren, Phosphodiesterase etwa, Protein-Kinase oder Phosphorylierung von Proteinen, und immer so fort.«

»So ungefähr«, sagte ich, beeindruckt, wie viel Fachwissen sich diese Frau innerhalb kürzester Zeit anzueignen imstande war.

»Der springende Punkt ist«, fuhr sie fort und hob den Finger, »dass all diese Vorgänge streng kausal ablaufen. Mit anderen Worten, wenn A passiert, passiert zwangsläufig B, dann C, und so weiter. Es gibt auf dieser Ebene keine Instanz, die es sich ›anders überlegen‹ könnte oder die ›etwas entscheidet‹, sondern die Prozesse folgen so zwangsläufig aufeinander wie Dominosteine, die einander anstoßen.«

»So habe ich das auch verstanden«, gab ich zu.

»Gedanken gibt es nämlich erst auf höheren Ebenen. Die Erregungszustände der Neuronen bilden Muster im Gehirn. Muster von solchen Mustern werden irgendwann zu Gedanken, die sich gegeneinander abwägen und schließlich Entscheidungen herbeiführen. Und wenn das alles komplex genug ist, wie etwa beim Menschen mit seinen mehr als achtzig Milliarden Neuronen, dann entsteht aus alldem das Bewusstsein, das Seiner-selbst-gewahr-Werden eines Individuums.«

»So sagt man, ja.«

»Und all das beginnt mit vollkommen mechanischen Prozessen, mit strikt kausal ablaufenden Abfolgen von Auslösern und Reaktionen, die ihrerseits wieder als Auslöser dienen, und immer so weiter – ist das nicht faszinierend?«

»Unbedingt«, räumte ich ein und fragte mich, worauf sie hinauswollte.

»Bloß«, sagte sie und beugte sich verschwörerisch vor, »muss man über das Gehirn hinaus denken. Was Hirnforscher nicht tun, habe ich den Eindruck – die interessieren sich nur für das Gehirn, und was darüber hinausgeht, kratzt sie nicht weiter.«

»Wie meinen Sie das?«

Anahit lächelte listig. »Sagen Sie mir, James – wo endet die Kausalität?«

»Wo endet die ... bitte?« Ich muss sie ziemlich verständnislos angeschaut haben, und ich schätze mal, das hat sie vorhergesehen, denn auf einmal hatte sie von irgendwoher ein Lineal in der Hand, mit dem sie mir blitzartig aufs Knie schlug – ein derber Schlag, der mich auffahren ließ. »Was zum –?«

»Sehen Sie, was ich meine?«, fragte sie und wippte mit dem Lineal, als erwäge sie, noch einmal zuzuschlagen. »Die Denkprozesse in meinem Gehirn haben Nervenimpulse an meine Armmuskulatur ausgelöst, dieses Lineal aus seinem Versteck neben meinem Sitzkissen zu ziehen und Ihnen einen Schlag zu versetzen. Dieser Schlag – das Auftreffen des Lineals mit beträchtlicher kinetischer Energie – hat die für den Tastsinn zuständigen Sinneszellen in Ihrem Knie aktiviert, die daraufhin heftige Nervenimpulse in Ihr Gehirn geleitet haben. Ihr Gehirn hat diese Impulse weiterverarbeitet: Droht Ihnen

Gefahr? Müssen Sie zurückschlagen? Was bedeutet das alles überhaupt? All diese Fragen sind Ihnen gerade durch den Kopf geschossen – *ausgelöst durch meinen Schlag!* Stimmt's?«

»Ähm … ja«, musste ich zugeben.

»Mit anderen Worten: Die Kausalität der Denkprozesse hört *nie* auf. Vor allem endet sie nicht an den Ein- und Ausgängen des Gehirns! Wir tun etwas, wir sagen etwas, und das, was wir sagen oder tun, verändert unsere Umgebung, die Veränderung der Umgebung verändert, was *andere* denken und in der Folge tun, und immer so weiter. Wenn es stimmt, was die Hirnforscher sagen – dass es die Komplexität von im Grundsatz mechanisch oder kausal ablaufenden Prozessen ist, die das Denken hervorbringt, die Bewusstsein hervorbringt, dann gibt es keinen Grund anzunehmen, dass dieses Denken und dieses Bewusstsein auf unser Gehirn *beschränkt* ist. Egal, wie hoch entwickelt und komplex unser Gehirn ist, es gibt weit über acht Milliarden solcher Gehirne auf dieser Welt, und alle interagieren sie miteinander und mit der restlichen Umgebung, was in der Summe ein *noch viel komplexeres* Geschehen darstellt.« Sie tat das Lineal beiseite, lehnte sich zurück und lächelte. »Und das legt den Schluss nahe, dass die Welt als Ganzes ebenfalls denkt, ebenfalls ein Bewusstsein haben muss. Die Welt denkt. Die Welt *lebt*. Womöglich denkt und lebt sogar das ganze Universum. Oder anders gesagt: Die Neurophysiologen haben die Existenz Gottes bewiesen – und es nicht mal gemerkt!«

Von allen verblüffenden Momenten, die ich in den letzten Wochen erlebt hatte, war dies ohne Zweifel der verblüffendste. Ich starrte sie an und wusste nicht, was ich sagen sollte.

»Das … ist Ihr Ernst«, brachte ich irgendwann mühsam heraus.

»Ich finde die Logik bestechend klar«, meinte sie. »Wenn die Hirnforscher mit ihren Theorien über die Beschaffenheit unseres Bewusstseins recht haben, dann gibt es auch Gott, und dann ist er mit dem Universum in seiner Gesamtheit identisch. Ein Gedanke, der mir gut gefällt, wie ich gern zugebe.«

»Und was … was heißt das in Bezug auf Ihre Investition in *Youvatar?*«

»Ach, das.« Sie nahm einen Schluck Tee, ließ sich Zeit dabei. »Ich denke, ich werde bei meiner Zusage bleiben.«

»Aber –«

»Nicht, um unsterblich zu werden«, unterbrach sie mich. »Ob das überhaupt so erstrebenswert ist, müsste ich mir erst noch gründlich überlegen. Nein, ich mache es, weil die Geschichte voll ist von Beispielen, wie jemand ein ehrgeiziges Ziel anstrebt, es verfehlt, dafür aber etwas anderes findet, das sich im Nachhinein als viel wertvoller erweist. Kolumbus hat nur einen neuen Seeweg nach Indien gesucht und einen ganzen Kontinent gefunden. Oder dieser deutsche Alchemist, Böttger, der Gold machen wollte und stattdessen das Porzellan erfunden hat, was uns im Alltag unendlich viel nützlicher ist als Gold. Genauso, denke ich, könnte es hier auch laufen. Ja, sollen sie versuchen, den Tod abzuschaffen! Sollen sie danach streben, das Bewusstsein in einen Computer zu übertragen! Was sie unterwegs zu diesen Zielen als Allererstes hinbekommen müssen, ist in jedem Fall, zielsicher und verlässlich an Nervenzellen anzukoppeln – und wenn sie das schaffen, dann fällt die Heilung der Querschnittslähmung nebenbei mit ab.« Sie faltete die Hände. »Und wie ich Ihnen schon bei unserem ersten Gespräch zu dem Thema gesagt habe: Das wäre mir die Hälfte meines Vermögens wert.«

Ich nickte, fühlte Erleichterung. Das war nun ihre Entscheidung, die sie im vollen Besitz aller bekannten Informationen getroffen hatte. Mein Job war damit getan.

Ihre Interpretation der neurophysiologischen Theorien allerdings beschäftigte mich.

»Und was ist, angenommen, die Hirnforscher haben *nicht* recht mit ihren Theorien?«, fragte ich.

»Dann«, sagte Anahit Kevorkian, »mag es Gott geben oder auch nicht, dann mag er mit dem Universum identisch sein oder nicht, auf jeden Fall aber wissen die Hirnforscher dann *gar nichts*. Dann ist das Bewusstsein weiterhin ein vollkommenes Mysterium. Man kann dann nicht einmal mit Sicherheit sagen, dass mit dem Tod alles zu Ende ist!«

* * *

Es war kurz nach elf Uhr abends, als ich wieder im St. Mary's Hospital ankam. Eine andere Krankenschwester hatte Dienst, aber sie wusste Bescheid.

»Ich habe mich entschieden«, sagte ich zu ihr. »Ich möchte, dass die Apparate abgeschaltet werden, die meinen Vater am Leben halten.«

»In Ordnung«, erwiderte sie. »Ich verständige den Arzt.«

Sie verschwand. Ich ging ans Bett meines Vaters, nahm seine Hand in meine und fragte mich, wann ich seine Hand das letzte Mal gehalten hatte. Ewig her. Als Kind vielleicht.

»Dad«, sagte ich leise, »ich glaube, es hat keinen Sinn, es noch länger rauszuzögern. Es heißt Abschied nehmen. Nur, dass diesmal du es bist, der gehen wird, und ich der, der zurückbleibt.« Ich spürte meine Augen feucht werden. »Bitte verzeih mir, wenn du kannst.«

Keine Reaktion. Er hatte mich nicht gehört. Ich hatte zu jemandem gesprochen, der mich schon längst nicht mehr hörte.

Also wartete ich einfach nur, wartete und behielt die Hand meines Vaters in meiner. In mir war alles still und leer. Nun, da die Entscheidung gefallen war, war mir leichter ums Herz.

Und dann, plötzlich, spürte ich, wie seine Hand die meine

drückte, ganz leicht nur, ganz sanft, liebevoll. Ich sah ihn erstaunt an, sah, wie sich seine Züge unter der Atemmaske zu einem Lächeln formten.

Im nächsten Moment sanken alle Kurven auf den Bildschirmen abwärts oder wurden zu flachen Strichen. Ein Alarm plärrte los, der nichts mehr bewirkte: Als der Arzt kam, war mein Vater schon gegangen.

Kapitel 47

Es war weit nach Mitternacht, als mich das Taxi vor dem Haus meines Vaters absetzte. Der Taxifahrer fühlte sich merklich fremd hier; Harlesden war keine Gegend, in der allzu oft jemand die Dienste eines Taxis in Anspruch nahm.

Bei den Sachen meines Vaters, die man mir im Krankenhaus mitgegeben hatte – zwei armselige Plastiktüten mit dem rot-blauen »*Way-2-Save*«-Logo –, waren auch seine Hausschlüssel gewesen. Das hatte ich als Fingerzeig des Schicksals verstanden, dass es angebracht war, diese Nacht nicht in einem Hotel zu verbringen, sondern in meinem Elternhaus.

Die Nacht war dunkel, die Straße noch schlechter erleuchtet als sonst, weil die nächstgelegene Straßenlaterne ausgefallen war. Doch meine Erinnerung ergänzte den Schattenriss des Gebäudes vor mir mühelos um alle fehlenden Einzelheiten: den schwarzen Schimmel und das Moos in den Fugen zwischen den alten, roten Ziegeln, die verschmierten Fensterscheiben, den Riss in der niedrigen Mauer, die den Vorplatz vom Gehweg abtrennte, das Sammelsurium verschiedenartiger Steinplatten, die den Weg zur Haustür bedeckten. Meine Hand lenkte den Schlüssel im Dunkeln auf Anhieb ins Schloss, und als ich die Haustür öffnete, umfing mich der unverkennbare Geruch dieses Hauses, in dem ich einen Teil meiner Kindheit und später meine letzten Teenagerjahre verbracht hatte. Und wie es vertraute Gerüche so an sich haben, wurde eine Flut von Erinnerungen wach.

Erinnerungen, über die ich mit meinem Vater nicht mehr

würde sprechen können, denn er war nun tot. Was immer ich ihn noch hätte fragen wollen, ich würde keine Antworten mehr bekommen, denn er war nicht mehr da. Die *Realität* dieser Tatsache sollte mir in den Tagen, die folgten, immer wieder zu Bewusstsein kommen, und jedes Mal war es aufs Neue ein Schock.

Ich machte Licht. Viel hatte sich nicht verändert seit meinem letzten Besuch, der nun schon einige Jahre zurücklag. Nichts eigentlich. Im Grunde sah das Haus immer noch so aus wie bei meinem Auszug: immer noch die grässlich hellbraunen, gemusterten Tapeten überall, immer noch weitgehend dieselben Möbel, die zum Teil von meinen Großeltern stammten, vor allem die unpraktischen Küchenschränke. Die ich vor zwanzig Jahren gelb gestrichen hatte, was man kaum noch sah.

Nur der Fernsehsessel im Wohnzimmer war neu, ein grasgrünes Ungetüm mit elektrischer Steuerung. Alles andere war noch, wie es immer gewesen war, inklusive des Kamins, in dem seit mindestens dreißig Jahren kein Feuer mehr gebrannt hatte.

Ich stieg die schmale Treppe hinauf, wo nach hinten raus mein Jugendzimmer lag. Nach meinem Auszug hatte es angefangen, Abstellkammer zu werden, aber das Bett war immer noch da. Während meiner seltenen Besuche später hatte ich immer hier geschlafen, ungern zwar, nur meinem Vater zuliebe, der es nicht verstanden hätte, wenn ich stattdessen in ein Hotel gegangen wäre.

Heute Abend würde ich zum ersten Mal *gerne* hier schlafen.

Im Badezimmer erschrak ich über die vielen Medikamentenschachteln im Regal, Schmerztabletten vor allem und alle möglichen frei erhältlichen Mittel gegen Blähungen und Verdauungsbeschwerden. Hätte er nicht von sich aus mal zum Arzt gehen können? Vielleicht würde er dann noch …

Im nächsten Moment verblasste der Gedanke. Es war nicht mehr wichtig. Es war, wie es war, und es war so gekommen, weil Dad so gewesen war, wie er war. Ich hatte Reihen umstürzender Dominosteine vor Augen, Auslöser, Reaktion, Auslöser, Reaktion … Denken wir, oder *werden* wir gedacht? Sind das, was wir für unsere eigenen Gedanken halten, in Wahrheit Wellen, die uns von irgendwoher kommend nur durchlaufen? Wie viel war Vorbestimmung, wie viel konnten wir selber entscheiden? Wer wusste das schon?

Ich putzte mir die Zähne, fand einen meiner alten Schlafanzüge, den ich hier mal deponiert hatte, ging zu Bett und schlief ein.

* * *

Am nächsten Morgen riss mich überfallartiges Klingeln an der Haustür aus tiefstem Schlaf. Ich sprang aus dem Bett, doch bis ich unten ankam, war die Tür schon offen, und eine Frau stand im Flur: Mrs Campbell von nebenan, die sich in meinen Jugendjahren mindestens einmal pro Woche bei meinem Vater über irgendwas beschwert hatte, das ich gemacht oder nicht gemacht hatte. Sie hatte immer noch diese dunklen, langen Haare und diese Hakennase, aber sie war alt geworden. Wäre ich ihr auf der Straße begegnet, hätte ich sie womöglich gar nicht erkannt.

Und sie hatte einen Hausschlüssel in der Hand. Bemerkenswert.

»Ah, James, du bist es«, sagte sie. »Ich hab heute Nacht mitgekriegt, wie ein Taxi gehalten hat, und hab gedacht, es ist vielleicht dein Vater … Weißt du, wie es ihm geht?«

Ich fühlte mich unwohl in meinem abgeschabten alten Schlafanzug. »Er ist gestern Abend gestorben.«

»Himmel!« Sie schlug entsetzt die Hand vor den Mund. »Ist das wahr?«

Ihre Tränen, ihr ganzer Ausdruck verrieten überdeutlich,

dass sie und mein Vater mehr gewesen waren als nur Nachbarn. Aber da wir beide gute Engländer waren, sprachen wir es nicht an, sondern gingen höflich darüber hinweg.

»Kurz vor Mitternacht«, sagte ich. Es zu erzählen ließ es wirklicher erscheinen, als es mir bis jetzt vorgekommen war. »Ich war bei ihm.«

»Ah, ja. Gut, gut. Dann musste er nicht ganz alleine …«

»Sie haben damals den Notarzt gerufen, hat mir der Arzt gesagt«, fiel mir ein.

»Ja, ja.« Sie wischte sich mit dem Handrücken über die Wangen. »Er hatte mich an dem Abend eingeladen. Wir wollten uns zusammen einen Film anschauen. ›Zimmer mit Aussicht‹, ich weiß nicht, ob du den kennst.«

»Eher nicht«, gestand ich.

»Auf jeden Fall, gerade in dem Moment, als Lucy Honeychurch in Florenz diese Messerstecherei miterlebt und in Ohnmacht fällt, hat William … also, dein Vater, meine ich … er hat sich zusammengekrümmt und gestöhnt, dass es ihn zerreißt. Da bin ich sofort ans Telefon und hab 999 gewählt. Weil, das hat er nicht zum ersten Mal gehabt, bloß nie so schlimm. Ich hab ihm immer gesagt, er soll mal zum Arzt gehen, aber du weißt ja, wie er ist …« Sie seufzte. »Wie er war. Er wollte davon nichts wissen.«

»Ja, ich weiß«, sagte ich.

Sie seufzte noch einmal abgrundtief, eine Frau, die sich damit abzufinden versuchte, dass sie ein bisschen Zweisamkeit erlebt hatte und nun wieder allein war. »Kümmerst du dich jetzt um alles?«

Ich nickte, worauf sie mir den Schlüsselbund in die Hand drückte. »Den hatte ich nur … für alle Fälle.«

»Ist in Ordnung.«

»Sagst du mir Bescheid, wann und wo die Beerdigung sein wird?«

»Mach ich.«

Dann ging sie, gebeugt von Gram und Trauer.

Ich erledigte rasch meine Morgentoilette, fand in der Küche löslichen Kaffee, noch nicht ganz vertrocknetes Toastbrot, Margarine und Marmelade und improvisierte ein Notfrühstück. Danach rief ich von dem uralten Telefonapparat im Flur in Amsterdam an, um Bescheid zu sagen, dass ich noch bleiben würde.

Wieder einmal war es Rens Reijnders, bei dem ich landete.

»Guten Morgen, Chef«, sagte er. »Und? Wie geht es Ihrem Vater?«

»Er ist gestern Abend gestorben«, erwiderte ich und war abermals geschockt, es aus meinem eigenen Mund zu hören. »Das heißt, ich werde noch bleiben, um die Beerdigung zu organisieren.«

»Mein Beileid«, sagte er.

»Danke«, sagte ich. »Und bei Ihnen? Alles geklappt mit dem Rückflug?«

»Ja, lief tadellos«, brummelte er. »Bin im Flieger neben einer Basejumperin zu sitzen gekommen. Haben uns nett unterhalten. Der Flug war fast zu schnell vorüber.«

Einen blitzartig vorübergehenden Moment lang, der ein bisschen so war, wie ich mir einst die Erleuchtung vorgestellt habe, hatte ich ein Bild dessen vor Augen, wie das menschliche Leben in Wirklichkeit war: Die einen starben, die anderen verliebten sich. Und das waren nur zwei Aspekte einer unendlichen, gleichzeitigen Mannigfaltigkeit.

»Rens, Sie könnten mir einen Gefallen tun und in mein Adressverzeichnis schauen«, bat ich. »Ich brauche die aktuelle Telefonnummer meiner Mutter.«

»Verstehe. Einen Moment. Übrigens steht *Mevrouw* Udenthal hier und möchte mit Ihnen reden.«

»Ja, geben Sie sie mir«, bat ich.

Es raschelte, dann hatte ich Marta am Ohr. »Ich hab es vor ein paar Minuten von Joan erfahren«, sagte sie, »mein Beileid. Sie hat vorhin angerufen, wollte wissen, wo du bist; hat wohl vergeblich versucht, dich zu erreichen.«

Ich stöhnte auf. »Stimmt, ich hab ja mein Telefon nicht mehr! Daran hab ich gar nicht gedacht. Hast du ihr meine neue Nummer gegeben?«

»Ja, die von deinem Billigdings halt. Du rufst aber gerade von wo aus an?«

»Vom Haus meines Vaters.«

»Verstehe. Ah, da kommt Rens zurück. Wir reden später, okay?«

Wieder wechselte der Hörer geräuschvoll an einen anderen Kopf, dann ging ich mit Rens die Nummern durch, die unter dem Eintrag meiner Mutter abgespeichert waren.

»Es ist die mit der tschechischen Vorwahl«, sagte ich.

»Ah, ja, die 420, hier«, rief er aus und diktierte mir die Nummer.

Nachdem ich aufgelegt hatte, kam es mir seltsam vor, dass mein Mobiltelefon noch nicht geklingelt hatte. Zwar war mein Gesprächsguthaben aufgebraucht, aber anrufen konnte man mich in dem Fall doch trotzdem, oder?

Und wo war es überhaupt?

Nach einigem Suchen fand ich es in der Tasche meines Mantels, den ich gestern im Flur aufgehängt hatte. Doch der Bildschirm blieb dunkel, das Ding machte keinen Mucks. Die Batterie war alle, *schon* wieder!

Nun, es war ja tatsächlich ein »Billigdings« gewesen, wie Marta gesagt hatte, da musste man derlei wohl in Kauf nehmen. Bloß – wo war denn das Ladegerät? Hatte ich das am Ende in Wien vergessen? Sah ganz so aus.

Egal. Ich rief Joan vom Anschluss meines Vaters aus an, aber … sie telefonierte gerade!

Immerhin gestattete mir das Telefonsystem, eine Nachricht zu hinterlassen, was ich auch tat: wo ich war, die Nummer meines Vaters, und dass ich mich freuen würde, von ihr zu hören.

Dann verstrichen fünf Minuten, aber das Telefon blieb hartnäckig stumm.

Heute war wirklich der Wurm drin.

Schließlich beschloss ich, nicht länger zu warten, sondern rief meine Mutter an. Sie erreichte ich auf Anhieb, und sie nahm es nicht gut auf.

»Ich wusste nicht mal, dass er im Krankenhaus ist!«, hielt sie mir entrüstet vor. »Warum hast du mir denn nicht Bescheid gesagt?«

»Dad wollte es nicht«, erwiderte ich. »Und ich hab nicht gedacht, dass es so schnell zu Ende gehen würde.«

»Ach, herrje, ach, herrje«, schimpfte sie. »Was mach ich denn jetzt?«

»Was du machst? Du kommst nach London, ganz einfach. Ich sag unserer Sekretärin Bescheid, dass sie dir einen schönen Flug raussucht und alles für dich organisiert.«

»Ach, herrje. Hat er denn irgendwas gesagt, wie er sich seine Beerdigung wünscht? Ob kirchlich oder nicht?«

Ich war mir sicher, dass mein Vater sich vor allem gewünscht hatte, dass seine Beerdigung noch nicht *jetzt* stattfinden würde. »Mir hat er nichts dergleichen gesagt«, erwiderte ich.

»Dann spreche ich mit dem Reverend«, erklärte sie entschieden. »Dass wenigstens ein Pfarrer dabei ist, wenn Will schon sein ganzes Leben so gottlos gelebt hat.«

»Ja, mach das«, sagte ich friedfertig.

»Welcher Bestatter wird das denn übernehmen?«, wollte sie wissen.

»Weiß ich noch nicht, ich muss erst einen suchen«, gab ich zu.

»Dann schau mal, ob es den alten Luther Mothershead noch gibt«, riet sie mir. »Der hat früher alle Beerdigungen in der Gegend gemacht, eine Institution, wie man so sagt. Und Dad hat ihn gekannt.«

»Ja, gut, ich schau mal«, versprach ich.

Danach rief ich wieder in Amsterdam an und bat Olivia, sich um einen Flug für meine Mutter zu kümmern. Da ich sie schon am Telefon und sie einen Computer vor sich hatte, ließ ich sie auch gleich nach diesem Mister Mothershead suchen.

Den gab es tatsächlich noch, und als ich ihn anrief, bekam ich ihn sogar höchstselbst an den Apparat.

»Mein herzliches Beileid, Mister Windover«, sagte er mit einer unglaublich tiefen Stimme. »William und ich haben bisweilen Dart gespielt, und ich glaube, ich habe ihn kein einziges Mal geschlagen. Sind Sie, wenn ich fragen darf, jetzt bei ihm zu Hause?«

»Ja«, sagte ich.

»Dann komme ich am besten gleich vorbei«, erklärte er und wies meinen Einwand, ich könne auch zu ihm kommen, kategorisch ab: Er handhabe das erstens grundsätzlich so und zweitens, im Fall meines Vaters, erst recht.

Ich musste ihm nicht mal die Adresse angeben. Keine zwanzig Minuten später stand er schon vor der Tür; ein breiter Zweimetermann mit einem langen, melancholischen Gesicht, wie gemacht für diesen Beruf, und mit Händen wie Schaufeln.

Er ließ sich erzählen, wie die ganze Sache gekommen war, wusste auch, dass meine Mutter schon seit Langem von Vater getrennt auf dem Kontinent lebte, und fragte, ob ich sie schon verständigt hätte. Erst, als ich das bejaht und alles erzählt hatte, was ich wusste, öffnete er seine Mappe mit den Unterlagen, um mich mit den erstaunlichen Kosten zu konfrontieren, die das Ableben in London verursacht.

»Die teuren Särge biete ich an, weil manche das wünschen«,

erläuterte er, »doch im Fall Ihres Vaters meine ich, aus unseren Unterhaltungen herausgehört zu haben, dass er für unnötigen Prunk nichts übrighatte.« Dann empfahl er mir ein *schlichtes, aber elegantes Modell*, das nebenbei auch *ökologisch bestens verträglich* sei – und dabei immer noch doppelt so viel kostete wie mein erstes Auto, das Dad mir damals finanziert hatte.

»Ja, in Ordnung«, sagte ich, und weil ich eben so bin, wie ich bin, fragte ich ihn, wie er dazu gekommen sei, diesen Beruf auszuüben, und wie er damit zurechtkomme, Tag für Tag mit der Vergänglichkeit des Lebens konfrontiert zu sein.

»Dazu gekommen bin ich, wie das oft so geht, durch Zufall«, meinte er. »Mein Onkel war Bestatter. Ich habe mir als Schüler bei ihm etwas zum Taschengeld dazuverdienen können, und später habe ich sein Geschäft übernommen. Und was die Vergänglichkeit anbelangt …« Er legte die melancholische Stirn in allerhand Falten. »Nun, fragen Sie sich einmal, warum Sie der Frau, die Sie lieben, echte Rosen mitbringen, Rosen, die heute in voller Blüte stehen und ihren Duft verströmen, in ein paar Tagen aber alle Blätter fallen lassen und verdorren werden. Warum nicht Blumen aus Plastik, die für alle Zeiten so aussehen, als blühten sie? Weil es gerade die Vergänglichkeit ist, die Dinge wertvoll werden lässt. Und so ist es auch mit dem Leben. Mein Beruf lässt mich nie vergessen, dass jeder Tag, den man auf Erden sein darf, ein Geschenk ist. Und so, wie es einem so wertvollen Geschenk angemessen ist, freue ich mich darüber.«

Das traf mich. »Ich habe mit meinem Vater kein einziges Mal Dart gespielt, obwohl er es immer gewollt hat. Ich habe gelebt, als würde mein Vater immer da sein.« Ich musste blinzeln. »Und nun ist er es nicht mehr.«

Der Bestatter nickte gravitätisch. »Und nun merken Sie, dass Sie viel verpasst haben. Weil Sie sich der Vergänglichkeit des Lebens nicht bewusst waren.«

»Ja«, gestand ich und musste an Sannleika denken und ihre Suche nach der Wahrheit. Die vielleicht gar nicht so weit entfernt lag, wie man immer dachte.

Dann gab ich mir einen Ruck, deutete auf sein Bestellformular und sagte: »Lassen Sie uns das hier wenigstens angemessen zu Ende bringen.«

Während wir über Blumenschmuck, Transportkosten und einen geeigneten Termin sprachen, klingelte im Flur das Telefon, und irgendwie kam es mir vor, als müsse es Joan sein, die anrief.

Und tatsächlich, so war es.

»Hi, James«, hörte ich ihre Stimme, und mir wurde warm ums Herz. »Ich hab gehört, wie es gelaufen ist. Dass dein Vater sich selber auf den Weg gemacht hat.«

»Ja«, sagte ich. »Es war … irgendwie magisch.«

»Es war bestimmt am besten so. So traurig es trotz allem ist.«

»Ja, wahrscheinlich.«

»Wie geht's dir?«

Ich musste auflachen. »Du … *Keine* Ahnung! Im Moment ist der Bestatter da, und wir brüten über dem Bestellzettel.«

»Verstehe.« Sie holte geräuschvoll Luft, was seltsam unpassend klang. »Möchtest du vielleicht heute Abend vorbeikommen?«

»Na klar«, erwiderte ich sofort.

»So um sechs? Ich koch uns was.«

»Abgemacht«, sagte ich.

* * *

Es war fünf Minuten vor sechs, als ich vor Joans Tür stand. Ich musste klingeln, denn der Schlüssel zu ihrer Wohnung befand sich an meinem Schlüsselbund, und der wiederum befand sich zusammen mit anderen persönlichen Dingen noch irgendwo auf dem Weg zwischen dem *Hôtel de l'Etang* und Amsterdam. Doch falls Joan das aufgefallen sein sollte, ließ sie es unkommentiert. Sie öffnete mir einfach und strahlte mich an, auf eine so hinreißend scheue Art, als sei dies unser erstes Rendezvous überhaupt, dann ließ sie mich ein.

Die Wohnung lag in Dämmerlicht. Überall brannten Kerzen, eine Unmenge davon. Als ich Joan küssen wollte, wich sie mir aus, nahm mich stattdessen bei der Hand und zog mich ins Wohnzimmer an den Esstisch, wo alles schon bereitstand, die warmen Sachen auf einer Warmhalteplatte. Ich roch indische Gewürze und ahnte, dass mich eins der köstlichen Gerichte mit den unaussprechlichen Namen erwartete, die Joan von einer Schulfreundin gelernt hatte.

»Setz dich«, sagte sie, leicht atemlos und etwas angespannt.

»Okay«, meinte ich und setzte mich.

Sie nahm mir gegenüber Platz, faltete die Hände und sah mich aus ihren großen, dunklen Augen an. »Ich muss dir was sagen«, kündigte sie an.

Ich hielt den Atem an, wappnete mich für das Schlimmste.

Es tut mir sehr leid, aber ich werde nach Kanada auswandern.

Ich habe ein Angebot bekommen, als Pharmareferentin für GlaxoSmithKline zu arbeiten, und mich entschlossen, es anzunehmen.

Ich habe jemanden kennengelernt …

»Raus damit«, sagte ich.

Joans Blick glitt von mir ab, richtete sich auf das Tischtuch zwischen uns. Sie holte Luft. »Die Sache ist die …«, fing sie an, verstummte dann aber wieder. Schluckte mehrmals.

Ich sagte nichts, wartete einfach ab.

»Also, James«, setzte sie neu an. »Was ich dir sagen will, ist, dass ich schwanger bin. Und dass ich beschlossen habe, das Kind zu kriegen.«

Gut, dass ich saß. Hätte ich einen Löffel in der Hand gehabt, er wäre mir aus selbiger gefallen. So war es nur meine Kinnlade, die den Halt verlor.

»Joan!«, stieß ich hervor und konnte mich gerade noch beherrschen, die stereotype Gegenfrage *»Bist du sicher?«* zu stellen: Selbstverständlich war sie das.

»Ich weiß, ich weiß«, sprudelte es aus ihr heraus. »Wir haben ganz am Anfang darüber gesprochen, waren uns einig, dass wir keine Kinder wollten. Und ja, es ist mir irgendwo auch peinlich, dass mir als Ärztin ein solcher Verhütungsfehler unterlaufen ist, aber es ist nun mal … es ist …«

Weiter kam sie nicht, denn da war ich schon um den Tisch herum und hatte sie in den Arm genommen. »Schsch«, machte ich und drückte sie an mich. »Das ist doch wunderbar. Joan! Das ist *großartig!*«

Dann küssten wir uns, sie weinte ein bisschen, ich weinte ein bisschen, in welcher Reihenfolge was ablief, weiß ich nicht mehr. Nur, dass sie mir erzählte, wann sie auf die Idee gekommen war, einen Schwangerschaftstest zu machen, an dem Donnerstag nämlich, bevor ich zu der *Youvatar*-Veranstaltung geflogen war. Wie sie dann noch einen gemacht hatte, um sicherzugehen. Wie sie sich über ihre Optionen informiert und über Abtreibung nachgedacht hatte, wie sie zu allen möglichen Fachärzten gegangen war, um zu erfahren, ob das Kind gesund sein würde. Wie sie alles wieder und wieder mit ihrer besten Freundin durchdiskutiert hatte und wie sie schließlich zu dem Entschluss gekommen war, das Kind zu behalten, komme, was wolle.

»Weißt du«, fuhr sie rasch fort, »eigentlich hatte ich Kinder tatsächlich nicht auf dem Plan. Aber dieses Kind … all dieser Stress im Krankenhaus, ganz jung bin ich auch nicht mehr, ich habe nach den Regeln der Kunst verhütet … und *trotzdem* ist es entstanden! Dieses Kind will so unbedingt leben, sage ich mir, dass es einfach nicht richtig wäre, es daran zu hindern.«

Es gab mir einen Stich, zu wissen, dass sie sich mit alldem Bethany anvertraut hatte und nicht mir. Andererseits war das eine durchaus nicht unlogische Konsequenz unseres Beziehungsarrangements.

»Ja, Joan, ja …«, stieß ich hervor, wollte noch mehr sagen, wusste nur gerade nicht, was.

Überhaupt ließ sie mich gar nicht zu Wort kommen.

»Ich will sowieso weg vom St. Mary's. Das ist lange überfällig. Es wird dort mit jeder Reorganisation noch schlimmer, und Mohid will jetzt auch schon gehen … Ich könnte zu meinen Eltern ziehen. Die würden mich unterstützen, und im Lister Hospital ist gerade eine Arztstelle frei –«

»Oder«, unterbrach ich sie, »wir heiraten einfach, du ziehst zu mir nach Amsterdam und suchst dir später eine Stelle in einem der Krankenhäuser dort.«

Sie sagte nichts, sah mich nur mit großen Augen an.

»Die suchen ständig Leute«, versicherte ich ihr.

Sie sagte immer noch nichts.

»Schau mal«, fügte ich hinzu, »ich weiß, dass wir beide mal anders geredet haben. Aber das Leben geht weiter. Wir verändern uns. Und vielleicht ist es einfach an der Zeit, uns einzugestehen, dass wir keine Teenager mehr sind, die halt eine Romanze haben. Dass es an der Zeit ist, ernst zu machen.« Ich stockte, musste nach Worten suchen. »Ich hab dich in den letzten Wochen sehr vermisst, Joan, mehr als sonst. Unser beider Leben berühren sich nur an den Rändern, hab ich gemerkt und fand es traurig, dass es so ist. Ich habe gemerkt, das ist mir zu wenig. Viel zu wenig. Es hat viele Momente gegeben, in denen ich mir so sehr gewünscht hätte, dass du bei mir bist … aber eigentlich wünsche ich mir, dass du *immer* da wärst, dass du ein Teil von meinem Leben bist und ich ein Teil von deinem. Dass wir, ganz klassisch, eine Familie gründen und uns lieben und die Treue halten, an guten wie an schlechten Tagen, bis dass der Tod uns scheidet.«

Sie sah mich immer noch mit großen Augen an.

»Ich wollte dich damit jetzt nicht überfahren«, sagte ich eilig. »Du kannst es dir natürlich in aller Ruhe überlegen.«

»Oh«, sagte Joan leise, »ich glaube, das muss ich gar nicht.«

Wir haben dann schließlich doch noch gegessen, es war auch noch alles warm und schmeckte hervorragend, wie auch der restliche Abend sehr schön wurde. Und irgendwann, viel, viel später, fiel mir ein, zu fragen: »Wenn du so viele Untersuchungen hast machen lassen … weißt du dann eigentlich schon, was es wird?«

»Ein Junge«, sagte sie.

»Ein Junge«, wiederholte ich und dachte: *Auf diese Weise also geht das Leben immer weiter und weiter.* Es kam mir vor wie eine tiefe Einsicht, obwohl es eigentlich eine banale Tatsache war.

Aber vielleicht ist das mit tiefen Einsichten immer so.

Auf jeden Fall hielt ich das alles für einen schönen, runden Abschluss des verrückten Abenteuers, das gute drei Wochen zuvor begonnen hatte.

Und dachte, dass die Geschichte damit zu Ende sei. Dass mein Gefühl, meine fiebrige Erwartung, hinter all dem, was ich erlebt und erfahren hatte, müsse sich noch etwas anderes, viel Größeres verbergen, einfach ein Irrtum war, ausgelöst durch Sehgewohnheiten, die uns moderne Blockbuster beigebracht haben.

Kapitel 48

Am Freitagnachmittag holten wir meine Mutter am Flughafen Heathrow ab.

Der Flug aus Prag hatte Verspätung. Sogar, nachdem er als *gelandet* angezeigt wurde, dauerte es noch ewig, und die ganze Zeit standen wir uns im Ankunftsbereich die Beine in den Bauch. Irgendwann musste Joan »mal schnell verschwinden«, und natürlich gaben die automatischen Türen ausgerechnet in diesem Moment, keine Minute später, meine Mutter frei.

Ich winkte ihr, sie kam zu mir, wirkte ganz aufgelöst. »Ah, James, gut, dass du da bist«, sagte sie atemlos. »Ich kenn mich ja gar nicht mehr aus. Und weißt du, ich mach mir die ganze Zeit Gedanken, was denn jetzt mit dem Haus wird. Jetzt, wo dein Vater tot ist.«

»Eins nach dem anderen, Mum«, sagte ich. »Erst mal kümmern wir uns um die Beerdigung, dann sehen wir weiter. Ich helf dir schon, alles zu regeln. Du kannst dir überlegen, ob du das Haus verkaufen willst oder ob du es lieber vermietest …«

»Ich? Wieso ich?«

»Na, ihr wart getrennt, aber immer noch verheiratet«, erklärte ich. »Also gehört das Haus jetzt dir.«

In diesem Moment tauchte Joan wieder auf, kam näher, sagte: »Guten Tag, Mrs Windover.«

»Um dich auf andere Gedanken zu bringen«, fuhr ich fort und legte den Arm um Joan, »darf ich dir Joan Hayward vorstellen. Wir werden demnächst heiraten.«

Das brachte meine Mutter tatsächlich schlagartig auf andere Gedanken. »Heiraten?«, rief sie aus, halb beglückt, halb bestürzt.

»Und etwa Mitte nächsten Jahres wirst du Großmutter«, fügte ich hinzu.

»Ach, herrje!«, rief meine Mutter aus, ließ ihren Koffer stehen und zog Joan in ihre Arme. »Willkommen in der Familie … oder was davon noch übrig ist.«

Schließlich zogen wir weiter in Richtung Taxistand. Ich hatte den Koffer genommen, Mutter hielt Joans Hand fest.

»Ach, wenn Will das noch erlebt hätte!«, seufzte sie, musterte dann ihre künftige Schwiegertochter und meinte: »Du hättest meinem Mann gefallen, ganz bestimmt.«

»Oh, sie *hat* ihm gefallen«, warf ich ein.

Mutter sah mich überrascht an. »Hat er sie denn gekannt?«

»Mrs Windover«, sagte Joan, »ich habe Ihren Mann die letzten zwei Wochen seines Lebens medizinisch versorgt.« Sie holte tief Luft. »Es tut mir leid, dass ich nicht mehr für ihn tun konnte.«

»Oh, das … na so was … ach wo, du hast bestimmt alles getan, was menschenmöglich war …«, stieß meine Mutter hervor und brach schließlich, endlich in richtige Tränen aus. Joan und ich hielten sie, und so bildeten wir eine ganze Weile ein Verkehrshindernis im Strom der Reisenden.

Wahrscheinlich, dachte ich, ist *das jetzt* der eigentliche Schluss der Geschichte.

* * *

»Liebe Freunde, liebe Familie«, sagte der schmächtige Pfarrer, den meine Mutter und Mister Mothershead gemeinsam aufgetrieben hatten, mit walisischem Zungenschlag, »wir haben uns heute hier versammelt, um Abschied zu nehmen von William Joseph Windover.«

Es überraschte mich, wie viele Menschen gekommen waren. Ich hatte Claire Campbell Bescheid gesagt und Fred Turner, dem Wirt von Dad's Lieblingspub, und die mussten die Nachricht weiterverbreitet haben.

»William war ein Mann, der unser aller Leben auf vielfältige Weise berührt hat, als Vater, als Ehemann und als Freund, und er hinterlässt eine große Lücke in unser aller Herzen.«

Die Männer, die mich noch von früher kannten, hatten mir kondoliert. Ein paar hatten erwähnt, dass sie meinen Vater im Krankenhaus besucht, aber nicht gedacht hätten, dass es so schlecht um ihn stünde.

»In dieser Stunde der Trauer wollen wir aber daran denken, dass der Glaube, die Hoffnung und die Liebe uns über den Abschied hinwegtragen können. William hat jetzt Frieden gefunden, und wir vertrauen darauf, dass er in einer besseren Welt weiterlebt.«

Meine Mutter und Mrs Campbell hatten einander zuerst misstrauisch gemustert und in der Kapelle größtmögliche Distanz gehalten. Dann, als es hinausgegangen war zum Grab, hatte ich gesehen, wie sie einander grüßten. Als ich das nächste Mal hingeschaut hatte, waren sie in ein gestenreiches Gespräch vertieft gewesen, und nun, seit der Pfarrer sprach, standen sie nebeneinander wie die besten Freundinnen.

»Lassen Sie uns gemeinsam im Gebet an William denken. Lassen Sie uns auch füreinander da sein und uns gegenseitig stützen und so diesen Verlust gemeinsam tragen.«

Joan wich nicht von meiner Seite. Ich merkte, dass sie sich unwohl fühlte. Wie viele Ärzte nahm auch sie es dem Tod übel, wenn er sich an ihren Patienten vergriff.

Aber wer hält sich schon gern auf einem Friedhof auf? Auch ich fühlte Erleichterung, als ich merkte, dass der Pfarrer zum Ende kam.

»Möge William in Frieden ruhen, und möge die Erinnerung an ihn in unseren Herzen weiterleben. Mögen Gottes Trost und Liebe in diesen schwierigen Zeiten bei uns sein. Amen.«

Ein gutes Schlusswort, dachte ich und war überzeugt, dass die Geschichte *nun* aber wirklich zu Ende war.

* * *

Am Sonntag fuhr ich zurück nach Amsterdam, und obwohl die ganze Route und die Ankunft im Bahnhof Centraal etwas Altvertrautes hatte, kam mir doch alles neu und aufregend vor.

Weil *ich* ein anderer geworden war. Irgendwie. Weil ein neuer Abschnitt meines Lebens begonnen hatte.

Meines endlichen Lebens.

Auch die Redaktionssitzung am Montagvormittag, unverrückbarer Fixpunkt unserer Arbeit, verlief diesmal anders als gewöhnlich. Die üblichen politischen Verwerfungen, wirtschaftlichen Prognosen und Übernahmegerüchte handelten wir zackig ab. Anschließend quetschten sich alle, die da waren, in den Konferenzraum, und ich musste in epischer Breite schildern, was Raymond Ferdurci und ich erlebt hatten. Und natürlich wollten alle wissen, wie die Verfolgungsjagd ausgegangen war, das vor allem.

Danach erzählte ich, wie Anahit Kevorkian meinen Bericht aufgenommen hatte. Ich erzählte auch, zu welcher Erkenntnis sie im Hinblick auf Gott und die Welt gekommen war, was vor allem bei den ausgesprochenen Nerds unter unseren Leuten interessiertes Kopfnicken auslöste.

Dann berichtete ich vom Tod meines Vaters und vor allem von seinem letzten Händedruck, was einiges Erschauern auslöste. Wir diskutierten ein wenig, und dabei stellte sich heraus, dass fast jeder, der schon einmal ein Familienmitglied verloren hatte, ähnlich mysteriöse Dinge berichten konnte.

Und ganz zum Schluss erzählte ich, dass Joan und ich heiraten würden, was vor allem die Damen zu heftigem Beifall veranlasste.

»Das wurde ja auch wirklich Zeit«, meinte Marta.

Rens Reijnders hatte noch etwas zu berichten, und zwar, dass Ferdurci ihn angerufen habe. »Er hat gesagt, er hat seinen ›großen Roman‹ erst mal weggelegt und schreibt jetzt wieder einen Thriller«, erzählte Rens. »Er meinte, das sei wahrscheinlich doch eher sein Ding, und nicht die große Literatur.«

Das zu hören freute mich, ließ mich aber auch stutzen. »Angerufen? Woher hatte er denn Ihre Nummer?« Dann fiel mir ein: »Ach ja, Sie haben ihn ja in Wien am Flughafen getroffen und ihm seinen Pass gegeben.«

»Schon, aber da war Youngs Sekretärin dabei, da haben wir nicht mehr geredet als nötig.« Er schüttelte grinsend den Kopf. »Nein, ich bin ja in sein Ferienapartment eingebrochen, um den Computer und seinen Pass zu holen. Da hab ich ihm eine Quittung dagelassen. Mit meiner Telefonnummer drauf.«

»Rens, der Gentleman-Gangster!«, amüsierte sich Wendy Kroon.

So waren wir, als Inga ankam und meinte, das Mittagessen sei fertig, wo wir denn blieben, alle bestens drauf – alle, bis auf Miroslaw Król. Der saß mit übereinandergeschlagenen Beinen und vor der Brust verschränkten Armen auf seinem Stuhl und stierte mit gerunzelter Stirn vor sich hin, als wolle er mit seinen Blicken Löcher in die Tischplatte brennen.

Fiene war die Erste, der das auffiel.

»Miro!«, rief sie aus und boxte ihn neckisch gegen die Schulter. »Was sitzt du denn da und bläst Trübsal, hm?«

Miroslaw spitzte die Lippen, kaute ein wenig auf dem herum, was er zu sagen hatte, und verkündete schließlich: »Etwas fehlt.«

»Etwas fehlt?«, wiederholte Fiene. Jetzt richtete sich auch

die Aufmerksamkeit der anderen auf den hageren Polen. »Was denn?«

»Eine Information.«

Niels De Jong beugte sich vor, stützte sich auf den Tisch, und einen Moment lang konnte man sich gut vorstellen, wie er im Polizeidienst gewesen war. »Jetzt spuck's schon aus«, verlangte er. »Was für eine Information fehlt?«

Miroslaw knotete seine Arme auseinander, dann seine Beine, sah in die Runde der Gesichter, die ihn neugierig betrachteten.

»Was ist«, fragte er schließlich, »mit dem Bruder?«

»Mit dem Bruder?«, wunderte sich jemand. »Was für ein Bruder?«

»Richard Colbert«, erklärte Miroslaw bedächtig, »hatte nicht nur eine Schwester. Er hatte auch einen Bruder.«

»Stimmt. Okay. Und? Was hat der mit alldem zu tun?«

»Ja, eben«, sagte Miroslaw unwirsch. »Genau das wissen wir nicht.«

Schultern zuckten. Backen wurden aufgeblasen und wieder entleert. Es wurde tief durchgeatmet, geseufzt, »Hm« gesagt. Und aus irgendeinem Grund richteten sich dann alle Blicke auf mich.

Und ich sagte verblüfft: »Leute – Miroslav hat recht. Die Geschichte ist womöglich doch noch nicht zu Ende.«

IX
DIE ZUKUNFT

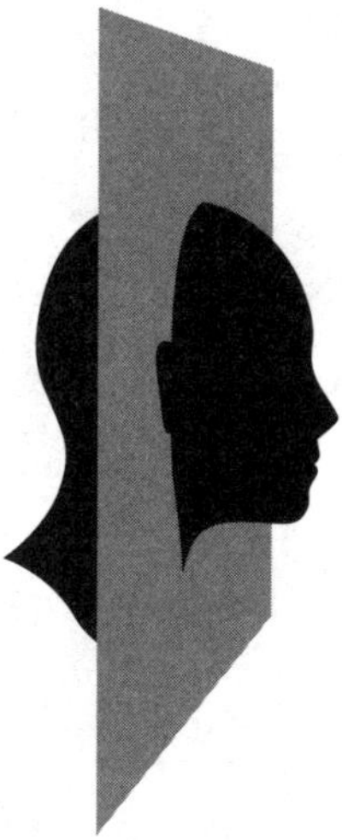

Kapitel 49

Was wir über Bernard Colbert wussten, war dies: Er war 34 Jahre alt, lebte in Des Moines, Iowa, arbeitete als Techniker in der Abwasserentsorgung der Stadt, der WRA (was für *Des Moines Metropolitan Wastewater Reclamation Authority* steht), und er war nicht verheiratet.

Octavia und Fiene brauchten drei Tage, um ihn an die Strippe zu kriegen. Doch als sie ihn baten, einem Treffen mit jemandem, einem Journalisten gar, zuzustimmen, um mit ihm über den Tod seiner Geschwister zu reden, sagte er nur knapp: »Kein Interesse.«

Es gelang ihnen immerhin, ihm zu entlocken, *warum* er daran kein Interesse hatte: »Ihr wollt doch bloß wieder so 'ne Sensationsstory bringen. Aber das kann ich meinen Eltern nicht mehr zumuten. Reicht, dass sie im Frühjahr 'ne Weile lang keine Zeitung aufgeschlagen haben, weil's darin um Riri oder Elly hätt' gehen können. Meine Eltern sind nicht mehr gesund, wissen Sie? Und ich hab sonst niemanden.«

Es ging mir ans Herz, als Fiene mir die Aufnahme vorspielte und ich hörte, in welchem Ton er das sagte. Bernard Colbert musste ein sehr einsamer, unglücklicher Mann sein.

»Sagt ihm«, schlug ich vor, »dass wir *keine* derartige Geschichte bringen werden, sondern nur wissen wollen, was wirklich passiert ist. Und dass wir ihm das auch schriftlich geben, wenn er möchte.«

Sie probierten es noch einmal. Und sei es, dass es an dieser Zusicherung lag oder, wahrscheinlicher, an den magischen Fähigkeiten der beiden Frauen, auf jeden Fall erreichten sie, dass Bernard Colbert schließlich einem Treffen zustimmte.

»Aber höchstens zwei Personen«, war seine Bedingung. »Und keine Fotos.«

Das sagten sie ihm ohne Rücksprache zu, und danach ging es nur noch um einen Termin. Er versprach, am Samstag der darauffolgenden Woche gegen drei Uhr nachmittags zu Hause zu sein.

Zwei Personen. Ich entschied, Niels De Jong mitzunehmen, seiner Erfahrungen als Polizist wegen: Jemandem wie ihm mochten im Gespräch Dinge auffallen, die mir selber entgingen.

Während Octavia unsere Flüge, Hotelzimmer und einen Mietwagen buchte, waren die Hacker unterm Dach nicht untätig. Ben van Reuben fand heraus, dass Bernard Colbert letzten Juli für einen Verbesserungsvorschlag, das Abwassermanagement der Stadt betreffend, eine Prämie bekommen hatte und eine Auszeichnung vom Bürgermeister. Wally Evans gab mir die Empfehlung, ihm als Gastgeschenk etwas Süßes der gehobenen Preisklasse mitzubringen: Man fände im Intranet des WRA viele Fotos von internen Feiern und Veranstaltungen, auf denen Bernard Colbert zu sehen sei, wie er in einen glasierten Donut oder dergleichen biss, und das mit unübersehbarem Behagen. Wendy Kroon ermittelte sogleich einschlägige Bezugsquellen vor Ort.

Solcherart vorbereitet und ausgerüstet und gespannt, was wir erfahren würden, stiegen Niels und ich am Freitagmorgen gegen zehn Uhr in eine Maschine der *Delta Airlines*, die uns kurz vor siebzehn Uhr Ortszeit in Des Moines, Iowa, abzusetzen versprach.

* * *

Tags darauf klingelten wir wie vereinbart um drei Uhr nachmittags an einem kleinen weißen Holzhaus in der 27. Straße South East. Das Gras auf dem Grundstück war nicht der Rede wert, aber es standen zwei große, alte Bäume darauf, die Schatten auf das Haus warfen und auf den roten Pick-up-Truck, der davor parkte. Ich hielt eine Schachtel Cupcakes von *Molly's* in Händen, und zwar die *Chocolate Lover's Dozen Box*, die wir kurz zuvor für vierunddreißig Dollar in der Niederlassung in der East Third Street erworben hatten. Niels trug reichlich Kaffee von *Starbuck's* in einer Thermoskanne sowie, in einer Tüte, Pappbecher, Würfelzucker, Kaffeesahne in Einzelportionen und Plastiklöffel zum Umrühren.

Bernard Colbert war tatsächlich zu Hause, ein großer, teigig wirkender Mann, der billige Klamotten aus dem Supermarkt trug und nicht unnötig oft zum Friseur ging. »Was ha'm Sie denn da?«, fragte er anstelle einer Begrüßung.

»Wir haben uns gedacht, wenn wir uns schon bei Ihnen einladen, dann bringen wir wenigstens was mit, um es angenehmer zu machen«, erwiderte ich und überreichte ihm die Box.

»Das wär doch nicht nötig gewesen«, behauptete er, als er sie neugierig öffnete, aber seine Körpersprache sagte genau das Gegenteil.

Er ließ uns ein. So klein, wie das Haus von außen wirkte, überraschte es mich nicht, dass fast der gesamte untere Stock aus einem Wohnzimmer mit Kochecke bestand. Alles wirkte wie eigens aufgeräumt. Er dirigierte uns zu einem niedrigen Couchtisch. Niels und ich setzten uns auf das abgewetzte Sofa und überließen ihm den ledernen Fernsehsessel, der mich fatal an das grüne Monster meines Vaters erinnerte.

»Wir haben gehört, Sie haben eine Auszeichnung erhalten für Verdienste um die Stadt«, sagte Niels, wie wir es abgesprochen hatten. »Stimmt das?«

»O ja«, bestätigte Colbert. »Ich hab 'nen Weg gefunden,

bei der Abwasserreinigung zehn Prozent Energie einzusparen, und zwar, ohne dass die Wasserqualität drunter leidet.« Er strahlte vor Stolz. »Es waren schon drei Mal Ingenieure aus anderen Städten da, um sich das anzuschauen.«

Ich goss uns derweil allen Kaffee ein. »Ihre Eltern müssen sehr stolz auf Sie sein.«

»Ja, ja, das sind sie.« Er musterte den Couchtisch. »Haben Sie denn gar keinen Rekorder oder so was dabei?«

»Nein«, sagte ich, was, wie ich gestehen muss, nicht der Wahrheit entsprach, denn ich trug eine meiner Krawattennadeln, die alles mitschnitt, zur Sicherheit. Allerdings habe ich die Aufnahme nach dem Transkribieren wieder gelöscht. »Wie gesagt, wir wollen keinen Artikel schreiben. Wir wollen nur erfahren, was sich wirklich zugetragen hat.«

»Die Journalisten bisher hatten immer 'n Gerät dabei. Und haben Fotos gemacht, obwohl ich gesagt hab, sie sollen keine machen.«

»Wir recherchieren über den Milliardär Peter Young und seine Geschäfte«, erklärte Niels. »Derselbe Peter Young, der Ihrem Bruder Richard eine Filmidee abgekauft hat und den Ihre Schwester Elaine beschuldigt hat, am Tod Ihres Bruders schuld zu sein.«

»Ah«, machte er und musterte die Cupcakes in der offenen Schachtel. »Und wenn ich Ihnen jetzt was erzähle, muss ich irgendwann irgendwo als Zeuge aussagen, geht's darum?«

»Nein«, sagte ich. »Es geht nur darum, was passiert ist. Was *wirklich* passiert ist. Soweit Sie es wissen, natürlich.« Ich deutete auf die Schachtel. »Die sehen alle gut aus, was? Man weiß gar nicht, welchen man zuerst nehmen soll.«

»Ja, stimmt«, sagte er.

»Fangen Sie an«, forderte ich ihn auf.

»Okay.« Er griff nach einem von einem Schokoladenwirbel gekrönten Gebäckstück, in dessen Mitte eine Himbeere saß.

Während wir alle aßen, erzählten wir ihm, was wir über den Tod seines Bruders wussten. Auch, dass seine Schwester die Ansicht der Polizei, es sei Selbstmord gewesen, bestritten, Peter Young verklagt und sich außergerichtlich mit ihm geeinigt hatte. Um kurz darauf bei einem Unfall mit ihrem neuen Auto ums Leben zu kommen.

»Mum und Dad waren mit den Nerven am Ende, das kann ich Ihnen sagen«, meinte Colbert kauend. »Und dann haben sie ja auch noch das Geld bekommen, das übrig war, ziemlich viel sogar. Geerbt! Eltern sollten nicht von ihren Kindern erben, hat Mum gesagt. Umgekehrt sei das gedacht. Aber so ist das Gesetz, wenn man kein Testament macht, glaub ich.« Er nahm noch einen Cupcake, mit rosa Glasur und einem Stück kandierter Orange darauf. »Sie haben das meiste davon Marvin gegeben, für die Kinder. Marvin ist der Mann meiner Schwester. Also, ihr Ex-Mann. Er hat sich scheiden lassen, weil Elly ständig gesoffen hat.«

»War es bei Ihrem Bruder denn nun Selbstmord, wie die Polizei sagt, oder hatte jemand die Hand im Spiel?«, fragte Niels. »Was denken Sie?«

Colbert setzte den angebissenen Cupcake ab, nahm einen Schluck Kaffee, stierte eine Weile grübelnd vor sich hin. Dann sagte er: »Wissen Sie … das war eigentlich alles ganz anders.«

»Anders?«, wiederholte Niels und sah fast wieder aus wie ein Kommissar, der einem wichtigen Zeugen die Würmer aus der Nase zu ziehen versucht.

»Es ist so«, begann Colbert umständlich. »Riri … also, Richard … Wir haben ihn immer Riri genannt, ich weiß nicht genau, warum. Vielleicht, weil er der Jüngste war und so viel in Frankreich, dass wir manchmal ganz vergessen haben, dass es ihn gibt. Also, Richard, der war schon immer ziemlich sensibel, verstehen Sie? Mal war er außer sich vor Begeisterung und hätte am liebsten die ganze Welt umarmt, dann wieder hat er sich in den hintersten Winkel verkrochen, die Wand angestarrt und alles schwarz in schwarz gesehen. Wir waren das gewöhnt. Er war halt so, aber ehrlich, manchmal war's anstrengend. Und schlimm, weil man oft gedacht hat, er tut sich was an.«

Dann verstummte er, schien in Trauer um seinen Bruder versunken.

»Die Polizei hat damals behauptet, die letzte Telefonnummer, die Ihr Bruder vor seinem Tod gewählt hat, sei die Ihre gewesen«, sagte Niels in die seltsame Stille hinein. »Sie dagegen haben in den Voruntersuchungen auf die Klage Ihrer Schwester hin bestritten, noch mit ihm gesprochen zu haben.«

»Hab ich auch nicht.« Er seufzte. »Deshalb sag ich ja, es war ganz anders. Ich *musste* das damals sagen, denn wenn ich gesagt hätte, wie's wirklich war, hätte das diesen Peter Young ja entlastet, und Elaine hätte kein Geld gekriegt. Und sie war es, die sich am meisten um Riri gekümmert hat. Sie war immer für ihn da, wenn er seine Tiefs hatte. Also, ich meine, sie hatte das verdient, verstehen Sie?«

Ich fand das eine eigentümliche Sichtweise, aber es war nicht der Moment, das zu diskutieren. »Wie war es denn *wirklich?*«, fragte ich.

Colbert sank ein wenig in sich zusammen. »Er hat mich noch angerufen, das stimmt. Aber ich war nicht da. Er hat nur meinen Anrufbeantworter erreicht und eine Nachricht darauf hinterlassen. Das hab ich niemandem erzählt.«

»Was war das für eine Nachricht?«

»Ich hab das Band noch, warten Sie.«

Er stemmte sich hoch, verschwand im hinteren Teil des Hauses und kam nach einer Weile mit einer winzigen Tonbandkassette und einem Anrufbeantworter aus dem vorigen Jahrhundert wieder. Nachdem er das Gerät umständlich in eine Steckdose eingestöpselt hatte, legte er die Kassette ein, spulte sie zurück und drückte dann auf Abspielen.

»Hi. Ich bin's, Riri. Bist du echt nicht da? Elly auch nicht. Wo seid ihr denn alle?« Es war die Stimme eines jungen Mannes am Rande der völligen Verzweiflung, eines Menschen, der schon mit einem Fuß im Grab stand; man konnte es geradezu hören. *»Egal. Was soll's. Ich kann eh so nicht weitermachen. Ich bin ein Versager, so ein Versager … Mir fällt nichts mehr ein, kannst du dir das vorstellen? Absolut nichts. Meine ganze Kreativität … abgestorben. Alles wie tot. Wie soll ich so leben? Das ist doch sinnlos. Also, Bernard, bitte sei nicht traurig, wenn du erfährst, dass ich es endlich getan hab. Es geht nicht anders.«*

Ich wechselte einen Blick mit Niels, sah ihn schlucken. Das zu hören rührte ihn ebenso an wie mich. Bernard Colbert sah leidend auf den Apparat hinab; für ihn musste es noch viel schlimmer sein.

Hatte er die Kassette deshalb aufbewahrt? Um die Stimme seines Bruders wieder hören zu können, wenn die Erinnerung nachließ?

»Ach ja, Bernard, pass auf, noch was«, ging die Aufzeichnung weiter. *»Ich schick dir einen Brief. Einen Brief mit der einzig brauchbaren Idee, die ich je gehabt hab. Sei so lieb und bewahr ihn gut auf, damit mein Leben vielleicht irgendwie doch noch einen Sinn gehabt –«*

Die Aufnahme brach mitten im Satz ab.

Colbert drückte die Stopptaste. »Das war das Zeitlimit«, erklärte er. »Der Rest des Bands ist leer.«

»Diesen Brief, von dem Ihr Bruder gesprochen hat«, fragte ich, »hat er den tatsächlich geschickt?«

»Ja. Warten Sie, ich hol ihn.«

Er trug den Anrufbeantworter fort und kehrte mit einem schlichten braunen Briefumschlag zurück, den er mir überreichte. Der Umschlag war frankiert, in Kalifornien abgestempelt und am oberen Rand aufgeschlitzt.

»Darf ich?«, bat ich.

»Ja, klar«, sagte er und reichte ihn mir.

Ich holte den Inhalt heraus, drei einseitig eng beschriebene Blätter, die ein Filmkonzept mit dem Titel »IQ 100 000.000« schilderten.

Der Film sollte damit beginnen, dass ein Wissenschaftler eine Methode entwickelt, ein menschliches Bewusstsein aus dem Gehirn in einen Computer zu übertragen. Er legte diese Prozedur ziemlich ausführlich dar, was fast die gesamte erste Seite füllte. Und sie entsprach, was mich nicht mehr wunderte, zum Teil bis in die Formulierungen hinein dem, was ich bei der Vorstellung des *Youvatar*-Projekts gehört hatte.

Doch dann kam der springende Punkt der Geschichte. Die Vorgänge in einem Gehirn, erklärte Richard Colbert, sind relativ langsam; die Signale bewegen sich in den Nervenbahnen nur mit ein paar Hundert Metern pro Sekunde. Deswegen ist es während des »Uploads« nötig, alle Signale aus jenem Teil des Geistes, der sich schon im Computer befindet, künstlich zu verlangsamen, damit die Erregungsmuster mit den noch im biologischen Gehirn befindlichen Nervenzellen im Takt bleiben.

Anders sieht es aus, sobald sich das gesamte Bewusstsein erst einmal im Computer befindet: Dann sind diese Bremsen nicht mehr nötig. Man kann sie herausnehmen und anfangen, mit Lichtgeschwindigkeit zu denken, also ungefähr eine Million Mal so schnell wie ein normaler Mensch.

Die Geschwindigkeit des Denkens und die Intelligenz aber, schrieb Richard Colbert, seien eng gekoppelt. Aus Gesprächen mit einer Neurophysiologin und einem Philosophen wisse er, dass der IQ nur ein Maßstab sei für die Schnelligkeit, mit der jemand Probleme lösen könne. Deswegen müssten alle Intelligenztests mit engen Zeitlimits arbeiten.

Das hieß umgekehrt: Ein Mensch, der sein Gehirn in einen Computer übertragen ließ, würde dadurch auf einen Schlag eine Million Mal intelligenter sein als alle anderen.

In dem geplanten Film sollte es darum gehen, dass der Wissenschaftler, der dieses Verfahren entwickelt, dafür sorgt, dass er als erster Mensch *upgeloadet* wird. Er stellt das als selbstlose Tat dar, im Dienst der Wissenschaft, ganz im Geist der Selbstversuche vergangener Zeiten. Tatsächlich aber ist das Erste, was er tut, sobald sein Geist sich in der Maschine befindet, dass er sein Denken maximal beschleunigt und dadurch zur Superintelligenz wird. Das ermöglicht ihm, blitzschnell in sämtliche Computersysteme einzudringen und alle Macht auf Erden an sich zu reißen, noch ehe der Tag zu Ende ist. Sein erstes Ziel ist, zu verhindern, dass jemals ein zweiter Mensch *upgeloadet* wird, denn er will keine zweite Superintelligenz neben sich dulden. Sobald das sichergestellt ist, geht er daran, alle Probleme der Menschheit zu lösen …

Ich blickte auf mit einem Gefühl, als sei ein Schleier von meinen Augen genommen worden und als sähe ich die Dinge endlich so, wie sie wirklich waren. *Das* also schwebte Peter Young vor! Er wollte ganz selbstlos alle Probleme der Menschheit lösen …

Wer's glaubt. Schätzungsweise war es eher die Idee, alle Macht auf Erden zu haben, die ihn antrieb.

Niels streckte die Hand aus, und ich reichte ihm die Blätter weiter.

»Ich nehme an, dass Sie uns diesen Brief nicht für eine Weile mitgeben wollen?«, fragte ich, immer noch erschüttert von der Vision, die ich gerade gelesen hatte.

»Er ist das Vermächtnis meines Bruders«, sagte Bernard Colbert. »Der verlässt das Haus nicht.«

»Dürfen wir die Blätter wenigstens fotografieren?«

Er schüttelte den Kopf. »Ich hab gesagt, keine Fotos.«

Ich hörte Niels einen leisen Pfiff ausstoßen. Also war er gerade an der Stelle mit der Beschleunigung des Denkens. Dass wir daran nicht gedacht hatten!

»Nun ja, abgemacht ist abgemacht«, sagte ich. »Ich danke Ihnen jedenfalls, Mister Colbert. Sie haben uns wirklich sehr geholfen.«

* * *

So endet dieser Bericht, nicht aber die Geschichte dahinter: Die, so darf vermutet werden, geht in aller Verschwiegenheit weiter.

Wie schon eingangs gesagt, hätte ich liebend gern mehr genaue Namen und Daten genannt. Aber sämtliche juristischen Fachleute, die ich befragt habe, haben mir übereinstimmend versichert, ich würde meines Lebens nicht mehr froh werden, sollte ich die Bedingungen des *Non Disclosure Agreements* ignorieren, das ich unterzeichnet habe. Oder wie es Robrecht Arendonk formuliert: »Der lange Arm der amerikanischen Justiz erreicht Sie in jedem Land, in dem zu leben Sie ertragen würden.«

Jedoch waren sie größtenteils der Auffassung, dass ich auf der sicheren Seite bliebe, wenn ich das, was ich erlebt und erfahren habe, in der Form einer fiktionalen Erzählung niederschriebe. Mit anderen Worten: als Roman, in dem Orte, Personen und Ereignisse hinreichend verfremdet dargestellt werden und der jederzeit den Anspruch erheben kann, reine Erfindung zu sein. Und da ich mittlerweile Vater eines prächtigen Jungen bin, an dessen Wohlergehen mir außerordentlich gelegen ist, habe ich diesen Weg gewählt.

Besagten Roman haben Sie nun gelesen. Nehmen Sie ihn als Gedankenspiel, bilden Sie sich Ihre eigene Meinung – und behalten Sie im Blick, was auf der Welt passiert.

– ENDE –

Danksagung

Ich habe zu danken:

Flugkapitän Dr. Dirk Bruse für seine Unterstützung bei der Schilderung, wie Privatflüge ablaufen.

F.A. für Einblicke in die Arbeit von Zielfahndern.

Und außerdem vielen anderen, hilfreichen Menschen, die zwar auf meine Fragen geantwortet haben, aber nicht namentlich genannt werden wollten. Ihnen sei trotzdem gedankt.